SOLDADOS CIDADÃOS

SOLDADOS

Do Desembarque do Exército Americano nas Praias da Normandia à Batalha das Ardenas e à Rendição da Alemanha.

7 de junho de 1944 a 7 de maio de 1945.

CIDADÃOS

STEPHEN E. AMBROSE

3ª EDIÇÃO

Tradução
MILTON CHAVES DE ALMEIDA

BERTRAND BRASIL

Publicado mediante contrato com Simon & Schuster, Nova York.

Título original: *Citizen Soldiers*

Capa: Silvana Mattievich

Editoração: Art Line

2002
Impresso no Brasil
Printed in Brazil

CIP-Brasil. Catalogação-na-fonte
Sindicato Nacional dos Editores de Livros, RJ.

A53s
3ª ed.

Ambrose, Stephen E.
Soldados cidadãos: do desembarque do exército americano nas praias da Normandia à batalha das Ardenas e a rendição da Alemanha, 7 de junho de 1944 a 7 de maio de 1945 / Stephen E. Ambrose; tradução, Milton Chaves de Almeida. - 3ª ed. — Rio de Janeiro; Bertrand Brasil, 2002.
630p.,:[48] p. de estampas: il.

Tradução de: Citizen Soldiers
Inclui bibliografia
ISBN 85-286-0826-3

1. Guerra Mundial, 1939-1945 - Campanhas - Ocidente. 2. Estados Unidos. Army - História - Guerra Mundial, 1939-1945. 3. Soldados - Estados Unidos - História - Século XX. I. Título.

01-0855

CDD - 940.5421
CDU - 940.53

EDITORA BERTRAND BRASIL LTDA.
Rua Argentina, 171 – 1° andar – São Cristóvão
20921-380 – Rio de Janeiro – RJ
Tel.: (0XX21) 2585-2070 Fax: (0XX21) 2585-2087

Atendemos pelo Reembolso Postal

À Moira

SUMÁRIO

PARTE TRÊS

A Vida no TOGE 289

PARTE QUATRO

A Ocupação da Alemanha 425

EPÍLOGO

Os Soldados Americanos e a América Moderna 551

MAPAS

INTRODUÇÃO E AGRADECIMENTOS

ESTE É UM LIVRO sobre a atuação dos soldados do exército e da força aérea americanos no teatro europeu de operações na Segunda Guerra Mundial. Não está registrada aqui uma história abrangente da campanha no noroeste europeu, iniciada no momento histórico conhecido como Dia D* e encerrada com a rendição da Alemanha, 11 meses depois.[1] Embora esteja incluído na obra algum material sobre estratégia, mormente no que diz respeito à relação Eisenhower-Montgomery e à disputa entre Bradley, Patton, Hodges e Montgomery — o bastante, neste último caso, espero, para fazer com que o leitor forme um quadro amplo e geral dos fatos —, ela não é um livro sobre generais. É um obra sobre soldados comuns, oficiais de baixa patente e os que se alistaram para atuar no Teatro de Operações de Guerra Europeu (TOGE)** — uma que fala sobre quem eram eles, como lutaram, por que lutaram, o que suportaram, como triunfaram.

---

* Dia 6 de junho de 1944. Na Segunda Guerra Mundial, dia em que os Aliados desembarcaram na França para dar início à distribuição de suas forças de combate pela Europa, sob o comando do general Eisenhower. É lembrado pela organização militar, pela vontade dos envolvidos em trabalhar eficientemente em equipe e pelo sucesso que caracterizaram a operação. (N. T.)

** Já que a expressão "Teatro de Operações de Guerra Europeu" aparece freqüentemente ao longo do livro, achei conveniente grafá-la dessa forma, conforme fizera, em inglês, aliás, o próprio autor, para efeito de simplificação. (N. T.)

Tirei o meu sustento da leitura de correspondência a mim enviada, do escutar histórias de outras pessoas e da compulsão de memórias doutras. Meu trabalho é selecionar, dentre essa fonte, as melhores e mais representativas informações, as que lancem luz sobre temas comuns ou que ilustrem ações típicas. Muito tempo atrás, meus mentores, William B. Hesseltine e T. Harry Williams, ensinaram-me a deixar minhas personagens falar por si mesmas pela reprodução textual de sua colaboração. Elas estiveram onde os fatos se deram. Eu não. Viram-nos com seus próprios olhos, expuseram a própria vida na frente de batalha. Eu não. Elas falam com uma autenticidade com a qual ninguém pode rivalizar. Suas frases, sua escolha das palavras, seu jargão são únicos — algo mui natural, aliás, já que suas experiências são únicas também.

Em seu livro *For Cause and Comrades: Why Men Fought the Civil War*, publicado em 1997, James M. McPherson, o maior especialista dos Estados Unidos em Guerra de Secessão, compara a motivação de Billy Yank e Johnny Reb* à dos soldados americanos que lutaram na Segunda Guerra Mundial. Ele afirma que os soldados da Guerra Civil lutaram mais por idealismo e civismo do que por compatriotismo e que isso foi justamente o contrário do que se deu com os pracinhas americanos. Inquiridos a respeito de como a ela sobreviveram e a venceram, os veteranos americanos da Segunda Grande Guerra apontam, na maioria dos casos, a coesão das unidades de combate, o trabalho de equipe e o desenvolvimento de um senso de família nos esquadrões e pelotões como fatores fundamentais. Isso compõe o tema da maior parte dos meus escritos sobre os militares: de Lewis e Clark a George Armstrong Custer; deste a Eisenhower e deste ao Dia D. Constitui também o tema deste livro.

Mas acho que, assim como para os soldados americanos que lutaram na Europa, a questão da coesão das unidades de combate foi igualmente importante para Billy Yank e Johnny Reb. Demais, sou de opinião de que os fatores idealismo e civismo foram também tão fundamentais para aqueles quanto o foram para estes últimos. O que os diferencia não é o sentimento que os moveu, mas a forma de expressão de cada um. Os combatentes da Guerra Civil costumavam usar palavras como dever, honra, idealismo e patriotismo. Os combatentes do teatro europeu não

---

* Formas jocosas de designação coletiva dos soldados, respectivamente, da União e dos Estados Confederados, as partes beligerantes da Guerra de Secessão. (N. T.)

gostavam de falar sobre civismo ou nacionalismo e sentiam-se embaraçados diante de aranzéis patrióticos. Todos eram americanos jovens, separados daqueles no tempo apenas por 80 anos — mas essa separação tinha, de permeio às duas gerações, a Primeira Guerra Mundial. A Segunda Grande Guerra acarretou uma mudança de linguagem. Fez com que palavras de patriotismo parecessem vazias, inaceitáveis, ridículas, principalmente ao novo grupo de jovens americanos enviados à Europa para lutar nos mesmos campos de batalha que seus pais haviam lutado. Contudo, tanto quanto os soldados da Guerra Civil, os americanos que lutaram no Continente Europeu criam em sua própria causa. Sabiam que estavam lutando pela decência e pela democracia, e sentiam-se orgulhosos e motivados por isso. Dava-se, apenas, o fato de que não gostavam de conversar ou escrever sobre isso e se expressavam por si mesmos e com suas próprias palavras.

O número dos que compareceram aos campos de batalha europeu constituiu-se, em mor parte, de colegiais ou de jovens universitários quando os Estados Unidos entraram na guerra. Eles foram recrutados ou se alistaram voluntariamente entre 1942 e 1944. Entraram na França em 6 de junho de 1944. De 7 de junho a setembro, chegaram pelas Praias de Omaha e Utah;* de setembro até a primavera de 1945, desembarcaram em Cherbourg e Le Havre. E foram para lá como libertadores, não como conquistadores. Diminuta porcentagem deles esteve ali por vontade própria e poucos deles falharam no cumprimento do dever.

Minhas fontes de informação nasceram dos homens do Dia D. Quanto possível, lanço mão das informações fornecidas pelos soldados citados no livro em que trato dessa invasão e do período que vai daí ao fim da guerra, tais como Dutch Schultz, Dick Winters, Bob Slaughter, Len Lomell, Sid Salomon, Ken Russell, Jack Barensfeld e outros. Isso considerado, este livro forma uma espécie de bilogia com aquele.

Mas muitas outras vozes se manifestam nesta obra, vozes de homens que participaram da campanha de 7 de junho em diante. O Eisenhower Center, da Universidade de Nova Orleans, administrada pelo diretor Doug Brinkley e pelo diretor-assistente Ron Drez, tem coligido regularmente textos de valor histórico com base em relatos e memórias literárias dos veteranos do TOGE. O número deles chega às centenas e forma a base

* Codinomes de extensões de praia e de respectivas regiões litorâneas da Normandia onde as tropas dos Aliados desembarcaram. (N. T.)

deste trabalho. A todo veterano que deu sua contribuição verbal ou cedeu suas memórias literárias ao Eisenhower Center, os meus mais sentidos agradecimentos. Não é possível citar todos eles aqui, mas todos contribuíram, assim, para a elaboração deste livro.

Além disso, os cinqüentenários do Dia D, da Batalha das Ardenas, da travessia do Reno, do Dia V-E* produziram uma enxurrada de livros, de autoria dos veteranos, nos quais falaram de suas próprias experiências, seus esquadrões, suas companhias. Entre os melhores deles estão *G Company's War: Two Personal Accounts of the Campaigns in Europe, 1944-1945*, de Bruce Egger e Lee Otts; *The Men of Company K: The Autobiography of World War II Rifle Company*, de Harold Leinbaugh e John Campbell; *Doing Battle: The Making of a Skeptic*, de Paul Fussel; *War from the Ground Up*, de John Colby; *Parachute Infantry: An American Paratrooper's Memoir*, de David Kenyon Webster; e *The Making of a Paratrooper*, de Kurt Gabel. Muitos outros poderiam ser citados aqui. Mas estão mencionados na Bibliografia. Os cinqüentenários foram motivo de publicação também de muitos livros de testemunhos históricos. Entre os muitos de que me utilizo destaco *Voices from the Foxholes* (110º Regimento de Infantaria, 28ª Divisão), de Dorothy Chernitsky, e *The Mighty Eighth: The Air War in Europe as Told by the Men Who Fought It*, de Gerald Astor. Logicamente, usei também todos os livros de história comuns, antigos e modernos. Como sempre, *Eisenhower's Lieutenants*, de Russel Weigley, foi meu guia e minha fonte de confirmação de fatos. Embora uma atitude despudorada, assenhorei-me lucrativamente de material de *Closing with Enemy: How GIs Fought the War in Europe, 1944-1945*, de Michael Doubler, e de *Beyond the Beachhead: The 29th Infantry Division in Normandy*, de Joseph Balkoski.

Nos dias 7 e 8 de maio de 1995, o Eisenhower Center patrocinou — com o inestimável apoio de David Craig — uma conferência sobre a guerra na Europa. Entre os participantes estavam Andy Rooney, Kurt Vonnegut e Joe Heller. Rooney brindou-me com fatos da frente de batalha sob a perspectiva de um repórter; Vonnegut e Heller concederam-me uma visão romanceada dos fatos da guerra. O engraçado é que nenhum deles

* De V[*ictory*] *in* E[*urope*] *D*[*ay*]. Oito de maio de 1945, dia da vitória dos Aliados na Europa na Segunda Guerra Mundial. (N. T.)

fez graça ao falar sobre suas experiências pessoais na guerra. Foram vigorosos e comoventes.

Queria ter presentes nesta obra mais relatos de alemães do que tive em *D-Day*. Queria conhecer a impressão que tiveram da guerra e, mais que isso, como eles viam os soldados americanos, assunto de um de meus livros. Entre os dias 5 e 8 de março de 1995, meu filho Hugh e o filho de Hans von Luck, Alexander ("Sasha"), juntaram-se a mim, Ken Hechler (autor de *The Bridge at Remagen*), alguns veteranos da 9ª Divisão de Blindados do Exército Americano e um grupo de veteranos alemães que havia estado em Remagen no dia 7 de março de 1945, para conversar sobre o que acontecera lá. Depois disso, Hugh e Sasha partiram numa excursão de dois meses à Alemanha para entrevistar soldados alemães. O pai de Sasha lhes fornecera nomes e cartas de apresentação, como fizera também o capitão Dieter Kollmer, do Departamento de História do exército alemão atual. Ao todo, Hugh e Sasha coligiram 60 textos de valor histórico nessas entrevistas. Quando voltou para casa, em Helena, Montana, Hugh os traduziu e transcreveu para mim. Hugh fez também as pesquisas fotográficas.

Alice Mayhew, Elizabeth Stein e toda a equipe de produção da Simon & Schuster foram muito importantes para mim, como sempre.

A dedicatória é à pessoa que amo.

STEPHEN E. AMBROSE
Baía de St. Louis, Mississípi
13 de fevereiro de 1997

PRÓLOGO

A ALVORADA REPONTOU NO HORIZONTE de Ste.-Mère-Eglise por volta das 5h10. Vinte e quatro horas antes, o lugar era apenas mais uma vila normanda, com mais de um milênio de história. Pela noitinha do dia 6 de junho, seu nome passou a ser conhecido mundialmente: a vila em que a invasão se iniciara e que agora era o quartel-general da 82ª DIA.*

No amanhecer do dia 7 de junho, o tenente Waverly Wray, oficial executivo da Companhia D do 505º Regimento de Infantaria Aeromóvel (RIA) e que havia saltado de pára-quedas no céu da Normandia 28 horas antes, estava nas cercanias da parte noroeste da vila. Olhar atento, esquadrinhava os recantos das trevas, dissipadas aos poucos pelo raiar do dia. O que seus olhos não podiam ver, ele conseguia perceber. Pelos ruídos dos movimentos de tropas e veículos ao norte de Ste.-Mère-Eglise pôde concluir que o grande contra-ataque alemão, com o qual os alemães contavam para poder repelir os americanos em direção ao mar e pelo qual os pára-quedistas estiveram esperando, estava aproximando-se de Ste.-Mère-Eglise.

E como estava. Seis mil soldados alemães avançavam com infantarias, artilharia, tanques e armas móveis — dura parada para os cerca de

* Divisão de Infantaria Aeromóvel. Por motivo de simplificação, o acrônimo está presente ao longo do livro. (N. T.)

600 homens de Ste.-Mère-Eglise, pára-quedistas apenas levemente armados. Uma ruptura alemã na linha de defesa inimiga parecia iminente. O tenente Wray mantinha-se em posição de combate.

Wray era um homem corpulento, com 115 quilos e "pernas que pareciam troncos de árvore". O pára-quedas padrão do exército não era grande o suficiente para o seu peso, e ele caía muito rapidamente nos saltos. Com isso, corria o chiste no qual se dizia que, com as pernas que tinha, ele não precisava de um. Natural de Batesville, Mississípi, era diligente lenhador, hábil com fuzis e espingardas. Costumava alegar jamais ter errado um alvo em sua vida. Veterano das campanhas da Sicília e da Itália, Wray era — nas palavras do coronel Ben Vandervoort, comandante do 505º Regimento — "tão experiente e hábil quanto um soldado de infantaria pode tornar-se e ainda continuar vivo".[1]

Wray tinha profundas convicções religiosas. Batista, todo mês enviava metade de seu pagamento para casa, a fim de ajudar na construção de uma nova igreja. Jamais fazia juramentos. Quando irritado, costumava exclamar: "John Brown!", em referência ao abolicionista John Brown, de Harpers Ferry. Não fumava, não bebia nem era dado a namoricos. Alguns soldados o chamavam de "diácono", embora mais por admiração do que por censura. Vandervoort tinha uma espécie de amizade paternal com Wray, em razão do que sempre o chamava pelo primeiro nome, "Waverley".

No dia 7 de junho, logo depois do amanhecer, Wray apresentou um relatório a Vandervoort — cuja perna, quebrada no salto, agora estava engessada — sobre os movimentos que observara, as coisas que pressentira, onde achava que os alemães atacariam e com que ímpeto.

Depois de assimilar todas as informações, Vandervoort ordenou que Wray retornasse à companhia e providenciasse para que ela atacasse o flanco inimigo antes que os alemães, por sua vez, pudessem dar início a um ataque.

"Ele disse: 'Sim, senhor'", escreveu Vandervoort anos depois. "E bateu continência, fez meia-volta e retirou-se à feição de um sargento-ajudante de praça de armas atuando em seu mister."

De volta à companhia, Wray transmitiu a ordem. Enquanto a companhia se preparava para o ataque, pegou seu M-1 e meia dúzia de granadas e saiu, levando na cintura seu Colt .45 e seu revólver .38 enfiado na bota de pára-quedista. Faria um reconhecimento para a elaboração de um plano de ataque.

* * *

Wray se encaminhava para um terreno desconhecido. Despendera meio ano preparando-se para esse momento, mas não estava treinado para ele. Num dos maiores fracassos de serviços de inteligência de todos os tempos, nem o G-2* do I Exército** Americano, nem o G-2 do Supreme Headquarters of the Allied Expeditionary Forces (SHAEF) [Supremo Quartel-General das Forças Expedicionárias dos Aliados], nem qualquer divisão S-2 atinara a necessidade de informar aos que participariam do combate que a principal característica física do campo de batalha era a presença, ali, de um verdadeiro labirinto de sebes, o qual cobria a metade ocidental da Normandia.

Cem anos antes de o tenente Wray ter posto os pés na Normandia, Honoré de Balzac descrevera essas sebes: "Em época imemorável, os camponeses ergueram cercas de terra em torno de cada um de seus campos de cultivo. Essas cercas medem cerca de 2 metros de altura e têm o topo plano, com faias, carvalhos e castanheiros vicejando aí. Por serem construídas com terra, argila e outros materiais, são chamadas de sebe, e, uma vez que os galhos das árvores que lhe medram no topo quase sempre se projetam por sobre ambos os lados da estrada ao longo da qual essas sebes se estendem, formam uma espécie de enorme caramanchão. As próprias estradas, obstruídas por muros de argila de forma igualmente melancólica, nada diferem dos fossos de castelos."[2]

Como puderam os vários G-2 deixar de considerar uma característica tão evidente, principalmente ante o fato de que o reconhecimento aéreo da região lhes patenteara a existência das sebes? Porque os intérpretes das fotos, tendo-as observado somente de cima, acharam que eram iguais às sebes inglesas, do tipo que as raposas conseguem vencer de um salto, e, com isso, não perceberam a natureza de "fosso" que sua disposição e feição dão à área pela qual se estendem.

— Não tínhamos sido informados sobre elas nem havíamos sido treinados para superá-las — disse o capitão John Colby laconicamente.[3] Os soldados teriam que aprender a superá-las na prática, qual fizera Wray na manhã do dia 7 de junho.

---

* De *General Staff 2*, uma das divisões do estado-maior geral americano. A expressão designa o departamento do estado-maior geral americano que se incumbe de serviços de inteligência. Tal era o caso também do G-2 do SHAEF. (N. T.)

** Unidade militar composta, normalmente, de dois ou mais corpos de exército. (N. T.)

Wray e seus colegas pára-quedistas, assim com os homens da 1ª e 29ª Divisões, Omaha, e da 4ª Divisão, Utah, e todos os grupos de apoio, haviam sido magnificamente treinados para realizar uma incursão anfíbia. Pela noitinha do dia 6 de junho, essa missão tinha sido concluída com sucesso, graças ao treinamento, coragem e ímpeto desses homens. Mas, no amanhecer de 7 de junho, viram-se combatendo num terreno de características completamente inesperadas e desconhecidas.

Enquanto isso, os alemães estavam sendo submetidos a treinamento especial para combater em regiões que tivessem sebes.

— Aproximarmo-nos e mantermo-nos a cerca de 30 metros do inimigo era o que chamávamos de combate corpo a corpo — conta-nos Adolf Rogosch, soldado da 353ª Divisão do exército alemão. — Treinávamos duro, arremessávamos granadas, fazíamos o reconhecimento do terreno. O entrecruzamento das sebes nos enganava a visão. Treinávamos para lutar individualmente; sabíamos que, quando o ataque viesse, ficaríamos isolados um do outro. Deixávamos o inimigo avançar e passar pela sebe. Depois, acabávamos com ele. Essa era a nossa tática: esperá-lo superar a sebe e depois atirar.[4]

Demais, os alemães haviam posicionado morteiros e artilharia nas únicas brechas que possibilitavam acesso aos campos. Atrás das sebes, fizeram trincheiras para atiradores de fuzil, e, em cada uma de suas quinas, abriram buracos para o emprego de metralhadoras.

Wray avançou pela ruelas à feição de "fosso", cruzou um pomar, superou sebes, arrastou-se através de uma vala. Pelo caminho, notou a presença de grupos de alemães, nos campos e nas ruelas. Alguém destituído do senso de direção de lenhador, que não era o seu caso, se haveria perdido. Depois do esforço empreendido, alcançou um ponto próximo à N-13, a principal via de acesso a Ste.-Mère-Eglise de quem procede de Cherbourg.

A N-13 era a principal via de avanço do ataque alemão. Wray, "agindo qual caçador de tocaia que era", nas palavras de Vandervoort, chegou a um ponto em que podia ouvir sons guturais vindos do outro lado da sebe. Teve a impressão de que oficiais conversavam sobre coordenadas geográficas. Levantou-se, superou abruptamente o obstáculo, levou seu M-1 à posição de mira e bradou em tom de comando, "*Hände hoch!*", a oito oficiais alemães, reunidos ao redor de um rádio.

Sete deles levantaram as mãos instintivamente. O oitavo tentou sacar a pistola do coldre; Wray reagiu imediatamente e o atingiu entre os olhos. Dois alemães em estreita trincheira cem metros atrás de Wray atiraram nele com suas metralhadoras Schmeisser. As balas perfuraram-lhe, dos lados, certas partes da jaqueta; uma lhe arrancou parte da orelha direita. Wray caiu de joelhos e começou a atirar nos sete oficiais, matando um a um enquanto tentavam fugir. Após esgotar a munição do pente, pulou dentro da trincheira, pôs outro no M-1 e, com um tiro em cada um, tirou de ação os alemães com as Schmeissers.

Após o confronto, voltou para a companhia para relatar o que vira, com a jaqueta ensangüentada e buracos nas roupas e sem boa parte de uma das orelhas.

— Quem tem mais granadas? — perguntou. Ele queria mais.

Assumindo o comando, posicionou uma guarnição armada de morteiros de 60 milímetros num dos flancos alemães e ordenou que procurassem atingir as ruelas e sebes mais densamente ocupadas pelo inimigo. Em seguida, enviou a Companhia D para combater em uma das ruelas. Os alemães dispersaram-se e fugiram. Pelo meio da manhã, Ste.-Mère-Eglise estava segura, e o potencial de ruptura da linha de frente pelos alemães estava grandemente reduzido.

No dia seguinte, Vandervoort, Wray e o sargento John Rabig foram ao local do confronto para examinar os oficiais alemães que Wray tinha matado. Viram, dominados pelo ascendente de inesquecível conjunção de fatos, que seus corpos estavam esparsamente cobertos de róseas e brancas pétalas de macieiras de um pomar adjacente. Descobriram que se tratava dos oficiais-assistentes e do comandante do 1º Batalhão do 158º Regimento de Infantaria de Granadeiros do Exército Alemão. Os mapas revelavam que o batalhão cumpria a função de destacamento para o início do contra-ataque. A confusão que tomou conta dos alemães e sua subseqüente retirada deveram-se, em parte, ao fato de terem sido rendidos unicamente por Wray, sem liderança.

Vandervoort disse anos depois que, quando viu sangue na jaqueta e notou a ausência de parte da orelha de Wray, observara:

— Eles estão chegando perto de você, não é Waverley?

Com um sorriso quase imperceptível, Wray respondeu:

— Nem tanto quanto eu deles, senhor.

No local do combate, Vandervoort notou que todos os alemães, incluindo os granadeiros que haviam estado armados com Schmeissers a cem metros dali, tinham sido mortos com um único tiro — na cabeça. Wray insistiu em que seus corpos fossem enterrados. Disse que fora ele quem os tinha matado, que mereciam um enterro decente e que isso era responsabilidade dele.

Mais tarde, nesse mesmo dia, o sargento Rabig inquiriu de Vandervoort:

— Coronel, o senhor não se sente feliz por ter Waverley do nosso lado?

No dia seguinte, Rabig já não tinha mais muita certeza disso. Wray e ele encontravam-se agachados atrás de uma sebe. O fogo da artilharia americana caía no campo ao lado.

— Podia ouvir os alemães gritando ao serem atingidos. [Mas] O tenente Wray disse: 'John, queria que o ataque da artilharia parasse, a fim de que pudéssemos ir atrás deles.'

"Jesus Cristo!", pensei. "A artilharia já está fazendo um bom trabalho."

Antes de a batalha ser travada, Hitler estivera certo de que seus jovens sobrepujariam os jovens americanos. Tinha certeza de que os mimados filhos da democracia não podiam fazer frente aos robustos filhos da ditadura. Se ele houvesse visto o tenente Wray em combate nas primeiras horas da manhã seguinte à do Dia D, haveria tido lá as suas dúvidas.

Certamente, Wray era alguém especial. Não se consegue ter mais de um Wray numa divisão, tampouco num exército. Vandervoort comparava Wray a um sargento da 82ª Divisão que atuou na Primeira Guerra Mundial, um sulista também, chamado Alvin York. Embora as qualidades que Wray tinha fossem únicas, outros homens não se viam impedidos de aspirar à posse de atributos semelhantes, sem esperar igualar o desempenho espetacular dele. Mas, sem dúvida, eles teriam que fazer isso se quisessem que os Estados Unidos vencessem a guerra. A vitória dependia dos suboficiais, dos oficiais subalternos e dos soldados rasos. Eles formam a espinha dorsal deste livro.

A campanha no noroeste da Europa, entre 1944 e 1945, foi uma batalha colossal, num palco gigantesco. Foi ocasião em que se testaram muitas coisas, tais como o benefício que a Wehrmacht* poderia obter com

---

* Designação das Forças Armadas alemãs antes e durante a Segunda Guerra Mundial (*Wehr* = defesa + *Macht* = força). (N. T.)

a mudança de tática e de suas armas para defender o império que criara pela rapinagem que fizera com suas *Blitzkriegen*;* a desincumbência das linhas de montagem dos Aliados e do Eixo no fornecimento de armas; a habilidade dos generais; o emprego adequado de aviões para defesa e ataque; e muito mais. O teste — e o seu resultado — que este livro examina mais eficazmente é aquele a que o general George C. Marshall e o corpo de oficiais especializados do exército americano de 1940 estiveram submetidos e o qual se caracterizou pela missão que se lhes incumbiu de criar do nada um exército de verdadeiros soldados. Ademais, em razão do crescimento explosivo do exército — de 160 mil homens em 1939 para mais de 8 milhões em 1944 —, a seleção de armas e a definição de sua quantidade, o número de divisões necessárias e uma multiplicidade de outros problemas envolviam decisões que somente Marshall e um grupo de oficiais especiais seriam capazes de tomar.

Todos os problemas eram importantes, e decisivos, em sua maioria. Mas o que mais preocupava era o que envolvia o ser humano. Os Estados Unidos podiam dispor de muitos homens e também produzir armas para a criação de um grande exército e transportá-lo para a Europa; quanto a isso, não havia dúvida. Todavia, poderia o país criar líderes à altura das necessidades de um exército de 8 milhões de homens — líderes oriundos do seio do povo, principalmente capitães, tenentes e sargentos?

Hitler achara que não e até mesmo o chefe do estado-maior americano George Marshall tivera dúvidas sobre isso. Ao fim do primeiro ano de expansão do exército, o general Marshall relatou que os oficiais de baixa patente, oficiais subalternos e suboficiais eram inexperientes, tinham pouca confiança em si mesmos e, assim, falhavam na assunção de suas responsabilidades ou em desincumbir-se delas.[5] Marshall lançara mão de seus prodigiosos talentos num esforço de superação desses problemas e de todos os outros. Criara um exército americano para combater na Segunda Guerra com o noroeste da Europa em mente. Planejara um exército para enfrentar a Wehrmacht na França, derrotá-la, expulsá-la da França e destruí-la ao fim do processo. Como ele se havia saído nesse planejamento, somente o futuro próximo diria.

O sucesso do Dia D foi um bom começo, mas isso já era passado. Os Aliados haviam conseguido penetrar as defesas alemãs apenas super-

* Incursões-relâmpago, guerras-relâmpago. (N. T.)

ficialmente e tinham travado combate somente com uma pequena fração do exército alemão na França. A Wehrmacht não era mais o exército que fora três anos antes, mas um cujos soldados haviam passado a recusar-se a morrer, e mais ainda depois dos fatos havidos em Moscou, Stalingrado e Kursk.

A coesão que a Wehrmacht mantivera através dos acontecimentos catastróficos nessas cidades foi atribuída ao treinamento superior de seus suboficiais e oficiais subalternos. Estes estavam não apenas bem instruídos quanto a técnicas e a detalhes militares de guerra, mas eram também estimulados a pensar e agir com independência em situações de combate. Deram também uma contribuição fundamental ao reforço do traço de união — o *Kameradschaft** — tão forte e tradicional no exército alemão no âmbito dos esquadrões.

Os oficiais de baixa patente americanos poderiam sair-se igualmente bem? Poderia o exército americano derrotar o exército alemão na França? A resposta à segunda pergunta dependia da resposta à primeira.

* Coleguismo, camaradagem. (N. T.)

PARTE UM

A BATALHA PARA A LIBERTAÇÃO DA FRANÇA

No Dia D, os Aliados desembarcaram 175 mil homens na Normandia. Outras centenas de milhares na Grã-Bretanha e nos Estados Unidos foram postas a caminho. Esses reforços começaram a chegar no amanhecer do dia 7 de junho de 1944. Esta é a história de como se uniram e suplantaram a resistência alemã para expandir a cabeça-de-praia, invadir a Normandia e, em seguida, a França, e avançar em direção à fronteira da Alemanha.

1

EXPANDINDO A CABEÇA-DE-PRAIA

7 A 30 DE JUNHO DE 1944

LOGO DEPOIS DO AMANHECER do dia 7 de junho, o tenente Horace Henderson, da Sexta Brigada Especial de Engenharia, atracou na Praia de Omaha. A bordo de seu Higgins:*

— Notei que nada se movia na praia, exceto um trator. Ela estava coberta de destroços, embarcações naufragadas e veículos em ruínas. Vimos muitos corpos na água... Topando com a água inicialmente à altura do peito, desembarcamos e demandamos a areia. Então, vimos que a praia estava literalmente coberta de soldados americanos com os emblemas azuis e cinzentos da 29ª Divisão de Infantaria.

Embora os combates se houvessem transferido para o interior, o esporádico fogo de artilharia e a ação intermitente de atiradores de elite alemães que ainda mantinham suas posições na ribanceira impediam a movimentação na praia. O trabalho de Henderson era distribuir mapas (processo fundamental e ininterrupto — eventualmente, na campanha da Normandia, o I Exército Americano distribuiu 125 milhões de mapas), mas, dado que a frente de batalha se encontrasse logo depois da restinga da Praia de Omaha, somente homens, munição, armas e gasolina estavam

* Do sobrenome de Andrew Higgins, de Nova Orleans, seu inventor e fabricante. A marinha americana o denominou LCVP [*Landing Craft Vehicle Personnel* = "Barco de Desembarque de Tropas"]. (N. A.)

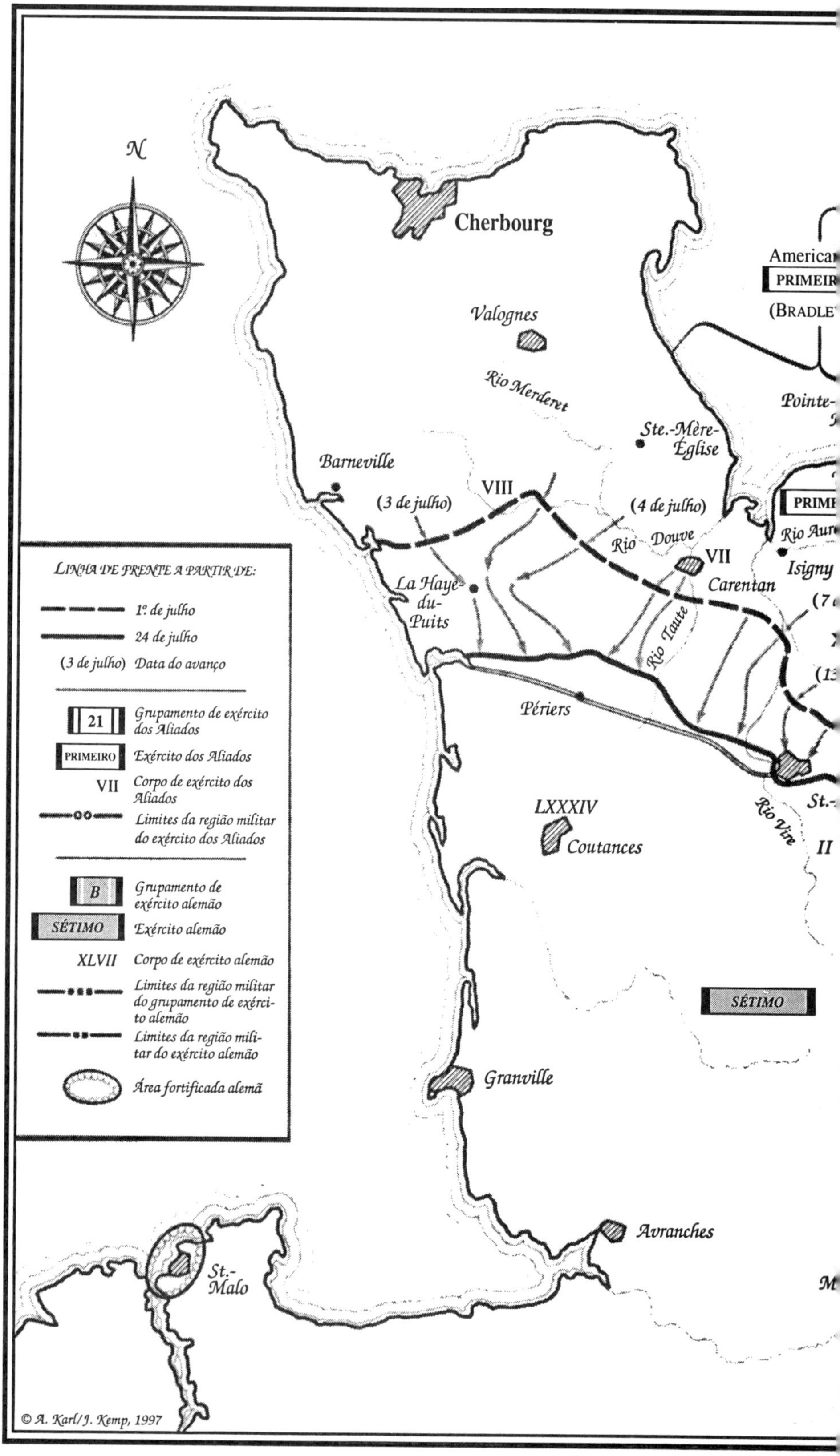

N
Cherbourg
Valognes
Rio Merderet
Ste.-Mère-Église
Barneville
VIII
(3 de julho)
(4 de julho)
Rio Douve
VII
Carentan
Isigny
La Haye-du-Puits
Rio Taute
Périers
LXXXIV
Coutances
Rio Vire
II
SÉTIMO
Granville
Avranches
St.-Malo
Pointe-
Rio Aur
PRIMEIRO
(BRADLE
American
PRIMEIR
LINHA DE FRENTE A PARTIR DE:
1º de julho
24 de julho
(3 de julho) Data do avanço
21 Grupamento de exército dos Aliados
PRIMEIRO Exército dos Aliados
VII Corpo de exército dos Aliados
Limites da região militar do exército dos Aliados
B Grupamento de exército alemão
SÉTIMO Exército alemão
XLVII Corpo de exército alemão
Limites da região militar do grupamento de exército alemão
Limites da região militar do exército alemão
Área fortificada alemã
© A. Karl/J. Kemp, 1997

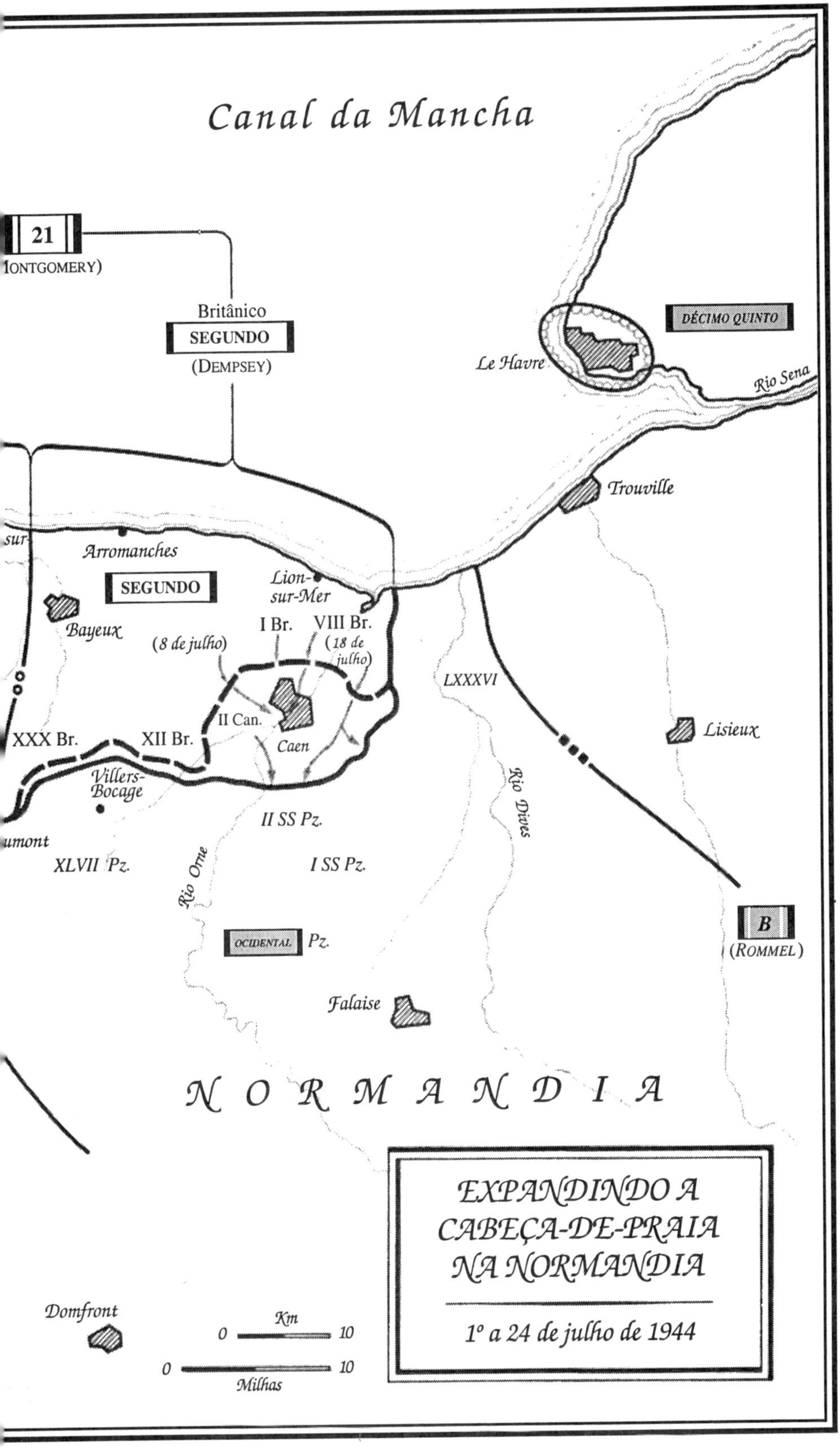

Canal da Mancha
21
(MONTGOMERY)
Britânico
SEGUNDO
(DEMPSEY)
DÉCIMO QUINTO
Le Havre
Rio Sena
Trouville
Arromanches
SEGUNDO
Lion-sur-Mer
Bayeux
I Br.
VIII Br.
(8 de julho)
(18 de julho)
LXXXVI
II Can.
Caen
XXX Br.
XII Br.
Lisieux
Villers-Bocage
Rio Dives
II SS Pz.
XLVII Pz.
I SS Pz.
Rio Orne
OCIDENTAL Pz.
B
(ROMMEL)
Falaise
N O R M A N D I A
EXPANDINDO A CABEÇA-DE-PRAIA NA NORMANDIA
1º a 24 de julho de 1944
Domfront
Km
0
10
0
10
Milhas

sendo trazidos para a praia. Assim, ele não tinha mapas para distribuir. Ele e seu grupo de combate descarregaram grandes e quadrangulares latões de gasolina, as primeiras das milhões dessas vasilhas a cruzar a praia.

Henderson nos relata que, em determinado momento da tarde desse dia, "antes que os corpos pudessem ser removidos, os primeiros ofícios religiosos foram celebrados na Praia de Omaha. Oramos em benefício daqueles que se haviam ido e agradecemos a Deus por nossa sobrevivência. Prometi a Deus que faria tudo a meu alcance para impedir que algo tão terrível assim ocorresse novamente".*

Pela noitinha desse mesmo dia, Henderson entrincheirou-se ao sopé de um penhasco em frente da ponte levadiça de Vierville. Assim que se prostrou, quatro bombardeiros da Luftwaffe apareceram.

— Centenas de armas antiaéreas de um mar de navios foram disparadas, produzindo um barulho ensurdecedor. — Essa foi a única e solitária incursão alemã contra a Praia de Omaha nesse dia.[1]

A oeste da Praia de Utah, num ponto interiorano da região por ela banhada, a incursão do tenente Wray, empreendida no dia 7 de junho, havia desmantelado o contra-ataque alemão à vila de Ste.-Mère-Eglise antes que tivesse sido iniciado. Mas, pelo meio-dia, os alemães começaram a lançar projéteis de morteiros sobre a vila. O soldado Jack Leonard, da 82ª Divisão, abrigava-se numa trincheira quando ela foi atingida em cheio. Seu estômago foi praticamente arrancado. Suas últimas palavras foram:

— Malditos bastardos, eles me pegaram. Pro inferno com eles.[2]

Na tarde desse dia, a Companhia E, do 505º RIA,** conseguiu repelir ainda mais as forças alemãs. Participaram da operação o sargento Otis Sampson, antigo soldado de cavalaria com dez anos de exército e reputação de melhor operador de morteiro da divisão, algo que provara ser no Dia D; os tenentes James Coyle, líder de pelotão do 505º RIA; e Frank Woosley, oficial-ajudante junto a uma das companhias do 505º RIA. De certa forma, a experiência a que estavam prestes a serem submetidos — combater nas sebes — tipificava aquilo pelo qual outros passariam nesse mesmo dia ou que enfrentariam nos dias seguintes; em outras circunstâncias, tiveram sorte incomum.

---

* Assim, Henderson se tornaria diretor geral do World Peace Through Law Center. Além disso, foi nomeado, pelo presidente Eisenhower, membro da delegação americana junto às Nações Unidas. (N. A.)

** Regimento de infantaria aeromóvel. (N. T.)

A companhia tinha dois blindados agregados a ela. A ordem do tenente Coyle era fazer com que seu pelotão cruzasse o campo e atacasse a sebe que lhes estava à frente da maneira mais simples e direta. Mas Coyle estava na Normandia fazia um dia e meio e sabia que ali não era o Forte Benning.* E protestou. Explicou a seu comandante que os alemães estavam entrincheirados e escondidos atrás das sebes e que lhes cobrariam preço de sangue caso os americanos ousassem avançar pelo campo, independentemente de quanto seus homens fossem bons no poder de fogo e em movimentação.

Coyle acreditava que podia imaginar outra saída e recebeu permissão para explorar rotas alternativas. O tenente Woosley o acompanhou nisso. De fato, Coyle descobriu uma rota pelas ruelas encovadas que levou os americanos a um ponto que os fez sair numa que corria perpendicularmente à em que estavam. Era ela a área da principal posição alemã, inexplicavelmente sem cobertura ou postos de observação nos flancos.

Com isso, os pára-quedistas puderam observar um insuspeitado batalhão alemão em ação. Este se havia posicionado ali apenas 15 minutos antes (o que pode explicar o fato de que os flancos não tinham sido guarnecidos), mas o qual já tinha transformado a viela numa fortaleza. Fios de comunicação se estendiam por várias partes. Operadores de morteiros manipulavam suas armas. Sargentos munidos de binóculos, apoiados no paredão da sebe, espiavam o inimigo através dos buracos abertos nela para orientar os disparos dos morteiros. Outros, atuando como observadores avançados, se ocupavam com tarefa semelhante, pela qual norteavam o fogo de artilharia pesada lançado da retaguarda. Fuzileiros posicionados no talude tinham feito buracos na sebe também, pelos quais podiam mirar e atirar. Nas extremidades da ruela, nos cantos dos campos, entocavam-se possantes metralhadoras alemãs, com apenas as bocas de seus canos sobressaindo de pequenos buracos feitos na sebe, prontos os que as operavam para lançar fogo cruzado no campo à frente.

Tal era o assombroso poder de fogo com o qual o pelotão de Coyle teria deparado tivesse ele obedecido as ordens originais sem contestação. Por se haver recusado a cumpri-las como tais e ter logrado o prevalecimento de seu ponto de vista, estava agora no flanco alemão com seus

---

* Centro de Infantaria do Exército Americano, situado na região sul da cidade de Colombo, Geórgia. Base que ocupa 765km^2 e em que se ministram vários cursos e treinamentos militares. (N. T.)

homens e dois blindados na retaguarda. Estes fizeram um ajuste de tiro de 90 graus, ao passo que os homens improvisaram uma base de tiro de fuzis e metralhadoras, grandemente auxiliados por uma bateria de morteiros comandada pelo sargento Sampson. Com todos em suas posições, os tanques tiveram seus canhões de 75 milímetros acionados contra a ruela em que o inimigo se emboscava.

Alemães tombaram aqui e acolá. Sampson usou toda a munição dos morteiros e, depois disso, pegou um BAR.*

— Eu estava tão perto que não poderia errar o alvo — disse. — Aquela estrada foi uma armadilha mortal para eles. Foi tão fácil, que fiquei envergonhado de mim mesmo e parei de atirar. Achei que tinha feito a minha parte.[3]

Os sobreviventes alemães agitaram uma bandeira branca, e Coyle disse a seus homens que suspendessem fogo, se levantassem e avançassem pela ruela para capturar os rendidos. Ao fazerem isso, duas granadas, lançadas por sobre a sebe, caíram próximo aos seus pés. Jogando-se para o lado, conseguiu escapar, e o tiroteio recomeçou. Os americanos haviam encurralado os alemães na viela, e estes, após um período de sofrimento de baixas sem serem capazes de infligir uma sequer ao inimigo, começaram a abandonar a posição de combate, prorromper por sobre a sebe e aparecer no campo com as mãos para cima, gritando "Camaradas!".

Logo, cerca de 200 homens estavam reunidos no campo, com as mãos para cima. Coyle escalou a sebe e deu início a um cerco, mas foi imediatamente atingido na coxa pela bala de um atirador de elite. Nada grave. Ficou furioso consigo, porém, por ter sido incauto duas vezes. Senhor de grande autocontrole, contudo, fez o ajuntamento dos prisioneiros de guerra e os pôs sob guarda. Seus homens e ele tinham destruído um batalhão inimigo eficientemente, sem a perda de um único homem.

Era difícil dispor de homens para a tarefa da guarda de prisioneiros, já que havia apenas um soldado para cada dez alemães capturados. Diante disso, os guardas incumbidos de os vigiar mantinham-se sempre alerta. O cabo Sam Applebee deparou com um oficial alemão que se recusou a mover-se.

— Peguei uma baioneta e a espetei em seu traseiro — disse Applebee. — Aí, ele se moveu. Você precisava ver os sorrisos e as risadinhas de felicidade de alguns dos prisioneiros ao ver seu mestre e senhor sendo obrigado a obedecer, principalmente a um soldado raso.[4]

---

* De B[*rowning*] A[*utomatic*] R[*ifle*]. Fuzil inteiramente automático, resfriado a ar, capaz de lançar rajadas de 200 a 350 tiros por minuto. (N. T.)

O sargento Sampson viu que um soldado disparava seu BAR pela sebe abaixo. Era o único homem que continuara a atirar. Depois de investigar, Sampson descobriu que ele estava atirando em prisioneiros desarmados que estavam em pé na trincheira, com as mãos para cima. O soldado disparava seu fuzil sem parar.

— Talvez tivesse muito rancor em seu coração — observou Sampson.[5]

A experiência da Companhia E no dia 7 de junho foi única ou quase — raramente, um flanco alemão desguarnecido seria encontrado outra vez. Mas, embora de outro modo, aquilo pelo qual a companhia tinha passado se repetiria pela Normandia nas semanas seguintes. No exército alemão, os prisioneiros escravos da Europa Central e Oriental e da Ásia erguiam as mãos em sinal de rendição na primeira oportunidade, mas, se superestimassem sua situação e o guarda incumbido de os vigiar estivesse por perto, corriam o risco de levar um tiro nas costas. Demais, havia situações em que os soldados continuavam a combater mesmo que o inimigo se rendesse a seus ataques, segundo soube Coyle.

O tenente Leon Mendel era um oficial de interrogatórios do Serviço de Inteligência Militar, lotado no 505º RIA. Ele interrogou os prisioneiros que o pelotão de Coyle fizera.

— Eu iniciava o interrogatório em alemão — disse Mendel —, mas não obtinha resposta. Assim, passei a falar-lhes em russo e lhes perguntei se eram russos. “Sim!”, responderam, meneando a cabeça positiva e avidamente. “Somos russos. Queremos ir para os Estados Unidos!”

— Eu também — tornou Mendell, em russo. — Eu também![6]

Em junho de 1944, o exército que a Wehrmacht mantinha na Normandia era uma força internacional. Seus homens provinham de todos os cantos do vasto império soviético — eram mongóis, cossacos, georgianos, mulçumanos, chineses —, além de dos países fronteiriços à extinta União Soviética, homens que haviam sido recrutados para servir no Exército Vermelho e que depois, em 1941 e 1942, foram capturados pelos alemães. Havia coreanos também entre eles, capturados pelo Exército Vermelho em 1939, na guerra contra o Japão. Em junho de 1944, na Normandia, a 29ª Divisão capturou soldados inimigos de nacionalidades tão diversas, que um soldado perguntou ao comandante de sua companhia:

— Capitão, quem estamos combatendo afinal de contas?[7]

Alemães étnicos também se rendiam. Até mesmo veteranos da frente de batalha da Europa Oriental. O cabo Friedrich Bertenrath, da 2ª Divisão de Panzer,* explicou:

— Na União Soviética, não se podia pensar em outra coisa que não fosse lutar até o último homem. Sabíamos que ir para um campo de prisioneiros lá significava morrer. Na Normandia, todos tinham sempre em mente o seguinte pensamento: "Bem, se tudo for para o inferno, os americanos são tão humanitários, que a perspectiva de nos tornarmos seus prisioneiros é atraente, até certo ponto."[8]

Sob nenhum aspecto, os soldados alemães que lutavam na Normandia eram combatentes indecisos. Muitos lutaram efetivamente; alguns combateram magnificamente. Em St.-Marcouf, a cerca de dez quilômetros ao norte da Praia de Utah, os alemães tinham quatro casamatas enormes, cada uma abrigando um canhão de 205 milímetros. No Dia D, essas armas travaram duelo com navios de guerra americanos. No dia seguinte, soldados da 4ª Divisão de Infantaria cercaram essas casamatas. Para mantê-los afastados, o comandante alemão solicitou cobertura de outra bateria de canhões de 205 milímetros, localizada a cerca de 15 quilômetros ao norte dali, bem acima de sua própria posição. Isso manteve os americanos ao longe por mais de uma semana, enquanto o canhão alemão continuou a disparar esporadicamente contra a Praia de Utah.

Os disparos da casamata conseguiram atingir inúmeros alvos em cheio, e a todos com grandes projéteis, mas estes produziram apenas pequenas concavidades no concreto. Essas casamatas ainda existem — ficarão lá durante décadas, senão séculos, de tão bem construídas que foram. São um mudo testemunho da resistência dos alemães. Durante oito dias, as guarnições de seus canhões ficaram confinadas nelas — sem nada para comer, exceto pão dormido e água de má qualidade; nenhum lugar para o alívio de necessidades; barulho ensurdecedor, vibrações, concussões, poeira em toda parte. Apesar de tudo, eles continuaram com os disparos. Desistiram somente quando sua munição se esgotou.

Entre outros grupos de elite alemães na Normandia havia o dos pára-

---

* De *Panzerdivision*, ou "divisão de veículos blindados". Denominação de divisões de blindados alemães durante a Segunda Guerra Mundial, compostas principalmente de tanques e organizadas para realizar ataques súbitos. (N. T.)

quedistas. Eles formavam um corpo de combatentes inteiramente diferente das tropas alemãs lotadas na União Soviética e na Polônia. Partindo da Bretanha, a 3ª Divisão de *Fallschirmjäger* travou combate pela primeira vez na Normandia em 10 de junho, depois de dez dias de viagem de caminhão. Era uma divisão completa, com 15.976 homens em suas fileiras, formada por jovens voluntários alemães em sua maioria. Embora inexperiente em matéria de combate, tinha sido organizada e treinada por um experiente batalhão de pára-quedistas da campanha da Itália. Seu treinamento fora rigoroso, e ênfase tinha sido dada à iniciativa e à improvisação. Seu equipamento era notável.

Os *Fallschirmjäger* eram, talvez, os mais bem armados soldados de infantaria do mundo em 1944. Sua unidade, a 3ª Divisão, tinha 930 metralhadoras leves, 11 vezes mais que seu principal oponente, a 29ª Divisão de Infantaria Americana. Suas companhias de fuzileiros tinham 20 submetralhadoras MG 42 e 43; as companhias de fuzileiros na 29ª Divisão tinham duas metralhadoras e nove BARs. No âmbito dos esquadrões, os soldados americanos tinham um único BAR; o esquadrão de pára-quedistas alemão tinha dois MG 42 e três submetralhadoras. Os alemães tinham três vezes mais morteiros que os americanos, e de maior calibre. Portanto, em qualquer recontro entre números semelhantes de americanos e os *Fallschirmjäger*, os alemães tinham um poder de fogo de seis a vinte vezes maior.[9]

E esses combatentes alemães estavam bem preparados para o combate.

— Esses alemães são os melhores soldados que já vi. São inteligentes e ignoram o significado da palavra "medo". Eles avançam e continuam vindo até que façam seu trabalho ou você os mate — disse, como comentário, um comandante de batalhão da 29ª Divisão a um colega de outro regimento.[10]

Esses eram os homens que tinham que ser arrancados das sebes. Um por um. Havia, em média, 14 sebes por quilômetro na Normandia. O custoso e enervante processo de preparação para o ataque, a realização dele, seu eventual sucesso e a subseqüente operação de limpeza levavam meio dia ou mais. E, no fim da operação, outra sebe os aguardava a cerca de 200 metros de distância. Ao longo de toda a Península de Cotentin, do dia 7 de junho em diante, os soldados americanos penaram no afã de superar essas sebes. Puxaram e empurraram apetrechos e equipamentos e lutaram e morreram fazendo isso, para a conquista de duas sebes por dia.

Nenhum terreno no mundo foi mais apropriado ao combate defensivo com as armas da quarta década do século XX do que o formado pelas sebes da Normandia, e somente a lava e os corais, as cavernas e os túneis de Iwo Jima e Okinawa lhe foram tão favoráveis.

As sebes normandas remontavam à época dos romanos. Eram cercas de terra para confinar o gado e demarcar limites. Tipicamente, havia apenas um local de acesso a cada um dos pequenos campos fechados pelas sebes, as quais eram irregulares tanto no comprimento quanto na altura e cuja disposição formava estranhos ângulos. De um modo geral, a galhada de suas árvores e de seus arbustos se encontrava por sobre as vielas, o que dava aos soldados a impressão de que estavam presos num túnel de vegetação. Para onde quer que olhassem, sua visão era bloqueada por paredes de folhas e galhos.

A realização de uma ofensiva nas sebes era um empreendimento arriscado, oneroso, demorado, acompanhado por vezes por muita frustração. Era como combater num labirinto. Pelotões viam-se completamente perdidos, passados alguns minutos do lançamento de um ataque. Esquadrões se separavam involuntariamente. Não raramente, dois pelotões da mesma companhia podiam ocupar campos adjacentes durante horas antes de descobrir a presença de cada um. A pequenez dos campos limitava as possibilidades de disposição das tropas; pouquíssimas vezes, durante a primeira semana de combate, uma unidade como uma companhia iniciava um ataque sem sofrer baixas.

Onde os americanos se perdiam, os alemães se sentiam em casa. Havia meses que a 352ª Divisão Alemã estava na Normandia treinando para enfrentar o inimigo nas sebes. Além disso, os alemães eram geniais na utilização das possibilidades de fortificação desses obstáculos. Nos primeiros dias de batalha, muitos soldados foram feridos ou mortos, pois irrompiam pelas aberturas nas sebes em demanda dos campos, em seguimento da tática de combate agressiva que lhes fora ensinada, e eram detidos pelo fogo de metralhadoras ou de morteiros (os morteiros foram a causa de três quartos do total de baixas americanas na Normandia).

Os manuais de tática de guerra do exército americano enfatizavam a necessidade da cooperação entre unidades blindadas e de infantaria. Mas, na Normandia, as guarnições de tanques não gostavam de entrar nas encovadas ruelas, em razão de espaço insuficiente para girar a torre de tiro e visibilidade deficiente para empregar o poder de fogo do canhão e das metralhadores de longo alcance. Mas a permanência nas estradas principais mostrou-se algo impossível; os alemães ocupavam as elevadas regiões interioranas e tinham seu canhão de 88 milímetros posicionado para cobrir com seu poder de fogo grandes extensões ao longo das estradas. Assim, por força das circunstâncias, os tanques entraram nas vielas. Mas se viram restringidos em sua mobilidade. Tentaram sair para os campos e não conseguiram. Quando apontavam numa abertura que dava acesso a um deles, o fogo dos morteiros e dos *Panzerfaust** (lançadores portáteis de granadas-foguete antitanque) os tirava de combate. Na verdade, freqüentemente os faziam "ferver" ou incendiar-se — seus operadores começaram a descobrir que seus tanques tinham a angustiosa tendência de pegar fogo.

Algumas guarnições tentaram superar ou romper as sebes com seus veículos, mas elas se mostraram obstáculos quase insuperáveis pelo tanque americano M4 Sherman. Incontáveis foram as tentativas para se tentar fazer isso, mas o Sherman não era suficientemente forte para romper sua base, de consistência semelhante à do concreto, e, quando conseguia escalar o paredão da sebe e lhe alcançava o topo, seu chassi desguarnecido de blindagem ficava exposto ao *Panzerfaust.* Ademais, a coordenação entre as guarnições dos tanques e as infantarias era quase impossível naquelas condições de combate, já que não dispunham de um meio fácil ou confiável de se comunicarem uns com os outros.

O tenente Sidney Salomon, do 2º Batalhão de Tropas de Assalto, um dos heróis do Dia D, descobrira isso no dia 7 de junho. Então, ele estava conduzindo os sobreviventes de seu batalhão, o qual desembarcara em Omaha no flanco direito do inimigo e estivera envolvido em um tiroteio que durara um dia inteiro, no Dia D, em direção ao oeste, pela estrada litorânea que levava a Pointe-du-Hoc. Três companhias do 2º Batalhão de Tropas de Assalto haviam tomado a plataforma da artilharia alemã assentada aí e destruído a artilharia de costa, mas enfrentavam agora grande contra-ataque e sofriam preciosas baixas. Salomon tinha pressa em destruir o inimigo.

Mas essa coluna, marchando em formação de combate, começou a conseguir tomar posições de peças de artilharia pesada. À direita, Salomon avistou uma igreja normanda, seu campanário o único ponto elevado nas redondezas. Estava certo de que os alemães tinham um observador vigiando dali as peças de artilharia. Por trás de Salomon, um Sherman se aproximava, o único tanque americano que seria visto ali. O tenente queria que o veículo elevasse seu canhão de 75 milímetros em direção ao campanário para destroçá-lo, mas, com o tanque inteiramente fechado,

* *Panzerfaust* = "Punho blindado" ou "Esmurrador de tanques". (N. T.)

não conseguiu chamar a atenção da guarnição, mesmo quando golpeou o lado do blindado com a coronha de seu mosquetão. "Assim, numa atitude extrema, pus-me no meio da estrada, agitei os braços e apontei em direção à igreja. Deu resultado. Depois de alguns disparos do canhão e de algumas rajadas da metralhadora .50, o guardador de artilharia não existia mais."[11]

Em que pese a ousadia de Salomon, era óbvio que o exército teria que engendrar um bom sistema de comunicação tanque-infantaria, ao invés de fazer com que seus oficiais pulassem na frente dos tanques americanos para se comunicar. Até que isso fosse feito, os tanques desempenhariam um papel apenas secundário de apoio à infantaria, entrando no próximo campo depois que os soldados o tivessem ocupado.

O I Exército Americano não tinha produzido nada que se aproximasse de um corpo de instruções de ofensiva nas sebes. Despendera grande energia para enviar tanques em grande quantidade à Normandia, mas não tinha nenhuma doutrina militar para desempenho do papel destes nas sebes. Em tempos de paz, o exército teria lidado com o problema estabelecendo comissões e conselhos técnicos, realizando manobras experimentais, testando idéias, antes de criar um corpo de preceitos de combate. Mas, na Normandia, o tempo era um luxo de que o exército não dispunha. Portanto, enquanto a infantaria avançava em Cotentin, depois de lançar ataques frontais às zonas mortais do domínio inimigo, os tanques começaram a experimentar meios de utilização de suas armas nas sebes.

À luz do dia 7 de junho em diante, cada lado das forças beligerantes começou a enviar reforços rapidamente à frente de batalha. Quase diariamente, os americanos chegavam em divisões à zona de combate no cumprimento de rigoroso esquema de mobilização de tropas, elaborado de longa data. O sargento Edward "Buddy" Gianelloni, socorrista da 79ª Divisão, desembarcou na Praia de Utah seis dias após o Dia D. Sua divisão marchou rumo às regiões interioranas. Quando alcançou Ste.-Mère-Eglise, um pára-quedista inquiriu de Gianelloni em voz alta:

— Ei, quem são vocês?

— Somos a 79ª Divisão de Infantaria — Gianelloni respondeu.

— Bem, isso é ótimo, tornou o pára-quedista. — Agora, amigos, se vocês ainda estiverem de pé por estas horas amanhã, poderão considerar-se veteranos.[12]

Os alemães chegavam com essa ou aquela unidade de tropas, esse ou aquele equipamento, pois se viram obrigados a improvisar, surpreendidos pela falta de planos de reforço de suas posições na Normandia. Além disso, as forças aéreas dos Aliados haviam conseguido obstar grandemente a movimentação das tropas alemãs desde o começo da invasão.

A presença das forças aérea (a Luftwaffe) e marítima alemãs raramente seria vista, mas os alemães lograram algum sucesso em sua tentativa de impedir o desembarque dos Aliados, pelas minas e pelos obstáculos assentados nas praias. O sucesso alemão mais espetacular, o em que mais esperança depuseram, deu-se no amanhecer de 7 de junho.

O navio de transporte de tropas americano *Susan B. Anthony* aproximava-se do ponto de desembarque ao largo da Praia de Utah. O sargento Jim Finn encontrava-se no porão da embarcação, juntamente com centenas de outros homens da 90ª Divisão de Infantaria, preparados para entrar em combate assim que o navio lançasse âncora. A embarcação começou a perlongar-se, e os homens encetaram a escalada do costado em demanda do convés, preparando-se para descer por escadas de cordas. Finn e os demais estavam carregados de fuzis, granadas, pentes de munição suplementares, BARs, tripés, plataformas e canos de morteiros portáteis, máscaras de gás, botas de couro, calças abalonadas abarrotadas de cigarros, artigos de toalete, capacetes, coletes salva-vidas e outras coisas mais.

De repente:

— Ouviu-se um tremendo estrondo — conta-nos Finn. — O navio estremeceu. Toda a comunicação foi interrompida, toda a energia foi cortada. Tudo no navio caiu em profunda escuridão. E lá estávamos nós, um grande número de soldados confinado em exíguos compartimentos, com enormes quantidades de roupa e apetrechos, prontos para a invasão, mas sem saber o que estava acontecendo, em completa escuridão.

O *Susan B. Anthony*, um dos maiores navios de transporte de tropas, havia topado com uma mina a meia-nau. E começou a afundar e incendiar-se. O sobrevir de pânico ao porão era de esperar, e de fato houve algum, mas, segundo Finn relata, os oficiais assumiram o comando e restabeleceram a calma entre os homens. Então, "fomos instruídos a tirar o capacete, remover todo o excesso de nossas roupas e livrarmo-nos de todo o equipamento excedente. Muitos dos colegas tiraram suas botas". Assim, escalaram o costado para alcançar o convés.

Um barco de combate a incêndios se havia perlongado ao costado do transportador e lançava jorros de água ao fogo. LCVPs começaram a abordar com o navio que ia a pique. Os homens lançaram escadas de cordas por sobre a amurada e, depois de duas horas, todos estavam salvos — minutos antes de o *Susan B. Anthony* afundar.

Algumas horas depois, o sargento Finn e seu pelotão desembarcaram na Praia de Utah num Higgins — a pé, sem capacetes, fuzis, munição e alimento. Mas lá estavam eles e, aproveitando apetrechos e equipamento de mortos e feridos ao longo da praia, logo puderam reequipar-se.[13]

O afundamento do *Susan B. Anthony* foi, incomparavelmente, o maior triunfo da marinha alemã em seu esforço de obstar ao desembarque de reforços americanos na Normandia. Graças ao barco de combate a incêndios — um dos muitos vasos de guerra especializados da armada americana —, o processo de desembarque de tropas não sofreu atraso, mesmo com a perda do transportador. As marinhas americana, inglesa e canadense dominavam o Canal da Mancha, o que tornou possível o fluxo contínuo de homens e suprimentos para a França. O barco de combate de incêndios que salvou as vidas dos homens do *Susan B. Anthony* foi a prova do esplêndido trabalho que essas três marinhas estavam realizando.

Reforços começaram a chegar também à Praia de Omaha antes de o Sol erguer-se por sobre o horizonte. O tenente Charles Stockell, 20 anos, observador avançado da 1ª Divisão, foi um dos primeiros a alcançar as areias praianas nesse dia. Stockell tinha um diário. Registrou nele que desembarcara próximo a Vierville, que o capitão do LCI (Landing Craft Infantry)* temia as minas e os obstáculos subaquáticos assentados ao longo das praias e que, por isso, o fizera desembarcar em águas à altura do peito; que vira equipamento abandonado na praia e que:

"Os primeiros corpos de americanos que vejo são de dois soldados rasos, um deles sem ambos os pés, braços cingindo um ao outro num amplexo de coleguismo, em face da morte." Ocorreu-lhe a impressão de que "em toda parte, os homens pareciam patéticos e solitários. Somos acometidos pelo desejo de que ainda estivessem vivos e de que a guerra tivesse terminado".[14]

Stockell não foi muito longe região adentro naquela manhã. A frente de batalha estava, aliás, a menos de um quarto de milha da borda da restinga e se estendia ao longo de uma série de sebes fora de Colleville. Foi apenas aí que o capitão Joseph Dawson, comandante da Companhia G, 16º Regimento, 1ª Divisão, lograra chegar no Dia D — e Dawson tinha

---

* "Barco de desembarque de tropas". (N. T.)

sido o primeiro americano a alcançar o topo da restinga de Omaha. Em 7 de junho, ele estivera lutando para manter a posição que conquistara fora de Colleville e descobriu, nesse ínterim, que tinha muita coisa a apreender sobre sebes.[15]

O 175º Regimento, 29ª Divisão, chegou à Normandia às 6h30 do dia 7 de junho, exatamente no horário previsto. Mas desembarcara dois quilômetros a leste do local planejado, na saída de Vierville. Recebendo ordens de seguir para a saída dessa vila, o regimento iniciou a marcha, sem formação, através dos destroços e da desolação da batalha do dia anterior. Para o capitão Robert Miller, a praia "parecia algo semelhante ao Inferno de Dante".[16]

As balas dos atiradores de elite continuavam a zunir-lhes aos ouvidos.

— Mas, pior do que isso — segundo as palavras do tenente J. Milnor Roberts, o subcomandante da unidade —, eles desviavam dos corpos dos homens que tinham sido mortos no dia anterior, os quais tinham em seus uniformes o emblema da 29ª Divisão; os outros colegas, inexperientes, passavam por cima dos cadáveres. Próximo ao momento em que chegaram ao ponto a partir do qual deveriam seguir para o interior da região, eles estavam bastante assustados.[17]

Mas o inimigo também. O tenente-coronel Fritz Ziegelmann, da 352ª Divisão do Exército Alemão, foi um dos primeiros oficiais alemães a trazer reforços para a batalha. Quase no mesmo instante em que o 175º Regimento de Infantaria Americano iniciou a marcha em demanda de Vierville, Ziegelmann estava entrando no *Widerstandsnest* 76, um dos únicos focos de resistência, ainda existentes, de Omaha, situado a cerca de um quilômetro a oeste da ponte levadiça de Vierville. Esse foco de resistência tinha causado grande prejuízo à 29ª Divisão no Dia D, na ocasião em que, apesar disso, ela e a 352ª Divisão uniram-se numa espécie de amplexo mortífero para o inimigo.

"A visão do WN 76 permanecerá em minha memória para sempre", escreveu Ziegelmann depois da guerra. "O mar formava como que um quadro 'da revista de esquadra do Kiel'. Navios de toda sorte se apinhavam à praia e ao largo, dispostos em amplo e extenso escalonamento. E a aglomeração inteira permaneceu lá intacta, sem qualquer interferência efetiva do lado alemão!"

Um mensageiro lhe trouxera um punhado de ordens secretas americanas, obtidas de um oficial capturado, que revelava inteiramente o plano de invasão de Omaha, incluindo o quadro do cometimento subseqüente, o qual se desenhava aos olhos de Ziegelmann. "Devo admitir que, em toda a minha vida como militar, jamais fiquei tão impressionado", escreveu, acrescentando que, naquele momento, dera-se conta de que a Alemanha não venceria a guerra.[18]

Quando amanheceu, ao longo de todo o platô existente além da íngreme restinga de Omaha, os soldados despertaram, cumpriram algumas tarefas, comeram um pouco de ração, fumaram um cigarro, inteiraram-se de informação específica e se prepararam para mobilizar-se na tarefa de expandir a cabeça-de-praia. Mas, nas sebes, soldados e esquadrões ficaram desnorteados. O fogo dos atiradores de elite alemães vinha de todas as direções. As casas de fazenda normandas, feitas de pedra e cercadas de muros e com um estábulo do mesmo material, serviam como excelentes fortalezas. Ataques de reconhecimento davam como retorno uma chuva de balas dos alemães, o que desencorajou muito outras ações de reconhecimento.

O general-de-brigada Norman "Dutch" Cota, subcomandante da 29ª Divisão, juntou-se a um grupo de infantes imobilizados em suas posições por alguns alemães encastelados numa casa de fazenda. Ele perguntou ao capitão por que seus homens não estavam esforçando-se para tomar a edificação.

— Senhor, os alemães estão lá dentro, atirando em nós — respondeu o capitão.

— Bem, vou lhe dizer uma coisa, capitão — volveu Cota, tirando duas granadas de sua jaqueta. — Você e seus homens tratem de começar a atirar neles. Juntarei um esquadrão, e você e seus homens procurem observar atentamente. Vou mostrar-lhes como tomar uma casa com alemães dentro.

Cota conduziu seu esquadrão em torno de uma sebe de modo tal que pudessem aproximar-se da casa ao máximo. De repente, deu um grito e avançou abruptamente, com o esquadrão atrás, seus membros também bradando como loucos. Cota e um de seus homens arrombaram a porta da frente com os pés, lançaram algumas granadas para dentro, aguardaram até que explodissem e, em seguida, irromperam casa adentro. Os alemães sobreviventes saíram aos gritos pela porta dos fundos, em fuga desesperada para salvar a própria pele.

Cota tornou a juntar-se ao capitão.

— Você viu como tomar uma casa — disse o general, ainda ofegante. — Está entendido? Sabe como fazê-lo agora?

— Sim, senhor.

— Bem, não estarei por perto a fim de fazê-lo para você outra vez — disse Cota. — Não posso fazer isso para todos.[19]

Essa pequena história fala pelo treinamento dos homens do exército americano que participaram da Campanha da Normandia. À primeira vista, a bravura de Cota ficou como um exemplo perene, juntamente com sua maneira de encarar situações difíceis e seu conhecimento de táticas de combate. Talvez ele estivesse certo de que seu exemplo repercutiria na divisão. Uma lição seria aprendida. Sua reputação aumentaria, e os homens se sentiriam ainda mais propensos a seguir-lhe o exemplo.

Mas, isto considerado, eis que surge uma questão. Onde estivera aquele capitão nos seis meses anteriores ao episódio? Estivera sendo treinado para combater o exército alemão. Havia sido designado para participar de operações de combate, tinha sido treinado e estimulado a fazer isso. Mas a ninguém havia ocorrido ensinar-lhe como tomar uma casa ocupada. Ele sabia tudo sobre como desembarcar de um LCVP, obstáculos de praia, formas de escalar a restinga e ravinas e técnicas de incursões anfíbias. Mas ninguém o havia mostrado como tomar uma casa. Já que não havia nenhuma casa de pé na Praia de Omaha, esse não era um dos problemas que teria de enfrentar.

Não no dia 6 de junho. E, no dia 7, ele se tornou seu problema número um. Tal foi o caso para os cerca de 200 comandantes de companhia já desembarcados nas praias e tal seria para as dezenas de outros aguardando o momento de entrar em combate. Conforme dissera Cota, ele não podia estar lá para ensinar a todos como tomar uma casa. Eles teriam que descobrir como fazer isso sozinhos.

A Batalha da Normandia foi um conflito para soldados. As circunstâncias que ali imperavam se amoldavam especificamente à ação dos fuzileiros e das guarnições de metralhadoras, de morteiros, de tanques e de artilharia que seguiram para a linha de frente. Não havia espaço para manobras. Não havia ensanchas para engenhosidades. O princípio da luta era simples: os alemães defendiam; os americanos atacavam.

O que defender ou o que atacar não requeria nenhuma decisão previamente tomada: era sempre a próxima vila ou o próximo campo. A verdadeira tomada de decisão ocorria no âmbito dos batalhões, das companhias e dos pelotões: onde assentar minas, arame farpado, trincheiras de metralhadoras; onde fazer trincheiras individuais — ou onde e quando atacar as do inimigo.

A direção do ataque havia sido estabelecida por decisão tomada antes da invasão. Para a 1ª e a 29ª Divisões, isso significava que, partindo de Omaha, deveriam avançar em demanda de St.-Lô; para a 101ª DIA, seguir em direção a leste, a fim de alcançar Carentan e estabelecer ligação com Omaha; e, para a 82ª , deixando Ste.-Mère-Eglise, marchar em direção a oeste, com o intuito de poder proporcionar condições de manobra em Cotentin; para a 4ª e a 90ª Divisões, saindo de Utah, o objetivo de alcançar o Golfo de St.-Malo e impedir a ação do alemães em Cherbourg.

O objetivo de todo esse esforço era o de tomar o porto de Cherbourg e criar uma cabeça-de-praia suficientemente extensa para dar passagem ao fluxo de reforços americanos e tornar o local uma base para o lançamento de uma ofensiva através da França. As detalhadas projeções do SHAEF para ações futuras — onde as frentes de batalha estariam em tal e tal dia — estavam, já em 7 de junho, equivocadas. Isso era inevitável. O que não era inevitável era a obsessão dos Aliados por Cherbourg — o fato, por exemplo, de quão veementemente o SHAEF baseava suas projeções para os meses de agosto e setembro no desejo de ter um porto funcionando plenamente ali. Tão forte atrativo era-lhes Cherbourg, que as primeiras forças ofensivas americanas na Normandia se dirigiram para o oeste, para *longe* da Alemanha.

Eisenhower e seu alto comando eram obcecados por portos. Toda vez que compulsavam os números da necessidade de suprimentos para cada divisão em combate, empalideciam. Somente um porto grande e operacional podia satisfazer as necessidades logísticas, ou tal, pelo menos, era o que Eisenhower presumia. Assim, a primazia em matéria de planejamento fora dada aos portos: primeiramente, aos artificiais; depois, ao de Cherbourg e Le Havre, com o de Antuérpia atingindo o auge de suas preocupações nesse sentido. Somente com a disponibilidade desses portos Eisenhower pôde certificar-se dos suprimentos que uma ofensiva final, com 50 divisões, ao território alemão demandaria — especialmente com o de Antuérpia, pois, sem esse porto, possivelmente o exército americano não poderia ser suprido na Europa Central.

Os alemães haviam presumido que os Aliados não poderiam abastecer divisões em combate numa região litorânea. Os Aliados sentiam-se propensos a concordar com isso. Sua experiência no Mediterrâneo não tinha sido encorajadora. Churchill estava tão certo de que isso não poderia ser feito, que insistiu em que se depusesse uma grande parte do esforço nacional na construção de dois portos experimentais. Russel Weigley observara que, sem a promessa dessas experiências, talvez Churchill jamais tivesse concordado com a implementação da Operação Overlord.*[20] Como experiências, esses portos tiveram sucesso relativo (o americano foi destruído por uma tempestade no dia 19 de junho; o britânico foi intensamente danificado, mas, submetido a reparos, logo voltou a funcionar). Porém, como a realidade demonstrou, a contribuição deles ao total de tonelagem transportado pelas praias da Normandia ficou próxima dos 15%.

Foram os navios de carga e de transporte de tropas, secundados por LSTs (Landing Ship Tanks)** e uma miríade de embarcações de desembarque especializadas, uma mixórdia de navios — uma tripulação britânica de marinheiros experientes na direção de um barco Higgins da marinha canadense e incumbida de desembarcar soldados americanos na Praia de Utah; LSTs comandados por um tenente americano de 29 anos de idade e investido da missão de transportar soldados britânicos para Gold Beach;*** e LSTs em todas as praias, com seu bojo se abrindo lentamente para despejar tanques, caminhões, jipes, tratores, armas grandes e pequenas e enormes quantidades de caixas de ração e munição, milhares de latões de gasolina, caixotes com rádios e telefones, máquinas de escrever e formulários e tudo mais de que homens em guerra necessitam, que fizeram o trabalho de transporte e de descarga.

A ação dos LSTs em Omaha, Utah e em outras praias é um dos símbolos da Aliança. Criados pelos britânicos, construídos pelo americanos, fizeram exatamente o que alguém havia considerado possível: aportar em praias de mar aberto para suprir as necessidades das divisões em combate. Aliás, o LST era uma arma secreta dos Aliados, e muito mais prática e eficaz que a arma secreta que Hitler pôs em operação uma semana após o Dia D: o caça controlado por meio de rádio, sem tripulação, carregado com uma bomba de alto poder de destruição, chamada V-1**** ("V" de vingança).

Ao longo de todo o mês de junho, os alemães continuaram a crer, a despeito de todas as evidências, que os LSTs não poderiam guarnecer as

---

* "Supremo Senhor, suserano". Codinome da planejada invasão da Normandia. (N. T.)

** Tanques-navio de Desembarque de Tropas e Artilharia Pesada. Vaso de guerra blindado, de fundo achatado, usado por forças anfíbias. (N. T.)

*** Codinome de uma das extensões de praia e da respectiva região litorânea na Normandia. (N. T.)

**** De *Vergeltungswaffe* 1, ou "arma de retaliação número 1". Conhecida também como "bomba voadora". (N. T.)

divisões dos Aliados já em terra e que, portanto, a Operação Overlord era um estratagema para desviar-lhes a atenção de um ataque real, programado para ser lançado, presumiam eles, em Pas-de-Calais, no verão. Contudo, um plano para burlar o inimigo chamado Fortitude* e uma campanha de desinformação lançados pelo SHAEF reforçaram essa idéia fixa dos alemães. Dessa forma, Hitler manteve suas divisões de panzer ao norte e a leste do rio Sena durante todo o mês.

Hitler reconhecera que sua única chance de vitória estava na frente de batalha do Ocidente. Seus exércitos não poderiam derrotar o Exército Vermelho, mas poderiam derrotar os britânicos e os americanos, o que demoveria Stalin, supunha ele, de crer na idéia de que o Führer** faria um acordo com o líder soviético. Mas, após identificar precisamente o teatro de guerra de maior importância estratégica, Hitler falhou completamente em discernir o campo de batalha crucial. Continuou a ver Pas-de-Calais como o ponto a partir do qual poderia rechaçar os invasores de volta para o mar e, conseqüentemente, manteve a concentração de seu poder de ataque ali. A todas as solicitações de seus comandantes na Normandia para o envio, em seu auxílio, de divisões de panzer ao noroeste da França, Hitler disse não. Assim procedendo, selou o seu destino. E sofreu a pior das humilhações, que resultaria nas mais graves conseqüências — ele fora sobrepujado em astúcia.

A missão da 101ª DIA era tomar Carentan e, assim, coligar Omaha e Utah numa cabeça-de-praia contínua. O cometimento exigiu empenho total da divisão. Uma das ações de combate fundamentais foi liderada pelo tenente-coronel Robert Cole, comandante do 3º Batalhão, 502º RIA.

Cole tinha 29 anos de idade, filho de militar do exército e diplomado da turma de 1939 da West Point, e nascido e treinado para ser um líder. No Dia D, reuniu 75 homens, desembarcou na Praia de Utah, matou alguns alemães pelo caminho e demorou-se no topo de uma duna para dar as boas-vindas aos homens da 4ª Divisão, recém-chegados à praia. Do dia 7 de junho em diante, estivera envolvido no ataque a Carentan. O ponto alto de sua participação na guerra seria no dia 11 de junho.

Cole conduzia cerca de 250 homens por uma auto-estrada longa e vulnerável. No fim da estrada, havia uma ponte sobre o Rio Douve. Além da

---

* Resistência, fortaleza moral. (N. T.)

** Líder [Adolf Hitler]. (N. T.)

ponte, situava-se o ponto de união com as unidades da 29ª Divisão procedentes de Omaha. A estrada ficava por volta de um metro acima de pântanos existentes em ambos os lados. Num dos pontos extremos do pântano, a cerca de 150 metros de distância, havia uma sebe, ocupada pelos alemães.

Assim que Cole e seus homens ficaram inteiramente expostos ao longo da auto-estrada, as guarnições das metralhadoras e dos morteiros e os fuzileiros alemães emboscados na sebe abriram fogo. O batalhão de Cole sofreu algumas baixas. Os sobreviventes puseram-se de rojo em demanda da ribanceira existente num dos pontos da estrada.

Eles deveriam ter continuado avançando. Mas a lição mais difícil de ensinar no treinamento militar, a regra mais difícil de seguir em combate, é continuar movendo-se quando o inimigo abre fogo. Todos os instintos do soldado são lançar-se ao chão. Os homens de Cole fizeram isso, e, durante mais de 30 minutos, os alemães lançaram projéteis de morteiro contra o batalhão, o que lhe causou mais baixas. Toda vez que um americano tentava avançar pela estrada, atraía o fogo de fuzis e metralhadoras. Por mais meia hora, os soldados americanos ficaram encurralados ali.

Até que Cole decidiu que não podia suportar mais aquilo e assumiu o comando. E emitiu uma ordem raramente ouvida na Segunda Guerra Mundial:

— Fixem as baionetas!

Por todo o pelotão, ouviu o clique de baionetas sendo fixadas nos canos dos fuzis. A pulsação de Cole estava frenética, suas altas taxas de adrenalina pareciam fazer-lhe as veias latejar. Sacou de sua pistola calibre .45, pôs-se na estrada de um pulo, emitiu um comando em voz tão alta, que pôde ser ouvido claramente, em que pese o tumulto da batalha:

— Ataquem! — E virou-se em direção à sebe e começou a patinar dificultosa e vigorosamente através do pântano.

Seus homens o observaram, receosos, excitados, impressionados, inspirados. Mais vivamente empolgados pelo exemplo, os primeiros homens se levantaram e seguiram Cole. Mais além, grupos de dois e três fizeram o mesmo. Depois, esquadrões inteiros desabalaram em rojos impetuosos, fazendo luzir o aço frio de suas baionetas. Todos começaram a urrar enquanto avançavam, como partícipes de uma versão própria de Rebel Yell.

Os alemães abriram fogo e fizeram tombar alguns, mas isso não foi suficiente. Os homens de Cole alcançaram a sebe e pularam nos abrigos subterrâneos e nas trincheiras para pungir suas baionetas no inimigo, e derramaram sangue e provocaram gritos e causaram mortes. Os alemães que conseguiram subtrair-se às punções mortíferas das baionetas haviam fugido por uma saída na parte de trás do entrincheiramento e tinham abalado para a retaguarda. Mas os pára-quedistas lhes deitaram fogo e derrubaram uma dúzia ou mais deles.

Em certo momento, de súbito, Cole cessou de agir e deixou-se ficar onde estava, tremendo, exausto, contente. Em torno dele, seus homens começaram a dar vivas pela façanha, o que realçou a feição de Guerra de Secessão do ambiente. Depois que as salvas triunfantes e eufóricas diminuíram, Cole levou seus homens pela auto-estrada em demanda da ponte e, alcançando-a, cruzaram-na, a fim de que se pusessem na outra margem do Rio Douve. Ali, no dia seguinte, Omaha e Utah estavam militarmente unidas.[21]

O triunfo de Cole, memorável por si mesmo, serve como exemplo de heroísmo e coragem, mas, ao mesmo tempo, como exemplo dos muitos erros que os americanos estavam cometendo. Numa fase posterior da guerra, na Holanda e na Bélgica, o 502º RIA não teria avançado por uma auto-estrada que cortasse uma região pantanosa, com uma sebe desguarnecida, a 150 metros de distância dali. Ele teria procurado descobrir um modo de aproximar-se dela pelos flancos. Tampouco o experiente 502º RIA teria feito o que Cole fizera: lançar ao inimigo um ataque com baionetas através de terreno aberto e pantanoso. Não depois de ter visto, muitas vezes, o que balas e estilhaços de granada podiam fazer ao corpo humano. Como veteranos, os pára-quedistas teriam invocado o apoio da artilharia e dos caças de combate para destruir a posição alemã.

Mas, no mês de junho daquele ano, eles não tinham o conhecimento e as possibilidades de comunicação para fazer nada disso. Ninguém previra a necessidade da comunicação radiofônica terra-ar entre pilotos e o comando das divisões de tanque, entre o capitão da infantaria e o observador avançado, assim como ninguém lobrigara a necessidade de a infantaria ter um meio de poder comunicar-se com tanques quando sua portinhola estivesse fechada.

Em todo o I Exército, muitos jovens fizeram várias descobertas nos primeiros dias de combate: sobre a guerra, sobre si mesmos, sobre outros. Aprenderam rapidamente coisas fundamentais, como manter-se prostrados ou "morrer" — entrincheirar-se e manter-se quietos; discernir o fogo de artilharia do próprio exército do fogo de artilharia do inimigo — avaliar quando e onde um projétil ou uma barragem de fogo de morteiros cairia; reconhecer que o medo é algo inevitável, mas que se pode aprender a lidar com ele; e muitas outras coisas que lhes haviam dito nos treinamentos, mas que somente podiam ser realmente aprendidas na prática. Em outras palavras, após uma semana de combate, os infantes concordaram em que não havia um meio pelo qual o treinamento pudesse prepará-los para a realidade da guerra.

O capitão John Colby atinou um dos pontos essenciais da condição real do combatente, qual seja, o relativo ao senso de imediatismo que o dominava:

— A essa altura, fazia seis dias que estávamos combatendo. Mas era como se fosse um ano. Em combate, você vive o presente e não pensa muito no passado e no futuro.

Colby descobriu que não havia como saber se e quando alguém desertaria. Seu comandante de regimento era "grosseiramente incompetente", seu comandante de batalhão havia fugido da luta no primeiro dia de combate e seu comandante de companhia foi um verdadeiro fiasco. No dia 12, a companhia foi surpreendida por uma combinação de barragem de morteiro e de artilharia. Os homens não podiam avançar, nem recuar, nem continuar onde estavam — ou, pelo menos, foi o que presumiu o comandante, que, portanto, não teve como dar ordens, e ficou mudo.

Então, Colby dirigiu-se ao comandante para solicitar ordens. O comandante meneou a cabeça negativamente e apontou para a própria garganta. Colby perguntou-lhe se poderia tentar voltar à unidade de apoio por conta própria, "mas ele se pôs de pé de um salto e fugiu. Jamais o vi novamente".

Outra coisa que Colby aprendeu na primeira semana de combate foi:

— A artilharia não faz disparos incessantemente, embora essa seja a impressão que se tem quando se é surpreendido por ela. As armas superaquecem ou a munição diminui, e o ataque é suspenso. Pelo menos temporariamente.

Ficou grandemente surpreso quando descobriu quanto podia improvisar a "redução" do volume do próprio corpo. Se o combatente fosse pego em campo aberto por uma chuva de projéteis, ele recomendava: "A melhor coisa a fazer era jogar-se ao chão e encolher-se sob o capacete. O corpo tende a encolher-se grandemente quando os projéteis começam a cair. Tenho certeza de que consegui manter cerca de 80% do meu corpo sob o capacete quando surpreendido por barragens de projéteis."

Colby aprendeu algo sobre sebes. Certa vez, viu-se numa situação em que "tive que atravessar uma sebe. Uma submetralhadora lançou uma longa rajada bem em frente de meu rosto. Era uma Schmeisser, a qual tinha um poder de fogo muito grande e cujo barulho dos disparos se assemelhava ao do produzido por um pedaço de pano rasgado com violência. As balas passaram-me próximo da cabeça. Caí para trás e desmaiei de medo".[22]

No que diz respeito aos soldados americanos, a coisa mais importante que a maioria descobriu foi que não era covarde. Não, não haviam formado essa idéia de si mesmos, mas tinham nutrido a viva esperança de que o futuro não lhes confirmasse o receio de que assim fossem, e não podiam ter certeza disso até que fossem testados. Após alguns dias de combate, puderam comprovar, em sua maioria, que eram bons soldados. Não tinham fugido nem haviam caído ao chão qual patético e trêmulo montão de gelatina humana (seu maior receio, ainda maior do que o receio de sentir medo).

Demais, estavam aprendendo coisas a respeito dos outros. Um fato comum: o sujeito que falava mais duramente, que mais se gabava, que sobressaía aos demais nas manobras, que, na opinião de todos, se tornaria o melhor soldado da companhia, era o primeiro a desertar, ao passo que o jovem de fala mansa, raramente notado no acampamento, era o destaque nos combates. E estes são os bordões de romances de guerra justamente porque são verdadeiros. Aprenderam também que, enquanto o combate fazia aflorar o que havia de melhor em alguns homens, evidenciava também o que havia de pior em outros — e uma lição ainda maior: que a distinção entre o melhor e o pior não era clara.

No dia 9 de junho, o soldado Arthur "Dutch" Schultz, da 82ª DIA, estava nas cercanias de Montebourg. Na manhã desse dia, ele participou de um ataque à cidade.

— Passei correndo por um soldado alemão estendido ao lado de uma sebe. Era óbvio que ele sentia muitas dores e que estava gritando por socorro. Parei e virei-me. Um grande amigo meu pôs o cano de seu fuzil entre os olhos ainda chorosos do alemão e puxou o gatilho. Não houve nenhuma alteração nas expressões faciais de meu amigo. Acredito que nem mesmo piscou.

Schultz ficou ao mesmo tempo horrorizado e estupefato com o que tinha visto.

— Havia uma parte em mim que desejava ser tão impiedosa quanto meu amigo — disse ele. Mais tarde, percebeu que "unicamente pela graça de Deus continuo vivo".[23]

* * *

Os pilotos de caça dos Aliados dominavam o céu da Normandia. Em 15 de junho, Eisenhower cruzou o canal de avião para uma visita a Bayeux. Todos os aviões no céu eram americanos ou britânicos.

Graças à supremacia aérea, os americanos manobravam seus Piper Cubs, pequenos monoplanos monomotores de assento único usados para, entre outras coisas, missões de reconhecimento, a cerca de 300 metros à retaguarda da linha de frente e em sobrevôos de aproximadamente 300 metros de altitude. Fuzileiros alemães disparavam suas armas contra eles, mas em vão. Ainda assim, as balas preocupavam os pilotos. Como todos os homens na guerra, o maior receio deles era serem atingidos nos testículos. Mas os homens encarregados da manutenção dos aviões diminuíram-lhes a preocupação soldando placas de aço sob o assento.

Quando os Cubs apareciam, todo o fogo de artilharia e de morteiros dos alemães era suspenso. Conforme descreve o sargento Sampson:

— Eles não ousavam deixar que o inimigo descobrisse suas posições, pois sabiam que, se disparassem contra nossos pilotos, estes solicitariam apoio, e o fogo de nossa artilharia cairia sobre eles, certeiramente. Os resultados podiam ser devastadores.[24]

O sargento Günter Behr era operador de rádio de uma bateria de artilharia alemã. Mercê da ação dos aviões de reconhecimento, duas de suas armas foram despedaçadas minutos após a primeira vez em que a bateria disparou contra os americanos. Dali em diante:

— Assim que acionávamos nossas armas, tínhamos que correr novamente em busca de um bom abrigo. Éramos caçados. E ficávamos sempre apreensivos. Se você não conseguia correr, era o fim. Algo como águias e coelhos — relatou Behr.[25]

Além disso, essa supremacia facultava aos caças-bombardeiros dos Aliados, principalmente os P-47 Thunderbolts, capazes de transportar 228 quilos de bombas, bombardear e metralhar em vôos rasantes comboios e concentrações de forças alemãs. Do dia seguinte ao Dia D em diante, sempre que o tempo era favorável aos vôos, os P-47 forçavam a movimentação dos alemães somente à noite, a um custo incalculável para a eficácia logística destes.

Durante o dia, os alemães surpreendidos em terreno aberto pagavam rapidamente um alto preço por isso. Os Jabos sempre os alcançavam. (Da expressão alemã "*Jäger Bomber*" ou "caça-bombardeiro".) Cinqüenta anos depois, ao falar a respeito dos Jabos, os veteranos alemães tinham sempre a voz repassada de um misto de admiração e receio e fitavam, de soslaio e por sobre os ombros, um ponto alto do lugar onde estivessem, enquanto rememoravam o horror do momento em que outrora um deles vinha em sua direção, com as suas armas cuspindo fogo.

— Os Jabos eram um fardo para a nossa alma — disse o cabo Helmut Hesse.[26]

Os B-26 Marauders, bombardeiros bimotores, continuaram suas incursões com força total aos pontos cruciais do sistema de transportes alemão, principalmente a pontes e entroncamentos de auto-estradas. O tenente James Delong foi um piloto de Marauders que fez sobrevôos rasantes e demorados no Dia D na Praia de Utah. No dia 7, atingiu uma ponte em Rennes, no Sena. No dia 8, um entroncamento rodoviário perto de Avranches.

Eram pontos guarnecidos por sistemas de defesa.

— Estávamos sendo contra-atacados com intenso fogo antiaéreo dos 88* — reporta-nos Delong. — Aquele *puh! puh!* soando sinistramente e mortífero bem do lado de fora, com tufos negros de fumaça enchendo o ar, era, apesar de tudo, de causar pavor sem igual. — Mas não havia ali caças da Luftwaffe, em parte porque os B-26 voavam em formações coesas e a baixa altitude, o que desencorajava ataque a caças, mas principalmente porque a maioria dos pilotos alemães estava na outra extremidade do Rio Reno, tentando defender a terra natal dos ataques dos quadrimotores dos Aliados, e a Luftwaffe tinha falta crônica de combustível.[27]

Quase quatro anos antes, subseqüentemente à retirada da RAF da Batalha da França, a Luftwaffe dominara o céu da Normandia e de toda a Europa. A esquadra do Reichsmarschall Hermann Goering infundia terror no coração dos inimigos. Mas, em junho de 1944, ela já não constituía nem mesmo obstáculo ínfimo a ser superado nas batalhas. Um soldado alemão, ao ser interrogado depois de cair como prisioneiro nas mãos do inimigo, disse:

— Sim, vi a Luftwaffe. Sete de seus aviões, mas [vi também] 7 mil Jabos.[28]

Na Normandia, os soldados alemães aprenderam, em junho de 1944, a sempre olhar para cima à espreita de perigo. Os soldados americanos raramente tinham que olhar para o céu. Esse domínio era tão absoluto, que

---

* Forma abreviada de *German* 88 [mm]. Expressão pela qual os Aliados se referiam a versátil e mui eficaz canhão de artilharia antitanque e antiaéreo de 88 milímetros, criado pela Alemanha em 1917, mas amplamente usado na Segunda Guerra Mundial. (N. T.)

os alemães tornaram-se especialistas em camuflagem, a fim de que se fizessem invisíveis aos que, de cima, procurassem localizá-los em terra, ao passo que as tropas americanas estendiam em terra painéis coloridos e, ao contrário daqueles, faziam tudo que podiam para serem vistos em tais situações. Estes últimos queriam que todo avião lá em cima soubesse que eles eram americanos, pois sabiam que, mesmo sem procurar certificar-se de que avião se tratava, o barulho de seu motor era americano.

O general alemão Fritz Bayerlein, de uma Divisão de Panzer Lehr, fez um relato de como foi a ação dos Jabos contra sua unidade no dia 7 de junho:

— Perto do meio-dia, foi terrível; todos os veículos estavam cobertos com galhos de árvores e moviam-se ao lado das sebes e à borda dos bosques. Os bombardeios haviam destruído os entroncamentos das estradas e derrubado uma ponte. Próximo ao fim do dia, eu tinha perdido 40 caminhões-tanque que transportavam combustível e outros 90 veículos. Cinco de meus tanques foram tirados de combate e também 84 meias-lagartas, os quais eram fontes de energia e peças de artilharia móveis. — Foram perdas pesadas, principalmente em se tratando de uma divisão de panzer que, até então, não tinha disparado um único tiro.[29]

Indubitavelmente, os Jabos tiveram um papel decisivo na Campanha da Normandia. Sem eles, os alemães teriam sido capazes de levar reforços à Normandia numa proporção três, quatro, cinco vezes maior do que aquela em que conseguiram fazê-lo, no que diz respeito tanto a quantidade quanto a rapidez. Dois exemplos: A 266ª Divisão deixou a Bretanha em direção à Normandia no dia 10 de junho. Impossibilitada de utilizar transporte ferroviário ou usar as principais rodovias, a divisão avançou a pé, pelo que percorreu, em média, pouco menos de 16 quilômetros por dia. Levou mais de duas semanas para chegar à linha de frente. A 353ª Divisão partiu da Bretanha em 14 de junho e marchou finalmente sobre a Normandia em 30 de junho, depois de ter avançado em meio ao ruído de disparos de armas, num ritmo mais lento do que o dos soldados da Guerra de Secessão, ocorrida 80 anos antes.

Mas o poder de fogo não podia ser decisivo por si só. Os alemães já posicionados na Normandia estavam bem entrincheirados, de forma que pudessem sobreviver a ataques aéreos rasantes e bombardeios às suas linhas de defesa. Eram capazes de mover um número suficiente de homens, veículos e material bélico à noite para continuar lutando. Certa vez, na Normandia, sua mobilidade foi restaurada até certo ponto, pois conseguiam mover-se pelas ruelas encovadas e cobertas de folhas de árvores. O tempo, freqüentemente ruim, proporcionou-lhes um pouco mais de fôlego. Nuvens baixas, garoa, neblina — para os alemães, tempo ideal para trazer reforços à frente de batalha ou para a reposição de unidades. E houve mais dias com essas características do que dias claros.[30]

Nos dez primeiros dias de combate, os alemães lutaram tão bem, que os Aliados mediram seus ganhos de terreno em metros. Por volta do dia 16 de junho, a euforia provocada pelo sucesso do Dia D começou a ceder lugar a receios de que os alemães estivessem conseguindo fazer frente às forças inimigas na Normandia. Tais receios levaram os Aliados a trocarem acusações e recriminações entre si.

A dificuldade girava em torno da tomada de Caen. O general Bernard Law Montgomery, no comando das forças terrestres, havia dito que tomaria a cidade no Dia D, mas não tinha conseguido fazer isso, nem o fizera nos dez dias seguintes. Tampouco estava lançando ataques ao inimigo. O II Exército Britânico havia atraído para a sua linha de frente o grosso dos *Panzer* na Normandia. Era em Caen que os alemães mostravam-se mais vulneráveis, já que uma ruptura de sua linha de combate nessa cidade poria os tanques britânicos numa estrada reta que cortava uma região de elevações suaves e de campos abertos e que levava diretamente a Paris. Dessa forma, os combates ao norte de Caen foram violentos e dispendiosos, mas os britânicos não fizeram nenhum ataque com sua força máxima.

Os americanos, eles mesmos frustrados com o lento avanço dos britânicos através das sebes, foram tornando-se, cada vez mais, veementes críticos de Montgomery. Este lhes devolvia as críticas imediatamente. Ele culpava o general Omar Bradley, no comando do I Exército Americano, pelos problemas dos Aliados, dizendo que os americanos deveriam ter atacado tanto ao norte, em direção a Cherbourg, quanto ao sul, no sentido de Coutances, "mas Bradley não quis arriscar-se". E acrescentou:

— Sou obrigado a levar os americanos comigo discretamente e dar-lhes tempo para se prepararem.[31]

A Normandia, terra de gado gordo, ótimos pomares e, portanto, de queijos excelentes e sidras de notável qualidade, passara de uma terra inspiradora de éclogas pastoris a um campo de batalha da noite para o dia. A guerra caiu qual um raio sobre os normandos, os quais se haviam ajustado grandemente à ocupação alemã. Compulsando um relatório secreto do Comando de Operações Estratégicas (COE), documento enviado diretamente de seu QG em Londres, ao presidente Franklin Roosevelt, podemos fazer idéia de como os normandos se sentiram antes e durante os combates. Datado de 14 de junho, baseava-se em "fonte inteiramente confiável", um francês mantido no anonimato e que esteve na Normandia por um dia, com o intuito de entrevistar seus habitantes.

Os pontos altos do relatório: graves racionamentos de gasolina imobilizaram muitos veículos alemães e até mesmo unidades inteiras; a crença geral, tanto entre os franceses quanto entre os alemães, era de que a invasão da Normandia não era senão a primeira de uma série e que a próxima seria a de Pas-de-Calais; as pessoas estavam bem alimentadas e vestidas; a conduta dos alemães durante os quatro anos de ocupação fora "extremamente correta. Aparentemente, não há falta de comida nos restaurantes, embora os preços estejam muito altos. A fonte declara que a adega do Hotel Lion D'Or é excelente".*

Em matéria de questões políticas, constava que:

"De Gaulle é considerado um símbolo da Resistência Francesa, mas, em termos pessoais, não é benquisto. A maioria das pessoas entrevistadas pela fonte revelou não odiar Pétain; é tido por elas meramente como um pobre, cansado e velho homem. Um seu retrato pendurado no gabinete do prefeito foi substituído pelo do marechal Foch."[32]

Em toda a França, cidadãos fitavam o retrato [de Pétain] na *hôtel de ville* (prefeitura) e se inquiriam a respeito do momento certo para derrubar o marechal Pétain e pôr o marechal Foch — ou, talvez, quem sabe? — o general De Gaulle no poder. Ou quiçá Stalin. Grupos de resistência dominados por liderança gaullista e comunista perguntavam-se, no país inteiro, qual seria o momento certo para atacar os alemães e, simultaneamente, o poder constituído, num esforço duplo para ganhar o poder na França.

No ápice da pirâmide do poder, ao longo do mês de junho, o alto comando dos Aliados entregava-se a disputas e altercações a troco de nonadas. Na frente de batalha, os soldados combatiam. Conseguiram alcançar a costa oeste de Cotentin no dia 18 de junho, e Cherbourg, em 20

---

* Esse hotel fica em Bayeux. Tornou-se o restaurante favorito de Eisenhower na Normandia. Cinco décadas depois, ainda conserva a excelente adega e continua caro. Não tem mais problemas de abastecimento. (N. A.)

de junho. Foi necessária uma semana de duros combates para forçar a rendição da 27ª, e, mesmo assim, os alemães deixaram as instalações do porto tão gravemente danificadas, que os engenheiros precisaram de seis semanas para fazê-lo voltar a funcionar. Enquanto isso, suprimentos continuavam a chegar por meio dos LSTs.

Com Cherbourg capturada, Bradley pôde dispor as forças do I Exército Americano, agora composto pelos V, VII, VIII e XIX Corpos do Exército, numa linha contínua de frente para o sul. St.-Lô e Coutances eram os objetivos dessa segunda fase da Invasão da Normandia. Para atingi-los, os soldados americanos tinham muitas sebes a superar.

Com o intuito de ajudar na superação das sebes, os suboficiais das unidades de tanque vinham fazendo experiências utilizando-se de várias técnicas e métodos. Uma idéia que funcionou foi levar à frente de batalha os tanques terraplenadores, veículos especialmente equipados com uma placa de blindagem na frente e semelhantes a tratores de terraplenagem, usados também nas praias no Dia D. Eles conseguiam romper as sebes com relativa facilidade, mas havia muito poucos deles — quatro por divisão — para gerar resultados expressivos. Assim, fez-se uma solicitação urgente ao governo americano para o envio de mais 278 dessas placas blindadas, mas levou semanas para ser atendida.

No 747º Batalhão de Tanques, subordinado à 29ª Divisão, alguém — de nome ignorado — sugeriu o uso de explosivos para abrir fendas nas sebes. Após algumas experiências, os operadores de tanque descobriram que duas cargas de 23 quilos de explosivos postas contra o paredão fariam um buraco na sebe grande o suficiente para que um tanque Sherman pudesse passar. Assim que conseguisse passar para o outro lado, o tanque poderia disparar seu canhão nas quinas, usando projéteis com fósforo branco, o que certamente carbonizaria as guarnições de metralhadoras alemãs, e também derruir a sebe com sua metralhadora calibre .50. A infantaria poderia entrar no campo subseqüentemente à ação do tanque e recolher o que houvesse sobrado quando o blindado tivesse terminado seu trabalho.

Bom, talvez excelente. Mas, quando os planejadores voltaram a atenção para o estabelecimento de um meio de dispor dos explosivos necessários para secundar a ação dos blindados, descobriram que cada companhia de tanques necessitaria de 17 toneladas de explosivos para avançar uma milha e meia. Não havia disponibilidade de explosivos nessa quantidade, e, mesmo que houvesse, os problemas de transporte desse material até a frente de batalha eram muito grandes.

Então, um engenheiro sugeriu que se fizessem buracos no paredão da sebe e que se pusessem cargas de explosivos menores neles. Isso funcionou também — exceto o fato de que se levava uma eternidade, em razão do entrelaçamento e penetração das raízes vegetais na sebe, para que se lhe pudesse fazer um buraco suficientemente grande, e do fato de que, com isso, os homens ficavam expostos ao fogo de morteiro alemão.

Um operador de tanque do 747º propôs a soldagem de dois canos de 1,20m de comprimento e 15 centímetros de diâmetro na dianteira do tanque, reforçados por peças de ferro nos lados. Assim, o tanque poderia lançar-se contra a sebe e recuar, pelo que produziria dois buracos de bom tamanho para a colocação dos explosivos. Os engenheiros aprenderam a armazenar os explosivos em cartuchos usados de projéteis de canhões de 105mm, o que aumentou muito a eficácia das cargas e tornou-lhes o transporte e o manuseio bem mais fáceis. Alguns operadores de tanques descobriram que, se os canos fossem maiores, isso bastava, às vezes, para que o Sherman pudesse romper a sebe e atravessá-la, pelo menos com relação às sebes menores.[33] Outras experiências estavam em andamento em toda a Normandia. O I Exército Americano estava começando a ter controle sobre o problema.

As proporções dessa unidade de força estavam atingindo seu potencial máximo. O ritmo de sua composição na Normandia, reduzido, mas não interrompido, pelo menos até próximo da tempestade do dia 9 de junho, prosseguia a contento. Por volta do dia 30 de junho, era de 71 mil (de planejados 110 mil) o número de veículos que os americanos haviam trazido pelas praias da Normandia e de 452 mil (de esperados 579 mil) o de soldados para ali transportados. A deficiência no número de soldados foi sentida unicamente no que concerne a homens para a execução de serviços gerais e para a substituição de pessoal: a força de combate do I Exército mostrava-se, em verdade, maior do que a originalmente planejada. Ele tinha 11 divisões em combate, conforme o programado, além da 82ª e da 101ª DIAs, as quais teriam que ter sido transferidas para a Inglaterra, a fim de que se preparassem para a missão seguinte, mas foram retidas na região e mantidas na linha de combate ao longo do mês de junho. O II Exército Britânico tinha também 13 divisões nas praias, além da 6ª DIA Britânica.[34]

Os americanos tinham removido 27 mil baixas da região. Cerca de 11 mil soldados haviam sido mortos em combate ou morrido por causa de ferimentos, mil se perderam durante as batalhas e 3.400 homens feridos tinham voltado ao serviço. Portanto, o total da força ativa do I Exército Americano na Normandia em 30 de junho era de 413 mil homens.[35] A força alemã fazendo frente à linha de defesa americana era um pouco menor, ao passo que suas perdas diante da combinação de forças da Grã-Bretanha, Canadá e Estados Unidos chegaram a atingir 47.500 homens.[36]

Essa vultosa presença de soldados americanos ali, de homens tão bem equipados, embora com treinamento apenas parcial, foi a grande façanha do povo e do sistema americano neste século, igual à maior das que realizaram no século XIX, a criação do Exército de Potomac.* Em 1864 e também 80 anos depois, os cidadãos americanos se uniram e, embora dolorosamente provados por três anos de guerra, foram capazes de fornecer os homens e o material militar de que Grant e Eisenhower necessitaram para empreender uma ofensiva decisiva para pôr termo à guerra.

Na maioria dos casos, os soldados americanos estavam muito mais bem equipados do que seu oponente. Algumas armas alemãs eram superiores, outras inferiores, às deles. Em matéria de veículos, os Estados Unidos estavam bem à frente do inimigo, tanto em qualidade quanto em quantidade. Não havia veículo alemão semelhante que conseguisse competir com os caminhões de duas toneladas e meia e o jipe** (os alemães adoravam capturar jipes em bom estado de funcionamento, mas reclamavam do fato de que consumiam muita gasolina). As fábricas de veículos alemãs ficavam a algumas centenas de quilômetros da Normandia, enquanto as americanas, suas rivais, estavam situadas a milhares de quilômetros dali. Ainda assim, os americanos levaram mais e melhores veículos para a linha de frente do que os alemães o fizeram, e em menos tempo.

Concomitantemente à sua participação na campanha da Normandia, os americanos compareciam ao teatro de guerra na Itália e no Pacífico e estavam encabeçando uma grande ofensiva aérea dentro da Alemanha. Mas os alemães lutavam em quatro frentes de combate: na Europa Oriental, Ocidental e Meridional, e também em casa. Não havia como vencerem uma guerra qual a de que foram partícipes, independentemente do fato de que os centros industriais alemães, ao contrário do que ocorria com os dos americanos, estivessem próximos da Normandia.

---

* Exército criado durante a guerra civil americana. (N. T.)

** Forma aportuguesada de *jeep* (segundo consta, deriva, provavelmente, de *GP*[*V*], iniciais da expressão, cunhada por militares, G[*eneral*] P[*urpose*] V[*ehicle*] ou "Veículo Multiutilitário". As iniciais dessa palavra sofreram, como grupo fonêmico, acomodação de tonicidade na primeira sílaba, pelo que deu origem a algo como /dgí:-p/ = *jeep*). (N. T.)

Os comandantes alemães lotados na Europa Ocidental, os marechais-de-campo Gerd von Rundstedt e Erwin Rommel, estavam perfeitamente conscientes disso. Depois de fracassar no rechaço aos ataques dos Aliados às suas posições nas praias e em impedir a unificação das posições das forças invasoras, completamente carentes de apoio aéreo e gravemente desprovidos de meios de defesa aérea, constantemente obrigados a racionar combustível, infligidos por pesadas baixas, entraram em desespero. No dia 28 de junho, os dois marechais-de-campo partiram em demanda do quartel-general de Hitler, em Berchtesgaden. Durante a viagem, conversaram. Rundstedt já tinha falado aos bajuladores de Hitler da necessidade de "reconciliação". Agora, ele dizia a mesma coisa a Rommel.

— Concordo com você — tornou Rommel. — A guerra deve ser interrompida imediatamente. Direi isso ao Führer, de modo claro e inequívoco.

Rommel sabia o que isso significava. Hitler havia dito a ele, seis meses antes:

— Ninguém se reconciliará comigo. — Mas o fracasso em deter o desembarque das tropas dos Aliados nas praias tinha tornado a vitória algo fora de questão. Hitler iria ter que sair de onde estava, teria que ser forçado a exonerar-se e entregar-se ao inimigo, para o bem da Alemanha. E, agora, sem mais demora. Cada novo dia de guerra tornava pior uma situação ruim.

O encontro com Hitler em que se fizeram exposição de intenções deu-se numa conferência a que compareceram, em uniforme de gala, os integrantes do escalão máximo do alto comando: os marechais-de-campo Wilhelm Keitel, Alfred Jodl e Goering, além do almirante Karl Dönitz e lumes menos brilhantes. Rommel falou primeiro e disse que o momento era crítico. Observou a seu Führer:

— O mundo inteiro cerra fileiras contra a Alemanha, e essa desproporção de força...

Hitler atalhou-lhe a palavra. Faria o *Herr Feldmarschall* a gentileza de preocupar-se com a situação militar, não com a situação política?

Rommel respondeu que a história exigia que ele procurasse lidar com a situação levando em conta o país e a guerra como um todo. Hitler voltou a repreendê-lo e ordenou que ele se ativesse apenas à situação militar. Acatando-lhe a palavra, Rommel apresentou-lhe um relatório profundamente sombrio.

Hitler assumiu a responsabilidade dos fatos. Disse que a providência fundamental era deter a ofensiva inimiga. Isso seria logrado pela Luftwaffe, acrescentou. E anunciou que mil novos caças estavam saindo das fábricas e estariam na Normandia em pouco tempo. Falou sobre novas armas secretas — o V-2* — que mudariam a feição dos fatos. Disse ainda que as comunicações dos Aliados entre a Grã-Bretanha e a Normandia seriam cortadas pela Kriegsmarine, a qual logo estaria providenciando para que um grande número de barcos torpedeiros entrasse em operação para assentar minas no Canal da Mancha e para que novos submarinos operassem ao largo das praias pelas quais a invasão fora feita, e que grandes comboios de caminhões novos, partindo do Reno, estariam dirigindo-se para a Normandia dentro de alguns dias.

Isso era pura fantasia. Hitler estava claramente louco. Não há dúvida de que o alto comando alemão sabia disso, e deveriam ter chamado os homens da camisa-de-força. Mas nada foi feito.

Quando todos deixaram a sala de reunião, Rommel disse que não poderia partir sem falar diretamente com Hitler "sobre a Alemanha".

Hitler virou-se impetuosamente para ele:

— Marechal, acho que seria melhor você sair desta sala![37] — Foi o que Rommel fez.

Para os americanos, números de unidades, qualidade e quantidades de equipamento ajudaram a tornar a vitória possível, mas também os homens foram necessários para que ela se tornasse realidade. E, lá nas sebes, não parecia tão patente aos soldados que seu lado das forças beligerantes desfrutava das vantagens de grande poder humano e de equipamento. O contrário era o que freqüentemente se lhes afigurava, embora, de fato, essa tivesse sido a realidade da guerra algumas vezes. Enquanto isso, todos aqueles veículos americanos ficariam ociosos até que os soldados conseguissem superar as sebes. E isso dependia da inteligência, da capacidade de resistência e do trabalho das guarnições de tanques, da artilharia e da infantaria na linha de batalha.

---

* De *Vergeltungswaffe* 2, ou "arma de retaliação número 2". (N. T.)

2

OS COMBATES NAS SEBES

1º A 24 DE JULHO DE 1944

DECORRIDAS TRÊS SEMANAS DO SUCESSO DO Dia D, a desagradável palavra "impasse" começou a ser usada.

— Ficamos impedidos de prosseguir — conta-nos o cabo Bill Preston. — Algo horrível parecia ter acontecido em termos do plano geral. Algumas coisas devem ter sido feitas de modo errado. Toda a teoria de mobilidade que nos haviam ensinado, de um avanço rápido pelo campo de batalha, parecia ter se desfeito como fumaça.[1]

E, nas cercanias de Caen, enquanto o avanço americano era irritantemente lento, os britânicos e os canadenses não conseguiam dar um passo adiante. Ataques intensos seguidos por grandes perdas em favor de pouco ou mesmo nenhum ganho pesavam na mente de todos como ingratas reminiscências da guerra de 1914-1918.

E bem assim os V-1, a arma de retaliação de Hitler. Usados pela primeira vez poucos dias depois do Dia D, os aviões-bomba controlados por meio de rádio caíam às centenas em Londres. Era arma de pouca precisão, feita para infundir pavor, e tinha pouco valor militar. Foi usada para servir como mais um fator de estresse ao povo britânico. Contudo, em junho e julho, os V-1 mataram mais de 5 mil pessoas, feriram outras 35 mil e destruíram cerca de 30 mil edificações. Pior que isso, o serviço de inteligência dos Aliados previu que os alemães logo teriam em operação os V-2 — o primeiro míssil balístico de alcance médio do mundo.

Naturalmente, havia muita pressão sobre os políticos para que "se fizesse algo" a respeito dos V-1, pressão que, logicamente, era repassada aos generais. O povo queria ter, no mínimo, a sensação de que os Aliados, de alguma forma, estavam retaliando. Assim, bombardeiros de médio e grande porte foram retirados de outras missões para atacar as bases de lançamento dessas armas. O tenente James Delong, do 9º Comando Tático da Força Aérea, piloto de um B-26 numa incursão contra as bases de lançamento em Pas-de-Calais, descreveu sua experiência:

— Eram alvos difíceis de destruir, já que, na maioria dos casos, as plataformas de lançamento tinham uma forte rampa de aço. Eram também difíceis de atingir porque nossa visão, obstruída freqüentemente por fina neblina e um manto de nuvens pouco esparsas, não conseguia identificar sua localidade, o que nos deixava apenas alguns segundos para determinar o alvo. Estavam sempre bem defendidos; aliás, essa área era um mar de artilharia antiaérea.

A impossibilidade de destruir as bases era desanimadora para os pilotos de bombardeiros, pois, segundo Delong:

— Eu havia estado em Londres muitas vezes quando os V-1 começaram a ser lançados ali e vi de perto as explosões e as conseqüências disso. Eu sabia que qualquer um que destruíssemos ou que puséssemos temporariamente fora de ação significava o salvamento de vidas na Inglaterra.[2]

Mas quase não conseguiram destruir nenhum deles, e essas bombas pavorosas continuaram a cair. As bases teriam que ser tomadas por terra para que pudessem ser tiradas de ação. Mas os exércitos dos Aliados estavam a longa distância da Bélgica. Churchill estava tão desesperado, que, no começo de julho, propôs o uso de gás tóxico contra as bases de lançamento. Eisenhower vetou-lhe com ênfase a proposta. Disse que se recusava a compactuar com o uso do gás:

— Fiquemos, pelo amor de Deus, de olho nessa bomba e usemos de um pouco de bom senso — disse.[3]

De acordo com o chefe do estado-maior de Eisenhower, o general Walter B. Smith, e o marechal-do-ar Arthur Tedder, o uso de um pouco de bom senso significava fazer com que Montgomery lançasse uma ofensiva com força total, com o intuito de romper a linha inimiga e abrir caminho para Paris. Para a tristeza deles, seu chefe não pressionaria Montgomery suficientemente, pelo menos de acordo com o ponto de vista deles.

Quando Montgomery respondeu ao apelo de Eisenhower, com o qual este o instava a agir, o general britânico prometeu um "grande espetáculo" para o dia 9 de julho e pediu apoio — e o obteve — dos bombardeiros quadrimotores. Contudo, o ataque fracassou, e, em 10 de julho, Montgomery o suspendeu.

O comandante Harry Butcher, adido naval de Eisenhower, relatou que o Comandante Supremo estava "fumegando" e bem assim Tedder e Smith. Tal era também o caso do general George S. Patton Jr., comandante do III Exército Americano, ainda na Inglaterra aguardando o momento de entrar em combate. Patton foi à Normandia observar o ataque comandado por Montgomery; quando o fracasso veio, registrou em seu diário que "Ike* está de pés e mãos atados pelos britânicos e não sabe disso. Pobre idiota. Na verdade, não temos um Comandante Supremo — ninguém pode assumir a frente de nada e dizer que isso será feito e que aquilo não será".[4]

Por solicitação de Eisenhower, Churchill começou a fazer pressão em Montgomery "para que montasse em sua 'bicicleta' e começasse a 'pedalar'". Montgomery prometeu outro grande ataque. Em 12 de julho, disse a Eisenhower que estava preparando-se para lançar uma ofensiva dentro de seis dias, codinominada Goodwood.

— Todas as minhas forças da banda da Europa Oriental vão cuspir fogo — disse, com o que ordenava o emprego de todo o poder das forças aéreas na batalha. Foram grandes as expectativas em torno do rompimento da linha inimiga.

Em 18 de julho, Goodwood foi iniciada com um possante bombardeio aéreo — 7.700 toneladas de bombas lançadas por 1.676 bombardeiros quadrimotores e 343 bombardeiros médios —, um que Forrest Pogue, o oficial historiador do SHAEF, chamou de "o mais pesado e intenso ataque aéreo de apoio a forças terrestres já empreendido".[5]

Goodwood teve bom começo, graças ao bombardeio, mas logo empacou. Depois de sofrer grande número de baixas, aí incluídos 401 tanques destruídos e a perda de 2.600 homens, Montgomery interrompeu-a. O II Exército Britânico se havia assenhorado da ruínas de Caen, ganhado algumas milhas e infligido pesadas baixas aos alemães, mas não lograra positivar nada que se parecesse com uma ruptura da linha de defesa do inimigo.

Um comandante de companhia canadense nos dá uma descrição dos métodos de guerra dos alemães:

* Hipocorístico de [Dwight] Eisenhower. (N. T.)

— As táticas de defesa do inimigo são brilhantemente concebidas e executadas, com grande tenacidade, por alguns dos melhores soldados da Europa. Nada de defesas rígidas; sob ataque, procuram resistir quanto possível em suas trincheiras excelentemente camufladas. Depois, retiram-se para posições preparadas previamente a pouca distância, na retaguarda. Imediatamente após isso, fogo de artilharia e de morteiros assentados de antemão é despejado nas posições que acabaram de abandonar — mesmo que alguns de seus homens ainda estejam ali. O lançamento de projéteis é coordenado com incursões de infantaria para retomar o terreno que perderam. Tática soberba.[6]

Montgomery anunciou que estava satisfeito com os resultados de Goodwood. Mas Eisenhower não estava. E repontou que havia sido necessário o lançamento de mais de 7 mil toneladas de bombas (7 quilotons ou algo próximo da metade do poder destrutivo da bomba de Hiroshima) para ganhar 7 milhas de terreno e que os Aliados não podiam nutrir muitas esperanças de avançar pela França pagando um preço de 7 mil bombas por milha, sem mencionar o de 60 tanques e 400 baixas pelo mesmo avanço.

Tedder ficou tão irritado, que desejou a exoneração de Montgomery. Em 21 de julho, um dia depois de Montgomery ter suspendido a Operação Goodwood, os Aliados souberam da tentativa de assassinar Hitler no dia anterior.

— O fracasso de Monty* [...] fez com que perdêssemos a oportunidade oferecida pelo atentado à vida de Hitler. — Com a mente voltada para o futuro, insistiu em que era imperiosa a necessidade de os Aliados chegarem às bases de lançamento de Pas-de-Calais rapidamente.

— Na verdade, não vamos chegar lá tão cedo — disse Smith, em tom de resmungo.

— Então precisamos trocar nossos líderes por homens que nos façam chegar lá — devolveu-lhe Tedder rispidamente.[7]

Mas a exoneração de Montgomery não era de bom alvitre. Ele era popular perante a imprensa e o povo, e, mais importante do que isso, em meio às tropas e seus oficiais. Tinha também o apoio do marechal-de-campo Alan Brooke e, em menor proporção, de Churchill. Demais, ele havia realizado aquilo que sempre insistira em dizer que era o seu maior objetivo: imobilizou os blindados alemães em sua linha de defesa do leste

* Hipocorístico de Montgomery. (N. T.)

da Europa, de modo que pôde dar aos americanos a oportunidade de ganhar posições no terreno de operações no oeste da Europa. E não podia ser culpado pelo fato de que ninguém sabia como usar bombardeiros pesados na função de armas de artilharia. Aquelas 7 mil toneladas de bomba em queda livre causaram prejuízos, concussões, miséria e destruição considerável, mas, depois que as bombas pararam de cair, os soldados alemães puderam sair de seus abrigos e tornar a guarnecer suas armas.

Além disso, não era justo acusar Monty de usar de cautela excessiva ou de recusa em lançar ataques com força total, pelo menos no que se refere à Goodwood. Repassei muitas vezes, em conversas com o coronel Hans von Luck, os fatos havidos em torno da ofensiva Goodwood. Luck esteve no centro dos combates, comandando o 121º Regimento de Panzer da 21ª Divisão de Panzer. De pé em pequeno outeiro que dava vista para campos de trigo, descreveu-me o pomar de maçãs que havia ali em 1944. Entre suas árvores, explicou-me, ele havia posicionado quatro baterias de 88. Nenhuma bomba os atingiu. Ele estava ali quando os tanques britânicos avançaram, em coluna, pelos campos de trigo. E abriu fogo contra os tanques da vanguarda, como tentativa de deter a coluna, e depois contra os tanques da retaguarda, como recurso para imobilizar os restantes. Pouco depois, havia conseguido tirar de combate 40 tanques, um a um. Então, pôs seus próprios tanques em ação, pelo que obteve mais sucesso.

O problema com a ofensiva Goodwood foi, em outras palavras, não uma falta de empenho dos britânicos e, muito menos, certamente, de coragem. O empenho existiu, e a vontade também; o planejamento e as táticas de guerra é que foram deficientes. O maior erro foi encabeçar o ataque com tanques inadequadamente apoiados por infantaria (Luck não tinha nenhuma unidade de infantaria em volta de sua bateria de Germans 88 e poderia ter sido forçado a recuar facilmente pela infantaria britânica).

Mas a ofensiva Goodwood mostrou que uma ruptura na linha de defesa de Montgomery não era possível. Pois estava fortemente guarnecida, e por um inimigo muito habilidoso, bem armado e numeroso. Não obstante aparentasse ser esse o caso também na linha de frente dos americanos, todos os líderes dos Aliados estavam deprimidos e irascíveis. Depois de sete semanas de combate, o maior avanço que os Aliados haviam logrado empreender regiões interioranas adentro contava entre 45 e 50 quilômetros, numa linha de batalha com apenas cerca de 15 quilômetros de extensão: mal se pode dizer que isso constituía espaço suficiente para manobras ou para trazer o III Exército Americano da Inglaterra. E os V-1 continuavam a cair em Londres.

* * *

Para os que, um mês antes, tinham iniciado a batalha houve boas novas. Aos pára-quedistas havia sido dito, um dia antes do Dia D, que deveriam lutar ferozmente durante três dias, depois do que seriam levados para a Inglaterra, a fim de que se preparassem para novo salto. Mas havia tanta necessidade deles na Normandia, que os três dias se estenderam por quatro semanas de rudes combates. As 82ª e a 101ª DIAs sofreram numerosas baixas, próximo de 50% em termos gerais, e ainda mais numerosas entre os suboficiais e oficiais subalternos. Na primeira semana de julho, ocasião em que a 30ª Divisão substituiu a 82ª, o tenente Sidney Eichen relatou que ele e seus homens, olhares carregados de espanto e receio, fitaram longamente os pára-quedistas quando estes chegaram ao terreno de operações.

— Perguntamos a eles:

"Onde estão seus oficiais?"

— E eles responderam:

"Todos mortos."

— Perguntamos, portanto:

"Quem está no comando, então?"

"Eu", respondeu um sargento.

— Olhei para os soldados, barba crescida, olhos injetados de sangue, roupas sujas, o andar pesado e a postura alquebrada, e me perguntei: "Esse será o nosso estado após alguns dias de combate?"[8]

Quando a 101ª chegou de retorno à caserna na Inglaterra, o sargento John Martin olhou em volta e disse ao sargento Bill Guarnere:

— Deus do Céu, Bill, temos aqui uma barraca ocupada apenas na metade de sua capacidade, e nem estreamos na guerra ainda. Não temos a mínima chance de sairmos vivos dessa coisa.

— Perdemos metade dos homens numa maldita manobrazinha na Normandia — tornou Guarnere. — Esqueça qualquer possibilidade de voltar para casa.[9]

Os pára-quedistas levaram consigo para a Inglaterra experiência inestimável, a qual puderam repassar aos muito interessados recrutas, enquanto refaziam plenamente as próprias forças, para o próximo salto. O soldado Fayette Richardson, por exemplo, membro da 82ª Divisão, contou uma história que encerrava duas lições, resultantes de um incidente. No começo da campanha, o esquadrão de Richardson demorava-se agachado atrás de uma sebe quando um solitário tanque alemão — modelo leve e de concepção anterior à guerra — apareceu no campo. Os soldados abriram fogo com suas metralhadoras e seus fuzis e o repeliram. Comemoraram o feito "como crianças num jogo de futebol ao verem seu time pontuar".

Minutos depois, fogo preciso de morteiro caiu sobre eles.

— Homens com os quais eu acabara de me abraçar começaram a gritar de dor, a suplicar ajuda aos gritos, lancinantes e inúteis, que me fizeram o estômago revirar. Por conta da aparente proteção da sebe e de nossa inexperiência, não havíamos percebido a necessidade de nos entrincheirarmos, embora alguns de nós tivessem feito a sua própria trincheira, que só não nos protegeria de um ataque direto.[10] — A outra lição, aprendida mais lentamente, consistiu no fato de que uma das táticas de guerra favoritas dos alemães era conduzir um blindado ao longo da linha de combate para atrair o fogo do inimigo e, assim, descobrir suas posições.

As divisões de infantaria permaneceram na linha de frente, avançando de sebe em sebe. E sofreram brutalmente. Na 1ª, 4ª, 29ª Divisões e em outras a substituição de oficiais de baixa patente no primeiro mês de batalha foi quase completa.

O praça William Craft era um jovem de 20 anos de idade, oriundo das Montanhas de Blue Ridge, Virgínia. Quando, no fim de 1942, foi recrutado, jamais havia saído de sua cidade natal. A primeira vez em que pôs os pés num trem foi quando se dirigiu para o acampamento de recrutas da marinha. Um ano depois, estava na Normandia, como fuzileiro do 314º Regimento de Infantaria.

— Lutamos naquelas sebes durante longo tempo — disse. De sua parte, não via razão para "deixar a sebe que me protegia, desatar a correr e fazer com que o alemão saísse da dele, não quando havia artilharia por perto para fazer isso". Como a maioria dos infantes, queria ver aqueles grandes projéteis com o "Made in the U.S.A." caindo bem em cima do inimigo à sua frente. Certa vez, contudo:

— Um espião de artilharia do inimigo localizou nossas posições e os projéteis caíram a cerca de 150 metros à nossa frente. Essa foi bem perto. — O esquadrão de Craft sofreu 200% de baixas. — Creio que fui o único da companhia inteira a participar de toda a campanha da Normandia sem se ferir.[11]

O major G. S. Johns, da 29ª Divisão, nos dá uma descrição das características dos combates nas sebes:

— Uma metralhadora era tirada de combate aqui, um ou dois homens eram mortos ou feridos acolá. Eventualmente, o líder da mais forte das partes beligerantes, a qual, geralmente, é a que está atacando, pode achar que enfraqueceu seus oponentes suficientemente e autorizar um grande e planejado assalto, precedido pela intensificação do fogo de morteiros e de artilharia de que lhe for possível dispor. Ou o líder da parte mais fraca pode perceber que está sob o risco de ser esmagado por um ataque desse tipo e ordenar a retirada de seus homens. Assim é a batalha — uma investida, uma pausa, um pouco de rastejamento, alguns tiros isolados, um tanto de fogo de artilharia, alguns projéteis de morteiros, alguma fumaça, mais rastejamento, outra pausa, silêncio mortal, mais disparos, uma grande intensificação de troca de tiros seguida por violento ataque. Depois, todo o processo começa outra vez.[12]

Porque estivessem na defensiva, os alemães eram capazes de infligir pesadas baixas nas sebes. Quando tentaram realizar operações de ataque, porém, não se saíram melhor do que os americanos. Em 11 julho, uma Divisão de Panzer Lehr fez sua maior incursão na campanha. Duas divisões de infantaria americanas, a 9ª e a 30ª, rechaçaram os alemães com um prejuízo mínimo para si mesmas e, ao mesmo tempo, causaram ao inimigo um total de 25% de baixas.

Logicamente, os alemães tiraram proveito de suas habilidades de combate. Muitos de seus oficiais e de seus comandantes sem patente eram veteranos da frente de batalha na então União Soviética, e quase todos eram veteranos de outras batalhas, ao passo que aquela era a primeira da maioria dos praças americanos. Os alemães contavam com o reforço de um sistema de armas muito mais adaptado a ações de defesa nas sebes do que as armas que os americanos usavam para lançar-lhes ataques nesse tipo de terreno.

Outrossim, os alemães tinham morteiros em maior número e de maior calibre em relação aos americanos. Suas metralhadoras MG 42 disparavam 1.200 tiros por minuto, enquanto a contraparte americana, só a metade disso.

A empunhadura da granada de mão alemã "espremedor de batata" possibilitava a realização de arremessos mais longos. A pólvora alemã produzia menos faíscas e menos fumaça. Os *Nebelwerfer*, canhões de 150mm e seis canos, lançavam bombas — 60 ou 70 delas praticamente ao mesmo tempo — concebidas para produzir, ao cortar os ares, sibilos semelhantes a gemidos pavorosos. Os soldados americanos os chamavam de "Morteiros Gementes". Os alemães os designavam "Stukas* sobre rodas". Não havia equivalente americano.[13]

E havia também o *Panzerfaust*, arma muito superior à bazuca, sua rival americana. Não tinha o raio de alcance da bazuca, mas isso pouco contava numa arena de combate como as sebes. Operada por um único soldado, era tão simples, que seu manuseio não requeria nenhum tipo de treinamento especial, enquanto o uso da bazuca exigia uma equipe de dois homens treinados. O *Panzerfaust* lançava uma granada-foguete maior e mais bem concebida do que a bazuca, de grande poder de penetração. Foi uma arma ideal para o combate nas sebes.

Em matéria de artilharia pesada e de suas munições, os americanos, de um modo geral, eram superiores aos alemães, mas armas de longo alcance não eram eficazes em situações em que os inimigos se viam muito próximos uns dos outros, qual ocorreu nas sebes. O German 88, sem dúvida a melhor peça de artilharia de guerra na opinião de todos os praças americanos, lançador de projéteis aerodinamicamente estáveis, velocíssimos, capazes de perfurar a couraça de blindados, operava eficazmente nas ruelas e estradas da Normandia, e, devidamente assentado com o cano sob ângulo elevado, podia arremessar projéteis de explosão aérea contra as bombas dos Aliados. Seus projéteis deslocavam-se mais rapidamente que o som; ouvia-se-lhes a explosão antes que se lhes pudesse ouvir o ruído de deslocamento.

Mas a metralhadora americana calibre .50, montada em tanques, não tinha igual em poder de penetração, e o fuzil americano M-1 Garand era o melhor e mais versátil do mundo. De um modo geral, contudo, os americanos que combateram na Normandia teriam trocado, de bom grado, armas com os alemães. Principalmente as guarnições de tanques. Imperava entre elas uma aversão mal represada, mercê da inferioridade do tanque Sherman (32 toneladas) em relação aos últimos modelos alemães, o Panther (43 toneladas) e o Tiger (56 toneladas). Os tanques alemães tinham blindagem mais robusta, demais para a capacidade de penetração do canhão de 75mm do Sherman, ao passo que o Panther e o Tiger, armados com Germans 88mm, perfuravam facilmente os Shermans. Essa desigualdade era tão grande, que levou o historiador militar Max Hastings a se perguntar como "puderam as indústrias britânicas e americanas produzir

* Caça de mergulho monomotor alemão de dois assentos, usado pela Luftwaffe na Segunda Guerra Mundial. (N. T.)

uma quantidade enorme de aviões soberbos, uma variedade assombrosa de equipamentos de radar, a espoleta de aproximação, o DUKW* [veículo anfíbio], o jipe [sem falar na bomba atômica e no Ultra]** e ainda assim fazer com que seus exércitos travassem combates contra a Wehrmacht equipados com uma miscelânea de tanques completamente inferiores em blindagem e poder de destruição?"[14]

O tenente Paul Fussell, líder de pelotão na 103ª Divisão e que se tornaria um dos mais eminentes intelectuais americanos, ressentia-se desse mesmo problema. Referindo-se aos Germans 88, disse em seus escritos: "Os Aliados não tinham nada tão bom, apesar de um seu integrante declarar ser o seu país 'a maior potência industrial do mundo.'"[15]

A inferioridade do Sherman era mundialmente denunciada por alguém que tivesse de lutar num contra um Panther ou um Tiger. Mas um detalhe respeitante aos Shermans: existiam muito mais deles do que Panthers ou Tigers. Quantidade em detrimento de qualidade e tamanho foi uma escolha deliberada do general Marshall. Ele queria tanques em maior número e mais rápidos (e, portanto, mais leves), bem de acordo com os manuais de guerra americanos, os quais rezavam que os tanques deveriam ser usados, precipuamente, para romper a linha de defesa do inimigo, não para combater outros tanques.

O principal problema de Marshall era o fato de que os tanques americanos tinham que cruzar o Atlântico para chegar ao campo de batalha, e a deficiência estratégica mais grave dos Aliados era o transporte marítimo. Experiências demonstraram que se podiam colocar num LST dois Shermans no mesmo espaço necessário para um tanque maior. Logicamente, essa conta em nada lhes aproveitaria se um Tiger pudesse destruir quatro Shermans, o que, de fato, ocorria às vezes. O contrário não era o que se dava porque havia muito poucos Tigers em comparação com o número de Shermans disponíveis.

---

* Também conhecido, então, pelos americanos, como "Pato" (de [*Du*]*c*[*k*] *of* [*W*]*ar*, ou "Pato de Guerra"). Desenvolvido com o patrocínio do exército americano na Segunda Guerra Mundial, esse veículo anfíbio servia tanto para o transporte de tropas quanto de equipamentos, e movia-se, em terra, sobre pneus, ao contrário dos conhecidos LVTs, que se assemelhavam a tanques de guerra. (N. T.)

** Codinome de projeto ultra-secreto — e de um dispositivo, uma espécie de computador rudimentar, criado mais tarde — estabelecido no início da década de 40 pelos britânicos para interceptar e decodificar as comunicações radiofônicas do supremo comando das forças alemãs criptografadas pelo Enigma (o dispositivo criado pelos alemães para isso) e, a partir de 1941, das japonesas. (N. T.)

Pelo fim de 1944, a indústria alemã produziria 24.630 tanques, mas apenas um punhado de Tigers. A produção britânica desse tipo de veículos chegaria a 24.843. Mas os americanos entregariam aos militares, por essa época, o espantoso número de 88.410 blindados, principalmente Shermans.

Apesar de todas as suas deficiências, os Shermans eram uma façanha dos processos de produção de massa dos americanos. Acima de tudo, porque eram maravilhosamente confiáveis, em flagrante contraste com os Panthers e os Tigers. Demais, os soldados americanos eram muito mais experimentados quanto ao funcionamento de seu motor de combustão interna que seus oponentes o eram relativamente ao dos seus. Os americanos eram também infinitamente melhores na recuperação e no conserto de tanques danificados, para fazer que voltassem a entrar em operação; os alemães não tinham nada que se assemelhasse aos batalhões de manutenção dos americanos.

Aliás, nenhum exército do mundo tinha essa competência. Dois dias depois de terem sido postos fora de combate por bombas alemãs, por volta da metade dos Shermans danificados era reparada pelos batalhões de manutenção e voltava para a linha de frente. Jovens que tinham trabalhado em postos de gasolina e oficinas mecânicas dois anos antes haviam trazido suas habilidades de mecânica para a Normandia, onde substituíram lagartas de tanque danificadas, soldaram placas de blindagem em tanques perfurados e consertaram motores. Mesmo sem condições de conserto, os blindados eram rebocados pelos americanos para os galpões de manutenção, a fim de que se lhes aproveitassem as peças. Os alemães simplesmente abandonavam os seus, donde, por motivos os mais díspares, não podiam sair por si mesmos.[16]

O Exército Vermelho tinha os seus próprios tanques, os T-34 (de concepção americana e talvez o melhor tanque da guerra). Ele precisava era de caminhões. O Programa de Empréstimo e Arrendamento do governo americano forneceu-lhes milhares de caminhões Studebaker (certamente, uma trama capitalista!). Quando as velas de ignição entupiam, o que, de fato, ocorria rapidamente nas estradas de terra, os soviéticos simplesmente abandonavam os caminhões. As guarnições de manutenção das divisões americanas eram compostas por homens que trabalhavam dia e noite limpando velas com jatos de areia. Quando se lhes esgotava o material usado nessas limpezas, enviavam homens às praias para colher mais. A areia tinha então que ser secada e peneirada antes de poder ser usada, mas lhes servia.

Todo esse trabalho era feito como se o pessoal estivesse nos Estados Unidos, consertando carros e caminhões — ou seja, os homens no piso da oficina tomavam suas próprias decisões, pegavam as ferramentas e iam cuidar do seu trabalho. Um de seus superiores, o capitão Belton Cooper, observou:

— Comecei a perceber algo a respeito do exército americano que jamais achei que fosse possível. Embora seja muito rigoroso e burocrático no confinamento dos quartéis, quando seus homens são destacados para atuar nos campos, relaxam, e a iniciativa individual aflora e fazem o que tem de ser feito. Essa flexibilidade se constituiu numa das maiores forças do exército americano na Segunda Guerra Mundial.[17]

Graças à industriosidade e ao gênio americanos, houve mais Shermans do que Panthers ou Tigers em ação (na verdade, cerca da metade dos tanques da Wehrmacht na Normandia era composta dos Mark IV, de 26 toneladas). Além da vantagem numérica, os Shermans apresentavam outras: usavam menos da metade da gasolina que os tanques maiores consumiam; eram mais velozes e mais manobráveis, e sua autonomia era duas ou mais vezes maior que a dos outros. A lagarta de um Sherman durava o equivalente a 2.500 milhas; a dos Panthers e Tigers, pouco mais de 500. A torre de tiro do Sherman girava muito mais rapidamente que a do Panther ou a do Tiger. Além disso, a lagarta do Sherman, mais estreita, fazia dele um veículo de estrada muito superior. Mas a lagarta do Panther e a do Tiger, mais larga, os tornava mais adequados a deslocamentos em terrenos pouco consistentes.

Para cada vantagem dos pesados tanques alemães, havia, a se lhe contrapor, uma desvantagem da parte dos tanques médios americanos. O problema, na Normandia, era que os tanques alemães tinham concepção mais bem adaptada às imperiosas condições de combate nas sebes. Se e quando a batalha se tornava um combate de mobilização de forças, a situação se revertia. Então, o mui desprezado Sherman mostrava suas qualidades.

Os veículos de transporte e os utilitários americanos eram muito superiores aos equivalentes alemães. Por exemplo, o jipe e o caminhão de duas toneladas e meia e tração nas quatro rodas eram mais confiáveis que os veículos alemães. Mas, assim como as do Sherman, suas vantagens não se evidenciaram nas sebes, onde as ações dos esquadrões predominaram e o movimento maciço de grande número de tropas por grandes distâncias era irrelevante.

No que diz respeito a qualquer tipo de arma, diferenças de concepção acarretaram perdas e ganhos. O "espremedor de batata" alemão, por exemplo, podia ser lançado a maior distância porque era mais leve. Continha menor poder destrutivo que a granada-foguete americana. Os praças americanos diziam que aquele provocava mais barulho do que prejuízo.

Outra questão relativa a armas: depois de mais de quatro décadas entrevistando ex-combatentes americanos, fiquei admirado com as muitas histórias que me contaram a respeito de bombas falhadas, geralmente projéteis que lhes caíram próximo às trincheiras individuais e não explodiram. O tenente George Wilson nos relata que, após o lançamento de uma barragem de artilharia perto de St.-Lô, "contei oito projéteis falhados encravados no solo a cerca de 30 metros de minha trincheira".[18] Não há estatísticas sobre esse fenômeno, tampouco qualquer evidência que lhe explique a causa, mas jamais ouvi um alemão falar a respeito de falhas de explosão de bombas americanas. Os projéteis lançados pelos soldados americanos eram fabricados por trabalhadores livres; os lançados pela Wehrmacht eram feitos por mão-de-obra escrava da Polônia, França e de todo o império alemão. E pelo menos alguns trabalhadores escravos devem ter dominado a arte de produzir bombas que passavam pelo exame de qualidade, mas que eram eficazmente sabotadas.

Uma grande deficiência do Sherman no que concerne à sua utilização no combate nas sebes era o seu chassi sem blindagem, o que o tornava particularmente vulnerável ao *Panzerfaust* ao tentar superar um desses tapumes. Os tanques britânicos que não dispuseram do apoio da infantaria foram incapazes de lograr avanço considerável em Caen; a infantaria americana sem o auxílio de blindados não pôde tomar St.-Lô, a principal cidade localizada em entroncamento rodoviário da baixa Normandia. O tenente-coronel Ziegelmann, da 352ª Divisão, atribuiu o sucesso dos alemães em manter o domínio sobre St.-Lô à "falta surpreendente de tanques. Tivessem os tanques apoiado a infantaria americana no dia 16 de junho, St.-Lô não estaria mais nas mãos dos alemães naquela noite".[19]

Outra razão pela qual St.-Lô não passou às mãos americanas nessa ocasião: a Normandia tivera o mais chuvoso dos meses de julho em 40 anos. Uma unidade de Marauders, do 323º Grupamento Aéreo, teve 17 missões sucessivas canceladas durante as primeiras duas semanas e meia de julho. Outras tiveram sorte melhor. Talvez mais do que qualquer outro fator, esse período de tempo desfavorável explica o êxito relativo dos alemães na Normandia no início do verão de 1944. Chuva e neblina tornaram-lhes possível levar reforços e suprimentos à frente de batalha.[20]

* * *

Não havia nada que os americanos pudessem fazer relativamente ao tempo, mas puderam lidar com seus problemas de levar seus tanques para o combate nas sebes. Em fazendo isso, evidenciaram seus talentos e habilidades em mecânica e sua genialidade e riqueza de recursos pessoais. Rommel ficou impressionado com seus esforços e os resultados obtidos, dizendo que achava que os americanos "mostraram ser muito avançados na manipulação tática de suas forças" e que "se beneficiavam muito mais de suas experiências do que os britânicos das deles".[21]

Essas experiências envolviam a soldagem de canos ou dentes de aço na dianteira dos tanques Sherman. O tenente Charles Green, operador de tanque da 29ª Divisão, criou um pára-choque feito de salvados de ferrovias que Rommel usara como obstáculos nas praias. O pára-choque era incrivelmente forte e permitia que os Shermans abrissem caminho mesmo através das sebes mais densas. Na 2ª Divisão de Blindados, o sargento Curtis Culin, que fora motorista de táxi em Chicago, concebeu e supervisionou a produção de um dispositivo de rompimento dessas sebes feito do ferro velho trazido de uma barreira alemã. As lâminas desse dispositivo davam ao tanque a aparência de um rinoceronte, pelo que os Shermans equipados com a invenção de Culin ficaram conhecidos como "rinocetanques".[22]

Outra grande melhoria foi nas comunicações. Após uma série de experiências com telefones postos na traseira dos tanques, a solução mais funcional foi a colocação de uma caixa de interfonia sobre o blindado, à qual o infante podia conectar uma unidade de rádio. Seu longo fio permitia que o soldado se deitasse atrás ou debaixo do tanque enquanto conversava com a guarnição, que, com o blindado fechado, ficava praticamente sem visão. Muitos dos comandantes de tanque mortos em combate, quiçá mesmo a maioria deles, haviam estado de pé na torre de tiro, mantida aberta para que pudessem ver. Agora, pelo menos em algumas situações, o tanque podia ficar fechado enquanto o praça ao telefone atuava como observador de artilharia avançado.

Essas e outras melhorias inspiraram Michael Doubler a escrever em seu premiado *Closing with the Enemy: How GIs Fought the War in Europe*: "Nessa busca de soluções das dificuldades do combate nas sebes, o exército americano estimulou o livre curso de idéias e o espírito empreendedor. Oriundas aquelas de ampla variedade de fontes em sua subida até os escalões superiores, geralmente se constituíam estas de homens engajados de fato nos combates."[23]

Era na prática que estavam aprendendo. Na Inglaterra, a 101ª e a 82ª

DIAs avaliavam seu desempenho na Normandia e a assimilação das lições aprendidas e faziam as mudanças requeridas e treinamentos. Mas, na Normandia, o I Exército não tinha alívio.

O I Exército trabalhava na elaboração de um sistema de táticas de combate e de novas armas para ofensivas nas sebes. À frente desse esforço, estava a 29ª Divisão. No fim de junho, essa unidade empreendeu um ensaio completo das técnicas cuja utilização propunha. Sucintamente, consistiam no seguinte:

As equipes de ataque eram compostas de um tanque, um grupo de engenheiros e um esquadrão de fuzileiros, providas também de uma metralhadora e um morteiro de 60 milímetros. O blindado pungia seu dispositivo perfurante na sebe para produzir nela um buraco, encaixava ali o cano de tiro e abria fogo com uma carga de fósforo branco nos cantos da sebe oposta, com o intuito de tirar de combate entrincheiramentos de metralhadoras alemãs.

Essas cargas de fósforo branco eram terríveis. O tenente Robert Weiss foi surpreendido por uma das raras barragens alemãs de projéteis com esse tipo de carga (raras porque o suprimento alemão desse material era insuficiente). Weiss nos fala do fato de que à explosão do projétil se seguiu "uma chuva de pequenas e brancas partículas, que caíram suavemente sobre nós. Olhamos aquilo estupefatos, com os olhos se enchendo de instantâneo terror. Ao cair em nossas roupas, o ponto atingido por elas produzia um chiado e inflamava. Fósforo branco! E desatamos a escovar freneticamente com as mãos as nossas roupas e levantar as golas das camisas. Se [mesmo] diminuta porção dessa coisa atingisse a pele, podia infligir uma queimadura terrível, cuja gravidade aumentava à medida que ali penetrava... Outro projétil. Outro míssil do inferno. Neve de fogo! Lembro-me de ter achado que, se o ataque continuasse por mais tempo, seria mais do que a maioria dos homens poderia suportar. Não havia lugar em que nos pudéssemos proteger, nenhum que fosse seguro". Felizmente, aquele foi o último ataque.[24]

Os operadores de tanque americanos adoravam o fósforo branco, pois aprenderam rapidamente que um ou dois projéteis cheios dessa carga disparados contra uma posição alemã significava o fim de suas preocupações com as metralhadoras inimigas.

Depois de lançar esses projéteis, o tanque disparava sistematicamente sua metralhadora calibre .50 ao longo de toda a base da sebe do inimigo. As guarnições de morteiros lançavam projéteis no campo imediatamente atrás da posição alemã. O esquadrão de infantaria progredia atrás do Sherman, em linha, e avançava pelo campo aberto seguindo métodos padrão de tiro e mobilização, e jogava-se ao chão, e levantava-se, e tornava a arrojar-se para a frente, e abria fogo, e movia-se. Ao se aproximarem da sebe do inimigo, arremessavam granadas no lado em que ele se protegia. Enquanto isso, o tanque irrompia através da sebe, pela própria força ou depois de pungi-la e recuar, subseqüentemente à colocação de explosivos nos buracos que disso resultavam. Os homens da infantaria podiam manter-se ao telefone e localizar os pontos de resistência inimiga para que a guarnição do blindado fizesse disparos de canhão e metralhadora com a precisão possível.[25]

As táticas de combate desenvolvidas pela 29ª funcionavam e eram bem menos custosas em matéria de baixas, e foram logo adotadas, com numerosas variações, em todo o TOGE (Teatro de Operações de Guerra Europeu).

O inimigo lutava com desespero semelhante ao de um animal encurralado e ferido. A infantaria alemã ficou reduzidíssima. As divisões da linha de frente recebiam um substituto para cada 11 baixas. Pelos meados de julho, a Wehrmacht tinha perdido, na Normandia, 117 mil homens e havia recebido 10 mil substitutos.

No começo de julho, dois milhões de soldados se enfrentavam numa frente de batalha de 150 quilômetros de extensão. Pelo fim desse mesmo mês, havia mais de 800 mil soldados americanos na Normandia combatendo 750 mil soldados alemães. Porém, os alemães tinham mais homens, e muito mais tanques, encarando-se com os britânicos em torno de Caen. (Os britânicos e os canadenses totalizavam 600 mil homens.)

Para os alemães, o fluxo de ração e munição era apenas bastante, senão precário, mas suprimentos médicos não havia mais e o número de projéteis de artilharia estava seriamente limitado. Cada vez mais, tinham que concentrar seus minguantes recursos na linha de combate, pois não tinham a força humana para criar uma defesa na retaguarda. Sabendo que, se os americanos lhes rompessem a linha de defesa, não haveria nada entre eles e a fronteira da Alemanha, os alemães se entrincheiravam ainda mais, lutavam mais arduamente.

Veteranos de ambos os lados das forças beligerantes que combateram nas sebes têm, na maioria dos casos, recontros dos mais sérios para narrar.

O tenente Walter Padberg, repórter da Wehrmacht, perdera câmera e equipamento quando um Jabo atingiu seu caminhão. Diante disso, quando tornou a juntar-se ao 957º Regimento de Granadeiros, perdeu seu cargo de repórter ("Na verdade, não há muita coisa para um repórter fazer", seu comandante lhe disse quando ele voltou) e foi para a linha de combate como líder de pelotão.

Poucos dias depois, estava posicionado atrás de uma sebe. O silêncio imperava — nenhum disparo de morteiro, de artilharia, de metralhadora. Padberg aguçou os ouvidos para tentar saber se havia americanos no outro lado da sebe. Não conseguiu ouvir nada. Achou melhor, pois, dar uma espiadela e esforçou-se através da galhada de árvores e arbustos, a fim de alcançar o topo, e, ao chegar aí, pulou para o outro lado.

— Caí quase diretamente sobre a linha de defesa americana — relata. — Cheguei ao solo com as pernas abertas, e, apavorados, os americanos que estavam ali me atiraram por entre as pernas. Tornei a escalar a sebe e facultei a eles e a mim, com isso, que nos recuperássemos do choque. Esse foi meu maior feito heróico, pelo qual recebi a Medalha de Combate Direto. Era dada àqueles que haviam ficado cara a cara com o inimigo.[26]

O desespero de Rommel aumentava. Era senhor de grande senso de dever, mas não conseguia determinar os limites de suas obrigações. Elas abrangiam a Alemanha? Ou se restringiam à Wehrmacht? Ou a Hitler? Continuava, contudo, a orientar os combates com seu toque único, e mesmo enquanto pensava incessantemente num meio de convencer Hitler a deixar o poder, o que faria com que a guerra fosse definida e, ao mesmo tempo, que a Alemanha retivesse parte dos territórios conquistados para negociar (assim como em 1918) e antes que ela mesma fosse destruída.

Aquilo que até então havia conseguido idear não era muito, mas, pelo menos, estava tentando algo, mais do que poderia ser dito com relação à maioria dos outros generais alemães. Assim, em 16 de julho, Rommel enviou ao marechal-de-campo Günter von Kluge (que substituíra Rundstedt) o que o próprio Rommel chamou de "ultimato", para que aquele o repassasse a Hitler. Kluge o fez e, numa carta anexa, disse que Rommel "infelizmente está certo".

O "ultimato" era um documento de duas páginas e meia. Rommel dizia no prelúdio que a crise na Normandia era iminente. A força dos americanos em tanques e artilharia aumentava a cada dia, prosseguia. Enquanto isso, o VII Exército não estava recebendo substitutos que lhe suprisse as perdas medonhas. Os substitutos, dizia ainda, que estavam chegando eram inexperientes e maltreinados, o que os tornava grandemente propensos ao pânico quando os Jabos apareciam.

Rommel fez o desfecho do documento com uma frase manuscrita: "É necessário tirar as conclusões políticas desta situação." Seus assistentes argumentaram que ele deveria suprimir o termo "políticas". Ele fez isso e o assinou.[27]

No dia seguinte, os Jabos o alcançaram. Um caça britânico metralhou o veículo em que ele estava, e Rommel foi seriamente ferido na cabeça. Dois dias depois, em 20 de julho, um grupo de conspiradores tentou, sem sucesso, matar Hitler. Rommel voltou para casa para convalescer-se; três meses depois, foi forçado a cometer suicídio por conta da conspiração de assassinato, embora não estivesse diretamente envolvido.

A conspiração e a retaliação de Hitler contra os oficiais causaram enorme tensão no seio do exército. Mas, admiravelmente, ele não ruiu. Rolf Pauls, que teve distinta carreira diplomática pelo governo da então Alemanha Ocidental, fora major de um regimento de infantaria e nos dá uma descrição do que aconteceu depois do dia 20 de julho na Normandia:

— Muitos generais desapareceram. Muitos de nós estavam receosos do que aconteceria em seguida. Eu era um grande amigo do general Hans Speidel [chefe do estado-maior de Rommel]. Portanto, eu não estava inteiramente desinformado. Sabia das notícias na divisão do QG. Mas tínhamos que cumprir nosso dever ainda. A guerra prosseguia.[28]

Por todo o império nazista, da região central da Itália ao extremo norte da Noruega; da Normandia à Ucrânia, os oficias da Wehrmacht cumpriam seu dever, a despeito do tumulto e das tentações criadas pela tentativa de assassinato. E anuíram à exigência que o Partido Nazista lhes impusera, segundo a qual, dali por diante, a continência deveria ser feita com o braço estendido e com a saudação "Heil Hitler", em vez de com o levar a mão à beira do quepe.[29]

O cabo Adolf Hohenstein, da 276ª Divisão, disse, tempos depois, que os recrutas procuravam convencer-se de que a escassez de suprimentos e munição e os colapsos administrativos eram frutos da traição de seus próprios oficiais. Na verdade, isso se devia aos Jabos. Não há evidência de que, durante a campanha da Normandia, qualquer oficial alemão, de qualquer patente, empregou menos do que toda a sua capacidade no sustento dos homens na linha de combate.

Eles precisavam disso. O cabo Hohenstein viu o moral diminuir no seu esquadrão:

— A ausência de até mesmo ínfimo êxito afetou muito os homens. Você podia perceber o medo puro e simples aumentar. Atirávamo-nos ao chão diante do menor ruído, e muitos homens estavam dizendo que jamais sairíamos vivos da Normandia.[30]

Além das provações físicas, o soldado alemão sofria a angustiosa sensação de que, ao cumprir seu dever, estava sacrificando seu país. Rommel falou em nome de todos os alemães que combatiam na Normandia quando, no dia 13 de julho, disse a seu ajudante naval, almirante Friedrich Ruge:

— Devemos lutar até o fim, sabendo o tempo todo que é muito mais importante, em vez dos britânicos e dos americanos, impedir os russos de ocuparem a Alemanha.[31]

Como se os Jabos não fossem tão eficazes quanto de fato o eram, os americanos procuravam constantemente melhorar seus sistemas de comunicação terra-ar. Contudo, havia muito o que melhorar. O Apoio Aéreo Intensivo (AAI) ocupava um pobre terceiro lugar nas prioridades dos manuais de táticas de guerra dos pilotos de caças-bombardeiros da Força Aérea do Exército Americano* nos meados de 1944, bem aquém da denominada "missão primordial" — conquista e manutenção da superioridade aérea — e da segunda, a da destruição do sistema de comunicações do inimigo. Além disso, os preceitos de suas técnicas de guerra rezavam que o poderio aéreo não deveria ser usado perdulariamente como "fogo de artilharia aérea".

Mas, na Normandia, onde as guarnições de grandes armas ousavam pouco, em razão da proximidade da linha de defesa dos soldados americanos, a lançar disparos contra a linha de frente inimiga, o AAI provido aos caças-bombardeiros proporcionou uma forma de fazer os explosivos caírem sobre o inimigo ou perto dele. Vários sistemas de identificação foram testados, incluindo os que se constituíam da colocação de painéis coloridos no solo ou de sinais de fumaça, mas nenhum deles foi satisfatório. Alguns P-47, voando a velocidade superior a 400 quilômetros por hora, mais fracassaram na tentativa de localizar os painéis ou os sinais de fumaça do que na de avistá-los.

* Designação de grande unidade militar do exército americano durante a Segunda Guerra Mundial. Compreendia quase toda a aviação e todo o pessoal e equipamento de guerra aeronáutica dos Estados Unidos então. Tornou-se parte da Força Aérea Americana em 26 de julho de 1947, ocasião em que esta foi criada. (N. T.)

As soluções apareceram graças aos préstimos do general-de-divisão Elwood "Pete" Quesada, comandante do 9º Comando Tático da Força Aérea. As baixas na Normandia e a lentidão do avanço ali convenceram-no de que seus caças-bombardeiros tinham que dar contribuição mais direta à batalha, e ele consultou Bradley sobre a exploração de novos métodos de guerra. Por exemplo, nas palavras de Quesada, as unidades de artilharia tinham mais observadores avançados, que repassavam pelo rádio informações sobre alvos inimigos às guarnições de armas. Por que não equipar os aviões e as unidades de artilharia com rádios de VHF, de modo que possam fazer localizações e se comunicarem? Claro, por que não? Experimentaram, pois, a idéia, e ela funcionou.

— Esse Quesada é uma jóia rara — disse Bradley ao comandante da Força Aérea do Exército, general Henry "Hap" Arnold. Tempos depois, Bradley escreveu que Quesada era "diferente da maioria dos aeronautas, que viam o apoio terrestre como aborrecida operação diversionária para a guerra aérea. Quesada tratou a questão como nova e vasta fronteira a ser explorada".[32]

Por que não instalar unidades de rádio nos tanques para que os operadores pudessem conversar com os pilotos?, perguntou-se Quesada. Ora, por que não? Isso funcionou também. A idéia funcionou tão bem, de fato, que, pelo fim de julho, os operadores de rádio terrestres já estavam fazendo com que os aviões pudessem chegar a 500 metros do alvo. E era assombrosa a quantidade de explosivos que um P-47 podia transportar: dois mísseis com 12,80m de comprimento e 1,20m de diâmetro debaixo de cada asa, 500 bombas de 227 quilos cada e 6.400 balas de metralhadoras calibre .50.

O major Gerhard Lemcke, da 12ª Divisão de Panzer, foi testemunha da eficácia das melhorias nas comunicações terra-ar e tanque-infantaria dos americanos. Ele mantivera uma equipe de rádio numa casamata durante a maior parte do mês de julho, mas, depois que os ataques à fortificação chegaram a um ponto insuportável, seus homens "acharam que era melhor ficar lá fora e voar pelos ares do que continuarem lá dentro e serem soterrados [como que] num porão". Assim, saíram dali e descobriram que os americanos tinham assumido o controle do campo de batalha, graças às facilidades de comunicação.

— Toda vez que um soldado alemão usava seu *Panzerfaust* — disse Lemcke —, todos os tanques, morteiros, aviões e toda a artilharia americana na área concentravam seus disparos nele. E mantinham o ataque até que sua posição fosse aniquilada.[33]

No mês de julho, os homens da 2ª Divisão de Panzer fizeram um relatório do que estavam enfrentando: "O fogo de artilharia e de morteiros incrivelmente pesado do inimigo é algo novo tanto para os recém-chegados quanto para os experimentados veteranos [...]. Qualquer ajuntamento de nossas tropas é imediatamente localizado pelos aviões de reconhecimento do inimigo, e fogo de artilharia e bombas são lançados do céu [...] e com uma intensidade tão grande, que causam pesadas baixas [...]. Nossos soldados entram em combate com o moral baixo diante da noção da enorme superioridade do equipamento bélico do inimigo. A sensação de impotência provocada pelo fato de a aviação inimiga operar sem impedimento tem efeito paralisante; e o efeito dessas barragens sobre os homens inexperientes é desanimador."[34]

A equipe do exército americano encarregada de desenvolver sistemas de operações bélicas para os combates no TOGE continuou a lograr melhorias e o fez até o fim da guerra. Seu sistema de comunicações era amplamente superior a tudo que os alemães tinham inventado. Entrementes, os B-17 do VIII Comando da Força Aérea continuaram a atacar incessantemente as vias de comunicação inimiga na França, mormente as constituídas por pontes e rodovias, assim como fizeram os Marauders do IX Comando da Força Aérea. Mas o tempo continuou a dificultar, durante todo o mês de julho, a eficiência das forças aéreas dos Aliados. Metade das missões desse mês de todos os aviões estacionados na Inglaterra e na França teve que ser cancelada por causa do tempo.

O papel da Luftwaffe na Normandia foi patético. A única contribuição que os pilotos do marechal-de-campo Goering davam ao esforço alemão era à noite, quando um, dois ou, às vezes, uma dúzia de bombardeiros alemães sobrevoavam as praias, lançavam bombas a esmo e saíam de lá o mais rapidamente possível. Os americanos chamavam os visitantes noturnos de "inspetores de dormitório". Então, todas as armas presentes nas praias eram disparadas contra os bombardeiros. Os rastros luminosos deixados pelos projéteis produziam um espetáculo tão ofuscante, que os alemães chamavam as praias de "Cidade Dourada". Mas, exceto aos nervos dos combatentes, a Luftwaffe causou poucos danos.[35]

Em terra, os americanos continuavam avançando, ainda que lentamente, mas o faziam ao longo de toda a frente de batalha, com exceção de St.-Lô. Nas cercanias dessa cidade, frustrada em seu afã de avançar fazia quase um mês, demorava-se, apesar dos muitos ataques que lançara, a 29ª Divisão. Desde o Dia D, via-se imobilizada num cerco mortífero juntamente com a 352ª Divisão. Mas, em ambas, muito pouco restava, para o cumprimento do dever, dos homens que compareceram às operações do Dia D. Em verdade, a 352ª praticamente desaparecera. Na 29ª, ao general Charles Gerhardt, seu comandante, os militares se referiam como comandante de região militar, em vez de comandante de divisão.

— Ele tem uma divisão no campo, uma no hospital e outra no cemitério — diziam.[36]

O historiador da 29ª Divisão, Joseph Balkoski, prestou bem merecida homenagem aos seus soldados: "Esses soldados são homens humildes colhidos numa guerra de uma complexidade imensurável. A maioria deles fez o que lhe disseram que fizesse, mesmo quando as ordens tinham pouco sentido. Nos mortíferos campos de batalha, da Praia de Omaha a St.-Lô, suas atitudes singelas de obediência foram reflexo de assombrosa coragem pessoal. Qualquer soldado que, sob ordens, conseguiu persuadir-se de superar uma sebe e, arqueado, de arremessar-se adiante através de campos herbosos enquanto as balas inimigas lhe zuniam rente à cabeça à guisa de estalidos de chibatadas foi, sem dúvida, um bravo."[37]

Um dos combates mais ferozes estava acontecendo em certo lugar nos arrabaldes de St.-Lô. Para preservar a linha de defesa, os alemães se empenhavam intensamente, conforme descobrira o major Randall Bryant, da 9ª Divisão, em meados de julho, quando cruzava a pé um pomar com seu melhor amigo, o capitão Charles Minton. Nesse ínterim, os alemães lançaram uma operação de tiro especial — uma em que os disparos de artilharia eram cuidadosamente coordenados para concentrar o fogo de uma bateria ou de um regimento inteiro em determinada área, em momento preciso. Calhou de Bryant e Minton estarem nessa área.

— De repente, tudo parecia explodir — relatou Bryan. — Havia sangue por todo o meu corpo e um capacete no solo com uma cabeça dentro. Era a de Minton. Três jovens segundos-tenentes tinham acabado de juntar-se a nós, vindo diretamente do desembarque nas praias e egressos do Forte Benning. Eu lhes havia dito que relaxassem e aguardassem o momento de serem designados para servir em alguma companhia. Mas eles e outros seis foram mortos, e 33 ficaram feridos, num ataque que durou apenas uma questão de poucos segundos.[38]

Gerhardt estava sob intensa pressão por parte de Bradley para conquistar St.-Lô. Até então, já tinha perdido mais homens nas cercanias dessa cidade do que na Praia de Omaha, no Dia D. Seus médicos mediam ganhos pela quantidade de ministração de morfina às unidades. Um deles mencionou que calculara que as ações de combate em cada uma das sebes resultavam na prescrição de dois quilos de morfina.[39] As companhias de fuzileiros da 29ª sofriam 100% de substituição de seus homens. Mas Gerhardt afigurou que os alemães estavam em situação mais difícil e ordenou a realização de uma incursão generalizada para tomar St.-Lô, com o emprego de todas as forças: sem reservas.

O major Tom Howie, antes da guerra professor de literatura inglesa e senhor de índole delicada, liderava o 3º Batalhão do 116º Regimento da 29ª Divisão. Em conjunção com o 2º Batalhão, estava incumbido de tentar romper a linha inimiga e avançar diretamente para St.-Lô. No dia 17 de julho, uma hora antes do amanhecer, o ataque começou. Howie disse aos seus homens que continuassem avançando, independentemente de qualquer coisa. Limitou a ação de cada pelotão a dois homens disparando seus fuzis e somente em casos de emergência. Os demais deveriam usar suas baionetas e granadas de mão.

A idéia era causar surpresa ao inimigo. A tática havia sido desenvolvida pela desditosa 90ª Divisão, que tinha sido vítima de má sorte no respeitante aos seus comandantes (três deles já haviam sido dispensados por Bradley)* e sofrido, àquela altura, 100% de baixas entre os recrutas e 150% entre os oficiais.

Havia um regimento que estava perdendo seus líderes de pelotão a uma taxa de 48% por semana. Para reduzir a ocorrência de baixas, a 90ª mudara sua tática para ataques noturnos e estabeleceu que seus esquadrões passariam a fazer infiltrações, independentemente, sem preparação de artilharia. E funcionou. Nas palavras de um praça:

— Aprendemos a dar preferência a incursões de infiltração noturnas. Era muito melhor atacar os alemães de surpresa do que realizar os assaltos diurnos comuns.[40]

Antes do raiar do dia 17 de julho, a infantaria da 29ª rompeu e passou pela linha de defesa dos alemães e tomou as regiões altiplanas situadas a apenas um quilômetro de St.-Lô. A estrada que dava acesso à cidade foi aberta. Howie convocou os comandantes de companhia para uma conferência e passou-lhes os objetivos que cada um deveria cumprir.

---

* Entre eles, estava o general Teddy Roosevelt, Jr., herói do Dia D. Em 13 de julho, Bradley havia substituído o comandante da 90ª por Roosevelt, mas este morreu de ataque do coração na noite desse mesmo dia. (N. A.)

— Tínhamos acabado de encerrar a reunião — relata o capitão William Puntenney, o ajudante-de-ordens de Howie. — Os comandantes haviam sido dispensados e, antes que pudessem retornar às suas companhias, os alemães começaram a lançar barragens de fogo de morteiro bem à nossa volta. Antes de abrigar-se numa das trincheiras individuais, o major Howie virou-se para dar uma última olhada, a fim de certificar-se de que todos os seus homens estavam agachados. Inopinadamente, um dos projéteis caiu a alguns metros de distância. Um de seus fragmentos atingiu o major nas costas e perfurou-lhe um dos pulmões. "Meu Deus, fui atingido", murmurou, e vi que um fio de sangue lhe escorria da boca. Enquanto caía, eu o peguei. Ele morreu em dois minutos.[41]

O capitão Puntenney assumiu o comando, no momento exato em que novo contra-ataque dos *Fallschirmjäger* atingia o batalhão. Usando as novas técnicas de comunicação, a 29ª solicitou o despejo de fogo de artilharia e o ataque de caças-bombardeiros sobre as posições do inimigo, o que anulou o contra-ataque alemão e restabeleceu o moral dos homens de Howie. Assim, deram início a renovados ataques a posições inimigas em St.-Lô. Na opinião do capitão Cooper:

— O ataque se caracterizou pelo uso quase perfeito da combinação das armas: unidades de força aérea, blindados, infantaria e artilharia, num trabalho conjunto, de excelente apoio mútuo.[42]

Assim que chegaram ao topo de certo outeiro e iniciaram a descida em demanda da cidade, os americanos ficaram chocados com o que viram. St.-Lô havia sido atacada por aviões B-17 no Dia D e em todos os dias claros dali por diante. O ponto central do lugar era um monturo sem vida, no qual apenas mui precariamente se podiam distinguir ruas de calçadas. Enquanto se aproximavam das fímbrias da cidade, sua presença começou a atrair fogo de alguns *Fallschirmjäger* entocados num cemitério. Seguiu-se daí rude batalha, com balas de fuzis e metralhadoras alvejando violentamente as estelas sepulcrais. Couraçados que haviam irrompido através de uma sebe vieram-lhe em auxílio, dispararam seus canhões e metralhadoras e rechaçaram os alemães. Então, os homens da 29ª arremeteram de encontro à cidade, armas em fogo. Duros recontros deram-se ainda antes que o inimigo pudesse ser completamente varrido da cidade, mas, por fim, St.-Lô passou às mãos dos americanos.

Por insistência de Gerhardt, o corpo de Howie foi posto num jipe e levado para a cidade. Homens do 3º Batalhão cobriram-no com a bandeira americana e içaram-no ao topo de enorme monte de pedras que antes fora um dos muros da Igreja de Saint Croix, situada a um quarteirão do cemitério. O corpo de Howie foi mantido ali até o fim do dia seguinte, 19 de julho. Os soldados americanos e uns poucos civis que haviam permanecido na cidade enfeitaram o local com flores.

— Tudo foi simples e direto, nada de ostentação ou coisa parecida — conta-nos o tenente Edward Jones.[43]

A história repercutiu bem na imprensa. A revista *Life* estampou em manchete "O Major de St. Lo". Howie ficou famoso, embora tarde demais para beneficiar-se disso. Mas o que ele e os outros oficiais e homens da 29ª haviam feito foi muito mais importante do que a boa publicidade para o exército: tinham capturado a cidade e, com ela, as partes altaneiras daquela região da Normandia, o que pôs o I Exército numa posição propícia ao lançamento de uma ofensiva planejada para romper a defensiva alemã e lhe facultar a saída do setor das sebes.

No intuito de realizar essa ofensiva, Bradley fazia planos para usar o maior trunfo dos Aliados: seu poderio aéreo. Moralmente incólume pelo que havia acontecido na Operação Goodwood, estava preparando-se para usar todos os bombardeiros e caças-bombardeiros que pudessem voar numa incursão aérea devastadora, que abrisse um rombo na linha de defesa alemã.

3

RUPTURA E CERCO

25 DE JULHO A 25 DE AGOSTO DE 1944

NO DIA 24 DE JULHO, sete semanas após o Dia D, o I Exército Americano dominava sobre uma linha de defesa no Canal da Mancha que se estendia de leste a oeste e ligava Caumont, St.-Lô e Lessay. Projeções anteriores ao Dia D davam conta de que os americanos a estabeleceriam cinco dias após a memorável invasão.

Embora um fato decepcionante em si, Bradley via oportunidades para seu exército. O inimigo, não obstante estivesse em par de igualdade numérica em matéria de homens, tinha grave deficiência de suprimentos e se encontrava extremamente cansado. Um dos principais problemas de Bradley era que não dispunha de espaço suficiente para trazer as divisões bem equipadas e treinadas que aguardavam na Inglaterra a ocasião de poder entrar em combate — para não mencionar o próprio general Patton. Quanto aos alemães, tinham um problema justamente diverso — não podiam contar com nenhum reforço significativo. Outro fator favorável a Bradley: seis das oito divisões de Panzer dos alemães na Normandia depararam com os britânicos e os canadenses nos arredores de Caen.

Além disso, Bradley sentia-se encorajado por dois conjuntos de fotografias mostradas a ele pelo general Quesada. Um revelava as condições da retaguarda alemã. As estradas estavam vazias. O outro mostrava detalhes da retaguarda americana. Aqui, couraçados, comboios e soldados em marcha cobriam as rodovias de um extremo ao outro. Gigantescos e improvisados depósitos de provisões e munição salpicavam os campos, sem que houvesse necessidade de lhes impor camuflagem. Entre outros, esses eram os frutos da superioridade aérea.[1]

O IX Comando Tático da Força Aérea tinha uma dúzia de pistas de pouso na Normandia a essa altura. Os pilotos podiam pôr-se em sobrevôo de seus alvos em questão de minutos. Esses homens eram jovens audaciosos, alguns dos quais com apenas 19 anos de idade (imperava, genericamente, a idéia de que, por volta dos 25 anos, o homem se tornava sensível demais para assumir os riscos rotineiramente requeridos de um piloto de P-47). Viviam em barracas no lamaçal normando. Chegavam a fazer cinco surtidas por dia, algumas das quais com duração de apenas 20 minutos. Predominavam no céu e levavam destruição às hostes terrenas alemãs.

Outra vantagem de Bradley: tanto em equipamentos quanto em táticas de guerra, seus homens estavam muito mais bem apercebidos para os combates do que haviam estado quando a campanha começou. Por volta de 24 de julho, três dos cinco tanques do I Exército haviam sido transformados nos "rinocetanques". Sistemas de comunicação terra-ar eram aperfeiçoados a cada dia. Bradley havia dispensado inexoravelmente comandantes de divisão incompetentes, com o que, algumas vezes, não obteve resultados expressivos, mas, doutras, logrou melhorias sensíveis. Os soldados da linha de frente formavam uma mixórdia de veteranos e substitutos, cujo ânimo se mantinha em nível relativamente bom, embora seu estado, assim como o dos alemães, fosse de esgotamento.

Com relação aos soldados, algo animador para eles: o I Exército tinha alcançado os limites do pior que a região das sebes podia oferecer, pois, além, se estendiam campos férteis e de suave anfractuosidade. Ali, as sebes cercavam maiores extensões de pastagem; as estradas eram mais numerosas, muitas eram pavimentadas, umas poucas tinham até mesmo quatro pistas. A linha de frente chegava à — ou próximo à — estrada St.-Lô—Périers, que, mais propriamente, era uma rodovia pavimentada que se estendia na direção leste-oeste retilineamente, denominada N 800. Entre St.-Lô e Périers, a Divisão de Panzer Lehr, grandemente reduzida, mantinha a linha de defesa dos alemães. Arrostando a Panzer Lehr do lado americano estavam a 9ª, a 4ª e a 30ª Divisões.

Bradley concluiu que podia usar a estrada St.-Lô—Périers como ponto de referência para as forças aéreas estratégicas e lançar uma chuva de bombas sobre a Panzer Lehr, providenciando para que os bombardeiros voassem paralelamente à estrada — um ponto que não havia como

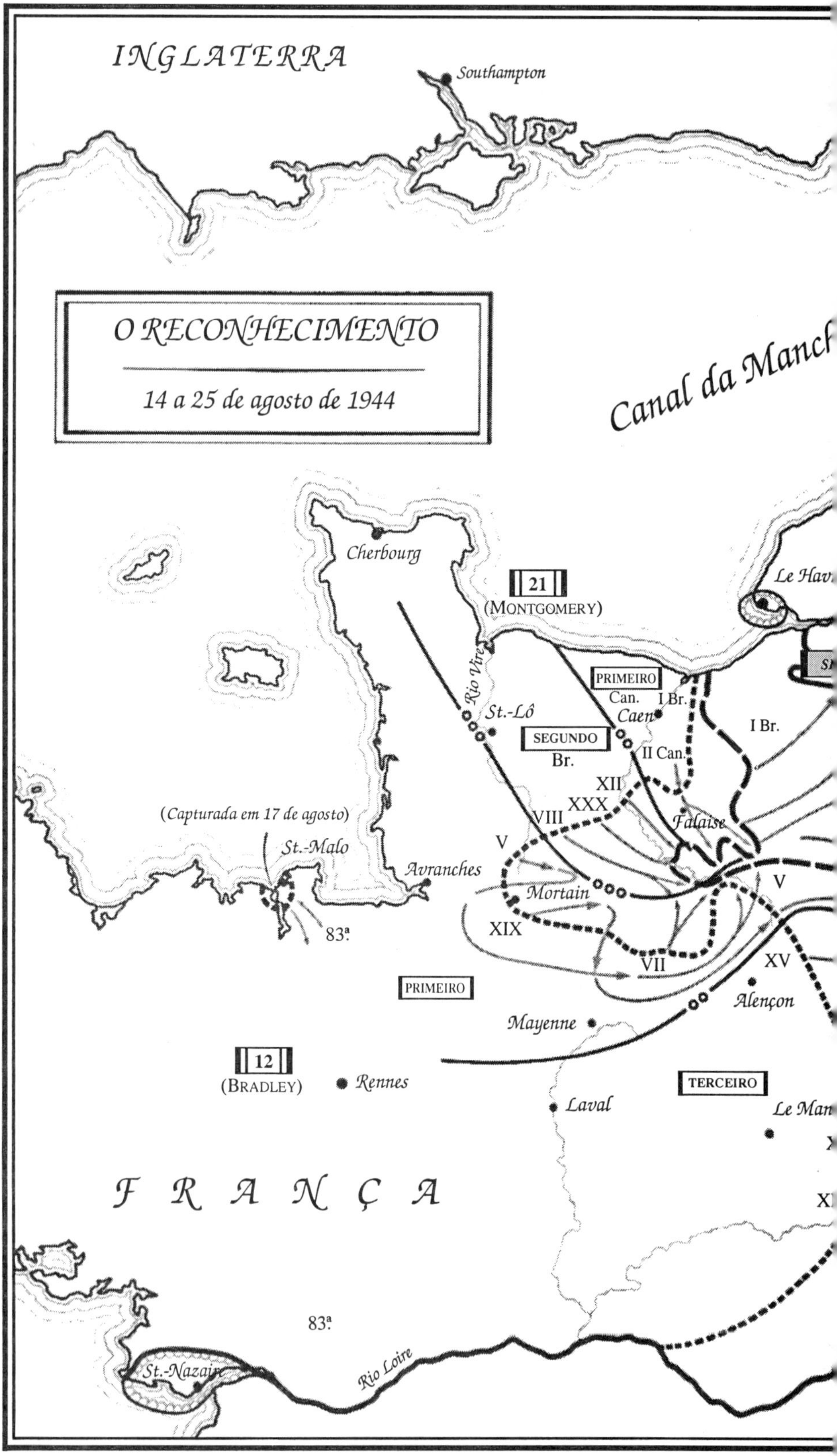
INGLATERRA
Southampton
O RECONHECIMENTO
14 a 25 de agosto de 1944
Cherbourg
21
(MONTGOMERY)
Rio Vire
St.-Lô
PRIMEIRO
Can.
I Br.
Caen
SEGUNDO
Br.
II Can.
I Br.
XII
XXX
VIII
Falaise
V
(Capturada em 17 de agosto)
St.-Malo
Avranches
Mortain
V
XIX
83ª
VII
XV
PRIMEIRO
Alençon
Mayenne
12
(BRADLEY)
Rennes
TERCEIRO
Laval
F R A N Ç A
83ª
St.-Nazaire
Rio Loire

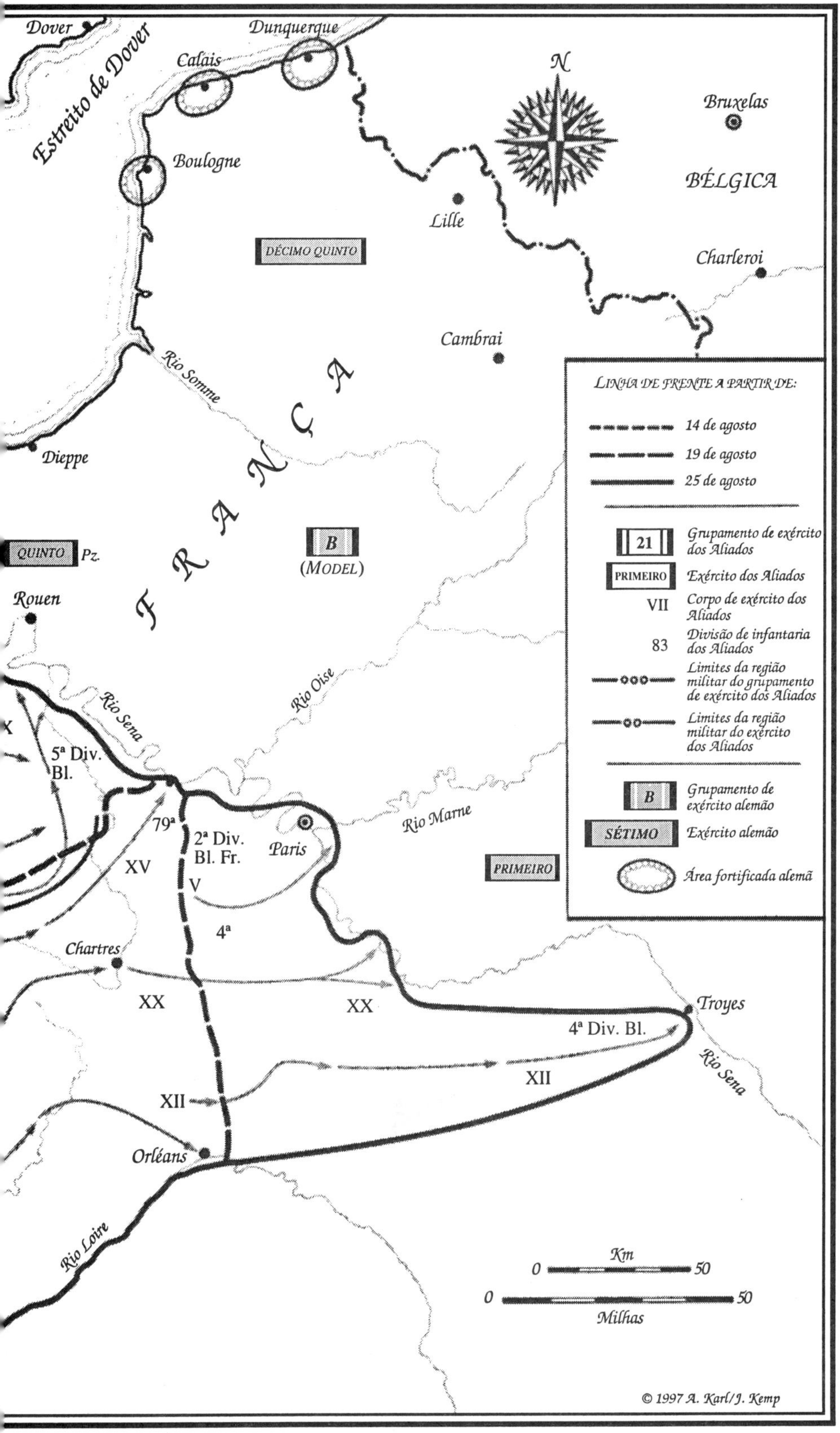
Dover
Estreito de Dover
Calais
Dunquerque
Boulogne
N
Bruxelas
BÉLGICA
Lille
DÉCIMO QUINTO
Charleroi
Cambrai
Rio Somme
FRANÇA
Dieppe
QUINTO Pz.
B
(MODEL)
Rouen
Rio Oise
Rio Sena
5ª Div. Bl.
79ª
2ª Div. Bl. Fr.
Paris
Rio Marne
XV
V
PRIMEIRO
4ª
Chartres
XX
XX
Troyes
4ª Div. Bl.
XII
Rio Sena
XII
Orléans
Rio Loire
LINHA DE FRENTE A PARTIR DE:
14 de agosto
19 de agosto
25 de agosto
21
Grupamento de exército dos Aliados
PRIMEIRO
Exército dos Aliados
VII
Corpo de exército dos Aliados
83
Divisão de infantaria dos Aliados
Limites da região militar do grupamento de exército dos Aliados
Limites da região militar do exército dos Aliados
B
Grupamento de exército alemão
SÉTIMO
Exército alemão
Área fortificada alemã
Km
0
50
0
50
Milhas
© 1997 A. Karl/J. Kemp

deixarem de notar, ajuizou Bradley. A área a ser atacada avançava por seis quilômetros ao lado da estrada e ficava a dois quilômetros ao sul dela. Maciça barragem de artilharia viria após o bombardeio, seguida de uma investida de infantaria e blindados da força de três divisões. Se funcionasse, os americanos ficariam livres da região das sebes e poriam a descoberto toda a ala esquerda alemã na Normandia, com Patton e seu III Exército prontos para vir e tentar lograr a ruptura da linha de defesa inimiga.[2]

Bradley deu à operação o codinome de Cobra. Começou a planejá-la nos meados de julho, e ela ficou pronta para ser executada por volta do dia 21, mas o tempo ruim causou-lhe adiamentos. Nesse entremeio, corria a discussão a respeito de quão proximamente à estrada as unidades das divisões ofensivas americanas deveriam ser posicionadas. Bradley as queria pôr a 800 metros da estrada para servir como linha referencial do bombardeio. Os aeronautas defendiam a necessidade de uma distância maior, de 3 quilômetros, de forma que se constituísse em fator de amortecimento de possíveis e indesejáveis danos. Eventualmente, concordaram em estabelecer uma linha referencial que ficasse a 1.200 metros dela. Isso fez com que algumas divisões de infantaria tivessem de recuar da estrada, cedendo terreno conquistado a custo enorme, mas assim procederam, embora mui contrariadamente.

Em 21 de julho, Eisenhower voou sob forte chuva de Londres para a Normandia, de molde que pudesse presenciar o ataque. Bradley encontrou-se com ele e lhe disse que o ataque havia sido cancelado. Em seguida, admoestou Eisenhower por ter viajado com um tempo daquele. Eisenhower jogou fora o cigarro encharcado, sorriu e replicou dizendo que seu único prazer em ser Comandante Supremo residia no fato de que ninguém podia exprobrá-lo.

— Quando eu morrer — prosseguiu, olhos fitos na chuva —, gostaria de que guardassem meu corpo para um dia chuvoso, que me enterrassem no meio da tempestade. Este tempo ruim ainda será a causa da minha morte.[3]

No dia 24 de julho, o tempo pareceu mais favorável, e uma ordem para dar início à operação foi despachada para as pistas de decolagem, mas foi revogada quando um terço da força tinha partido. Próximo ao instante em que o sinal de revogação da operação foi enviado aos bombardeiros, uma revoada de aviões B-17 havia cruzado o litoral e liberado sua carga de bombas de 227 quilos através de um manto de nuvens. Ironicamente, a maioria das bombas caiu sobre o alvo errado, causando baixas na 30ª Divisão, o que deixou os homens de infantaria extremamente atormentados.

Pior do que isso: os pilotos dos bombardeiros os haviam posicionado perpendicularmente à tal linha e não ao longo dela. Eles argumentaram que não conseguiram alinhar todos os aviões através do estreito e imaginário corredor com base num único ponto de referência e segui-lo — eram necessárias horas para que todos pudessem passar por sobre o alvo e ficariam expostos o tempo todo ao fogo antiaéreo dos 88. Vindo em sentido perpendicular, espalhados, os bombardeiros causariam um impacto destruidor muito maior ao flanco alemão e seriam alvos de contra-ataque antiaéreo durante apenas os segundos que levariam para cruzar a linha e lançar as bombas. Bradley mantinha-se, porém, a favor de uma incursão paralela, mas os homens acabaram convencendo-o de que era tarde demais para uma mudança de planos.

O dia 25 de julho exibiu um céu sem nuvens. Às 9h38, cerca de 550 caças-bombardeiros apareceram em suas alturas. Estavam sendo guiados pelas mensagens de rádio de controladores de operações aéreas avançados, a bordo de tanques na vanguarda de colunas de blindados. Esses operadores podiam conversar simultaneamente com unidades terrestres, os P-47, comandos superiores e baterias de artilharia de apoio.

Os P-47 despejaram foguetes e munição de metralhadoras contra as posições alemãs situadas ao sul da estrada e lançaram bombas de 227 quilos muito mais poderosas que até mesmo os obuses de 240 milímetros e que os pilotos podiam fazer cair a cerca de 300 metros das linhas de defesa dos americanos (a maioria dos praças receava metas preestabelecidas envolvendo operações de artilharia cujos projéteis fossem cair a menos de 500 metros deles).

O repórter Ernie Pyle escreveu: "Os caças de mergulho atingiam o alvo certeiramente. Encontrávamo-nos no estábulo de uma fazenda francesa e ficamos observando-os mergulhar velozmente e quase na vertical pelo céu abaixo. Lançavam suas bombas a menos de 500 metros de onde estávamos.

Vinham em grupos, mergulhando de todas as direções, em tempo certo e preciso, um após o outro. Para onde quer que se olhasse, viam-se grupos isolados de aviões em mergulho, ou em revoada ascendente, ou sob inclinada manobra para um novo mergulho."

Depois de 20 minutos, os P-47 cederam lugar a 1.800 B-17.

O aspecto desse enxame de aviões deixava os homens em impotente estado de busca de palavras para descrevê-la. Mas Pyle a descreveu assim: "Novo zumbido ia tomando corpo gradualmente em nossos ouvidos — colossal e longínquo som que se nos afigurava o soar das trombetas do Juízo Final. Era artilharia pesada. Eles vinham diretamente por detrás de nós e em grupos de 12, três revoadas por grupo e em ajuntamentos que se estendiam pelo céu [...]. Seu avanço pelo céu era lento e estudado. Jamais vi algo que tivesse em si a aura de um poderio tão assombroso. Você tinha a sensação de que, mesmo que Deus comparecesse súplice à frente deles no firmamento com as mãos abertas para tentar persuadi-los a voltar, eles não encontrariam dentro de si a força para desviar-se da rota irresistível."[4]

Os aviões estavam a uma altura de 3.700 metros. O general Fritz Bayerlein comparou-lhes o vôo ao movimento de uma correia transportadora. O tenente James Delong, piloto de um B-26 que seguia atrás dos B-17, estivera em 66 missões. Disse, simplesmente:

— Jamais vi tantos aviões enfileirados em toda a extensão do céu. Colunas de fumaça resultantes das explosões das bombas erguiam-se a grande altitude. Comandos freqüentes e emitidos em voz alta pelo rádio ordenavam aos pilotos que não lançassem bombas próximo das nuvens de fumaça.[5]

O capitão Belton Cooper estava em terra.

— Assim que começaram, era como se algum tipo de dragão-serpente fabuloso e gigantesco ocupasse todo o céu, com sua calda se estendendo até o horizonte. Isso me fez lembrar de Leônidas, na Batalha das Termópilas, quando lhe disseram que as flechas persas eram em tão grande número que podiam obscurecer o céu. Disse o herói: "Ótimo, muito melhor assim, pois poderemos lutar na sombra."[6]

Os B-17 ficaram no céu durante uma hora inteira. O ataque da operação abrangeu uma área um pouco ao sul da estrada que se estendia por 2.500 metros de fundo. Os efeitos sobre os alemães foram catastróficos. A área bombardeada parecia a superfície da Lua. Crateras se sobrepunham em muitas partes, e sebes inteiras foram simplesmente arrasadas. O general Bayerlein relatou que perdera "pelo menos 70% de minhas tropas, na ofensiva — mortos, feridos, enlouquecidos ou em estado de choque".[7]

Durante a segunda meia hora do bombardeio, a linha referencial para o lançamento das bombas — vista de 3.700 metros de altitude — foi transferida para o norte. A poeira e a fumaça resultantes da primeira série de bombas estavam sendo levadas por um vento sul. O comandante da Companhia B, 8º Regimento de Infantaria, 4ª Divisão, descreveu o que aconteceu:

— Os caças de mergulho desceram majestosamente e soltaram suas bombas bem à nossa frente, no local exato em que deviam cair. Depois, o primeiro grupo dos aviões de grande porte lançou as suas [...]. A próxima série de bombas caiu mais perto; a seguinte, mais; e a outra, mais ainda [...]. Então, puseram-se bem acima de nós [...] O choque nos foi terrível [...]. Comuniquei-me com o batalhão e disse ao pessoal que eu não tinha nenhuma condição de sair dali, que tudo estava completamente desorganizado e levaria algum tempo para recuar com os meus homens, e solicitei um pequeno adiamento.[8]

Nessa operação, 111 soldados americanos morreram e 490 ficaram feridos com as bombas lançadas mais proximamente à linha de defesa americana. Entre os mortos, o general Lesley McNair, comandante das Forças Terrestres do Exército, que estava na frente de batalha para acompanhar o ataque.

Ernie Pyle escreveu que era impossível descrever o que alguém sob aquela chuva de bombas sentia ou pensava: "Creio que as sensações de uma pessoa em momentos como aquele são múltiplas e impossíveis de relacionar. Você simplesmente fica esperando, só isso. E jamais se esquece da tensão muscular e nervosa sobre-humana." Nos vários dias seguintes, Pyle ficou irritado e com dores por todo o corpo, por causa da "intensa e prolongada tensão muscular".[9]

O bombardeio foi complementado pelo fogo de artilharia, com mil armas ao todo. A tarefa inicial das guarnições dessas armas era suprimir todo o fogo antiaéreo alemão. Quando o primeiro grupo de aviões apareceu, os 88 derrubaram três deles. Mas os pequenos Piper Cubs voavam relativamente próximo às linhas alemãs para localizar os pontos de onde partiam os disparos do inimigo e informar isso ao pessoal da artilharia americana.

O socorrista Edward "Buddy" Gianelloni ficou pasmo com o que testemunhara.

— A coisa mais engraçada que já tinha visto eram aqueles Piper Cubs. Eles eram usados como aviões de reconhecimento e, ao mesmo tempo, atrapalhavam a visão das guarnições dos 88 de forma que não pudessem atingir nossos bombardeiros. O minúsculo Piper Cub protegendo aqueles grandes filhos da mãe bem lá em cima com suas bombas.[10]

Quando as bombas começaram a cair, o pessoal da artilharia alemã encafuou-se em suas casamatas, e o fogo dos 88 cessou. Bayerlein calculou que perdera a metade dessas armas.[11] Então, numa operação de tiro de barragem generalizado e com uma hora de duração, os soldados americanos dispararam 50 mil projéteis de artilharia.

Lá de cima, enquanto os B-17 se retiravam, 350 P-47 mergulharam durante outros 40 minutos contra a estreita faixa de terreno um pouco ao sul da estrada para lançar tambores cheios de *napalm** nos alvos situados ali. Sua retirada da área era o sinal para que a infantaria e os tanques iniciassem o ataque terrestre. Ao fazerem isso, 396 Marauders atacaram a retaguarda da linha de defesa dos alemães.

Ao todo, cerca de 16 mil toneladas de bombas caíram sobre os alemães, seguidas pelas barragens de artilharia. Foi o maior emprego de explosivos num único ataque na história do exército.

O efeito disso nos alemães não ficou muito longe do provocado por algum tipo de grave desastre natural. O soldado Herbert Meier, radiotelegrafista, disse que vira "muitos aviões num espaço relativamente muito pequeno [...] e que as bombas caíam qual chuva". E nos fala também a respeito de uma ocasião em que recebera ordem de levar uma mensagem a um comandante de artilharia abrigado numa casamata.

— Saindo de minha trincheira, vi as bombas sendo lançadas e o brilho que a luz solar produzia nelas durante alguns instantes. Depois, caíam tão rapidamente que você não as conseguia ver. Eu corria de trincheira em trincheira como um coelho, depois para a casamata, e entregava minha mensagem.[12]

Em toda parte, morte e destruição. Os que não eram atingidos pelos estilhaços das bombas sangravam pelo nariz, ouvidos e boca. O mundo parecia estar acabando. Para o major Joachim Barth, comandante de um batalhão antitanque da divisão de Bayerlein, isso quase aconteceu mesmo.

— Quando o bombardeio terminou — relata —, olhei para fora de minha casamata. O mundo havia mudado. Não havia uma única folha nas

---

* Gasolina gelatinizada e espessada por sais dos ácidos naftênico e palmítico, empregada em bombas incendiárias e lança-chamas. (N. T.)

árvores e era muito mais difícil movimentar-se. Tínhamos feridos, precisávamos de médicos, mas nenhuma ambulância podia chegar aonde estávamos. Nossas grandes armas haviam sido tombadas.[13]

Os americanos sofreram também, e "tristeza e abatimento caíram sobre nós como água fria",[14] escreveu Bradley anos depois, inteirado do fato de que as bombas haviam atingido seus compatriotas. Mas, então, continuara determinado a tirar proveito imediato do choque dos alemães. E bradou aos homens da linha de frente:

— Avancem!

Ao comandante da companhia da 4ª Divisão, que havia solicitado um pequeno adiamento do início da operação, para que pudesse reverter a situação de desmantelamento de suas forças, foi dito:

— Não. Mova-se. Inicie a operação imediatamente.[15]

O tenente Sidney Eichen, 30ª Divisão, teve uma experiência semelhante.

— Meus equipamentos estavam destroçados — relatou —, nossas armas antitanque despedaçadas. Vi o corpo de um de nossos motoristas de caminhão, Jesse Ivy, jazendo ao chão em duas partes. O capitão Bell foi enterrado num caixote. — Mas seu comandante de divisão, general William Harrison, pressionou o comandante de regimento de Eichen, ordenando:

— Coronel, o ataque continuará conforme o planejado. Mesmo que você tenha apenas dois ou três homens, ele deve ser realizado. — Então, o coronel correu de companhia em companhia, exclamando:

— Vocês têm que partir. Movam-se!

Assim:

— Com o moral baixo, começamos a agir — disse Eichen.[16]

No que diz respeito ao lado alemão, o major Barth lembra que, quando o bombardeio terminou, disse aos seus homens:

— Preparem-se! Preparem-se! — E: — Tirem os homens das trincheiras, desentoquem as armas e ponham-nas em ordem. Aprestem-se! Aprestem-se! Preparem suas posições. Logo estarão aqui. — E, por fim, o alarme:

— Eles estão vindo. Estão vindo!

"Todos sabiam o que tinham que fazer. Não havia ordens a serem emitidas. Eram os nossos cabos que nos supriam a força moral. Eram os homens que eu admirava, pois conheciam o seu dever e o cumpriam.

Nós, veteranos, sempre dizíamos que os cabos eram a espinha dorsal do exército."[17]

Os primeiros soldados americanos passaram por veículos alemães postos fora de combate, corpos despedaçados e sobreviventes aturdidos e desorientados — mas depararam também com veteranos de uma Panzer Lehr "ainda operantes, e com o mesmos e velhos recursos, com o mesmo e conhecido equipamento — tanques e infantaria entrincheirados".[18] O soldado Günter Feldmann, membro da Panzer Lehr, mais tarde um prisioneiro de guerra que aprendeu a falar inglês, disse que "as primeiras palavras que ouvi dos americanos foram: 'Caramba, os bastardos ainda estão aí!' Eles se referiam à minha divisão".[19]

O fogo da artilharia alemã lançado sobre os americanos foi pesado também, já que pelo menos algumas de suas peças ficaram de pé.[20] Ao cair da noite do dia 25 de julho, viu-se que pouco ou nenhum ganho havia resultado da incursão aérea. A Operação Cobra parecia ser outra Goodwood.

Mas, enquanto os soldados e generais americanos estavam desanimados, o general Bayerlein estava desesperado. Quando um oficial do estado-maior do quartel-general veio a ele, portando uma ordem emitida pelo marechal-de-campo von Kluge de que a linha de defesa que se estendia entre St.-Lô e Périers deveria ser mantida, de que nem mesmo um único homem deveria deixar sua posição, Bayerlein respondeu:

— Lá na frente de batalha todos estão opondo resistência. Todos. Meus granadeiros e meus engenheiros e minhas guarnições de tanques — todos estão defendendo seu terreno. Nem mesmo um único homem abandona seu posto. Eles jazem silentes em suas trincheiras, pois estão mortos. Você pode relatar ao marechal-de-campo que a Divisão de Panzer Lehr foi aniquilada.[21]

O dia 26 de julho foi um dia de apreensão. Os americanos fizeram um ataque com divisões que estavam incumbidas, mais propriamente, de uma investida de reconhecimento, para uma ruptura posterior da linha inimiga. Contudo, os alemães resistiram. Mas a ruptura acabou tornando-se realidade no dia 27. O tênue fio de resistência dos Panzer foi rompido. O sargento Hans Strober observou:

— Os americanos haviam aprendido como fazer o rompimento de nossa linha de defesa, ignorando os flancos e avançando para ocupar entroncamentos rodoviários e estabelecer barreiras de forma que nossos veículos e nossas armas pesadas não pudessem passar.[22]

* * *

A ruptura da linha de defesa alemã foi uma grande façanha das armas do exército. O I Exército lograra realizar algo que tinha sido quase impossível empreender com sucesso na Primeira Guerra Mundial e que os britânicos em Caen não haviam sido capazes de fazer no período junho-julho de 1944. O I Exército tinha alcançado um objetivo para cuja consecução não tinha sido treinado nem equipado, mas, no entretempo que o separava dele, criou uma equipe treinada em táticas de guerra ar-terra sem igual no mundo. Agora, sim, juntamente com o III Exército, entraria finalmente numa campanha para a qual tinha sido treinado e equipado.

Russel Weigley, o mais experiente dos historiadores militares americanos, em referência ao fluxo incessante de soldados americanos pelo escancarado flanco alemão, escreveu em seu estudo clássico *Eisenhower's Lieutenants*: "Esse avanço, praticamente uma marcha pela estrada, constitui justamente o tipo de guerra para a qual o exército americano foi criado, principalmente no que diz respeito às divisões de blindados. Valer-se da paixão por estradas está tão intimamente arraigado no caráter e na tradição dos americanos que seu uso fez que se externasse o que há de melhor nos soldados: seu vigor e sua riqueza de recursos pessoais...

Agora que a Operação Cobra conseguiu romper a linha de defesa inimiga, o exército mais ágil do mundo poderia tirar proveito, pela primeira vez, de sua capacidade de mobilização." Weigley observa ainda que, com essa mobilidade, duramente conquistada, "os problemas do exército tornaram-se, pela primeira vez na Europa, estratégicos, em vez de táticos. A batalha que os soldados travaram na Normandia estava prestes a tornar-se a batalha dos generais na França".[23]

Com o flanco esquerdo alemão desprotegido, e os Aliados deparando com uma estrada para Paris desimpedida, Patton foi acionado e pôde liberar toda a energia represada em si. Havia chegado a tempo para presenciar a Operação Cobra, familiarizar-se com a situação e estabelecer o quartel-general do III Exército. Assumiu o comando de uma das divisões já presentes na Normandia e tinha outras vindo da Inglaterra.* Próximo ao dia 1º de agosto, tinha divisões atacando em quatro direções. Enquanto isso, o I Exército arremetia em direção ao sul, à medida que a resistência alemã ia desmoronando.

---

* Quando o III Exército foi acionado, o general Courtney Hodges sucedeu a Bradley como comandante do I Exército, ao passo que Bradley foi promovido ao posto de comandante do 12º Grupamento do Exército (I e III Exércitos). (N. A.)

Quando os alemães deram início a uma retirada total, as forças ar-terra americanas lançaram maciço ataque ao inimigo. Agora, a Wehrmacht estava fora das sebes, em céu aberto, tentando desesperadamente mover-se durante o dia para escapar. Os tanques de Patton os castigavam impiedosamente, enquanto os Jabos os deixavam aterrorizados.

— Eu havia testemunhado a primeira retirada de Moscou — conta-nos o sargento Helmut Gunther, da 17ª Divisão de Granadeiros da SS Panzer —, a qual foi terrível, mas, pelo menos, as unidades ainda estavam intactas. Aqui, nós nos havíamos tornado apenas um grupo de indivíduos. Não éramos mais uma companhia de combatentes dignos. Tudo que tínhamos a nosso favor era o fato de que nos conhecíamos muito bem.[24]

Os P-47 responderam aos chamados das guarnições de tanques e da infantaria pelo rádio, desceram sobre os alvos e atingiram as posições inimigas com *napalm*, bombas de 227 quilos, foguetes e disparos de metralhadoras .50. Tanques, caminhões, carros-patrulha, caminhonetes e peças de artilharia destruídos, além de homens e cavalos mortos e feridos, cobriam a paisagem.

O capitão Cooper nos fornece também uma descrição do trabalho de equipe dos Aliados. Quando duas divisões de Panzer ameaçaram sua companhia de manutenção e serviços por detrás de uma sebe, o oficial de ligação a bordo de um Sherman pôs-se ao rádio para transmitir coordenadas aos Jabos que estivessem na área.

— Em menos de 45 segundos, dois P-47 apareceram bem acima das copas das árvores, em alta velocidade e a cem metros de altitude. — E soltaram suas bombas a cerca de 300 metros da posição de Cooper:

— Tivemos a impressão de que as bombas cairiam bem no meio da área que ocupávamos. — Ele e seus homens encafuaram-se em suas trincheiras individuais.

Logo após os inúmeros estampidos das bombas, vinham os P-47, com longas rajadas de suas metralhadoras calibre .50. As bombas atingiram um depósito de munição dos alemães.

— A explosão foi medonha; chamas e destroços subiam a uma altura de 150 metros. Carroças, lagartas de tanques, capacetes, barracas de acampamento portáteis e fuzis voavam em todas as direções. Não obstante o fato de que a sebe que nós separava dos tanques alemães nos tivesse protegido dos efeitos mais graves da explosão, as copas das árvores foram parcialmente decepadas e enorme quantidade de destroços caiu sobre nós.[25]

— Eu havia comparecido a duas festas da igreja e a uma exposição em minha cidade — disse um piloto de um P-47 —, mas jamais tinha visto algo parecido![26]

Os Jabos eram inexoráveis. Os ataques constantes desmantelaram, inapelavelmente, duas unidades alemãs, o que lhes afetou terrivelmente o moral. Um tema que sempre vem à baila nas entrevistas com os veteranos alemães é o do coleguismo. Tal, logicamente, é o caso também dos veteranos americanos, mas a intensidade de que se reveste a questão no que concerne aos alemães é única. Uma das razões disso é que, de um modo geral, os esquadrões alemães eram constituídos por homens provenientes da mesma cidade ou região, os quais, portanto, eram combatentes conhecidos uns dos outros desde criança. Outra delas é a experiência de se terem visto em meio a verdadeiras calamidades — Jabos sobre suas cabeças, chuva de artilharia, tanques abrindo fogo em sua retaguarda.

A esse respeito, o cabo Bertenrath exprime-se bem oportunamente:

— A pior coisa que podia ocorrer a um soldado era ser atirado a algum grupo no qual não conhecia ninguém. Em nossa unidade, jamais abandonávamos uns aos outros. Lutamos em grupo na União Soviética. Éramos camaradas e sempre íamos em socorro de um colega. Protegíamos nossos colegas para que pudessem voltar para suas esposas, seus filhos e seus parentes. Essa era a nossa motivação. A idéia de que poderíamos conquistar o mundo se havia desmoronado fazia muito tempo.[27]

O tenente Walter Padberg, do 959º Regimento de Granadeiros, ficou estarrecido com o ataque dos Aliados:

— O caos era completo. A artilharia e os aviões dos Aliados estavam em toda parte. — Então, a pior coisa possível aconteceu:

— Eu não conhecia nenhuma das pessoas à minha volta.[28] — Padberg tratou de continuar fugindo, praticamente só, embora estivesse no meio dos outros, também em fuga. A retirada estava se transformando em debandada.

Do lado dos Aliados, uma oportunidade histórica se apresentou. Enquanto os britânicos e canadenses intensificavam seus ataques na linha de combate, Patton tinha à sua frente estradas desimpedidas, o que convidava suas colunas de tanques, capazes de rápida mobilização, a atravessar a retaguarda dos alemães — cuja movimentação de artilharia e dos veículos de carga, feita por meio de cavalos, impedia-lhes lograr ágil mobilização —, cercá-los e destruir o exército alemão na França, e, assim, terminar a guerra, com uma marcha triunfal e sem resistência inimiga, cruzar o Reno e avançar para Berlim.

Patton desejava ardentemente alcançar essa oportunidade. Ele havia treinado e equipado o III Exército justamente para isso. Seguindo pelo leste, direto para Paris, depois pelo oeste, margeando o Sena para atingir os entroncamentos, os Aliados fechariam um cerco que resultaria num aprisionamento de homens cujo número seria maior do que o das populações do norte da África ou da de Stalingrado. Mas o mais importante é que deixaria os alemães sem defesa no oeste, pois Patton poderia isolar as divisões alemãs no norte da França, na Bélgica e na Holanda à medida que avançasse para o Reno.

Essa era a grande solução. Arriscada, obviamente, mas, se bem-sucedida, poderia propiciar os mesmos tipos de grandes cercos logrados pela Wehrmacht na França em 1940 e na União Soviética em 1941. Mas nem Eisenhower nem Bradley foram suficientemente ousados para adotá-la, pois se preocupavam com os flancos das forças de Patton — embora este insistisse em que os Jabos poderiam protegê-los. Agasalhavam preocupações também com relação ao combustível e outros suprimentos de Patton — mas este insistia em que, numa situação de emergência, eles poderiam ser transportados até ele através de um corredor aéreo.

Discutir os méritos de diferentes generais é o passatempo favorito de muitos entusiastas de história militar. É inofensivo e, geralmente, instrutivo. E todos temos o direito de formar juízos; esse direito promana do ato de participar. O povo americano forneceu aos generais Eisenhower e Bradley uma quantidade fabulosa de armas e equipamentos, e cerca de dois milhões de seus jovens. Há que ser feito um balanço de quão proveitosamente eles usaram esse patrimônio para a consecução de um objetivo comum. E esse balanço envolve as seguintes questões: eles alcançaram a vitória ao custo mais baixo possível, no mais curto espaço de tempo? Foram prudentes onde a prudência era relevante? E podem responder-nos satisfatoriamente à mais importante delas, qual seja, a de que, dada a sua superioridade sobre o inimigo, assumiram riscos apropriados na utilização dos maiores patrimônios a eles cedidos: os do poderio aéreo e da capacidade de mobilização?

No que respeita, em conjunto, à Normandia e ao mês de agosto, a resposta é negativa. Ike e Bradley optaram pela alternativa mais segura, a solução menor. Assim, uma grande oportunidade foi perdida. Mas, naturalmente, não ignoramos agora que o risco teria valido a pena, pois estamos cientes do custo de uma ocupação imediata da Alemanha então; em julho de 1944, Eisenhower e Bradley não estavam.

Ademais, os dois estavam pagando o preço de sua obsessão pelos portos. Eles queriam os pequenos portos da Bretanha, tais como o de St.-Malo, e um dos grandes, o de Brest. Assim, insistiram em que Patton mantivesse a adoção do plano feito previamente ao Dia D, mas com modificações. Com ele, Patton ficava obrigado a reorientar suas forças para a Bretanha, mas, quando ele protestou e argumentou que ficar preso a planos era um erro e insistiu que desejava arremeter suas forças contra a Alemanha, e não contra outro objetivo, Eisenhower e Bradley cederam em suas posições, mas isso resultou apenas em conceder-lhe permissão para reduzir as forças do ataque a posições inimigas na Bretanha a quatro ou cinco divisões, deixando três outras avançarem em direção a oeste.

Eisenhower costumava dizer que, na guerra, planos são tudo antes de ela começar, mas, uma vez iniciado o tiroteio, eles eram inúteis. Em 1926, ano em que se formara como primeiro aluno da turma da Escola de Comando e Estado-Maior Geral do Forte Leavenworth, Patton lhe escrevera, a fim de felicitá-lo e aconselhá-lo a pôr em prática, dali em diante, todas as coisas que aprendera em Leavenworth. "A vitória na próxima guerra", escrevera Patton, "dependerá da PRÁTICA, não do PLANEJAMENTO."[29]

Para Patton, era insuportável o fato de os seus superiores não o deixarem agir livremente.

— Sinto-me enojado também — queixou-se certa vez — com o fato de Hodges e Bradley afirmarem que toda a virtude humana reside no conhecimento de táticas de guerra de infantaria. — Patton achava que "Omar, o fabricante de barracas", conforme chamava Bradley, nunca era suficientemente audacioso. "Bradley e Hodges são umas nonadas", escreveu. "Sua única virtude está no fato de que continuam sem fazer nada [...]. Tentam romper a linha de defesa inimiga ao longo de toda a frente de batalha, mas não têm força em ponto algum."[30]

Monty concordava com Patton. Ele queria abandonar também o plano de invadir a Bretanha. E assinalou o óbvio:

— A melhor fatia do bolo está no leste.[31] — Assinalou também o que não era tão óbvio: se os Aliados abraçassem a oportunidade que estava diante deles, não teriam necessidade de conquistar Brest e St.-Malo. Aliás, então, a defesa inimiga em St.-Malo resistiu até o fim da guerra — em acatamento às ordens de Hitler —, e Brest, até o fim de setembro. A destruição dos portos empreendida pelos alemães foi tão efetiva que jamais puderam dar uma contribuição terminante ao problema do abastecimento das forças aliadas.

Os préstimos de um corpo de exército inteiro de guarnições de tanque e de homens de infantaria e de artilharia bem treinados e bem equipados foram desperdiçados num momento crítico. Em analogia com um lance de lutas de boxe, podemos dizer que Patton queria dar um direto de direita no oponente e acabar com a luta; seus superiores ordenaram que ele desferisse um gancho de direita curto para desequilibrá-lo. Mas o inimigo já estava titubeando. E deveria ter sido levado a nocaute.

Embora estivesse deprimido por causa das ordens de seus superiores, Patton recobrou ânimo à medida que o III Exército foi avançando através da França. Ele seguia na linha de frente, num jipe escoltado por um blindado, e pressionava as tropas, estimulava-as, bradava, desfazia engarrafamentos, cada vez mais exigente. "Avancem e continuem a avançar", era a sua ordem.

Ele atacava em todas as direções ao mesmo tempo. "Estamos tendo a mais adorável das batalhas já vistas", escreveu a um velho amigo. "É uma ação típica de cavalaria, na qual, citando as palavras da velha história, 'o soldado foi à luta e atacou em todas as direções ao mesmo tempo, com uma pistola em cada uma das mãos e um sabre na outra'."[32]

Ele estava delirando. Atacar em todas as direções ao mesmo tempo parecia divertido, mas ele sabia que isso implicava também diminuição de força. O objetivo estava no leste, não no norte, no oeste ou no sul.

Hitler sabia que seu exército estava cambaleando. E deveria recuar? Sair da Normandia e cruzar o Sena enquanto o montante de suas conquistas ainda era razoável? Isso era o que os seus generais queriam fazer, pois, militarmente, era obviamente sensato. Mas Hitler detestava recuar e adorava correr riscos. Onde os generais viam as mandíbulas de uma armadilha fechando-se sobre eles, ele via uma oportunidade única de se lançar sobre a jugular dos americanos.

Enquanto Patton dava início ao desfecho de seu curto golpe de direita no oponente, fazendo a diversão de suas divisões para o norte, em direção a Argentan, uma olhadela no mapa mostrou a Hitler que o corredor através do qual o III Exército recebia seus suprimentos era excessivamente estreito (com aproximadamente 30 quilômetros de largura) e, portanto, vulnerável. Trazendo para o sul mais infantarias e tanques do XV Exército, estacionado então ao norte do Sena, Hitler disse a Kluge que usaria uma grande quantidade de tropas para obstruir esse corredor. O processo de transferência de tropas e tanques para o lado sul do Sena estava bem adiantado, já que o plano Fortitude estava perdendo força a essa altura. Os tanques cruzaram o Reno em barcaças, à noite, e a 116ª Divisão de Panzer precisou de quatro noites para completar a travessia.

Com os jovens soldados, disse Hitler a Kluge, uma contra-ofensiva completa poderia ser montada, uma que interrompesse o fluxo de abastecimento do III Exército. Deveria ser iniciada em Mortain, com desfecho em Avranches. Interrompido o fluxo, Patton poderia ser destruído ali mesmo, e o corredor, reconquistado. Com um pouco de sorte, os alemães poderiam forçar o retorno dos combates para as sebes, quiçá até mesmo obrigar os americanos a recuarem para as praias.

Kluge e todos os soldados envolvidos consideraram a idéia uma loucura. Além dos problemas causados pelos Jabos e pela artilharia americana, essas novas divisões não estavam bem equipadas — contavam apenas com alguns Panthers e Tigers —, tinham carência de combustível e, em verdade, não eram compostas de "soldados jovens". O major Heinz-Günter Guderian servia na 116ª Divisão de Panzer, cujo comandante, general-de-divisão, era seu pai. E relata:

— A maioria do nosso pessoal era composta de velhos soldados da frente de batalha do leste europeu. Muitos de nossos feridos haviam retornado aos combates. Recebemos também parte de uma divisão em treinamento, adolescentes que haviam acabado de alistar-se e não estavam bem treinados.

Guderian prosseguiu, amargurado:

— Iniciar um ataque com a noção de que não há esperança nisso não é uma boa idéia. E não tínhamos esperança.[33] — Mas Hitler ordenou que ele fosse feito.

Por desconfiar de seus generais, Hitler assumiu o controle da batalha, o que o forçou a usar o rádio e, conseguintemente, possibilitou que o Ultra — o dispositivo britânico de decifração de códigos — revelasse o plano geral do inimigo e alguns de seus detalhes específicos. Assim, em 5 de agosto, Eisenhower sabia o que aguardava os Aliados — seis divisões de blindados alemães. Entre eles e Avranches havia uma divisão de infantaria americana, a 30ª.

Apesar dos números, ninguém do alto comando americano duvidava que a 30ª, apoiada pelos P-47 Thunderbolts, pelos britânicos Typhoons e pela artilharia americana, pudesse resistir. Longe de dizer a Patton que parasse e muito menos que recuasse, Eisenhower ordenou que continuasse avançando. Segundo o ponto de vista de Eisenhower, os alemães estavam enfiando a cabeça no laço da força. Na manhã do dia 7 de agosto, ele voou para a Normandia e estabeleceu um posto de comando avançado ali, num bem-cuidado quartel-general instituído nas edificações de uma plantação de maçãs perto de Granville, onde usufruía de pitoresca vista de Mont-St.-Michel. Ali, encontrou-se com Bradley, que, imediatamente, concordou em procurar manter o controle de Mortain com o uso mínimo de forças, enquanto enviava para o sul, através do corredor e às pressas, todas as divisões disponíveis para que alcançassem o interior.

Nesse ínterim, as forças da ofensiva alemã conseguiram burlar rapidamente as posições defensivas inimigas e entraram em Mortain. A ofensiva tinha sido iniciada antes do amanhecer, com os tanques avançando através da noite, diante da ausência de um plano de alerta para o acionamento noturno da artilharia americana. As forças alemãs haviam conseguido surpreender taticamente os americanos e, próximo ao meio-dia, estavam em Mortain. Mas os alemães não conseguiram desalojar os 700 homens do 2º Batalhão, 120º Regimento de Infantaria, 30ª Divisão, de um alcantil isolado, o Outeiro 317, situado a leste da cidade. Os soldados americanos posicionados ali tinham uma visão perfeita dos campos em derredor e observadores avançados com equipamentos de radiocomunicação que lhes permitiam solicitar o apoio da artilharia e dos Jabos. Os alemães precisavam tomar o outeiro antes de poderem avançar em direção ao litoral.

Em sua incursão inicial, as duas divisões da SS Panzer ocuparam o posto de comando do 2º Batalhão e aprisionaram o comandante e seu ajudante-de-ordens. O comando no outeiro passou às mãos do capitão Reynold Erichson. Enquanto providenciava o entrincheiramento de seus homens, os observadores avançados operavam seus rádios. Antes do amanhecer do segundo dia da contra-ofensiva alemã, dia 8 de agosto, um dos observadores — o tenente Robert Weiss — ouviu, mais do que pôde ver, o ruído proveniente de uma concentração de tanques alemães arremetendo contra uma barreira assentada pelos soldados americanos no dia anterior. Ele já tinha determinado as coordenadas e solicitou o envio de tiro de barragem.

— Isso os manteve a distância — conta-nos Weiss —, com exceção de um, que conseguiu passar e entrou no território de nossa companhia, mas como que apalpando a escuridão qual um dragão míope. Nenhum outro tanque conseguiu passar. Nossos colegas se mantiveram imóveis, respiração contida, nenhuma palavra. Na escuridão, o tanque não encontrou nada para combater e girou para retornar ao ponto de partida.[34]

Com a chegada da luz do dia, os Germans 88 dos Panthers e das baterias antiaéreas começaram a alvejar o outeiro. Em seu topo, havia uma cumeeira rochosa. Weiss a escalou e empinou a cabeça. Obteve, assim, uma vista panorâmica das cercanias, mas havia o grande risco de os alemães o localizarem enquanto tentava determinar-lhes as posições, principalmente porque os raios de sol incidiam em seu rosto e refletiam-se em seus binóculos. Calculou, contudo, que o conceito de "probabilidade de erro de mira" predominaria em seu favor. Com todas as variáveis envolvidas — vento, altura, distância (entre 1.500 e 2 mil metros) —, era altamente improvável que os alemães conseguissem atingir um alvo tão pequeno quanto um capacete. Afinal de contas, o 88 não era um fuzil.

Logicamente, projéteis de artilharia não precisam atingir diretamente o alvo para matar, mas Weiss calculou também que os projéteis que atingissem pontos próximos dele lançariam o efeito de seu poder explosivo para os lados e para além da altura de sua cabeça, ao passo que os dirigidos para pontos distantes dele passariam acima dele, longe do outeiro, e os arremetidos contra a base poderiam alvejar os soldados alemães lá embaixo.

Portanto, Weiss respirou fundo, chamou seu operador de rádio, pegou os binóculos e começou a escalar a cumeeira.

— Temos que ser rápidos — advertiu Weiss. — As operações de tiro têm que ser realizadas com quase a mesma velocidade com que o mocinho saca do revólver num duelo de faroeste — e com precisão semelhante.

O sargento Armon Sasser, agachado na vertente oposta da cumeeira, antena do rádio levantada, preparou o rádio.

— Pronto, tenente.

Weiss disse ao sargento John Corn que se pusesse ao lado dele antes de escalar a última extensão do precipício. O sol brilhava forte. Cabeça baixa, prostrado, cotovelos bem afastados e apoiados no chão, binóculos à altura do rosto, mas pouco abaixo dos olhos, Weiss ficou observando o terreno lá embaixo e aguardou.

Os alemães iniciaram os disparos de seus 88 e seus morteiros. Weiss levou os binóculos aos olhos.

— Como anéis de fumaça de charutos, a que se ergue dos canos das armas alemãs demarcava-lhes a posição — relata-nos Weiss. — Operação de tiro. Bateria inimiga! — bradou ao sargento Corn e passou-lhe as coordenadas. Corn repassou-as a Sasser, que ligou seu rádio:

— Corvo, aqui é o cozedor de corvos 3. Operação de fogo. — E repetiu as coordenadas.

Tudo o que Weiss podia fazer era esperar, apreensivo. Quem faria o primeiro disparo?

— Observei as armas do inimigo com os binóculos; agora um bom alvo.

Sasser respondeu brandamente:

— A caminho.

— Ouvi um trem de carga passar lá embaixo pelo meu lado esquerdo — disse Weiss. — Quase instantaneamente, tufos de fumaça surgiram perto das posições alemãs. Passei a Corn um comando de ajuste de mira, que o repassou rapidamente a Sasser, e este, por sua vez, ao batalhão. As barragens seguintes caíram bem no alvo. — A bateria alemã estava fora de combate.

Projéteis de seis peças de artilharia móveis, lançados da esquerda, atingiram o outeiro. Weiss repetiu a seqüência de instruções e obteve resultados parecidos e satisfatórios. Depois, um único tanque e outra bateria dispararam ainda contra o Outeiro 317. O tanque estava ao sul, a bateria ao norte. Weiss conseguiu orientar o lançamento de tiro de barragem contra o tanque, e este se incendiou. Em seguida, voltou sua atenção para a bateria.

— Operação de tiro. Bateria inimiga. Seis peças. Última localização é 500 no alvo, 300 próximo.

Os projéteis americanos lançados como resposta ao fogo inimigo vieram sob linha de mira correta, mas caíram um pouco aquém do alvo. Weiss lançou aos brados ao colega o acerto de coordenadas, vencendo os estampidos provocados pelos projéteis ao redor. Corn o passou adiante:

— Pouco-Bom-Excessivo — foram as instruções de Weiss. O tiro de barragem seguinte deu bem no alvo. — O inimigo — observou Weiss com satisfação — havia sido neutralizado.[35]

Weiss solicitou o apoio de cerca de 30 operações de tiro ao longo do dia, escalando a cumeeira do outeiro a cada vez que os alemães começavam a atirar. Por volta de outros 12 observadores fizeram trabalho semelhante nesse dia.

Quase no mesmo instante em que a ofensiva em Mortain começou, as forças de Patton invadiram Le Mans. A estrada que conduzia a Paris, situada a uns 160 quilômetros a nordeste dali, era boa e estava desprotegida. Mas, ao invés de arremeter para Paris, os americanos voltaram-se para noroeste, em direção a Argentan, em demanda do pequeno cerco das forças alemãs na Normandia. Montgomery e Bradley concordaram em que os americanos deveriam permanecer nas cercanias de Argentan e aguardar a chegada dos canadenses (com a 1ª Divisão de Blindados Polonesa à frente), descendo de Falaise. Quando se encontrassem, todas as forças alemãs na Normandia — ainda às voltas com o lançamento de ataques contra o Outeiro 317 na direção errada — seriam sitiadas.

Essa decisão dos americanos tem sido motivo de vasta produção literária e foi lúcida e detalhadamente tratada em *Eisenhower's Lieutenants*, de Russel F. Weigley, e em *Overlord*, de Max Hastings, além de em muitas outras obras. Weigley acha que os Aliados perderam uma grande oportunidade; Hastings é de opinião que os Aliados obtiveram uma grande vitória. A controvérsia prosseguirá. Nossa preocupação aqui é saber que resultado isso trouxe aos americanos.

Para os homens do 2º Batalhão da 30ª Divisão, isso significou que tiveram de arranjar-se por conta própria. Demais, encorajou os alemães, logicamente, a continuar lançando ataques na direção errada. Ao deixar de reforçar suas posições no Outeiro 317, Bradley motivou os alemães a tentarem continuar avançando em direção ao oeste. Obviamente, as ordens de Hitler para que isso fosse feito estavam claras. Por quanto tempo os homens no outeiro poderiam resistir?

Durante cinco dias o outeiro ficou sitiado. Por outro lado, enquanto os americanos e canadenses sitiavam, a seu turno, o próprio cerco dos alemães, estes continuavam a ofensiva e a intensificaram com colunas de tanques, mas a artilharia americana, em resposta ao pedido de apoio do tenente Weiss e dos outros observadores, desmantelou-as. No segundo dia, 9 de agosto, algo de novo: soldados de bicicleta. Weiss achou isso surrealista:

— Pura ingenuidade, os *krauts*,* em bicicletas, pedalando por uma estrada campestre como se estivessem passeando. — Mas os projéteis americanos caíram sobre eles, interrompendo-lhes o avanço.

Os tanques leves alemães tentaram outra vez. Ao todo, houve cinco ataques na primeira hora da manhã desse dia. Weiss, que não tinha dormi-

---

* "Chucrute" (prato típico alemão). Termo pelo qual os soldados americanos designavam pejorativamente os alemães [Do alemão (*Sauer*) *Kraut*, ou repolho ("erva azeda, amarga") em conserva]. (N. T.)

do nem se alimentado havia 48 horas, estava sendo movido a adrenalina. Ele tinha 21 anos de idade e achava-se imbuído do maravilhoso sentimento de que estava fazendo a diferença numa batalha crucial. A atividade frenética, com o lançamento de tiros de barragem contra tanques, soldados, peças de artilharia e veículos — e até mesmo bicicletas —, suplantava-lhe o cansaço e mascarava-lhe o estado físico precário. Estava excitado e mesmo exultante. No terceiro dia, ainda sem descanso, depois de mais uma barragem contra uma coluna inimiga, deu o seu recado:

— Ainda que sonolento, cansado e faminto como estou, jamais me senti tão bem quanto agora.[36]

Os alemães não podiam simplesmente ignorar o Outeiro 317 e avançar, pois os observadores solicitavam o concurso dos P-47 e dos Typhoons toda vez que avistavam tanques na estrada, e elementos da 4ª, 9ª e 35ª Divisões americanas lançavam-lhes pesados ataques, pelos flancos, contra a vanguarda de sua posição de invasores. Assim como no outeiro, observadores terrestres avançados, posicionados igualmente em terreno elevado, invocavam também o apoio de operações de tiro. O praça Robert Baldridge, 18 anos de idade, 34º Batalhão de Artilharia de Campanha, 9ª Divisão, relata-nos:

— A visibilidade do topo dessa colina era excelente. Que diferença entre esse lugar e os estreitos confinamentos nas sebes! Nossa vista podia alcançar uns 22 quilômetros das cercanias da cidade de Avranches e até mesmo os picos do Mont St.-Michel. Ao longo dos cinco dias da batalha, sua equipe operou nas peças de artilharia para martelar o inimigo. — De onde estávamos podíamos observar muitos de nossos projéteis descerem das alturas zunindo pelos ares.

Foi para eles uma experiência inaudita.

— Os ruídos pareciam totalmente diferentes também. Com os alemães fazendo investidas de reconhecimento e ataques, "chegamos ao ponto de poder identificar rapidamente os muitos tipos diferentes de veículos alemães. Sabíamos quais eram os tanques deles e quais eram os nossos, a qualquer distância".[37]

Nesse dia, os componentes avançados das forças americanas entraram em Alençon. Argentan ficava somente a uns 20 quilômetros a oeste. Mas os soldados estavam encontrando maior resistência por parte dos alemães, já que deparavam com divisões em marcha para Mortain e os alemães estavam despertando para o perigo do avanço americano. O major Charles Cawthorn, comandante de um batalhão de infantaria das fileiras de Patton, observa que isso não era, segundo as palavras que a imprensa vinha usando, "uma matilha de sabujos dos Aliados acossando a lebre alemã", mas, ao contrário, a caça de "um tigre ferido no meio da floresta; com o tigre aparecendo de quando em vez para atacar seus algozes com rapidez e eficiência, e cada ataque seu derrama sangue".[38] Os canadenses permaneciam perto de Falaise. Enquanto isso, Kluge instava Hitler a dar-lhe permissão de retirar-se para o leste enquanto a brecha ainda existia.

No Outeiro 317, a situação era precária. Nenhum alimento, munição de armas portáteis se esgotando e, o pior de tudo, as baterias dos rádios estiolavam-se. Sem os rádios, Weiss e seus colegas estariam fadados a perecer. O sargento Sasser começou a retirar as baterias gastas. Durante o dia, ele as deixava na rocha, a céu aberto. Os raios de sol as aqueciam e as recarregavam um pouco. O sargento trocava as baterias várias vezes ao dia e colocava um conjunto para recarregar enquanto usava outro, nunca usando um a ponto de exauri-lo e torná-lo imprestável. Mesmo assim, pelo fim do quarto dia, era de duvidar que fosse conseguir reaproveitá-los.

Além disso, o batalhão não tinha mais provisões. Havia muito que os soldados tinham limpado o galinheiro e os cercados de coelhos na meia dúzia de fazendas existentes no outeiro, também os depósitos de frutas e verduras, e estavam alimentando-se de ervas extraídas de jardins — quando identificavam algo comestível. Suprimentos medicinais se haviam esgotado, também, muito tempo antes. O pessoal da artilharia retirou a carga explosiva de projéteis de 105 milímetros, substituiu-as por morfina e penicilina e disparou esses projéteis contra o outeiro para que os homens do 2º Batalhão lhes aproveitassem a carga remediadora. Mas isso não funcionou; tudo era destruído quando o projétil atingia seu objetivo. Tentativas de fazer chegar a eles cargas de alimentos, água e munição por via aérea também fracassaram, já que a maior parte das provisões lançadas em pára-quedas caía atrás da linha de cerco do inimigo.

Depois do quarto dia, Weiss escreveu em seu relatório: "Não conseguíamos ver uma saída." Mensagens chegavam pelo rádio dizendo ao 2º Batalhão que procurasse resistir, pois o socorro estaria a caminho. Mas quando?

A noite do quarto dia pareceu-lhes a mais longa. Fogo de artilharia e de morteiros vinha de todas as direções. Por volta das 3 horas, um tanque leve alemão começou a subir o outeiro e parou a menos de 50 metros do topo. Os soldados americanos se mantiveram agachados, quase sem respirar, fuzis em prontidão, sem fazer o menor movimento. O tanque fez um, dois disparos. O clarão que lhe saía da boca-de-fogo iluminou o céu, e a força de impacto e a explosão de seus projéteis fizeram voar pelos ares estilhaços misturados a pedaços de rocha.

O comandante do tanque alemão abriu a tampa da torre de tiro, pôs a cabeça para fora e exclamou em bom inglês:

— Rendam-se ou morram!

Ninguém se moveu. O alemão lançou-lhes outro brado de comando. Um soldado americano abandonou o fuzil, correu para o tanque e o escalou. Todos os demais se mantiveram no mesmo lugar. Após alguns minutos, a torre de tiro foi fechada, o tanque manobrou, e ele e o alemão contrariado e enraivecido desapareceram na escuridão, levando seu único prisioneiro.

O tenente Ralph Kerley comandava a Companhia E do 2º Batalhão. Depois de quatro dias e noites de rechaço aos alemães, sentia-se exausto. Mas se manteve em seu posto. No meio da manhã do quinto dia, estudando o terreno lá embaixo com seus binóculos, localizou uma guarnição de morteiro auxiliada por meia dúzia de homens.

— Sargento — clamou ao líder da sua própria guarnição de morteiro —, quantos tiros nos restam?

— Um, senhor.

Kerley manteve-se em silêncio durante algum tempo, tentando avaliar que alívio lhes adviria se conseguissem pôr aquele morteiro fora de ação e o perigo em que se viriam caso ficassem sem projéteis.

— Você acha que pode acertar o filho da mãe?

— Sim, senhor. Acho que sim.

— Então, arranque o traseiro dele.

O sargento reuniu seu pessoal e pegou o cano do morteiro de 60 milímetros, a base de sustentação e o restante das peças. Kerley observava a guarnição do morteiro inimigo. Viu que estavam à toa, deitados aqui e acolá, banhando-se ao sol, rindo. Ocasionalmente, um deles caminhava indolentemente até os arbustos e ressurgia de lá com um projétil, enfiava-o na boca de tiro, e, logo depois, o projétil explodia à direita ou à esquerda, fazendo cair sobre Kerley uma chuva de pedras e poeira.

Kerley tratou de estudar o mapa e, depois, voltou-se para o sargento, assinalou com o dedo um ponto no mapa e disse:

— Acerte bem aqui.

O sargento meneou a cabeça positivamente, fez o seu próprio escrutínio com os binóculos e providenciou alguns acertos. Um soldado, com o fuzil pendendo-lhe nas costas, comprimiu o único e restante morteiro afetuosamente contra o ventre. Seguiu-se outra curta e improvisada conferência. Kerley e o sargento conversaram em voz baixa sobre vento, distância e elevação. Mais alguns ajustes na manivela de elevação. Uma última consulta, um último ajuste.

Satisfeito, o sargento lançou a Kerley um meneio positivo da cabeça, e este lhe devolveu o aceno. O sargento virou-se para o fuzileiro que segurava o projétil de morteiro e estendeu-lhe os braços. O praça, por sua vez, esticou-lhe, com grande cuidado, os seus ao sargento e fez como se lhe estivesse passando um recém-nascido. O sargento pegou o projétil, beijou-o, ergueu-o à boca-de-fogo, soltou-o pelo cano abaixo e bradou:

— Lá vai!

Kerley ajustou os óculos e pôs-se a observar atentamente, segurando a respiração. Viu que os inimigos, uniformes cinzentos e esverdeados, mantinham-se distraídos.

— Cabuuum! — O projétil explodiu a menos de dez metros da equipe de morteiro inimiga. Dois dos inimigos puseram-se em pé de um salto e fugiram. Outro tentou levantar-se e caiu. Mas levantou-se novamente e correu, cambaleante. Dois outros prorromperam dos arbustos, pegaram seu morteiro e bateram em retirada. Kerley voltou a respirar normalmente.

— Bom trabalho, sargento! — exclamou.[39]

No dia 11 de agosto, Kluge finalmente obteve permissão de Hitler para interromper o ataque em Mortain e dar início à retirada através da brecha em Falaise. Foi uma decisão grave, mas inevitável (custou o posto de Kluge e, pouco depois, sua vida, com as próprias mãos; seu substituto foi o marechal-de-campo Walter Model), pois, uma vez iniciada a retirada, não havia como interrompê-la, virar-se e estabelecer posições de defesa próximo da Linha Siegfried, na fronteira da Alemanha. Uma linha de frente no Sena não podia ser defendida; o rio tinha muitas curvas, muitos pontos de travessia possíveis para serem defendidos. Com o início da retirada, a Batalha da França havia sido vencida (em verdade, ela nem precisou ser travada), mercê da Campanha da Normandia.

Em avaliação do fracasso do ataque empreendido em Mortain, o major Heinz-Günter Guderian disse numa entrevista:

— Isso se deveu ao poderio aéreo; ficamos muito impressionados com a força aérea dos americanos, com a artilharia e com o excelente combate travado pelos homens de infantaria, o que nos surpreendeu. Quanto a isso, não há dúvida.[40]

* * *

Às 14h30m do quinto dia do cerco ao Outeiro 317, dia 12 de agosto, a 35ª Divisão rompeu a linha de defesa dos alemães no momento exato em que o inimigo estava fazendo preparativos para se retirar e salvou o 2º Batalhão, que estava encurralado no outeiro. Dos 700 soldados presos ali, cerca de 300 morreram (incluindo o sargento Corn) ou se feriram. O tenente Weiss solicitara o apoio de 193 operações de tiro enquanto o batalhão esteve sitiado. Após alimentar-se e dormir um pouco, redigiu seu relatório sobre os combates numa máquina de escrever, na qual buscou e rebuscou fatos e palavras e sobrescreveu com um *x* o que não convinha. O relatório ocupou nove páginas.

Na manhã do último dia, houve muita movimentação lá embaixo: "Começamos a atirar a valer", observou Weiss no relatório. Ainda assim, o inimigo não deixou de revidar, mas seu ataque, "em virtude do fogo de artilharia devastador que lhe sobreveio, não ganhou força. O inimigo parecia ter abandonado o local quando a poeira assentou. Por várias horas depois vimos fumaça saindo de veículos em chamas e também notamos que a estrada que se estendia de leste para oeste estava cheia de destroços".

Como recordação do que havia aprendido no martírio que experimentara naqueles cinco dias, Weiss escreveu: "Embora freqüentemente repelido e silenciado, o inimigo, ao nos expormos, em razão mesmo de um mínimo descuido de nossa parte dali em diante, contra-atacava. Ele não desistia. Sua agressividade exigia de nós atenção dia e noite, quer pela visão, quer pela audição." Esse apontamento deveria ter sido reproduzido e distribuído a todos os soldados. Mas não foi.

Então, Weiss escreveu também uma carta a seu pai: "Não há muito o que falar sobre a situação aqui."[41]

O desempenho espetacular do 2º Batalhão havia sido, com o auxílio do que restara da 30ª Divisão, a causa da detenção da ofensiva alemã, lançada com vistas a tentar repelir os americanos de volta para o litoral. O major Helmut Ritgen, do 130º Regimento de Panzer, relata-nos que incluíra 22 tanques na incursão em Mortain. Mas, por volta de 12 de agosto, restavam-lhe apenas três. Nem todos foram destruídos pela artilharia americana e pelos Jabos; quase a metade foi perdida devido a falhas mecânicas. A guerra estava tornando-se uma luta em que a mobilização motorizada ganhava cada vez mais força, o que deveria ter ajudado os alemães, calculou Ritgen:

— Pois tivemos experiências com operações militares motorizadas na

Polônia, União Soviética, em todo lugar. Mas agora nossos tanques estavam desgastados. Não tínhamos provisões. E não tínhamos substituições, nenhuma peça sobressalente.[42]

Ao todo, os alemães perderam mais de 80% dos tanques e dos veículos que haviam empregado no ataque em Mortain. Agora, todo o seu exército na Normandia estava ameaçado. A corrida para sair dali, para atravessar o Sena e voltar para a Alemanha, começava.

Nem todos os soldados alemães participaram ativamente dos combates. Desertores, derrotistas, realistas, homens velhos demais ou muito jovens ainda para estarem em apuros como esses agarraram sua oportunidade de se entregar seguramente aos americanos. Inteiramente o contrário foi o que se deu na linha de combate da Europa Oriental, onde nenhum membro da Wehrmacht jamais se rendia voluntariamente. Os homens em fuga mal conseguiam apagar do pensamento a experiência da retirada de Moscou (tanto a de 1812, quanto a de 1942), mas tinham agora a opção de simplesmente se renderem, dependendo isso do fato de que, tomados como prisioneiros de guerra pelas mãos dos britânicos e americanos, estava nisso a sua maior chance de sobrevivência.

Além dos que anelavam por passar o restante da guerra colhendo beterrabas no Colorado, em lugar de guarnecer casamatas na Linha Siegfried, muitos outros foram deixados para trás quando suas unidades mudaram a marcha de oeste para leste e deram início à retirada. Veículos blindados expulsavam carroças e infantarias para fora da estrada, já que estas não conseguiam acompanhá-los. Em sua maioria, os homens deixados para trás simplesmente se acomodavam no mesmo lugar em que se encontravam e tratavam de se manter atentos a uma chance de rendição.

O capitão Colby reporta-nos:

— Na escuridão de certa noite, saímos da estrada. Um de nossos rapazes deitou-se para dormir ao lado de um alemão já adormecido e que se havia separado de seus colegas e se arranjara ali para passar a noite. Quando, na manhã seguinte, o alemão acordou, sacudiu o americano para acordá-lo e entregar-se a ele.[43]

O tenente Charles Stockell, 21 anos de idade, deparou com uma fazenda abandonada, a qual lhe serviu para passar a noite e dormir.

— Na manhã seguinte, quando, na varanda, eu amarrava os cadarços de minhas botas, vi um par de botas alemãs perto de mim. Quando ergui o olhar, um oficial alemão, estampando no rosto um grande sorriso e com as mãos na cabeça, saudou-me e disse: *Kamerad*?

Lá dentro, o americano topou com uma guarnição de dois homens montando uma MG-42 na janela. E renderam-se também, felizes.[44]

Contudo, de forma alguma, todos os alemães estavam entregando-se. As unidades mais combativas e os nazistas mais fanáticos — tropas das divisões de Panzer e das unidades especiais da Waffen SS — estavam determinados a escapar para que pudessem voltar a combater em condições favoráveis.

Mas Eisenhower queria capturar os alemães. No dia 14 de agosto, ele deu a rara Ordem do Dia (ele emitiu apenas dez delas durante a guerra), na qual exortava os soldados das forças aliadas: "A oportunidade pode ser aproveitada somente com o máximo de zelo, determinação e presteza [...]. Se todos cumprirem o seu dever, poderemos fazer desta semana um momento importante desta guerra — uma semana brilhante e frutífera para nós, [mas] fatídica para a ambição dos tiranos nazistas." A Ordem do Dia foi irradiada pela BBC e distribuída às tropas em cópias mimeografadas.[45]

No dia seguinte, Eisenhower deu uma entrevista coletiva. Grande excitação reinava entre os repórteres, que, antes, haviam estado excessivamente pessimistas em relação ao impasse na Normandia, mas que, agora, mostravam-se otimistas demais relativamente ao que havia pela frente, como evidencia a primeira pergunta que fizeram a Eisenhower:

— Quantas semanas mais serão necessárias para o fim da guerra?

O repórter, como todos os outros, estava pensando no período outubro-novembro de 1918, no qual os alemães foram finalmente arrancados de suas trincheiras e se puseram em retirada em direção ao leste. Então, assinaram o Armistício. Contudo, dessa vez, sua rendição haveria de ser incondicional, um caso muito diferente, assim como Hitler era um caso muito diferente do caso do tímido *Kaiser.*

Eisenhower ficou grandemente transtornado com o otimismo excessivo. Nessa época, escreveu à esposa, Mamie: "Toda vitória é doce — mas o fim da guerra virá somente com a destruição completa das forças bárbaras [...]. Há muito sofrimento ainda por que passar. Deus, odeio os alemães!"

Assim, quando lhe perguntaram quantas semanas faltavam para o fim da guerra, ele se descontrolou. Disse que tais idéias eram "loucura". Os alemães não cairiam como em 1918, prosseguiu, não enquanto Hitler estivesse vivo. E previu que o fim chegaria somente quando Hitler se enforcasse, mas advertiu que, antes que ele fizesse isso, "lutaria até o mais amargo fim", e que a maioria de seus soldados o acompanharia nessa luta.[46]

Senão a maioria, pelo menos boa parte deles. Os canadenses conseguiram chegar a Falaise somente depois do dia 17 de agosto (um prêmio cuja possibilidade de conquista Montgomery sustentara no Dia D) e fracassaram em fechar a brecha, que se estendia entre essa cidade e Argentan. Um Patton desesperado fez uma ligação telefônica ao sempre equânime Bradley, para exorar-lhe uma mudança na linha de frente de forma tal que pudesse seguir para o norte, saindo de Argentan, rumo a Falaise.

— Deixe-me seguir para Falaise e faremos que os britânicos se lancem ao mar para uma desforra em Dunquerque — disse.[47]

Bradley negou-lhe a solicitação. Receava que uma possível investida alemã esmagasse a linha de defesa relativamente tênue que Patton podia estabelecer. Além do mais, por que se preocupar com isso? Os alemães haviam sido apanhados num caldeirão gigantesco, com os americanos na borda. Com os observadores avançados, acompanhando a infantaria ou os Piper Cubs, mais os radiooperadores nos Shermans, os americanos podiam lançar sobre o inimigo um ataque devastador, com a artilharia e os Jabos.

Portanto, ao invés de permitir que Patton fechasse a brecha, Bradley ordenou-lhe que tornasse a seguir para o leste, em direção a Paris, com o intuito de empreender o grande cerco cuja realização Patton havia defendido antes. Embora tivesse iniciado o movimento para desferir um gancho de direita curto, Bradley desistira dele a meio caminho para tentar um gancho longo — tarde demais. Mesmo que esse golpe tivesse sido, desde o início, um gancho longo ou mesmo que o curto de direita tivesse sido terminado, isso poderia ter ocasionado uma rendição semelhante à de Stalingrado.

De qualquer forma, o exército alemão ainda tinha uma via de escape, ainda que sob fogo constante.

No que respeita a puro e simples terror durante a Segunda Guerra Mundial, nada excedeu ao que caracterizou a experiência dos alemães presos na brecha em Falaise. Sentimentos de impotência e desespero lhes haviam dominado os ânimos. Dia e noite, viam-se num estado de medo absoluto e raramente dormiam. Iam, em razão da potência das bombas, de cratera em cratera.

— O caos era completo — relata o soldado Herbert Meier. — Foi quando pensei: "É o fim do mundo."[48]

A palavra "caos" foi usada, durante as entrevistas para este livro, por todos os sobreviventes da retirada. Os oficiais, as brigadas e o pessoal do quartel-general escaparam primeiro e, alcançando o outro lado do Sena, marcharam em direção à Linha Siegfried. No cerco, a maioria dos oficiais subalternos e dos suboficiais se sentia como recrutas: era cada um por si. As fazendas estavam abandonadas; as provisões consistiam de tudo o que se encontrasse nos celeiros.

— Foi terrível — conta-nos o tenente Günter Materne —, principalmente para os que jaziam ao chão afligidos pela dor. Era horrível ver homens gritando "Mãe!" ou "Leve-me com vocês, não me deixem aqui! Tenho mulher e filhos em casa. Vou morrer, perdendo tanto sangue!"[49]

O tenente Walter Padberg explica-nos:

— Para ser honesto, a fim de salvar a própria vida, você não parava para pensar se deveria ajudar esses homens quando estava fugindo. Você pensava somente em si mesmo.[50]

O praça Meier nos conta também:

— Um dos oficiais da ocupação, que havia tido uma bela vida na França, tentou passar pela brecha num caminhão de transporte de tropas cheio de provisões e com sua namorada francesa, mesmo com homens feridos por toda parte. Mas nós o detivemos, tiramos a ele e à sua namorada do caminhão, juntamente com todas as suas coisas, e pusemos os feridos no veículo.

— Foi terrível — prosseguiu Meier. — Comecei a achar que todos estavam loucos. Deparei com um campo de aviação, a Luftwaffe se fora havia muito tempo, todos os integrantes da força terrestre estavam bêbados.[51]

— Todos compartilhavam de uma única idéia — reporta-nos o cabo Friedrich Bertenrath, da 2ª Divisão de Panzer: — Fugir! Fugir! Fugir![52]

Durante todo o tempo, bombas de 454 quilos e de 227 quilos, foguetes, projéteis de 105 e 155 milímetros, projéteis de 75 milímetros — dos Shermans —, disparos de morteiros e tiros de metralhadoras calibre .50 caíam sobre os alemães. Ao longo das estradas e nos campos, gado, cavalos e soldados mortos amontoavam-se sob o sol quente de agosto, suas bocas abertas, cheias de moscas, com as larvas rojando-se sobre suas feridas. Os tanques passavam sobre os homens no caminho — vivos ou mortos. Vísceras humanas e animais tornavam a estrada escorregadia. O major William Falvey, da 90ª Divisão, revela-nos que vira "seis cavalos atrelados a uma enorme peça de artilharia. Quatro deles estavam mortos, e dois ainda estavam vivos. O cocheiro estava morto também, mas ainda tinha as rédeas nas mãos".[53] Os poucos, alemães ou americanos, que não se haviam desfeito de suas máscaras de gás as estavam usando, para a inveja dos demais. A fedentina era tanta, que até mesmo os pilotos nos Piper Cubs vomitavam.

O tenente George Wilson, da 4ª Divisão, viu "soldados alemães mortos e cavalos mortos e feridos, além de carroças destroçadas espalhadas ao longo de toda a estrada". Ficou perplexo ao descobrir que a Wehrmacht era um exército movido a cavalos, mas se sentiu impressionado com seu equipamento. Fora criado numa fazenda e "fiquei maravilhado com aqueles cavalos de tração e os apetrechos. A qualidade dos arreios era de longe a mais fina que eu já tinha visto. O couro era bem polido, e os rebites de latão e as peças de metal brilhavam intensamente. Os cavalos tinham sido asseados e traziam as caudas aparadas, como se para um desfile". Num ato de piedade, seus homens mataram os cavalos feridos.[54]

Por volta do dia 18 de agosto, uma semana depois de os americanos da vanguarda terem alcançado Argentan, a 1ª Divisão de Blindados Polonesa dirigiu-se para o sul, quase até o ponto de poder juntar-se à 90ª Divisão Americana, finalmente liberada para avançar em direção ao norte, a fim de fechar a brecha. Ainda assim, os alemães escapavam. Um deles foi o major Guderian, o qual nos fala sobre o fato de ter passado, à noite e debaixo de chuva, a apenas cem metros de distância dos poloneses, para fugir pela brecha. Ele e seu motorista avançavam durante dois ou três minutos. Depois, paravam para escutar a movimentação em torno. E conseguiram escapar.

O tenente Padberg conseguiu também.

— Quando conseguíamos passar pela brecha — conta-nos —, tínhamos a sensação de ter deixado o inferno para trás. — E descobriu rapidamente que os limites do inferno não eram tão exíguos. Assim que venceu a brecha, Padberg deparou com um coronel da SS.

— Em forma! — bradou o oficial. — Agora, todos estão sob o meu comando! Vamos lançar um contra-ataque. — Havia uns 20 homens na área, nenhum deles conhecidos por Padberg. A única arma que tinha era uma pistola. Os outros se aglomeraram em algo parecido com uma formação, disse Padberg, "mas, infelizmente, tive que ir para trás de um arbusto com o intuito de aliviar-me e não pude juntar-me ao grupo".[55]

O tenente Walter Kaspers conseguiu escapar graças a inesperada ajuda.

— Eu me locomovia somente à noite — reporta. — Sozinho. Fiquei extremamente cansado. Ao chegar a uma pequena fazenda, bati à porta e perguntei a uma moça se eu podia dormir no celeiro. Apontei para o leste e lhe disse que eu estava indo nessa direção. Ela me disse que não me preocupasse, permitiu que eu ficasse e até me trouxe uma caneca de leite e alguns pedaços de pão. Eu lhe agradeci e retomei a jornada no dia seguinte.[56]

Três soldados alemães que conseguiram passar pela brecha tiveram experiências semelhantes. Esposas de fazendeiros franceses lhes deram comida. Em cada um dos casos, as mulheres lhes explicaram que seus filhos eram prisioneiros de guerra na Alemanha e que tinham esperança de que alguma mãe alemã os estivesse alimentando também.

Mesmo no sanguinário caos de Falaise, o espírito de caridade desceu sobre esses jovens, tão distantes de casa. O tenente Hans-Heinrich Dibbern, do 902º Regimento de Granadeiros Panzer, ergueu uma barreira fora do perímetro urbano de Argentan.

— Das bandas da linha de defesa americana veio uma ambulância em nossa direção — relata. — Era óbvio que o motorista estava perdido. Quando percebeu que estava atrás da linha de frente alemã, pisou imediatamente os freios. — Dibbern se aproximou da ambulância. — O rosto do motorista ficou branco. Ele era responsável pelos homens que transportava. Mas nós lhe dissemos: "Faça meia-volta e saia daqui — não atacamos a Cruz Vermelha." Ele se retirou rapidamente dali.

Pouco mais de uma hora depois:

— Lá vem outra caminhonete da Cruz Vermelha. E pára bem na nossa frente. O motorista saiu, abriu a parte de trás e tirou uma caixa de lá. Colocou-a na estrada e foi embora. Tivemos receio de que fosse uma bomba, mas nada ocorreu e ficamos curiosos. Abrimos a caixa e vimos que estava cheia de cigarros Chesterfield.[57]

Em 20 de agosto, em Chambois, o encontro das tropas americanas e polonesas finalmente ocorreu. O capitão Laughlin Walters foi o primeiro a apertar a mão de um polonês, o major W. Zgorzelski, da 10ª Divisão de Cavalaria Polonesa. Zgorzelski tinha bom conhecimento de história. A esse respeito, Walters observou:

— Ele disse que aquela era a primeira vez que soldados americanos e poloneses se reuniam num campo de batalha.

Walters nos relata em seus escritos que, nos dias seguintes, "os alemães atacaram com toda a fúria que puderam invocar, alimentada por seu desejo desesperado de escapar". Outros tentaram entregar-se, e muitos conseguiram. Muitos, mesmo. Nem os poloneses nem os americanos tinham instalações para poder lidar com eles. Walters levantou um cercado para prisioneiros de guerra em Chambois, mas ficou excessivamente cheio. Apesar disso, o capitão polonês trouxe, em certa manhã, mais uns 200 prisioneiros para serem entregues aos americanos.

— Aqui estão seus prisioneiros — disse o capitão polonês.

— Eu não os quero — tornou Walters.

— Mas devo deixá-los com vocês. Estas são as ordens que recebi — insistiu o oficial polonês.

— Mesmo assim, não os quero. Tire-os daqui. (Walters tinha ordens para aceitá-los e lhe fora dito que deveria esperar uns 1.500; havia ali algumas centenas deles.)

— Mas preciso insistir em que devo deixá-los com vocês — repetiu o polonês.

— Ora, estávamos esperando que você trouxesse 1.500 prisioneiros. Onde estão eles? — inquiriu Walters.

— Estão mortos. Nós os matamos. Isto é tudo o que restou deles — respondeu o polonês.

— Então, por que você não os mata também? — Walters fez uma pausa e depois se retratou: — Não, você não pode fazer isso.

— Ah, sim, posso. Eles mataram nossos camponeses — redargüiu o polonês, e pegou Walters pelo braço e o levou para longe dos homens. — Capitão, não podemos matá-los. Estamos sem munição.[58]

Em 23 de agosto, o relatório do G-2 do SHAEF anunciava: "As operações do mês de agosto foram bem-sucedidas, e o inimigo na Europa Ocidental teve o que merecia. Dois meses e meio de combates acirrados trouxeram-nos a perspectiva quase palpável do fim da guerra na Europa."[59] Dois dias depois, as forças americanas libertaram Paris do domínio inimigo. O general De Gaulle já estava lá, juntamente com membros da 2ª Divisão de Blindados Francesa, mas o general e eles estavam preocupados com a presença de comunistas na Resistência Francesa e com os alemães que ainda estavam na cidade. Por solicitação direta de De Gaulle,

Eisenhower concordou em ordenar que a 4ª Divisão atravessasse a cidade em marcha para o leste e que a 28ª Divisão passasse pelo Champs Elysées, também a caminho da batalha. Essa demonstração de força aquietou os exaltados da cidade. Paris foi invadida por repórteres, encabeçados por Ernest Hemingway, e, passados alguns dias, teve uma das grandes festas de libertação da guerra.

A Batalha da Normandia havia terminado. Durara 75 dias. Custou aos Aliados 209.672 baixas, 39.976 das quais de mortos. Dois terços das perdas foram de americanos. Causou aos alemães um prejuízo de 450 mil homens, 240 mil deles mortos ou feridos. Dos cerca de 1.500 tanques enviados pela Wehrmacht à Normandia, um total de 77 conseguiu sair dali e apenas 24 destes atravessaram o Sena. Os alemães deixaram para trás 3.500 peças de artilharia e 20 mil veículos.[60]

Mas entre 20 mil e 40 mil soldados da Wehrmacht e da SS tinham escapado dali. Tinham em mente uma única coisa: chegar em casa. Isso significava alcançar a Alemanha, com posições de defesa preparadas na Linha Siegfried, novas provisões, reforços, uma chance de organizar as tropas, até então confusamente misturadas em unidades de combate. Tinham sofrido um golpe terrível, mas não estavam tão certos quanto o G-2 do SHAEF com respeito ao fato de que "haviam recebido o que mereciam".

4

ARREMETENDO PARA A LINHA SIEGFRIED

26 DE AGOSTO A 30 DE SETEMBRO DE 1944

A ÚLTIMA SEMANA DE AGOSTO E A PRIMEIRA SEMANA DE SETEMBRO DE 1944 foram das mais dramáticas da guerra. A Força Expedicionária dos Aliados (FEA) varreu a França, cobrindo em horas regiões que tinham levado meses — anos, em verdade — e custado centenas de milhares de baixas para serem conquistadas na Primeira Guerra Mundial. À medida que os filhos dos soldados da Primeira Grande Guerra avançavam para o norte e para o leste, cruzavam rios e libertavam cidades cujos nomes ficaram famosos em meio aos praças britânicos e americanos — Marne, Somme, Ypres, Meuse-Argonne, Verdun, Aisne, Cambrai, St.-Mihiel e outras. Quando os ianques, os britânicos e os canadenses passavam por cemitérios, estavam passando também, em alguns casos, pelos túmulos de seus tios. E, em outros casos, pelos de seus pais.

A Romênia rendeu-se aos soviéticos e, depois, declarou guerra à Alemanha. A Finlândia assinou um armistício com a União Soviética. A Bulgária tentou render-se. Os alemães saíram da Grécia, e a ofensiva do Exército Vermelho realizada no verão libertou a Estônia, Letônia e Lituânia e o leste da Polônia, e alcançou a fronteira oriental da Iugoslávia. O exército soviético destruiu 12 divisões alemãs e infligiu-lhes 700 mil baixas.

As tropas americanas e francesas haviam desembarcado no sul da França em 15 de agosto e subiam agora a região do Vale do Ródano, enfrentando minguada oposição (chamavam-na de "Campanha do Cham-

N
INGLATERRA
Londres
Southampton
Canal da Mancha
(Capturada em
12 de setembro)
Cherbourg
Dieppe
Le Havre
Rouen
Caen
PRIMEIRO
Can.
21
(MONTGOMERY)
VIII
Brest
St.-Malo
NONO
SEGUNDO
XIX
Br.
V
SHAEF
PRIMEIRO
Lorient
(EISENHOWER)
12
(BRADLEY)
St.-Nazaire
Rio Loire
LINHA DE FRENTE A PARTIR DE:
26 de agosto
3 de setembro
14 de setembro
Grupamento de exército dos Aliados
Exército dos Aliados
VII
Corpo de exército dos Aliados
Limites da região militar do grupamento de exército dos Aliados
Limites da região militar do grupamento de exército dos Aliados
B
Grupamento de exército alemão
SÉTIMO
Exército alemão
Limites da região militar do grupamento de exército alemão
Linha Siegfried
Área fortificada alemã
FRANÇA
Baía de Biscaia
Rio Gironde
Supremo Quartel-General da Força Expedicionária dos Aliados
Oberbefehlshaber West (Comando Supremo do Oeste)
Km
0 75
0 75
Milhas
© A. Karl/J. Kemp, 1997

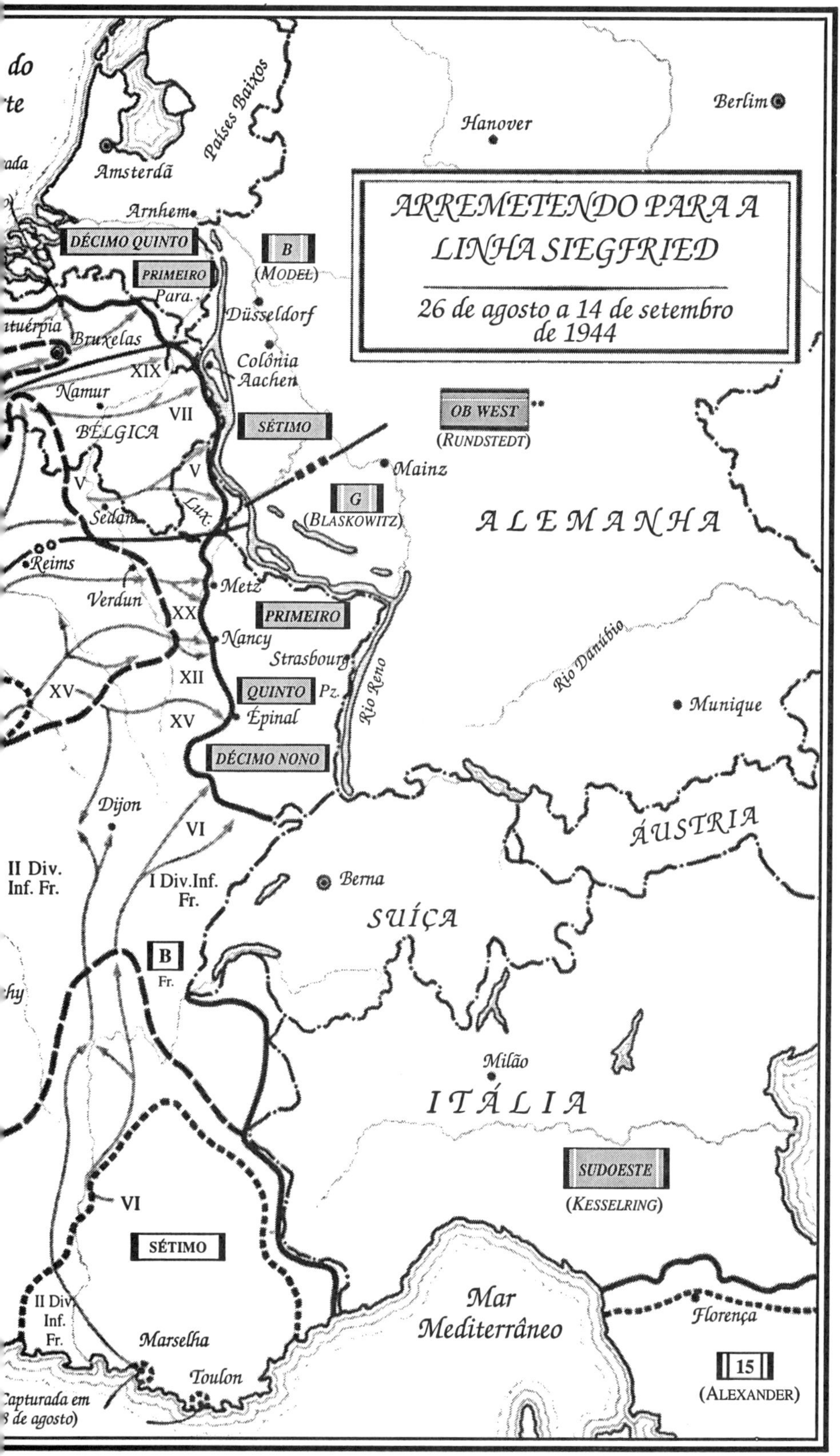

ARREMETENDO PARA A LINHA SIEGFRIED
26 de agosto a 14 de setembro de 1944
Berlim
Hanover
Países Baixos
Amsterdã
Arnhem
DÉCIMO QUINTO
PRIMEIRO
Para.
B
(MODEL)
Düsseldorf
Bruxelas
Colônia
Aachen
XIX
Namur
VII
BÉLGICA
SÉTIMO
OB WEST
(RUNDSTEDT)
Mainz
V
V
Lux.
Sedan
G
(BLASKOWITZ)
ALEMANHA
Reims
Verdun
Metz
XX
PRIMEIRO
Nancy
Strasbourg
Rio Danúbio
XV
XII
QUINTO
Pz.
Rio Reno
Munique
XV
Épinal
DÉCIMO NONO
Dijon
VI
ÁUSTRIA
II Div. Inf. Fr.
I Div.Inf. Fr.
Berna
SUÍÇA
B
Fr.
Milão
ITÁLIA
SUDOESTE
(KESSELRING)
VI
SÉTIMO
Mar Mediterrâneo
II Div Inf. Fr.
Marselha
Florença
Toulon
15
(ALEXANDER)

panhe"). Provenientes da Inglaterra, reforços americanos continuavam a chegar à França, em quantidade suficiente para a criação de mais um exército: o IX Exército, comandado pelo general-de-divisão William Simpson. Pára-quedistas britânicos, poloneses e americanos — quatro divisões deles — estavam sendo organizados para integrar o I Exército de Infantaria Aeromóvel dos Aliados e constituíam um corpo de reserva altamente mobilizável, capaz de atacar o que e onde fosse necessário. Até então, contudo, não foram necessários; mais de uma dúzia de operações iniciadas durante a perseguição ao inimigo pela França tiveram que ser canceladas no último instante, pois as tropas terrestres da FEA na França já tinham ocupado a região em que seus homens haviam saltado.

De fato, o fim da guerra parecia próximo. Na mente de todos, dominavam as lembranças do mês de novembro de 1918. Planejadores de operações aéreas foram trabalhar na Operação Rankin. A idéia era lançar pára-quedistas das forças aliadas em Berlim, no caso de súbito colapso da Alemanha, antes que o Exército Vermelho chegasse lá. No fim de agosto, o general Marshall enviou uma mensagem a todos os seus comandantes em que tratava da transferência das forças do exército americano da Europa para o Pacífico. Dizia o início da mensagem: "Embora a cessação das hostilidades bélicas contra a Alemanha possa ocorrer a qualquer momento, presume-se que, em verdade, elas se estenderão por mais um período [...] entre 1º de setembro e 1º de novembro de 1944."[1] O general Bradley passou instruções para que se pusessem em armazéns as roupas de inverno que estavam chegando por Le Havre e pelas praias, de modo que se pudesse usar o espaço liberado nos caminhões que levavam provisões à frente de batalha para o transporte de gasolina e munição. Ele achava que a guerra podia terminar antes que as roupas de inverno fossem necessárias.

O exército alemão em retirada constituía triste espetáculo. Ocasionalmente, uma bateria de Germans 88, ou alguns Panthers, ou o que restava de uma companhia de fuzileiros e de guarnições de metralhadoras tentavam erguer uma barreira, mas, quando o faziam, prodigioso tiro de barragem de artilharia americana e projéteis e disparos de metralhadoras de Shermans, foguetes, bombas dos Jabos e fogo de armas portáteis logo os suplantavam. Então, era cada um por si, com os feridos sendo deixados para trás.

— Conseguir voltar para casa é a motivação do velho soldado — observou o praça Paul-Alfred Stoob, condutor de um Panther. Com a destruição de seu tanque, Stoob e a guarnição confiscaram um caminhão e fugiram para a Bélgica. — Não tínhamos nenhuma provisão. Havíamos consumido todo o nosso suprimento muito tempo antes — prosseguiu ele. — Tivemos que nos arranjar como fosse possível [...] aqui, um cão sem o seu o dono; lá, alguns ovos no galinheiro [...] e a maioria das casas estava vazia. Mas encontramos uma padaria. Um de seus recintos estava apinhado de pães até o teto. Assim, enchemos nosso caminhão com pães e seguimos adiante.

Esses pães eram apenas minúscula porção da vasta quantidade de suprimentos que os alemães estavam deixando para trás. No dia seguinte, Stoob e seus colegas depararam com um quartel-general de estado-maior geral. Lá, encontraram conhaque, vinho, salsicha, queijo, frutas e legumes. Abarrotaram cada canto do caminhão com a comida. Pouco depois, seu caminhão foi tirado de circulação, pois tanques Sherman se aproximaram dele e abriram fogo. Gravemente ferido na cabeça e numa das pernas, Stoob tentou escapar através de um cemitério de igreja.

— De repente, ouvi alguém exclamar em francês atrás de mim: "*Mon Dieu, Mon Dieu.*" Era um padre francês. Ele me deitou na grama e foi buscar um médico americano. Dez minutos depois, apareceram também outros dois médicos. Levaram-me para um posto de socorro e, em seguida, para um hospital de campanha. E esse foi o fim da guerra para mim.

Stoob foi enviado para os Estados Unidos e voltou para a Alemanha em 1947. Lá, descobriu que fora ferido na mesma vila em que seu pai também, em 1914, havia sido ferido — igualmente na cabeça e na perna.[2]

O praça Günter Mollenhoff, um granadeiro, estava a pé. Em Cambrai, local da batalha de 1917, na qual os britânicos haviam empregado tanques pela primeira vez, ele e seus companheiros encontraram um depósito de suprimentos abandonado. Estava cheio de caixas de conhaque francês e latas de carne e de banha. Os soldados encontraram também uma carroça e a encheram de provisões, roubaram dois cavalos e arreios, atrelaram os animais e partiram em direção ao leste com o seu espólio.[3]

Os americanos seguiam logo atrás. Em 28 de agosto, o capitão Cooper, da 3ª Divisão de Blindados, alcançou Soissons, cidade localizada a uns 80 quilômetros ao norte de Paris e local de um batalha entre alemães e franceses, em 1915. Ali, viu um trem prestes a deixar a estação, carregado de veículos blindados, um tanque alemão e uma companhia de infantaria. Shermans, blindados, meias-lagartas, metralhadoras portáteis e morteiros abriram fogo.

— Embora os projéteis antitanque de 37 milímetros ricocheteassem ao atingir o tanque, como bolas de pingue-pongue, sem lhe causar um arranhão sequer — conta-nos Cooper —, o fogo das armas de pequeno calibre impediu os alemães de entrarem no tanque. Esse encontro acabou se tornando uma verdadeira desgraça para os alemães. Muitos de seus soldados foram mortos ou feridos. Os poucos que conseguiram fugir para o bosque logo foram cercados e capturados pela resistência francesa.

Cooper examinou as ruínas no trem e ficou surpreso ao descobrir que valioso espaço havia sido ocupado por roupas íntimas femininas, batons e perfumes, em vez de munição e provisões, itens extremamente necessários.

— Aparentemente, os alemães tinham feito um bom trabalho de saque em todas as butiques de Paris ao se retirarem.[4]

A debandada dos alemães foi tão extraordinária que, além de não levarem provisões com eles, não se deram nem mesmo ao trabalho de destruir os depósitos de suprimentos. Membros do III Exército, unidade comandada por Patton, se apossaram de toneladas de cereais, farinha, açúcar e arroz, juntamente com centenas de carradas de carvão, cuja totalidade foi distribuída pelos soldados americanos à população civil francesa. Em outro depósito, os homens de Patton capturaram 1,2 milhão de toneladas de carne congelada e 227 mil quilos de carne enlatada, provisões que foram distribuídas entre as tropas.[5]

As forças americanas estavam ficando completamente desorganizadas em sua confusa perseguição. O sargento Gianelloni nos conta que caminhões vinham e iam pelas estradas e que jipes, tanques, meias-lagartas e outros veículos de combate se dirigiam para a frente de batalha. Nisto, topou com um batalhão de soldados afro-americanos.

— De que unidades vocês são? — perguntou ele.

— De artilharia — foi a resposta. — E vocês, de onde são?

— Do 79º Regimento de Infantaria.

De acordo com Gianelloni:

— O sujeito escuro, ele ficou quase branco. E disse: "O chefe pirou completamente; nos colocou à frente da artilharia." Havia um enfileiramento de batalhões de artilharia tão grande lá que seus homens ficavam colados, ombro a ombro.[6]

Na 4ª Divisão de Infantaria, o tenente George Wilson achou que estava engajando-se numa "corrida louca e feroz para ver qual exército conseguia conquistar mais terreno num dia".[7] Aos homens do 743º Batalhão de Tanques, 2ª Divisão de Blindados, parecia que a situação era a de uma "guerra de lazer". Os tiroteios eram poucos, e ocorriam nos cruzamentos rodoviários, mas sem baixas. Isso se dava, principalmente, porque eram advertidos dos problemas à frente — se as vilas estivessem decoradas com flores e o povo ladeando as ruas, oferecendo comida e garrafas de vinho, os alemães se haviam retirado; se não houvesse comitê de recepção, os alemães ainda estariam lá.

Ao anoitecer do dia 2 de setembro, Shermans do 743º Batalhão chegaram ao topo de uma colina que dava vista para Tournai, Bélgica. Seus homens permaneceram ali e ficaram observando, em lugar de descerem e serem os primeiros a cruzar a fronteira, pois estavam sem gasolina. Mais Shermans subiram a colina; esses tinham combustível suficiente para entrar na cidade.[8] Mas, depois, ficaram sem combustível também. A grande crise de abastecimento no TOGE tinha alcançado o 743º Batalhão.

A crise era inevitável e tinha sido prevista. Mas poderia ter sido evitada. Um número excessivo de veículos estava afastando-se muito dos portos e das praias. Os participanetes do Red Ball Express, improvisado sistema de transporte por caminhões, e cuja execução fora iniciada no fim de agosto, empenhavam todo o esforço que podiam para fazer chegar combustível, alimentos e munição às linhas de frente. Motoristas do Serviço de Abastecimento, composto, na maior parte, de negros, ficavam ao volante 24 horas por dia e guiavam à noite sem faróis. Os caminhões de duas toneladas e meia formavam enormes filas ao longo das estradas de mão única. Entre 29 de agosto e 15 de setembro, 6 mil caminhões transportaram 135 mil toneladas de suprimentos por duas rodovias, partindo de St.-Lô, para que fossem descarregadas num depósito perto de Chartres. No depósito, outros caminhões pegavam os suprimentos e os levavam para a linha de frente. Mas esta continuava a mover-se para o leste e para o norte, e esse sistema simplesmente não conseguiu acompanhá-la. O veículo que partisse de um ponto qualquer de uma extensão que ia de Le Havre às praias da Normandia precisava percorrer quase 500 quilômetros para chegar à linha de combate. Era necessária enorme quantidade de gasolina para fazer os caminhões irem e voltarem.

Para minorar o problema, o SHAEF estava acrescentando uma extensão ao PLUTO* ("tubulação submarina" que saía da Inglaterra e se estendia até a Praia de Omaha), a qual permitiria canalizar gasolina para Chartres.

---

* Acrônimo de "P[*ipe*] L[*ine*] U[*nde*r] T[*he*] O[*cean*]". (N. T.)

Mas o sistema entrou em operação somente depois de 13 de setembro. Além disso, não ajudou muito. Em Chartres, a gasolina era posta em latões, os quais eram carregados em caminhões e levados para os veículos da linha de frente. Mas, entre outras crises de abastecimento, as forças aliadas no TOGE sofriam também da falta de latões* de gasolina de 20 litros, pois muitos soldados americanos simplesmente os jogavam fora depois de abastecer seus tanques, em lugar de pô-los de volta no caminhão.

No caso do 743º Batalhão, este permaneceu em Tournai por quatro dias, aguardando a chegada de combustível. Em 7 de setembro, o batalhão encheu os tanques de seus veículos e partiu. Num único dia, percorreu 105 quilômetros, chegando a uma região ao sul de Bruxelas. No dia seguinte, avançou mais 44 quilômetros. Em 10 de setembro, outro avanço, com o qual alcançaram o Forte Eben Emael, perto da fronteira com a Holanda. De acordo com os registros históricos do batalhão, "essa foi uma campanha romântica, quase divertida. Não houve combates, e nosso trabalho foi continuar nos movendo à procura de um".

Os soldados americanos tiveram recepções calorosas nas vilas belgas.

— Seus habitantes nos aclamavam, acenavam e arriscavam a própria vida para se aproximarem dos tanques em movimento e, movidos por todos os fatores possíveis de demonstração de felicidade, agradeciam com entusiasmo.

Em 12 de setembro, o pelotão de vanguarda da companhia de Charlie, soldado do 743º Batalhão, cruzou a fronteira com a Holanda, e seus membros foram os primeiros americanos a pisar o solo desse país. A fronteira com a Alemanha ficava a apenas alguns quilômetros dali.[9]

Agora, encontraram resistência. Os disparos da artilharia alemã ribombavam-lhes aos ouvidos. Projéteis de *Panzerfaust* inutilizaram alguns Shermans. Os outros Shermans conseguiam atirar ainda, mas sem se mover. Seus tanques de combustível estavam vazios. Os alemães haviam chegado à Linha Siegfried. Tinham problemas de combustível também, mas, como estavam na defensiva, podiam entrincheirar seus tanques e usá-los como baterias fortificadas. A extensão de suas vias de suprimento tinha sido reduzida — Aachen ficava logo ao norte; Düsseldorf e Colônia, ao leste.

Tinham conseguido voltar para casa. Homens que não viam razão

* Atualmente, em toda a França, esses latões ainda estão lá, servindo a muitos propósitos. (N. A.)

para lutar, a fim de manter as conquistas de Hitler na França, estavam prontos para combater e defender a terra natal. Os regimentos de oficiais alemães começaram a reunir os aterrorizados sobreviventes da debandada na França e organizá-los em esquadrões, pelotões, companhias, batalhões, divisões — e, de repente, o que tinha sido uma simples turba se tornou um exército novamente. Enquanto isso, mão-de-obra escrava trabalhava na melhoria da abandonada Linha Siegfried. Mais tarde, os alemães chamaram a transformação em seu exército e em suas instalações de defesa de "O Milagre do Ocidente".

Da região do Ródano ao Canal da Mancha, os exércitos da FEA estavam parando. Em 2 de setembro, o III Exército requisitou 750 mil galões de gasolina, mas obteve 25.390. No dia seguinte, sua solicitação foi de 590 mil galões; recebeu 49.930. Ao longo dos dois dias seguintes, Patton conseguiu a metade da quantidade que solicitara; depois do dia 7 de setembro, passou a receber apenas ínfima parcela do que requeria. Algumas patrulhas avançadas tinham cruzado o Rio Mosela ao norte e ao sul de Nancy, mas o III Exército viu-se preso em terrível batalha para a tomada das fortificações de Metz, as quais eram praticamente impenetráveis pelos projéteis de artilharia e pelas bombas. Os homens de Patton ainda estavam longe do Rio Reno e da Linha Siegfried, que o guarnecia.

Em 12 de setembro, a 4ª Divisão, I Exército, conseguiu irromper, ao norte, pela Linha Siegfried. O tenente George Wilson ia à frente do pelotão de reconhecimento que se aproximara das fortificações alemãs. Ele viu um alemão surgir de detrás de um monte de terra a menos de cem metros de distância.

— Senti um calafrio percorrer-me a espinha quando me dei conta de que eu poderia ser o primeiro americano a pôr os olhos numa casamata da famosa Linha Siegfried. — Ele estava a leste de St.-Vith, nas Ardenas.

Olhando em volta, viu montes de terra por toda parte, cada um deles um embasamento de metralhadoras camuflado, com paredes de concreto de 1 metro de espessura e tetos de 3 a 4 metros de espessura. Tinham grandes portas de ferro na parte de trás, as quais a investigação de Wilson revelou que estavam, em sua maioria, enferrujadas e desengonçadas. Quase todos eles estavam desocupados. A 4ª Divisão poderia passar sem problemas pela Linha Siegfried, pelo menos nesse ponto.[10]

Próximo do dia 14, integrantes dessa divisão tinham conseguido fazer isso e estavam espalhando-se pelo Platô Schnee Eifel, região acidentada e densamente arborizada, extensão oriental das Ardenas. Mas a divisão formou uma linha de frente muito extensa, com uns 28 quilômetros, uma brecha de 10 quilômetros à direita e outra de 40 quilômetros à esquerda. E estava quase sem gasolina. Tinha que se retirar.[11]

Outro problema: o fato de que as forças aliadas precisavam cruzar os muitos rios da Europa Ocidental estava causando-lhes atrasos. Os alemães não haviam erguido nenhuma fortificação na margem oriental do Sena, mas as forças aliadas precisariam superar os Rios Mosa, Mosela, Roer, Sarre, Waal e o Reno e seus afluentes. E, quanto mais perto de casa os alemães ficassem, mais teriam como recorrer à sua última parcela de força e à sua experiência. A Wehrmacht sabia mais do que ninguém como defender pontos de travessia de rios, algo que seus oficiais aprenderam na longa retirada da União Soviética.

Ao longo do Mosela, os alemães montaram um sistema de defesa eficaz. Coube à 80ª Divisão de Infantaria derrotá-lo. Por volta de 11 de setembro, outras divisões do exército de Patton tinham cruzado o rio em pontos ao norte e ao sul das posições da 80ª Divisão, mas não conseguiram expandir as cabeças-de-ponte. A 80ª preparou-se para forçar sua própria travessia, utilizando-se de uma combinação completa das armas que ela tinha organizado desde o Dia D. O ponto de travessia ficava perto de uma vila de Dieulouard.

As companhias mais avançadas da divisão iniciaram a travessia logo depois da meia-noite. Nove batalhões de artilharia começaram a atacar a 3ª Divisão de Granadeiros Panzer. Balas traçantes disparadas de mais de 50 metralhadoras calibre .50 cruzavam a escuridão do céu, o que dava proteção aos homens do 3º Batalhão, que faziam a travessia em barcos de assalto de borracha e madeira. A resistência deu-se esparsa e ineficazmente. Na tarde desse dia, 12 de setembro, os engenheiros começaram a construir uma ponte flutuante e completaram o trabalho pouco antes da meia-noite.

Na primeira hora do dia 13 de setembro, três batalhões da infantaria alemã, apoiados por 15 tanques e 10 canhões de assalto, lançaram um contra-ataque. Próximo do amanhecer, os alemães tinham feito os soldados americanos recuarem para um ponto a cerca de cem metros atrás do local da travessia. Os engenheiros abandonaram suas ferramentas, pegaram seus M-1 e suas metralhadoras e entraram no combate para defender sua ponte. A intensidade da batalha atingiu seu ponto culminante às 6 horas. Os americanos não recuaram. Os alemães estavam combalidos e cansados demais para continuar pressionando. Seguiu-se um impasse.

Na margem ocidental, uma cena improvável na Segunda Guerra Mundial: um conselho de guerra instituído por quatro generais num barranco, bem à vista do inimigo. Presentes também estavam o coronel Bruce Clarke, à frente do Comando de Combate A, 4ª Divisão de Blindados, e o tenente-coronel Creighton Abrams, comandante do 37º Batalhão de Tanques. Abrams era um dos diplomados da turma de 1936 da West Point. Faltavam dois dias para o seu aniversário.

Os generais estavam preocupados com a decisão de fazer avançar ou não os tanques de Abram pela ponte flutuante. Ela poderia ser destruída pela artilharia alemã, já que então os alemães estavam atentos a ela. Os tanques poderiam ser destroçados. Além disso, a cabeça-de-ponte era tão exígua que os Sherman não conseguiriam manobrar. E estes tinham pouco combustível. Por fim, os generais pediram a Clarke e Abrams que externassem suas opiniões.

— Bem — começou Clarke —, não posso combater os alemães deste lado do rio.

Apontando para o barranco do outro lado do rio, Abrams disse a seus superiores:

— Aquele é o caminho mais curto para casa.

Siga-o, tornaram os generais. Às 8 horas, Clarke partiu à frente dos Sherman. Ele e seus homens entraram na ponte, colocaram-se em posição de combate e lançaram pesado ataque aos alemães com seus canhões e metralhadoras. À proporção que o inimigo recuava, a infantaria da 80ª Divisão cruzou o rio e engajou-se no combate. Pela noitinha, reconquistaram o terreno que tinham perdido no dia anterior.

Mas esse exército alemão era diferente do que se havia retirado da França tão ignominiosamente. Na tarde do dia 13 de setembro, seis batalhões alemães puseram-se em marcha com o fito de alcançar Dieulouard. E contra-atacaram nas três noites seguintes. Michael Doubler escreveu: "Entre 14 e 16 de setembro, deu-se um dos mais atrozes combates no TOGE, com os alemães tentando rechaçar a 80ª para o Mosela."[12] Os americanos reagiam, com infantaria, tanques, artilharia e caças-bombardeiros. Durante todo o conflito, mantiveram o terreno conquistado, mas não conseguiram expandir a cabeça-de-ponte.

O capitão Joseph Dawson, da Companhia G, 16º Regimento de Infantaria, 1ª Divisão, tinha sido o primeiro comandante de companhia a levar seus homens ao topo da restinga no Dia D. Por volta dos meados de setembro, fazia cem dias que estava em ação. Havia aprendido a combater nas sebes, como trabalhar com tanques e aviões no ataque a St.-Lô, como perseguir o inimigo nas arremetidas pela França. Tinha 31 anos de idade e era oriundo da cidade de Waco, Texas, e pregador batista. Perdera dez quilos de seus já esguios 1,87 metro de altura.

Em 14 de setembro, Dawson levou sua companhia à cidade fronteiriça de Eilendorf, a sudeste de Aachen. Embora ela ficasse dentro dos limites da Linha Siegfried, a cidade estava deserta, com as fortificações desocupadas. A cidade ficava num espinhaço com 300 metros de altura e 130 metros de comprimento, o que proporcionava excelente ponto de observação das bandas do leste e do norte. A companhia de Dawson encontrava-se numa das extremidades de uma estrada de nível que dividia a cidade, cujo acesso era possível apenas através de um túnel que passava por debaixo de seu leito elevado. Dawson fez seus homens se entrincheirarem e montarem postos avançados. O esperado contra-ataque alemão veio após a meia-noite e foi repelido.

Pela manhã, Dawson observou as bandas do leste. Viu que, pelos bosques, os alemães estavam movendo-se numa direção e, através de um pomar, em outra, e que se entrincheiravam. À tarde, fogo de artilharia e morteiro caiu sobre a Companhia G alemã, seguido por um ataque de um corpo de tropas formado por duas companhias.

— A intensidade do ataque atraiu o inimigo para as minhas posições — disse Dawson mais tarde ao repórter W. C. Heinz, do *New York Sun.* — Perdi homens. Não por ferimentos. Não como prisioneiros. Eles foram mortos. Mas fizemos pilhas de *Krauts.*[13]

Contudo, eram os alemães que estavam atacando; os americanos mantinham-se entrincheirados. Dawson estava com pouca munição e sem comida. Seus tanques, unidades de apoio, não tinham gasolina. A artilharia que o acompanhava tinha os disparos limitados a alguns projéteis por dia. Se ele estava pensando em ir a algum lugar, esse lugar ficava lá atrás. Os dias de perseguição com o emprego total de forças do exército americano tinham acabado.

Essa era uma conclusão difícil de aceitar e dificilmente era aceita. Em 15 de setembro, o ajudante de Bradley, major Chester Hanson, escreveu em seu diário: "Brad e Patton são de opinião que nenhum dos dois ficará muito surpreso se estivermos no Reno em uma semana. Preparado o mapa geral para a próxima fase das operações, a qual se estenderá do Reno à cidade de Berlim. General ansioso por romper a linha de defesa e arremeter contra Berlim. Marcou um alvo nessa cidade."[14]

O enfraquecimento do avanço impetuoso dos Aliados e a obstinada resistência dos alemães forçaram o alto comando dos Aliados a optar por algumas saídas difíceis. Até por volta do dia 10 de setembro, sustentaram a decisão de "avan[çar] até o combustível acabar — e, depois, pross[eguir] a pé". Todos os comandantes, e não apenas Patton, exortavam seus homens a avançarem. Mas, numa linha de combate que se estendia da fronteira da Suíça até o Canal da Mancha, dependente de portos situados agora a centenas de quilômetros atrás, era simplesmente impossível aos homens da linha de frente, como um todo, continuar avançando.

Assim, Patton disse a Eisenhower que detivesse Monty onde ele estivesse e lhe desse todo o combustível que chegasse ao Continente, pois, desse modo, ele estaria em Berlim antes do dia de Ação de Graças. Monty disse a Eisenhower, por sua vez, que mantivesse Patton no mesmo lugar e lhe desse todo o combustível que chegasse ao Continente e que ele estaria em Berlim antes do fim de outubro.

Havia uma terceira saída. Os britânicos haviam tomado a cidade e o porto de Antuérpia, o maior da Europa. Com esse porto funcionando, o problema de abastecimento se extinguiria. Mas o estuário do Schelde, com quase cem quilômetros de extensão e onde o porto se situa, estava sendo controlado pelos alemães. Portanto, nenhum navio podia chegar a Antuérpia. Se Eisenhower detivesse Patton e Montgomery e concentrasse suas forças no esforço maior de abrir o porto de Antuérpia e obtivesse sucesso, ele conseguiria instituir a estabilidade das condições de abastecimento para uma campanha durante o inverno. Mas, embora ele fosse o menos otimista de todos os generais dos Aliados, Eisenhower achava que havia uma chance de terminar a guerra antes que o inverno chegasse. Se isso ocorresse, ele não precisaria de Antuérpia. Mas, para que isso se desse, tinham que assumir alguns riscos.

E eles pareciam justificáveis. O exército alemão ainda não tinha terminado sua retirada, que começara seis semanas antes e se transformara em debandada. Tudo na situação em que se viam os Aliados clamava por um último e concentrado esforço para que pudessem aniquilar o inimigo. O porto de Antuérpia não lhes proporcionaria ensanchas de lograr isso; mas uma incursão por um estreito canal de ação para atravessar o Reno iria. Deveria ela ser lançada por Montgomery, ao norte das Ardenas, ou por Patton, ao sul?

Eisenhower tinha transferido o quartel-general do SHAEF para o Continente e havia assumido o controle dos combates terrestres. A decisão era dele. Assim, disse a Montgomery que fosse adiante com a Operação Market-Garden.

Essa operação era idéia de Montgomery, idéia entusiasticamente apoiada por Eisenhower, o qual me disse duas décadas após a sua execução:

— Não apenas aprovei a Market-Garden; insisti em que fosse aceita.[15]

Além do impulso irresistível de continuar atacando, Eisenhower tinha as armas secretas alemãs em mente. Em 8 de setembro, os longamente antecipados ataques dos temidos foguetes V-2 materializaram-se em Londres. Os foguetes haviam sido lançados da Holanda. O único meio de detê-los era tomar suas bases de lançamento.

Quanto a isso, o plano de Montgomery era usar o I Exército de Infantaria Aeromóvel — o maior, e ainda não empregado, trunfo dos Aliados — numa complexa, ousada e perigosa, mas potencialmente decisiva, operação para atravessar o Baixo Reno, na Holanda. O plano exigia que a Divisão de Blindados da Guarda Nacional Britânica fosse à frente do II Exército Britânico na travessia do Reno seguindo a rota Eindhoven—Son—Veghel—Grave—Nijmegen—Arnhem. Os tanques britânicos seguiriam para o norte por uma única estrada, seguindo uma rota estabelecida pelos pára-quedistas americanos e britânicos, os quais procurariam conquistar e defender as muitas pontes entre o ponto de partida, na Bélgica, e Arnhem.

A 1ª DIA Britânica, reforçada por uma brigada de pára-quedistas poloneses, saltaria na Holanda, na extremidade da linha de avanço proposta, em Arnhem. A 82ª DIA americana estava incumbida de tomar e defender Nijmegen. Já a tarefa da 101ª DIA, também uma divisão americana, era saltar ao norte de Eindhoven com o objetivo de capturar a cidade e as várias pontes da região.

O plano era brilhante, mas complicado. Seu sucesso dependeria da execução precisa e atempada dos detalhes que ele envolvia, quais sejam, entre outros, o de surpreender o inimigo, empenho extremo nos combates e boa sorte, principalmente com o tempo. Se tudo funcionasse, a recompensa estaria na presença das forças blindadas britânicas nas planícies do norte da Alemanha, no outro lado do Reno, com uma estrada para Berlim desimpedida. Isso bem poderia resultar num rápido e completo colapso da Alemanha. Mas, se a operação fracassasse, o custo se traduziria pelo desperdício dos recursos do Exército de Infantaria Aerotransportada, pelo fracasso da planejada tentativa de abrir o porto de Antuérpia, com a conseqüente crise de abastecimento em todo o TOGE e pela ampliação do tempo de duração da guerra, do inverno de 1994 ao de 1945.

Além de adiar a tentativa de abertura do porto de Antuérpia, Eisenhower teve que manter Patton e suas tropas perto de Nancy e Metz, a fim de que, assim, pudesse obter combustível suficiente para o II Exército Britânico e montar a Operação Market-Garden. Em suma, a operação era um jogo de dados, com os Aliados empenhando todos os seus recursos na aposta.

Em 17 de agosto, a 101ª DIA tinha sido posta de prontidão para saltar em Chartres e preparou-se, dirigindo-se para o campo de aviação — e ali ficou aguardando. O praça Ken Webster, conversando com os veteranos, aparentemente apáticos, notou:

— Os rapazes não estão tão entusiasmados ou ansiosos quanto antes, na Normandia, para cumprir logo o seu dever. Ninguém quer combater mais. — Mas o rádio trazia a boa nova: os tanques do III Exército tinham acabado de conquistar a Zona de Salto (ZS), em Chartres. O salto foi cancelado. E os pára-quedistas aclamaram, riram, elogiaram o general Patton e suas guarnições de tanques, e retornaram para a caserna.[16]

Mas, um mês depois, no dia 17 de setembro, voltaram para o campo de aviação. Dessa vez, não havia possibilidade de cancelamento.

O sargento Sampson pertencia ao pelotão do tenente James Coyle, do 505º RIA, 82ª DIA. Esse pelotão tinha dado uma contribuição fundamental aos esforços de detenção de um contra-ataque alemão em Ste.-Mère-Eglise, no Dia D, e depois liderara um ataque dos americanos no dia 7 de junho, que desmantelou os planos alemães, e também combatera em Carentan e em suas cercanias durante um mês antes de voltar para a Inglaterra.

No campo de aviação, o sargento Sampson conversou com seus homens e descobriu que suas atitudes eram extremamente variadas. O cabo Tom Burke disse a ele:

— Sargento, tenho muito respeito pelo senhor e farei tudo o que o senhor disser que devo fazer, mas, quando eu o fizer, vou aonde for por convicção pessoal, pois agora estou nisso para ganhar medalhas. — Sampson meneou positivamente a cabeça.

— Não havia necessidade de dizer mais nada a ele — disse Sampson tempos depois — pois ele já tinha uma posição definida.

Um soldado puxou Sampson a um canto:

— Fiz três saltos para combater pelo meu país — disse ele [no Norte da África, na Sicília e na Normandia] — e acho que fiz a minha parte; desta vez, farei o melhor que posso para ficar longe dos combates; acho que devo o restante de minha vida ao pessoal lá em casa.

— Absolutamente, não vejo as coisas dessa forma — Sampson replicou. — O trabalho não está terminado, e eu, de minha parte, estou ansioso por voltar lá [e combater] até o fim, de um modo ou de outro. — Mais tarde, ele observou:

— Sei que muitos soldados pensavam como eu, em vista de suas atitudes e de suas palavras.

Mas alguns não. O sargento Benjamin Popilski era líder do 2º Esquadrão. E estava deprimido, não por receio do que lhe estava vindo ao encontro, mas por desespero com o que havia acontecido. Ele explicou a Sampson:

— Conheci uma jovem britânica e me apaixonei, mas um filho da mãe mentiroso lhe disse que eu era judeu e agora ela não quer mais sair comigo. — Ele abanou a cabeça negativamente e disse, serenamente: — Espero que esse salto compense isso.

Outro soldado arrancou um dos dedos do pé com um tiro. Disse que estava limpando seu fuzil e a arma disparou acidentalmente. Sampson ordenou-lhe que se preparasse apesar disso. Saltaria assim mesmo.

— Disseram-me que eu não teria que saltar!

— Uma ova que você não vai! Você vai. — Mas o médico determinou que o praça fosse enviado para o hospital, e Sampson não pôde fazer nada a respeito disso.[17]

Sete de setembro foi um belo dia de fim de verão, com um céu límpido e azul e nenhum vento. Nenhum morador das Ilhas Britânicas que ficou sob a rota das centenas de C-47 transportando três divisões para os campos de batalha jamais se esqueceu dessa visão. Tampouco os próprios pára-quedistas. O praça Dutch Schultz, da 82ª, era orientador de salto de seu grupo e manteve-se junto à porta aberta da aeronave enquanto ela se enfileirava com as demais e se dirigia para o leste.

— Apesar de minha ansiedade em relação ao salto e ao perigo

subseqüente — narra-nos —, era animador ver milhares de pessoas em terra acenando para nós quando passávamos pelas cidades e vilas britânicas. — Era mais animador ainda ver os caças-bombardeiros juntarem-se à formação.[18]

Quando a poderosa frota aérea chegou aos céus da Holanda, os olhos de Schultz depararam com bucólicas regiões campestres. Era domingo. Poucas pessoas movimentavam-se pelas estradas. Vacas pastavam no campos. A Luftwaffe não seria encontrada, embora algum fogo de artilharia antiaérea lhe tivesse vindo ao encontro, o qual, aliás, se intensificou quando estava o equivalente, em distância, a uns cinco minutos da ZS, mas a harmonia da formação não sofreu o menor distúrbio, tampouco os pilotos se viram obrigados a proceder a conversões operacionais de rota, qual acontecera no céu da Normandia. O salto foi como um sonho. E deu-se perto de um ensolarado meio-dia, com pouca ou nenhuma oposição em terra. Lá embaixo, campos arados "macios como colchões".

O general James Gavin encabeçou o salto da 82ª. Sua aterrissagem não foi muito suave; ele caiu numa calçada e lesou as costas. Alguns dias depois, o médico o examinou, fitou-o nos olhos e disse:

— Não há nada errado com suas costas. — Cinco anos depois, disseram a Gavin, no Hospital Walter Reed, que ele tinha dois discos fraturados. Era tarde demais para fazer algo. E as palavras de Gavin a respeito disso foram:

— Agora tenho um salto [de sapato] mais alto do que o outro para compensar a curvatura das costas.[19]

Deixando-me levar por uma generalização, baseada em quatro décadas de entrevistas a pracinhas americanos, mas sem o apoio de nenhum dado estatístico, eu diria que Jim Gavin foi o mais querido comandante de divisão no TOGE. Alguns veteranos não se lembram dos nomes de seus comandantes de divisão porque havia muitos deles ou porque nunca os viam; outros não gostam de lembrar-se deles. Mas veteranos da 82ª ficam mudos quando lhes pergunto o que sentem em relação ao general Gavin e, depois, prorrompem numa enxurrada de palavras — ousado, corajoso, justo, inteligente como ninguém, um exemplo de homem, fidedigno, um líder, amado.

Gavin (United States Military Academy — USMA, 1929) tinha 37 anos de idade, o mais jovem general do exército americano desde os dias de

George Custer. Sua compleição e graciosidade atlética, combinadas com seus ares de menino, granjearam-lhe o afetuoso apelido de "Slim* Jim".

Dutch Shultz não era necessariamente o melhor soldado da 82ª, mas era um dos mais perspicazes. Depois de aterrissar na Holanda, Schultz viu Gavin atingir o solo, esforçar-se por manter-se de pé tomado por óbvias sensações de dor, pendurar seu M-1 às costas e seguir em direção ao seu posto de comando. "No que me afeta", Schultz escreveu, "foi fundamental para o meu desenvolvimento como combatente ter visto meu comandante carregar seu próprio fuzil na linha de frente. Esse conceito de liderança era posto em prática e exemplificado pelos oficiais de nossos regimentos, de nossos batalhões e de nossas companhias tão freqüentemente que, normalmente, esperávamos esses tipos de atitudes práticas de liderança de todos os nossos oficiais. Isso, além de nos inspirar, salvou muitas vidas."[20]

Não havia senão uns poucos corpos de tropas inimigas na ZS. O tenente Coyle fala-nos a respeito disso:

— Vi um único soldado alemão na área em que achei que aterrissaria. Saquei de minha pistola .45 e tentei acertar um tiro nele, mas o pára-quedas oscilava muito, o que me fazia mirar o céu toda vez que eu tentava mirar um ponto no solo. Quando aterrissei, pus-me de joelhos e mirei. O alemão não estava a mais do que uns 5 metros de distância, correndo. No momento exato em que eu ia atirar, ele abandonou o fuzil e, depois, o capacete, e vi que era um garoto, com uns 17 anos de idade, completamente apavorado. Ele passou correndo sem olhar para mim. Não tive coragem de alvejá-lo.[21]

O sargento D. Zane Schlemmer, da 82ª, reservara "no coração um cantinho especial" para as vacas da Normandia, pois, toda vez que as via pastando num dos campos fechados por sebes, sabia que não havia minas terrestres nele. Na Holanda, tivera outra experiência bucólica. Sua aterrissagem foi boa, bem onde desejara cair. Ele reuniu seus homens e, depois de recolher os morteiros de 81 milímetros, munição e equipamentos, partiu para o seu objetivo em Nijmegen. E deparou com duas vacas. Visto que tivessem muita corda, "confiscamos as vacas e dependuramos nossos morteiros e equipamentos nelas. Elas eram muito dóceis e seguiram serenamente conosco".

— Ao nos aproximarmos de Nijmegen, o povo holandês nos deu

* Esguio, elegante, atlético. (N. T.)

boas-vindas. Mas, embora satisfeitos e felizes por serem libertados, ficaram muito chocados ao ver pára-quedistas à frente de duas vacas. A primeira pergunta foi: "Onde estão os seus tanques?" Nós não éramos a idéia que faziam da invencibilidade, mobilidade e poderio militar dos americanos. Pudemos apenas dizer a eles: "Os tanques estão vindo." Pelo menos esperávamos que sim.[22]

Os alemães tinham sido pegos de surpresa, mas estavam acordando. E enviaram unidades às várias pontes, para defendê-las ou explodi-las, se necessário. Os soldados americanos, ao entrarem em Nijmegen, Eindhoven e outras cidades, começaram a sofrer baixas.

O sargento Popilski, do pelotão de Coyle, e o qual tinha acabado de perder a namorada britânica, foi alvejado na cabeça. Um dos pára-quedistas relatou ao sargento Sampson:

— Calhou de eu estar olhando justamente em sua direção — disse o pára-quedista. — Ele ficou pálido antes de ser atingido, como se soubesse que isso ocorreria. — Sampson cita-nos as últimas palavras de Popilski na Inglaterra: "Espero que esse salto compense isso." E pensou: "Seu desejo foi satisfeito."[23]

Enquanto os pára-quedistas avançavam para os seus objetivos, planadores transportando soldados e equipamentos começavam a chegar às zonas de salto.

Um deles fez um pouso forçado na orla de um bosque e ficou sob o fogo de armas portáteis alemão, lançado do interior. O capitão Anthony Stefanich (capitão Stef, para os seus homens) bradou um comando ao praça Schultz e aos outros para que o seguissem, e arremeteram contra as posições alemãs.

Stefanich foi um dos oficiais treinados e orientados pelo general Gavin. Schultz lembrava-se dele como um homem "que liderava pelo exemplo, em vez de pela autoridade do posto. Ele era o que eu queria ser quando crescesse".

Stefanich foi ferido na parte superior do tronco por um tiro de fuzil, o qual detonou uma granada de fumaça que ele carregava. O tenente Gerald Johnson saltou sobre ele para tentar extinguir o fogo e depois carregou o capitão ferido para o ponto de agrupamento, no qual um posto de socorro havia sido montado. Arqueado sobre seu capitão, veio à mente de Schultz a lembrança de sua mãe. Ela lhe havia ensinado que, se ele rezasse três ave-marias diariamente, jamais iria para o inferno. Depois pensou em suas professoras, todas freiras:

— Elas me ensinaram sobre o poder do rosário e que, se eu realmente quisesse algo de Jesus Cristo, deveria recorrer à Virgem Santíssima como minha intermediária. Isso fazia sentido, pois, em mais de uma ocasião, eu havia usado minha mãe como intermediária ao tentar fazer meu pai mudar de idéia [a respeito de algo].

Assim, ele orou à Virgem Santíssima em favor da vida do capitão Stef.

Mas foi tarde demais. Pouco antes de morrer, Stefanich disse debilmente ao tenente Johnson:

— Conseguimos ir bem longe; diga aos rapazes que façam um bom trabalho. — O socorrista, um jovem polonês de Chicago, levantou-se e pôs-se ao lado do jovem pára-quedista. Este chorava e exclamava: "Ele se foi, ele se foi! Não pude ajudá-lo." Essa foi, disse Schultz, uma perda arrasadora. Foi a única vez no combate que eu esmoreci e chorei.[24]

Ao fim do dia 17 de setembro, os americanos tinham atingido a maioria de seus objetivos. Enquanto isso, a 1ª DIA Britânica chegava ao outro lado do Reno, ao norte de Arnhem, e manteve a defesa na região para a vinda de reforços no dia seguinte. Um batalhão, liderado pelo coronel John Frost, entrou em Arnhem margeando o rio por uma pequena e pouco usada estrada e conquistou a extremidade oriental da ponte. O II Exército Britânico fracassou na tentativa de alcançar seus objetivos, mas tinha feito progresso. Nada espetacular, mas um bom começo.

Em 18 de setembro, contudo, quase tudo deu errado. Germans 88, rapidamente montados nos bosques existentes em ambos os lados da estrada de nível com pista única que os tanques e veículos britânicos estavam usando, começaram a atirar contra estes com eficácia devastadora. Eram alvo fácil, pois bastava ao inimigo nivelar o olhar com a linha do horizonte e mirar neles. Em pouco tempo, veículos inutilizados bloqueavam a estrada, causando enormes engarrafamentos. O tempo na Inglaterra ficou ruim — chuva, névoa, nevoeiro —, impedindo a decolagem de todos os aviões. Nas próximas horas, não haveria a chegada de nenhum reforço, nenhum lançamento de suprimentos por via aérea, provenientes da Inglaterra.

No Continente, o tempo se mostrava favorável ao vôo dos Jabos. O coronel Cole, comandante do 3º Batalhão do 502º RIA, pôs-se ao rádio. Um piloto pediu que ele assentasse ao solo alguns painéis de identificação cor de laranja para assinalar sua posição. Cole decidiu que ele mesmo faria isso. Enquanto colocava um dos painéis no solo, um atirador de elite alemão o alvejou e matou. Duas semanas depois, o exército conferiu-lhe a Medalha de Honra por seu ataque com baionetas perto de Carentan, no dia 11 de junho. Sua esposa recebeu a homenagem póstuma na praça de armas do Forte Sam Houston, onde Cole havia brincado quando criança. A senhora Cole trazia nos braços o filho de 18 meses de idade, o qual Cole nunca vira.[25]

No dia 19 de setembro, o II Exército Britânico lançou-se em esforçadas arremetidas contra o território inimigo, passou pela 101ª, em Eindhoven, e uniu-se à 82ª, nas cercanias de Nijmegen. Em Arnhem, o coronel Frost mantinha sua solitária posição na ponte, apesar dos ferozes ataques alemães, e sua situação era desesperadora. Ele contara com a presença dos primeiros tanques britânicos na outra extremidade da ponte no segundo dia. Agora, aproximava-se o terceiro, com a maioria dos homens de seu batalhão feridos (assim como ele), sob o ataque dos tanques alemães, munidos somente de armas portáteis para o revide, e sem comida e remédios.

Para chegar a Frost, a Divisão de Blindados da Guarda Nacional Britânica tinha que atravessar o Rio Waal. Antes que isso pudesse ocorrer, Gavin tinha que tomar as pontes da ferrovia e da rodovia que corriam próximo e paralelamente umas às outras. A 82ª havia conquistado a maior parte da cidade, mas os acessos às pontes ainda estavam bem defendidos pelos tanques, pela artilharia e pela infantaria alemães.

Em 19 de setembro, o tenente Waverly Wray, o homem que havia desmantelado o contra-ataque alemão na manhã do dia 7 de junho, em Ste.-Mère-Eglise, e matado dez alemães com um único tiro na cabeça de cada um, liderou uma incursão à ponte.

— A última vez que o vi — relatou um pára-quedista —, ele estava avançando contra os alemães com uma granada numa das mãos e um fuzil-metralhadora na outra. — Quando Wray ergueu a cabeça acima do nível da estrada, um atirador de elite alemão posicionado numa torre de sinalização matou-o com um único tiro, no meio da cabeça.[26]

Na tarde do dia 19 de setembro, Gavin encontrou-se com o general-de-divisão Brian Horrocks, comandante da Guarda Nacional. Horrocks disse que podia fornecer apoio com seus tanques para um ataque às pontes e providenciar para que caminhões trouxessem barcos de assalto para uma travessia do rio a jusante, à altura das pontes. Gavin decidiu atacar as extremidades ocidentais com o 2º Batalhão, 505º RIA, comandado pelo general-de-divisão Ben Vandervoort, e passar a tarefa da travessia do rio em barcos ao 3º Batalhão, 504º RIA, cujo comandante era o major Julian Cook.

Cook queria realizar a travessia sob o manto da noite, mas nada podia fazer até que os caminhões trouxessem os barcos. Prometeram-lhe que sua chegada ocorreria no fim da tarde daquele dia, mas ela sofreu atraso, pois os alemães estavam atacando com fogo pesado a única estrada que conduzia ao ponto de partida, na Bélgica. Tão efetivos eram esses ataques que os soldados americanos estavam chamando a estrada de "Rodovia do Inferno". Tratores e tanques foram mobilizados ao longo dela para remover os destroços do caminho. Engarrafamentos se estendiam por vários quilômetros, e a normalidade do trânsito levava horas para ser restabelecida. E Hitler autorizou um dos últimos ataques em massa da Luftwaffe à estrada obstruída — 200 caças atingiram Eindhover, ao passo que 200 caças-bombardeiros foram ao encalço dos soldados e dos veículos que se aglomeravam na Rodovia do Inferno — mas os Jabos lhes lançaram fogo de revés.[27]

Às 15h30 do dia 19 de setembro, Gavin fez avançar o batalhão de Vandervoort através da ponte. Os barcos não haviam chegado, mas Gavin tinha a esperança de que a combinação dos tanques britânicos (todos Shermans) com tropas de pára-quedistas podia romper a linha de defesa inimiga em Nijmegen e facultar a tomada das pontes.

Os homens de Vandervoort lançaram-se ao ataque em cima de mais de 40 veículos blindados britânicos e chegaram ao centro da cidade sem muita dificuldade. Lá, Vandervoort dividiu o regimento e enviou uma metade para atacar a ponte ferroviária e a outra, a ponte rodoviária. Ambos os ataques toparam com feroz oposição dos 88, de peças de artilharia móveis, de morteiros e de metralhadoras bem posicionadas.

O tenente Coyle e o pelotão do sargento Sampson estavam à frente do ataque.

— Ao nos aproximarmos das últimas casas antes do terreno aberto existente na frente da ponte ferroviária — relata-nos Coyle —, o tanque da vanguarda iniciou os disparos de seu canhão. Os estrondos eram ensurdecedores. Eu avançava ao lado do terceiro tanque da coluna. Quando destruí as posições inimigas na última casa, tive um enorme choque. Não esperava que ela fosse tão grande. Eu soube depois da guerra que era a maior ponte de vão único da Europa.

Quando os dois tanques Sherman à frente de Coyle atravessaram o cruzamento, dois canhões antitanque de 57 milímetros escondidos abriram fogo. Os tanques estremeceram, pararam e se incendiaram. O tanque ao lado de Coyle deu marcha à ré e entrou numa rua que saía também no cruzamento. Coyle fez que seu pelotão se abrigasse nas casas à beira da pista exterior e tomasse posição no piso superior delas.

De lá, os soldados americanos puderam ver que alemães estavam cruzando a ponte a pé e de bicicleta, e fizeram menção de assentar suas metralhadoras nas janelas e abrir fogo contra o inimigo, mas Coyle ordenou que se mantivessem ignorados, pois não queria que os alemães soubessem que eles estavam ali, pelo menos não até que aqueles canhões antitanque fossem localizados e tirados de combate. Ele passava ordem ao sargento Sampson quando este viu um alemão correndo pela rua, a não mais de uns 20 metros de distância. Instintivamente, Sampson ergueu sua metralhadora e aproximou-se mais da janela, mas Coyle lhe afastou a arma.

— Ainda não — sussurrou Coyle.

Olhando lá fora, viu alemães guarnecendo um canhão antitanque atrás de arbustos no parque e trazê-lo a cerca de 10 metros adiante, apontando-o rua abaixo. O inimigo lhes ignorava a presença.

Nesse mesmo instante, Vandervoort entrou no cômodo. Coyle lhe explicou a situação, mostrou-lhe o canhão alemão e disse a ele que queria coordenar um ataque com os tanques britânicos. Vandervoort concordou e disse a Coyle que abrisse fogo depois de transcorridos dez minutos. Em seguida, desceu às pressas ao andar térreo para se juntar ao pessoal dos tanques e pô-los em ação. Mas antes que Vandervoort pudesse organizar o pessoal, um soldado americano num edifício adjacente ao de Coyle abriu fogo. Os alemães revidaram. Obedecendo a uma ordem de Coyle para que viesse à frente e atacasse, o soldado John Keller disparou uma granada de rifle no canhão antitanque que estava na rua e o tirou de ação.

— Cabuuum! — descreve Coyle. Foi o estrondo da explosão no cômodo da casa em que se abrigavam. Outro canhão de 57 milímetros havia sido disparado; o projétil perfurara uma das paredes e explodira contra a outra. Depois vieram outro e mais outro. Coyle tratou de retirar seu pelotão da casa e o pôs em abrigo no porão de outra. Àquela altura, a noite havia chegado. Coyle recebeu ordens para aquietar-se e aguardar o amanhecer.[28]

Aurora do dia 20 de setembro. A uns dois quilômetros rio abaixo, depois da ponte, o batalhão do major Cook aguardava. Seus homens estavam prontos para agir, mas os barcos de assalto não tinham chegado. Durante toda a manhã, ficaram aguardando. Enquanto isso, o batalhão de Vandervoort não conseguia expulsar os alemães do parque, a despeito de grande esforço (o sargento Sampson fora gravemente ferido na manhã desse dia por fogo de artilharia).

Vandervoort nos dá uma descrição do combate:

— Os pára-quedistas atiravam dos telhados, de sótãos, de aléias, das janelas dos quartos das casas, de um [verdadeiro] labirinto de quintais e edifícios [...]. Onde [fosse] possível, os tanques serviam como tratores e irrompiam através de muros de jardins etc. De fato, o cano do canhão de um tanque atravessando a porta da cozinha induz o inimigo à fuga. No labirinto de casas e jardins com muros de tijolos, o combate descambou em confusas e frontais demonstrações de matar ou morrer.[29]

Nesse ínterim, o batalhão de Cook aguardava os barcos. Cook subiu ao topo da torre de uma estação de força próxima para observar a margem oposta do Waal. Henry Keep, um jovem capitão que serviu no batalhão de Cook, escreveu numa carta enviada à família: "Tivemos o relance de uma cena que ficou indelevelmente gravada em minha mente. O que nos saudou os olhos foi uma planície bem regular e balda de qualquer refúgio ou cobertura [...] a uns 300 metros de distância, onde [contudo] havia uma estrada ladeada por edificações, na qual teríamos nossa primeira oportunidade de conseguir alguma proteção e poder nos reorganizar [...]. Pudemos observar ao longo de todo o lado alemão do rio [a existência de] fortes posições defensivas, uma linha formidável tanto no comprimento, quanto na largura — casamatas subterrâneas, embasamentos de metralhadoras [...]."

Cook obteve apoio: dez tanques britânicos e uma bateria de artilharia se enfileiraram ao longo do rio para proporcionar tiro de proteção aos que o atravessassem. Mas os caminhões chegaram somente depois das 15 horas, e o que trouxeram não foi muito, ou seja, apenas 26 barcos de assalto, em vez dos 33 prometidos. E eram as mais frágeis das embarcações, com somente 6 metros de comprimento, feitas de lona, com o fundo reforçado por madeira compensada, acompanhadas, cada uma, por apenas três remos. O Rio Waal tinha quase 400 metros de largura e uma correnteza forte, com cerca de 10 quilômetros por hora.

Os pára-quedistas arrastaram os barcos para a margem, empurraram-nos até águas profundas, puseram-se a bordo (13 homens em cada um, além de 3 engenheiros britânicos com os remos) e tentaram usar a coronha de seus fuzis como remos. Mas, assim que foram apanhados pela força maior da correnteza, alguns dos barcos começaram a girar em círculo. Nisto, os tanques e a artilharia do inimigo arremeteram fogo contra os invasores durante um bom tempo, o que criou uma cortina de fumaça — mas o vento se incumbiu de arredá-la, e, enquanto os homens nos barcos procuravam endireitar o curso e se dirigir para o outro lado, os alemães tornaram a disparar suas armas contra eles.

Cook e Keep avançavam no primeiro barco. Esse não era o lugar em que o comandante do batalhão deveria estar, mas Cook recebera treinamento e orientação de Gavin.

"Foi um quadro horrível a travessia do rio", o capitão Keep disse em carta escrita à sua mãe, "formado pelos estampidos ensurdecedores do onipresente fogo inimigo. Foi algo infernal e terrificante [...]. Frágeis e indefesos barcos de lona, passíveis de sossobrar pelo ajuntamento de tantos homens a bordo, todos eles se esforçando desesperadamente para atravessar o Waal o mais rapidamente possível e alcançar um lugar em que, pelo menos, pudessem lutar."[30]

Alguns barcos foram atingidos em cheio, dos quais nada sobrou senão destroços. Projéteis de armas portáteis rasgavam-nos. A certa altura, teve o inimigo a impressão de que dizimara a flotilha. Contudo, ela continuou avançando. Apenas 12 de seus 26 barcos lograram atingir a outra margem do rio, mas, quando isso se deu, os pára-quedistas que tinham sobrevivido ao martírio estavam querendo briga. E disso não seriam dissuadidos.

"Ninguém parou", escreveu um capitão de guarnição de tanque britânico. "Os homens desembarcaram e dispararam em direção ao leito [da estrada]. Minha nossa, que lance de coragem aquele!"

Cook seguiu à frente. O capitão Keep observou:

— Vi, muitas vezes, soldados serem levados ao cume da exaltação — soldados que, em breve período de combate, são induzidos ao delírio —, fanáticos, feitos loucos pelo ódio e pelo desejo de matar — homens que se esquecem temporariamente do medo. No entanto, eu jamais testemunhara uma transformação humana tão vivamente impressionante quanto a desse dia. Os homens estavam fora de si, pois continuaram a cruzar o campo de batalha a despeito de tudo que os *Krauts* podiam fazer, praguejando intensamente, com suas armas cuspindo fogo.[31]

Em menos de meia hora, Cook e seus homens haviam alcançado o topo do leito da estrada e arrancado os alemães de suas posições. Enquanto isso, os engenheiros tinham voltado de barco para a margem ocidental do rio e retornado com um novo grupo de homens. Ao todo, foram necessárias seis travessias para pôr o batalhão de Cook do outro lado.

Enquanto as travessias eram feitas, Cook comandava o corpo de vanguarda num assalto às pontes. Seus homens avançaram rapidamente. Nesse comenos, na margem ocidental, os homens de Vandervoort tinham finalmente conseguido tomar o parque e estavam começando a entrar nas pontes. Os alemães correram desesperadamente para alcançar os detonadores e estourar os explosivos nas pontes, mas os homens de Cook fizeram o que tinham aprendido a fazer — toda vez que viam fios no chão, eles os cortavam. Os engenheiros alemães pressionaram o êmbolo dos detonadores, mas nada ocorreu.

Os homens de Cook assentaram posições de defesa nas pontes, de frente para o leste. Quando os tanques britânicos, sob o comando de Vandervoort, iniciaram a travessia da ponte rodoviária, suas guarnições viram a bandeira americana sendo erguida na outra extremidade. Cook tinha perdido muitos homens — 40 foram mortos e uma centena estava ferida —, mas ele tinha as pontes. Somente na ponte rodoviária, havia 267 alemães mortos, além de muitas centenas deles feridos e capturados, e inestimável era o número dos que haviam caído no rio. Essa operação foi uma das grandes façanhas das armas do exército na Segunda Guerra Mundial. O major-brigadeiro Miles Dempsey, comandante do II Exército Britânico, foi até Gavin para cumprimentá-lo.

— Estou orgulhoso de conhecer o comandante da melhor divisão do mundo atualmente — disse ele.[32]

Eram 19h10. O manto da noite descia sobre a região. Arnhem ficava somente a 11 quilômetros de distância. O batalhão de Frost retinha o controle da extremidade oriental da ponte, mas sem muita preocupação. O general Horrocks decidiu erguer e manter posições defensivas durante a noite. Feito isso, os soldados da Guarda Nacional começaram a preparar seu chá.

Os homens de Cook ficaram furiosos, e vociferaram e lançaram afrontas contra os britânicos, dizendo-lhes que aqueles que estavam em Arnhem eram seus compatriotas e precisavam de ajuda imediatamente. A respeito disso, Horrocks comentou:

— Esta operação de Cook foi a melhor e a mais notável que vi ser executada em minha vida. Não admira que os pára-quedistas de frente ficaram furiosos com o fato de não termos avançado diretamente para Arnhem. Eles acharam que tinham arriscado suas vidas por nada, mas aquilo era impossível, em razão da confusão que existia em Nijmegen, com as casas em chamas e as forças britânicas e americanas completamente misturadas.[33]

De manhã (21 de setembro), os tanques partiram, mas foram detidos a meio caminho de Arnhem por dois batalhões inimigos, incluindo um batalhão de soldados da SS, com tanques e Germans 88. Jabos sobrevoavam o local, mas os aparelhos de rádio do carro de ligação da RAF não estavam funcionando (tampouco os rádios da 6ª DIA Britânica, em Arnhem). À tarde, a 9ª Divisão da SS Panzer aniquilou, em Arnhem, os últimos sobreviventes do batalhão de Frost. Alguns dias depois, os sobreviventes da 1ª DIA cruzaram o Reno, em busca de abrigo. Essa divisão tinha entrado em Arnhem com 10.005 homens. Saiu de lá com 2.163 soldados vivos.

O tenente-coronel John Frost pôs a culpa do fato na Divisão de Blindados da Guarda Nacional. De pé na ponte, por ocasião do quadragésimo aniversário do evento, ele olhava para o oeste, exatamente como fizera tão freqüentemente, tão frustradamente, quatro décadas antes, e desatou a falar do episódio do chá, da controvérsia que a atitude dos ingleses então suscitou; depois passou à questão do número relativamente baixo de perdas que a divisão inglesa sofrera, em comparação com as da 1ª DIA, e estendeu o fio da meada à questão do magnífico desempenho da 82ª DIA.

De repente, estampou no rosto um aspecto sombrio. Enquanto eu o fitava, hipnotizado, brandiu o punho e lançou ao ar um brado inquiridor, uma pergunta aos membros da Divisão de Blindados da Guarda Nacional:

— Vocês chamam isso de combate?

Nos seis meses seguintes, a linha de frente na Holanda quase não avançou. Para a 82ª e a 101ª DIAs, isso significou dois meses de miséria. Elas não podiam mobilizar-se à noite, pois os alemães dominavam as regiões mais altas a leste e tinham projéteis de Germans 88 suficientes para usar em cada um dos soldados dos Aliados, sempre que fossem avistados. Os homens dessas divisões estavam alimentando-se com as provisões dos britânicos, muito inferiores na opinião deles. Eram apoiados pela artilharia e pelos tanques britânicos, os quais, freqüentemente, causavam confusão. Não realizavam operações de ataque, mas tinham que despachar patrulhas norturnas.

Os soldados de infantarias aerotransportadas americanos tinham sido treinados como unidade de infantaria de assalto, com ênfase em operações de mobilização rápida, manobras ousadas e manuseio de armas de pequeno calibre. E haviam sido utilizados como tal na Normandia e durante a primeira semana na Holanda. Mas agora estavam envolvidos numa guerra estática, que, em vez de a Segunda Guerra Mundial, mais parecia a Primeira. E, assim como na Primeira Grande Guerra, o número de baixas era maior entre oficiais subalternos, suboficiais e soldados rasos.

Fez parte desse número o tenente Willis Utecht. Ele foi morto no dia 2 de outubro, depois de comandar uma operação de um pelotão transportado por aeroplanador na Holanda. Seu corpo foi enterrado numa cova rasa na orla de um bosque. Por motivo ignorado, o Serviço de Registro de Óbitos Americano jamais o encontrou. Em 1994, meio século depois, um fazendeiro holandês, arando as beiras de seu campo de cultivo, descobriu alguns ossos, a bota e pedaços da roupa de Utecht. O fazendeiro informou o fato ao exército americano, e uma equipe deste recolheu os restos mortais e a chapa de identidade de Utecht. Até então, Utecht havia sido um dos 45 mil desaparecidos em combate da Segunda Guerra Mundial.[34]

Stefanich se fora, e Utecht, Cole e Wray também; muitos se foram. Refletindo sobre as perdas, Dutch Schultz observou:

— Próximo ao fim, na Holanda, a maioria dos oficiais treinados pelo general Gavin se havia tornado vítima dos campos de batalha. — E acrescentou pausadamente: — Seus substitutos não tinham experiência com o estilo de liderança de Gavin.[35] — A dor da perda desses bons homens foi agravada pelo conhecimento de que nada se ganhou com isso.

No começo de setembro, os Aliados fluíam livremente por toda a França, mas impulsionando um exército deprimido e desorganizado. No ar, pairavam pensamentos da presença no aconchego do lar para a comemoração do Natal. No fim desse mesmo mês, Patton e seu III Exército empacaram. Tal o caso de Hodges e seu I Exército. A crise de abastecimento estava pior do que nunca. O porto de Antuérpia continuava fechado. A Operação Market-Garden fracassara. Que conseqüências adviriam disso?

5

A LINHA SIEGFRIED

OUTUBRO DE 1945

QUANDO OS AMERICANOS, partindo de Luxemburgo, chegaram à fronteira da Alemanha, entraram numa região que havia sido motivo de muitas disputas desde os tempos de César. Existem, ali, muitas cidades com muralhas, e vilas antigas, as quais serviram como fortificações naturais, sem falar das grandes fortificações da Linha Siegfried e da Linha Maginot.

Os alemães tinham homens disponíveis para guarnecê-las. Eles haviam reconstituído as divisões que tinham fugido da França e criaram tantas outras, que acabaram dispondo de mais homens na linha de frente da Europa Ocidental que os Aliados. Algumas de suas divisões de blindados e divisões da SS eram notáveis, mas as divisões de infantaria comuns eram compostas de adolescentes, veteranos servindo sob condições limitadas — porque aleijões, por exemplo, a quem faltava um braço ou um olho — e homens idosos, com 40 e até mesmo 50 anos de idade. Contudo, a maioria deles podia disparar uma metralhadora ou um *Panzerfaust* protegido por uma casamata feita de concreto reforçado com aço.

Para combater essa força, Eisenhower comandou três grupamentos militares — o 21º, sob a liderança de Montgomery; o 12º, sob a de Bradley; e o 6º, sob as ordens do major-brigadeiro Jacob Devers (no flanco austral). Os Aliados tinham oito exércitos de campanha, com 55 divisões. Vinte e oito dessas divisões eram americanas (20 de infantaria, 6 de

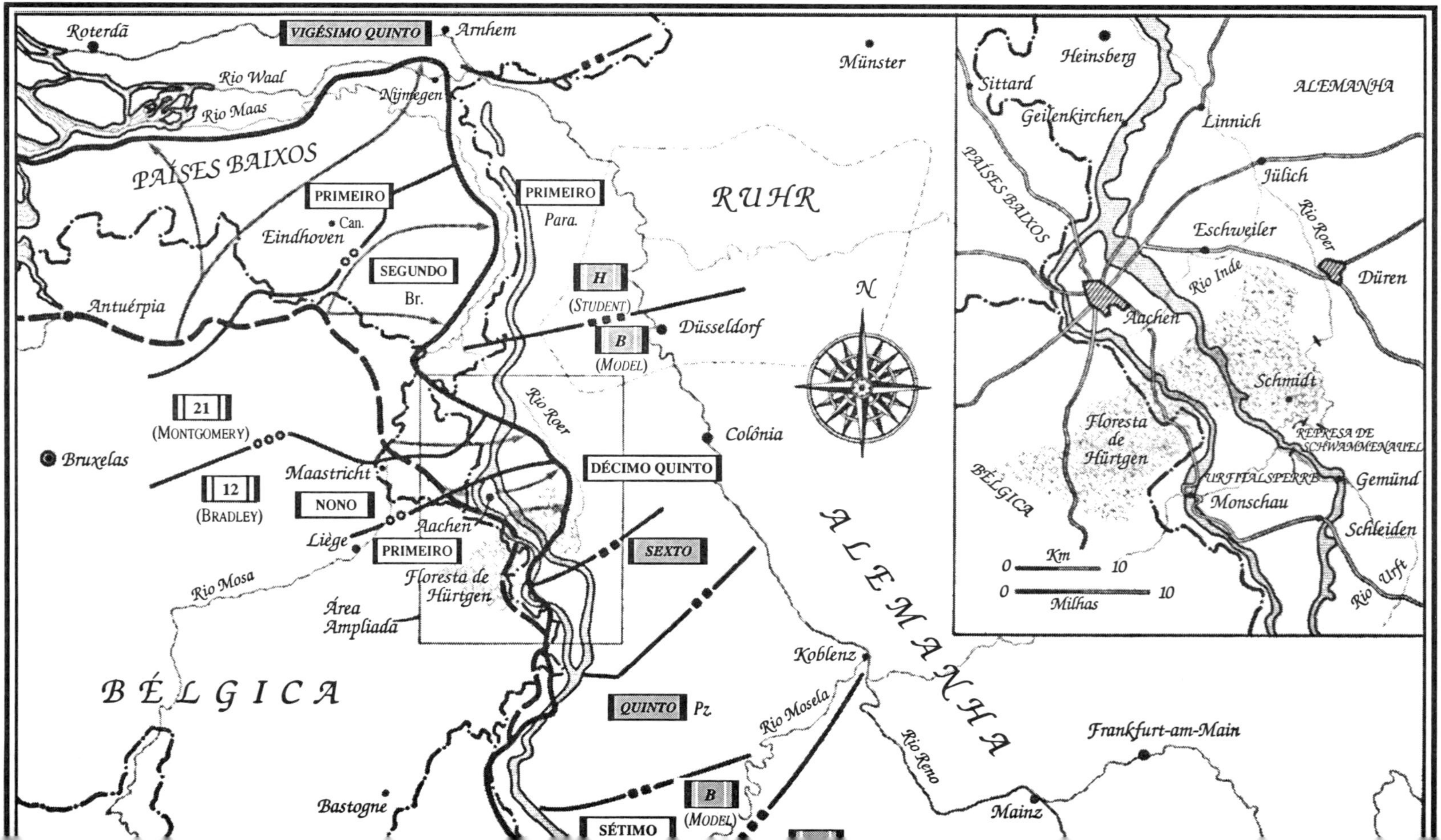

Roterdã
VIGÉSIMO QUINTO
Arnhem
Münster
Rio Waal
Nijmegen
Rio Maas
PAÍSES BAIXOS
PRIMEIRO
Can.
Eindhoven
PRIMEIRO
Para.
RUHR
SEGUNDO
Br.
H
(STUDENT)
Antuérpia
Düsseldorf
N
B
(MODEL)
Rio Roer
21
(MONTGOMERY)
Bruxelas
Colônia
Maastricht
DÉCIMO QUINTO
12
(BRADLEY)
NONO
Aachen
Liège
PRIMEIRO
SEXTO
Rio Mosa
Floresta de Hürtgen
Área Ampliada
ALEMANHA
Koblenz
BÉLGICA
QUINTO
Pz
Rio Mosela
Rio Reno
Frankfurt-am-Main
Bastogne
B
(MODEL)
SÉTIMO
Mainz
Heinsberg
Sittard
ALEMANHA
Geilenkirchen
Linnich
PAÍSES BAIXOS
Jülich
Rio Roer
Eschweiler
Rio Inde
Düren
Aachen
Schmidt
Floresta de Hürtgen
REPRESA DE SCHWAMMENAUEL
BÉLGICA
URFTTALSPERRE
Gemünd
Monschau
Schleiden
Km
0
10
0
Milhas
10
Rio Urft

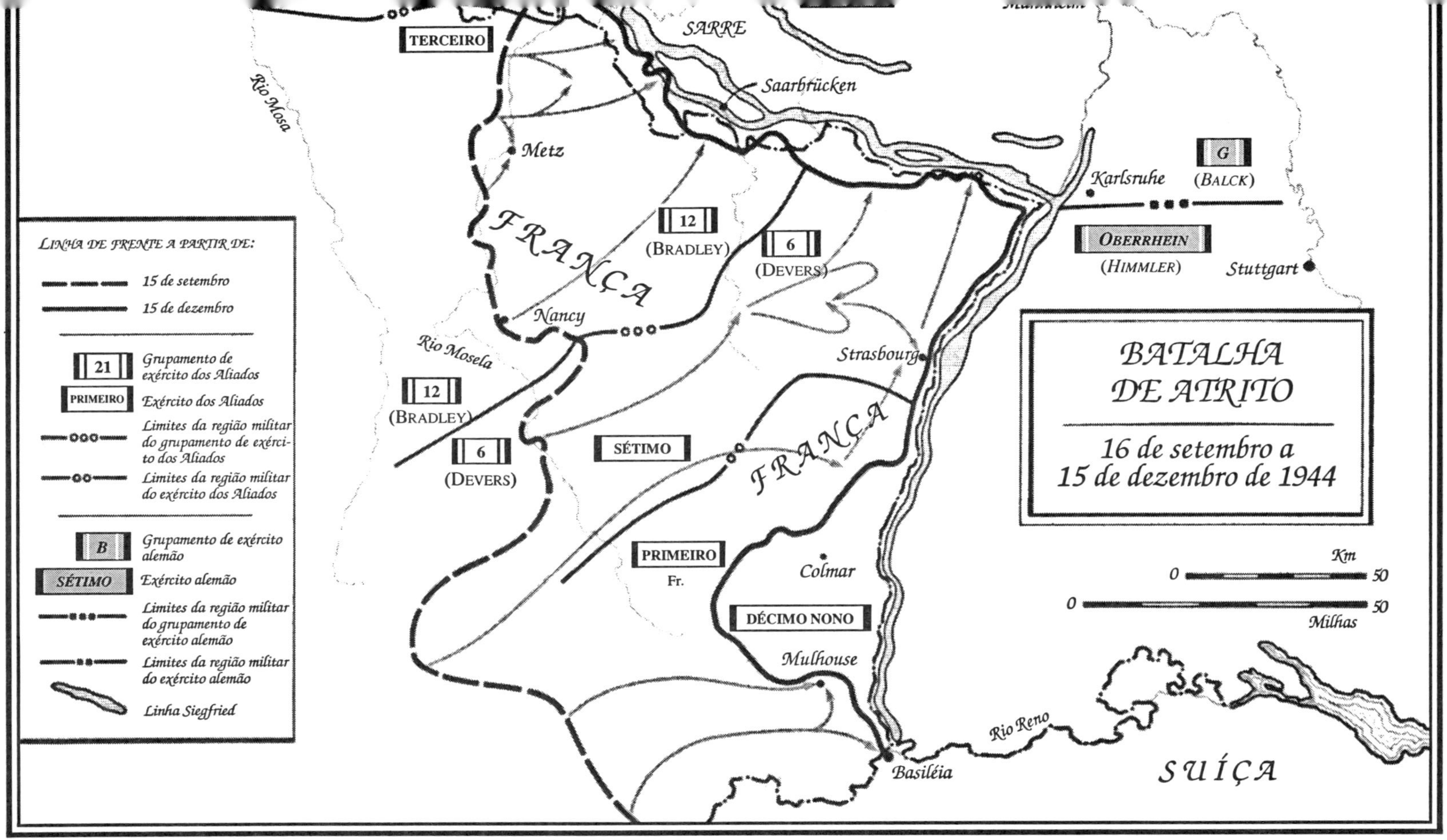

BATALHA DE ATRITO
16 de setembro a 15 de dezembro de 1944
LINHA DE FRENTE A PARTIR DE:
15 de setembro
15 de dezembro
21
Grupamento de exército dos Aliados
PRIMEIRO
Exército dos Aliados
Limites da região militar do grupamento de exército dos Aliados
Limites da região militar do exército dos Aliados
B
Grupamento de exército alemão
SÉTIMO
Exército alemão
Limites da região militar do grupamento de exército alemão
Limites da região militar do exército alemão
Linha Siegfried
TERCEIRO
SARRE
Saarbrücken
Rio Mosa
Metz
FRANÇA
12
(BRADLEY)
6
(DEVERS)
Nancy
Rio Mosela
12
(BRADLEY)
6
(DEVERS)
SÉTIMO
FRANÇA
Strasbourg
PRIMEIRO
Fr.
Colmar
DÉCIMO NONO
Mulhouse
Basiléia
Rio Reno
SUÍÇA
Karlsruhe
G
(BALCK)
OBERRHEIN
(HIMMLER)
Stuttgart
Km
0
50
0
50
Milhas

blindados, 2 de infantaria aerotransportada), 18 eram britânicas e canadenses, 8 eram francesas e 1 era polonesa.

No que respeita a poder de fogo, os Aliados tinham enorme vantagem sobre o inimigo. A relação era de dois e meio por um quanto a artilharia (mas a crise de abastecimento tinha afetado duramente o suprimento de projéteis; a maioria das baterias americanas ficou limitada a poder fazer, portanto, apenas alguns disparos por dia), 20 por 1 em matéria de tanques. Nos céus, os Aliados podiam dispor de 5.059 bombardeiros e 3.728 caças americanos e 5.104 aviões da RAF. Na frente de batalha da Europa Ocidental, os alemães podiam contar com 573 aviões. A Luftwaffe tinha 4.507 aviões, espalhados pelo Continente.

Contudo, uma parcela considerável do poderio americano não podia ser utilizada para pressionar os alemães por causa do grande racionamento de gasolina.

— Não faz sentido alcançar a fronteira da Alemanha — Eisenhower dissera a Marshall no começo de setembro —, a menos que estejamos em condições de explorar essa posição.[1] — Mas foi exatamente isso o que havia acontecido. E não haveria combustível suficiente para sustentar uma incursão à Alemanha ou até mesmo atravessar a Linha Siegfried e outras fortificações até que o porto de Antuérpia fosse reaberto e voltasse a funcionar.

A Lorena situa-se ao sul de Luxemburgo. É uma região que, desde os primórdios da civilização européia, tem sido um campo de batalha. Fez parte da rota de invasão das tribos germânicas procedentes da Europa Central e que avançaram contra os domínios da França. Essa região — um platô com elevações variando entre 200 e 450 metros de altura — não é muito favorável ao lançamento de ofensivas no sentido oeste-leste, mas, mesmo assim, pode servir para esse fim. Ao longo dos séculos, muitas fortificações foram erguidas ali — a região confina, a leste, com o Rio Sarre; ao norte, com Luxemburgo; ao sul, com os Montes Vosgos; e, a oeste, com o Rio Mosela.

A cidade de Metz é banhada pelo Rio Mosela e fica a 45 quilômetros de Nancy, a histórica cidade da Lorena. Nancy nunca teve fortificações portentosas, pois está ao abrigo, a leste, de um bastião natural de escarpas e alcantis. Ao contrário dela, Metz é, talvez, a cidade mais fortificada da Europa e fica na parte mais fortalecida do continente. O primeiro grupo de fortificações foi construído no século XVII pelo famoso engenheiro militar francês Vauban. Foram 15 delas ao todo, em torno e bem próximo da cidade. Não obstante, os prussianos entraram em Metz em 1870. Quando Bismarck criou a Alemanha moderna, depois da Guerra Franco-Prussiana, anexou a Lorena à nova nação, e o exército alemão construiu um segundo anel exterior com 28 fortificações, principalmente ao norte e a oeste da cidade. Em 1918, a Lorena voltou às mãos francesas; pouco depois, os franceses construíram a Linha Maginot, a uns 20 quilômetros a leste e ao norte de Metz, ao passo que os alemães ergueram a Linha Siegfried, também a cerca de 20 quilômetros a leste, ao longo de uma linha paralela ao Rio Sarre, ponto de demarcação de fronteira anterior à guerra.

Hitler, cuja confiança no concreto reforçado jamais fora abalada, como resultado de suas experiências na Primeira Guerra Mundial, pôs muito dele na parte da Linha Siegfried dessa região. Por volta do ano de 1940, a parte mais sólida da Linha Siegfried se defrontava com a parte mais robusta da Linha Maginot. Quando, em 1940, os alemães invadiram a França, Hitler trouxe a Lorena de volta para as mãos do Reich. No verão de 1944, ocasião em que a retirada da Normandia teve início, ele despejou mais concreto, pôs mais armas na Linha Siegfried e nas fortificações de Metz, e aguardou.[2]

O Führer tinha o tempo a seu favor. O outono é a estação das chuvas na Lorena, cuja média de precipitação atmosférica, nos meses de setembro, outubro e novembro, é de 10 milímetros cúbicos. (Em novembro de 1944, ele teve sorte: nesse mês, a precipitação foi de 17,6 milímetros.)[3]

Patton xingava. A missão de seu III Exército era tomar a Lorena, mas, sob os lençóis de uma chuva fria, com a lama grudando na botas e nas lagartas dos tanques e o Mosela com suas águas ao nível de enchente, ele não podia fazê-lo. “Espero que, no acordo final da guerra, você insista em que os alemães fiquem com a Lorena”, escreveu ele ao Ministro da Guerra Henry L. Stimson, “pois não consigo imaginar fardo maior que ser dono desta região detestável, onde chove todo dia e onde toda a riqueza do povo consiste de uma mixórdia de montes de estrume.”[4]

Ele ansiava pela conquista de Metz. Mas, para conseguir isso, tinha que tomar o Forte Driant. Este se situava numa colina panorâmica, na qual a vista deparava com campos abertos ao longo de todo o Mosela. Os americanos não poderiam atravessar o rio além ou aquém de Metz até que Driant lhes caísse nas mãos. O forte tinha sido construído em 1902 e, mais tarde, fora fortalecido tanto por franceses quanto por alemães. Em tamanho, robustez e poder de fogo era maior até mesmo do que o gigantesco

Douaumont, localizado nos arrabaldes de Verdun, e cujo nome, aliás, tinha sido mudado pelos franceses após a Primeira Guerra Mundial em homenagem ao general-de-divisão Driant, o qual morrera galantemente em Douaumont, em 1916.

Ocupando um espaço de 355 acres, era cercado por um fosso de 20 metros de largura e 10 metros de profundidade, que, por sua vez, era rodeado por uma cerca de arame farpado com 20 metros de altura. Podia acomodar uma guarnição de dois mil homens. Seus canhões enormes se elevavam do chão; seus canos, como que farejando aqui e acolá, atiravam e depois tornavam a desaparecer embaixo da terra. A maior parte dessa fortificação ficava abaixo do nível do solo, juntamente com as provisões e os suprimentos de munição, postos de socorro e salas de rádio, o suficiente para um mês ou mais de combate. O único acesso a ele era através de uma estrada de nível. Externamente, havia quatro embasamentos para peças de artilharia, cada um sustentando uma bateria de três canhões de 100 ou 105 milímetros e, um pouco afastado deles, um quinto, também com uma bateria. Demais, casamatas de metralhadoras ocultas se espalhavam por toda a área.

Em 27 de setembro, o III Exército fez a sua primeira tentativa de tomar Driant. Os americanos haviam presumido que o forte estaria escassamente guarnecido e com tropas inferiores. Embora tivessem apenas vaga idéia das características do forte e do terreno ao redor, achavam que um sistema de fortificações de concepção anterior à Primeira Guerra Mundial não poderia fazer frente ao ataque de artilharia moderna, muito menos a bombas de 227 e 454 quilos lançadas de aviões, sem mencionar o *napalm*. Assim, do amanhecer às 14h15, os americanos atacaram o forte com todos os poderosos explosivos de seu arsenal. Os homens do 11º Regimento de Infantaria, que encabeçaram o ataque, chegaram a convencer-se de que nada poderia ter sobrevivido dentro do forte.

Às 14h15, a infantaria começou a aproximar-se do forte. Para espanto seu, quando alcançaram o arame farpado que cercava o fosso, alemães surgiram de casamatas na frente, nos flancos e na retaguarda e abriram fogo. Tanques Sherman avançaram para tentar derruir as casamatas, mas seus projéteis de 75 milímetros nem chegaram a arranhar o rijo e denso concreto. Toda a infantaria se atirou ao chão e retirou-se, vergonhosamente, sob a capa da noite.[5]

Esse recuo marcou a interrupção da retirada do III Exército. Agora, este se defrontava com um novo problema em sua experiência, mas o mais antigo problema de tática e engenharia de guerra: como superar uma fortificação. Assim como, ao norte, o do I Exército, o pessoal do III Exército começou a pensar e deu início ao esforço de superação do desafio que Driant lhes deparara, adotando algumas técnicas e armas novas. Fato que ajudou consideravelmente os americanos foi o de terem conseguido pôr, finalmente, as mãos na planta arquitetônica do forte, a qual lhes revelou a existência, ali, de um emaranhado de túneis.

Nenhuma quantidade de carga altamente explosiva poderia derrocá-lo. A infantaria teria que entrar no forte e matar os defensores que resistissem se quisesse tomá-lo. Em prol do sucesso desse objetivo, o 11º Regimento de Infantaria teria que atravessar os obstáculos. Para tentar lograr a façanha, dispunham de algumas armas novas. Uma delas era o tanque-trator; outra, a "serpente", versão mais alongada do torpedo indiano.* O tanque-trator removeria os obstáculos, e a serpente abriria uma passagem através do arame farpado. Uma terceira arma era o lança-chamas. A Companhia A tinha quatro deles.

Em 3 de outubro, o segundo ataque a Driant foi iniciado. As serpentes foram lançadas contra o arame, mas falharam e se tornaram inúteis. Os tanques-tratores tiveram problemas mecânicos, e apenas um dos quatro lança-chamas funcionou. A Companhia B, porém, conseguiu entrar no forte. O capitão Harry Anderson seguiu à frente da operação, lançando granadas contra os alemães nas casamatas enquanto avançava através dos obstáculos, o que inspirou seus homens a segui-lo firmemente para o interior de Driant, onde estabeleceu uma posição ao lado de uma das casamatas.

Seguiu-se intenso tiroteio. Alemães surgiam de seus buracos como esquilos, atiravam e tornavam a entocar-se. E solicitaram o tiro de apoio de sua artilharia de outros fortes da região. Alguns engenheiros americanos avançaram com uma carga de TNT, para tentar fazer um rombo na casamata de forma que os soldados pudessem ter acesso aos meandros da fortaleza. Mas as maciças paredes eram tão impérvias ao TNT quanto a projéteis e bombas.

No topo da casamata, o praça Robert Holmlund encontrou um poço de ventilação. A despeito do fogo inimigo, conseguiu abrir a tampa do poço e deixou cair vários torpedos indianos pela abertura abaixo. Os alemães que sobreviveram abandonaram a área, e o capitão Anderson conduziu os primeiros americanos ao interior do forte. E descobriram que o

* Tubo de metal cheio de explosivos e com um mecanismo de detonação, usado para romper fios de arame farpado e destruir minas terrestres. (N. T.)

recinto que tinham tomado era um alojamento. Rapidamente, tomaram outro ao lado.

Os alemães contra-atacavam. O tiroteio que se seguiu deu nova dimensão ao combate: afetou nervos, ouvidos e vidas. O estouro de uma bombinha de pirotecnia nas entranhas de um desses fortes antigos certamente assustaria um grupo de turistas e causar-lhes incômodo zumbido aos ouvidos; ninguém que não esteve lá pode imaginar o impacto que os ouvidos sofrem com os estampidos dos disparos de metralhadoras e das explosões de granadas de mão ribombando nos túneis formados por aquelas paredes de alvenaria grossas e úmidas.

Ali, o ar era praticamente irrespirável; os homens que ficavam nos recintos de alojamento tinham que se revezar na absorção de ar fresco das bocas de tiro. A fedentina era uma mistura de fumaça de pólvora, gases e excremento. E os feridos não podiam ser tratados adequadamente. Água potável simplesmente não existia.

A companhia B ficou presa ali, pois não tinha nem o equipamento nem a força humana para avançar pelo labirinto de túneis. E não podia retornar; estar no topo do forte era mais perigoso do que estar dentro dele. À noite, reforços americanos, acompanhados por meia dúzia de Sherman, superaram os obstáculos e atacaram outra casamata, mas foram pesadamente atingidos pelo fogo inimigo e forçados a recuar quando os alemães saíram dos túneis e se infiltraram em sua retaguarda. Esses contra-ataques pequenos e localizados podiam ser devastadores. Quatro dos Sherman foram tirados de combate por projéteis de *Panzerfaust*.

O capitão Jack Gerrie, comandante da Companhia G, 11º Regimento de Infantaria, encabeçou os reforços, mas seus homens não tinham nenhuma ilusão a respeito do inimigo. Ele participara do ataque de 27 de setembro:

— Cuidado com esses caras — disse ele ao comandante de outra companhia. — São muito durões. Jamais topei com sujeitos como esses; [para mim,] são novidade, algo que você só vê em jornais e revistas.[6]

Em 4 de outubro, Gerrie tentou derrubar as portas de aço existentes na parte de trás do forte. Mas nem mesmo tiros de canhão disparados diretamente contra o alvo puderam fazer isso, e um reforço à feição de grade com saliências tornava impossível assentar cargas de TNT contra as portas em si. Novamente, os alemães solicitaram tiro de apoio às suas forças contra os invasores em Driant, o que obrigou a Companhia G a dispersar-se por trincheiras, buracos criados por projéteis e casamatas abandonadas e abertas; por qualquer lugar onde seus homens pudessem encontrar abrigo. Na noite desse mesmo dia, Gerrie tentou reorganizar sua companhia, mas seus esforços eram anulados pelos alemães, que saíam dos túneis subterrâneos aqui, ali, de todos os lugares, e atiravam e se retiravam, pelo que causaram ainda mais confusão e desorganização na Companhia G. Gerrie pôde contar somente a metade dos homens que tinha levado para o forte na noite anterior.

No amanhecer de 5 de outubro, a artilharia alemã começou a atirar contra o Forte Driant. Depois de fazer isso durante horas, Gerrie enviou um relatório ao comandante de seu batalhão: "A situação é crítica[;] mais alguns tiros de barragem e outro contra-ataque e estaremos acabados. Não temos homens, nosso equipamento está destruído e simplesmente não podemos prosseguir [...]. Não podemos avançar. Talvez resistamos até o anoitecer, mas, se algo acontecer à tarde, não sei o que será de nós. A artilharia inimiga está aniquilando estes soldados [...]. Não podemos ir lá fora para pegar nossos homens feridos, e há uma multidão de feridos e desaparecidos [...]. Há somente uma solução para esta situação. Primeiro, retirarmo-nos e saturar a área com ataques de bombardeiros pesados, ou reforçar nossa resistência com uma força estupenda, mas, eventualmente, eles viriam sobre ela com artilharia também. Eles têm sob a mira de sua artilharia todos os pontos e posições daqui [...]. Isto é apenas uma sugestão, mas, se nós quisermos este maldito forte, providenciemos a coisa necessária para tomá-lo e depois prosseguirmos. Neste exato momento, ele não é seu."[7]

Por ter sido escrito num buraco feito por um projétil, sob o fogo inimigo, por um homem que não tinha dormido havia dois dias, e que tampouco tinha feito uma boa refeição, é um relatório notável, cuidadoso, preciso e altamente crítico aos idiotas que o tinham posto naquele aperto. Era tão comovente, que chegou rapidamente às mãos do comandante da região militar, que o mostrou a Patton e disse que o comandante de batalhão queria recuar.

Nunca, Patton respondeu. E ordenou que Driant fosse tomado.

— Mesmo que isso custasse a vida de todos os homens do XX Corpo* do Exército Americano, pois ele não podia permitir que um ataque dessa unidade do exército fracassasse — disse o comandante da região militar.[8]

Nos três dias seguintes, o III Exército ignorou o conselho de Gerrie. E enviou mais um regimento para reforçar o ataque, mas obteve os mesmos

---

* Unidade militar formada, geralmente, por duas ou mais divisões. (N. T.)

e desagradáveis resultados. Os homens no topo do forte eram os que estavam sitiados. O soldado mais raso entre eles conseguia ver claramente o que Patton não conseguia: que aquele forte tinha que ser ignorado, pois jamais seria tomado.

Patton acabou cedendo. Mesmo assim, somente em 13 de outubro os soldados puderam retirar-se. Cerca da metade retornou da mesma forma pela qual fora. Essa foi a primeira derrota do III Exército.

A única coisa boa em relação a derrotas é que elas ensinam boas lições. O fiasco em Driant causou um abatimento extremamente necessário no orgulho de Patton — e no do III Exército. Isso resultou no reconhecimento da necessidade de planejamento mais cuidadoso e completo, de obter equipamento apropriado, de tirar unidades da linha de combate para fazer com que seus substitutos dessem a sua contribuição ao esforço de guerra e de ministrar cursos e exercícios sobre o uso de explosivos em ataques a fortes. Da próxima vez, o III Exército teria chances de corrigir seu erro.

Ao norte de Luxemburgo, em Eilendorf, perto de Aachen, o capitão Dawson e sua Companhia G defendiam sua posição na cumeeira de uma elevação transversal à Linha Siegfried. Os alemães precisavam restabelecer a integridade de sua linha, pelo que continuaram a contra-atacar. Por volta de 4 de outubro, a Companhia G tinha rechaçado três contra-ataques alemães, enquanto sofria o assalto de cerca de 500 projéteis por dia de canhões de 105 milímetros. Então, os alemães vieram contra os americanos sob a força de uma divisão, mas, novamente, a companhia de Dawson os repeliu, com a ajuda de artilharia e apoio aéreo.

— Ficamos sob o fogo de projéteis durante oito horas — conta-nos Dawson. — Sofremos 12 tiros certeiros no que fora nosso posto de comando. Depois, a infantaria alemã avançou. — Quando eles pararam de avançar, pudemos contar 350 dos que nós mesmos tínhamos matado — e não os mortos por nossa artilharia ou nossos aviões, mas única e exclusivamente pela velha, pequena e desprezível companhia.[9]

"Estes combates são os mais rudes que já vi. Contudo, os sofrimentos são suportados quase sem reclamações," escreveu à sua mãe no dia 6 de outubro o tenente Fred Hall, oficial de um dos quartéis-generais do batalhão de Dawson. No QG do 12º Grupamento* do Exército Americano, talvez Bradley estivesse assinalando Berlim no mapa com um círculo,

* Unidade militar composta, geralmente, de dois ou mais exércitos. (N. T.)

França, Verão de 1944

Carentan, 12 de junho. Homens da 101ª DIA observam um jipe rebocar uma peça de artilharia leve pela cidade. Aqui, os homens que desembarcaram na Praia de Omaha reúnem-se aos que o fizeram na Praia de Utah.

O terreno das sebes, julho. Soldados americanos desconhecidos a caminho da batalha. A vegetação aqui não é muito densa. Mas, em muitos pontos, as copas das árvores de ambos os lados se entrelaçam por sobre as ruelas, o que faz lembrar fossos ou regos.

Normandia, 6 de julho. Um soldado alemão capturado permanece sentado num dos lados de seu veículo, praticamente ignorado pelos soldados americanos, que parecem mais interessados nos detalhes de sua submetralhadora.

Oito de julho. Soldados de infantaria e tanques americanos avançam por St. Fromond, Normandia.

A primeira lição que o infante aprendia era amar o solo. *Acima*: Enquanto seus colegas continuam a atirar, um soldado americano faz uma pausa para *devorar* sua ração — biscoitos e queijo. *Centro, à direita*: Dois soldados americanos da 4ª Divisão, em combate desde o Dia D, descansam um pouco. As necessidades da guerra circundam sua trincheira: pentes de munição, granadas de mão, água, rações e, nas mochilas de campanha, bandagem. *Abaixo, à direita*: Uma guarnição de morteiro do 35º Regimento de Infantaria em ação. O soldado ao telefone está solicitando coordenadas a um observador avançado.

A Normandia sofreu acerbamente. *Acima*: Cerisy-la-Salle, 25 de julho. A menina era o único civil na cidade. O sargento David Weiss parece estar dizendo a ela que tudo ficará bem. *À esquerda*: A catedral de St.-Lô, 26 de julho. Uma patrulha americana procura armadilhas de explosivos, enquanto se acautela contra a ação de atiradores de elite.

À direita: O sargento Curtis Culin, de Cranford, Nova Jérsei, na Normandia, em 30 de julho. Culin exemplificava o bom soldado raso, o cidadão combatente; mecânico antes da guerra, foi um dos responsáveis pela idéia da blindagem adicional, que, quando soldada à frente de seu tanque Sherman, possibilitou que o blindado operasse no terreno das sebes.

Abaixo: Soldados americanos em frente de uma agência de empregos de alemães em Argentan, França, em 20 de agosto, comemoram o fechamento do negócio.

Acima: 20 de agosto, Mantes-Gassicourt, França. Uma guarnição de uma peça de artilharia composta de negros faz disparos contra barcaças alemãs em travessia no Rio Sena. O projétil leva a mensagem "Do Harlem para Hitler".

À esquerda: Conseqüências da fuga pela Brecha de Falaise: veículos alemães destruídos e cavalos mortos ao longo da estrada, em 22 de agosto. O cocheiro da carroça da vanguarda fugiu a pé.

Abaixo, à esquerda: Homens do 3.507º Escalão de Intendência substituem a caixa de transmissão de um jipe, em 25 de agosto. Os americanos superaram todos os outros exércitos do mundo na recuperação de veículos danificados ou desgastados.

À direita: Paris, 26 de agosto. O sargento Kenneth Averill, da 4ª Divisão, recebe as boas-vindas. A população aprova.

Abaixo: Hotel Majestic, Paris, 26 de agosto. O hotel tinha sido um quartel-general de ocupação dos alemães; agora, estava sendo usado como confinamento de prisioneiros de guerra.

Na Floresta de Hurtgen, em 11 de novembro, o praça Maurice Berzon e os sargentos Bernard Spurr e Harold Glessler descansam.

Um soldado da 9ª Divisão conversa com um soldado alemão capturado durante a Batalha de Hurtgen, em 12 de dezembro.

Os Semblantes da Guerra

À direita: O sargento Carl Butler, da 1ª Divisão, Bélgica, em 22 de dezembro. Seu blindado está coberto pela neve.

Centro, à direita: Dois soldados americanos operam uma metralhadora na Bélgica em 23 de dezembro.

À esquerda: Um soldado americano não identificado encontra motivo para sorrir na manhã de Natal na Bélgica.

À direita: Dois soldados americanos se esforçam para sair bem com suas rações frias diante da câmera do fotógrafo, em Soy, Bélgica, em 26 de dezembro.

À esquerda: O sargento Joseph Arnaldo, líder de um esquadrão de infantaria, deixa a linha de frente depois de dez dias nas Ardenas, em 30 de dezembro.

Abaixo: O sargento William Howard, da 79ª Divisão, na região de Scheibenhardt, em 2 de janeiro.

À direita: Fosse, Bélgica, 4 de janeiro. Um dos "afortunados", um soldado alemão da linha de batalha que caiu seguramente na condição de prisioneiro de guerra. *Abaixo*: Uma guarnição de metralhadora da 84ª Divisão, Odrimont, Bélgica, 6 de janeiro.

À direita: O sargento Joseph Holmes, da 35ª Divisão, Bélgica, 10 de janeiro.

Abaixo: O praça Morton Frenberg, da 8ª Divisão, em 24 de fevereiro, na Alemanha, aguarda até que o bombardeio alemão cesse.

PÁGINA OPOSTA:
A equipe do serviço médico americano destacou-se admiravelmente, a começar pelos socorristas e pelas enfermeiras. *Acima*: Southampton, Inglaterra, 15 de julho. Jovens do Corpo de Tropas Femininas do Exército Americano embarcam num navio de transporte de tropas com destino à França, onde os feridos precisam delas urgentemente. *Centro*: Socorristas em ação. Nos campos de treinamento, foram desprezados. Nos combates, eram chamados de "doutor" e granjearam a admiração geral das tropas por sua bravura. *Abaixo*: A equipe médica trabalhava 24 horas por dia, o que parece evidente no rosto dessa voluntária da Cruz Vermelha incumbida de cortar bandagens.

Socorristas

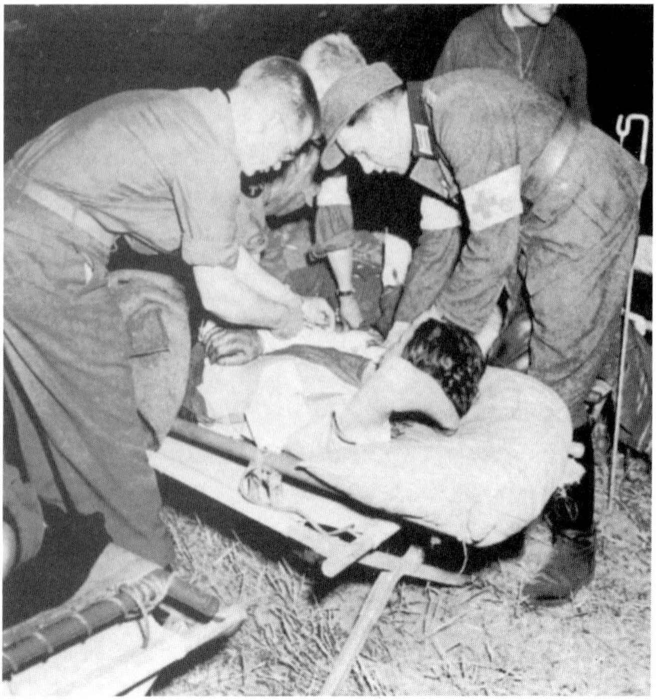

Acima: Ambos os lados põem seus médicos para trabalhar. Aqui, em 18 de agosto, um médico alemão ajuda socorristas americanos a tratarem um soldado alemão ferido.

À esquerda: A caminho do posto de socorro com um companheiro ferido. Os soldados americanos nutriam a viva convicção de que havia um regulamento do exército que os "proibia" de morrer caso conseguissem chegar ao posto. O soldado americano à esquerda tem toda a aparência de um substituto recém-chegado.

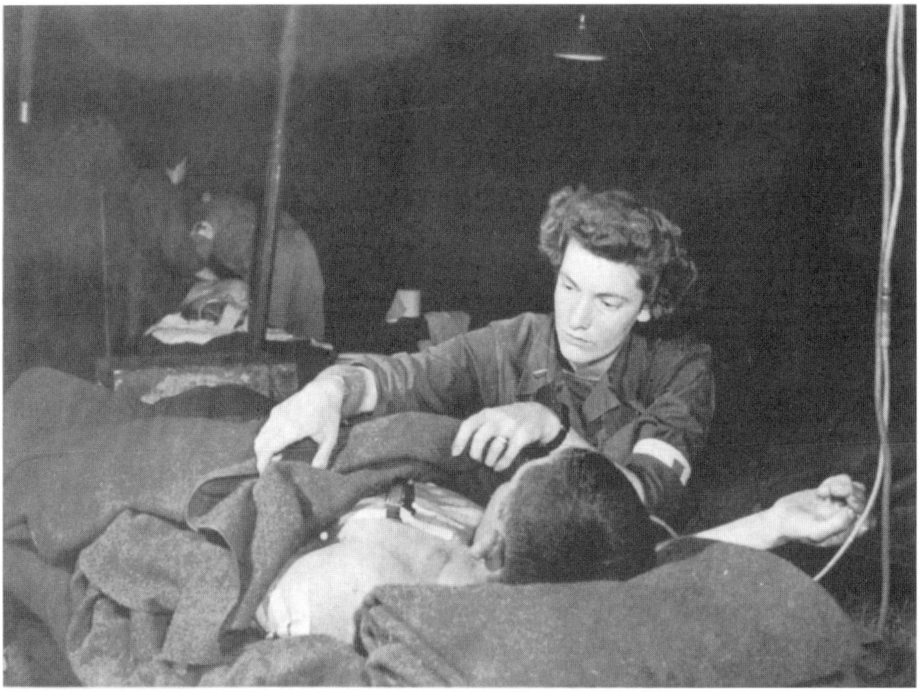

As chances de sobrevivência subiam para 98% se o soldado conseguisse chegar a um hospital de campanha ou de evacuados. Aqui, em 3 de julho, a tenente Ann Rowe cuida de um soldado americano com um ferimento no peito.

Região próxima a Chambois, França, 31 de agosto. Uma meia-lagarta alemã com um grupo de socorristas alemães em serviço no lado americano da linha de combate recolhendo feridos para levá-los a um posto de socorro americano.

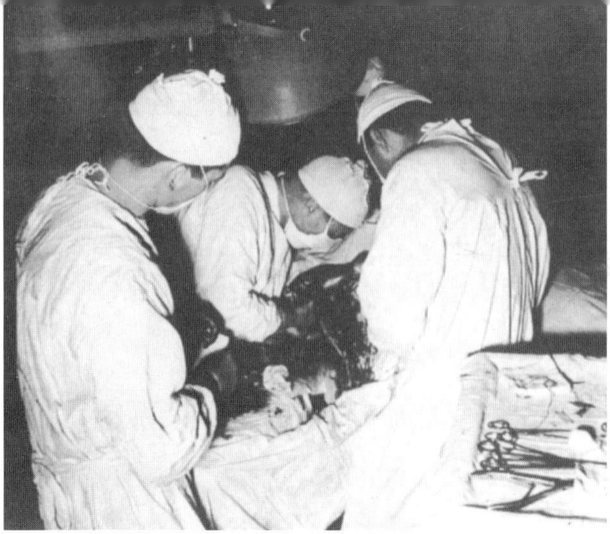

À esquerda: Uma equipe de cirurgiões do 49º Hospital de Campanha acabara de amputar um braço e estava às voltas com o fechamento das artérias usando um hemóstato.

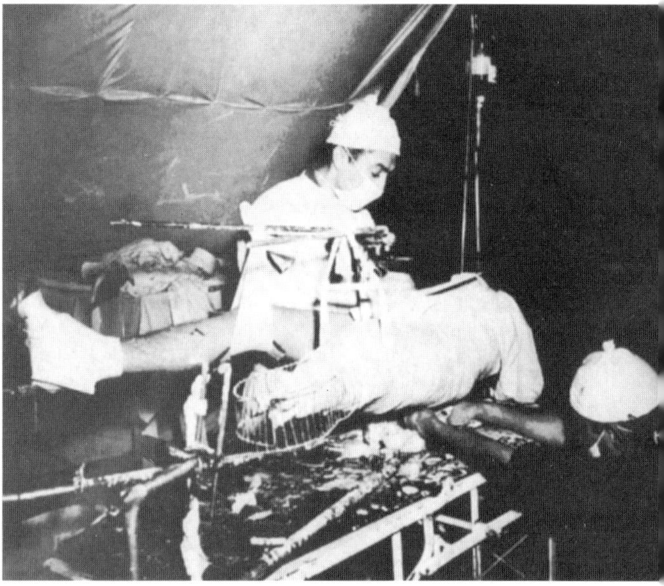

À direita: O capitão Jack Gurwitz opera um paciente com fratura dupla no fêmur direito e lesões nos vasos sangüíneos. A parte inferior da perna esquerda do paciente teve que ser amputada por causa do pé gangrenado.

Abaixo: Operações em andamento no 102º Hospital de Evacuados, em 6 de janeiro de 1945. As luzes foram deliberadamente refletidas por latões de 5 litros pendurados em cabos esticados no recinto.

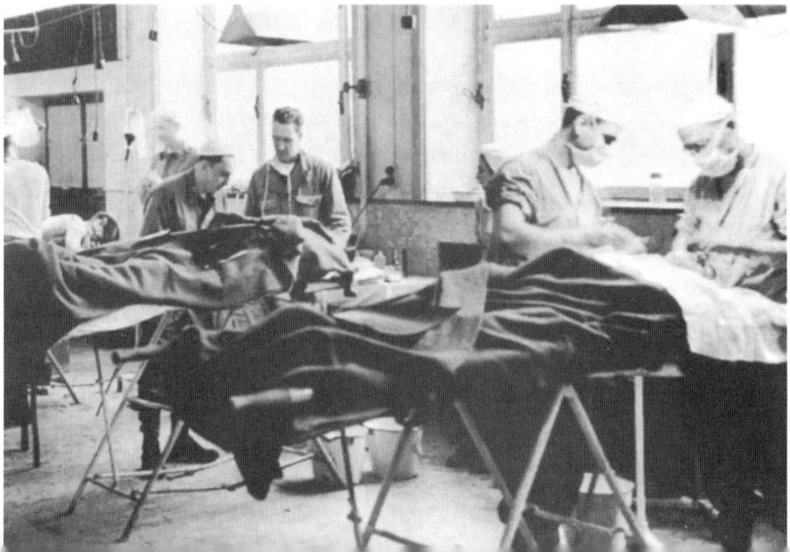

mas, nas cercanias de Aachen, a realidade era outra. Hall disse ainda à sua mãe: "Nos baixos escalões de comando, confrontados pela realidade da situação, a impressão é a de que, no mínimo, o fim da guerra não virá antes da primavera de 1945."[10]

Por causa do tempo, os caças-bombardeiros nem sempre, ou nem mesmo regularmente, podiam ser usados. Aviões não podiam voar, tanques não podiam manobrar, soldados marchavam somente com a maior das dificuldades. Patton estava neutralizado. À sua direita (ao sul), o 6º Grupamento do Exército lograva obter apenas resultados limitados e não conseguia reduzir o Foco de Resistência de Colmar, nos arredores de Strasburgo.

O porto de Antuérpia era o que Eisenhower queria, mas Montgomery fracassou na tentativa de reabri-lo. De acordo com os relatórios que Eisenhower estava recebendo, os canadenses que tentavam ocupar o estuário do Schelde tinham pouca munição, pois Montgomery insistia em tentar ampliar a cunha da Operação Market-Garden na Holanda e, portanto, tinha dado prioridade ao envio de suprimentos ao II Exército Britânico. Montgomery negou esse fato, afirmou acusatoriamente que a operação tinha fracassado porque o I Exército Americano não a apoiara e exigiu que lhe fosse concedido o comando absoluto das forças terrestres na Europa.

"A operação em Antuérpia não tem nada a ver com a questão de comando, nem mesmo sob o aspecto mais ínfimo", respondeu-lhe Eisenhower quanto ao teor dos relatórios. Disse também a Montgomery que jamais lhe passaria o comando do 12º Grupamento do Exército. E ordenou que Montgomery empenhasse todo o esforço possível na tentativa de liberar o estuário do Schelde. Concluindo com uma última ameaça, disse que, se Montgomery não concordasse em agir, "então, temos uma pendência que deve ser resolvida. Se você, como comandante-geral deste teatro de operações de um dos grandes componentes das forças aliadas, acha que minhas idéias e instruções são do tipo que pode pôr em risco o sucesso das operações, é nosso dever levar a questão à apreciação de uma autoridade superior, para que tome a providência que lhe aprouver, ainda que ela seja drástica".

Imediatamente, Montgomery escreveu a Eisenhower para prometer-lhe o empenho máximo na tentativa de abrir o porto de Antuérpia e que, além disso, "você jamais tornará a ouvir algo a respeito da questão de comando de minha parte. Seu mui devotado e fiel subordinado, Monty".

Mas somente em 16 de outubro Montgomery desistiu das operações na Holanda e passou a dar prioridade aos canadenses. Estes, por sua vez, somente conseguiram expulsar os alemães do estuário em 8 de novembro. Então, as minas tiveram que ser removidas, e as instalações, reparadas, o que só permitiu que o primeiro comboio dos Aliados alcançasse as docas do porto de Antuérpia no dia 28 de novembro.[11] Mas, por essa época, o tempo impossibilitava a execução de grandes operações.

Sob as circunstâncias que predominaram no período posterior à operação Market-Garden, uma providência estratégica e óbvia teria sido abandonar quaisquer mobilizações ofensivas, criar posições de defesa em frente da fronteira alemã, recolher-se nos alojamentos de inverno e aguardar a normalização do problema de abastecimento e a melhoria das condições das estradas e do tempo. Isso é o que Napoleão teria feito em seus dias ou Grant nos seus.

Mas não haveria alojamentos de inverno nessa guerra. Eisenhower não pensou nessa possibilidade. Com os V-2 caindo sobre Londres, ele não tinha como. Com milhares de homens morrendo diariamente nos campos de concentração da Alemanha, ele não podia pensar nisso. Com Hitler pedindo que o povo alemão resistisse um pouco mais, até que as novas armas, incluídos aí os aviões a jato, pudessem ser produzidas em massa, ele não podia. Com o Exército Vermelho avançando pela Europa Central e diante do perigo da bomba atômica, de seu desconhecimento de em que situação estava o inimigo na corrida para sua utilização, ele também não tinha como.

Assim, Eisenhower exortou seus subordinados a empreenderem ações ofensivas. E todos lhe responderam às exortações com o empenho do melhor de suas aptidões. Essa era uma guerra de atrito. Assim como Grant, em 1864 e 1865, Eisenhower podia dar-se ao luxo de continuar atacando porque seus recursos, de um modo geral, eram superiores aos dos alemães. Em suas memórias, ele escreveu que o atrito "nos era benéfico apenas quando os cômputos diários mostravam que as perdas do inimigo eram duas vezes maiores que a nossa". Mas o resultado dos cômputos raramente equivalia a uma relação de dois por um — mais freqüentemente, ela era de um por um. Porém, Eisenhower continuava atacando. Em nenhum outro momento da guerra, ele se pareceu tanto com Haig ou Joffre, na Primeira Guerra Mundial, ou com Grant, nas batalhas da Virgínia.

Assim como Grant, Eisenhower justificou o que muitos críticos consideraram uma estratégia clara e engendrada com frieza, baseados na idéia de que, em última análise:

— Esta política resultaria na abreviação da guerra e, portanto, na economia de milhares de vidas das forças aliadas. — E ele tinha muito sangue-frio no que respeita à necessidade de matar alemães.

— Um povo com a força e a índole belicosa dos alemães não desiste — disse a um crítico. — Eles precisam ser arrasados.[12]

A campanha que daí resultou foi, embora a menos interessante, a mais dura da guerra. Não houve, ali, o envolvimento de muita estratégia: a idéia era simplesmente atacar no sentido leste. O terreno no centro da linha de frente americana — os Montes Eifel e as acidentadas Ardenas e a Floresta de Hurtgen — foram determinantes no emprego dos maiores esforços ao norte e ao sul desses obstáculos. Ao norte, o I e o IX Exércitos se dirigiriam para o Reno ao longo do eixo Maastricht—Aachen—Colônia. Os maiores obstáculos eram a Linha Siegfried, a cidade de Aachen e a parte norte da Floresta de Hurtgen. No sul, o III Exército continuaria a atacar a Lorena e a avançar em direção ao Rio Sarre.

Para realizar essas missões, o exército americano precisava aprender novas técnicas de guerra, ao estilo das usadas nas batalhas de 1944. Elas se caracterizariam pela ação independente das unidades de força, tal como no Dia D, mas em terreno diferente — cidades, vilas, fortes e florestas. Assim como nas sebes da Normandia, o exército teria que desenvolver novas táticas de combate para suplantar o inimigo.

Os problemas eram muitos. Pela primeira vez desde o começo de agosto, ocasião em que os alemães haviam fugido da região das sebes, estes haviam preparado posições de defesa. Uma das primeiras providências que tomaram ao guarnecer a Linha Siegfried foi fazer o assentamento de minas de sucata* em frente de suas posições. E milhares delas. Verdadeiras bombas saltadoras, quando acionadas pelo tropeço da vítima num fio disposto a certa altura do solo e à guisa de armadilha detonadora ou pela pressão de seu pé sobre ela, saltavam a cerca de 1 metro do chão antes de explodir. Sua caixa de metralha continha 360 bolas de aço ou pequenos pedaços de sucata do mesmo material. Eram capazes de arrancar uma perna a partir de um ponto acima do joelho ou infligir ferimentos que, mais do que quaisquer outros, deixavam os soldados terrificados.

O tenente George Wilson fora designado para servir na 4ª Divisão como substituto na época do ataque a St.-Lô. No começo de outubro, fazia

* De *S-mines* ou *scrap mines* ["minas de sucata"]. (N. T.)

nove semanas que estivera combatendo, mas não tinha visto ainda uma mina de sucata. De repente, quando, no dia 10 de outubro, conduzia, procedente diretamente de Malmédy, Bélgica, um pelotão de reconhecimento até a Linha Siegfried, elas pareciam estar em toda parte.

— Até então, eu tinha ficado sob bombardeio aéreo, fogo de artilharia e de morteiros, e tinha me envolvido em combates abertos e tiroteios de metralhadoras e fuzis, patrulha noturna e emboscadas. Contra isso, nós tínhamos algum tipo de chance; contra as minas, não tínhamos nenhuma. Nossa única defesa era não nos movermos de jeito nenhum.

Os engenheiros avançaram para rastrear minas e usar fitas brancas para demarcar caminhos seguros pelos campos. Tomaram toda precaução, mas um engenheiro perdeu uma das pernas na altura do joelho ao pisar uma mina de sucata. Com isso, empenharam-se em escrutinar cada centímetro do solo com punhais de campanha, pungindo delicada e diagonalmente o solo, na esperança de tocar somente os lados da mina em sua busca. E começaram a achar — e, às vezes, explodir — minas artesanais, pequenas e infernais, acondicionadas em potes de barro e assentadas pouco abaixo do nível do solo. A única peça de metal que tinham era o detonador, pequeno demais para ser identificado por detectores de minas. Essas coisinhas eram capazes de arrancar mãos.

Um esquadrão que seguia à direita do esquadrão de Wilson foi apanhado num campo minado. O tenente que lhe seguia à frente teve uma das pernas arrancadas pela explosão de uma delas, e quatro homens que o foram socorrer também acionaram algumas acidentalmente e cada um perdeu igualmente uma das pernas. Wilson fez menção de acudir, mas o tenente do outro esquadrão lançou-lhe um brado para que não avançasse. Em seguida, o tenente começou a conversar, calmamente, com os homens feridos à sua volta e ordenou, a cada um deles, que recuasse, um por vez, através do mesmo caminho pelo qual havia entrado no campo minado. Um a um, apoiados nas mãos e num dos joelhos, e arrastando o membro inferior mutilado, saíram dali. Por fim, o tenente conseguiu rojar-se para fora do campo também.

Wilson tinha visto muita coisa, mas essa foi "extremamente medonha. Cinco jovens atirados ao chão, cada um sem uma das pernas". Wilson permaneceu na guerra até o fim. Viu, nos combates, todas as armas que a Wehrmacht tinha. Depois da guerra, declarou friamente que as minas de sucata eram "a arma mais terrível da guerra, uma que nos enchia de pavor".[13]

* * *

Atrás dos campos minados, ficavam os dentes de dragão, obstáculos usados contra tanques e blindados. Eles repousavam sobre um embasamento de concreto com entre 10 e 20 metros de largura, encravados cerca de 1 ou 2 metros debaixo do solo (para impedir qualquer tentativa de abrir túneis por baixo deles e a colocação de explosivos). Esses obstáculos eram fileiras de pirâmides truncadas de concreto reforçado medindo por volta de 1 metro de altura na primeira e 2 metros de altura na seguinte. Eram assentados esparsamente e de tal modo que impedissem a passagem de tanques. De permeio a esses dentes, havia minas, arame farpado e casamatas, praticamente impenetráveis pelo fogo de artilharia e dispostas de forma que propiciassem aos alemães o lançamento de fogo cruzado em toda a linha de frente. A única forma possível de a infantaria tomar essas casamatas era pôr-se atrás delas e atacar a entrada que existia na retaguarda. Mas, atrás da primeira fileira dessas casamatas e desses dentes de dragão, havia uma segunda e, geralmente, uma terceira e ainda, às vezes, uma quarta.

— A Linha Siegfried era, sem dúvida, a mais formidável defesa criada pelo homem — avalia o capitão Cooper. Segundo ele: — Suas séries intricadas de dentes de dragão, suas casamatas, seu sistema de trincheiras intercomunicáveis, suas trincheiras individuais e de metralhadoras, amplamente secundadas por uma excelente malha de pequenas estradas e por um importante complexo de Autobahns* que se estendia para Colônia, Düsseldorf e outros centros industriais, situados, a leste, a menos de 50 quilômetros dali, proporcionavam aos alemães não apenas um excelente sistema de defesa, mas também uma base a partir da qual [podiam] lançar grande ofensiva.[14]

Cooper descreveu a Linha Siegfried segundo o ponto de vista de quem se vê de frente para a Bélgica. Mais ao sul, na fronteira franco-germânica, era ainda mais formidável, com artilharia pesada guarnecendo grandes fortificações. Ali, as casamatas eram mais numerosas e de construção superior. Ficavam a meia altura abaixo do nível do solo e tinham canhões, metralhadoras, depósitos de munição e alojamentos para os soldados, cujo número era, tipicamente, de 15. Em toda a extensão dessa linha de fortificações, as vilas de fronteira lhe foram incorporadas. As casas, as igrejas e os edifícios públicos dessas vilas eram construídos com

* Aportuguesamento de *Autobahnen*, forma plural de *Autobahn*. Estrada de rodagem de duas pistas separadas por canteiro. (N. T.)

pedras e tijolos. O pavimento superior dessas edificações e os campanários das igrejas serviam como excelentes postos de observação.

Os oficiais alemães tinham aprendido na União Soviética a não assentar sua LRP (Linha de Resistência Principal) na orla do perímetro urbano das vilas — isso, simplesmente, expunha os homens diretamente ao fogo inimigo. Em vez disso, eles assentavam sua LRP através do centro da cidade, onde as ruas se embaralhavam e os tanques tinham dificuldade de manobrar, onde guarnições de morteiros conheciam cada cruzamento, e fuzileiros e operadores de metralhadoras, posicionados nos pavimentos superiores das edificações, podiam dispor, à frente, de uma perspectiva que lhes facultava arremeter fogo cruzado contra o inimigo. Os alemães tinham um ditado que dizia que "A LRP é o escudo do guerreiro; as forças de reserva são a sua espada". E mantinham seus melhores soldados como forças de reserva no centro da cidade, preparados para contra-atacar quando necessário.[15]

O exército americano não tinha nenhum preparo, nenhum treinamento, para atacar a Linha Siegfried ou expulsar os alemães das vilas. Teria que aprender, na prática, coisas fundamentais, como a primeira regra do combate urbano — ficar longe das ruas — e a segunda — uma abordagem sistemática e paciente da questão funciona, ao passo que audácia e opção por riscos, não. Quanto a isso, para homens que tinham acabado de se envolver em combates pela França, as lições não seriam fáceis de aprender.

Na 1ª Divisão, os oficiais acabaram percebendo que o suor derramado durante preparativos poupava o derramamento do sangue de seus próprios compatriotas nos combates e lhes davam vitórias. Assim, haviam gasto a mor parte das últimas duas semanas de setembro ministrando treinamento envolvendo armas — algo essencial, já que, então, mais de 70% dos homens eram substitutos — e práticas de incursões. Companhias de fuzileiros receberam tanques, juntamente com lança-chamas e rádios que podiam alcançar os pilotos de caças durante o vôo e a artilharia na retaguarda. No começo de outubro, a combinação de armas estava pronta para o combate.

As técnicas de combate urbano se originaram dos manuais de guerra, as quais consistiam, principalmente, em trazer os tanques até as ruas para que abrissem buracos nos lados de edifícios, através dos quais a infantaria poderia mover-se de um edifício para o outro, sem se expor nas ruas. Exercícios práticos mostraram que o meio de tomar edifícios era atingi-los com tiros de morteiros, de artilharia e, se possível, com projéteis de caças-bombardeiros, e depois usar lança-chamas e/ou granadas através de janelas ou portas, arremeter pelo cômodo adentro logo depois do ataque, crivá-lo com fogo de arma automática, tomar o pavimento superior e usar granadas e/ou persuasão verbal para induzir à rendição os alemães no sótão. E os americanos aprenderam também que a melhor forma de fazer isso era atacar um edifício de cada vez.

Enquanto isso, pilotos em missões de reconhecimento haviam tirado dezenas de milhares de fotografias, com o que deram ensejo à formação de um quadro para o serviço de inteligência quase tão completo e preciso quanto o desenvolvido para as operações nas praias da Normandia. Os comandantes de companhias receberam mapas que descreviam todos os pontos de fortificação em sua área conhecidos, em número suficiente para serem distribuídos aos líderes de esquadrões. E os engenheiros fizeram caixões de areia para os oficiais e os soldados estudarem situações de combate.

A missão do I Exército era atravessar a Linha Siegfried. Para isso, a rota a seguir estendia-se através do estreito corredor que cortava Aachen, cuja largura ia dos pântanos da Holanda, ao norte, até a Floresta de Hurtgen e as Ardenas, ao sul. Depois de combater através da Linha Siegfried, o I Exército avançaria para o leste, a fim de se aproximar do Reno, partindo de Düsseldorf, em demanda de Bonn. Para evadir a prisão do aglomerado urbano de Aachen, as rupturas da linha de frente inimiga seriam empreendidas nas partes norte e sul da cidade. Quando, a leste, as duas alas se reunissem, Aachen ficaria sitiada, e as forças inimigas encasteladas ali poderiam ser neutralizadas por um corpo de tropas relativamente pequeno, enquanto o grosso do III Exército avançasse para o leste.

Militarmente, Aachen era de pouco valor. Visto que se situava na fronteira com a Bélgica, e não na fronteira com a França, tinha, relativamente, poucas fortificações, nada comparáveis com as de Metz. E era mais um centro comercial do que industrial. Antes da guerra, sua população era de 166 mil pessoas. Não sofreu bombardeios intensos. Apesar disso, o valor psicológico de Aachen era imenso, já que seria a primeira cidade alemã a ser ameaçada, algo muito simbólico em si mesmo, e era de importância fundamental para a civilização ocidental e para a alemã. Os romanos tomavam banhos medicinais no Aquisgranum, estação termal da cidade. Foi a cidade em que Carlos Magno nasceu e foi coroado, e a sede do Sacro Império Romano — o que Hitler chamava de o Primeiro Reich.

No começo de setembro, milhares de alemães se retiraram para Aachen. O tenente Wenzel Andreas Borgert, comandante de um batalhão antitanque, chegou incólume com sua unidade ali.

— Receei, ao entrar em Aachen, que fôssemos ser mal recebidos por seus habitantes — relatou. — Mas fiquei extremamente surpreso ao constatar como estavam felizes por nos ver. Perguntei a um dos civis: "Mas, como, se fomos derrotados?"

— Sim — ele disse —, mas vocês são os primeiros soldados alemães a voltar para cá de forma ordenada.

Borgert improvisou alguns recursos defensivos na principal estrada de acesso à cidade:

— E posso lhe dizer, embora eu prefira não fazê-lo, que tipo de grupo eu formei com os homens das ruas para guarnecer aquela barreira.

Borgert e os homens de sua divisão de Panzer usavam uniformes pretos. O povo francês e os soldados americanos os confundiam com os uniformes dos homens das tropas da SS. Borgert ficou encantado, portanto, em retornar para o solo alemão:

— De repente, não éramos mais nazistas; éramos soldados alemães.[16]

Os nazistas não fizeram nada em benefício de sua reputação em Aachen. Em meados de setembro, quando a 1ª Divisão fechou o cerco à cidade, o comandante nazista local considerou a situação um caso perdido. O cabo Friedrich Bertenrath, da 2ª Divisão de Panzer, descreveu o que aconteceu:

— Os homens do Partido fracassaram completamente. Eles ordenaram que a cidade fosse evacuada. O povo, naturalmente, não queria isso. O pessoal do Partido — e seus homens eram muitos — acionou a sirene de ataque aéreo, dirigiu-se para a estação de trem principal, tomou o trem e o destruiu. E as pessoas ficaram vagando por toda parte, sem ter idéia de para onde ir. O trem se foi, o pessoal do Partido se foi, e a polícia também. Todo o governo da cidade havia partido. Os civis ficaram lá.[17]

Hitler ordenara que se destituíssem todos os oficiais nazistas de suas prerrogativas e fossem enviados à linha de combate na Europa Oriental. Porém, estava determinado a manter o controle da cidade e, para conseguir isso, enviou a 246ª Divisão de Volksgrenadier, composta de cerca de 5 mil jovens e homens idosos e uma miscelânea de tanques, canhões de assalto e peças de artilharia, e, exigindo fanatismo dos que lhe serviam, ordenou um "último esforço de resistência", em cada uma das edificações da cidade. Para ele, a evacuação era algo fora de questão. Ordenou também que o comandante, o coronel Gerhard Wilck, mantivesse o domínio sobre a cidade "até o último homem, e, se necessário, se deixasse enterrar sob as suas ruínas".[18]

Enquanto isso, os americanos, segundo o ponto de vista do cabo Bertenrath:

— Perderam a oportunidade de capturar a cidade. Teria sido muito fácil. Se eles tivessem apenas se dado as mãos, eles poderiam ter conseguido o controle da cidade.[19]

O ataque do I Exército à Linha Siegfried, ao norte de Aachen, foi semelhante ao ataque que lançara aos inimigos na Praia de Omaha quatro meses antes. Ele havia posto em prática o que tinha aprendido; a prática de exercícios tinha sido realista e extensa, já que os homens foram treinados em táticas de assalto especificamente moldadas para serem empregadas na Linha Siegfried.

Seis dias antes do início da operação principal, artilharia pesada americana martelou intensamente 45 casamatas alemãs conhecidas, situadas bem próximas da linha de frente da 30ª Divisão. Despojaram as casamatas de sua camuflagem, arrancaram obstáculos de arame farpado, explodiram centenas de minas e forçaram os alemães a procurarem refúgio. De outro modo, o efeito foi quase nulo, exceção feita do fato de que possibilitaram que os alemães soubessem de onde partia o ataque.

O lançamento do ataque estava marcado para as 11 horas do dia 2 de outubro. Às 9 horas, os americanos transferiram o alvo do fogo de sua artilharia contra a linha de frente alemã para posições de baterias antiaéreas situadas na retaguarda inimiga. E a operação foi eficaz, não apenas em aniquilar a concentração de forças antiaéreas do inimigo, mas também pelo fato de que causou a formação de colunas de fumaça negra na área, o que atrapalhou a visibilidade alemã. Infelizmente, isso prejudicou também a visibilidade americana. Os 360 bombardeiros de médio porte e os 72 caças-bombardeiros mobilizados para um ataque prévio às posições da linha de frente alemã tinham errado o alvo. Somente uma dúzia de bombas caiu na área-alvo. O ataque aéreo tinha sido um fracasso quase total.

Quando os aviões partiram, a artilharia voltou a transferir o alvo de seus ataques para as casamatas. As guarnições reassumiram rapidamente suas posições e, durante as três ou quatro horas seguintes, dispararam 18.696 projéteis. À medida que a infantaria avançava, os tanques a acompanhavam, e despejavam tiros de metralhadoras .50 e de canhões de 75 milímetros contra as casamatas para impedir que os artilheiros alemães tomassem posição junto às armas. Um tenente de infantaria nos dá uma descrição da ação conjunta das armas:

— Tínhamos verdadeira cooperação entre tanques e infantaria. Os tanques simplesmente metralhavam os soldados alemães em seus buracos e, quando a infantaria chegava, era assassinato em massa.[20] — Pelotões de infantaria, acompanhados por equipes de engenheiros, conseguiram alcançar a parte de trás das casamatas, na qual os engenheiros explodiram as portas traseiras com cargas explosivas carregadas em mochilas, torpedos indianos e bazucas.

Assim como em Omaha, os alemães tendiam a lutar bem a partir de suas posições de tiro e desde que o combate se desse à sua frente, mas, assim que as tropas lhes surpreendiam na retaguarda, eles se rendiam. Os americanos descobriram que precisavam de, em média, 30 minutos para capturar uma casamata. Os soldados aprenderam também que tinham que resistir à tentação de ocupar casamatas e tomar fôlego, pois, se não continuassem a avançar, era certo serem apanhados por uma chuva de fogo de artilharia e de morteiros alemães, seguida de um contra-ataque.[21]

No fim do dia, a 30ª Divisão tinha rompido a primeira linha de casamatas. No dia seguinte, a 2ª Divisão de Blindados reforçou o ataque americano. Foram necessários mais três dias, mas, em 7 de outubro, os americanos tinham realizado uma ruptura completa da parte da Linha Siegfried no norte de Aachen. Enquanto isso, a 1ª Divisão fazia a sua ruptura no sul. Assim, no dia 10 de outubro, as duas alas se coligaram e Aache foi cercada. Foram operações *à la Blitzkrieg*: ruptura da LRP inimiga, evasão da cidade considerada obstáculo, em vez de objetivo, e avanço profundo pela retaguarda inimiga. O I Exército estava prestes a conseguir uma vitória clássica.

Mas dúvidas e hesitações encontraram guarida em algumas mentes, e houve mudança na forma de pensar. A resistência dos alemães estava sendo mais forte do que o previsto; a capacidade dos alemães em contra-atacar não tinha sido bem avaliada. Sem a remoção do inimigo de Aachen, seria impossível manter rotas de aprovisionamento para apoiar as divisões que se dirigissem para o Reno. Ao fim das contas, o I Exército decidiu que Aachen teria que ser tomada, antes que qualquer avanço para o leste pudesse ser realizado.

Em 10 de outubro, o I Exército enviou um ultimato ao coronel Wilck.

Quando ele o rejeitou, a 1ª Divisão se preparou para tentar tomar a cidade. Assim, os soldados americanos foram incumbidos do tipo de missão que os oficiais, em princípio, quiseram evitar: combate urbano.

A incumbência maior, a de comandar o ataque, recaiu sobre o tenente-coronel Derrill Daniel, comandante do 2º Batalhão do 26º Regimento de Infantaria, 1ª Divisão. Ele e seus homens estavam numa posição ao norte da posição de Dawson e sua Companhia G. Dawson e seus homens estavam de costas para Aachen, enfrentando ataques alemães; Daniel e os seus estavam voltados para Aachen. Ele atacaria de leste a oeste, e tinha três dias para estudar as defesas inimigas e fazer planos. Providenciou três Sherman, dois canhões antitanque rebocáveis e outras armas para apoiar sua companhia de fuzileiros. Além disso, distribuiu mapas, encarregou cada um dos pelotões de missões específicas e fez que lhes ministrassem exercícios. O batalhão adotou um mote, "Vamos acabar com todos eles", que expressava sua disposição de arrasar Aachen, com carga explosiva americana de alto poder de destruição.[22]

Ficou estabelecido que o ataque seria iniciado às 9h30 do dia 13 de outubro. O ponto de partida era uma estrada de leito elevado, com as linhas de frente alemãs do outro lado. Às 9h30, todos os soldados do batalhão lançaram uma granada de mão por sobre a estrada, e os homens de Daniel avançaram depois das explosões, urrando e atirando. A resistência foi fraca. Lançando mão das técnicas aprendidas no treinamento, as guarnições dos tanques fizeram que seus blindados abrissem buracos nos edifícios, de forma que o pessoal da infantaria pudesse passar por eles. Com a chegada da noite, o batalhão se aproximava do centro da cidade.

Na manhã do dia seguinte, a resistência alemã aumentou. O batalhão se desesperou, mas os soldados americanos trouxeram artilharia móvel à cidade e puderam atirar paralelamente à linha de frente inimiga, lançando seus projéteis pouco além das posições dos homens da infantaria americana. Observadores avançados aprenderam a coordenar com a infantaria o controle do tempo de acionamento do detonador, de modo que seus projéteis penetrassem vários pavimentos e explodissem bem em meio ao inimigo, em vez de no topo dos edifícios. Assim, edifício após edifício, os homens de Daniel avançaram.

De todos os esconderijos possíveis, os homens do coronel Wilck revidavam. Usaram o sistema de esgotos da cidade para montar contra-ataques locais a partir da retaguarda de um modo tão eficiente, que os americanos tiveram que localizar e bloquear todos os bueiros para impedir mais infiltrações. Essa foi a situação mais próxima, no TOGE, de que estiveram os americanos da experiência de uma batalha semelhante à de Stalingrado.

Para o capitão Dawson e a Companhia G, a solução da questão não estava em atacar, mas defender. Isso era algo novo também. Os treinamentos nos Estados Unidos davam ênfase a táticas de ofensiva, e também, na França, os soldados americanos tinham atacado muito mais do que defendido. Mas Dawson e seus homens mantinham suas posições em porções de terrenos elevados, a leste de Aachen, o que lhes proporcionava postos de observação para indicar alvos aos artilheiros e aos pilotos. Os alemães estavam desesperadamente ávidos para conseguir tirá-los da cumeeira, a qual o repórter W. C. Heinz costumava denominar em sua linha internacional de data "A Cumeeira de Dawson, Alemanha". Os alemães precisavam da cumeeira para restaurar sua linha de defesa e diminuir a pressão sobre Aachen. Portanto, Dawson teria que se defender.

No dia 15 de outubro, às 23 horas, uma Divisão de SS Panzer atacou a Companhia G. Os primeiros tiros a surpreenderam, pois o primeiro tanque da coluna era um Sherman, com gravuras americanas. A batalha que daí se seguiu durou 48 horas, e houve luta corpo a corpo, com o uso de coronhas e baionetas. Foi algo surrealista, quase em câmera lenta, pois a lama chegava ao tornozelo. Dawson solicitou que a artilharia lançasse tiro de apoio a um ponto cerca de 10 metros adiante do seu. Numa trincheira individual, um alemão caiu morto sobre o cano da metralhadora de um americano, enquanto em outra um americano ferido esperou que o alemão que o havia alvejado se aproximasse dele, olhasse para baixo e, assim, pudesse descarregar-lhe em cheio no rosto toda a carga de sua metralhadora. Os dois morreram, num amplexo macabro, no fundo do buraco.[23]

O comandante do batalhão americano sofreu um colapso. E quase morreu, ou, conforme as palavras do tenente Hall:

— Ele foi ficando cada vez menos interessado na condução da batalha.

Os oficiais conferenciaram e persuadiram o subcomandante a conversar com o comandante do regimento sobre o problema. Ele o fez, e outro comandante de batalhão foi designado para ocupar o lugar do que sofrera o colapso.[24] O batalhão conseguiu manter sua posição.

Em 17 de outubro, um ataque alemão tomou a posição do canhão antitanque de Dawson, mas este conseguiu retomá-la. O tenente Hall, subcomandante de batalhão, enviou um relatório ao subcomandante de regimento à noite: "Acabei de conversar com Dawson, e ele disse que recuperou a posição em que mantinha o canhão. Este foi destruído, e ele não pôde tomar a casa. Disse que a tomaria amanhã [...]. Os homens de Dawson mataram 17 alemães, incluindo cinco da guarnição de um tanque que estava nos fundos da casa [...]. Seus homens não comem há 24 horas. A última refeição fresca foi na noite passada. Possivelmente, poderemos providenciar-lhes refeições amanhã."[25]

Em Aachen, a batalha se intensificava. Os alemães iam tomando posição no centro da cidade e cobravam um preço por cada edifício abandonado. O acúmulo de ruínas e destroços nas ruas atingiu proporções monstruosas. No centro, os edifícios antigos, feitos de alvenaria e pedras, eram quase impérvios a tiros de canhão. Por conta disso, o coronel Daniel levou para a cidade uma peça de artilharia móvel de 155 milímetros e usou um trator para limpar o caminho. Daniel fez um relatório em que o qualificou de "espetacular e satisfatório".[26]

Em 16 de outubro, o batalhão topou com uma forte posição alemã no edifício do principal cinema da cidade. Daniel fez o canhão de 155 milímetros avançar e o posicionou na linha de frente, lado a lado com a infantaria. O monstro bélico cuspiu 12 projéteis contra o cinema à queima-roupa. O cinema continuou de pé, mas seus defensores, aturdidos, renderam-se.

Todavia, os combates continuaram. Por mais quatro dias e quatro noites, alemães e americanos se atacaram ferozmente, destruindo, ao mesmo tempo, Aachen. Finalmente, em 21 de outubro, os homens de Daniel assumiram o controle do centro da cidade. O coronel Wilck desafiou as ordens de Hitler e ordenou a rendição de 3.473 homens. Em seu interrogatório, protestou energicamente contra o uso do canhão de 155 milímetros em Aachen, com o que o chamou de "bárbaro" e exigiu que seu uso fosse banido.

As perdas americanas foram pesadas, mais de 5 mil homens. A 1ª e a 30ª Divisões ficaram severamente reduzidas, exauridas, desgastadas. Não estavam em condições de lançar uma incursão contra as posições inimigas no Reno. Mas as perdas alemãs foram maiores: 5 mil baixas e 5.600 prisioneiros de guerra. Aachen fora destruída, com exceção da catedral, a qual guardava o trono da coroação de Carlos Magno e escapara de prejuízos maiores.*

---

* Foi fato comum constatar que, depois da Segunda Guerra Mundial, catedrais ainda se mantinham de pé, embora cercadas por ruínas e destroços. Mais de cinco décadas depois, podemos observar o mesmo fenômeno em Londres, onde a Catedral de São Paulo se ergue em meio a edificações do após-guerra, ou em Colônia, Aachen, Reims e alhures. Graças a Deus — e graças aos artesãos e arquitetos da Idade Média. (N. A.)

* * *

Nos arrabaldes de Aachen, a companhia de Dawson mantinha a resistência. Depois que Aachen caiu, os ataques alemães tornaram-se menos numerosos e perderam força. Em 22 de outubro, o repórter W. C. Heinz, do *New York Sun*, chegou ao quartel-general de Dawson para uma entrevista. Dawson resumiu os combates de forma simples e direta:

— Foram os piores que já vi. Ninguém jamais fará idéia de como foram as coisas aqui em cima.

Mas Heinz queria conhecer-lhes os detalhes tanto quanto possível e conseguiu arranjar uma forma de ficar com Dawson durante alguns dias para isso. As correspondências que, a partir de 24 de outubro, ele enviou à sede do jornal nos dão um quadro vivo das ações do comandante de uma companhia de fuzileiros na Segunda Guerra Mundial. Logicamente, Dawson era uma pessoa especial, mas não tão diferente a ponto de nos induzir a achar que aquilo pelo qual ele estava passando distinguia-se tanto assim do que seus colegas comandantes estavam enfrentando. No que respeita a eles, podemos dizer que, verdadeiramente, tinham as mais perigosas e difíceis incumbências do mundo.

O quartel-general de Dawson ficava num estábulo da vila. Uma vela e um lampião a querosene eram as fontes de luz do ambiente; uma mesa e algumas cadeiras compunham a mobília, enquanto um rádio tocava música clássica. Demoravam-se, no recinto, alguns tenentes, um operador de rádio e Dawson, com sua cadela bassê, Freda. Heinz conseguiu fazer Dawson falar sobre os combates.

— E o rapaz me diz — relata Dawson: "Vou levar essa água àquele pelotão."

— E parte. Ele segue adiante a uns 50 metros desta porta e eu o observo. Corre muito; de repente, vejo [um projétil] [d]esse tal de 88 atingir um ponto bem à direita dele e, diante dos meus olhos, o jovem é destroçado.

Dawson falou também de outras situações difíceis.

— Um desses garotos me procura e me diz: "Não consigo mais agüentar isto."

— O que posso fazer? Se perco esse homem, perco um esquadrão. Assim, pego-lhe pela gola da camisa e digo: "Você tem que agüentar, você tem. Não há como sair desta colina, exceto morto." E ele volta, e morre.

Depois de suspirar, Dawson prosseguiu:

— Ele não sabe por quê, eu não sei por quê, e você não sabe por quê. Mas tenho que dar respostas a esses homens.

E deteve o olhar no de Heinz, e repetiu:

— Mas tenho que dar respostas a esses homens, pois sou um oficial. Tenho responsabilidades e não sei se estou à altura delas.

Com os olhos ainda fitos nos de Heinz, prosseguiu:

— Mas não posso fraquejar agora. Tenho enfrentado esse tipo de coisa nestes 39 dias de domínio sobre esta cumeeira e estou no meio da Linha Siegfried e você quer saber o que acho disto? Acho que isto fede.

Lágrimas começaram a verter dos olhos de Dawson. Depois, ergueu bruscamente a cabeça.

— Aumente — disse ao tenente próximo do rádio. — Isso é Puccini. Quero ouvi-lo.

Nisto, dois soldados entraram no recinto. Estavam apreensivos, pois o capitão Dawson os havia mandado chamar. Mas as notícias lhes eram boas.

— Vou enviá-los para Paris — anunciou Dawson. — Por seis dias. Que acham?

— Obrigado — um deles respondeu, relutante.

— Bem, seria bom vocês gostarem disso — recomendou-lhes Dawson — e é melhor que fiquem longe de problemas. Mas procurem descansar e divirtam-se. — Os homens agradeceram e saíram.

— Dois dos meus melhores rapazes — disse Dawson a Heinz. — Pessoal técnico. Têm tido que assentar fiação todo dia, já que as antigas são sempre despedaçadas. Num dia desses, tiveram que instalar fiação pesada por uns cem metros e, quando estavam quase no fim e voltaram para completar o serviço, [viram que] a fiação havia sido cortada em três pontos por fogo de projéteis.

Dawson disse ainda a Heinz que alguns de seus homens que haviam sido feridos em meados de setembro, por ocasião da ocupação da cumeeira, tinham retornado às ações de combate quatro semanas depois. Eles tinham saído do hospital sem permissão e voltaram para lá.

— E a primeira coisa que sei que fizeram foi se apresentarem aqui, com um sorriso de orelha a orelha. Sei que pode parecer loucura total o fato de que alguém tenha desejado voltar para cá, mas é verdade.

Na manhã seguinte, um dos tenentes disse a Dawson:

— Capitão, os homens da fiação, eles não querem ir para Paris.

— Tudo bem — respondeu Dawson, suspirando. — Traga outros dois, se você conseguir.[27]

* * *

A Batalha de Aachen não beneficiou ninguém. Os americanos jamais deveriam ter atacado. Os alemães nunca deveriam ter oferecido resistência. Pois nenhum dos lados tinha chance. Essa batalha foi o pior que a guerra pode oferecer, destruição brutal, sem nenhum propósito.

No outono de 1944, Ernie Pyle deixou o TOGE. Precisava de um descanso. "Para mim", escreveu como justificativa, "a guerra se tornou um buraco vazio, escuro, sem luz, corrupção da mente e exaustão do espírito." Ele trazia consigo uma convicção: "Na emergência da guerra, os poderes de nossos países são incríveis." E, depois, observou: "Ouvi soldados dizerem milhares de vezes: 'Se ao menos pudéssemos ter criado tudo isto para algo de bom.' Mas nos alçamos acima de nossas próprias forças somente em tempos de destruição."[28]

O esforço de guerra compensou os americanos com uma espécie de satisfação pervertida. William Walton comentou isso num artigo para a revista *Life*. Ele estava lá quando "o povo de Aachen começou a sair às ruas banhadas pela luz solar enfumaçada. Alquebrados por cansaço, medo e bojudas trouxas de seus últimos pertences, arrastavam-se para a formação de filas duplas. Durante quase dez dias, tinham vivido em porões e seus olhos piscavam à luz do sol. Encostado no muro, ao meu lado, o sargento Eldridge Benefield disse: 'Espero jamais viver para ver algo como isto acontecer na América. Mas, às vezes, sinto o desejo de que, pelo menos, as pessoas lá pudessem ver isto. Às vezes, acho que elas não entendem muito bem como são estas coisas'".

Ficaram observando durante uma hora os cansados refugiados se arrastarem pela rua. Então, ocorreu a Walton o fato de que acabara de "testemunhar uma virada histórica na situação da Segunda Guerra Mundial. Pela primeira vez, o povo alemão estava juntando-se às longas filas dos refugiados da Europa na estrada pela qual tinham forçado outros povos a fazerem o mesmo antes".[29]

O tenente-coronel John C. Harrison (que, mais tarde, tornou-se juiz da Corte Suprema do estado de Montana) tinha 31 anos de idade. Formado pela Montana State University e com graduação num dos programas educacionais e militares do Reserve Officers' Training Corps (ROTC),* era

---

* Programa patrocinado pelo Exército Americano para a instrução de jovens em universidades no que respeita a assuntos e liderança militares. Normalmente, o Exército Americano paga os custos de educação do estudante em troca de dois a quatro anos de seus serviços no exército depois de formado. (N. T.)

oficial de ligação no quartel-general de sua região militar. Em 22 de outubro, foi a Aachen para preparar um relatório sobre os danos dos combates. E escreveu em seu diário: "Se toda cidade alemã pela qual passarmos ficar como esta, os 'bárbaros'* se ocuparão durante séculos na reconstrução de seu país. A cidade está tão destruída quanto as ruínas de um monumento romano, mas, diferentemente de uma ruína, não tem nada da graciosidade da decomposição gradual causada pelo tempo."

Harrison não viu um edifício que não tivesse sido danificado. As ruas eram intransitáveis. Isso o fazia sentir-se bem.

"Acho estranho o fato de que eu me sentia bem vendo lances da miséria humana, mas era assim mesmo que eu me sentia, pois aquilo ali era a guerra sendo trazida aos alemães sob seu aspecto mais destruidor [...]. De fato, a guerra tinha alcançado a Alemanha, e fotos de suas cenas horríveis deveriam ser lançadas sobre todo o país para mostrar aos alemães o que os aguardava caso prosseguissem com ela."[30]

* Forma pejorativa pela qual os soldados americanos se referiam aos alemães. (N. T.)

PARTE DOIS

NA FRONTEIRA DA ALEMANHA

As vitórias gloriosas de julho, agosto e setembro não resultaram em outras em outubro. E, em novembro e dezembro de 1944, o exército americano foi incapaz de avançar. Nos meados de dezembro, foi rechaçado pelo inimigo. O conflito que se seguiu, A Batalha das Ardenas, foi, como a de Gettysburg, para a Guerra de Secessão, a mais famosa batalha da guerra. Também como a de Gettysburg, foi uma vitória para os Estados Unidos, mas apenas uma vitória defensiva, e as guerras não são vencidas pelo combate na defensiva.

6

METZ E A FLORESTA DE HURTGEN

1º DE NOVEMBRO A 15 DE DEZEMBRO DE 1944

O NORDESTE DA EUROPA EM NOVEMBRO E DEZEMBRO era um pântano de miséria. Uma mixórdia de gelo, neve, chuva, frio, neblina, dias curtos e noites longas incutia no ânimo dos combatentes o anseio pelo abrigo dos alojamentos de inverno e pelos afazeres internos. Os rios estavam em sua época de cheias. As estradas, já, normalmente, de má qualidade, tiveram seus leitos revirados pelos veículos militares e foram transformadas em verdadeiros charcos: veteranos falam de lama à altura do joelho e insistem em dizer que é verdade.

No centro da linha de defesa americana, nas Ardenas, alguns grupos do III Exército puderam abrigar-se em alojamentos de inverno. A área em que se situavam era fortemente guarnecida e tranqüila, na qual as divisões recém-chegadas à linha de frente podiam ser acomodadas para que ganhassem alguma experiência com a linha de combate. Eisenhower e Bradley achavam que as características da região a tornavam o lugar mais improvável de sofrer contra-ataques alemães. Tudo ali era tranqüilidade.

Mas, no norte e no sul das Ardenas, o I e o III Exércitos lançavam-se à ofensiva, e que se danasse o tempo. Nenhuma estratégia era levada em conta nas operações ali. A chuva e a lama tornavam impossíveis mobilizações rápidas, e a gasolina era insuficiente para propiciar incursões profundas na retaguarda inimiga. Uma vez tomada pelos generais a decisão de continuar a ofensiva, a guerra se tornou novamente, no outono de 1944, o que tinha sido nas sebes, na Normandia: uma guerra de atrito, levada a cabo por oficiais subalternos, suboficiais e soldados rasos.

O fluxo contínuo de substitutos procedentes da Inglaterra facultava aos generais a reconstituição de companhias com força total após alguns dias de sua presença na frente de batalha, até mesmo quando o número de baixas atingia 90% das unidades. Eisenhower estava preparado para isso. No começo de novembro, ele enviou, por teletipo, uma mensagem a todos os quartéis-generais:

AS UNIDADES DE COMBATE ESTÃO AUTORIZADAS A FAZER SOLICITAÇÕES DIÁRIAS DE SUBSTITUTOS COM BASE EM PREVISÕES DE PERDAS QUARENTA E OITO HORAS ANTES PARA FACILITAR A ENTREGA DOS SUBSTITUTOS PT A FIM DE EVITAR COMPOSIÇÃO EXAGERADA DE FORÇAS, ESTIMATIVAS DEVEM SER FEITAS COM CUIDADO PT ASSINADO EISENHOWER.[1]

As operações de substituição contribuíram para a apuração do senso de força — e, certamente, os alemães não podiam rivalizar com elas. Nos altos escalões dos quartéis-generais dominava a noção de que "uma incursão aqui, outra ali, e conseguiremos romper a Linha Siegfried e avançar para o Reno e atravessá-lo".

Além das substituições individuais, novas divisões fluíam regularmente para a frente de batalha. Essas divisões, corpos de tropas numerosos, eram constituídas pelos jovens estudantes colegiais egressos das turmas de 1942, 1943 e 1944. O treinamento pelo qual esses jovens tinham passado no Forte Benning e em outras instituições americanas foi fisicamente rigoroso, mas gravemente deficiente quanto aos desafios táticos e de liderança que os suboficiais, os oficiais subalternos e os soldados comuns teriam que enfrentar.

Paul Fussel era um tenente de 21 anos de idade no comando de um pelotão de fuzileiros da 103ª Divisão. Ele achou o período de seis meses de treinamento nos Estados Unidos repetitivo e irrealista e ficou impressionado "com a futilidade e o tempo desperdiçado com treinamentos e mais treinamentos e a procura de algum trabalho para fazer, ganhar dinheiro e aguardar o momento em que pudesse ser gasto". No campo de batalha, "nosso trabalho era o elementar 'atirar e atacar de flanco', martelado em nossas mentes em Benning. Era muito simples. Com a metade de um pelotão, você estabelecia uma linha de tiro para manter o inimigo com as mãos ocupadas, enquanto conduzia a outra para o flanco dele, a fim de fazer um ataque de surpresa, de preferência com baionetas e muita gritaria".

A tática de ataque e movimento tinha sido desenvolvida pelo general Marshall quando esteve em Benning, na década de 20. Marshall havia ajuizado que, na guerra seguinte, o tamanho do exército aumentaria rapidamente e que, portanto, precisava "desenvolver técnicas e métodos tão simples que o soldado comum de bom senso pudesse entender prontamente o seu propósito".

— Todos nós entendemos o seu propósito — conta-nos Fussel —, mas, em combate, eles apresentavam um defeito notório, principalmente a dificuldade ou, geralmente, a impossibilidade de saber *onde* está o flanco do inimigo. Se você se levanta e sai à procura dele, você é morto. — Contudo, feito repetidamente, Fussel via benefício em atirar e atacar pelo flanco: — Talvez a função dessa tática era a de elevar o nosso moral, em vez de gerar o efeito que dela se esperava. De fato, tinha o efeito de nos persuadir de que um ataque desse tipo podia ser realizado com sucesso e de que nós éramos as pessoas que podiam fazê-lo. Isso era bom para o nosso amor-próprio e para a nossa coragem, e talvez fosse mesmo esse o seu propósito."[2] Isso se assemelhava à única e aflitiva exigência que o duque de Wellington fazia a seus tenentes: a de que fossem corajosos.

Fussel era um rico rapaz do sul da Califórnia que tinha alguns anos de universidade e algo da prática profissional do jornalismo na bagagem. O jovem tenente tinha superado todas as marcas em testes de QI. Tivesse nascido dois anos antes e houvesse entrado no exército em 1941 ou 1942, teria sido encaminhado para a Força Aérea do Exército, ou para o serviço de inteligência, ou para algum estado-maior, ou mesmo para a escola, a fim de que recebesse mais instrução. Mas ele era um daqueles americanos nascidos em 1924 ou 1925 sobre quem incidia o dever, como líderes de pelotões, de chamar sobre si a responsabilidade de bem conduzir a Batalha do Noroeste da Europa, depois que seus irmãos mais velhos e seus amigos, nascidos em 1922 ou 1923, haviam repelido o inimigo para os limites da fronteira do próprio país.

Havia centenas de oficiais jovens como Fussel, tenentes que foram para a Europa no outono de 1944 para participar dos combates. E ricos. E brilhantes. O zagueiro do time do campeonato de colégios. O monitor da classe. O campeão de xadrez. O ator principal da peça teatral da turma. O solista do concerto de primavera. O gênio da aula de química. Os Estados Unidos estavam atirando a nata de sua juventude contra os alemães.

Entre as divisões recém-chegadas estava a 84ª Divisão de Infantaria. Tinha passado por seu estágio de treinamento em meados de 1944 e depois zarpado para a Europa. Chegou à França, na Praia de Omaha, em 2 de novembro, e foi transportada de caminhão para a frente de batalha. Bradley a designou para operar com o então recém-criado IX Exército Americano (o general William Simpson era o comandante), o qual tinha conquistado estreita faixa de terreno ocupada pela linha de frente inimiga, com o I Exército à direita e o 21º Grupamento do Exército Britânico à esquerda. O flanco esquerdo da 84ª se havia coligado ao flanco direito das forças britânicas. A Companhia K, 333º Regimento, encontrava-se numa região bem à esquerda, nos arrabaldes de Geilenkirchen, a uns 20 quilômetros ao norte de Aachen.

— A Companhia K era como um item da produção em massa dos americanos — observou um de seus oficiais —, recém-saída da linha de montagem.[3] — Certamente, ela era representativa. Havia ali homens que não sabiam ler nem escrever, ao lado de praças de Yale e Harvard (turma de 1946) e sargentos com diploma universitário. Seus membros procediam de todas as partes do país e de todos os grandes grupos étnicos, mas não tinha afro-americanos nem nipo-americanos.

Um dos sargentos, Franklin Brewer, era, sob vários aspectos, diferente dos outros soldados comuns, mormente quanto à idade. Ele tinha 37 anos de idade, o que, portanto, levava seus colegas a chamá-lo de tio Brewer ou, às vezes, de tia Brewer. Oriundo de tradicional família da Filadélfia, diplomado por Harvard, proficiente em francês e alemão, tinha viajado extensamente pela Europa antes da guerra e freqüentando as mais altivas rodas literárias. Ele chamava sua amiga Gertrude Stein de Sta. Stein; ela o tinha tornado o personagem principal de seu livro *Brewsie and Willie*. Mas, ali, ele era o sargento de uma companhia de fuzileiros, pois era assim que queria as coisas.

Portanto, a Companhia K pode ter sido fruto da produção em massa, mas tinha o direito de se achar única, com sua própria personalidade e seu próprio caráter. E era especial também, pois o capitão Harold Leinbaugh, líder de pelotão e depois comandante, e o tenente John Campbell, também líder de pelotão, escreveram a "autobiografia" da companhia: *The Men of Company K*. É um dos melhores livros de história sobre pequenas unidades militares da Segunda Guerra Mundial.

A primeira ofensiva da Companhia K foi a Operação Clipper. A missão da 84ª Divisão era conquistar os altiplanos da parte leste de Geilenkirchen ao longo da Linha Siegfried, em conjunto com a ofensiva britânica, à esquerda (ao norte). No que toca à Operação Clipper, a 84ª ficou sob o comando operacional do XXX Corpo do Exército Britânico, comandado pelo general Brian Horrocks. Isso significou, para a Companhia K, que a sua ração diária seria, em mor parte, de meia xícara de rum.

Durante os três primeiros dias dessa operação, a Companhia K atuou como unidade de apoio. Fez a limpeza militar em Geilenkirchen, tomando cem homens como prisioneiros, sem sofrer baixas. Foi tarefa fácil, e os homens da companhia se felicitaram e relaxaram.

— Um dos nossos tocava piano — conta-nos o praça Jim Sterner. Espiando para dentro de uma casa, viu que meia dúzia de homens e seu comandante, o capitão George Gieszl, estavam junto ao piano, acompanhados por um tenente britânico. A canção que entoavam era "Lili Marlene", e "nossos colegas riam e cantavam junto com ele. Do que mais me recordo era de um sentimento de alegria total. Foi bom demais — era assim que a guerra deveria ser".[4]

Em 21 de novembro, foi a vez de a Companhia K encabeçar o ataque. Seus homens tomaram sua ração de rum com o café da manhã. Tanques Sherman com guarnições britânicas se apresentaram para apoiar os soldados. De uma pequena colina atrás da linha de partida, o primeiro-sargento Dempsey Keller observava os homens saírem de suas trincheiras individuais e entrarem em forma. Esses eram os homens que ele tinha treinado e pelos quais se havia preocupado durante muitos meses.

— Eram os melhores homens do mundo, os melhores mesmo. Quase sufoquei de orgulho e emoção, mas também tive calafrios, por não saber o que havia lá adiante aguardando esses homens. Foi o momento da guerra de que jamais poderei esquecer-me.[5]

A companhia avançou. E tomou um platô que os alemães estavam usando como posto de observação, mas que não se tinham dado ao trabalho de defender. A unidade avançou um pouco mais, mas foi logo detida por fogo de artilharia.

O sargento Keith Lance transferiu o seu esquadrão de morteiros para a vanguarda, a fim de proporcionar apoio. Mas, à medida que se aproximou da linha de frente:

— Começamos a receber fogo de fuzil e de metralhadora lançado de uma fazenda que se estendia à nossa direita. — Lance espalhou seus homens e revidou, mas não pôde usar os morteiros e tinha apenas quatro fuzis M-1 e algumas pistolas.

De repente, Lance ouviu alguém perguntar se podia prestar-lhe alguma ajuda.

— Era um maldito oficial britânico — de pé no meio de um tiroteio, sem capacete. Ele tinha saído de seu tanque e cruzara o campo para nos alcançar a retaguarda. Eu lhe disse: "Meus Deus, sim, precisamos de ajuda." — O oficial britânico voltou para o tanque e arremeteu contra a fazenda três lestas rajadas de seu canhão de 75 milímetros, uma em cada janela. Trinta dos quarenta alemães saíram de lá agitando bandeiras brancas.[6]

Enquanto isso, os pelotões de fuzileiros eram alvos dos tiros de barragem do inimigo. Leinbaugh e Campbell nos dão uma descrição desse lance:

— A profusão do fogo alemão era absolutamente devastadora, pela violência e pelo fator-surpresa que a caracterizavam. Fogo de artilharia, de Germans 88 e de canhões de 75 milímetros, e projéteis de 120 morteiros, aparentemente com munição inesgotável, caíam sobre nós. Disparos de metralhadora feitos de trincheiras individuais eram algo quase impensável. O barulho, o choque emocional, a sensação de impotência total, a perplexidade, a perda repentina de todas as pretensões relativas à família — nada na vida comum ou nos treinamentos oferecia uma experiência, ainda que remotamente, comparável [a isso] [...]. Nossas ilusões de homens inexperientes [acalentadas] dois dias antes se dissiparam num átimo.[7]

Foram as boas-vindas da Companhia K à linha de combate da Europa Ocidental. Todas as companhias de fuzileiros que compareceram à frente de batalha nesse mês de novembro tiveram experiência semelhante e tiraram a mesma conclusão dela: não havia treinamento que pudesse preparar os homens para o combate. O combate era algo que podia ser somente enfrentado, jamais simulado. O treinamento era de importância fundamental para pôr os homens em boa forma, para ensiná-los a obedecer ordens, a usar armas, a operar eficientemente com sinalização manual e rádios, e outras coisas mais. Ele não podia ensinar aos homens como se arranjarem por si sós sob chuva de estilhaços e num campo de batalha tomado pelo fogo cruzado de disparos de metralhadora. Coube-lhes fazer isso na prática e, ao fazê-lo, juntaram-se a homens que tinham enfrentado o que nenhum de nós pode imaginar.

Em Metz, Patton mantinha inalterável o seu desejo de avançar. O comandante do XII Corpo do Exército Americano, o general-de-divisão

Manton Eddy, tinha ordens de enviar suas divisões para Metz no dia 8 de novembro. Patton gabava-se da suposição de que ele alcançaria a Linha Siegfried, 66 quilômetros a leste, "assim como no Dia D, em não mais do que dois dias". Mas chuvaradas inclementes, que obstavam qualquer apoio aéreo; a lama, tão embaraçosa, que até para os veículos com lagartas era impossível superá-la; e as cheias dos rios, que não podiam ser vencidas pelas pontes dos engenheiros, combinavam-se para exigir o adiamento da ofensiva. Eddy inteirou Patton disso, mas este lhe sugeriu que nomeasse um sucessor. O ataque foi iniciado conforme planejado.[8]

E tinha um objetivo diferente do objetivo do ataque anterior às posições inimigas em Driant. Ninguém estava preparado para atacar as fortalezas frontalmente. Em lugar de tentar cercar as fortalezas e reduzir-lhes a operacionalidade das unidades, o III Exército adotou nova tática:

— A missão precípua de todas as tropas é a destruição ou captura da guarnição de Metz, sem a tomada ou o cerco de suas fortalezas.[9]

O plano era fazer que a 5ª Divisão atacasse ao nordeste de Metz, enquanto a 90ª Divisão trataria de romper as linhas de defesa alemãs, ao sul da cidade. E as duas divisões se coligariam a leste de Metz, com o que a isolariam. Nisto, a 95ª Divisão arremeteria contra a cidade em si, apoiada pela 10ª Divisão de Blindados.

As chuvas torrenciais e a forte resistência alemã detiveram a 5ª e a 90ª Divisões durante uma semana, mas estas lograram algum progresso e, por volta de 15 de novembro, o cerco estava quase completo. Enquanto isso, mais ao sul, outras unidades do III Exército avançavam em direção a leste. Metz, o objetivo de Patton durante dois meses, estava finalmente ao alcance.

Na medida em que novas divisões de infantaria chegavam, Patton as enviava para a linha de frente e dizia a seus comandantes que atacassem a leste. A 26ª Divisão era uma das unidades que fariam isso. Desta fazia parte a Companhia G, 328º Regimento, e nesta serviam o sargento Bruce Egger e o tenente Lee Otts, os quais colaboraram na redação do *G Company's War*, vivo relato da atuação de uma companhia de fuzileiros no TOGE.

Em 11 de novembro, a Companhia G travou combate a leste de Nancy. "Ocorreu-me a impressão de que aquele era o Dia da Rendição", escreveu Egger, "e não seria maravilhoso se a história se repetisse?" Estranho fato lhe surpreendera os ouvidos: ouvira o badalar de sinos, e não era domingo. Depois, acabou descobrindo que as igrejas francesas locais observavam o dia que marcava o fim da Primeira Guerra Mundial.[10]

Nos três dias seguintes, a companhia atacou. Nada extraordinário em suas operações, apenas uma linha de frente de escaramuças que avançava até encontrar resistência, e que, então, se mobilizava para atacar de flanco. "Na maioria das vezes, atacávamos pelos flancos, já que não podíamos ver nada senão árvores", disse Egger em seu livro. Às vezes, seus homens progrediam bem, quase um quilômetro. Doutras, eram detidos por tiros de morteiro e de metralhadora.

As condições de combate eram ruins. A lama dificultava a mobilização ao máximo, e os céus não podiam oferecer muita ajuda. Se os observadores avançados atraíssem o apoio dos tiros da artilharia para muito perto das próprias fileiras, embora, logicamente, em detrimento dos alemães, dificilmente conseguiam furtar-se ao sofrimento de baixas, em razão das explosões muito próximas. As minas eram terríveis. A chuva também. Egger nos descreve como passou a noite: "Paramos ao longo da estrada, num arvoredo de pinheiros. Estávamos encharcados; tinha chovido o dia inteiro e estivéramos avançando através da vegetação úmida. Nossos sacos de dormir não podiam ser trazidos até nós. Assim, passamos a noite da melhor maneira possível, fazendo buracos e cobrindo o fundo com ramos de pinheiro [...]. Dormimos a despeito da tempestade, a qual despejou uns 15 milímetros cúbicos de neve durante a noite. Estávamos molhados, enlameados e tremendo de frio. E uma barragem de 88 nos saudou pela manhã." Em seguida, tornaram a formar um linha de escaramuças e partiram.[11]

Nada de espetacular aconteceu. A Companhia G ganhou um pouco mais de terreno. Três dias depois, o pelotão de Egger tinha sido reduzido a seis homens. Dos 525 homens do batalhão que se haviam engajado na batalha cinco dias antes restaram 150. A unidade foi retirada da linha de combate para descansar e receber substitutos. Um semana depois, voltou para lá. — Eu estava com muito medo de voltar a combater — confessou Egger. — As duas semanas anteriores indicavam que as minhas chances de passar pela guerra incólume eram iguais a zero — embora as chances de sair de lá vivo fossem de quatro por um.[12]

Coube ao coronel Robert Bacon tentar tomar Metz. Ele organizou a Força-Tarefa Bacon, a qual se compunha de dois batalhões de infantaria da 95ª Divisão, mais três companhias de tanques, artilharia e engenheiros.

Em 16 de novembro, às 7 horas, ele iniciou a arremetida contra a cidade, avançando sob a formação de duas colunas, com tanques na vanguarda. Quando uma das colunas encontrou resistência, Bacon fez que a outra se mobilizasse para atacar o flanco alemão, golpeando-lhe com diretos e ganchos curtos, e avançando. Perto do anoitecer do dia seguinte, as colunas de tanque se reuniram próximo ao Forte St. Julien, a quatro quilômetros do centro da cidade.

O forte dessa cidade fazia parte do complexo dos antigos fortes de Vauban. Situado em área sobranceira, propiciadora de vista completa das duas estradas principais que davam acesso a Metz aos que procedessem do norte, era rodeado por um fosso com 12 metros de profundidade e 10 metros de largura, com muros altos e espessos e uma aléia de nível coberta, e tinha uma guarnição de 362 alemães. Seus homens não tinham armas pesadas, mas, com suas metralhadores e fuzis, podiam impedir o movimento americano nas estradas principais. St. Julien era o forte que tinha de ser tomado.

O ataque começou no nebuloso amanhecer do dia 18 de novembro. Próximo do meio-dia, a Força-Tarefa Bacon tinha conseguido abrir caminho até o fosso. No decorrer da hora seguinte, os canhões de 75 milímetros dos Sherman, mais o canhão móvel de 155 milímetros, apoiados pelo fogo dos obuses de 240 milímetros da retaguarda, malharam intensamente o forte.

Às 13 horas, a infantaria entrou em ação e arremeteu pela aléia de nível. Mas os alemães lhe obstaram o avanço com pesada chuva de fogo de armas portáteis. Nisto, dois Shermans avançaram para metralhar as posições de tiro inimiga com suas metralhadoras calibre .50, e uma segunda tentativa da infantaria foi bem-sucedida. Mas, então, os soldados americanos toparam com uma porta de ferro que bloqueava o acesso ao interior do St. Julien. De novo, as guarnições dos Sherman foram solicitadas a dar sua contribuição. Os blindados cruzaram a aléia e atiraram diretamente contra a porta, mas seus projéteis de 75 milímetros apenas ricocheteavam no obstáculo. Foi a vez de uma peça antitanque fazer a sua tentativa, e dali se aproximou. Seus homens dispararam seis tiros contra a porta a uma distância de menos de 50 metros. Nenhum efeito também. Com o fogo das metralhadoras dos Sherman mantendo os alemães longe de suas bocas de tiro, um obus de 155 milímetros foi levado para o local. A arma colossal disparou dez tiros contra a porta, mas ela resistiu. O tal de Vauban foi um construtor e tanto.

Os americanos concluíram que, se não podiam derrubar a porta, podiam destruir a junta de pedra que a guarnecia. Assim, os canhões de 155 milímetros dispararam 20 tiros contra a sua moldura. Enfim, a porta caiu para dentro, com prodigioso estrondo. A infantaria irrompeu pela abertura, baionetas caladas. Os alemães os receberam com as mãos para cima.[13]

O canhão de 155 milímetros tinha feito as vezes de aríete, conferindo a uma peça de artilharia móvel utilidade inteiramente nova. Seu emprego inusitado era parte do que se estava tornando a essência das táticas de guerra americanas no TOGE — sempre que possível, os soldados usavam armas de alto poder de fogo. Veteranos alemães, quando solicitados a comentar algo a respeito dos soldados americanos, começavam, invariavelmente, com uma crítica: toda vez que os soldados americanos deparavam com algum tipo de resistência, solicitavam o concurso da artilharia e se agachavam. No exército alemão, os infantes resolviam os seus próprios problemas. Mas a maioria dos soldados americanos considerava o uso de suas armas de grande poder de fogo motivo de elogio e não de crítica.

Com a queda de St. Julien, a 95ª Divisão começou a avançar para o centro de Metz. E evadiu e isolou os outros fortes de Vauban. Em 22 de novembro, Metz foi conquistada — mas seis fortes ao redor da cidade mantiveram resistência. Os americanos não fizeram nenhuma tentativa de tomá-los, mas, logo, os que os ocupavam se renderam. Os últimos a entregarem os pontos foram os homens do Forte Driant, mas somente em 8 de dezembro.

Patton havia tomado Metz ao custo de 2.189 baixas na 95ª Divisão, mas, durante o curso das operações, cobrou aos alemães o dobro do prejuízo sofrido e, de quebra, levou 6 mil prisioneiros.

Em agosto, o III Exército tinha avançado quase 600 quilômetros, da Normandia ao Rio Mosela. De 1º de setembro até meados de dezembro, ganhou 35 quilômetros de terreno a leste do Mosela. A Linha Siegfried, a qual Patton disse que teria alcançado em 10 de novembro, estava ainda a uns 12 quilômetros de distância a leste de seus anseios. Na travessia do Mosela e na tomada de Metz, o III Exército tinha sofrido 47.039 baixas.[14]

Além de Aachen, ao norte, a Companhia K continuou a atacar, disposta ombro a ombro com as tropas britânicas. O general Horrocks surpreendeu os soldados americanos com sua presença na linha de combate para ver as condições que ali dominavam. Embora observador, mostrou-se um crítico simpático do que viu. A 84ª arrancou-lhe observações do tipo em que assinalava que a divisão "[era] um fruto impressionante dos métodos de treinamento americanos, os quais formam divisão após divisão completas e plenamente equipadas" e "composta de jovens esplêndidos, bravos e robustos". Mas ele achava que era pedir demais a uma divisão inexperiente que penetrasse a Linha Siegfried e depois enfrentasse os contra-ataques de duas divisões de primeira classe inimigas: a 15ª Divisão de Panzer e a 10ª Divisão da SS. Ademais, ficou indignado com o fato de que os comandantes de divisões e de regiões militares *jamais* visitavam as frentes de batalha. Ficou muito preocupado ao saber que os homens não estavam recebendo alimentação fresca da retaguarda, em contraste com o que ocorria com as unidades avançadas britânicas. Concedeu aos soldados americanos o concurso "do meu mais experiente regimento de blindados, o dos Sherwood Rangers Yeomanry",* disse aos comandantes de batalhão e de divisão que comparecessem à frente de batalha e retornou para o quartel-general.[15]

O problema observado por Horrocks estava tornando-se endêmico no exército americano no TOGE. Nem mesmo os comandantes de batalhão visitavam a frente de batalha. E os americanos estavam atacando a partir de uma linha de frente que ia da fronteira da Suíça a Geilenkirchen, ao norte. Assim, o SHAEF pressionou o 12º Grupamento do Exército; Bradley, por sua vez, pressionou o I, III e IX Exércitos; Hodges, Patton e

---

* Americanos e britânicos costumavam denominar *Rangers* (comando, tropas de assalto) as unidades de infantaria treinadas em táticas de guerrilha para investidas súbitas e impetuosas contra tropas inimigas, o lançamento de ataques-surpresa atrás das linhas de defesa de seus oponentes e combates corpo a corpo. Unidades de *Rangers* foram empregadas pela primeira vez na guerra entre hindus e franceses (1754-63). Aliás, o intercâmbio eventual no uso dos termos *Rangers* e *Commando* a que americanos e britânicos se afeiçoaram remonta, no caso dos primeiros, aos préstimos dos Texas Rangers em várias situações de guerra ou guerrilha em território americano nos séculos passados, e, no caso dos segundos, à Guerra contra os Bôeres (ou Guerra Sul-Africana, 1899-1902), em que os *Commandos* eram a guerrilha dos bôeres (ou afrikâners, sul-africanos de descendência holandesa). O termo *Commando* tem origens no fato de que essa guerrilha era formada pelo recrutamento compulsório de homens nos conflitos com os indígenas africanos, ocasiões em que eram *commandeered* ("recrutados compulsoriamente") para lutar. O termo *Ranger* é usado para designar também os guardas florestais americanos e a força policial do Estado americano do Texas ou um de seus membros. O termo *Yeomanry* é o coletivo dos robustos e valorosos burgueses rurais da idade média inglesa denominados *Yeomen*, que, por suas excelentes qualidades, deram origem a uma força de cavalaria e, mais tarde, a unidades militares. (N. T.)

Simpson disseram a seus comandantes de regiões militares que produzissem resultados; a pressão tinha atingido enormes proporções ao chegar aos comandantes de batalhão. Estes a aumentaram ainda mais quando estabeleceram objetivos para os comandantes das companhias de fuzileiros. Mas o problema com toda essa pressão é que os oficiais superiores ignoravam as conseqüências das ordens que davam às suas companhias de fuzileiros, pois não tinham visto nem o terreno de combate nem o inimigo. Seu trabalho era feito com base no exame de mapas e na operação de rádios e telefones. E, diferentemente dos líderes de pelotão e de companhias, que tinham que ser substituídos, no máximo, após algumas semanas de combate, ou, no mínimo, após alguns dias, as baixas entre os oficiais de estado-maior eram poucas. Portanto, os mesmos homens continuavam realizando o mesmo trabalho — canhestramente.

Na Primeira Guerra Mundial, um oficial de estado-maior britânico do QG do general Haig visitou o campo de batalha de Somme, cerca de uma semana depois dos combates. As ordens tinham sido atacar, conforme os objetivos traçados no quartel-general. Os soldados haviam avançado através de arame farpado, lama, minas, fogo de morteiro e metralhadoras e foram rechaçados, trazendo nas costas um número de perdas assustador, mas receberam ordens de avançar novamente. Isso continuou durante semanas. Contudo, ao chegar ao campo, o oficial viu diante de si um mar de lama e ficou chocado com a própria ignorância das condições de combate. E bradou:

— Meu Deus, nós realmente enviamos nossos homens para combater nisto?[16]

Na Segunda Guerra Mundial, para os que podiam perceber o problema das condições de combate ou para os que sentiam na própria pele suas conseqüências, o exército americano no TOGE estava aproximando-se do modelo britânico de comando da guerra anterior. Quando a correria através da França estava em curso, os comandantes superiores (embora raramente os seus ajudantes) iam freqüentemente à linha de combate para exortar seus homens a avançar. Mas, quando a linha de frente parou de avançar, os oficiais dos estados-maiores, dos que pertenciam a batalhões aos figurões dos altos escalões do exército, tratavam de achar bons alojamentos para si e saíam raramente dali. Logicamente, houve aí exceções notáveis, mas, de um modo geral, os oficiais americanos que transmitiam as ordens de atacar e estabeleciam objetivos não tinham a menor idéia de qual era a situação na frente de batalha. Qualquer resposta ao porquê disso não poderia deixar de ser pura adivinhação, e eu mesmo não tenho nenhum dado estatístico dessas visitas à linha de frente, mas, de acordo com o que os veteranos das campanhas de outono me disseram, somente nas mais raras das ocasiões um oficial acima do posto de capitão ou um oficial de estado-maior foi visto por eles ali.

Isso era injustificável. Foi humilhante o fato de que um general britânico tivesse tido de ordenar que oficiais de estado-maior americanos e seus comandantes procurassem cuidar de si mesmos. O preço disso, de sua ausência dos campos de batalha, foi de partir o coração, pois dezenas de milhares de americanos e alemães morreram ali nesse mês de novembro, em batalhas que pouco serviram para apressar o fim da guerra e que deveriam ter sido evitadas. Se houve algo de positivo no que afeta a essas batalhas, foi o fato de que deram aos comandantes americanos, de Eisenhower à hierarquia abaixo, a sensação de que, com toda aquela pressão caindo sobre eles, certamente os alemães não tinham os recursos para compor uma força de reserva destinada ao lançamento de uma contraofensiva.

Pouco ao sul de Aachen ficava a Floresta de Hurtgen. Com aproximadamente 80 quilômetros quadrados, estendia-se ao longo da fronteira entre a Alemanha e a Bélgica, dentro de um triângulo delineado pelas localizações relativas de Aachen, Monschau e Düren. Era uma floresta densa, com pinheiros medindo 30 metros de altura. Estes bloqueavam a luz do Sol, o que fazia de seu solo um terreno escuro, úmido, desnudo de vegetação rasteira. Os galhos inferiores dos pinheiros se entrelaçavam a menos de dois metros de altura, o que obrigava a todos a se curvarem o tempo todo. O lugar era como uma caverna verde, água gotejando a todo momento, e intransitável e desagradável. O solo era acidentado, com uma série de espinhaços e ravinas profundas formados por numerosos rios e córregos.

O Rio Roer corria ao longo da beira oriental de Hurtgen. Além dela, ficava o Rio Reno. O comando do I Exército queria fechar o cerco ao inimigo perto do Reno, o que o general Hodges concluiu que somente seria possível se eles tirassem os alemães da floresta. Nenhum dos dois se deu conta de um ponto óbvio: o de que os alemães controlavam as represas do Roer rio acima. Caso os americanos entrassem no vale do rio, os alemães podiam liberar a água represada e inundá-lo. A floresta poderia ter sido evitada no avanço para o sul, com as represas como objetivo. Ela, sem as represas, era inútil; as represas, sem a floresta, eram de um valor inestimável. Mas os generais o fizeram retornar, e ele seguiu para a floresta. Assim, a Batalha de Hurtgen teve início com base num plano grosseiramente, e até criminosamente, estúpido.

A batalha foi travada sob as piores de todas as condições que os americanos tiveram que enfrentar, piores mesmo do que as das batalhas que se deram nos sertões da Virgínia ou das que se travaram no Mosa e na Floresta de Argonne. O sargento George Morgan, da 4ª Divisão, nos dá uma descrição dela:

— A floresta era um lugar sombrio e infernal para combater. Você não tem como se proteger e não consegue ver. Nenhum campo, nenhuma clareira. Os disparos de artilharia decepam as árvores como se fossem foices. Em meio ao emaranhado da vegetação, você mal consegue andar. Todos ficam encharcados e sentem frio, e uma mistura de chuva fria e gelo não pára de cair. Eles partem novamente, e logo restam apenas alguns dos homens que ainda estavam vivos.[17]

Em 19 de setembro, a 3ª Divisão de Blindados e a 9ª Divisão de Infantaria começaram a atacar. Os tenentes e os capitães aprenderam rapidamente que, ali, o controle de unidades maiores que pelotões era impossível. Soldados a mais de alguns metros separados uns dos outros não conseguiam ver-se. Não havia clareiras, apenas aceiros estreitos e trilhas. Os mapas eram quase inúteis. Quando os alemães, seguros em suas casamatas, viam os soldados americanos avançando, solicitavam às suas forças de apoio tiros de artilharia previamente assentada, a qual usava projéteis com detonadores regulados para acionar o explosivo ao contato com as copas das árvores. Portanto, quando os homens se atiravam ao chão para se proteger, como reação do treinamento que tinham recebido e conforme lhes ditava o instinto, expunham-se a uma chuva de estilhaços de metal quente e lascas de árvore. Mas aprenderam que, para sobreviver aos projéteis em Hurtgen, podiam recorrer ao tronco das árvores, abraçando-se a eles. Dessa forma, expunham apenas o capacete de metal.

Os tanques mal conseguiam mover-se pelas poucas estradas, já que estas eram muito lamacentas, estreitas demais e densamente minadas. E, de jeito nenhum, podiam sair delas. Os aviões não podiam decolar. A artilharia podia ser usada, mas não eficazmente, já que os oficiais superiores não conseguiam enxergar além de dez metros na linha de combate. Os americanos não podiam usar seus trunfos — força aérea, artilharia, mobilidade. Estavam obrigados a travar combate na lama e em campos minados, escaramuças em que a infantaria se envolvia e avançava pela floresta adentro, com metralhadoras e morteiros leves como seus únicos elementos de apoio.

Para os alemães, a situação era igualmente terrível. Um comandante do inimigo, o general Hans Schmidt, 275ª Divisão de Infantaria, chamou a floresta de um lugar "estranho e selvagem", no qual "os pinheiros escuros e as densas copas das árvores dão à floresta, mesmo durante o dia, um aspecto sombrio, capaz de deprimir as pessoas sensíveis".[18] O general Paul Mahlmann, comandante da 353ª Divisão de Infantaria, disse que suas tropas "estavam lutando diariamente, sem repouso, recebendo pouco apoio de sua própria artilharia, com as roupas encharcadas pela chuva e sem a possibilidade de trocá-las". E:

— Abandonados como estavam, não tinham escolha senão resistir com resignação e sem esperança.[19]

Para os soldados americanos, aquilo era uma calamidade. Em sua operação de setembro, a 9ª e a 2ª Divisões de Blindados chegaram a perder 80% de seus soldados da linha de frente e não ganharam quase nada com isso. No dia 9 de outubro, reforçada, fez outra tentativa, mas, pelos meados do mês, tornou a cair em apertos e sofreu terrivelmente. Suas baixas chegavam a perto de 4.500 homens para cada 3 mil metros de avanço. As perdas alemãs eram um pouco menores: cerca de 3 mil.

Os oficiais do estado-maior estavam aprendendo, ainda que lentamente. No último dia de outubro, os oficiais da 9ª Divisão emitiram um relatório de cinco páginas, intitulado *Notas sobre Combates em Florestas*. As tropas na linha de combate e ainda vivas já conheciam as lições, mas o relatório foi valioso para as novas unidades e os substitutos que chegavam à floresta. Ele exortava o treinamento nos fundamentos de combates em florestas antes do engajamento nas operações de combate, instruía os homens a comprimirem o corpo contra um tronco de árvore quando tiros de barragem começassem e aconselhava jamais mobilizarem-se pela floresta sem bússola e que nunca se avançassem reforços em meio à batalha ou a uma barragem.[20]

Suspenda-o! Era o que os soldados americanos tinham vontade de dizer aos generais, mas estes abanavam negativamente a cabeça e diziam: ataquem. Em 2 de novembro, a 28ª Divisão de Infantaria entrou em combate. O general-de-divisão Norman Cota, um dos heróis do Dia D, era o comandante. A 28ª era, em verdade, a Guarda Nacional da Pensilvânia, chamada também de "Divisão Pedra Chave". Em alusão à sua insígnia vermelha em forma de pedra-chave, os alemães passaram a chamá-la de "Divisão de Banho de Sangue".

Ela tentou avançar, mas foi como tentar caminhar sobre um tapete de brasas. De suas casamatas, os alemães arremeteram uma saraivada de tiros de metralhadora, fuzis e morteiros contra os americanos. E estes foram apanhados num campo densamente minado. Tudo era lama e pinheiros. E o ataque empacou.

— Os dias eram tão terríveis que eu orava pela chegada da noite — conta-nos o praça Clarence Blakeslee —, e as noites eram tão ruins que eu orava pela chegada da luz do dia.[21]

O tenente John Forsell, Companhia K, 110º Regimento de Infantaria, 28ª Divisão, teve uma experiência macabra. Ele estava nas cercanias da vila de Schmidt, uma terra de ninguém.

— Checávamos as casas durante o dia — explica-nos. — Os alemães patrulhavam a mesma cidade à noite. Em certa manhã, nossa patrulha entrou na cidade e encontrou um soldado americano pendurado numa cruz. Tiramos seu corpo dali. Ficamos na cidade e nos escondemos em algumas casas, esperando os alemães. Uma patrulha alemã entrou na cidade e foi pega de surpresa. Travamos um tiroteio. Alguns de seus homens fugiram, mas pegamos três alemães e os crucificamos em três cruzes. Isso pôs fim à pequena ostentação de força de ambos os lados em Schmidt.[22]

Durante duas semanas, a 28ª continuou atacando, conforme ordenado. Em 5 de novembro, o comando da divisão deu ordens para que os tanques avançassem por uma estrada chamada "trilha de Kall". Mas nenhum oficial do estado-maior tinha avançado para avaliar a situação pessoalmente e, aliás, a "trilha" era pura lama e estava completamente bloqueada por troncos de árvores derrubadas e tanques danificados. O ataque resultou apenas em perdas.

Alguns homens fraquejaram ante a pressão dos combates, mas também houve heróis. Em 5 de novembro, os alemães contra-atacaram. Um soldado americano desconhecido prorrompeu de sua trincheira individual, pegou uma bazuca de um soldado morto e travou combate contra dois tanques. Atirando de uma distância de uns 25 metros, pôs um delcs fora de ação. Esse soldado jamais foi visto novamente.

No dia 6 de novembro, uma companhia inteira foi submetida a condições além das que podia suportar. Um ataque com tiros de artilharia durante toda a noite causara-lhe numerosas baixas. Ao amanhecer, sobreveio-lhe novo contra-ataque alemão. Quando o inimigo, munido de armas portáteis, despontou em meio à floresta, os homens não puderam agüentar mais. Primeiro, um; depois, outro; e três e quatro ao mesmo tempo começaram a retirar-se para a retaguarda. No que se refere a esse episódio, o capitão Joe Pruden foi simpático:

— Eles já tinham suportado muita coisa. Sua resistência não podia ir além disso. — Mas ele sabia que tinha que detê-los, fazê-los dar meia-volta e encarar o inimigo. Assim, juntamente com outros oficiais do posto de comando, ele tentou fazê-lo. Mas seus homens "arrastavam e empurravam apetrechos e equipamentos e se livravam deles, numa tentativa de superar o pessoal da artilharia e uns aos outros em frenético esforço de fuga. Todos estavam apavorados". Ele viu homens gravemente feridos estendidos no mesmo lugar em que tinham caído, clamando por socorro médico, mas eram ignorados.[23]

Os tenentes da 28ª continuaram liderando o ataque. Por volta do dia 13 de novembro, todos os oficiais das companhias de fuzileiros tinham sido mortos ou feridos. À maior parte deles faltava um ano para completar seu vigésimo aniversário. Ao todo, nos conflitos da Floresta de Hurtgen, a 28ª Divisão teve 6.184 baixas por engajamento em lutas, 738 casos de pé-de-trincheira e 620 de fadiga de combate. Esses números mostram que praticamente todos os soldados da frente de batalha fizeram parte do universo de baixas.

O coronel Ralph Ingersoll, oficial do estado-maior do I Exército, encontrou-se com tenentes que tinham acabado de sair de Hurtgen:

— Eles não falavam; apenas ficavam sentados à mesa ou na beira de nossa cama e nos olhavam fixamente, sem piscar, sem, absolutamente, nenhuma expressão no rosto, nem mesmo uma que entremostrasse tensão ou relaxamento, senão apatia completa. Eles apenas olhavam, sem piscar.[24]

Bradley e Hodges mantinham-se resolutos em seu objetivo de tomar Hurtgen. E puseram em ação a 4ª Divisão de Infantaria. Ela tinha encabeçado as operações na Praia de Utah no dia 6 de junho e se engajara em algumas batalhas desde então. Era pouco significativo o número de veteranos do Dia D que ainda se encontrava na divisão — a mor parte morrera ou fora gravemente ferida. Na Floresta de Hurtgen, a divisão derramou o sangue de seus homens outra vez.

O tenente George Wilson participou da batalha e nos dá uma descrição dos métodos de guerra alemães. Toda vez que estes, sob pressão, recuavam, solicitavam tiro de apoio de sua artilharia contra as posições que tinham acabado de abandonar, ao mesmo tempo em que ocupavam casamatas previamente preparadas, situadas a umas poucas centenas de metros na retaguarda:

— Geralmente, a nova linha de combate lhes proporcionava o controle de tudo que estivesse à frente, [porque] localizada, talvez, numa vertente ou à beira de uma ravina. Suas casamatas eram feitas com grossos troncos de árvore e alguns metros de terra em cima. Eram quase imunes aos tiros de artilharia. É bem possível que tivessem concreto também. Não havia a mínima chance de os nossos tanques se aproximarem delas para tiros diretos. — Portanto, concluiu Wilson: — A infantaria tinha que tomá-las da forma mais difícil, lutando e avançando para conquistá-las uma por uma, através do arame farpado.

O tenente Wilson se havia tornado comandante de companhia combatendo. Suas ordens eram atacar. E ele tentou fazê-lo. Seus homens conseguiram destruir uma metralhadora. Em seguida, ele tomou do rádio para conversar com o tenente-coronel Thomas Kenan, que se encontrava num batalhão. Wilson explicou-lhe cuidadosamente sua situação: todos os seus oficiais estavam fora de combate, tinha muitos feridos que precisavam ser evacuados, e sua munição estava esgotando-se.

— Eu lhe disse que não sabia como poderíamos continuar naquela situação contra uma defesa inimiga tão formidável. Achei que fui plenamente objetivo, simplesmente relacionando os fatos concretos, e também que minha avaliação da situação foi correta.

— Wilson, a munição está a caminho — respondeu-lhe o coronel Kenan. — Sei o que você está enfrentando e que você *pode e continuará avançando* e tomará essa linha de defesa. — E desligou o rádio.

A munição chegou, e Wilson atacou. Sua companhia conseguiu avançar 500 metros, e os alemães recuaram para sua próxima LRP. Wilson observou:

— Foi terreno ganho a um custo muito alto, possivelmente o patrimônio imobiliário mais caro do mundo, e jamais poderíamos ter avançado os outros 1.500 metros, com o intuito de alcançar o objetivo principal. — Objetivo este estabelecido por Kenan.[25]

Entre o dia 7 de novembro e o dia 3 de dezembro, a 4ª Divisão perdeu mais de 7 mil homens ou cerca de 10% de cada companhia por dia.

— Os substitutos fluíam continuamente para compensar as perdas — relata-nos Michael Doubler —, mas o apetite voraz da Floresta de

Hurtgen por baixas era maior do que a capacidade do exército de fornecer novos soldados.[26] — Os registros do tenente Wilson dão conta de que sua companhia teve uma perda de 167% de recrutas:

— Tínhamos começado com uma companhia completa, com 162 homens, e perdemos uns 287.[27]

O sargento Mack Morris esteve lá com a 4ª Divisão:

— Os aceiros de Hurtgen permitiam a passagem de somente dois jipes e estavam minados e infestados por metralhadoras. Havia uma mina Teller a cada oito passos, numa extensão de cinco quilômetros. As estradas de Hurtgen estavam bloqueadas. Os alemães as bloqueavam com abatises. Eles cortavam troncos de árvores de modo que seus galhos e elas se emaranhassem ao cair. Depois, eles as minavam e as enchiam de armadilhas e arame farpado. Por fim, eles passavam as coordenadas de sua posição à artilharia e às guarnições de morteiros, e estas, ao ouvirem o barulho de homens tentando removê-las, abriam fogo. Essas fortificações eram construídas cuidadosamente, e, dentro delas, havia beliches asseados, construídos com a madeira da floresta, e as paredes das casamatas eram revestidas com madeira. Serviam como excelente abrigo para o inimigo. Fora delas, ficavam suas posições de defesa.[28]

O I Exército engajou a 8ª Divisão de Infantaria no ataque. Em 27 de novembro, ela cercou a cidade de Hurtgen, o objetivo original da ofensiva nos meados de setembro, época em que fora iniciada. Coube ao tenente Paul Boesch, Companhia G, 121º Regimento de Infantaria, conquistar a cidade. No amanhecer do dia 28 de novembro, Boesch fez que se posicionassem alguns de seus tenentes no lado esquerdo da estrada que conduzia à cidade, enquanto levava o outro pelotão para o outro lado. Boesch falou com cada um dos homens, explicando-lhes o que a companhia estava prestes a fazer. Quando deu o sinal, eles avançaram.

— Foi simplesmente infernal — avalia. Uma vez livres daquela floresta, os homens ficaram loucos para lutar.

Boesch faz uma descrição da batalha:

— Foi algo selvagem, terrível, assombroso. Avançávamos impetuosamente, lutávamos de edifício em edifício, urrando, pungindo nossas baionetas, dando coronhadas no inimigo. As explosões das granadas de mão ribombavam aqui e ali, os estampidos dos disparos pareciam intermináveis, os edifícios à esquerda e à direita incendiavam-se e enchiam-se com o cheiro acre de fumaça. Poeira, fumaça e pólvora penetravam nossos pulmões, fazendo-nos tossir, cuspir. Os disparos das armas automáticas pipocavam em toda parte, ao passo que as gargantas mais potentes dos morteiros e da artilharia lançavam de suas entranhas congestas por carga pesada explosões ensurdecedoras. Os feridos e os mortos — soldados de ambos os lados — jaziam estendidos em posições grotescas em cada esquina.

Tanques americanos apoiaram a companhia de Boesch. Ele conta que, primeiramente, eles crivavam de balas os edifícios com suas metralhadoras .50. Depois, usavam seus canhões de 75 milímetros para abrir buracos neles de modo que a infantaria pudesse passar.

— Atirávamo-nos pelos buracos ou através de janelas ou portas arrombadas. Então, a batalha se tornava um combate de pavimento em pavimento — cômodo após cômodo. — A companhia fez quase 300 prisioneiros.

À medida que a batalha foi chegando ao fim, prossegue Boesch:

— Comecei a tremer e não era de frio. Percebi que eu não tinha sentido medo durante todo o dia. Em nenhum momento, senti medo. Fiquei atarefado como nunca, e isso me distraiu a mente. Mas, quando tremi naquele assoalho, com um teto com pelo menos um metro de espessura sobre minha cabeça, passei a nutrir a esperança de jamais conseguir esquecer-me de sentir medo, pois essa era a melhor forma de continuar vivo, de não tomar atitudes impensadas. — Algum tempo depois, na noite desse mesmo dia, ele foi ferido pela explosão de um projétil alemão e foi enviado para um hospital nos Estados Unidos.[29]

A 8ª Divisão de Infantaria não conseguiu ir além de Hurtgen. Por volta do dia 3 de dezembro, estava exaurida. Um oficial do estado-maior do regimento ficou chocado quando visitou a linha de combate nesse dia. Ele disse em seu relatório: "Os homens desse batalhão estão fisicamente esgotados. O espírito de luta e a vontade de combater ainda estão lá; a capacidade de continuar lutando não existe mais. Esses homens têm lutado sem dormir nem descansar durante quatro dias e, na noite passada, tiveram que ficar expostos ao tempo num campo aberto. Tremem de frio, e suas mãos estão tão dormentes que eles têm que ajudar uns aos outros com a manipulação de seus equipamentos. Creio firmemente que todos os homens de lá deveriam ser evacuados por meio de recursos das equipes médicas."[30] Muitos tinham pé-de-trincheira e todos sofriam de grave resfriado ou coisa pior, além de diarréia.

No fim de novembro, o 2º Batalhão de Tropas de Assalto entrou na floresta. Depois de sofrer pesadas baixas em Pointe-du-Hoc e na Praia de

Omaha, no Dia D, e de pagar um preço igualmente alto na campanha da Normandia, o batalhão tinha ido para Brest e, depois, voltara para o norte da França. E tinha sido subordinado a várias divisões e corpos de exército, conforme a necessidade.

Embora o batalhão tivesse sofrido mais de 100% de baixas, a essência das forças que o tenente-coronel James Earl Rudder tinha desembarcado nas praias da Normandia no dia 6 ainda estava lá. O capitão Sidney Salomon, que liderara um pelotão no desembarque da Praia de Omaha, era agora comandante da Companhia B. O tenente-coronel Lomell, que tinha destruído os grandes canhões em Pointe-du-Hoc às 8h30 no Dia D, havia sido promovido nos campos de batalha, o primeiro *Ranger* a receber essa honraria. O tenente James Eikner, que usou um sinalizador a querosene da Primeira Guerra Mundial no Dia D para orientar os tiros de apoio navais, era o encarregado do sistema de comunicações de Rudder. O sargento Leo Lisko, que tinha operado o sinalizador (e, hoje, é o historiador dos *Rangers*), estava lá. Ao todo, o batalhão tinha 485 recrutas e 27 oficiais, menos da metade do tamanho de um batalhão completo.[31]

O batalhão foi designado para apoiar a 28ª Divisão em Hurtgen. Rudder, Eikner e os outros ficaram desapontados. Eikner explica-nos algo a respeito disso:

— Nós éramos uma unidade muito especializada. Todos voluntários — altamente treinados para realizar missões especiais —, colocar-nos numa frente de batalha em posição defensiva não era utilizar nossas aptidões e capacidade. O desgaste, causado não apenas pelos tiros de barragem, mas também pelo tempo; o pé-de-trincheira; só ficar enfurnado naquelas trincheiras e, de vez em quando, fazer um pouco de furor e envolver-se em algumas escaramuças esporádicas — ficamos muito desapontados com isso.[32]

À proporção que o batalhão se aproximava da linha de combate, foi sofrendo baixas, causadas por minas e fogo de artilharia. Então, os homens tomaram posição em trincheiras individuais, mas, logo em seguida, o inimigo lançou-lhes tiros de barragem. Essa não era, absolutamente, a idéia que os *Rangers* faziam da guerra.

Em 6 de dezembro, a oportunidade que esperavam chegou. A Colina 400 (recebera este nome em razão de sua altura) demarcava a borda oriental da floresta e, portanto, era o último objetivo da campanha. Era o ponto mais elevado da região e proporcionava excelentes condições de observação do Rio Roer, situado a menos de um quilômetro a leste, e da mistura de terras de fazenda e florestas em torno de si. Os alemães a tinham usado tão efetivamente que nem os soldados americanos nem seus veículos se moviam durante o dia (quando os *Rangers* substituíram um batalhão da 28ª, foram advertidos, próximo da meia-noite, de que o menor movimento durante o dia atraía os tiros dos Germans 88 e de morteiros). A vila de Bergstein conchegava-se ao sopé da colina.

O I Exército tinha arremetido quatro divisões contra a Colina 400. Fogo de artilharia intenso e, quando o tempo era favorável, ataques de caças-bombardeiros precediam cada tentativa de expulsar os alemães da colina. Em todas elas, os alemães tinham saído de suas casamatas, guarnecido suas armas e interrompido o lento avanço da linha de escaramuçadores americanos. Em seguida, fogo de artilharia e de morteiro começava a cair entre os americanos, que recuavam. Centenas deles tinham sido sacrificados, sem que isso houvesse resultado em nenhum ganho.

Algo novo precisava ser tentado. Assim, no dia 6 de dezembro, o comandante da 8ª Divisão, desesperado, solicitou o concurso dos *Rangers*. Neste ínterim, a liderança desse corpo de tropas estava sendo mudada. Rudder fora posto no comando do 109º Regimento de Infantaria. Seu subcomandante, o capitão George Williams, estava no quartel-general da divisão, onde o comandante lhe havia acabado de ordenar que atacasse a colina às 3 horas do dia 7 de dezembro. Mas Williams o convenceu a aguardar até o amanhecer. O comandante queria iniciar o ataque com tiros de barragem. Williams ponderou que os *Rangers* prefeririam surpreender o inimigo a usar fogo de artilharia e acrescentou que tinham sido treinados para agir de uma forma um pouco diferente. Conforme as palavras do tenente Lomell:

— As táticas dos *Rangers* pareciam mais convenientes, com infiltrações furtivas e rápidas e ataques-surpresa onde não se esperava que pudessem ocorrer, aos primeiros clarões do dia. Os grandes equipamentos eram evidentes demais. Já que podíamos fazê-lo, achávamos preferível penetrar-lhes a linha de defesa sorrateiramente.[33] — Quando retornou para o quartel-general dos *Rangers*, Williams soube que Rudder estava partindo. Este o promoveu a major, conversou com ele sobre o ataque iminente e foi assumir seus novos deveres.

Logo depois da meia-noite, os *Rangers* marcharam para Bergstein. Na estrada, tiros de artilharia obstaram-lhes o avanço. Eikner disse:

— Isso me fez lembrar de um dos velhos filmes da Primeira Guerra

Mundial que mostravam unidades sob o fogo de artilharia durante a noite.[34]

Quando se aproximaram de Bergstein, o sargento Earl Lutz veio da vila para indicar-lhes caminhos e orientá-los na penetração.

— Disseram-me que eu fosse para uma certa estrada — relata-nos Lutz. — Cheguei lá, mas não vi nada, nem ouvi nenhum ruído, nem mesmo de um grilo. Se me lembro bem, disse alguns palavrões, e, de repente, me vi rodeado de *Rangers*.[35]

Na cidade, os *Rangers* substituíram o 47º Batalhão de Infantaria Motorizada, 8ª Divisão. Não houve cerimônia de recepção. Três tenentes dos *Rangers* se apresentaram ao posto de comando do 47º.

— Eles perguntaram pelas posições inimigas e pela estrada que deveria ser tomada; disseram que estavam prontos para partir. Tentamos ponderar sobre a situação, mas eles nos ignoraram e disseram: "Vamos, pessoal." Ouvimos o clique de seus fuzis-metralhadoras e, sem dizer palavra, os *Rangers* partiram. Nosso moral subiu no mesmo instante.[36]

Por volta das 3 horas, três companhias de *Rangers* — A, B e C — se haviam infiltrado na orla de um bosque, ao sopé da colina. As companhias D, E e F tomaram Bergstein e se entrincheiraram ao seu redor. Enquanto isso, as companhias posicionadas perto da colina se preparavam para atacá-la à primeira luz da aurora. Elas podiam acometer as posições inimigas na colina atravessando clareiras com uns cem metros de largura, pelo que se exporiam aos disparos de armas portáteis e de morteiros do inimigo ou tentar atacar pelos flancos passando pelos conhecidos campos minados. O major Williams optou por avançar pelas clareiras. Seus homens fixaram suas baionetas. O sargento Bill Petty, que se havia destacado no Dia D, conta-nos:

— A tensão chegou a um ponto que parecia que iríamos explodir.[37]

Aos primeiros albores do dia, gritando "Vamos pegar os bastardos!", e atirando com as armas à altura da cintura, os *Rangers* atacaram. Avançaram pela clareira coberta de neve, a despeito dos tiros das armas portáteis e dos morteiros, e escalaram a colina. Quatro metralhadoras foram disparadas à queima-roupa contra os *Rangers*, que continuaram a subir a colina, vociferando e atirando. O sargento Bud Potratz revela-nos que clamou, então:

— Alô, Silver![38]

Os que estiveram em Pointe-du-Hoc no Dia D acham que as condições de combate na Colina 400 foram piores. Esta não era tão íngreme, mas era formada por rocha xistosa e estava coberta de neve e finas camadas de gelo, e eles não tinham ganchos ou cordas. A solução era vencê-la mão após mão mesmo, com uma "terceira" para continuar atirando.

Os alemães foram pegos de surpresa. Tinham bons soldados na colina, embora não o suficiente. O fogo das armas portáteis dos *Rangers* os manteve encurralados, enquanto outros integrantes da tropa de assalto lançavam granadas nas casamatas. Meses depois, o sargento Forrest Pogue, da Seção de História do Exército, entrevistou Williams. (Foi no dia 21 de março de 1945, na Alemanha, do outro lado do Reno. Pogue achou que as declarações de Williams foram "apressadas", pois estava preparando-se para resolver um problema à noite — esses *Rangers* nunca paravam de treinar.) William contou a ele como o ataque se deu:

— Tomamos a colina de assalto. Um esquadrão da Companhia D alcançou-lhe o topo e desceu até certo ponto a outra vertente. Esse grupo não teve muitas baixas, mas o outro foi duramente atingido.[39]

Quando o sargento Petty alcançou o topo da colina:

— Deparou com uma grande confusão.

Juntamente com outro *Ranger*, de nome Anderson, aproximou-se da casamata principal e ouviu o ruído dos movimentos dos alemães lá dentro. Arrombaram a porta e atiraram duas granadas para dentro. No mesmo instante em que estavam preparados para arrojar-se casamata adentro e crivar-lhe o interior com os disparos de seus BARs, um projétil explodiu a alguns metros de distância — os alemães estavam atirando contra suas próprias posições. A explosão arremessou Anderson nos braços de Petty. Ele havia partido, morto instantaneamente por um grande estilhaço que se lhe encravara no coração.

Um dos esquadrões foi ao encalço dos alemães colina abaixo e depois até o Rio Roer. Em seguida, voltaram para o topo, onde os *Rangers* tentavam entrincheirar-se. No xisto escorregadio, isso era quase impossível. O relógio assinalava 8h30, e os tiros de artilharia se intensificavam. Os *Rangers* tomaram abrigo nas casamatas e esperaram o inevitável contra-ataque. Petty tentava animar o agonizante irmão de Anderson e "tive a vaga sensação de ter segurado nos braços os dois irmãos enquanto estavam a caminho da morte, que viria uma hora depois".[40]

Às 9h30, o primeiro dos cinco contra-ataques desse dia foi iniciado. Eles vieram principalmente do sul e do leste, nos quais bosques se estendiam até o sopé da montanha e proporcionaram proteção aos alemães, que avançaram em companhias, por quase toda a sua amplidão.

— Houve algumas situações em que os alemães surgiram em torno das casamatas e dentro delas, antes que os *Rangers* conseguissem perceber sua presença. Em uma delas, eles tentaram tomar de assalto algumas posições. Usaram metralhadoras, pistolas automáticas, fuzis e atiraram "espremedores de batata". Ocorreram também na colina combates corpo a corpo nos quais a baioneta foi usada.

Simultaneamente à incursão contra a colina, os alemães atacaram a cidade, onde Williams tinha seu quartel-general.

— Fizeram disparos diretos com seus Germans 88, canhões móveis, morteiros e artilharia, e atacaram de todos os lados. Cinco deles chegaram a cem metros da igreja, que estava sendo usada como posto de socorro. — Williams acrescentou que soube nesse dia que, se você quiser manter o controle de uma cidade, você tem que ficar do lado de fora dela. As companhias A, B e C ficaram nos arrabaldes de Bergstein e sofreram pouquíssimas baixas. [41] (A tática alemã era outra: preferiam dominar o centro da cidade.)

Os alemães atacaram a Colina 400 dia e noite. O marechal-de-campo Model ofereceu Cruzes de Ferro e duas semanas de licença a quaisquer de seus homens que conseguissem retomar a colina. Às vezes, relata-nos o tenente Lomell:

— Estávamos numa desvantagem de dez por um. Não tínhamos proteção, toneladas de estilhaços caíam sobre nós continuamente e centenas de disparos de artilharia eram feitos contra nós.

Em certo momento, Lomell viu seu sargento de pelotão, Ed Secor:

— Um homem muito calmo, [mas] sem munição e desarmado, pegar duas pistolas automáticas de alemães feridos e atirar, desesperado, aos gritos, contra uma grande patrulha alemã. Os poucos homens que lhe restavam se reagruparam na casamata e, juntos, fizeram os alemães recuar pela colina abaixo.

Lomell é considerado um mito entre os *Rangers* pelo que fez no Dia D.

— O dia 6 de junho de 1944 não foi o mais longo que tive. Sete de dezembro, sim, foi o mais longo e mais miserável dia dos meus 75 anos de vida — disse em 1995.[42]

Quando o número dos *Rangers* diminuiu e a munição começou a esgotar-se, seus homens foram salvos pela artilharia americana. O campo de visão era tal, que o observador avançado, o tenente Howard Kettlehut, do 56º Batalhão de Artilharia de Campanha Motorizado, conseguia orientar os disparos de tiros de apoio em toda a colina. Anos depois, os *Rangers* disseram que Kettlehut foi "o melhor homem com quem já trabalhamos". Ou, conforme, as palavras de Pogue:

— Em certo momento, Kettlehut conseguiu orientar os disparos de toda a artilharia disponível dos corpos de exército — 18 batalhões ao todo: morteiros de 75 e 155 milímetros, peças móveis e canhões de 20* e 240 milímetros criavam um cinturão de fogo com os projéteis disparados contra a colina.[43]

Durante a noite, tropas transportando munição alcançaram o topo da colina e desceram com feridos em padiolas — algo muito difícil de fazer sobre neve, gelo e rochas. A combinação de forças das três companhias que permaneceram no topo era composta de 5 oficiais e 86 homens. Lomell estava ferido.

Logo depois do anoitecer, os alemães lançaram projéteis sobre a cidade e a colina. Na colina, o ataque foi "de intensidade tal, que o barulho de uma explosão abafava o do projétil que se aproximava". Mas, quando os alemães atacaram com infantaria, numa ação conjunta, os projéteis cujos alvos Kettlehut assinalava com suas orientações de observador avançado e os tiros de armas portáteis dos *Rangers* os rechaçaram.

No fim do dia 8 de dezembro, um regimento de infantaria e um batalhão com peças antitanque aliviou a situação dos *Rangers* que sobreviveram. Nove dias depois, os alemães retomaram a colina. Somente em fevereiro de 1945 os americanos a recapturaram. Os *Rangers* sofreram 90% de baixas e tiveram que ser reorganizados.

Com a Batalha da Colina 400, a campanha de Hurtgen chegara ao fim. Os americanos não obtiveram o controle das represas rio acima. Portanto, não se atreveram a entrar no vale. A floresta que conquistaram, pela qual tinham pago um preço tão alto, era-lhes inútil.

A Batalha de Hurtgen durou 90 dias. Nove divisões, além de unidades de apoio do lado americano, foram engajadas, o que envolveu um número de homens maior do que aquele do qual Meade pôde dispor na Batalha de Gettysburg. O número de perdas equiparou-se ao dessa batalha também, ou ao das batalhas nos sertões da Virgínia. Houve mais de 24 mil baixas de combate, outras nove mil por pé-de-trincheira, doenças ou exaustão.

---

* Também conhecido, pelos americanos, como canhão automático Vulcan ou *8-inch*. Arma antiaérea com seis canos e capaz de efetuar 7.200 disparos por minuto, integrada também, atualmente, a vários sistemas táticos de armas terrestres. (N. T.)

Em fevereiro de 1945, a 82ª DIA seguia o exército alemão, que se retirava, através da floresta. O 505º RIA entrou na cidade de Schmidt, a qual tinha mudado de mãos várias vezes durante a batalha. A Seção de História do 505º RIA assinalou que "durante todas as campanhas na Sicília, Itália, Normandia e Holanda essa unidade testemunhou a devastação da guerra, mas nada que possa ser comparado com esta. Ali, houve a presença de tanques, peças antitanque, jipes, caminhões de duas toneladas e meia, outros tipos de veículos e de toda sorte de equipamento, e o derramamento do sangue de incontáveis americanos. Não admira que os homens chamassem esse campo de batalha de vale da morte".[44]

— Engajei-me nas longas campanhas da União Soviética, bem como [em combates] em outras frentes de batalha, e acredito que o combate em Hurtgen foi o mais feroz que testemunhei — disse o general Rolf von Gersdorff depois da guerra.[45] Apesar disso, os alemães ficaram lisonjeados com o fato de que os americanos decidiram empregar boa parte de suas forças num ataque contra soldados entrincheirados na floresta.

O que teria saído errado? Não apenas o ataque a Hurtgen, mas também ao norte, onde o IX Exército Americano atacou intensamente a Linha Siegfried. O capitão John O'Grady, da Seção de História do IX Exército, respondeu em parte essa pergunta. Ele se encontrava no quartel-general do 3º Batalhão, 333º Regimento de Infantaria, no fim de novembro e enviou um memorando ao IX Exército: "Em 23 de novembro, o batalhão atacava uma força alemã superior, entrincheirada em excelente local. A única contribuição que o alto comando do quartel-general deu aos soldados para a derrota alemã foi pressão, e Deus sabe onde a pressão começou, talvez no Corpo do Exército ou no próprio Exército. Isso equivaleu a ordenar que os homens morressem sem necessidade."

O'Grady estava furioso: "Tática de guerra e de manobras foi o que mais faltou e o de que mais se precisou nos batalhões e nos regimentos. Nunca parecia ocorrer a ninguém que o plano poderia estar errado; mas, em vez disso, a culpa era posta nos comandantes de pequenas unidades e nos homens que travavam combate. As companhias entraram na batalha em operações contra a formidável Linha Siegfried com granadas de mão e balas de fuzis nos ataques às casamatas. A 84ª Divisão marchou contra a linha de defesa mais bem guardada das guerras modernas sem mais do que uma simples instrução de seus oficiais."[46]

Os americanos tomaram a floresta, mas perderam a Batalha de Hurtgen e muitos homens bons. Essa batalha não abreviou a guerra em um minuto sequer. Por essas razões, é lembrada hoje por aqueles que estiveram lá. Os americanos haviam tomado Aachen, Metz e a Floresta de Hurtgen, mas a um preço tal, no que respeita ao tempo e a vidas, que, para os que não estiveram lá, essas duas grandes batalhas são algo difícil de recordar. Essa é também a opinião do tenente Lomell:

— A Batalha de Hurtgen, que durou meses, foi para nós um prejuízo a respeito do qual, desde então, nossos oficiais de alta patente jamais parecem dispostos a falar.[47]

O tenente Eikner relata-nos que, em 8 de dezembro, do posto de observação na Colina 400:

— Podíamos avistar a cidade de Nideggen, situada além do Rio Roer. Trens chegavam trazendo tropas e outras coisas mais.[48]

Eles estavam seguindo para o sul. Eikner tinha motivo para se sentir desencorajado; se, depois de toda a surra que tomaram, os alemães estavam compondo forças de reserva ao sul, ora, eram os alemães, e não os americanos, que tinham vencido as batalhas do outono de 1944. Os americanos não tinham nenhuma reserva, salvo a 82ª e a 101ª DIAs, as quais estavam perto de Reims, em processo de recomposição, depois da campanha da Holanda. Todas as outras divisões no TOGE estavam engajadas em operações ofensivas.

7

AS ARDENAS

16 A 19 DE DEZEMBRO DE 1944

QUANDO OS AMERICANOS alcançaram a fronteira da Alemanha, as melhores fontes de informação de seu serviço de inteligência secaram. Dentro da Alemanha, a Wehrmacht usava linhas de telefone seguras, em vez de sistemas de rádio, o que cegou e emudeceu o Ultra. Investigações na França tinham proporcionado valiosas informações ao serviço de inteligência dos Aliados; na fronteira da Alemanha, os civis se retraíam receosamente e meneavam a cabeça quando inquiridos. O tempo no início de dezembro manteve os aviões de reconhecimento em terra. E, nas Ardenas, as patrulhas eram raras e quase nunca agressivas, já que cada uma das partes beligerantes se mostrava mais inclinada a deixar a outra em paz enquanto a poeira estivesse assentada.

Como resultado disso, os soldados americanos nas Ardenas, assim como o aparato do serviço de inteligência americano como um todo, não estavam mais bem supridos, em relação aos Billy Yanks, 80 anos antes, no campo das operações secretas. Mas, por conta de orgulho e autocomplacência, quase ninguém se preocupou com isso. "O inimigo realiza, atualmente, uma campanha de defesa em todas as frentes de batalha; sua situação é tão precária que ele não pode executar grandes operações ofensivas",[1] confirmam-nos o que acabamos de dizer acima estas palavras de um relatório do serviço de inteligência do 21º Grupamento do Exército Britânico, redigido em 16 de dezembro.

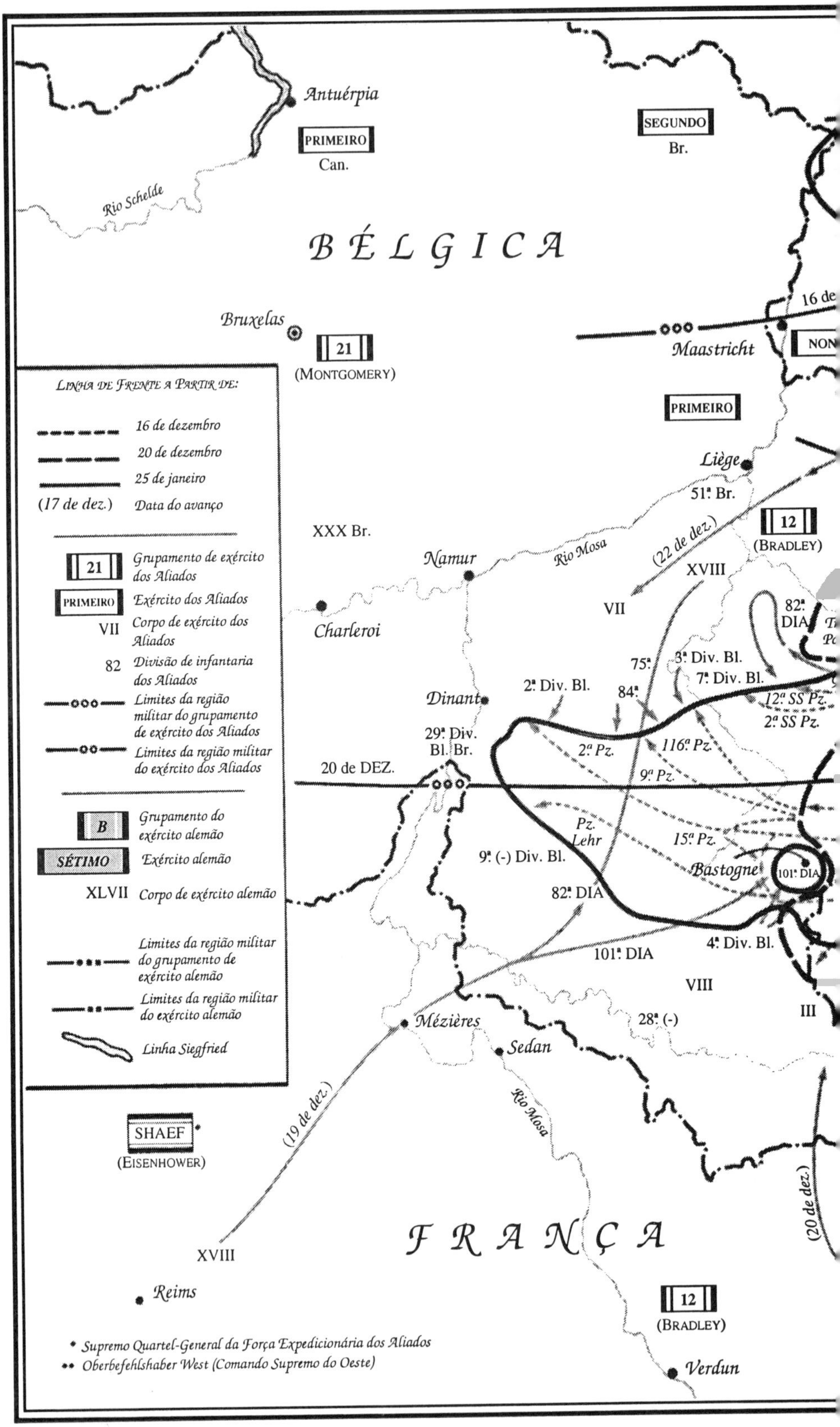

Antuérpia
PRIMEIRO
Can.
SEGUNDO
Br.
Rio Schelde
BÉLGICA
Bruxelas
21
(MONTGOMERY)
16 de
Maastricht
PRIMEIRO
Liège
51ª Br.
12
(BRADLEY)
(22 de dez.)
XVIII
VII
XXX Br.
Namur
Rio Mosa
Charleroi
82ª DIA
75ª
3ª Div. Bl.
7ª Div. Bl.
84ª
2ª Div. Bl.
Dinant
12ª SS Pz.
2ª SS Pz.
29ª Div. Bl. Br.
2ª Pz.
116ª Pz.
9ª Pz.
20 de DEZ.
Pz. Lehr
15ª Pz.
9ª (-) Div. Bl.
Bastogne
101ª DIA
82ª DIA
4ª Div. Bl.
101ª DIA
VIII
III
Mézières
28ª (-)
Sedan
Rio Mosa
(19 de dez.)
(20 de dez.)
FRANÇA
XVIII
Reims
12
(BRADLEY)
Verdun
SHAEF*
(EISENHOWER)
LINHA DE FRENTE A PARTIR DE:
16 de dezembro
20 de dezembro
25 de janeiro
(17 de dez.) Data do avanço
21 Grupamento de exército dos Aliados
PRIMEIRO Exército dos Aliados
VII Corpo de exército dos Aliados
82 Divisão de infantaria dos Aliados
Limites da região militar do grupamento de exército dos Aliados
Limites da região militar do exército dos Aliados
B Grupamento do exército alemão
SÉTIMO Exército alemão
XLVII Corpo de exército alemão
Limites da região militar do grupamento de exército alemão
Limites da região militar do exército alemão
Linha Siegfried
* Supremo Quartel-General da Força Expedicionária dos Aliados
** Oberbefehlshaber West (Comando Supremo do Oeste)

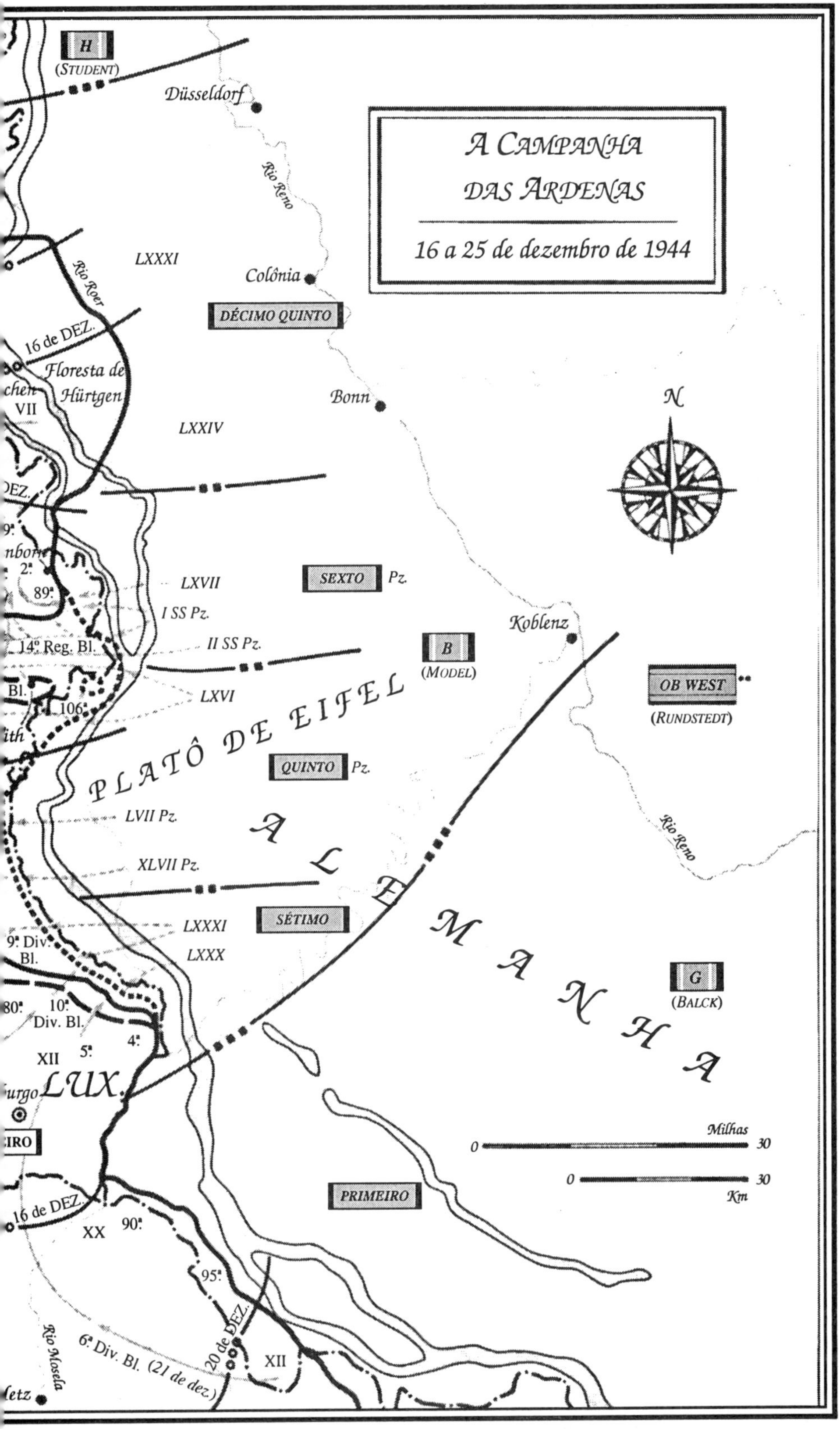

A CAMPANHA
DAS ARDENAS
16 a 25 de dezembro de 1944
H
(STUDENT)
Düsseldorf
Rio Reno
LXXXI
Rio Roer
Colônia
DÉCIMO QUINTO
16 de DEZ.
Floresta de
Hürtgen
VII
Bonn
LXXIV
N
LXVII
SEXTO Pz.
I SS Pz.
II SS Pz.
14º Reg. Bl.
B
(MODEL)
Koblenz
OB WEST
(RUNDSTEDT)
LXVI
106ª
PLATÔ DE EIFEL
QUINTO Pz.
LVII Pz.
ALEMANHA
XLVII Pz.
Rio Reno
SÉTIMO
LXXXI
LXXX
9ª Div. Bl.
G
(BALCK)
80ª
10ª
Div. Bl.
4ª
5ª
XII
LUX.
Milhas
0
30
0
30
Km
PRIMEIRO
16 de DEZ.
XX
90ª
95ª
20 de DEZ.
XII
6ª Div. Bl. (21 de dez.)
Rio Mosela

Certamente, não nas Ardenas, onde havia dois meses que a linha de frente não avançava e que a maioria dos canhões permanecia silente. No fim de outubro de 1944, o tenente Robert Merriman, da Seção de História do Exército, estivera num jipe que seguia para o sul pela Estrada do Horizonte, a qual se estendia por um espinhaço situado na orla oriental das Ardenas, a oeste do Rio Our, e por onde corre a fronteira da Bélgica com a Alemanha.

— Tudo ali era paz — relata. — Fazendeiros preparavam seus campos ao longo da estrada para a chegada do inverno, e outros recolhiam o que restava da colheita de verão; o gado pastava preguiçosamente.[2]

Alguns americanos descobriram que a paisagem bucólica era enganosa. O capitão Jack Barensfeld, piloto de P-47, tinha realizado mais de 80 missões aéreas entre o Dia D e meados de dezembro. No dia 14, ele sobrevoou a área verde do Platô de Eifel, no lado alemão do Rio Our. O oficial de instruções tinha assegurado aos pilotos que o local era tranqüilo, mas "lançaram uma grande quantidade de fogo antiaéreo contra nós. Um de nossos pilotos foi atingido e morreu". Barensfeld relatou o incidente, mas isso não foi suficiente para alertar ninguém a respeito da surpreendente quantidade de armas antiaéreas que os alemães tinham nessa área.[3]

O capitão Franklin Anderson, da 4ª Divisão, encontrava-se num bosque perto de St.-Vith, Bélgica, no dia 14 de dezembro, e foi à cidade para comprar um pouco de refrigerantes de laranja na fábrica local. Ao chegar lá, viu um grupo de pessoas agitadas na praça da cidade e perguntou ao dono da fábrica, que falava muito bem o inglês:

— O que está acontecendo?

O homem respondeu:

— Eles acham que os alemães estarão de volta em pouco tempo. — Anderson perguntou-lhe por quê. — Os alemães sempre vêm pelas Ardenas. Há muita movimentação, barulho e outras coisas mais nas bandas do leste, e eles estão preocupados. — Anderson relatou a conversa ao seu comandante e acrescentou outros detalhes a isso: Elise Dele, uma belga que tinha visitado parentes no lado alemão da fronteira, lhe havia falado de muita movimentação. Ela tinha visto barcos de borracha, equipamentos para montagem de pontes e outras coisas. Segundo ela, uma patrulha tinha trazido consigo um soldado polonês que fora engajado no exército alemão e que a avisara de um ataque iminente. O comandante de Anderson passou a informação ao batalhão, que a repassou ao serviço de inteligência da divisão. E nenhuma providência foi tomada.[4] A inteligência humana causava pouca impressão a esses guerreiros do século XX, que dispunham de um corpo de sinaleiros no serviço de inteligência para mantê-los informados da movimentação do inimigo.

Os serviços de inteligência não tomam decisões. O grupo de pessoas receptoras de informações é mais importante que esses serviços em si. No começo de dezembro, Eisenhower revisou a situação das forças aliadas na frente de batalha da Europa Ocidental com Bradley. Seu objetivo principal era reforçar o I e o IX Exércitos americanos para continuar a ofensiva de inverno ao norte de Aachen. Cuidava de preparativos para tirar divisões do III Exército, comandado por Patton, e enviá-las para o norte. Com o centro da linha de frente como o ponto da conversa, ele e Bradley discutiam a fraqueza de suas forças nas Ardenas. Quatro divisões, duas inexperientes, duas tão desgastadas pela Batalha de Hurtgen, que tinham sido desmobilizadas e enviadas para essa área de descanso, a fim de que pudessem recompor-se e receber substitutos, espalhadas por uma linha de batalha com 150 quilômetros de extensão, pareciam convidativas para um contra-ataque.

Mas Bradley disse que não seria lucrativo para os alemães fazerem um ataque desses. Logicamente, os generais estavam conscientes de quão facilmente os alemães tinham atravessado essa área em maio de 1940, mas fizeram isso contra quase nenhuma resistência inimiga e sob tempo bom. Demais, estavam convictos de que as Volksgrenadier, divisões criadas havia pouco tempo, não eram muito capazes de realizar operações ofensivas no inverno e de que os alemães não podiam lançar grandes incursões através das Ardenas com as estradas afetadas pelos fatores dessa estação. Por fim, concordaram em que os alemães não podiam tomar posições estratégicas significativas nas Ardenas e que o peso do contra-ataque que os americanos podiam fazer incidir sobre qualquer coluna alemã seria decisivo.

Assim, disseram um ao outro que o ataque do inimigo às Ardenas seria um erro estratégico da parte deste.[5]

As idéias estratégicas de Eisenhower e Bradley eram simples e lógicas. Todos os generais veteranos concordavam com eles. Contudo, eles estavam completamente equivocados, pois tinham deixado de levar em conta o que poderia passar-se na mente do comandante inimigo. Tivessem eles visto a situação do ponto de vista de Hitler, teriam chegado a uma conclusão muito diferente.

Hitler sabia que a Alemanha jamais venceria a guerra defendendo a Linha Siegfried e, depois, o Rio Reno. Sua única chance seria uma vitória-relâmpago na parte mais ocidental da Europa. Certamente, esse era um objetivo quase inatingível, mas, se um ataque-surpresa fosse bem empreendido, poderia funcionar. Nada mais funcionaria. Já em 25 de setembro, Hitler havia dito aos seus generais que pretendia lançar uma contra-ofensiva através das Ardenas para que suas forças pudessem atravessar o Rio Mosa e avançar para o porto de Antuérpia. Ele sabia que isso era uma aposta desesperada, mas se lembrou do princípio de Clausewitz: "Aquele que estiver sob a maior das pressões considerará a mais audaciosa atitude a mais sábia decisão."

Seus generais objetaram a essa idéia e lhe aduziram os argumentos que Eisenhower e Bradley haviam assinalado. Hitler os desdenhou. Quando lhe perguntaram sobre o combustível, ele disse que os tanques poderiam avançar com a gasolina capturada dos americanos. E prometeu-lhes novas divisões com novos equipamentos e a maior das mobilizações da Luftwaffe nos três anos da guerra.

Hitler lhes disse ainda que a incursão alemã dividiria as forças britânicas e americanas. Quando os alemães tomassem Antuérpia, os britânicos sofreriam as conseqüências de outra Dunquerque. Então, ele poderia mobilizar as divisões lotadas na Europa Ocidental para empregá-las na frente de batalha da Europa Oriental. Diante de tudo isso, Stalin aceitaria um acordo de paz, com base numa divisão da Europa Oriental, à feição da de 1939. A Alemanha nazista não venceria a guerra, mas sobreviveria.

Ele era o velho Führer de sempre, todo cheio de si, transbordante de energia, a bradar ordens, ameaças, contestações, relativamente à ofensiva. A recordação dos dias gloriosos e primaveris de maio de 1940 o fazia perder a razão quase inteiramente. Podia ser feito. Podia! Era uma questão de vontade, pensava.[6]

Para tornar real esse anseio, Hitler contava com os adolescentes. Os soldados alemães de dezembro de 1944 haviam nascido, em sua maioria, entre 1925 e 1928. Tinham sido educados pelos nazistas especialmente para esse momento e tinham a bravura fanática com que seu Führer esperava poder contar.

Os nazistas estavam bem equipados. Hitler trouxera homens, tanques e aviões da frente de batalha da Europa Oriental para a ofensiva, e enviou a maior parcela da novas armas para as Ardenas. Então, havia somente dois terços de panzers na linha de frente da Europa Oriental em relação ao total dos que se encontravam na outra banda do continente. A Luftwaffe conseguiu reunir 1.500 aviões (embora jamais tivesse conseguido pôr no ar mais que 800 deles de uma vez ou, geralmente, mais que 60 por dia). De todos os veículos que saíram das linhas de montagem alemãs em novembro e dezembro de 1944, a frente de batalha da Europa Oriental recebeu 919, ao passo que a das Ardenas ficou com 2.277. A força humana saltou de 416 mil em 1º de dezembro para 1,322 milhão em 15 de dezembro. Tudo considerado, os alemães tinham uma vantagem de três por um nas Ardenas, ou dez por um em áreas em que incursões eram lançadas.[7]

Mas o número de aviões americanos era bem maior do que o da Luftwaffe, sem incluir os B-17. Tal era o caso também da artilharia americana em relação à Wehrmacht. A capacidade de transporte rodoviário americana era vastamente superior à dos alemães, diferença parcialmente minorada pelo sistema ferroviário alemão, que era altamente eficaz, a despeito dos freqüentes bombardeios aéreos dos Aliados.

Ainda que impressionante o aparato alemão no Platô de Eifel, não constituía uma força capaz de alcançar seus objetivos com seus próprios recursos. Dependia do fator-surpresa, da velocidade de avanço assim que rompesse a linha de defesa americana, de uma reação lenta por parte dos americanos, da captura de tropas e do mau tempo, para neutralizar as forças aéreas dos Aliados. Era uma longa lista de fatores circunstanciais. Contudo, Hitler tinha logrado reunir no platô uma força grande o suficiente para ter uma chance, ainda que mínima, de atingir seu objetivo. Tinha logrado também surpreender o inimigo, por meio de uma combinação de destreza, operações secretas e um sistema de segurança quase impermeável. Hitler proibiu operações de patrulha nos dias finais, receoso do que os homens capturados pudessem dizer aos americanos; como resultado disso, os alemães atacaram, conforme as palavras do major Heinz-Günter Guderian, "no escuro".[8] Eles não sabiam, por exemplo, que a 2ª Divisão tinha seguido para as Ardenas ao lado da 99ª Divisão.

Lançando mão da mesma artimanha que os Aliados usaram para enganar o inimigo, qual seja a que se caracterizou pelo desembarque daqueles na Normandia em junho em hora e lugar ignorados, os alemães procederam à criação de unidades fictícias, à realização de comunicações radiofônicas falsas e à simulação de operações de mobilização com base no pressuposto, por parte dos Aliados, de que a concentração de forças alemãs na frente de batalha da Europa Ocidental ocorria em apoio de um contra-ataque que seria feito a Aachen. Com isso, Hitler fez que os americanos tivessem uma sensação de segurança em relação às Ardenas. Na véspera da operação inicial da maior batalha que o exército americano travou em todos os tempos, nenhum soldado desse exército fazia a menor idéia do que estava para acontecer.

Hitler contava com a circunstância de que os soldados americanos que se engajariam nessa batalha não passavam de substitutos inexperientes, pouco motivados, maltreinados e pusilânimes. Apesar das marretadas que a Wehrmacht tomara na França, o Führer continuava a desdenhar o exército americano. Ele achava que os Aliados somente haviam sido vitoriosos na França por causa da esmagadora superioridade aérea e do material bélico deles. Para ele, o tempo, na Bélgica, neutralizaria as operações aéreas e, quanto ao material bélico, os alemães poderiam capturar e usar a gasolina americana e as armas e o equipamento fabricados nos Estados Unidos.

No outro lado do platô, as tropas americanas formavam uma miscelânea de recursos. A 2ª Divisão de Infantaria, envolvida em combates quase ininterruptos desde o dia 7, avançava, procedente do sul, em meio à 99ª Divisão, para lançar um ataque às posições inimigas na represas do Rio Roer. A 2ª DIA havia combatido em Hurtgen. Portanto, tinha muito mais substitutos do que veteranos, mas tinha também um núcleo de comandantes de companhia e líderes de pelotão experientes, bem como de pessoal administrativo com essa mesma qualidade. A 99ª e outra divisão que acabara de chegar e que seguia à sua direita na linha de avanço, a 106ª, tinham poucos homens experientes. Essa divisão havia sofrido imensa rotatividade de pessoal em todo o seu corpo de oficiais durante o período imediatamente anterior à sua movimentação do outro lado do canal. Ela tinha pouca ou quase nenhuma coesão, e a maioria de seus fuzileiros estava apenas parcialmente treinada. Eles tinham sido designados para lutar na frente de batalha sem o benefício da experiência ganha em manobras simuladas. Mas, pelo menos, essa divisão tinha passado tempo suficiente na linha de combate — ocupara a linha de Monschau, Alemanha, até Losheimergraben desde o começo de novembro —, o que a tornara combativa e resistente. Despachava patrulhas, cometia erros, aprendia com eles. Mas o ânimo predominante, conforme podemos depreender das palavras de um soldado, era o de que:

— Os soldados alemães que enfrentamos eram de baixa qualidade e pareciam propensos a nos deixar em paz se não os incomodássemos.[9]

O tempo estava frio, e os dias eram nevosos e enfadonhos. Os homens nas trincheiras comiam neve, já que seus cantis estavam vazios. Não podiam fazer fogueiras. Desse modo, suas provisões eram consumidas frias. Suas roupas eram de concepção da Primeira Guerra Mundial e, portanto, inadequadas.

Sempre famintos, os homens da companhia de Charlie, 395º Regimento, tentou suplementar sua dieta com carne de veado. O praça Vernon Swanson foi à caça do cervo, animal abundante ali, com seu BAR (uma prática comum dos soldados americanos na Bélgica no inverno desse ano). Conseguiu atingir um, mas o cervo ficou apenas ferido.

— Seguimos o rastro de sangue por considerável distância, até o território alemão, e descobrimos que os alemães tinham roubado nosso cervo. Felizmente, a mentalidade de cabeças mais frias prevaleceu e não enviamos uma patrulha de combate para recuperar nosso cervo.

Mas eles não eram um grupo de homens acampados nas férias numa estação de caça. Assim, a 99ª Divisão sofreu baixas — 187 mortos e feridos em novembro. E o tempo tratou de causar-lhe um prejuízo maior — 822 foram hospitalizados por conta de ulceração produzida pelo frio, pneumonia e pé-de-trincheira. Na noite de 15 para 16 de dezembro, na frente de batalha, os homens da companhia de Charlie tremiam de frio em suas trincheiras individuais e, ao mesmo tempo, tentavam conter a tosse.

— Durante a noite, com uma mistura de fome, frio e receio, ficamos muito nervosos — conta-nos o praça Swanson.

O receio era causado pelo rumor de que patrulhas alemãs estavam em operação. Às 23h30, inesperado fogo de barragem com uns 30 projéteis caiu sobre a área da companhia e matou o praça Saul Kokotovich.[10]

O capitão Charles Roland era o subcomandante de um dos batalhões da 99ª. Em 15 de dezembro, numa ocasião em que fixou os olhos num ponto fora da casamata do quartel-general, viu que:

— Os bosques de pinheiros, cujas folhas coniformes sobressaíam do grande acúmulo de neve e cintilavam com os cristais de gotículas de água, formavam um cenário de maravilhosa beleza. — Ao voltar para o interior, leu o último relatório do serviço de inteligência: "A força inimiga tem apenas um pequeno grupo de soldados quebrantados e desmoralizados à nossa frente, apoiados somente por duas peças de artilharia transportadas por cavalos."

Em verdade, o 394º Regimento estava de frente para o I Exército da SS Panzer, escondido nos belos bosques de pinheiros. Essa foi uma das falhas mais graves do serviço de inteligência.[11]

Quando o manto da noite caía sobre o Platô de Eifel em 15 de dezembro, a cerca de um quilômetro a leste do capitão Roland, um praça da SS Waffen escrevia sua carta diária à sua irmã Ruth. "Escrevo durante as grandes horas que antecedem um ataque — cheio de inquietação, cheio de expectativa pelo que os próximos dias trarão. Todos os que estiveram aqui nestes dois últimos dias e noites (especialmente nestas duas últimas noites), que testemunharam hora após hora a reunião de nossas melhores divisões, que ouviram o ruído dos panzers, sabem que algo está para ocorrer e que estamos prezando pela predominância da ordem para reduzir a tensão. Alguns acreditam em grandes façanhas, mas talvez isso não passe de miopia! Basta saber que vamos atacar e expulsar o inimigo de nossa terra."

Antes do amanhecer, ele acrescentou à carta: "Sobre as nossas cabeças, o barulho terrível dos V-1, da artilharia — a voz da guerra. Até breve então — deseje-me boa sorte e pense em mim." Ele selou o envelope e estava prestes a entregá-lo, quando decidiu escrever algo no verso: "Ruth! Ruth! Ruth! MARCHAMOS!!!"[12]

O praça seguia na vanguarda da 1ª Divisão da SS Panzer e tinha motivo para ficar eufórico, pois fazia parte de um regimento reforçado e poderoso, comandado pelo tenente-coronel Jochen Peiper. Altamente considerado no exército alemão, Peiper era veterano de muitas batalhas na frente de combate da Europa Oriental. Agressivo e admirado, não tinha a mínima paciência com incompetência e era singularmente coerente na busca da vitória. Quando o historiador do exército americano, o major Ken Hechler, o entrevistou em setembro de 1945, Peiper deixou-lhe a impressão de que era "um homem muito arrogante, bem típico de um membro da SS".[13] Hitler contava com a competência dele para liderar o avanço em demanda do Mosa.

A Waffen SS tinha tratamento dúplice no exército alemão. Muitos veteranos diziam que sempre se sentiam felizes em ter uma das unidades da SS em seus flancos. Outros se ressentiam delas, pois elas tinham prioridade na utilização de equipamentos e recrutas (a essa altura da guerra, a Waffen SS não era mais uma força estritamente de voluntários). Os oficiais eram, às vezes, extremamente contundentes em suas observações.

— Essas unidades — jactanciosas e arrogantes — com sua ausência total de disciplina, algo tão típico delas, sua crueldade franca, companheira de sua falta de razão, tiveram efeito absolutamente devastador e, sob todos os aspectos, mostraram-se prejudiciais em todas as conduções das operações de combate — disse a respeito da SS um comandante-de-divisão alemão.[14]

Embora tivessem recebido a designação de regimento, as forças de Peiper eram compostas de cerca de 22 mil homens e 250 tanques (muitos deles tinham saído pouco antes da linha de montagem e contavam 60 Tiger), cinco meias-lagartas antiaéreas, um batalhão com canhões de 20 milímetros, 25 canhões móveis, um batalhão com 105 obuses e duas companhias de engenheiros. Assim que a infantaria abrisse as estradas, as forças de Peiper rumariam rapidamente para o oeste, em direção ao Mosa.[15]

O major Otto Skorzeny, o mais ousado membro das unidades de assalto alemãs, mundialmente conhecido por seu heroísmo, acompanhava Peiper, juntamente com 500 homens da 150ª Brigada de Panzer. Eles estavam usando uniformes americanos e britânicos. Todos falavam inglês; a maioria deles tinha morado algum tempo na Grã-Bretanha ou nos Estados Unidos. Tinham chapas de identidade de oficiais e prisioneiros de guerra, 20 tanques Sherman e 30 caminhões de duas toneladas e meia. Assim que a ruptura tivesse sido realizada, deveriam seguir para o oeste o mais rapidamente possível. Sua missão era dupla: um grupo arremeteria em direção ao Rio Mosa, enquanto o outro se espalharia por trás das linhas americanas para espalhar boatos, trocar placas de sinalização e precipitar o pânico que acomete os escalões quando ouvem dizer que a linha de frente foi rompida.

Peiper estava excitado com os preparativos para o ataque e orgulhoso de ser o comandante de uma força como aquela. Mas, para um homem que encabeçaria a maior ofensiva do exército alemão desde 1943, ele tinha muitas preocupações, talvez porque somente tivesse sido informado do ataque no dia 14 de dezembro. Ele havia sido instruído para avançar 80 quilômetros no primeiro dia em direção ao Rio Mosa. Para saber se um tanque poderia cobrir essa distância em terreno acidentado num dia, ele fizera um teste no Platô de Eifel na noite desse dia e conseguira cobrir os 80 quilômetros, mas:

— Logicamente, com uma divisão inteira, a questão é outra — dissera ele a Hechler, lamentosamente.

Prometeram-lhe gasolina, mas não a recebera. Segundo Peiper, as estradas pelas quais Hitler lhe havia ordenado seguir "não eram para tanques, mas para bicicletas".

Às 4h30 do dia 16 de dezembro, Peiper instruiu suas tropas e pôs ênfase na velocidade do avanço, proibiu que atirassem contra pequenos grupos do inimigo e que fizessem pilhagem, e lhes deu ordens para simplesmente avançar.[16]

Já os comandantes de companhia e de batalhão procuraram exaltar o moral de seus subordinados. O tenente Günter Materne, membro de uma unidade de artilharia, lembra-se bem do que seu comandante de batalhão dissera:

— Agora a guerra recomeçará.[17]

Ao longo de todos os cem quilômetros da frente de batalha, os soldados alemães estavam eufóricos também. Para os oficiais mais antigos, participar da ofensiva — independentemente de suas reservas em relação a ela — era uma inebriante lembrança dos dias de glória de 1940. Para os recrutas, contra-atacar o inimigo para expulsá-lo da terra natal era algo excitante. Seus comandantes lhes disseram durante as instruções que havia muitas enfermeiras americanas nos vários hospitais da Bélgica e montanhas de suprimentos americanos. Para muitos desses soldados, a impressão era a de que estavam prestes a engajar-se no mesmo tipo de campanha de que seus irmãos mais velhos, seus tios e até mesmo seus pais tinham participado em 1940.

Era como uma cena que tinham visto num cine-jornal quando estudantes. Havia, em toda parte, novas armas e novos equipamentos, em grande quantidade, e milhares de soldados bem-apessoados. Eles marchavam elegantemente e cantavam vigorosamente. O general-de-divisão Heinz Kokott, comandante da 26ª Divisão de Volksgrenadier, designado para atacar a 28ª Divisão de Infantaria Americana, comprazia-se com a atitude deles:

— Eles estavam plenamente conscientes da ação decisiva [que teriam que realizar] e confiantes em sua capacidade, sua força e na promessa de forte apoio aéreo, bem como no esforço das indústrias bélicas nacionais. Os equipamentos, a organização e os armamentos eram modernos e bons.[18]

A euforia com a constituição de uma força tão poderosa e a possibilidade da retomada da ofensiva contagiaram até mesmo os alemães mais realistas. O cabo Friedrich Bertenrath, operador de rádio na 2ª Divisão de Panzer, reporta-nos:

— Tínhamos iniciado nossa participação na guerra como um exército vencido. Mas, então, com o avanço de nossas forças, os homens estavam extremamente felizes e cheios de entusiasmo. Em todos os lugares, havia sinais de esperança renovada. — Contudo: — Jamais achei que esse ataque mudaria o curso dos acontecimentos na guerra. Mas aquele era um momento que devia ser vivido da melhor forma possível.[19]

No dia 16 de dezembro, às 5h25, oficiais alemães espalhados por uma linha de frente com oito quilômetros de extensão mantinham o olho no relógio. O solo estava coberto de neve, e havia neblina e nuvens carregadas de neve quase ao nível do chão, condições perfeitas para a Wehrmacht. Às 5h30, os comandantes-de-divisão que preferiram lançar ataques-surpresa sopraram seus apitos, e sua infantaria iniciou a marcha pela estrada em direção ao oeste, sem acompanhamento de artilharia. Alhures, nas áreas em que os comandantes queriam um ataque prévio da artilharia, o céu parecia vibrar com os clarões intensos produzidos pelo disparo simultâneo de milhares de armas, de foguetes V-1, obuses, Germans 88, canhões de 105 milímetros e morteiros. Quando as explosões começaram a estremecer o chão, o general Kokott convenceu-se de que "o grande impacto dos projéteis em toda parte dava-se precisamente nas áreas-alvo, as quais estavam sendo viradas de cabeça para baixo e pulverizadas por essa saraivada de aço".[20]

Às 5h30 desse mesmo dia, o capitão Roland, 99ª Divisão — unidade que se encontrava na parte mais crítica do alvo visado pelos alemães, já que era ali que ficavam as estradas pelas quais Hitler queria que Peiper passasse para chegar ao Mosa —, sentiu-se abalar pelos "trovões de intenso fogo de artilharia em meio a cegante neblina do inverno das Ardenas". O bombardeio durou uma hora. Quando foi interrompido, uma série interminável de corpos de artilharia, apoiada por tanques, atacou.

— O tempo parecia ter parado — observou Roland. — Minha mente parecia rejeitar a realidade do que estava acontecendo, para dizer que tudo não passava de um faz-de-conta [...]. Um de nossos jovens tenentes parecia dançar uma espécie de giga enquanto se contorcia lentamente, tornando visível o buraco de bala entre os olhos. Em certo instante, vimos o capelão de nosso batalhão e seu assistente ajoelhados ao lado de seu jipe inutilizado. Pouco depois, ficaram sem a cabeça, decapitados pela explosão de um projétil, ou como se pela lâmina de uma guilhotina. — Até onde Roland podia discernir: — A divisão inteira corria o risco de ser dizimada.[21]

Os homens da 99ª Divisão eram tão inexperientes que, quando, às 5h30, os tiros de barragem alemães foram iniciados, eles acharam que eram "cartas para o inimigo", expressão pela qual designavam os tiros que a artilharia americana lançava contra os alemães. Mas logo descobriram seu equívoco e correram para suas trincheiras. Enquanto o maciço poder de fogo caía sobre eles, um subcomandante de batalhão lembrou-se do relatório do serviço de inteligência da divisão que ele tinha lido na noite anterior e, principalmente, da parte que dizia que o inimigo tinha à frente deles apenas duas peças de artilharia transportadas por cavalos. Depois de uma hora de ataque ininterrupto, ele disse:

— Certamente, eles esfalfaram aqueles cavalos até a morte.[22]

Em anotações que fez mais tarde, o tenente Robert Dettor, da Companhia K, 393º Regimento de Infantaria, 99ª Divisão, descreveu suas impressões sobre o ataque: "das 5h40 às 6h40 — corpo de artilharia em posição; das 6h40 às 12h30 — tiroteio com armas portáteis. Enviei mensageiro ao posto de comando da companhia para obter reforços. O mensageiro retorna dizendo que não há reforços, que devemos manter nossas posições e continuar lutando. Vias de comunicação com o posto de comando ou os postos avançados obstruídas. Nenhum contato com os homens, salvo com os abrigados nas trincheiras individuais das imediações. Tropas alemãs para a retaguarda. Viram pesada metralhadora na frente de batalha sendo capturada."

Quase sem munição, Dettor ordenou que todos os mapas e documentos fossem queimados. "O sargento Surtorka gritou ao ver uma granada sendo atirada contra minha trincheira. Hunter atingido por granada. Sargento Phifer ferido por tiro de fuzil. Inimigo chega a seis metros da trincheira. Peguei o último lote de munição. Sargento Phifer tinha apenas um pente sobrando. Tenho quatro balas. Pistola automática à esquerda sendo disparada contra minha trincheira atingiu Hunter. Hunter morto. Por volta das 12h30 posição tomada", acrescentou ele às suas anotações.

O tenente Dettor estava certo de que seria morto. Em vez disso, foi arrancado da trincheira e espoliado de seus 48 dólares. Depois, os alemães o fizeram trabalhar carregando feridos em padiolas. Por conta disso, pôde ver a mobilização do exército alemão por dentro e nos dá viva descrição disso: "Os alemães gritam bastante durante os combates. Pelo menos um entre três deles tinha armas automáticas, carregava uma boa quantidade de equipamento e vestia trajes de camuflagem.

Tive excelente oportunidade de ver o outro lado da Linha Siegfried.

Dentes de dragão com armadilhas minadas. O inimigo tinha vias de acesso excelentes e protegidas. Casamatas muito bem construídas.

Não consegui entender o método de ataque dos alemães. Os homens avançavam, linha após linha, através de campo aberto à esquerda, o que os tornava alvo fácil para tiros de flanco.

Muitos soldados da SS nas vizinhanças. Sou empurrado por toda parte por oficial da SS. Ótimo ponto de observação o do inimigo. Tiroteio continua. Os homens são exortados a atacar. Estradas cheias de veículos, munição, carros de oficiais, cavalos e carroças. Carros de oficiais transportando oficial alemão e caminhões de munição cobertos de bandeiras com cruz vermelha para fazê-los passar por ambulância. Solo coberto de neve — dia ventoso."

Os alemães pegaram o casaco, as luvas e os sapatos de Dettor, mas o deixaram com suas galochas e o puseram numa fila de prisioneiros de guerra em marcha para o leste. "Estradas tomadas por equipamento pesado seguindo para a frente de batalha", apontou Dettor. "Senti-me extremamente deprimido depois de ver a proporção do ataque." Mas, depois, começou a reanimar-se: "Veículos alemães muito ruins. Bem maiores do que os caminhões americanos, mas não tão bem construídos. Muitos deles enguiçados."[23]

O tenente Lyle Bouck comandava o Serviço de Inteligência e Reconhecimento (SIR) de um pelotão do 394º Regimento, 99ª Divisão. Ele se havia alistado antes da guerra mentindo sobre a própria idade. Recebera a graduação de tenente aos 18 anos. Pessoa de trato simples, era perspicaz, incisivo, determinado, um líder. O único homem mais jovem do que ele no pelotão era o praça William James. O pelotão estava perto de Lanzerath. Bouck manteve seus homens alerta a noite inteira, pelo pressentimento de que o inimigo tramava algo nas imediações.

Pouco antes do amanhecer do dia 16 de dezembro, os homens, de semblante sonolento, viram o céu iluminar-se pelos clarões das bocas de fogo de cem peças de artilharia dos alemães. Com esses clarões, Bouck pôde ver um grande número de tanques, canhões móveis e outros veículos na linha de frente alemã. Ele e seus homens abrigavam-se em trincheiras profundas e cobertas. Com isso, depois de uma hora de tiros de barragem, conseguiram sobreviver, sem sofrer baixas. Bouck despachou uma patrulha para Lanzerath com ordens para que seus homens subissem ao pavimento superior de uma edificação e observassem. Os homens retornaram para relatar que uma coluna de infantaria alemã vinha em direção à vila.

Bouck tentou telefonar para o quartel-general do batalhão, mas as linhas tinham sido cortadas pelo bombardeio. Contudo, conseguiu estabelecer contato pelo rádio. Quando terminou o informe, o oficial do outro lado se mostrou incrédulo.

— Merda — bradou Bouck. — Não me venha dizer que não estou vendo o que vejo! Estou em excelente posto de observação. Envie alguns tiros de barragem, com toda a artilharia que for possível, à estrada ao sul de Lanzerath. Uma coluna alemã está vindo daquela direção!

Nenhum tiro foi disparado. Alguns tanques que estiveram apoiando o pelotão de SIR se haviam retirado quando o bombardeio alemão começara. Os homens disseram a Bouck que era a hora de se retirarem; afinal de contas, eles se haviam reunido e notificado o serviço de inteligência, pelo que tinham feito o seu trabalho.

Bouck rechaçou a sugestão e começou a fazer que seus homens entrassem nas trincheiras. Bouck incluído, havia 18 deles. Estavam posicionados na orla de um bosque e observavam lá embaixo a estrada que dava acesso a Lanzerath. Bouck, o sargento Bill Slape e o praça James tinham suas trincheiras nas cercanias da vila e se encontravam em excelente posição para emboscar o inimigo. Seu poder de fogo era grande — algumas metralhadoras calibre. 30, outra calibre .50 montada num jipe, meia dúzia de BARs e algumas submetralhadoras.

As colunas alemãs avançavam, cada qual em cada um dos lados da estrada, sob formação compacta, armas à bandoleira e nenhuma proteção nos flancos. Eram pára-quedistas adolescentes. Os homens do SIR tinham o dedo no gatilho. O sargento Slape mirou o alemão da vanguarda.

— Sua mãe vai receber um telegrama para o natal — murmurou.

De um golpe, Bouck arredou-lhe o fuzil.

— Talvez eles não enviem telegramas — disse. Em seguida, explicou que queria deixar as unidades da vanguarda passar para lançar a emboscada contra o corpo de tropas principal. Esperou até que cerca de 300 homens passassem por sua posição e entrassem na vila. Depois, fixou o olhar em seu alvo. Separados dos demais, avançavam três oficiais, portando mapas e binóculos, com um operador de rádio logo atrás — era óbvio que se tratava do comandante do batalhão e de seu corpo de assistentes. James apoiou seu M-1 na borda da trincheira e mirou cuidadosamente.

Nisto, uma menina de cabelos louros prorrompeu de dentro de uma das casas pouco adiante na rua. A pequerrucha causou viva impressão em James — mais tarde, ele se lembraria da fita vermelha nos cabelos dela — e desistiu de atirar. A menina apontou rapidamente para a posição do pessoal do SIR e entrou correndo na casa. James apertou o gatilho. Num átimo, o oficial alemão bradou uma ordem e se jogou para dentro de uma trincheira. Seus homens fizeram o mesmo, em cada um dos lados da estrada.

A emboscada estava arruinada, e o tiroteio começou. Os homens de Bouck mantinham os alemães encurralados. Durante toda a manhã, fizeram uso de suas armas, incluindo a metralhadora calibre .50 montada no jipe. Sem o apoio de veículos blindados, a infantaria alemã não conseguia aproximar-se do jipe, nem obter muito resultado com os tiros que disparava contra os americanos na trincheiras individuais. Próximo do meio-dia, o SIR tinha sofrido algumas baixas, mas nenhuma fatal.

O praça James lançava a Bouck brados de solicitação de tiros de artilharia com a nova espoleta de aproximação.* Por sua vez, Bouck vociferava ao rádio. O pessoal do batalhão respondia que não havia canhões disponíveis.

— Que faremos então? — clamou Bouck.

— Resistir a todo custo.

Um segundo depois, uma bala atingiu e destruiu o rádio que Bouck estivera operando, mas ele não se feriu e repassou a ordem de que deveriam resistir.

O praça James estava assombrado com a tática dos alemães. Eram alvos fáceis, pois continuavam a avançar diretamente pela estrada.

— Quem quer que esteja ordenando esse ataque — James disse — deve estar louco. Ninguém em perfeito juízo enviaria soldados a uma coisa como esta sem mais tiro de apoio. — E continuou disparando seu BAR. Os alemães não paravam de vir. Ele sentia um certo mal-estar ao abater os "garotos" altos e bem-aparentados. Expunham-se tão proximamente que James lhes podia ver os rostos. E procurou imaginar que estava atirando em alvos de manobra, não em homens.

---

* Detonador regulável que incorporava minúsculo transmissor-receptor que emitia ondas de rádio depois que o projétil era disparado, o qual explodia sob a reflexão das ondas quando este se aproximava do alvo. Inicialmente, era usado somente em projéteis antiaéreos, mas, no fim de 1944, passou a ser usado também em bombardeios de artilharia contra os alemães surpreendidos em terreno aberto. (N. A.)

Quando os alemães, apesar de suas perdas, ameaçaram tomar a posição dos americanos, James arremeteu para o jipe e pôs-se ao manuseio da metralhadora calibre .50. Neste ínterim, três alemães aproximaram-se de rojo, o suficiente para lançar duas granadas no praça Risto Milosevich, que disparava sua metralhadora .30 contra os homens avançando em sua direção. Incapaz de girar a .50 suficientemente rápido, James pegou a submetralhadora que trazia a tiracolo e tirou três alemães de combate. Assoberbado pelo ânimo superexcitado, correu até os corpos e despejou o pente inteiro nos defuntos.

Pelo meio da tarde, havia de 400 a 500 corpos na frente do pelotão do SIR. Somente um americano tinha sido morto, embora a metade dos 18 homens do pelotão estivesse ferida. E sobreveio um estado de calmaria. Bouck disse a James:

— Quero que você leve os homens que desejam partir e que você também o faça.

— Você vem?

— Não, tenho ordens para resistir a todo custo. Vou ficar.

— Então ficaremos também.

Uma hora depois, ambos estavam feridos, e o pelotão, sem munição. Eles se renderam e foram levados para uma lanchonete adaptada como posto de socorro. James achou que estava morrendo. Ele pensava nas mães dos meninos que tinha dizimado e também em sua própria mãe. E desmaiou, mas foi atendido por um médico alemão. Quando voltou a si, um oficial alemão tentou interrogá-lo, mas desistiu e curvou-se sobre a padiola de James e cochichou-lhe ao ouvido em inglês: "*Ami*, você e seus colegas são homens corajosos."

À meia-noite, o relógio de cuco da lanchonete soou. O tenente Bouck, estendido numa padiola no piso, completava 21 anos de idade.

— Que jeito mais infernal de se tornar um homem — murmurou consigo mesmo.[24]

"A atuação do Pelotão do SIR, 394º Regimento de Infantaria", escreveu John Eisenhower em *The Bitter Woods*, seu profundo estudo sobre comando nas Ardenas, "foi notável, pela contribuição que um punhado de homens foi capaz de dar no dia 16 de dezembro."[25] Bouck e seus homens tinham conseguido bloquear com sucesso a estrada para Lanzerath, pelo enfrentamento de um batalhão alemão completo durante um dia, infligindo-lhe desastroso porcentual de baixas, superior a 50%.

O heroísmo de Bouck e sua combatividade eficaz não podiam ser superados. Assim como o tenente Wray, no dia 7 de junho, o que ele tinha conseguido fazer dificilmente seria igualado e raramente algum feito poderia equivaler ao seu. Mas, sob vários aspectos, a experiência do Pelotão do SIR foi um fato típico.

Só na 99ª Divisão havia um bom número de suboficiais, oficiais subalternos e soldados comuns que, embora inexperientes no que respeita a combates, e inadequadamente treinados, não falhavam no momento de tomar suas posições, para desespero dos alemães. Na estação ferroviária de Losheimergraben, o capitão Neil Brown e sua Companhia L, 394º Regimento de Infantaria, resistiram ao ataque inimigo durante um dia inteiro. O tenente Dewey Plankers e seu pelotão de fuzileiros repeliram os ataques do que deveria ter sido uma força aniquiladora. Em dado momento, quando um tanque Tiger apareceu, Plankers correu até ele e meteu uma granada antitanque na boca de fogo de seu canhão antes que este pudesse ser usado. Estas, e muitas outras façanhas sem registro, foram realizadas independentemente, já que as comunicações entre pelotões eram precárias e inexistentes entre companhias e quartéis-generais de regimentos.[26]

Em toda a extensa linha de frente americana, de Monschau, ao norte, até Echternach, ao sul, pelotões foram surpreendidos na manhã do dia 16 de dezembro por ataques dos alemães, cujas tropas passaram através das amplas brechas em sua linha e cercaram as posições americanas. Mas, ainda que cercados, os americanos, em muitos casos, revidaram com todas as armas de que dispunham — geralmente, armas portáteis. Fizeram pilhas de corpos de alemães e controlaram cruzamentos, o que impediu os tanques alemães de avançarem para o Rio Mosa.

A decisão dos alemães de adiar o avanço dos tanques até que a infantaria conseguisse romper a linha de frente americana foi um erro tático. Com as poucas unidades alemãs em que os tanques acompanhavam os homens da infantaria, os americanos foram menos bem-sucedidos. O praça Roger Foehringer, artilheiro subordinado à 99ª Divisão, unidade aquartelada nos arrabaldes de Büllingen, Bélgica, recebeu, às 7 horas do dia 16 de dezembro, a incumbência de carregar um caixote de granadas até um ninho de metralhadora colina acima. Juntamente com dois outros, ele iniciou o trabalho.

— Mal havíamos alcançado um ponto em que pudéssemos avistar o topo da colina, começou a descer em nossa direção um tanque Tiger. —

Foehringer atirou-se para uma fileira de arbustos ao longo da estrada, perdeu seu fuzil e capacete e rasgou sua jaqueta, mas escapou incólume das rajadas de metralhadora do tanque. O blindado avançou, e a ele se seguiu outro, e depois uma meia-lagarta, carregada de soldados de infantaria atrás.

— Não há sensação igual à de estar só, desarmado, sem saber o que fazer — relata Foehringer. O instinto lhe disse que voltasse para de onde viera, a fazenda nas cercanias de Büllingen. Depois de atravessar a terra inculta e de quase ter sido despedaçado por uma carga de bazuca, conseguiu chegar lá. Foi ao encontro do colega que tinha atirado contra um dos tanques alemães — mas que tinha errado o alvo — e o ajudou a recarregar. Outro tiro, mas alto demais ainda. O tanque começou a girar sua torre de tiro para a posição deles. Foehringer e seu colega correram para a fazenda. Lá, encontraram dois mosquetões e foram para o pavimento superior, onde quebraram as janelas e começaram a atirar contra as tropas alemãs espalhadas pelo campo.

— Eram alvos muito fáceis — disse Foehringer — até que ouvimos o ruído de um tanque. — Quando o blindado começou a atirar, Foehringer desceu correndo para o porão, onde deparou com cerca de uma dúzia de soldados americanos e nenhum oficial. Os homens estavam destruindo suas armas. O tanque enfiou o cano de seu canhão na janela do porão e ouviu-se uma voz:

— *Raus! Raus!* *

Foehringer e os outros se renderam. Foram levados para o leste. Em Honsfeld, Foehringer viu sinais evidentes do tipo de resistência que seus colegas da 99ª Divisão tinham oposto ao inimigo. No cemitério "havia corpos congelados atrás de estelas. Podia-se ver que eles tinham combatido, um colega na frente de uma pedra tumular e outro atrás de outra, e ali ficaram, congelados na mesma posição em que foram mortos".

Mas, na estrada, havia um número incontável de corpos de alemães — incontáveis porque muitos tanques e caminhões os haviam atropelado.

— Eles pareciam panquecas. Tentamos nos desviar deles, mas os guardas nos obrigaram a marchar sobre seus corpos.[27]

Grandes ataques com intenso tiroteio numa área e tranqüilidade em

* Saiam! Saiam! (N. T.)

outra — assim foi o dia 16 de dezembro para a 99ª Divisão. Num dos regimentos, os homens quase não tinham consciência de que algo incomum estava acontecendo. No 1º Batalhão do 395º Regimento, somente no fim da tarde os soldados americanos souberam que o tiroteio à sua esquerda e à sua direita era algo mais do que um contra-ataque local.

Mas a história do dia 16 de dezembro foi uma em que se deu, principalmente, a frustração dos planos alemães. Embora se houvessem infiltrado em toda a linha de frente dos americanos, em nenhum ponto tinham tomado os cruzamentos rodoviários que permitiriam que seus tanques manobrassem livremente atrás dela. Quando a noite chegou, o esquema de operações de Hitler estava desmantelando-se, graças à combatividade de um desconhecido escalão de soldados americanos aqui, um pelotão americano acolá, que, embora cercados, continuavam lutando até que sua munição se esgotasse.

Ao sul, no centro da linha de tiro dos alemães, a situação era semelhante. A 106ª Divisão sofreu penetrações do inimigo em vários pontos, bem como a 28ª. Os alemães atacavam de surpresa, mas não logravam a ruptura da linha americana e, ao mesmo tempo, sofriam pesadas baixas e fracassavam na consecução de objetivos. O general Hasso von Manteuffell, comandante do V Exército de Panzer, disse, anos depois, numa entrevista, que os soldados americanos ofereceram "resistência tenaz e corajosa, com táticas de combate habilmente empregadas. As barreiras foram os fatores fundamentais da retardação do ataque".[28]

"Com apenas dois batalhões, apoiados durante parte do dia por duas companhias de tanques médios, o 110º Regimento de Infantaria conseguiu deter quatro regimentos alemães e não sofreu desbarate em nenhum lugar. Havia aí por volta de 2 mil homens contra, pelo menos, 10 mil", escreveu o historiador oficial do exército americano (e autor do clássico *Company Commander*), Charles MacDonald, a respeito de um regimento da 28ª Divisão. Esse trecho pode englobar centenas de histórias de heroísmo, a maioria das quais jamais será conhecida. MacDonald faz ainda o mais subido elogio ao 110º: "Considerando essa desigualdade, em nenhum outro setor da ofensiva alemã houve façanha mais notável por parte dos soldados americanos."[29]

O general alemão Kokott, cuja divisão, a 26ª, atacou a 28ª Divisão Americana, concorda com MacDonald.

— Aquilo que não se esperava tanto era o fato de que as combalidas unidades da 28ª não desistiam de lutar. Elas mantiveram suas posições e continuaram a bloquear a estrada. Engajados em prolongada batalha [...] grupos independentes afrontavam nossos destacamentos de assalto em pontos sobranceiros, desfiladeiros, em ambos os lados de pequenas ravinas e de trilhas. Seus homens deixavam as forças ofensivas entrarem em seu raio de tiro, envolviam-nas em tiroteios, realizavam manobras evasivas com grande habilidade e rapidez, e, depois, lançavam contra-ataques nos flancos e na retaguarda — disse ele em entrevistas. Kokott presta elegante homenagem à 28ª com suas palavras: — Já pela manhã, ficara evidente que o inimigo, após a surpresa e o choque iniciais, estava começando a entrar na posse do autocontrole e a fazer esforços para retardar e deter o avanço alemão com todos os meios de que dispunha.[30] Os soldados americanos — um bom número deles — estavam fazendo o que Hitler estivera certo de que não seriam capazes de fazer.

— Agora, nós sabíamos mais coisas a respeito dos americanos — lamentou o major Guderian. — A sensação era terrível, a de estar presente ali no fim daquele dia. Todas as minhas quatro companhias se haviam ido.[31]

Ken Hechler perguntou a Peiper:

— Honestamente, você esperava alcançar o Rio Mosa em um dia? — Peiper pensou, franziu o sobrolho e depois disse cuidadosamente:

— Se nossa infantaria tivesse atravessado a linha inimiga à 7 horas, conforme o planejado, minha resposta é "sim", acho que poderíamos ter alcançado o Mosa em um dia.[32]

A combatividade de Bouck e de suas forças continuava a moldar a batalha. Perto da meia-noite do dia 16 de dezembro, Peiper alcançou a região de Lanzerath. Os comandantes de infantaria lhe informaram da forte resistência que havia pela frente. Disseram-no que tinham sido rechaçados três vezes, com terrível número de perdas.

Peiper assumiu o comando e disse às suas tropas que estivessem prontas para o ataque às 4 horas. Pôs dois tanques Panther na frente da coluna, seguidos por uma série de meias-lagartas e, além, mais meia dúzia de tanques, com 30 caminhões capturados dos americanos atrás deles, e 18 Germans 88 na retaguarda. Na hora aprazada, partiram, mas encontraram a vila vazia.

Agora, Peiper estava livre atrás da linha de defesa americana. Os únicos americanos nas imediações eram tropas de serviço, motoristas, médicos, enfermeiros e oficiais superiores — nada que pudesse deter uma coluna de blindados com aquele poder de fogo. Havia chegado o momento para dar início à fase de exploração da operação.

Por volta das 8 horas, Peiper tinha abastecido seus veículos com o combustível capturado. Então, partiu em direção a oeste, em demanda de Malmédy. Essa decisão foi fator de sorte para a 99ª e a 2ª Divisões Americanas, pois, houvesse ele seguido para o norte, teria cortado suas linhas de abastecimento, com o que os teria isolado e deixado com poucas opções, senão a da rendição. E era isso o que Rundstedt e os outros generais queriam, "a solução mais simples". Mas Hitler proibira taxativamente o limitado cerco de duas divisões; seu anseio era por uma presa bem maior.

Ainda seguindo para o oeste, Peiper avançava paralelamente à Serra de Elsenborn, elevação que assoberbava toda aquela parte da região das Ardenas. Enquanto isso, as características desse avanço estavam atraindo os homens da 99ª e da 2ª Divisões de volta para a serra. Assim como se dera no Little Round Top,* em 2 de julho de 1863, a serra estava desocupada, desguarnecida. Quem chegasse lá primeiro teria o controle de uma posição elevada e, portanto, uma vantagem decisiva.

A ruptura lograda por Peiper e suas forças foi a primeira de muitas na segunda manhã desse ataque do inimigo. O peso total dos números alemães era algo que não podia ser desconsiderado. Grupos isolados americanos continuavam lutando, mas, sem o reabastecimento de sua munição, eles não podiam fazer muita coisa. E muitos se renderam. Dois regimentos da 106ª Divisão capitularam: 7.500 homens, a maior rendição em massa na guerra contra a Alemanha. Em toda parte, as unidades do major Skorzeny começaram a espalhar pânico, emitir ordens falsas, trocar placas de sinalização e, também, executar suas missões, mas as unidades incumbidas de tomar as pontes do Rio Mosa fracassaram em sua tarefa.

Quanto às guarnições de tanques, conforme nos reporta o praça Karl Drescher, a ordem era "avançar, avançar, avançar. Avançávamos o mais rapidamente possível. E guiávamos durante a noite".[33]

Bradley passou a maior parte do dia 16 de dezembro dirigindo da cidade de Luxemburgo a Versalhes. Portanto, não estava a par dos aconte-

* Nome de uma elevação da região serrana de Round Top, localidade do estado da Pensilvânia, e um dos pontos defendidos por uma das partes beligerantes durante a Batalha de Gettysburg, na Guerra de Secessão. (N. T.)

cimentos. No Trianon Palace Hotel, o quartel-general de Eisenhower, encontrou o chefe de bom humor. Eisenhower tinha acabado de receber a notificação de que havia sido promovido a general de cinco estrelas. Ao anoitecer, um oficial do serviço de inteligência chegou com a notícia de que o inimigo havia feito um ataque pela manhã às posições americanas nas Ardenas. Bradley a considerou fato de poucas conseqüências, um ataque feito apenas para desorganizar a ofensiva do I Exército às posições inimigas nas represas do Roer. Mas, uma hora depois, chegou outro informe — pelo menos doze divisões alemãs estavam engajadas no ataque, oito delas não identificadas anteriormente como unidades presentes na frente de batalha nas Ardenas.

Ainda assim, Bradley tomou o fato como algo apenas irritante, de somenos importância. Mas Eisenhower discordou dele. E disse que aquilo era uma contra-ofensiva, não um contra-ataque. Após estudar um mapa, Eisenhower ordenou que Bradley enviasse a 7ª Divisão de Blindados a St.-Vith, ao flanco norte do inimigo, e a 12ª Divisão de Blindados a Echternach, ao sul. A 12ª estava incumbida de atacar a leste de Metz, relembrou Bradley a Eisenhower, e observou que Patton ficaria furioso por ter que suspender sua ofensiva.

— Diga-lhe — tornou Eisenhower — que Ike está conduzindo esta maldita guerra.[34]

Hitler presumira que a resposta dos americanos ao ataque seria lenta, pois estava certo de que Eisenhower levaria de dois a três dias para se dar conta da extensão da ameaça e de que não se disporia a suspender suas ofensivas ao norte e ao sul das Ardenas até que tivesse conferenciado com Churchill e Roosevelt. Mas Eisenhower acabara de provar que o Führer estava duplamente equivocado. Jamais ocorreu a Eisenhower conferenciar com Marshall, muito menos com Roosevelt. O que ele fez foi basear-se nos manuais de combate da Primeira Guerra Mundial — a penetração deveria ser feita pelos flancos. Para ele, era mais importante limitar a largura do que a profundidade da cunha. Mas, se, por um lado, não era necessária a posse de nenhum atributo genial e especial para saber o que fazer, por outro urgia procurar conhecer o que se passava na mente do comandante inimigo. E Eisenhower conseguiu fazer isso na noite do dia 16 de dezembro. Ele viu o que ninguém mais conseguira ver: o fato de que aquela não era apenas uma grande ofensiva, mas também a melhor coisa que poderia ocorrer. Os alemães estavam fora de suas fortificações fixas, em campo aberto, onde a artilharia, os tanques, a infantaria e os caças-bombardeiros americanos seriam capazes de destruí-los.

Na manhã do dia 17 de dezembro, Eisenhower escreveu a Marshall. Ele assumiu a culpa pelo ataque-surpresa do inimigo, assegurou seu chefe de que tinha tudo sob controle e concluiu: "Se tudo correr bem, poderemos não apenas deter o avanço inimigo, mas também lucrar com isso."[35]

Depois de ditar o relatório, Eisenhower voltou para os mapas. Ordenou que a 101ª e a 82ª DIAs, então em Reims, recompondo-se da campanha na Holanda, fossem engajadas na batalha. Ele enviou a 101ª a Bastogne, cidade situada junto a um entroncamento rodoviário, no centro da concentração das forças contra-ofensivas alemãs, pois queria que ela fosse defendida a todo custo. Ordenou também que uma unidade de assalto da 10ª Divisão de Blindados se engajasse na operação em Bastogne e que a 82ª fosse enviada ao flanco norte do inimigo, perto de Elsenborn.

Hitler achara que, quando Eisenhower finalmente se conscientizasse do que estava acontecendo e tivesse permissão de seus superiores políticos para agir, precisaria de mais alguns dias para fazer chegar reforços às Ardenas. Equivocou-se quanto a isso também. As divisões de tropas aeromóveis não puderam seguir para as posições que lhes foram designadas, já que o tempo continuava nebuloso, nevoso e frio. Mas Eisenhower dispunha de caminhões e ordenou que os motoristas do Red Ball Express abandonassem suas cargas e usassem todos os seus recursos como transportadores de tropas. Assim, os caminhões levaram os pára-quedistas ao campo de batalha, e muito mais do que isso. Somente em 17 de dezembro, 11 mil caminhões transportaram 60 mil homens, além de munição, gasolina, suprimentos médicos e material bélico para as Ardenas. Na primeira semana da batalha, Eisenhower pôde enviar aos campos de combate 250 mil homens e 50 mil veículos. Foi uma mobilização exagerada. Foi também um feito sem precedente na história das guerras. Nem mesmo no Vietnã, nem mesmo na Operação Tempestade do Deserto,* o exército americano foi capaz de mobilizar tantos homens e tanto equipamento tão rapidamente.

Contudo, foi necessário algum tempo para que os americanos se recuperassem do golpe inicial e se reagrupassem, reorganizassem e reorientassem sua linha de frente. Enquanto isso, centenas de tanques alemães esta-

---

* Operação militar realizada durante a Guerra do Golfo (1990-1991) pelos Aliados para liberar o Kuwait do controle iraquiano. (N. T.)

vam desimpedidos atrás da linha de defesa americana, livres para se moverem em quase todas as direções.

Os americanos usaram métodos desesperados para reforçar suas posições de defesa. O praça Kenneth Delaney, da 1ª Divisão de Infantaria, engajou-se em combates do Dia D ao dia 15 de novembro e foi ferido em Hurtgen. Um mês depois, convalescia num hospital em Liège, Bélgica.

— No dia 17 de dezembro — relata-nos — o pessoal do hospital nos informou que, se pudéssemos caminhar, ou mesmo rastejar, tínhamos que voltar para a divisão o mais rápido possível. Na manhã seguinte, deixei o hospital e, com um comboio de soldados que não se podiam dar ao luxo de ficar deprimidos, voltei para a divisão.

Na noite desse mesmo dia, ele se juntou ao seu regimento, onde trocou sua bengala por um M-1 e algumas granadas de mão, e foi para a linha de combate como líder de escalão. Delaney, um dos oito homens do escalão, era o único veterano. Todos os demais eram substitutos que tinham acabado de chegar. Quatro deles foram mortos nesse dia.[36]

Em 17 de dezembro, o céu da Bélgica estava nublado, mas as nuvens pairavam a 1.500 metros ou mais de altitude. Nesse dia, a Luftwaffe conseguiu lançar sua última grande ofensiva. Os pilotos alemães efetuaram de 600 a 700 surtidas em apoio das forças terrestres. Mais de mil pilotos dos Aliados estavam lá para confrontá-los. Cada um dos lados tinha instruído seus pilotos para reunir-se sobre St.-Vith. Os aviões chegaram ali simultaneamente e travaram renhido combate aéreo ao longo de todo o dia.

O capitão Barensfeld participou do conflito e liderou uma frota com 12 aviões P-47. Cada um destes transportava uma bomba de 227 quilos, *napalm* e os novos foguetes de cinco polegadas, instalados em trilhos sob as asas, e outros quatro foguetes em cada uma das asas, mais as metralhadoras calibre .50, também em cada uma das asas. Os aviões alemães estavam armados, na maioria dos casos, com um canhão de 20 milímetros, cujos projéteis explodiam depois de percorrer uns 1.200 metros e produziam um tufo de fumaça esbranquiçada então.

— O céu de St.-Vith ficou cheio desses tufos nesse dia — descreve Barensfeld.

Quando Barensfeld chegou ao palco dos conflitos, "vi dois ou três caças em chamas, descendo em espiral — aviões de ambos os lados. Vi um Thunderbolt e um Foche Wolfe [*sic*] caindo em chamas [...]. Aviões inimigos em toda parte. Nosso controlador, 'Organ', estava calmo e indicava um alvo fundamental — uma ponte flutuante sobre o Rio Roer. Muitos veículos inimigos estavam estacionados atrás dela. Planejamos nosso ataque de forma que pudéssemos destruir a ponte e o maior número de veículos possível. Grande quantidade de fogo antiaéreo vindo em nossa direção. Três ou quatro de nossos aviões foram atingidos, mas nenhum deles abandonou a missão. Usamos nossas bombas e nossos foguetes nos veículos e na ponte. Depois, fizemos ataques a vários alvos. Cerca de 20 minutos depois, quando partimos, alguns veículos estavam em chamas, e a ponte, um pouco danificada".[37]

Em terra, os alemães conseguiram fazer uma ruptura no centro da linha de defesa americana, na direção de Bastogne, mas a ameaça maior estava ao norte. Se Peiper conseguisse atravessar o Mosa, encontraria livre as estradas para Antuérpia. Mas os alemães tinham seus próprios problemas. O controle do tráfico e a disciplina na condução dos veículos eram precários. As forças concentradas das unidades de blindados seguiam para o norte não sob fluxo contínuo, mas irregularmente, de engarrafamento em engarrafamento. A malha rodoviária das Ardenas era exatamente como Eisenhower disse que seria se os alemães decidissem atacar por essa região: precária. Além disso, a infantaria alemã seguia para a batalha em marcha, já que não havia caminhões suficientes para levá-la adiante. Mas havia algo ainda pior do que isso: a maior parte da artilharia alemã era transportada por cavalos, o que contribuía grandemente para a congestão do tráfico. Nas vilas, as tropas se movimentavam a esmo, aguardando até que seus oficiais se organizassem e as estradas ficassem livres. Soldados de infantaria entediados iam até as lojas belgas para comprar cartões e presentes de natal.[38]

Durante todo o dia 17 de dezembro, Peiper continuou avançando para o oeste. Evitou a Serra de Elsenborn; procurou localizar pontes, depósitos de gasolina e de munição e quartéis-generais americanos isolados e manter-se longe de bolsões de resistência sempre que possível, mas os arredava à força do caminho sempre que necessário. Logo depois do meio-dia, sua unidade de vanguarda deparou com um comboio de caminhões americanos da Bateria B, 285º Batalhão de Observação de Artilharia de Campanha, um pouco ao sul de Malmédy. Os homens de Peiper destruíram o comboio e seguiram em frente.

Por volta das 16 horas, Peiper, com a coluna da esquerda, tinha alcançado os arrabaldes de Stavelot. A cidade estava apinhada de caminhões americanos e outros veículos. Ele a submeteu a um bombardeio com seus tanques e causou grande destruição e confusão. Em seguida, enviou seu batalhão de infantaria motorizada para atacar a cidade. Quando a escuridão baixou sobre a cidade, os americanos, usando armas portáteis, repeliram o inimigo. No decorrer da noite, Peiper ficou observando os americanos tirar seus caminhões da cidade:

— Ficamos observando o tráfico intenso de veículos americanos seguindo para o oeste, sem nenhum impedimento.

O sucesso de Peiper no rompimento da linha de defesa americana foi algo inebriante para os alemães e terrificante para os americanos, mas, ao cair da noite do dia 17 de dezembro, ele se encontrava atrasado em seus planos de ação. Em maio de 1940, uma coluna de blindados alemães cobrira a distância entre o Platô de Eifel e Stavelot em nove horas e encontrou essa cidade desguarnecida. Peiper tinha precisado de 36 horas para chegar a Stavelot e a encontrara guarnecida.

Contudo, esses tinham sido dias de glória para os alemães. O cabo Bertenrath fala-nos a respeito deles:

— Deliciamo-nos com esses primeiros dias de sucesso, avançando, fazendo prisioneiros e, sobretudo, capturando as maravilhosas provisões que encontrávamos nos veículos dos Aliados. Pegávamos quanto podíamos carregar: biscoitos, chocolate, cigarros.

A modesta ração de campanha dos soldados americanos impressionou Bertenrath:

— Batatas, legumes, carne e até mesmo sobremesa. Perguntei ao pessoal do meu escalão: "Meu Deus, como eles conseguem coisas como estas?" Mas o fato de ter ficado atrás da linha de defesa americana causava a Bertenrath uma sensação de iminente desdita, pois: — Numa das estradas que atravessava a floresta havia pilhas de projéteis que se estendiam, calculo, por dois quilômetros, em ambos os lados — passamos por uma verdadeira alameda de munição. Jamais tinha visto algo parecido. Disse ao pessoal do meu escalão: "Minha nossa, os suprimentos deles são ilimitados!" Então, lembrou-se do que seu sogro lhe dissera em 10 de dezembro de 1941, dia em que Hitler declarou guerra aos Estados Unidos: — A guerra está perdida. Os Estados Unidos entraram na guerra de que participei, e nós a perdemos. A segunda guerra, os Estados Unidos entram, nós perdemos.[39]

No amanhecer do dia 18 de dezembro, Peiper passou instruções a dois comandantes de Panther para atacar Stavelot com a máxima rapidez. — Eles passaram rapidamente por uma curva atirando. O primeiro tanque Panther foi atingido e se incendiou, mas sua velocidade era tanta, que atravessou o obstáculo antitanque na curva e danificou dois tanques Sherman. O segundo aproveitou-se dessa oportunidade para avançar e tomou uma ponte em Stavelot. Nós o seguimos com outros veículos, e os americanos evacuaram a cidade — disse Bertenrath.[40]

Não, contudo, antes de destruir o depósito de gasolina em Stavelot. Enquanto a evacuação estava sendo efetuada, o sargento Jack Mocnik e dois outros, do 526º Batalhão de Infantaria Motorizada Americano, foram de jipe até o depósito de gasolina no alto de uma colina, acompanhados por duas meias-lagartas. Avistaram soldados americanos no topo e esperaram que abastecessem seus veículos e partissem. Então, os colegas de Mocnik lançaram rajadas de suas metralhadoras calibres .30 e .50 contra os latões de gasolina, mas eles não se incendiaram. Os homens das meias-lagartas e do jipe saíram de seus veículos e começaram a abrir os latões e a espalhar o combustível pelo solo. Por fim, conseguiram fazer com que um deles pegasse fogo. Enquanto se retiravam:

— Teve início o mais terrível incêndio que já vi. — E acrescenta: — Os latões explodiam e voavam pelos ares como foguetes, deixando para trás um rastro de fogo e fumaça.[41]

Frustrado, Peiper retomou o avanço a toda velocidade, num esforço para chegar a Trois-Ponts ("Três Pontes") a tempo de tomar uma ponte ainda intacta. Uma vez que conseguisse atravessar os Rios Amblève e Salm, os quais cortavam a vila, teria pela frente uma estrada livre, pela qual poderia avançar para o Mosa.

Em alguns quartéis-generais americanos, em depósitos de suprimentos e nos campos, a confusão, quando não o próprio caos, imperava. Os homens começaram a queimar documentos e mapas, a destruir armas e jogar outros itens fora e a retirar-se rapidamente para a retaguarda. Houve um verdadeiro colapso da disciplina, acompanhado por um colapso nervoso dos coronéis. Entre muitos, o medo expulsou toda a razão de suas mentes. Ir para o oeste o mais rapidamente possível era o único pensamento que acalentavam.

Em 17 de dezembro, o riacho de homens amedrontados que fluía em fuga da batalha transformou-se em caudaloso rio. Às 12h30, o major

Donald Boyer, da 7ª Divisão de Blindados, tentava abrir uma estrada para a passagem dos tanques da divisão:

— [Mas] Fomos surpreendidos por uma cena que não conseguimos entender, a princípio: um fluxo constante de veículos acumulando-se lá atrás sem que nenhum veículo lá na frente avançasse. Percebemos que aquilo não era um comboio retirando-se para a retaguarda; era um ajuntamento de "cada um por si". Aquilo não era uma retirada ordenada; não era uma movimentação militar; tampouco uma cena agradável. Estávamos vendo soldados americanos fugindo.[42]

Próximo do dia 18 de dezembro, o rio já tomava proporções de enchente, e as ondas de pânico humano rolavam para o oeste. Na Bélgica e no norte da França, as bandeiras americanas penduradas em janelas foram discretamente recolhidas e escondidas. Em Paris, as prostitutas guardaram seus livros de expressões da língua inglesa e pegaram os de expressões alemãs. Em Nova York, as ações da bolsa de valores, que tinham despencado depois da retirada alemã da França, sob o efeito da previsão de um acordo de paz antecipado, tornaram a subir.

Bem, isso é razoável, já que, no terceiro dia do ataque, 19 de dezembro, o avanço dos blindados alemães começava a ganhar força; as maiores conquistas das colunas de blindados de vanguarda alemãs foram feitas nesse dia. Enquanto isso, o exército americano estava em aparente debandada, algo que nos faz lembrar da Primeira [Batalha] de Bull Run,* ocorrida 83 anos antes. Ao passo que os alemães dissipavam seus engarrafamentos atrás da linha de batalha, os americanos em retirada topavam com os reforços que Eisenhower tinha enviado à batalha, o que causou um engarrafamento monumental.

A retirada do exército americano foi um triste espetáculo. Quando, em 19 de dezembro, a 101ª DIA chegou a Bastogne, suas colunas marcharam para a frente de batalha à beira de cada um dos lados da estrada. Mas eis que avistam na linha do horizonte, seguindo pelo meio da estrada, as tropas americanas derrotadas, fugindo da frente de batalha em desordem, à feição de uma turba em polvorosa. Muitos desses soldados tinham jogado fora seus fuzis, seus casacos, tudo que lhes fosse estorvo e empeço. Alguns estavam em pânico, cambaleantes, exaustos, e gritavam:

---

* Também chamada de Batalha de Manassas. Um dos primeiros conflitos da Guerra Civil Americana. (N. T.)

— Corram! Corram! Eles os matarão! Matarão vocês! Eles têm tudo, tanques, metralhadoras, poderio aéreo, tudo!

— Eles não sabiam o que estavam dizendo — pondera o major Richard Winters, do 506º RIA. — Foi patético. Ficamos envergonhados.[43]

A 101ª DIA se preparara e partira de Mourmelon às pressas. Os pára-quedistas tinham falta de tudo, até mesmo de munição.

— E a munição? Não podemos lutar sem munição — bradavam os homens enquanto passavam por Bastogne e seguiam em direção ao ruído dos disparos. A multidão de soldados apavorados fornecera-lhes alguma.

— Tem alguma munição? — perguntavam os pára-quedistas aos que não pareciam vítimas de pânico.

— Claro, amigo, com todo o prazer — volvia o colega mais equilibrado.

O cabo Walter Gordon observou, em tom de sarcasmo, que, ao ceder a munição, os homens em retirada se eximiam de qualquer obrigação de resistir e lutar.[44] Havia muito que tinham deixado para trás peças de artilharia, tanques, meias-lagartas, caminhões, jipes, comida, rações e outras coisas mais, parcialmente danificados ou mesmo em perfeito estado.

Às vezes, o abandono de equipamento era inevitável, mas, na maioria dos casos, era algo injustificável. O pânico era a causa disso. Armas e canhões que deveriam ter sido rebocados da área de perigo não o eram. Quando um comboio empacava, os motoristas e passageiros saíam de seus veículos e seguiam para o oeste a pé.

O pânico foi algo caro aos americanos em muitos aspectos. O praça Ralph Hill, da 99ª Divisão, lembra-se de um pelotão de infantaria que ocupava uma profunda trincheira na encosta de uma colina com maciça cobertura de madeira. Um canhão antitanque fora assentado no cruzamento mais próximo dela. Às 5h30 do dia 16 de dezembro, pesados projéteis de artilharia começaram a cair nas imediações dessa posição. A guarnição do canhão, sem abrigo, arremeteu para a trincheira.

— Quando ela conseguiu levantar a cobertura, o pessoal de infantaria da 99ª Divisão que se abrigava na trincheira abriu fogo, pensando que seus homens eram alemães. Todos os homens da guarnição foram mortos. Assim, o canhão foi abandonado — relata o praça.[45]

Mas, de modo algum, nem tudo foi abandonado. O repórter Jack Belden, que tinha feito a cobertura da retirada do general Joseph Stilwell da Birmânia, em maio de 1942, fornece-nos uma descrição ocular da retirada das Ardenas, em 17 de dezembro de 1944. Longos comboios de caminhões, transportando gasolina, pontes portáteis e outros equipamentos, entremeados por outros veículos, seguiam para o oeste. "Percebi em mim mesmo um sentimento que não tinha tido fazia alguns anos. Era um sentimento de culpa, que parece nos acometer quando nos retiramos. Você fica sem poder olhar as pessoas nos olhos. É como se você tivesse feito algo errado. Percebi a existência desse sentimento em outras pessoas também."

Belden prossegue: "A estrada estava tomada por todo tipo de veículo imaginável. Um avião inimigo desceu sobre ela, bombardeou a coluna e lançou-lhe rajadas de metralhadora em vôo rasante, com o que tirou três caminhões da estrada, despedaçando árvores e fazendo com que todos fugissem à procura de abrigo." E lá vinham os Jabos. Depois, as bombas voadoras, ou foguetes V-1. "Isso continuou a noite inteira. Calculo que os alemães lançavam contra nós uma bomba voadora e uma incursão aérea a cada cinco minutos."[46]

Belden estava certo quando disse que teve a impressão de que os outros homens naquela coluna aparentemente inumerável e que fugiram do combate se sentiram culpados. E o major Winters não esteve só em seu sentimento de vergonha. Substituto recentemente chegado e designado para servir na 106ª Divisão, o praça Kurt Vonnegut foi pego de surpresa pela retirada antes que pudesse dar início ao cumprimento do dever. Aos seus olhos, aquilo foi uma debandada, pura e simples.

Sua unidade se rendeu. Vonnegut preferiu arriscar-se e arremeteu pelos bosques adentro, sem fuzil, rações ou roupas de inverno apropriadas. Ele se juntara a três outros, que também não quiseram render-se e partiram na esperança de encontrar linhas de frente americanas.[47]

Era cada um por si. Essa retirada lembra a debandada alemã pela Brecha de Falaise. Mas, entre elas, houve duas diferenças fundamentais. Ao longo de toda a linha de combate, grupos esparsos de homens se mantiveram de arma em punho nos cruzamentos e na vilas, e fizeram as colunas de infantaria alemã tombar qual a foice faz com o trigo nos trigais. As perdas alemãs foram catastróficas. Os soldados americanos ficaram perplexos com a forma pela qual a infantaria inimiga avançava, seguindo em marcha pelo meio de uma estrada, armas a tiracolo, sem nenhum tipo de destacamento avançado ou de operação de reconhecimento, apoio ou mesmo alguma idéia da localização dos pontos de fortificação dos americanos.

Ademais, os soldados alemães mal sabiam marchar ou manipular suas armas, nem nada a respeito de táticas de combate em infantaria.

No lançamento de ofensivas, os homens do exército alemão, no primeiro ano da Primeira Grande Guerra, se haviam saído melhor do que os que fizeram parte dele no último ano da Segunda Guerra Mundial. Aquilo que estava acontecendo na frente de batalha era exatamente o que Eisenhower tinha previsto — as divisões de Volksgrenadier não eram capazes de combater eficazmente fora de suas casamatas. Na maioria dos casos, contudo, elas estavam combatendo jovens americanos com entre 18 e 19 anos de idade, precariamente treinados. Ambos os lados haviam sido forçados a recorrer à sua juventude para lograr um desfecho da guerra. Nesse último inverno da Segunda Guerra Mundial, nenhum dos dois exércitos podia ser considerado uma força de veteranos.

Outra diferença entre a retirada alemã, em agosto, e a americana, em setembro, foi que, enquanto os vencidos e terrificados soldados americanos fugiam, em direção ao oeste, pelo meio das estradas, tropas de combate também americanas seguiam, pelas beiras das estradas, em direção a leste, como reforços ao encontro dos ruídos dos disparos de armas.

Em maio de 1940, quando os blindados alemães avançaram através das Ardenas, o alto comando francês levantara as mãos e capitulara, embora o grosso de seu exército ainda fosse ver, mais do que atirar neles, os soldados alemães. Em dezembro de 1944, quando os blindados alemães avançaram outra vez pelas Ardenas, Eisenhower viu nisso a chance de que precisava para alcançar a vitória.

No amanhecer do dia 19 de dezembro, enquanto os tanques alemães se preparavam para cercar Bastogne e a 101ª Divisão entrava na cidade, Eisenhower se reunia com seus comandantes superiores num recinto úmido e frio do alojamento de um escalão em Verdun, o local da maior batalha de todos os tempos. Havia ali unicamente um bojudo e solitário fogão para minorar o frio. Os generais de Eisenhower entraram no recinto soturnos, deprimidos, embaraçados, tal como seria de esperar, dadas a magnitude da falha do serviço de inteligência e a equivocada disposição de suas tropas para manter inexeqüível a ofensiva inimiga ao norte e ao sul das Ardenas. Suas cabeças pendiam sobre as xícaras de café.

Eisenhower entrou, lançou um olhar desaprovador aos abatidos generais, e declarou, valorosamente:

— A situação presente deve ser considerada uma oportunidade para nós e não um desastre. Não poderá haver nesta mesa de reunião senão semblantes otimistas.

Diante disso, Patton pronunciou-se prontamente:

— Ora, ousemos deixar os bastardos avançarem até Paris — disse. — Então, faremos picadinho deles e os almoçaremos. Ele já tinha percebido o óbvio: os alemães estavam enfiando a cabeça no laço da forca. Atacando o flanco sul da cunha com seu III Exército, Patton poderia cortar as linhas de abastecimento do inimigo, isolar-lhe os tanques dentro do que já estava sendo chamado de "a Cunha" e destruí-los. Antes de partir de Metz para Verdun, tinha dito a seu corpo de assistentes que iniciasse os preparativos para a conversão da linha de ataque de suas forças do leste para o norte. Assim, quando Eisenhower lhe perguntou quanto tempo o III Exército levaria para fazer que duas divisões voltadas para o leste fossem postas de frente para o norte e, em seguida, atacassem o flanco sul dos alemães, Patton respondeu, ousadamente: — Dois dias. — Os outros generais riram-se de sua resposta — mas, em verdade, as forças de Patton já estavam a meio caminho nessa conversão.[48]

O espírito de determinação de Eisenhower e a audácia de Patton eram eletrizantes. A disposição de ânimo dos dois se espalhou rapidamente pelo sistema de forças dos Aliados. Homens deprimidos se revigoraram. Para aqueles que mais precisavam de ajuda, os homens da frente de batalha, a ajuda estava chegando, sob a forma de homens como Dick Winters. Repórter da revista *Yank*, Ed Cunningham esteve numa vila em que viu, num dos lados da estrada, tropas em retirada, e, no outro, unidades de uma coluna de blindados avançando de encontro ao inimigo. Os civis que se demoravam no lado que se prolongava para o oeste mantinham-se em silêncio, seus olhos cheios de reprovação e pavor; os que se ajuntavam do lado que se estendia para o leste "são moças acenando e rindo diante d[a visão] [d]os americanos nos tanques e nas meias-lagartas. Os homens e as mulheres mais idosas sorriem por trás de um semblante de medo e fazem a saudação do V de vitória aos homens de capacete".[49]

Do Comando Supremo ao soldado mais raso, homens ajeitaram as calças e trataram de cumprir os seus deveres. Bastaria dizer, ou talvez nem tanto, que aqui, acolá, em toda parte, do topo à base da pirâmide, os homens do exército americano no noroeste da Europa acordaram e fizeram desse um momento fundamental para suas próprias vidas e para a história do exército. Eles não gostavam de retiradas, não gostavam de serem jogados para cá e para lá, e, como indivíduos, esquadrões e companhias, e bem assim como oficiais do SHAEF, decidiram que fariam o inimigo pagar um preço pelo que fizera.

O fato de que tinham tempo para se adaptar e preparar para atacar os alemães se dera à mercê de um número relativamente pequeno de soldados americanos na frente de batalha. Os primeiros dias da Batalha das Ardenas foi um triunfo dos soldados da democracia, um êxito marcado por inumeráveis exemplos de iniciativa, tomadas de decisão e espírito de liderança. No que respeita a isso, o capitão Roland, da 99ª, nos fornece um comentário inigualável: "Nossos feitos nessa operação resultaram, em grande parte, do fato de que unidades praticamente independentes e isoladas lutaram desesperadamente pela sobrevivência. Elas nos proporcionam um exemplo, quase sem semelhança, de coragem, engenhosidade e tenacidade, principalmente no que toca aos recrutas, suboficiais e oficiais subalternos das companhias que estiveram na frente de batalha."[50]

8

AS ARDENAS

20 A 23 DE DEZEMBRO DE 1944

PRÓXIMO DAS 12 HORAS DO DIA 20 DE DEZEMBRO, fazia três dias e meio que a companhia de Charlie, 395º Regimento de Infantaria, 99ª Divisão, estivera marchando em retirada, com a maioria de seus homens sem dormir, sem água e sem suficiência de provisões, e através de lama "que chegava ao joelho, um lamaçal tão fundo, que, freqüentemente, os homens que carregavam armas pesadas se atolavam, o que fazia que outros soldados tivessem que pegar suas armas e retirá-los dali. Em certo trecho, precisamos de uma hora e meia para cobrir cem metros". O sargento Vernon Swanson nos relata que, quando soube que o regimento seguiria para a Serra de Elsenborn, onde seus homens se entrincheirariam, ao lado dos soldados da 2ª Divisão, e para onde se dirigiam mais reforços, isso foi para ele "uma notícia realmente muito boa. Tivemos a sensação de que equivalia a dizer que estávamos voltando para os Estados Unidos".

Swanson conta-nos, contudo, que a jornada para Elsenborn foi "a pior marcha daquela semana", por causa da combinação de lama, gelo, neve e solo congelado, fatores que se conjugaram praticamente todos ao mesmo tempo e durante todo o percurso. Uma frente quente de alta pressão se havia deslocado do Atlântico no dia 18 de dezembro, o que abriu temporariamente o céu e permitiu que as forças aéreas dos Aliados realizassem algumas missões de apoio, e deu início a curto período de degelo, que retardou o avanço tanto dos tanques alemães quanto da infantaria americana. Ao cair da noite do dia 20, o solo começou a se congelar novamente; no dia 21, o tempo foi uma mixórdia de neve e nevascas, neblina e gelo. E a companhia de Charlie avançou através dessas péssimas condições de tempo.

— Deixamos a maior parte de nossos suprimentos para trás — disse Swanson —, mas nossas armas estavam conosco e prontas para ser usadas. Durante toda a jornada, nossos homens avançaram com frio, cansados, inconsoláveis, aos trancos e xingando o exército, o tempo e os alemães, mas nenhum deles desistiu do cumprimento do dever.

Chegaram à serra por volta da meia-noite, e, embora "estivéssemos muito cansados", os homens se entrincheiraram. Os alemães haviam percebido a importância da Serra de Elsenborn tarde demais. A companhia de Swanson estava bem entrincheirada, mas sofreu sete baixas. Quatro delas eram sargentos, "que abriram a guarda para conceder promoções". Um dos atingidos foi Swanson, ferido no pescoço por um estilhaço. — Não conseguia emitir um único som, pois o sangue descia pela minha garganta. — Padioleiros levaram-no para um posto de socorro, onde o capelão se pôs a seu lado e curvou-se sobre ele. — Não pude distinguir o ornamento que ele trazia no colarinho, o qual eu soube depois que era uma Estrela de David. Ele, por sua vez, se equivocou na leitura de minha plaqueta de identificação, achou que eu era católico e me deu a extrema-unção. Lembro-me de ter achado que meu fim tinha chegado.[1]

Conforme mencionado, a Serra de Elsenborn era o Little Round Top da Batalha das Ardenas. Peiper a poderia ter tomado sem dificuldade em 17 ou 18 de dezembro, mas se ateve às ordens de Hitler e seguiu para o oeste, em vez de para o norte, assim que atravessou a linha de defesa americana. Essa serra corta o Platô de Eifel e se estende até Antuérpia e deveria ter sido o principal objetivo dos alemães no flanco norte. Mas os americanos chegaram lá primeiro e se entrincheiraram. Somente um assalto direto e frontal poderia expulsá-los dessa posição.

E os alemães tentaram fazer isso. "A primeira noite em Elsenborn foi inesquecível", escreveu o capitão Roland, 99ª Divisão, 50 anos depois. "Os clarões e os estampidos das explosões dos projéteis eram incessantes. Em toda parte, a paisagem era o Inferno de Dante, com casas e cidades em chamas." Os homens de seu regimento, o 394º Corpo de Infantaria, trabalharam duramente escavando trincheiras durante toda a noite. "Distribuímos munição e provisões, limpamos e lubrificamos nossas armas, fizemos trincheiras e embasamentos para canhões no solo congelado, assentamos minas antitanque, levantamos obstáculos com arame farpado, estudamos mapas e fotografias aéreas com lanternas, cuja propagação da luz restringíamos com anteparos, assinalamos zonas de tiros para metralhadoras, morteiros e artilharia, instalamos linhas telefônicas de campanha para contato com os vários postos de comando e estabelecemos um posto de socorro para receber as baixas.

Todos estavam conscientes de que não haveria mais retiradas, independentemente do custo disso. Além do mais, pude perceber pela postura das tropas em todos os escalões que essa resolução estava escrita em seus rostos."

O fogo do morteiro e da artilharia inimiga caiu sobre a 99ª. A artilharia americana revidou ininterruptamente. À noite, a temperatura caiu abaixo de zero na escala de Fahrenheit. Nenhum soldado americano tinha roupas de inverno. "O vento soprava tão fortemente que partículas de gelo nos atingiam o rosto quase como se fossem tiros de bala. O fornecimento de alimentos quentes na frente de batalha tornou-se impossível, e fomos obrigados a sobreviver exclusivamente de ração americana. Parados nas trincheiras individuais frias e úmidas, com a atividade física extremamente limitada, começamos a sofrer baixas por conta do pé-de-trincheira [...]. Com o tempo, a combinação de um frio extremo, cansaço, tédio e perigo tornou-se algo enlouquecedor. Alguns homens não suportaram a pressão, e se molhavam constantemente, urinavam, vomitavam ou exibiam outros sintomas físicos." Mas não houve mais retiradas.[2]

Os combates foram mais ferozes nas vilas de Rocherath e Krinkelt, na extremidade leste da serra. Lá, um batalhão da 2ª Divisão de Infantaria enfrentou uma divisão de blindados alemães, e americanos e alemães se imiscuíram em tumultuado e selvagem conflito, com luta corpo a corpo. As guarnições de tanques americanos sabiam que não podiam ter um confronto direto com os grandes tanques alemães. Desse modo, permitiram que os Panthers e os Tigers se aproximassem de suas posições para envolvê-los num jogo de gato e rato entre as ruas e as aléias das duas vilas. Os Shermans permaneciam escondidos e silenciosos atrás de muros, edificações e sebes, esperando que um tanque alemão lhes cruzasse o caminho. Muitos desses conflitos ocorreram com as partes beligerantes distando menos de 25 metros uma da outra. O 741º Batalhão de Tanques destruiu 27 panzers, em prejuízo de 11 Shermans. O 644º Batalhão Antitanque tirou de combate 17 tanques do inimigo e perdeu dois de seus veículos.

Os canhões americanos antitanque de 57 milímetros eram pesadões e seu poder de fogo era muito pouco para a obtenção do efeito necessário; a bazuca, no entanto, era altamente eficaz dentro das vilas, principalmente à noite, quando as equipes de bazuca podiam aproximar-se bem dos tanques alemães e disparar tiros decisivos contra as lagartas. No dia 21 de dezembro, os alemães ameaçaram um posto de comando de um batalhão: o comandante e seu corpo de assistentes abandonaram seus rádios e mapas, pegaram seus fuzis e bazucas e engajaram-se no combate.[3]

Em *Closing with the Enemy*, Michael Doubler escreveu: "A disputa pela Serra de Elsenborn deu lugar a uma das mais cruentas batalhas no TOGE."[4] O sargento Arnold Parish, 2º Batalhão de Infantaria, concordou com essa afirmativa. Ele participara do desembarque das tropas aliadas na Normandia, ocasião em que ganhara a Estrela de Bronze, fora ferido em 9 de junho e se havia juntado à sua unidade em agosto. Portanto, fazia quatro meses, pelos meados de dezembro, que estivera combatendo. E os combates de Elsenborn foram os mais duros deles. Os homens que achavam que tinham visto tudo em matéria de combate fraquejaram diante do bombardeio alemão.

— Estávamos impotentes — revela Parish — e inteiramente sós; não havia nada que pudéssemos fazer. Então, orei a Deus. À noite: — O tempo passava muito lentamente. Eu tentava me aquecer, mas não conseguia. Pensava em minha mãe e nutria a esperança de que ela não soubesse onde eu estava ou o que eu estava fazendo. Senti-me feliz por não ser casado.

De repente, os holofotes alemães foram ligados, iluminando as nuvens, e os tanques alemães avançaram. "Talvez este seja o fim do mundo", lembrou-se Parish de ter pensado. Mas, poucos segundos depois, ele e seu pelotão revidaram o fogo inimigo. Os alemães foram rechaçados.[5]

A um ponto a sudoeste de Elsenborn, a 82ª DIA chegava para reforçar o flanco norte da linha de frente americana e ajudar a deter o avanço de Peiper em direção ao oeste. No dia 20 de dezembro, o coronel Ben Vandervoort e seu 2º Batalhão, 505º RIA, chegaram a Trois-Ponts, onde os rios Salm e Amblève se encontravam. Vandervoort pôs a Companhia E no lado leste do Rio Salm, enquanto o restante do batalhão estabelecia uma LRP em meio às casas da margem ocidental do rio. Atrás da LRP, erguia-se alcantilada ribanceira. A Companhia E, posicionada na ribanceira oposta, providenciara o assentamento de um canhão de 57 milímetros num dos lados da estrada, 20 metros atrás da linha de entrincheiramento da infantaria, entocada na borda de um bosque. O tenente William Meddaugh, o comandante, posicionou sua equipe de bazuca um pouco à frente e à esquerda da infantaria. Por volta das 3 horas, estavam prontos para emboscar as forças alemãs provenientes do leste. E lá ficaram, aguardando, nenhuma fogueira, nenhuma luz, nenhuma fumaça, e todos bem atentos.

Acompanhado pela infantaria, os blindados de Peiper avançavam. A vantagem da força humana de Peiper era de 20 por 1 em relação à de Vandervoort, e seu poder de fogo era colossalmente superior. Os pára-quedistas americanos não tinham tanques, peças antitanque, artilharia pesada, mas apenas o pequeno canhão de 57 milímetros, seis bazucas e o ultraleve obus de 75 milímetros, usado para apoiar a artilharia. O 505º RIA foi uma unidade de elite, certamente, mas já não era tanto assim, pois, depois da Normandia e da Holanda, passou a ter apenas mais substitutos, então recém-chegados à Europa, do que veteranos. Mas esses substitutos eram voluntários que se haviam qualificado com cinco saltos e que tiveram mais algum treinamento ao se juntarem ao 505º.

O pessoal do 505º RIA tinha desenvolvido novas aptidões e técnicas durante o tempo em que atuara na Holanda, e teve oportunidade de aplicar, mesmo antes da chegada da luz do dia, uma das lições que aprendera. Às 3h15, um blindado alemão se aproximou da posição da Companhia E. Quando contornou uma curva da estrada que conduzia ao rio, uma equipe de bazuca o atingiu de emboscada. Depois que a guarnição do tanque alemão fugiu, os pára-quedistas transferiram suas minas para além da mole blindada em chamas. Às 4 horas, as minas destroçaram um segundo blindado.

Às 8 horas do dia 21 de dezembro, Peiper atacou a Companhia E com infantaria e cinco tanques. As bazucas deram cabo dos blindados; os homens entrincheirados repeliram os membros da infantaria inimiga (alguns dos quais caíram nas trincheiras individuais da Companhia E), com grandes perdas.* De um posto de observação em certa elevação na

* Mais tarde, o oficial do serviço de inteligência de Vandervoort interrogou alguns prisioneiros. Perguntou-lhes por que tinham avançado diretamente por terreno aberto atirando e gritando. O prisioneiros responderam que isso era o que vinham fazendo desde o início da ofensiva e que, até então, todos tinham fugido ou se rendido diante disso. (N. A.)

margem ocidental do rio, os americanos puderam ver os tanques e as peças de artilharia e as baterias antiaéreas móveis de Peiper manobrando para lançar outro ataque.

Vandervoort fez que a Companhia F atravessasse o rio para apoiar a Companhia E com um ataque pelos flancos, mas a operação teve pouco efeito sobre os tanques e os homens de Peiper, que se reuniam para um ataque maciço e decisivo. Mais tarde, Vandervoort observou que, com o que equivalia a uma divisão de blindados prestes a atacar uma companhia de infantaria, "um desastre parecia iminente, mas nenhum homem da Companhia E abandonou sua posição de combate". Vandevoort subiu num jipe e ordenou que seu motorista atravessasse a ponte e subisse a ribanceira que se erguia sobre a margem oriental do rio. Ele chegou ao posto de comando de Meddaugh no momento exato em que os alemães lançaram sua primeira onda de ataque com o corpo de infantaria. Este foi apoiado por tiros de canhões e rajadas de metralhadoras contra as posições americanas.

Basta, decidiu Vandervoort. Ele saltou do jipe e correu até Meddaugh.

— Recuem — ordenou. — E FAÇAM ISTO AGORA!

Enquanto Meddaugh transmitia a ordem, os alemães começaram a fechar o cerco, e um deles exclamou em inglês:

— *Halt Americans!* Vocês estão cercados.

Meddaugh nada respondeu. Enquanto, isso Vandervoort começou a descer a ribanceira no jipe, "exortado por rajadas de balas de 9 milímetros das submetralhadoras Schmeisser". A meio caminho na descida da ribanceira, passou pelo canhão antitanque. Ele se havia dobrado ao meio e teve que ser abandonado por sua guarnição.

Lá em cima na ribanceira, Meddaugh fez seus homens se retirarem baseados nas lições aprendidas nos combates na Holanda, lutas travadas sob contato direto com o inimigo. De acordo com as palavras de Vandervoort:

— Os homens improvisaram, intuitivamente, fogo de revés em movimento. Movendo-se de costas e usando as árvores como cobertura, eles simplesmente eliminavam qualquer perseguidor que se aproximasse muito deles.

Quando os soldados americanos alcançaram a borda da ribanceira, tiveram que pular pelo escarpado declive, invocar forças para recobraremse do salto ao aterrissar (houve alguns ossos quebrados e muitas entorses de tornozelos), passar por uma espécie de corredor polonês de cem metros de extensão na estrada, cruzar uma passagem de nível e atravessar um rio parcialmente congelado. Os soldados americanos posicionados na margem do rio que banhava a cidade, e também, mais atrás, lá em cima na ribanceira, atiravam em todo alemão que aparecesse na ribanceira da margem oposta. A Companhia E conseguiu chegar à cidade, mas com 33% de baixas, e todas elas foram levadas para o posto de socorro do batalhão em Trois-Ponts. Quando se verificou a presença de todos os homens, os engenheiros explodiram a ponte. Essa retirada foi efetuada segundo os preceitos dos melhores manuais de táticas de guerra, mas com exceção do fato de que, em verdade, nesse caso, não se consultaram manuais, já que o exército americano não se tinha dado ao trabalho de ensinar os seus soldados como fazer uma retirada.

Vandervoort nos dá uma descrição das condições dos sobreviventes quando eles chegaram a Trois-Ponts:

— Eram um bando de homens cansados, desgrenhados, esfarrapados. Mas o que eu vi foi belo. Uns cem pára-quedistas, com armas e munição, prontos para a luta.

Peiper trouxe alguns tanques Panther até a borda da ribanceira, e, ali chegados, começaram a varrer as ruas de Trois-Ponts com rajadas de metralhadoras. Depois, conforme nos conta Vandervoort:

— Um tanque Tiger apareceu na beira da estrada sobre a ribanceira. A ameaçadora insígnia da SS, com a figura da caveira e um par de ossos cruzados, e a cruz de combate preta e branca, pintada em sua blindagem, ficaram claramente visíveis. O blindado baixou o longo e grosso cano de seu canhão e começou a atirar à queima-roupa nas casas em que nos abrigávamos.

Alguns tiros de bazuca atingiram o Tiger, mas apenas ricochetearam nele. Vandervoort ordenou que o pelotão de morteiros fosse à caça do tanque, e os homens lançaram mão de fósforo branco para reduzir a visibilidade dos alemães.

— Com precisão espantosa — disse Vandervoort — o primeiro disparo atingiu a parte da frente da torre de tiro do Tiger em cheio. Glóbulos de causticante fósforo caíam em toda parte. Soldados da infantaria inimiga próximos dos tanques debandaram como galinhas acovardadas. O motorista tratou de dar marcha à ré ao monstro metálico, agora não tão ameaçador, acelerando de traseira pelo bosque adentro, em busca de refúgio.

Agora, outro membro da equipe de combatentes podia pôr mãos à obra. O observador avançado da artilharia da divisão avistou os veículos alemães reorganizando-se dos reveses sofridos na ribanceira. Invocando o fogo da artilharia, forçou o inimigo a retirar-se para o bosque, e este ficou ali durante as últimas horas da claridade do dia. Após o anoitecer, a infantaria alemã tentou atravessar o Rio Salm, mas foi rechaçada.[6]

A Batalha de Trois-Ponts foi assunto a respeito do qual Peiper não quis falar muito em sua entrevista com Ken Hechler. Dispôs-se a dizer apenas que, após partir de Stavelot, "seguimos a toda velocidade para Trois-Ponts, num esforço para tomar a ponte de lá, mas o inimigo a explodiu bem debaixo de nossos narizes".

Hechler: — Qual era a importância da ponte de Trois-Ponts; em outras palavras, que você acha que poderia ter feito se tivesse capturado a ponte intacta?

Peiper: — Se houvéssemos capturado a ponte intacta e tivéssemos tido combustível suficiente, teria bastado seguirmos para o Rio Mosa no começo do dia.

Mais tarde, Hechler perguntou a Peiper: "Que ordens você recebeu do quartel-general?" Peiper fungou cinicamente e respondeu:

— Recebi uma mensagem que dizia que eu deveria informar imediatamente a localização do posto de socorro para os feridos e que, a menos que eu informasse também a quantidade de gasolina de que eu dispunha, eu não deveria esperar receber mais gasolina.

Peiper seguira para o norte com o objetivo de achar uma ponte, mas jamais achara uma que tivesse podido tomar. Neste sentido, Trois-Ponts representara sua última esperança. Quando Hechler lhe perguntou o que ele teria feito de diferente, Peiper falou não da batalha em si, mas dos fatores gerais da guerra: da necessária disponibilidade de maior quantidade de gasolina, da falta de preparo do corpo de artilharia, da necessidade de se manterem os cavalos fora das estradas, da conveniência de ataques com a combinação das várias armas do exército e da tomada de pontes juntamente com as posições inimigas e, por último, "pôr um general em cada esquina para controlar o tráfego". Peiper indicou a existência de duas boas razões para a tomada dessas providências, e uma delas não era respeitante ao controle do tráfego.[7]

O rival de Peiper, o general Gavin, concordava em parte com ele a respeito da qualidade dos generais alemães, mas incluiu também o próprio coronel Peiper na categoria em que os classificava. Trinta e quatro anos depois da batalha, Gavin escreveu uma carta a Vandervoort em que dizia: "Jamais fui capaz de entender por que o comandante da unidade de panzers não mobilizou sua infantaria, ao alcançar o Salm, e efetuou um assalto noturno, estabelecendo uma cabeça-de-ponte durante a escuridão e fazendo seus blindados avançarem antes do amanhecer." Tal combinação de armas teria funcionado, na opinião de Gavin, pois a dimensão de "nossas forças atrás de Trois-Ponts era muito pequena". Gavin criticou a estratégia de Peiper, chamando-a de "injustificável". Depois, refletiu nos problemas que Peiper tinha com o alto comando alemão e não pôde evitar a comparação entre a confusão que dominava na Wehrmacht e a harmonia genericamente funcional da administração da guerra no SHAEF. Além disso, outro pensamento lhe ocorreu respeitante ao fato: "Às vezes, somos levados a crer que alguns dos oficiais superiores alemães, calculando que, de todo modo, a guerra estava perdida mesmo, não queriam tentar vencê-la."[8]

Mas o SHAEF cometia seus erros também. Em 20 de dezembro, Eisenhower decidiu dividir o comando da batalha entre Montgomery e Bradley. Seu raciocínio se embasava no fato de que o avanço dos alemães através do centro das Ardenas tinha conseguido romper a linha de frente do I e do III Exércitos Americanos e interromper as comunicações telefônicas com Hodges. Um vez que o quartel-general de Bradley ficava no flanco sul, Eisenhower decidiu pôr Montgomery no comando do I e do IX Exércitos Americanos, na extremidade norte das Ardenas. Tal disposição de comando era o que Montgomery estivera propondo a Eisenhower o tempo todo, e este sempre a recusava, o que lhe doía. E a transferência de comando no auge da crise causou a impressão de que os americanos tiveram que recorrer aos britânicos para socorrê-los, o que lhe doeu ainda mais. Mas Eisenhower insistia em que isso tinha que ser feito.

Quando o chefe do estado-maior geral do SHAEF, o general Bedell Smith, chamou Bradley ao telefone para informá-lo da transferência, Smith observou que essa era uma providência lógica. Bradley protestou contra o insulto implícito, mas acrescentou:

— Bedell, é difícil para mim objetar. Certamente, se Monty fosse um comandante americano, eu concordaria plenamente com você.

Eisenhower pôs-se ao telefone cerca de uma hora depois. Então, Bradley foi imprensado contra a parede.

— Por Deus, Ike — clamou ao telefone. — Não poderei ser considerado responsável pelo povo americano se você fizer isso. Eu me exonero.

Eisenhower, indignado e irritado, respirou fundo e, depois, disse suave, mas firmemente: — Brad,* eu — não você — sou responsável pelo povo americano. Portanto, a sua exoneração não significa absolutamente nada.

Houve uma pausa. Depois, mais um protesto de Bradley, mas, dessa vez, sem ameaças. E Eisenhower encerrou a conversa, dizendo:

— Bem, Brad, isto é uma ordem.

Depois de desligar o telefone, Eisenhower fez uma ligação para Montgomery, a fim de informá-lo da mudança de comando. Infelizmente, a ligação telefônica estava muito ruim. Montgomery ouviu o que queria ouvir e acrescentou à conversa a sua própria versão dos fatos. Ele disse ao marechal-de-campo Alan Brooke que Eisenhower "estava muito excitado, e foi difícil entender o que ele estava falando; ele gritava ao telefone e falava muito rápido".

A única coisa que Montgomery entendeu foi que Eisenhower lhe estava passando o comando do I e do IX Exércitos Americanos.

— Isso era tudo o que eu queria saber. Depois disso, ele continuou a falar excitadamente sobre outras coisas.

Montgomery desligou o telefone, subiu em seu jipe e partiu em visita aos quartéis-generais do I e do IX Exércitos. Um oficial britânico que o acompanhou disse que ele entrou no quartel-general de Hodges "como o Cristo, por ocasião da limpeza e da expulsão dos comerciantes do templo". Contudo, de acordo com o relato de Montgomery, Hodges "ficou embevecido com o fato de haver alguém que o fizesse transmitir ordens rigorosas".[9]

Freqüentemente, as percepções de Montgomery eram incomuns, ou, às vezes, singulares. Acalentador de fantasias, imaginava, por exemplo, que sempre pretendera resistir às forças inimigas em Caen e retê-las ali, de modo que Bradley pudesse avançar. Demais, suas fantasias eram alimentadas pela bajulação do povo britânico, exacerbado pela noção de quão injusto lhe parecia o fato de Ike, e não ele, ser o comandante supremo e pelo fato de que estava consciente de que a Grã-Bretanha era, agora, um parceiro de menor importância na conjunção das forças aliadas, e cujas contribuições à FEA estavam diminuindo, ao passo que as dos americanos estavam aumentando.

Sua atitude ao encontrar-se com os comandantes do exército americano assemelhou-se a algo como: "Bem, eis que aqui vocês têm homens

---

* Hipocorístico de Bradley. (N. T.)

magnificamente equipados e montanhas de equipamentos, mas foram lá e estragaram tudo. Eu previ tudo isso, mas Ike não quis me ouvir. Assim, terei que endireitar esta confusão."

Mas isso era pura fantasia também. Ele não tinha previsto a contraofensiva alemã. Aliás, estava preparando-se para passar o Natal em casa quando o golpe foi desferido. Tampouco assumira o controle da batalha, conforme imaginara que ocorrera.

Aliás, ninguém assumira o controle dela. Assim que Eisenhower definiu os objetivos maiores — a defesa resoluta das posições conquistadas na Serra de Elsenborn, a detenção do avanço alemão aquém do Rio Mosa e a preparação de um contra-ataque coordenado aos flancos da cunha alemã — essa deixou de ser uma batalha de generais. Em Bastogne, Elsenborn, St.-Vith, Trois-Ponts, passou a ser uma batalha de comandantes de batalhões, ou de comandantes de companhias, ou de líderes de esquadrões. A colocação de Monty no comando das forças posicionadas no flanco norte não teve efeito sobre a batalha, mas ameaçava afetar a harmonia da aliança entre britânicos e americanos.

Embora Hitler tivesse feito seu maior investimento em Peiper, o melhor deles foi o que fez no batalhão de Otto Skorzeny, o qual se espalhara pelo rastro deixado pelo avanço das forças de Peiper. Em todas as partes da cunha, os efeitos da ação dos cerca de 500 voluntários usando uniformes americanos excediam a grandeza numérica desses homens. Eles alteravam e mudavam a posição das placas de sinalização, o que causava grande confusão. E espalhavam pânico. Assim que se soube que o batalhão de Skorzeny estava atrás das linhas de defesa americanas, uma instrução se espalhou com velocidade assombrosa — não confiar em ninguém. Os soldados americanos, e principalmente a polícia militar, interrogavam a todos, do soldado mais raso até Bradley — quem é o centromédio dos Yankees? Qual o nome da esposa do Mickey Mouse? Qual é a capital de Illinois? O general Bradley foi detido por ter dado Springfield como resposta a esta última pergunta; os membros da polícia militar teimavam em que era Chicago. Outro general foi preso e detido durante algumas horas, pois dissera que o Chicago Cubs fazia parte da Liga Americana de Beisebol.

Contudo, por volta do dia 21 de dezembro, alguns dos homens de Skorzeny haviam sido capturados (a maioria deles foi morta), e os restantes estavam tentando tornar a entrar nas próprias linhas de frente. Neste sentido, o sargento Edgar Lauritsen, da 82ª DIA, teve uma experiência típica. Enquanto um tanque alemão atacava seu posto de comando, dois jipes cheios de soldados usando uniformes americanos, um capitão e oito recrutas, parou na frente dele, e seus homens saíram do veículo, contornaram a pé o outro lado da casa e seguiram em direção à linha de frente dos alemães. Lauritsen tentou advertir-lhes aos brados que estavam indo na direção errada, mas eles o ignoraram. Com suas suspeitas exacerbadas, exigiu que informassem suas unidades.

— Nonagésima nona — bradou o capitão por sobre o ombro.

— Qual subunidade da 99ª?

— Quartel-general — tornou o capitão, mas a pronúncia da palavra serviu para testar-lhe o inglês — alguns fonemas saíram repassados de ligeira guturalização.

— *Halt!* — vociferou Lauritsen. O capitão e seus homens começaram a correr. Lauritsen alvejou o capitão nas costas, mas seus colegas o pegaram e arrastaram para a linha de defesa alemã.[10]

Em outro desses casos, um alemão com uniforme americano topou em seu jipe com uma barreira, onde foi interrogado por um oficial de inspeção de batalhão. O inglês e os documentos do alemão eram perfeitos — perfeitos demais, conforme se constatou. O Cartão de Identificação de Ajudante do Estado-Maior autêntico, do qual todos os soldados americanos eram portadores, tinha impresso na parte superior: "Não vale como salvo-conduto — Apenas como Indentificação." Com exatidão germânica, o falsário alemão tinha corrigido o erro de ortografia, de forma que no cartão forjado ficasse grafado "Identificação". A ausência do *n* custou a vida ao alemão.[11]

No quartel-general da 84ª Divisão de Infantaria, um integrante da PM teve um idéia brilhante. Ele passou a perguntar aos homens que ele parava nas barreiras o tamanho de suas camisas, na suposição de que os alemães acostumados com o sistema métrico teriam dificuldade de lembrar-se de que uma camisa 14 1/2-32 não caberia num homem corpulento.[12]

De um modo geral, os soldados americanos despenderam uma quantidade excessiva de tempo policiando uns aos outros. Enquanto isso, um boato aventado pelos membros do batalhão de Skorzeny capturados ganhou ampla e rápida circulação — o de que a missão principal deles era assassinar Eisenhower. Com isso, todos no SHAEF ficaram obcecados por segurança. Alguns guardas insistiram em isolar Eisenhower em seu quartel-general no Trianon Palace, enquanto outros tomaram posições em volta de todo o hotel, e, quando Eisenhower ia a Verdun ou a algum outro lugar para uma reunião, era levado e seguido em jipes por guardas armados. Esse tipo de segurança, comum em todo o mundo meio século depois, era algo tão incomum no que diz respeito ao SHAEF, em 1944, que dava a impressão de que o pânico se instalara ali. Criar histórias para causar essa impressão era o que Montgomery tinha em mente quando descreveu a Brooke a conversa telefônica que teve com Eisenhower.

Mas Eisenhower estava longe de se deixar dominar pelo pânico. Em 21 de dezembro, ele deixou clara a essência de seu estado de espírito e de sua sagacidade numa rara Ordem do Dia: "Não nos podemos contentar em simplesmente repeli-los", disse em relação aos alemães. "Ao sair de seu sistema de defesa fixo, o inimigo pode proporcionar-nos a chance de transformar sua maior jogada em sua maior derrota [...]. Que, diante deles, todos tenham um único pensamento — destruir o inimigo na terra, no ar, em todo lugar — destruí-lo!"[13]

Sua confiança era grande porque sua situação básica era muito boa. Ele estava enviando reforços às pressas aos campos de batalha para aproveitar-se da audaciosa mobilização de um grande número de homens e equipamentos alemães. O major John Harrison, do quartel-general do I Exército, escreveu à esposa em 22 dezembro: "É algo emocionante ver todos os homens e os blindados avançando contra os Krauts. Esse fluxo já dura vários dias, e, embora os belgas estejam muito preocupados, tenho certeza de que ficam pasmos com o que estão vendo. Os blindados avançam uns 40 quilômetros por dia de cidade em cidade, e ver e ouvir um tanque atravessar uma cidade relativamente pequena, manobrar sobre uma das lagartas e jamais reduzir a velocidade é uma visão e tanta. Os belgas continuam a ladear as ruas e, conquanto não estejam tão eufóricos quanto ficaram ao nos verem pela primeira vez, ainda acenam e demonstram sua gratidão."[14]

No meio da região das Ardenas, os alemães tinham feito mais progresso que Peiper, mas tinham sido incapazes de explorar a ruptura que haviam conseguido realizar na linha de defesa inimiga, pois a 101ª DIA e membros da 10ª Divisão de Blindados chegaram a Bastogne antes deles. E, embora os alemães tivessem cercado os americanos, foram impedidos por estes de usar as estradas, e contornar Bastogne consumia muito tempo. Assim, a partir de 19 de dezembro, eles tentaram tomar o local, com uma força aparentemente esmagadora. Ao todo, lançaram 15 divisões contra as posições americanas em Bastogne, quatro delas de blindados, apoiadas por artilharia pesada.

Dentro do perímetro do conflito, as baixas se acumulavam nos postos de socorro. A maioria ficava sem tratamento, pois, em 19 de dezembro, um grupo de alemães tinha capturado os médicos e os suprimentos medicinais da divisão. Não obstante isso, o moral dos americanos se manteve alto. O cabo Gordon Carson foi atingido na perna por alguns estilhaços de explosivo e foi levado para a cidade. No posto de socorro:

— Olhei em volta e vi muitos homens feridos, numa quantidade que eu jamais tinha visto. Chamei um médico e disse: "Ei, por que há tantos homens feridos aqui? Ninguém está sendo evacuado?"

— Você não soube? — tornou o médico.

— Eu não soube de droga nenhuma.

— Eles nos cercaram — os pobres bastardos.[15]

À medida que a Batalha de Bastogne foi se exacerbando, passou a chamar a atenção do mundo. O drama implícito, a imagem dos veículos inimigos dispostos em forma de círculo, a resistência heróica, os mapas de primeira página diários mostrando o cerco de Bastogne e a pronta identificação da divisão pelos homens do Departamento de Relações Públicas do Ministério da Guerra combinaram para fazer da 101ª a mais famosa divisão americana da guerra. Conforme as palavras dos registros históricos da divisão assinalam, o caráter legendário de que se revestiu a 101ª foi auxiliado por aqueles mapas "mostrando tropas resistindo em meio ao movimento contrário de ondas humanas em retirada, no que pode ser considerado a maior derrocada militar americana dos tempos modernos".[16]

Mas a 101ª não estava só em Bastogne. Um grupo de tropas de assalto da 10ª Divisão de Blindados estava lá, juntamente com unidades de apoio, formado por engenheiros, unidades de combate antiaéreo e outras unidades. O que mais ressalta da defesa de Bastogne não foi tanto o fato de os homens de infantaria, abrigados em trincheiras individuais, terem detido o avanço dos tanques alemães, mas o recurso da combinação de armas de que os soldados americanos lançaram mão. Seu uso foi algo que deveria ter sido aprendido pelos pára-quedistas, homens que tinham lutado amplamente na Normandia e na Holanda com os próprios recursos.

Agora, eles tinham blindados ao redor, mas nenhum conhecimento avançado das técnicas de combate pela atuação conjunta de infantaria e tanques. Mesmo durante o ardor dos combates, o coronel William Roberts, comandante da unidade de blindados da 10ª Divisão, circulava entre os pára-quedistas, para transmitir-lhes dicas sobre o emprego adequado dos tanques, suas capacidades e suas limitações. A maior crítica de Robert à 101ª respeita ao fato de que seus oficiais subalternos costumavam usar tanques como casamatas para bloquear estradas; Roberts dizia-lhes que mantivessem os tanques em movimento e que os usassem como recurso de mobilização.

Em Bastogne, nos limites de um perímetro de 30 quilômetros, o tenente-coronel Harry Kinnard, o oficial de operações da 101ª, organizou os quatro regimentos de infantaria em unidades de combinação de armas, cada uma com o seu acompanhamento de tanques e com suas peças e canhões antitanque. Cada unidade era responsável por uma barreira, um cruzamento ou uma posição em terreno elevado e de apoio mútuo.[17]

O cabo Robert Bowen, 401º Regimento de Infantaria Transportada por Planadores, 101ª DIA, veterano ferido em combates na Normandia e na Holanda, era líder de escalão no setor ocidental do perímetro. No amanhecer do dia 21 de dezembro — depois de uma noite com temperatura abaixo de zero e meio palmo de neve no solo —, o comandante de Bowen lhe disse que o inimigo havia conseguido furar a linha de defesa e tinha erguido uma barreira entre as posições da 101ª e Bastogne.

— Essa barreira tem que ser removida, Bowen — disse-lhe o comandante e pôs dois esquadrões sob a responsabilidade de Bowen e ordenou-lhe que fosse ao encontro dela.

— Curta, simples e terrível — disse Bowen sobre a ordem. Desejou que o regimento tivesse um oficial para se encarregar de executá-la, mas ele não tinha. Ele se reuniu com seus homens, discutiu a situação, e todos concordaram em que deveria haver uma solução melhor do que simplesmente atacar. Neste ínterim, um tanque apareceu.

— O coronel me disse que percorresse esta estrada e arrancasse a tiro esses merdas daquelas casas — relatou o sargento que estava no comando do tanque, petulantemente. Bowen lhe informou que os alemães que estavam nas casas tinham *Panzerfaust*. — Seu ânimo se transformou imediatamente — notou Bowen —, já que ele tinha enfrentado *Panzerfaust* em combates anteriormente.

— O que você tem em mente, então? — perguntou o sargento.

Bowen propôs-lhe o envio de seus esquadrões por ambos os lados da estrada, com apoio de tiro de enfiada de um escalão à esquerda. Mas:

— Não acho que tenhamos poder de fogo suficiente para expulsá-lo dali — lamentou.

— E se eu desse conta da casa com o meu canhão? — propôs um dos homens da guarnição do tanque. — Posso varrer a tiros com minha .50 aquelas trincheiras individuais em torno delas. OK?

— OK? — volveu Bowen, igualmente. — Amigo, você caiu do céu.

E partiram de encontro ao inimigo. O tanque começou a atirar, com o canhão e a metralhadora ao mesmo tempo, e o escalão à esquerda arremeteu mais fogo contra o inimigo. Os esquadrões de Bowen avançaram pela estrada, lançando contra os alemães fogo de movimento. Em menos de meia hora, alguns dos alemães começaram a fugir, ao passo que outros puseram mãos ao alto.

— Foi um ataque de base teórica — disse Bowen — e funcionou melhor do que qualquer coisa que tínhamos feito apenas na prática.

Na barreira, contaram-se 12 alemães mortos e alguns feridos.

— Vi quanto eram jovens, não mais que adolescentes. — O sargento do tanque ficou eufórico. — Entrei nesta porcaria 12 dias após o Dia D e tenho visto muitas coisas. Mas nunca vi nada como isto. Vocês, rapazes, são os melhores da minha lista do bom soldado.

Enfrentada e destruída a ameaça, Bowen voltou para sua posição original. Na noite desse dia, a temperatura tornou a cair.

— Passamos a noite como se num pesadelo horrível — relata-nos Bowen. — Nada que consegui fazer pôde me ajudar a aquecer-me. Supliquei pela chegada da luz do dia.

Quando ela chegou, denso nevoeiro reduzia a visibilidade praticamente a zero, e os alemães se aproveitaram do véu gasoso para se aproximarem das posições americanas; a camuflagem branca que usavam ajudava a ocultá-los. Conforme as palavras de Bowen, eram:

— Figuras indistintas em roupagem branca como a surgir do nada.

Seguiu-se feroz tiroteio. Bowen tratou de procurar o tanque que havia sido tão útil no dia anterior, e o achou: intensamente danificado. O sargento estivera disparando a metralhadora .50 quando um projétil antitanque atingiu a torre de tiro logo abaixo dele. Seu rosto estava horrivelmente entrecortado por estilhaços. Bowen o levou para um posto de socorro e depois retornou para sua posição.

As coisas não poderiam estar piores. Espalhados num semicírculo em torno dele, os alemães atiravam em seus homens entrincheirados. Havia 11 tanques alemães apoiando a infantaria. Bowen não podia fazer nada contra eles, pois o canhão antitanque de 57 milímetros que puseram à disposição de seus homens estava temporariamente impossibilitado de ser usado — suas rodas estavam congeladas no solo, razão pela qual não podia ser movido. Uma peça antitanque da 10ª Divisão de Blindados tivera a torre de tiro congelada e não havia como reverter-lhe esse estado. Mas, no momento mais difícil, eis que surge outra peça antitanque para socorrer-lhes. O sargento Chester Sakwinski estava no comando. Ele conseguiu manter os alemães a distância erguendo-se ocasionalmente de um pátio rebaixado para arremeter fogo contra o inimigo e, depois, baixando-se novamente para escapar do revide.

Aos poucos, os outros membros da unidade passaram a envolver-se completamente no conflito. O pelotão de armas pesadas disparou seu morteiro de 81 milímetros contra o inimigo, enquanto um observador avançado orientava os disparos da artilharia — mas não podiam contar muito com ela, já que havia grave falta de projéteis em Bastogne. Uma meia-lagarta se aproximou, trazendo adiante um escalão de combatentes.

— Alguns dos soldados inimigos feridos estavam estendidos na neve, e um deles balbuciava coisas incompreensíveis, enquanto os outros gritavam. Os corpos dos alemães mortos jaziam dispersos, esparramados, contorcidos — disse Bowen em avaliação da situação no setor de sua linha de combate.

Mas o número de suas próprias baixas aumentava. Um oficial subalterno, que estivera detido numa prisão em Reims, em 16 de dezembro, e que se reapresentara para servir na companhia, foi morto. Bowen pegou uma bazuca e três projéteis de uma meia-lagarta, mirou esmeradamente num Tiger a 200 metros de distância e atirou — mas apenas rasou a torre de tiro. O Tiger virou seu canhão de 88 milímetros para a posição de Bowen. Este achou que era melhor economizar os dois tiros restantes e desapareceu trincheira adentro. Mas um projétil de morteiro o achou no buraco e o feriu gravemente. Logo depois, ele foi capturado. Os médicos alemães cuidaram dele e depois o enviaram para um campo de prisioneiros, no leste.[18] E assim foram as coisas para as guarnições de blindados e para a infantaria aeromóvel em Bastogne.

O tenente Helmuth Henke era ajudante do general Fritz Bayerlein, comandante da Divisão de Panzer Lehr, a qual tinha sido reorganizada depois do desmantelo que sofrera na França no outono. No dia 22 de dezembro, Bayerlein entregou-lhe uma carta "Do comandante alemão para o comandante americano da sitiada cidade de Bastogne". Com ela, exigia "uma rendição honrosa para poupar da aniquilação as tropas sitiadas". Bayerlein disse a Henke, que falava bom inglês, que se juntasse a um coronel do estado-maior, selecionasse alguns recrutas e duas bandeiras brancas, se aproximasse da linha de defesa dos americanos, combinasse uma trégua local com o inimigo e entregasse a carta ao comandante americano.

Tudo correu bem. Os soldados americanos suspenderam fogo quando os alemães fizeram o mesmo, e os quatro alemães destacados brandiram as bandeiras brancas. Chegados à linha de defesa americana, Henke disse a um tenente que ele tinha uma mensagem para o comandante americano. O tenente vendou os alemães, colocou-os num jipe e os levou ao quartel-general do general Anthony McAuliffe, em Bastogne. Lá, um oficial do estado-maior perguntou a Henke:

— O que o traz aqui? — Henke, ainda de olhos vendados, entregou-lhe a exigência manuscrita de Bayerlein.

Enquanto McAuliffe lia, seus oficiais do estado-maior bombardeavam Henke com perguntas:

— Por que vocês matam prisioneiros? Por que os soldados alemães estão combatendo usando uniformes americanos?

— Não sei nada a respeito dessas coisas e não acho que aconteçam — respondeu-lhes Henke.

Em seguida, uma nova voz foi ouvida:

— Leve-os de volta. — E um oficial depôs a resposta de McAuliffe na mão de Henke. Os alemães foram levados de volta para a frente de batalha, na qual suas vendas foram removidas e se combinou um breve cessar-fogo. Por fim, Henke teve a chance de ler a resposta de McAuliffe. Ela dizia: "Neca!"

— Neca? — disse o alemão, descrente, olhando para o coronel Joseph Harper, que o acompanhava.

— Significa: "Vá para o inferno" — explicou-lhe Harper.

Henke conhecia o significado do termo. Antes de partir para a sua linha de defesa:

— Eu disse ao oficial americano o que dizia a todo soldado que eu tornava prisioneiro: "Espero que você consiga voltar para a sua terra natal são e salvo."

— Vá para o inferno — repetiu Harper.[19]

Outro encontro cara a cara entre inimigos foi mais proveitoso. O tenente alemão Gottfried Kischkel, oficial de infantaria, estava em sua trincheira individual nos arrabaldes de Bastogne na tarde do dia 22 de dezembro. Um tanque americano foi atingido e incendiou-se. Nisto, Kischkel ouviu gritos de socorro vindos do tanque.

— Diante disso, subi no veículo. Um americano pendia preso à portinhola do blindado, gravemente ferido. Tirei-o do tanque e o arrastei até uma trincheira, onde lhe prestei socorro.

Kischkel desviou o olhar do curativo que fazia e viu vários americanos fitando-o com seus M-1 apontados para ele.

— O que você está fazendo? — perguntou-lhe em alemão um tenente americano.

— Ele gritou por socorro e eu o ajudei — Kischkel respondeu. Diante da resposta, os americanos se consultaram. Em seguida, o tenente perguntou-lhe:

— Você deseja ser levado como prisioneiro ou prefere juntar-se a seus companheiros?

— Tenho que voltar para os meus companheiros.

— Não esperava outra resposta — volveu o americano, e disse a Kischkel que partisse.[20]

Em 23 de dezembro, o céu tornou a mostrar-se límpido. A força aérea dos Aliados, impossibilitada de realizar operações de vôo durante uma semana, entrou em ação. Bombardeiros de porte médio atacaram instalações de transporte alemãs, principalmente pontes e pátios de manobra ferroviária na região do Platô de Eifel e em áreas além. Os Jabos destruíram veículos e colunas alemãs. O capitão Gerd von Fallois, comandante de uma unidade de tanques fora de Bastogne, chamou a operação de "psicologicamente fantástica. Aviões em toda parte. Milhares. 'Defecando' sobre todos nós. Não vi um único avião da Luftwaffe".[21]

Os aviões de transporte americanos, os C-47, despejaram toneladas de suprimentos em Bastogne — medicamentos, alimentos, cobertores (embora não o suficiente para todos os homens), munição, projéteis de artilharia — com 90% de acerto. Todavia, os alemães continuaram a atacar — lançaram um de seus ataques mais intensos no dia de Natal —, mas fizeram um mau negócio. Nada lucraram e pagaram um preço alto demais aos homens da 10ª Divisão de Blindados e da 101ª DIA, agora re-equipadas. Conforme relata o capitão von Fallois:

— Os americanos foram extraordinariamente bravos. Era assombroso o que seus soldados estavam conseguindo fazer. Eu sabia que não iríamos além de Bastogne.[22]

Da Batalha de Trois-Ponts em diante:

— Os fatos deixaram rapidamente de pesar a nosso favor — disse Peiper a Hechler lastimosamente.[23]

Segundo as palavras do major Guderian, da 116ª Divisão de Panzer:

— Nós começamos com combustível suficiente apenas para 50 quilômetros.

Combustível capturado dos americanos permitiu que os alemães avançassem outros 20 quilômetros. Enquanto isso, atrás da linha de defesa alemã, o problema dos engarrafamentos havia sido resolvido, e vias de abastecimento tinham sido estabelecidas. Com isso, mais combustível e munição puderam ser levados para a linha de frente (os alemães contavam com a captura de provisões americanas para seu sustento). Mas, quase no mesmo intervalo em que as estradas foram desimpedidas, durante a noite do dia 22 para o dia 23, também o céu se desanuviou. Conforme, sucintamente, observa Guderian:

— Não tínhamos nenhuma defesa contra ataques aéreos. As colunas já não podiam avançar.[24]

O avanço de Peiper chegou ao fim. Na tarde do dia 23, ele recebeu, às 17 horas, uma ordem via rádio: recue.

— Quando recebi essa mensagem — disse Peiper a Hechler — percebi que nossa única chance era efetuar a retirada sem quaisquer veículos e os feridos. Assim, às 10 horas do dia 24 de dezembro, abandonamos nossos veículos e nos retiramos a pé.[25]

Para os alemães, a fase ofensiva da Batalha das Ardenas tinha chegado ao fim. Um dos praças de Peiper, Günter Brückner, fez uma pergunta cuja resposta era óbvia:

— Estamos muito bem equipados, com belas armas, mas qual a utilidade de ter tanques novos em folha, sem nenhum combustível? Qual a utilidade de ter uma metralhadora quando já não tenho munição?[26]

Ou, qual a utilidade de ter o melhor caça-bombardeiro do mundo quando não há combustível para operá-lo? A essa altura, os alemães tinham construído centenas de jatos monomotores (os Messerschmitt 163) e jatos bimotores (os ME 262) e estavam dando início à produção de bombardeiros a jato. O ME 262 era tão superior aos aviões comuns que alguns aeronautas dos Aliados estavam preocupados com a possibilidade de, caso a guerra continuasse, os alemães retomarem, em junho, o controle dos céus. Mas isso era improvável, pois a Luftwaffe não tinha combustível. O ataque estratégico e de força máxima lançado sobre as refinarias e alvos correlatos alemães teve um efeito crescente e devastador sobre o exército e a força aérea da Alemanha.

Com exceção do dia 17 de dezembro, não houve combates aéreos na primeira semana da Batalha das Ardenas. Mas, no dia 23, em algumas áreas, e, no dia 24, em outras, o dia amanheceu com o céu sem nuvens. O capitão Barensfeld liderou sua esquadrilha de aviões P-47 em ambos os dias.

— Ah, ah, finalmente! Partimos. Sabíamos exatamente o que fazer e aonde ir. A frustração dos vários dias anteriores, suscitada a não ser por más notícias, veio à baila. Então, nosso pessoal se atirou zelosamente ao trabalho. Os comandantes de unidades, o pessoal do armamento, todos trabalharam para organizar o maior número de missões possível. Nossas operações se caracterizaram, praticamente, por bombardeios de vaivém às aéreas dos combates. Houve muito pouca oposição por parte da Luftwaffe. Evidentemente, ela atirou "seus bolinhos" nos dois primeiros dias. Alvos em toda parte. Nossos controladores de vôo nos indicavam centenas de alvos gordos. Nós os pegamos sem combustível e exaustos. Centenas e centenas de veículos; tanques, caminhões, enfileirados na estrada congestionada.[27]

Mas as condições de tempo do dia seguinte frustraram-lhes o prosseguimento das operações. Era um fato comum: nos trinta dias entre meados de dezembro de 1944 e meados de janeiro de 1945, apenas oito dias apresentaram condições para a realização de missões aéreas.

Para a Wehrmacht, quase tudo tinha dado errado, embora também tudo se houvesse mostrado previsível — aliás, ocorreu precisamente o que Eisenhower previra que se daria caso os alemães lançassem uma ofensiva nas Ardenas. Foi loucura a decisão dos alemães de lançarem, sem combustível suficiente, ataques às posições inimigas nas Ardenas, uma região com o mais difícil dos terrenos e com um dos mais precários sistemas rodoviários da Europa Ocidental.

Naturalmente, Eisenhower tinha tentado prosseguir com a ofensiva dos Aliados em setembro e outubro, quando suas tropas não tinham combustível suficiente. Mas, em dezembro, era grande a quantidade de combustível e munição dos aliados transportada pelas vias de abastecimento até a frente de batalha. Os Aliados tinham depósitos de combustível espalhados por toda a Bélgica e Luxemburgo. O oficial de Peiper responsável pelo abastecimento tinha um mapa dos depósitos de combustível dos americanos, mas isso pouco beneficiou a Peiper, ora porque os soldados americanos conseguissem defender os depósitos, ora porque eles os esvaziassem (o pessoal do abastecimento americano removeu, com sucesso, mais de 3 milhões de galões de gasolina da região de Spa-Stavelot, no flanco norte), ora porque queimassem o combustível antes que Peiper conseguisse chegar até ele. A maior perda que os americanos sofreram para o inimigo foi um depósito de 400 mil galões de gasolina, destruído em 17 de dezembro pelo ataque com bombas V-1 em Liège.[28]

Mas agora eram os alemães que tinham de retirar-se, abandonando seus veículos e suas armas pesadas, desordenadamente. Sua semana de glória se acabara.

9

FESTAS DE FIM DE ANO

24 A 31 DE DEZEMBRO DE 1944

DURANTE O PERÍODO DE NATAL DE 1944, havia uns 4 milhões de soldados na frente de batalha da Europa Ocidental, a grande maioria deles composta de jovens protestantes ou católicos. Faziam a mesma oração, dirigida ao mesmo Deus, quando se viam sob o ataque de fogo de artilharia. Uniramse na denúncia do comunismo ateu, o qual lhes era aliado por um lado e, por outro, inimigo.

Na Segunda Guerra Mundial, nenhum sentimento de ódio havia que pudesse rivalizar com o que os americanos sentiam pelos japoneses, ou que os soviéticos sentiam pelos alemães, e vice-versa. Mas, no noroeste da Europa, havia pouco ódio racial entre americanos e alemães. Como poderia haver numa situação em que primos combatiam primos? Cerca de um terço do exército americano no TOGE era de origem teuto-americana.

O período das festas natalinas ressaltou essa proximidade dos inimigos. Tanto americanos quanto alemães montaram árvores de Natal e usaram os destroços da guerra — folhas de estanho lançadas por bombardeiros para enganar radares — como decoração. Homens que jamais teriam feito algo assim fizeram presentes para dar aos companheiros. Na véspera e no dia do Natal, os homens de ambos os lados da linha de combate tinham a imagem de uma manjedoura em suas mentes. E cantavam as mesmas canções natalinas. De um modo geral, a favorita era *Noite Feliz*.

Mas eles estavam ali para matar uns aos outros. Não houve um momento de relaxamento sequer para a comemoração do Natal. Este capítulo encerra uma série de flagrantes da vida na frente de batalha durante o período natalino. Exceto com relação a seus pensamentos, para a maioria dos homens o dia de Natal foi como outro qualquer. Portanto, esses flagrantes fornecem vaga idéia do tempo, do lugar e das condições de sobrevivência dos soldados, já que eles não estiveram ali apenas nos períodos de festa ou feriados, mas na campanha que se estendeu por todo o inverno.

A paisagem parecia um cartão de Natal, de arrancar palavras de admiração até mesmo do guerreiro mais cruel.

— Se não fossem os combates, esse teria sido [...] o mais belo Natal [...]. As colinas de contornos suaves, os campos e as montanhas cobertas de neve e os altos e majestosos pinheiros e abetos fizeram desse um Natal de que jamais me esquecerei, apesar dos combates — disse um tenente anos depois.[1]

As cidades evocavam lembranças. Em Arlon, Bélgica, no dia 20 de dezembro, o sargento Bruce Egger ficou perplexo:

— Essa região parecia intocada pelas conseqüências da guerra, já que a cidade e suas lojas estavam enfeitadas com árvores e arranjos de Natal.

O tenente Lee Otts, que acompanhava Egger, notou que "as ruas estavam cheias de consumidores e de pessoas voltando do trabalho para casa [...]. Tudo tinha ares de festas natalinas. Realmente, isso nos fez sentir saudades de casa".[2]

Quase todos os 4 milhões de homens da frente de batalha da Europa Ocidental estavam com saudades de casa. Em termos das sensações que ali experimentavam, a solidão era o que de mais comum tinham entre si. Natal significava família, e motivos para lembrar dele eram o que esses homens em guerra encontravam em toda parte. Casa e família significavam vida. Mas o anseio da presença no lar era implacável. Além de nos entes queridos, os homens pensavam também nas atividades mais comuns do dia-a-dia da vida de civil — poder, simplesmente, acionar um interruptor para iluminar um cômodo, nenhuma necessidade de cortinas que impedissem a passagem completa da luz, poder fumar um cigarro à noite, alimento fresco e em pratos servidos à mesa, uma cama!, lençóis limpos, banhos regulares, mudas de roupa, ninguém gritando com você — pensavam nessas coisas e é possível que tenham chorado por sua falta.

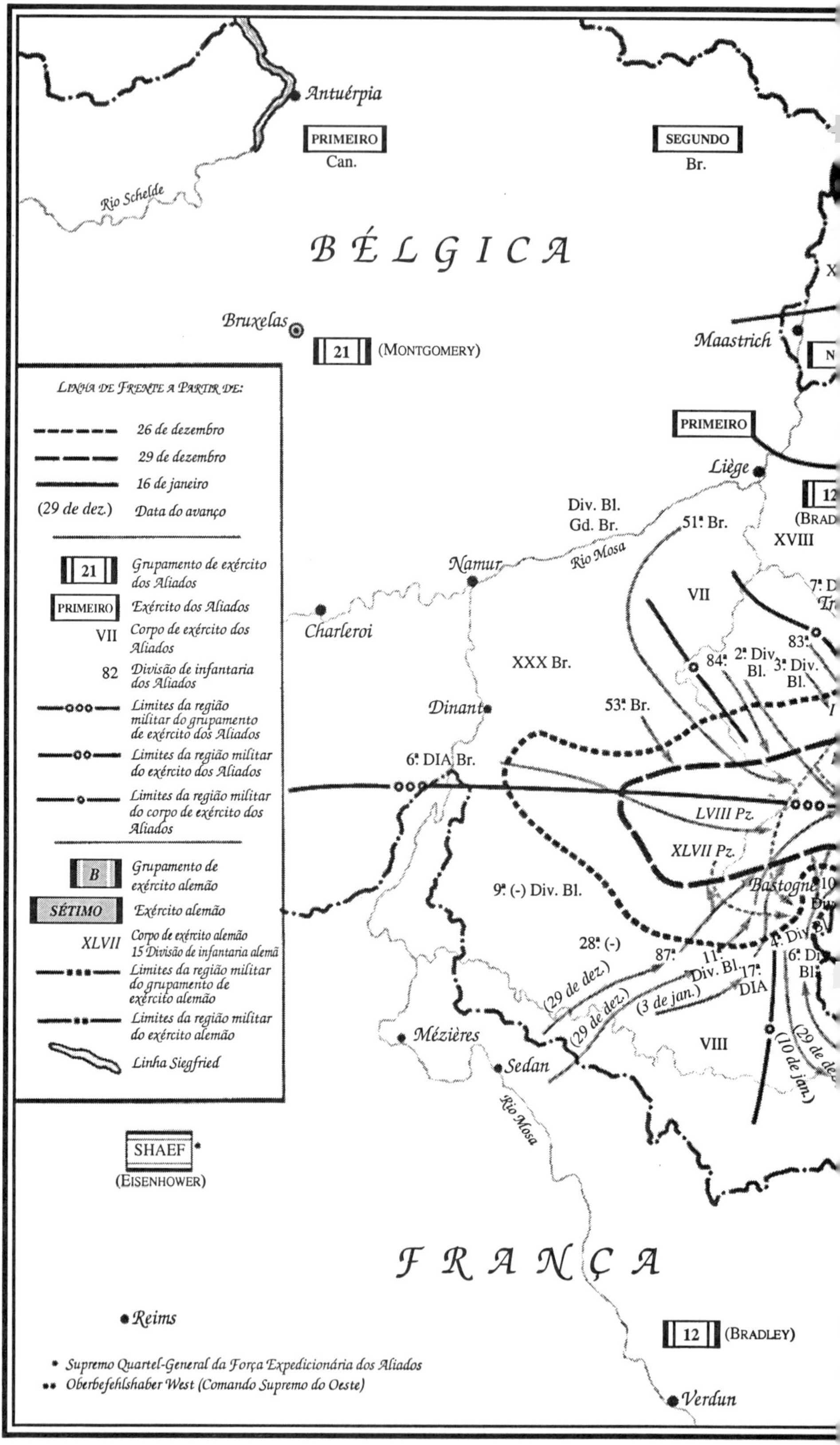
Antuérpia
PRIMEIRO
Can.
SEGUNDO
Br.
Rio Schelde
BÉLGICA
Bruxelas
21
(MONTGOMERY)
Maastrich
PRIMEIRO
Liège
Div. Bl.
Gd. Br.
51ª Br.
XVIII
Rio Mosa
Namur
VII
Charleroi
XXX Br.
84ª
2ª Div. Bl.
3ª Div. Bl.
83ª
Dinant
53ª Br.
6ª DIA Br.
LVIII Pz.
XLVII Pz.
Bastogne
9ª (-) Div. Bl.
28ª (-)
87ª
11ª Div. Bl.
17ª DIA
4ª Div.
6ª Div. Bl.
(29 de dez.)
(29 de dez.)
(3 de jan.)
(10 de jan.)
VIII
Mézières
Sedan
Rio Mosa
LINHA DE FRENTE A PARTIR DE:
26 de dezembro
29 de dezembro
16 de janeiro
(29 de dez.) Data do avanço
21 Grupamento de exército dos Aliados
PRIMEIRO Exército dos Aliados
VII Corpo de exército dos Aliados
82 Divisão de infantaria dos Aliados
Limites da região militar do grupamento de exército dos Aliados
Limites da região militar do exército dos Aliados
Limites da região militar do corpo de exército dos Aliados
B Grupamento de exército alemão
SÉTIMO Exército alemão
XLVII Corpo de exército alemão
15 Divisão de infantaria alemã
Limites da região militar do grupamento de exército alemão
Limites da região militar do exército alemão
Linha Siegfried
SHAEF*
(EISENHOWER)
FRANÇA
Reims
12
(BRADLEY)
Verdun
* Supremo Quartel-General da Força Expedicionária dos Aliados
** Oberbefehlshaber West (Comando Supremo do Oeste)

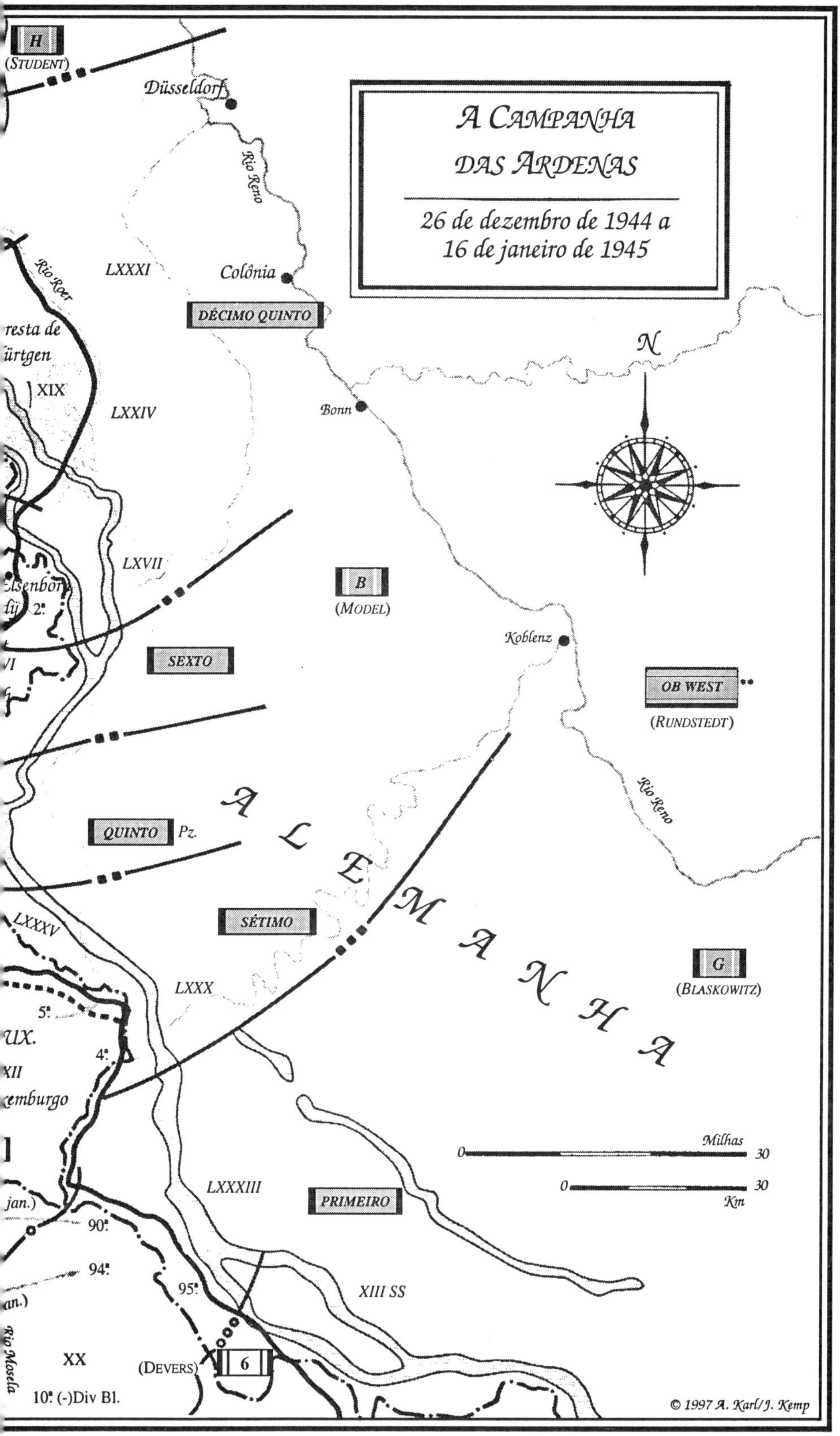
A Campanha das Ardenas
26 de dezembro de 1944 a 16 de janeiro de 1945
H
(Student)
Düsseldorf
Rio Reno
Colônia
Rio Roer
LXXXI
DÉCIMO QUINTO
XIX
LXXIV
Bonn
N
LXVII
B
(Model)
2ª
SEXTO
Koblenz
OB WEST
(Rundstedt)
Rio Reno
QUINTO
Pz.
ALEMANHA
SÉTIMO
LXXXV
LXXX
G
(Blaskowitz)
5ª
4ª
Milhas
0
30
0
30
Km
LXXXIII
PRIMEIRO
90ª
94ª
95ª
XIII SS
Rio Mosela
XX
(Devers)
6
10ª (-)Div Bl.
© 1997 A. Karl/J. Kemp

Um dos mais solitários soldados americanos da frente de batalha na Europa Ocidental no dia de Natal foi o praça Donald Chumley, substituto subordinado à 90ª Divisão.

— Eu tinha 19 anos de idade, então recém-saído do colégio — um rapaz de fazenda com pouca experiência em quase tudo. — Ele foi levado para uma trincheira individual e instruído a entrar ali e ficar à espreita de alemães. Chumley não guardara o nome do sargento. Não conseguia ver os homens à sua direita e à sua esquerda, nem sabia de que esquadrão, pelotão, companhia ou batalhão fazia parte.[3]

Para o praça Bill Butler, da 106ª Divisão, foi um dia de "nevoeiro, chuva, neve, gelo, combinados com alguém tentando matá-lo. Eu estava numa trincheira sozinho. Não havia ninguém para desejar-me feliz Natal".[4] Já para o praça Wesley Peyton, da 99ª Divisão, o dia foi um momento de decisão. Ele estava na Serra de Elsenborn.

— O dia de Natal amanheceu frio e sem nuvens. — Os aviões americanos sobrevoavam a região, e alimento fresco chegou até eles, juntamente com munição e substitutos. — Comecei a acreditar, afinal, que eu poderia comemorar meu vigésimo aniversário.

De repente, um solitário caça alemão, um ME 109, surgiu sobre eles, à altura da copa das árvores. As guarnições de metralhadoras americanas o atingiram e lhe incendiaram o motor. Com isso, o piloto pôs o avião quase a pique, aproveitando sua velocidade para ganhar altitude. Em seguida, ele o fez girar em torno do eixo para pô-lo de cabeça para baixo e saltou de pára-quedas. Ao longo da serra, os homens da 99ª prorromperam em brados de aprovação e admiração diante da cena.

Mas, enquanto se aproximava do solo com seu pára-quedas, "o maldito idiota sacou da pistola e começou a atirar em nós. Quando atingiu o solo, não tinha sobrado quase nada dele para enterrar. Tínhamos experimentado muitas situações difíceis para nos arriscarmos. Ele atirou em nós, nós atiramos nele.

Para Peyton, a cena lhe trouxe "a certeza de que venceríamos a guerra e de que eu sobreviveria". Segundo ajuizou, o piloto sabia que a Alemanha havia sido derrotada e não queria sobreviver. Peyton percebeu, de repente, que "eu desejava intensamente continuar vivo, e que esse alemão suicida tinha acabado de me dizer que eu continuaria. Ele estava acabado porque nós não estávamos".[5]

A guerra teria um fim. Peyton poderia voltar para casa e viver a vida de sonho do jovem americano. Ele tinha acabado de passar por um momento crítico para os combatentes — mas agora podia pensar no futuro. E o futuro era, sobretudo, conforme o período de Natal sugerira a ele e a todos os outros na frente de batalha, sinônimo de lar.

Porém, eles não podiam voltar para casa naquele exato momento. Diante disso, os soldados americanos e os soldados alemães faziam o que podiam para tornar o lugar em que estavam algo parecido com suas casas. Durante as duas primeiras semanas de dezembro, houve, relativamente, pouca atividade em muitos setores da linha de frente, o que possibilitou que os homens melhorassem e até mesmo decorassem o lugar em que se arranjavam.

Mas, mesmo durante a noite, quando havia pouco tempo para refletir, e menos ainda para fazer decorações, o impulso para honrar o nascimento de Jesus foi forte. Os belgas ficaram surpresos ao ver os alemães voltarem às suas vilas, mas procuraram tirar o máximo proveito disso — o jovem praça Herbert Meier, operador de rádio de uma unidade de panzers, passou o Natal numa vila semidestruída, ao norte de Bastogne. Ele comprou um cartão de Natal para enviar aos pais na Baviera.*

O escalão de Meier se havia abrigado num porão de uma das casas de uma vila parcialmente destruída, ao norte de Bastogne. Depois de derrubar uma pequena árvore para usar como árvore de Natal e decorar o porão, os homens de seu esquadrão decidiram improvisar uma festa. Seu ponto alto foi o café — capturado dos americanos, o primeiro café que Meier saboreava desde o Dia D — e uma garrafa de *schnapps*.** Cinqüenta anos depois, Meier não conseguiu lembrar-se do nome da vila, mas, quanto ao café e ao *schnapps*:

— Disso me lembro perfeitamente!

Lembrou-se também de ter montado guarda sob um "tempo frio como gelo" e de que um de seus companheiros recebera a notícia de que o irmão

---

* Um dos acontecimentos mais tristes desse Natal foi quando o general Cota, então comandante da 28ª Divisão, ordenou que as correspondências natalinas fossem queimadas para que não caíssem nas mãos dos alemães. Mais de 5 mil cartas, cartões e pacotes, empilhados num pátio perto do posto de comando da divisão em Wiltz, Luxemburgo, e regados profusamente com gasolina, foram queimados. (Chernitsky, *Voices from the Foxholes*, p. 16.) (N. A.)

** Gim holandês. (N. T.)

dele tinha sido morto na frente de batalha da União Soviética, o que esfriou o calor da comemoração.[6]

Alguns dias antes, a então recém-chegada 99ª Divisão tinha tomado posição nas Ardenas, e seus homens se haviam engajado na construção de abrigos com paredes duplas, estruturadas com toras de madeira. "Estávamos ansiosos para passar o Natal seguros em nossas casamatas de toras de madeira", escreveu um dos sargentos, "com uma árvore de Natal cheia de enfeites e os homens cantando cânticos de Natal e saboreando uma refeição quente."[7]

Muitos homens estavam abrigados em casas. Era ali que a maioria dos homens da retaguarda vivia e dormia. Às vezes, também os homens da vanguarda, mas somente quando a linha de frente atravessava uma cidade. No entanto, se as casas estivessem dentro do raio de alcance da artilharia inimiga, os soldados se alojavam nos porões. Em muitos casos, o segundo e o primeiro pavimentos haviam sido destruídos, e os que não tinham sido ainda eram alvos convidativos. Portanto, mesmo nas cidades os homens viviam abaixo do nível do solo.

Quase qualquer civil que entrasse num daqueles porões diria imediatamente tratar-se aquilo de um lugar inabitável. No ar, pairavam fedorenta mistura de cheiro de suor, poeira de tijolos, fuligem e fumaça de cigarro. Era algo irrespirável. A escuridão era densa demais para permitir que se visse mais do que o contorno das formas humanas. E o ambiente era ou quente demais, ou frio demais, e não havia água corrente ali.

Mas todos os soldados da linha de frente que entravam num desses porões achavam-no o abrigo mais desejável do mundo. Os porões eram seguros, desconsiderando-se eventuais tiros diretos. Eles eram secos, e havia café no fogão e cozinheiros para fornecer refeições quentes. Às vezes, aparecia um rádio com "Axis Sally"* tocando música americana. O

* [A] "Sally do Eixo". Alcunha de Mildred Gillars. Cidadã americana que atuou na Alemanha como radialista difusora da propaganda nazista durante a Segunda Guerra Mundial e que se apresentava como "Sally" durante as transmissões. Milhares de soldados americanos ouviam sua voz insidiosa durante a transmissão de canções americanas de apelo nostálgico para eles e durante a qual ela fazia insinuações sobre a fidelidade das esposas e namoradas deixadas nos Estados Unidos. Em 1946, foi localizada por um agente de contraespionagem americano em Berlim. Eventualmente, foi presa e deportada para o seu país de origem, onde foi condenada por traição a cumprir de 10 a 30 anos de prisão. Em 1961, depois de 12 anos presa, obteve livramento condicional e entrou para o convento de uma ordem religiosa católico-romana em Columbus, Ohio. (N. T.)

soldado exausto podia juntar um pouco de palha a um canto, deitar-se e cair em sono profundo e pleno relaxamento, pois se sentia seguro.

Geralmente, ele tinha razão — ali, estava seguro. Mesmo durante bombardeios pesados, tiros diretos contra os porões eram raros. Todavia, eles aconteciam.

— Na véspera do Natal de 1944, meus homens e eu descansávamos no porão de uma casa de esquina. Eu estava deitado próximo aos fundos sobre um acúmulo de palha. Por volta das 22 horas, um projétil atingiu nosso porão. Ele atravessou o muro antes de explodir — disse o capitão Günther Materne, um dos membros da artilharia alemã que esteve na Bélgica. Os dois operadores de rádio de Materne foram mortos instantaneamente. Seu sargento ficou gravemente ferido, e Materne foi atingido por estilhaços nas costas. Enquanto ele estava sendo retirado, a casa, tomada pelo incêndio provocado pela explosão, desmoronou com os homens que ainda estavam lá dentro.[8]

No começo do mês, a Companhia K, 333º Regimento, havia sido liberada de sua atuação na linha de frente, e seus homens foram para uma vila belga para passar a noite. Os praças Donald Stauffer e Jim Sterner saíram à procura de porões ocupáveis. Stauffer achou um belo porão, grande o suficiente para abrigar um pelotão e protegido por um teto de tijolos abobadado. E deixou o lugar à procura de Sterner para dar-lhe a boa notícia.

Sterner tinha achado o que considerara um porão e se havia atirado ao chão para descansar. Stauffer o achou e disse:

— Ei, achei um lugar muito bom. Vamos.

— Don, estou tão cansado que não vou sair daqui — resmungou Sterner. — Pouco me importa se alguém me matar aqui.

Ora, disse Stauffer, e ficou com Sterner. Nisto, outro pelotão entrou no porão que Stauffer tinha achado. Por volta das 24h33 ouviu-se terrível explosão. Um enorme projétil alemão tinha atingido a parte superior da casa e derruído seu telhado e seu teto. Seis homens morreram, oito se feriram. (O registro oficial do batalhão desse dia dá conta do "fogo de morteiro inimigo, geralmente lançado pela manhã. Balanço do dia tranqüilo, a não ser pelo fogo de morteiro".) A remoção dos sobreviventes das ruínas foi um pesadelo. Para os feridos, a operação foi um suplício. O capitão Leinbaugh tentou confortar um soldado assegurando-lhe que ele ficaria bom e, depois, procurando fazer-lhe notar a sorte que tivera, pois estaria em casa para festejar o Natal. Instantes depois, o soldado morreu.[9]

Nos casos em que uma vila estivesse sob observação, o que ocorria quase sempre, os homens não ousavam sair das casas durante o dia. Geralmente, com a água cortada e o encanamento entupido, os vasos sanitários estavam sempre transbordando.

— Para lhe dizer a verdade, eu jamais defequei do lado de fora. E não creio que alguém fizesse isso. Estávamos nos porões e defecávamos no pavimento superior — na sala. Mas, [já que avançamos] o quartel-general foi transferido para adiante, e ele acabou chegando aonde estávamos, ao que havia sido a zona de combate. E, então, tudo estava tranqüilo lá atrás — nenhuma necessidade de eles se abrigarem nos porões. Puderam instalar-se nas salas de estar. Assim, emitiram uma ordem por escrito: "Não mais será permitido que se defeque nas casas. Usem a latrina" — relata-nos o praça Gene Amici.[10]

Geralmente, quando uma vila se tornava ou tinha sido local de batalha, sua população civil a abandonava. Quando os primeiros homens chegavam a uma vila, a primeira coisa que tentavam fazer era pilhagem, mas não conseguiam carregar muita prata nem nenhum quadro ou peça de móvel. Além disso, a família levava consigo os melhores itens que podia carregar quando fugia. Mas, freqüentemente, aquilo que os combatentes mais desejavam — alimentos, para variar a dieta — obtinham. Prateleiras de frutas, legumes e carne enlatados eram esgotados numa noite. Foi o que lhes facultou improvisar memoráveis festejos natalinos.

O cabo Clair Galdonik, da 90ª Divisão, encontrava-se, na véspera do Natal, numa casa intacta, localizada numa cidade em terras alemãs, próximo da fronteira. Os homens de sua companhia tinham ocupado a cidade ao anoitecer. Os alemães achavam que os civis ainda estavam na cidade. Para mantê-los iludidos a respeito disso, o comandante disse a seus homens que fizessem fogo. A fumaça que subia das casas surtiu efeito: não houve bombardeio nessa noite.

Mas, na casa de Galdonik, a chaminé estava entupida, e a fumaça tomou todo o recinto. Depois de apagar o fogo e purificar o ar, Galdonik procurou conhecer a causa do entupimento e descobriu que os canos do fogão estavam atulhados de presuntos defumados e salsichas, os quais a família alemã proprietária da casa tinha tentado esconder ali. Havia o suficiente deles para fornecer um banquete durante dois dias ao seu esquadrão.[11]

Nessa mesma véspera de Natal, o soldado Gottfried Kischkel, membro da infantaria alemã, conduzia seu veículo pela Bélgica.

— Veja ali nas árvores — exclamou alguém. E viu-se a improvável cena de dois enormes enlatados de presunto numa rede dependurada numa das árvores e com "Hormel" inscrito nos rótulos. Como eles foram parar ali não foi motivo de preocupação para Kischkel. Depois de tirá-los dali, ele e seus companheiros fizeram boleto a uma família belga para passar a noite. A acomodação foi fornecida, e, no dia de Natal, os anfitriões lhes serviram presuntos, juntamente com batatas, pão, salada de frutas e licor de maçã caseiro.

— Ainda me lembro perfeitamente disso — disse Kischkel numa entrevista 50 anos depois.

A família belga e os soldados alemães se reuniram em torno de uma grande mesa. Os circunstantes da vila, assim como os da maioria das vilas situadas ao longo da fronteira da Alemanha com a França, Bélgica e Holanda, formavam uma mistura de alemães, franceses, belgas e holandeses. Nessa reunião, o chefe da família se levantou e disse em alemão:

— Sou o prefeito desta pequena cidade. Embora nossos países estejam em guerra, sou descendente de alemães, como vocês podem ver pelo meu sotaque. Este banquete é um gesto de amizade por vocês, pobres e tão desafortunados homens, envolvidos numa guerra no dia de Natal.[12]

Não houve trégua generalizada no Natal. Aparentemente, nem mesmo ocorreu a alguém sugerir isso. Mas os soldados se sentiram inclinados a ir à igreja. O tenente Otts compareceu à missa celebrada por um capelão americano na igreja de uma vila. As janelas tinham sido arrancadas por explosões, e "a igreja estava bastante danificada, mas a missa foi bem impressionante. Os soldados, sujos e de barba crescida, ficaram de pé em meio às ruínas do que outrora fora uma bela igreja, com o sol passando profusamente pelos buracos no teto".[13]

O praça George McAvoy, da 9ª Divisão de Blindados, encontrava-se em Fratin, Bélgica, na véspera do Natal. Ele foi à missa da meia-noite na igreja da vila, juntamente com todos os homens de sua companhia dispensados do serviço e a maioria dos habitantes da pequena cidade. Dado que a igreja estivesse cheia, os soldados americanos tomaram assento nos fundos. Estavam armados e vestidos com seus trajes de combate, o que causou considerável embaraço. Os fuzis apoiados contra os bancos deslizavam sobre a madeira de lei e caíam estrondosamente ao chão. Os soldados puseram seus capacetes debaixo dos bancos da frente; quando as pessoas se ajoelhavam, atingiam os capacetes e faziam-nos rolar pelo piso adiante.

"Foi a missa mais barulhenta de que participei", escreveu McAvoy. "Mas a sensação de conforto, de bem-estar e segurança era impressionante."

Durante toda a missa, McAvoy percebeu que os meninos do coro riam. O fato é que um dos esquadrões tinha entrado na igreja logo depois do anoitecer. Seus homens estiraram seus colchões de campanha pelo altar e foram dormir. Quando o padre chegou, não os incomodou. Mas o que fazia os meninos rirem era a lembrança de terem visto um dos soldados americanos despertar, ouvir o órgão, dar com os olhos no padre e gritar:

— Gostei![14]

Tradicionalmente, o que diferenciava as duas partes em luta era a ceia de Natal. Para os soldados americanos, ela significava peru. Para os alemães, ganso ou presunto. Os cozinheiros deram o melhor de si para fazer chegar à frente de batalha uma verdadeira ceia de Natal, o que teve os mais variados resultados. Se ela chegasse às trincheiras individuais, o peru ou o presunto quase sempre congelava. No âmbito dos quartéis-generais das divisões, a ceia chegou a ser grandiosa em alguns casos. Até mesmo o comandante da 101ª DIA, o general McAuliffe, e seu estado-maior passaram razoavelmente bem. Sentaram-se a uma mesa coberta com um pano e um arranjo de centro, e comeram peru e acompanhamentos em genuína porcelana chinesa, com garfos e facas de prata.

McAuliffe sentia-se cheio de si. Seus rapazes tinham resistido à ofensiva nazista, os céus se abriram, reforços estavam chegando. Na véspera de Natal, ele achou, sabe-se lá como, uma prensa e distribuiu felicitações de Natal a seus homens.

"Que há de feliz em tudo isto, vocês se perguntam?", foi a frase de abertura. "Simplesmente isto: rechaçamos tudo o que foi atirado contra nós [...]. Os alemães nos sitiaram [...]. Seu comandante exigiu a nossa rendição com a seguinte e insolente arrogância." E segue-se a mensagem com quatro parágrafos em que os alemães lhes exigem a rendição. Em seguida, McAuliffe reproduziu a resposta que deu à exigência dos alemães: "Ao comandante alemão: neca! Do comandante americano."

Mas os homens de McAuliffe entrincheirados não estavam tão felizes. Sua ceia na véspera de Natal consistiu de uma porção fria de feijão-branco. Em sua companhia, o capitão Winters foi o último a comer. Tudo o que ele conseguiu foi "cinco grãos de feijão branco e uma xícara de caldo de carne frio".[15] Pelo menos, sua companhia não foi atacada no dia de Natal. No outro lado de Bastogne, os alemães lançaram o mais pesado de todos os seus ataques, como derradeira tentativa de romper a linha de defesa americana. Mas fracassaram.

Esse foi apenas um dos muitos ataques efetuados no dia de Natal por ambos os lados. Eles estavam ali para matar, sagrado ou não o dia. Na frente de batalha, havia mortos e moribundos por toda parte. O sargento Egger nos fala de um ataque que sua companhia fez, na tarde da véspera de Natal, a uma vila ocupada pelos alemães. As metralhadoras alemãs alvejaram os soldados americanos que avançavam. Dois ficaram feridos, um morreu. E o pelotão se entrincheirou.

— Um dos feridos não parava de gritar "Mãe, mãe! Ajude-me!", enquanto se esforçava para se erguer. Outra rajada de metralhadora o silenciou. Essa súplica pungente naquela fria e estrelada noite de Natal permanecerá comigo durante o resto de minha vida.

Logo depois da meia-noite, a companhia retomou o ataque. Avançou em direção a um valado congelado ao lado da estrada, razão pela qual atraíram fogo concentrado das metralhadoras alemãs. Seus homens se atiraram para dentro do valado, onde permaneceram deitados de bruços sobre o gelo durante seis horas e meia. E começaram a adormecer. O tenente Otts rojou-se até eles várias vezes, para despertá-los e fazê-los flexionar os pés, as mãos e os dedos. Ao amanhecer, os alemães contra-atacaram. Mas foram repelidos. Então, os americanos tentaram avançar outra vez.

— Perdemos vários homens nesse dia que não teriam sido atingidos se tivessem recebido treinamento de infantaria — pondera Otts. — Um de meus homens foi morto enquanto atirava de pé, quando deveria estar deitado sobre a neve. Eu o notei e gritei para que se abaixasse, mas ele não pôde ouvir-me. — Foi um Natal que deixou Otts e seus homens "chocados e assustados".[16]

O sargento D. Zane Schlemmer, da 82ª DIA, descreve-nos uma cena "de negritude e brancura absolutas; a brancura dos campos cobertos de neve em completo contraste com a escuridão das florestas e a longa coluna de pára-quedistas esforçando-se sob o peso de seu equipamento completo". Durante toda a noite da véspera de Natal e todo o dia de Natal, os homens da companhia de Schlemmer recuaram, para tomar novas posições. Os pára-quedistas detestavam ceder terreno, mas estavam numa cunha, e os oficiais superiores decidiram diminuir a linha de frente. Os soldados estavam certos de que os alemães tentariam atacar antes que eles conseguissem entrincheirar-se.

Assim, pelo amanhecer, Schlemmer e seus companheiros "cavoucavam febrilmente" no solo rochoso, congelado e compactado por denso entrelaçamento de raízes. Sob um quase-frenesi, montaram suas armas, empilharam munição, assentaram minas antitanque. A neve começou a cair, camuflando a linha de frente. A água dos cantis congelou. Os pára-quedistas se arranjaram em suas trincheiras e se entregaram a esforçada atitude de ver e ouvir.

A noite chegou por volta das 16h30. O pessoal dos postos avançados relatou que uma grande força alemã estava aproximando-se. Então, conforme as palavras de Schlemmer:

— Na escuridão da noite nevosa foram surgindo as colunas alemãs, avançando pesadamente pela estrada com seus grossos casacos e fuzis a tiracolo. Alguns homens conversavam, outros fumavam, mas todos completamente ignorantes dos pára-quedistas entrincheirados uns poucos metros adiante. A espera do sinal para abrir fogo parecia interminável; quando ele veio, o tiroteio que se seguiu foi intenso e devastador. A neve que caía cobriu piedosamente o que restou dos dois batalhões alemães, que, em curto espaço de tempo, deixaram de existir.

Os pára-quedistas americanos saíram aos campos no dia seguinte para se apossar das armas utilizáveis. Acharam uma cesta de vime, transportada numa vara por dois soldados alemães. A cesta continha uma lata de manteiga. Quando retornaram para a linha de frente americana, um pouco de café congelado e fatias de peru tostado, mas também rijamente congeladas, os aguardavam, trazidos pelos cozinheiros — sua ceia de Natal tinha chegado um dia depois. Eles usaram a manteiga para aquecer o peru sobre pequenas fogueiras feitas no fundo das trincheiras.

— Jamais houve um Natal mais fino — avaliou o sargento Schlemmer.[17]

No dia 21 de dezembro, a força-tarefa do tenente-coronel Samuel Hogan, formada por 17 tanques, 2 meias-lagartas e cerca de 400 homens, fora isolada pelo inimigo na vila de Marcouray, localizada no extremo norte das Ardenas. O cerco foi um "Bastogne" de menor proporção. A unidade a que se subordinava a força de Hogan, a 3ª Divisão de Blindados, estava muito sobrecarregada para tentar uma operação de resgate. Munição, rações, suprimentos médicos, tudo era escasso ou se havia esgotado. Uma tentativa de fazê-los chegar à força-tarefa usando projéteis de artilharia não funcionou. Seus homens tiveram que resistir sem novos suprimentos ou reforços durante os dois dias seguintes.

Na véspera do Natal, ao meio-dia, um jipe alemão aproximou-se de Marcouray sob uma bandeira branca. Um tenente, falando inglês, exigiu que Hogan se rendesse. Disse que resistir era inútil, já que três divisões de panzers cercavam a vila, e acrescentou que estava autorizado a levar um oficial americano para se inteirar do poderio alemão ali presente.

— Temos ordens para resistir até o fim. Diga ao seu comandante que vá para o inferno — tornou Hogan.

À tarde, sete aviões C-47 tentaram lançar suprimentos e fazê-los chegar à Força-Tarefa Hogan (a qual, a essa altura, tinha atraído a atenção dos repórteres e estava sendo chamada nos jornais de "Os 400 de Hogan"). Germans 88 atingiram seis dos sete aviões, e os suprimentos que foram lançados caíram fora da vila. Os beneficiados foram os alemães e os fazendeiros.

No dia seguinte, no instante em que Hogan estava terminando sua fria ceia natalina de rações americanas, o general-de-divisão Maurice Rose, o mui admirado e querido comandante da 3ª Divisão de Blindados, ordenou pelo rádio que Hogan destruísse suas armas pesadas e seus veículos e deixasse a vila a pé. Os homens de Hogan trataram de tirar o óleo dos motores e, depois, os acionaram até que se danificassem, puseram açúcar na gasolina e atiraram os blocos de culatra num poço. O capitão Louis Spigelmann, o cirurgião da força-tarefa, e vários homens de sua equipe de médicos se ofereceram para ficar com os feridos. Os soldados com ferimentos menos graves faziam guarda junto aos prisioneiros alemães, cientes de que os papéis se inverteriam quando a força alemã chegasse ali.

Às 16h30, pequenos grupos começaram a retirar-se. Hogan seguiu com o último grupo a deixar a vila, às 18h30. A linha de frente dos americanos estava a 16 quilômetros dali. Hogan estava usando botas de pára-quedistas britânicas, forradas com lã, impróprias para caminhar na neve. Infelizmente para ele, Hogan teve que fazer seu grupo parar, a fim de descansar. Somente ao anoitecer, os primeiros grupos se reuniram às tropas amigas. Hogan foi o último a chegar, o que ocorreu às 14 horas do dia 26 de dezembro. Quando se apresentou ao general Rose, este quis saber por que ele tinha sido o último a deixar a vila. Hogan imaginou várias respostas heróicas, mas decidiu dizer a verdade:

— Meus pés estavam doendo.[18]

O praça Phillip Stark, 19 anos de idade, era operador de metralhadora na 84ª Divisão. Ele chegou, na véspera de Natal, a uma posição americana situada nas cercanias da vila belga de Verdenne, localizada no extremo norte das Ardenas. Fazia um mês que sua companhia estava engajada na ofensiva e, como resultado disso, perdera 175 de seus 200 homens. Mas substitutos haviam reconstituído sua integridade. "Ao chegar a esse setor", escreveu Stark três anos depois, receoso de esquecer-se dos detalhes de suas experiências, "disseram-nos que não fizéssemos prisioneiros. Não nos disseram: 'Mate todo alemão que se render', mas não havia alternativa. Nossas forças estavam muito dispersas. Não tínhamos ninguém para tomar conta dos que se rendiam ou que eram feridos. Poucas pessoas em casa tinham consciência da necessidade disso ou poderiam entendê-lo."

À noitinha, as tropas alemãs em Verdenne iniciaram os festejos.

— Cânticos natalinos e sons diversos propagavam-se facilmente pela atmosfera fria e límpida.

Algo excelente para a segurança de Stark — os oficiais do regimento ouviram as canções e decidiram presentear os alemães com um exemplo da ação militar do general George Washington, que atravessara o Rio Delaware para atacar os mercenários hessenos na véspera do Natal de 1776. O pelotão de Stark recebeu ordens para atacar e expulsar os alemães da cidade. Isso significava a necessidade de escalar uma colina. Sob o manto da noite, conseguiram chegar ao topo. Lá, porém, tornaram-se alvo do fogo da artilharia americana. Stark e seu amigo Wib tentaram entrincheirar-se, mas, debaixo do solo congelado, havia rocha. Eles cavavam em pronação e, a despeito de esforços frenéticos, quando a noite caiu:

— Nosso buraco tinha apenas uns 30 centímetros de profundidade e 2 metros de comprimento. Wib tinha 1,82 e eu 1,97 de altura, mas, pelo menos, conseguimos nos manter abaixo do nível do solo. Foi assim que passamos nossa véspera de Natal de 1944.

Na manhã do dia de Natal, Stark chegou a conversar com Wib sobre as histórias que ouvira ou lera a respeito da Primeira Guerra Mundial, quando, no Natal, os soldados da frente de batalha declaravam trégua.

— Ansiávamos por um descanso, por um dia de paz e de segurança.

Em vez disso, receberam fogo de barragem dos alemães, lançado para dar cobertura à retirada de seus veículos de Verdenne. Stark começou a fazer tombar os homens da infantaria inimiga em fuga:

— Somente nesse dia de Natal, vi um combate militar como os que se representam nos filmes. Atirávamos incessante e impiedosamente. Essa atitude não poderia ser compreendida ou aceita por pessoas sem experiência em conflitos militares.

Ao anoitecer do dia seguinte, a infantaria e os tanques alemães contra-atacaram. O que restara do pelotão se retirou, mas Stark se manteve com sua metralhadora, mesmo quando Wib recebeu uma bala no meio da testa.

— Agora eu estava só e certo de que morreria. Mas continuei atirando, na esperança de mantê-los a distância. A essa altura, três tanques inimigos estavam bem perto e disparando suas metralhadoras e seus canhões contra a minha posição. E eu me aproximava do fim de minha segunda caixa de munição.

Uma das balas disparadas pelos alemães ricocheteou em sua metralhadora e espatifou-se. Os estilhaços lhe atingiram a parte esquerda do rosto, o que o fez ficar cego do olho esquerdo. Nisto, ele correu para a retaguarda, mas topou com um tanque alemão em chamas. Depois, venceu a colina e voltou para o ponto de onde partira, três dias antes, na véspera de Natal. Stark ficou sem um dos olhos, mas ganhou uma Estrela de Prata. Em seu setor, nada havia sido ganho por nenhum dos lados nessa série de ataques e contra-ataques.[19]

Um aspecto relevante sobre a vida nas trincheiras — você tinha assento de primeira fila que lhe proporcionava o prazer de ver o inimigo ser marretado pelo fogo da artilharia e dos aviões americanos. As cenas da guerra são espetaculares. Projéteis explodindo, edifícios em chamas, balas luminosas cindindo os céus. Não há nada na vida do cidadão comum que se compare com isso.

Também a infantaria ocupava a fileira da frente para assistir às batalhas aéreas, as quais podiam ser igualmente espetaculares e empolgar a emotividade humana como nenhuma outra coisa poderia. Os combates aéreos sobre as frentes de batalha tinham algo da atmosfera de um jogo de futebol — do lado oposto, os alemães incentivando seus iguais lá em cima; do lado de cá, os americanos fazendo o mesmo —, mas, logicamente, isso não era um jogo.

No Natal, o capitão Cooper foi testemunha de atividade considerável nos ares. Ela começou logo depois do amanhecer. O céu estava límpido como cristal, e ele pôde ver sobrevôo após sobrevôo de aviões B-17 a 6 mil metros de altura dirigindo-se para a retaguarda do inimigo.

— Essa foi, sem dúvida, uma cena bem-vinda. Foi uma repetição completa das operações havidas em St.-Lô [...]. A esquadrilha da vanguarda deixava no céu uma longa esteira de vapor, como uma série de colares de diamantes.

Os caças alemães apareceram e se voltaram para o avião da vanguarda. Cooper prendia a respiração.

— Minha fascinação transformou-se em terror quando o avião da vanguarda, literalmente, explodiu no ar.

Os alemães estavam armados com foguetes e podiam manter-se longe o suficiente e atrás do alvo para ficarem fora do alcance das metralhadoras calibre .50 do artilheiro de cauda. Cooper achou "assombrosa a precisão dos caças alemães disparadores de foguetes". Outro avião foi atingido; uma bomba no depósito explodiu e partiu o avião ao meio. Um terceiro avião perdeu uma asa inteira. Dois outros tiveram os motores incendiados "e começaram a mergulhar em espiral, como pássaros feridos atingidos por setas flamejantes. As espirais dos mergulhos tornaram-se cada vez mais impetuosas à medida que os aviões se aproximaram do solo". Cooper não quis olhar, mas a cena era enfeitiçante.

Cinco de doze aviões foram derrubados. Em todo o céu, pára-quedas começaram a abrir-se. Cooper contou 25 deles. Destroços precipitavam-se em direção ao solo — trens de pouso, motores, pedaços de asa, partes de fuselagem e, naturalmente, as bombas. Embora desarmadas, algumas bombas explodiram sob o impacto com o solo. Um B-17, mais ou menos intacto, esborrachou-se em terra.

— A explosão foi inacreditável, já que a gasolina e a carga de seis toneladas de bomba detonaram. Uma coluna de chamas e destroços ergueu-se a uns 500 metros do solo, espalhando pedaços de ruína em todas as direções.

Cooper e outros notaram que um pedaço de asa descia na direção de um pára-quedista distante ainda uns 200 metros do solo. Os homens em terra gritavam e acenavam freneticamente para tentar fazê-lo desviar-se para o lado com o pára-quedas, mas não tiveram sorte. O pedaço de asa rasgou o pára-quedas ao meio e fez que o aeronauta caísse para a morte. Outro pára-quedista começou a descer na direção da posição de Cooper. Um ME-109 alemão mergulhou em seu encalço, com sua metralhadora cuspindo fogo. Novamente, os homens em terra gritaram, e berraram, e gesticularam. Ele os avistou e, esperneando impetuosamente, conseguiu levar o pára-quedas um pouco para o lado, e o piloto do avião inimigo perdeu seu alvo humano. O piloto alemão fez longa manobra e voltou para outra tentativa. A essa altura, o pára-quedista estava bem próximo do solo, mas o piloto inimigo parecia tão obcecado em matá-lo que se descuidou e acabou chocando-se contra um dos lados de uma pedreira, morrendo em terrível explosão. Os médicos recolheram o pára-quedista: ele era bombardeiro e, com exceção de um pé quebrado, estava inteiro — mas tinha perdido sua bota de pára-quedista ao espernear para fazer desviar o pára-quedas.[20]

Na véspera de Natal, o praça Joe Tatman, da 9ª Divisão de Blindados, encontrava-se escondido, juntamente com seu escalão, num palheiro de uma propriedade situada nas cercanias de Bastogne, bem dentro dos limites territoriais das posições alemãs. Estavam presos ali fazia cinco dias e seu alimento se havia esgotado.

— Mas conversávamos sobre o Natal e o lar, sem jamais abandonar nossas esperanças.

À 16 horas, os alemães encontraram o grupo de Tatman e forçaram-no a render-se. Um capitão assumiu o comando. Ele havia sido advogado em Nova York e explicou que tinha voltado para a terra natal para tratar da documentação da propriedade de seu pai e fora surpreendido pela guerra. Em seguida, levou os prisioneiros para a cozinha da fazenda. Enquanto seus cozinheiros preparavam a ceia de Natal, ele serviu leite e rosquinhas aos soldados americanos. E conversou e gracejou sobre a guerra. Ele esperava que ela terminasse logo, para que todos pudessem voltar para casa.

Depois de comerem, o capitão deu aos americanos água quente, toalhas e material de barbear. Disse-lhes que se barbeassem e lavassem, já que os queria ter como convidados na ceia de Natal. O velho casal de belgas armou bela e grande mesa numa sala de jantar decorada, encimada por todo tipo de comida e bebida, até mesmo carne. Havia travessas com "todas as marcas de cigarros americanos". Após cearem, ambos os lados cantaram em coro. Os prisioneiros cantaram *Noite Feliz* em inglês; seus captores cantaram-na em alemão. O capitão ofereceu um brinde de boa sorte aos prisioneiros. Explicou que eles e seus homens decidiram oferecer o banquete porque sabiam que, na manhã do dia seguinte, no Natal, os soldados americanos "iniciariam sua jornada para o inferno".[21]

* * *

O inferno era um campo de prisioneiros de guerra. Pelo fim de dezembro, o número de prisioneiros crescia rapidamente, já que os soldados americanos capturados nos primeiros dias da Batalha das Ardenas começavam a chegar. A viagem da Bélgica para os campos de prisioneiros no leste da Alemanha era o próprio Purgatório. A esse respeito, o praça Vonnegut, da 106ª Divisão, teve uma experiência típica. Depois que seu grupo foi forçado a render-se, os alemães levaram os prisioneiros para Limburg, obrigando-os a marchar quase cem quilômetros. E não havia água, comida ou períodos de sono. Em Limburg, foram levados para um pátio de manobras ferroviárias e postos a bordo de "quarenta e oito", vagões ferroviários franceses da Primeira Guerra Mundial, feitos para transportar quarenta homens ou oito cavalos. Os alemães apinharam 60 homens no vagão de Vonnegut; o vagão do praça Morrison recebeu cem homens. Os vagões não tinham aquecimento nem instalações sanitárias, e a ventilação era precária. No vagão de Vonnegut, metade dos homens teve que ficar em pé, de modo que a outra metade pudesse deitar-se para dormir. Já no vagão de Morrison ninguém pôde deitar-se. Em todos os vagões havia um grupo de homens sofrendo de grave disenteria. E ali ficaram durante quatro dias.

No vagão de Morrison, na véspera de Natal, logo após o anoitecer:

— Os únicos sons eram os gemidos dos colegas no nosso compartimento e os dos que vinham do compartimento da frente e do da parte de trás.

Num desses vagões, um homem começou a cantar.

— Obviamente, ele tinha uma voz treinada; era um excelente tenor — relata-nos o praça George Zak. Ele cantou *Noite Feliz*. Logo, outros no vagão fizeram coro com ele. O coro se expandiu por toda a conexão. E os guardas alemães também se juntaram a eles.

De repente, as sirenes de ataque antiaéreo foram acionadas. Pouco depois, bombas da RAF começaram a cair em todo o pátio de manobras.

— Deixem-nos sair! — gritavam os prisioneiros enquanto golpeavam as portas laterais, as quais estavam trancadas. — Pelo amor de Deus, dêem-nos uma chance!

Mas os guardas tinham fugido. O mais magro do vagão conseguiu passar por um dos postigos de ventilação e removeu o arame que servia de tranca da porta lateral. Os soldados saíram às pressas e correram ao longo da conexão, removendo o arame que trancava as portas dos outros vagões.

Avistaram uma espécie de vala com um abrigo e correram para lá. Alguns conseguiram alcançá-la, mas cerca de 150 foram mortos ou feridos.

Quando soou o toque de cessação do ataque, os guardas retornaram, recolheram os prisioneiros e os puseram nos vagões. Ainda era noite. Lentamente, à medida que a adrenalina diminuiu, o vozerio se extinguiu. Em pouco tempo, a noite foi tomada pelo silêncio.

— Ei — exclamou alguém. — Ei, tenor, dê-nos um pouco mais de sua cantoria.

— Ele não está aqui. Ele morreu — respondeu uma voz da outra extremidade do vagão.[22]

Assim transcorreram as coisas na frente de batalha da Europa Ocidental durante o período de Natal de 1944.

A véspera de Natal no campo de prisioneiros de guerra de Flossenburg, na Baviera, foi marcada por uma experiência macabra. Poucos dias antes, 15 pára-quedistas americanos, capturados na Holanda em setembro, tinham fugido do campo. Mas foram recapturados no dia 23 de dezembro e reencaminhados para Flossenburg. Lá, os guardas da SS organizaram uma sádica "festa natalina" para os internos, que foram obrigados a pôr-se em alinhamento e assistir ao enforcamento dos pára-quedistas recapturados.[23]

No Canal da Mancha, o Léopoldville, cruzeiro de luxo transformado em navio de transporte de tropas, dirigia-se para Le Havre, levando 2.223 substitutos para a Batalha das Ardenas. Os oficiais eram da Marinha Real, a tripulação era belga, e os passageiros eram americanos — bela demonstração da união dos Aliados.

Pouco antes da meia-noite, o sargento Henry Andersen e outros 150 homens subiram ao convés para entoar cânticos de Natal. De súbito, ouviu-se um estrondo. Um torpedo lançado por um submarino alemão atingiu o navio a meia-nau.

O navio estremeceu e, em seguida, começou a afundar. Os oficiais e a tripulação trataram de acomodar-se nos barcos salva-vidas — havia apenas 14 deles — e partiram, deixando os soldados americanos entregues à própria sorte. Andersen conseguiu saltar do Léopoldville sobre o convés de um destróier que se pusera bordo com bordo. Outros que tentaram fazer o mesmo fracassaram e foram esmagados, já que ondas enormes faziam com que os navios se chocassem. Outros morreram afogados ou sucumbiram por hipotermia. Ao todo, 802 soldados americanos morreram no incidente, mas nenhum oficial britânico nem nenhum marinheiro belga — péssima demonstração da união dos Aliados. O incidente foi abafado. Não houve investigação, nem corte marcial.[24]

O desastre havido com o Léopoldville na véspera de Natal foi conseqüência das dificuldades que os Aliados tinham criado para si mesmos com sua inadequada política de substituições e dos problemas que os alemães lhes tinham causado nas Ardenas. Os Aliados estavam fazendo atravessar o canal todo homem disponível em todos os barcos de que dispunham. O Léopoldville foi um deles. Construído para acomodar 360 passageiros, ele transportava 2.223 soldados e uma tripulação de 237 homens (incluídos 93 nativos do Congo Belga, 24 marinheiros britânicos para a guarnição dos canhões e um capitão belga, que falava somente o flamengo). A embarcação era mais uma barca do que um navio de transporte e estava em péssimo estado.

— Mas que barco dos diabos — disse o praça Leo Zarnosky. — Não creio que conseguiremos atravessar o canal. É melhor ir nadando.[25]

Era começo de inverno, época em que as águas do canal estão sempre agitadas, e o tempo, borrascoso. E os submarinos alemães eram mais uma ameaça. No dia 23 de dezembro, um navio de transporte de tropas tinha sido atingido por um torpedo no Canal, ao largo de Cherbourg. Mas a viagem até essa cidade era curta — de meio dia — e os soldados eram urgentemente necessários na frente de batalha.

No afã de acelerar o processo, precauções simples foram negligenciadas. Nas amuradas, nenhum barco salva-vidas, prontos para urgências. A quantidade de coletes salva-vidas era insuficiente, e nenhuma instrução de uso foi dada aos que receberam um. Os homens foram amontoados nas entranhas do navio, sem nenhum barco salva-vidas ou treinamento para abandono de navio. E houve muitas outras trapalhadas, a maioria causada pela pressa. O esforço de resgate foi vergonhoso.

Como resultado disso, aquilo que deveria ter sido um prejuízo menor — o do afundamento do Léopoldville — equivaleu ao da perda de um regimento de fuzileiros inteiro, dado que uns 1.400 sobreviventes tiveram que ser enviados para o hospital, em vez de para a frente de batalha, quando, finalmente, chegaram a Cherbourg.

Os sobreviventes não gostam muito de falar a respeito disso. O tenente Bill Everhard revela-nos:

— Como muitos outros, tenho tentado sepultar, há quase 50 anos, as lembranças de uma noite de medo, terror e desgraça. — E acrescenta, com certa amargura: — Todos nós temos sido ajudados a esquecê-la pelos governos dos Estados Unidos, da Grã-Bretanha e da Bélgica.

Por parte dos americanos, o caso permanecera abafado até 1959, ano em que a agência de inspetoria geral americana emitiu um relatório retificador do documento ultra-secreto de 1945. Nele, denunciava o fato de que a tripulação belga "negligenciou o cumprimento do dever. Seus integrantes não ficaram em seus postos para orientar os passageiros, emitir informes das condições do navio e lançar os barcos salva-vidas. Eles pareciam interessados apenas em si mesmos".

O relatório ressaltou ainda que, se uma ordem de "Abandonar o Navio" tivesse sido emitida pelo sistema de alto-falantes, certamente muitos teriam sido salvos. Em verdade, essa ordem foi emitida — em flamengo. E somente os integrantes belgas da tripulação a entenderam. O relatório não apontou nenhuma responsabilidade americana nem fez menção da natureza apressada, quase frenética, da organização do sistema de transportes para o enfrentamento da crise nas Ardenas. Já o relatório dos britânicos sobre o mesmo incidente foi elaborado, em 1960, pela Comissão de Investigação do Almirantado Britânico. O documento eximiu de culpa os oficiais e a tripulação do navio. Em 1992, o governo belga emitiu o seu relatório, com o qual elogiou os oficiais e a tripulação, e alegou que os barcos salva-vidas foram postos ao mar com os soldados americanos a bordo.[26]

O incidente jamais recebera a atenção dada ao de Slapton Sands, incidente semelhante àquele e ocorrido antes do Dia D, embora o número de perda de vidas se houvesse equiparado ao dele e o seu encobrimento tivesse sido mais completo e houvesse durado mais tempo. A principal razão disso é o fato de que três governos estiveram envolvidos na questão, mas, talvez, em parte, sua causa principal esteja na época em que ocorreu. É algo doloroso demais para se pensar a respeito.

Solicitado a dar sua versão da história, o praça George Baker, um dos sobreviventes, disse:

— Aquela véspera de Natal, na qual eu, juntamente com tantos outros, saltei para o mar, cheio de tantos rapazes clamando por Deus e pela própria mãe, é simplesmente algo que não gosto de recordar.[27]

Na frente de batalha, o tenente Charles Stockell, observador avançado da artilharia da 2ª Divisão, teve duas experiências inesquecíveis no Natal, na Serra de Elsenborn. A altas horas do dia de véspera de Natal, ele se encontrava num quartel-general de uma companhia, estabelecido num porão. Perto das 23h45, o tiroteio diminuiu, até que foi suspenso por completo.

— Ao soar da meia-noite, sem a emissão de ordem ou solicitação, figuras sombrias começaram a emergir dos porões. E, em meio à escuridão gelada, ouviram-se vozes entoar os velhos e conhecidos cânticos natalinos. Densos flocos de neve caíam suavemente, cobrindo armas e sinais de guerra. Os homens de infantaria, em suas posições na linha de frente, ouviam vozes cindindo a escuridão dos ares a 200 metros de distância, num cântico da versão alemã de "Noite Feliz". Foi um momento em que todos os homens se mostraram dispostos a unir-se na recordação da história do Menino Jesus e renovar uma prece fervorosa pela paz, pela boa vontade entre os homens!

Cerca de uma hora depois, o tiroteio foi reiniciado. Pelo amanhecer, realizava-se sob a força máxima de ambas as partes. Em virtude da limpidez do céu e dos painéis postos pelos americanos nas encruzilhadas, as posições da companhia eram facilmente localizadas do ar. Contudo, dois P-47 desceram sobre eles para lançar-lhes ataques rasantes. Ninguém se feriu. Mas um dos pilotos retornou e lançou novo ataque, desta vez soltando uma bomba de 50 quilos sobre a barraca do rancho, onde cem homens comiam. Foi grande o número de baixas.

Na opinião de Stockell, não houve justificativa para isso, principalmente para o segundo ataque. Lá estavam seus homens, mortos e feridos, seus corpos estendidos sob trapos de lona. Ficou tão furioso que "lhe perfurei o motor com 75 tiros de uma metralhadora .50 montada num caminhão. O avião se incendiou. Seu piloto lhe inverteu a posição e saltou de pára-quedas. Subimos num jipe e fomos ao encalço dele, decididos a surrá-lo até a morte. Mas ele caiu, para a sorte dele, próximo das instalações da polícia militar da divisão. Então, fomos informados de que ele seria expulso do exército".[28]

Para esse piloto, como para muitos outros presentes nos campos de batalha da Europa Ocidental em 1944, esse foi um Natal para relegar ao esquecimento.

— Ótimo tempo para matar alemães — disse Patton a si mesmo na manhã do dia de Natal, ao acordar e olhar para o céu. Mas, para seu desapontamento, a missão da 4ª Divisão de Blindados, unidade de vanguarda enviada por ele ao norte para romper o cerco inimigo e libertar Bastogne, fracassou nesse dia. À noite, Patton ceou com Bradley no quartel-general deste na cidade de Luxemburgo. Bradley tinha passado o dia com Montgomery, que o havia dito que a insistência de Eisenhower de lançar um contra-ataque imediato sobre a base da cunha alemã era impossível, pois seriam necessárias semanas para que o I Exército Americano pudesse organizar-se e preparar um ataque. Patton considerou "repulsivas" as declarações de Montgomery.[29]

Na manhã do dia seguinte, a 4ª Divisão de Blindados tornou a partir para realizar novo ataque, com o 37º Batalhão de Tanques (formado por 20 Shermans), comandado pelo tenente-coronel Creighton Abrams, na vanguarda. Jabos — aviões P-47 — precederam o avanço dessas unidades, lançando bombas nas posições de frente dos alemães, a essa altura a apenas algumas centenas de metros de distância dos tanques americanos. As ordens de Abrams eram avançar ora numa, ora noutra direção, para, de certo modo, irromper serpeantemente pelas linhas sitiantes alemãs em Bastogne, mas, no que respeita a ele mesmo, tomou a iniciativa de se aproveitar de uma oportunidade para arremeter diretamente através da linha de defesa inimiga. Sentiu que urgia fazer isso, pois viu que os aviões C-47 que lançavam suprimentos sobre Bastogne eram alvos de intenso ataque antiaéreo proveniente de Germans 88 espalhados pela área do cerco.

Os P-47 bombardearam a vila-meta de Abrams e terminaram o bombardeio justamente no instante em que os primeiros tanques americanos entraram na cidade. Continuem avançando, foi a ordem de Abrams. Eles o fizeram, e, às 16h50 do dia 26 de dezembro, o tenente Charles Boggess chegou com o primeiro veículo da 4ª Divisão de Blindados ao local das posições da 101ª DIA, no que foi seguido pelo capitão William Dwight.

— Como vai, general? — perguntou Dwight ao general McAuliffe, que tinha ido de jipe até os arrabaldes da cidade para encontrar-se com ele.

— Ei, estou muito contente em revê-lo — tornou McAuliffe.[30]

Com o cerco a Bastogne rompido, com Peiper e os seus homens em retirada, com a persistência do mau tempo, a semana posterior ao Natal foi relativamente tranqüila na frente de batalha. Mas, lá atrás, os caminhões americanos traziam reforços e suprimentos, como preparativo do contra-ataque. À medida que o ano de 1944 chegava ao fim, o exército americano no TOGE estava preparando-se para punir os alemães por terem saído de suas fortificações.

O exército tinha percorrido um longo caminho durante a segunda metade desse ano, do Canal da Mancha até a fronteira da Alemanha. Juntamente com os exércitos britânico e canadense, havia tomado as posições inimigas nas praias, no maior assalto anfíbio da história. Havia superado o impasse em que se envolvera nas operações de combate nas sebes da Normandia, durante os meses de junho e julho; varrera a França numa campanha fulminante em agosto; a magnitude crescente de seu corpo de tropas tinha suplantado a disponibilidade de suprimentos, o que o obrigara a interromper suas operações; engajara-se numa ofensiva longa, cara, desnecessária e malsucedida, de novembro a dezembro; tinha sido pego de surpresa e sofrera pesados ataques na segunda metade de dezembro, mas se recuperara, resistira e agora estava preparando-se para a ofensiva final.

PARTE TRÊS

A VIDA NO TOGE

Não é possível seguir o fio dos acontecimentos relacionados com a campanha no noroeste da Europa sem entender as condições nas quais os soldados americanos combateram. Como sempre, na guerra, as condições de terreno e de tempo e o poder de fogo inimigo foram pontos decisivos na vida dos soldados, principalmente à noite. Esses e outros fatores os afetaram durante toda a campanha, quer antes do início das operações na Normandia, quer durante a corrida para a fronteira da Alemanha, quer durante a manutenção de suas posições defensivas nas Ardenas. Além desses, outros fatores continuaram a influenciá-los durante os combates ao longo do ano de 1945, entre os quais se incluíam: as condições sob as quais passavam as noites nas trincheiras individuais; a qualidade do Serviço de Saúde do Exército, das equipes de socorro nos campos de batalha às enfermeiras e aos médicos nos hospitais de campanha, os quais os próprios soldados americanos elogiavam, sem exceção; o ressentimento amarguroso que esses mesmos soldados tinham pelas políticas de reforços e substituições; os horrores e os triunfos dos homens que combatiam nos ares; o preço pago por aqueles que cumpriam seu dever por causa dos que não o cumpriam; a experiência de ser um prisioneiro de guerra — esses são fatos que se repetiram de 7 de junho de 1944 até 8 de maio de 1945.

10

A NOITE NA FRENTE DE BATALHA

NOS INVERNOS DE 1864-1865, os dois últimos anos da Guerra de Secessão, os soldados nos alojamentos treinaram, marcharam em fileiras compactas, construíram abrigos com toras de madeira, consertaram equipamentos e fizeram armazenamento de víveres. Nos postos avançados, trocaram tabaco, café e insultos com o inimigo. À noite, cozinhavam e se alimentavam, cantavam em torno de fogueiras e, depois, se retiravam para seus dormitórios. A noite era o melhor momento para Johnny Reb e Billy Yank.

Não se pode dizer o mesmo com relação aos invernos de 1944-1945 na Bélgica, na França ou em Luxemburgo. As noites eram o pior momento da guerra.

A diferença entre as situações havidas nos invernos de 1864-1865 e 1944-1945 resulta das melhorias tecnológicas. Na Guerra de Secessão, os canhões eram raramente usados à noite, já que o grosso das tropas inimigas ficava fora do alcance de tiro e, de todo modo, os operadores de canhão dessa guerra podiam atirar somente no que eram capazes de ver — e, então, apenas imprecisamente. Os canhões usados na Segunda Guerra Mundial tinham um raio de alcance muito maior, podendo fazer disparos de uma variedade de projéteis sob grandes ângulos, para atingir, com precisão, alvos do outro lado de uma serra, por exemplo. Os soldados da Guerra de Secessão dispunham apenas de morteiros limitados e primitivos. Já os soldados da Segunda Guerra tinham uma variedade de morteiros de precisão relativamente boa, e suas armas portáteis eram muito mais precisas, com um raio de alcance e uma rapidez de disparos sucessivos muito maiores. À noite, os soldados da Guerra de Secessão podiam acender seus cachimbos, charutos ou cigarros e reunir-se em volta de uma fogueira, com total segurança. Os soldados da Segunda Guerra nem cogitavam de atrever-se a fazer uma simples fogueirinha no fundo de suas trincheiras individuais ou fumar um cigarro.

Na Guerra de Secessão, as comunicações entre a frente de batalha e os quartéis-generais eram feitas somente por mensageiros. As comunicações na Segunda Grande Guerra eram estabelecidas por meio do rádio e por linhas telefônicas, que se estendiam da frente de batalha até os postos de comando.

Os combatentes da Guerra de Secessão dispunham apenas de uns poucos e dos mais primitivos foguetes de sinalização, enquanto, na Segunda Guerra, tinham-se prontamente à disposição excelentes artefatos de sinalização e projéteis de rastro luminoso. Em 1944, pequenas bombas de mão — granadas —, inexistentes na Guerra de Secessão, podiam ser arremessadas contra o inimigo, o qual, geralmente, se encontrava a menor distância de seu oponente em 1944-1945 do que em 1864-1865.

O motor de combustão interna proporcionou aos exércitos uma mobilização noturna que não era possível com cavalos. Tanques e peças de artilharia móvel os proveram de um poder de fogo que excedia em muito tudo o que existira 80 anos antes. O desenvolvimento concomitante de armas e equipamentos permitiu que os comandantes da Segunda Guerra Mundial se tornassem muito mais agressivos em operações noturnas em relação aos comandantes da Guerra de Secessão. E os que pagaram o preço por essa agressividade foram os soldados da frente de batalha.

Neste capítulo, tento transmitir uma idéia das experiências dos que resistiram e triunfaram no perigoso ambiente que caracterizou a vida na frente de batalha à noite na Segunda Guerra Mundial.

Às vezes, um major ou um tenente-coronel, à frente de um batalhão; com menos freqüência ainda, um coronel comandando um regimento; muito raramente, um general-de-divisão como comandante de divisão — esses eram os únicos visitantes à frente de batalha. Repórteres não apareciam por lá, nem generais de duas estrelas ou alguém acima deles. Tampouco artistas itinerantes.

— Jamais vi um espetáculo da USO — protesta o praça William

Craft, do 314º Regimento de Infantaria. — Ouvi dizer que eles eram bons, mas nenhum deles foi ao setor da frente de batalha em que estive.[1]

A frente de batalha pertencia aos homens que serviam lá — fuzileiros, guarnições de metralhadoras e de morteiros, observadores avançados, operadores de sistemas de comunicação e socorristas. Sua profundidade variava, dependendo do terreno, mas, geralmente, tinha meio quilômetro. Os postos de comando ficavam a uns 250 metros atrás da linha de trincheiras principal, e a área em que se situavam não era tida pelos fuzileiros como parte da frente de batalha. O praça J. A. "Strawberry" Craft, da 84ª Divisão, definia os homens dos escalões da retaguarda como "filhos da mãe [que ficavam] atrás da minha trincheira".[2]

Na frente da linha de trincheiras, entre 10 e 50 metros adiante, havia postos avançados em toda parte. Os postos avançados do inimigo ficavam a uma distância em que podiam, por assim dizer, ser tocados, como seja, geralmente, a uns 50 metros à frente. Os postos de observação das tropas amigas eram o limiar do mundo conhecido.

O tenente Otts fala-nos de uma ocasião, em março de 1945, em que ocupara uma posição de combate mais proximamente das trincheiras alemãs do que das de seus companheiros, à esquerda e à direita. Ele podia ouvir tão distintamente os alemães conversando que chegou a anotar seus nomes.

— Eles estavam tão perto, que podíamos ouvir o tinido de seu equipamento e o ruído de água enquanto enchiam seus cantis [...]. Normalmente, colocávamos dois homens numa trincheira, com um deles montando guarda enquanto o outro dormia, mas, aqui, com nossas trincheiras tão distantes umas das outras e os alemães tão próximos, achamos melhor ter três homens em cada trincheira, de modo que dois pudessem ficar acordados ao mesmo tempo durante toda a noite.[3]

Na maior parte do tempo, a principal característica da frente de batalha era a tranqüilidade. Os projéteis de artilharia estrondeavam a distância e ouvia-se esporadicamente o ribombar do fogo de morteiros, mas, de outro modo, a não ser quando o inimigo lançava tiro de barragem ou atacava, havia pouco barulho.

Tampouco havia muita movimentação. Era como se a Terra tivesse engolido todos os seres humanos — o que, de certo modo, ocorria, pois os homens da frente de batalha ficavam, a maior parte do tempo, abaixo do nível do solo. Mas a violência ameaçadora e fatídica estava sempre presente. Assim, milhares de olhos escrutinavam incessantemente as cercanias; milhares de dedos estavam sempre prontos para puxar o gatilho; milhares de mãos estavam sempre devidamente dispostas para lançar granadas ou acionar morteiros contra o mais ínfimo dos movimentos, ou, à noite, contra o ruído mais diminuto ou mesmo na direção da brasa de um cigarro aceso.

No começo de dezembro, a 84ª Divisão se encontrava nas fímbrias do território alemão, perto da fronteira com a Bélgica, em Lindern. O praça Chalmers Davis, operador de morteiro, descobriu um local que podia servir como posto de observação numa casa em ruínas. De lá, avistou um monte de feno movendo-se através de um campo aberto e pôs-se ao telefone para informar ao posto de comando que havia um tanque camuflado adiante. Nesse mesmo instante, um soldado alemão saiu de uma trincheira e correu para outra.

Davis decidiu divertir-se um pouco.

— Ele jamais deveria ter saído por aí à luz do dia — disse a seus companheiros, posicionados lá embaixo, atrás da casa. — Ele cometeu um erro.

Seus companheiros dispararam dois projéteis de morteiro e, em seguida, fizeram o enquadramento de mira da trincheira. O terceiro disparo foi certeiro. Sorte e habilidade se combinaram, mas, qualquer que tenha sido a causa, o alemão pagou seu erro com a própria vida. A artilharia, por sua vez, fez o enquadramento do monte de feno e, então, tirou de combate o tanque que se ocultava sob ele.[4]

Eis, assim, o preceito fundamental de sobrevivência na frente de batalha: não se mova, pois alguém o observa. Fique em sua trincheira sempre que possível.

Dependendo da extensão da linha de frente que uma companhia de fuzileiros estivesse mantendo, havia trincheiras por toda parte, distanciadas desde uns poucos metros até cem metros umas das outras e, ocasionalmente, mais ainda. Sob esse aspecto, a Segunda Guerra Mundial foi bem diferente da Primeira. No conflito de 1914-1918, a linha de trincheiras era contínua. Você podia caminhar da fronteira da Suíça até o Canal da Mancha sem jamais deixar que sua cabeça se mostrasse acima do nível do solo. Suas paredes eram forradas com toras de madeira. Trincheiras em ziguezague se estendiam da linha de frente até bem fundo na retaguarda, o que permitia que alimentos, munição e mensagens pudessem ser levados adiante sem a exposição de soldados.

Para guarnecer essas extensas trincheiras eram necessários, contudo, milhares de homens ou até mesmo milhões deles. Em novembro de 1918, o marechal Foch comandara um número de homens três vezes maior do que o comandado por Eisenhower em novembro de 1944, numa frente de batalha com quase a mesma extensão. Hindenburg comandara um corpo de tropas três ou quatro vezes maior que o de Rundstedt. Por uma questão de necessidade, as trincheiras individuais substituíram as trincheiras comuns.

Os soldados da Primeira Grande Guerra nem mesmo sabiam o que era uma trincheira individual. Apesar de todo o horror de sua existência diária, tinham, pelo menos, o conforto da companhia de seus colegas, de vê-los em torno de si, numa percepção imediata do poder de que faziam parte. Os soldados da Segunda Guerra não sabiam o que eram trincheiras, conforme sua concepção comum. Em suas trincheiras individuais, eles tinham a companhia de um ou, no máximo, dois colegas. De outro modo, ficavam e sentiam-se isolados — já que, de fato, era comum que as companhias tomassem posições em pontos esparsos pela linha de frente.

Para a composição do quadro de isolamento, concorria a circunstância incomum da necessidade de viver abaixo do nível do solo, mais a miséria fisiológica resultante da urgência de fazer um buraco grande o suficiente — quiçá o próprio caixão — no fim de um dia exaustivo. Mas isso tinha que ser feito, e era uma lição que se aprendia rapidamente.

Os batalhões que não faziam trincheiras para passar a noite não duravam muito. Isso deveria ter sido aprendido nos treinamentos, mas não foi. Portanto, teve que ser aprendido na prática. Em 10 de junho, logo após a meia-noite, o 2º Batalhão da 29ª Divisão tratou de arranjar-se para passar a noite. Seus homens tinham acabado de marchar 25 quilômetros, nas 20 horas precedentes. O major Maurice Clift, o subcomandante, escolheu uma área para bivaque, dois campos de pasto cercados. Os soldados se transferiram para lá e se atiraram junto ao paredão da sebe, tão exaustos que não se deram ao trabalho de tirar suas mochilas. A maioria adormeceu imediatamente. Poucos prestaram atenção no ruído de motores, e os que o fizeram acharam que eram veículos americanos.

Eles eram veículos alemães, tanques e caminhões da 352ª Divisão — o batalhão da 29ª estivera combatendo desde a aurora do Dia D. Embora um fato ignorado pelas duas partes, os alemães estavam retirando-se no rastro do avanço do 2º Batalhão. Sentinelas avançadas alemãs perceberam o movimento de americanos nos pastos, e a coluna alemã avançou e cercou os campos.

Então, os alemães dispararam foguetes de sinalização. Sob a luz sinistra produzida pelos artefatos, quase tão intensa quanto à do sol do meio-dia, lançaram tiros desenfiados contra os americanos adormecidos, por sobre as sebes. Ao longo de uma delas, os homens de um pelotão inteiro despertaram, mas tombaram sob uma rajada de metralhadora. Outro grupo de americanos, em frenética agitação, corria de uma extremidade à outra da sebe, tentando achar uma abertura para escapar. Os fuzileiros alemães os fizeram tombar também. Projéteis de morteiros alemães caíam em toda parte nos pastos. Os soldados trataram de disparar seus fuzis M-1 furiosamente contra as sebes, embora fosse grande a possibilidade de atingirem não apenas os alemães, mas também seus próprios colegas.

— Foi terrível — um dos sobreviventes relatou ao general Cota. — Tínhamos nos afastado de rojo cerca de cem metros do campo quando ouvimos muitos dos rapazes gritarem. Acho que os alemães estavam fazendo um ataque com baionetas.

O comandante do 2º Batalhão, o tenente-coronel William Warfield, tinha o seu posto de comando estabelecido numa fazenda à beira da estrada. Ele tentou organizar uma operação de defesa, mas em vão. Os oficiais que saíram da casa correndo em demanda do campo foram alvejados. Nisto, um alemão bradou ao grupo do quartel-general, em inglês:

— Rendam-se! Rendam-se!

— Rendam-se uma pinóia! — vociferou Warfield em resposta. Ele tentou levar seu pequeno grupo para os pastos, onde o massacre estava ocorrendo, mas foi morto imediatamente ao tentar fazê-lo.

A batalha durou apenas 20 minutos. O batalhão sofreu 150 baixas — 50 mortes — ou a perda de mais de um terço de sua força total. Pouco antes do amanhecer, um jovem mas angustiado tenente, ao reportar o desastre ao comandante da divisão, o general Charles Gerhardt, caiu de joelhos e esmurrou o piso, enquanto dizia, soluçante, que todos os seus homens estavam mortos e que a culpa era dele.

Gerhardt enfureceu-se. — Nenhuma segurança! — bradou, indignado. — Eles simplesmente entraram nos campos e foram dormir![5]

Do dia 10 de junho em diante, todo soldado da 29ª na frente de batalha passou a cavar uma trincheira antes de ir dormir. E passaram a fazê-lo também todos os homens da infantaria americana, onde quer que estivessem. O praça Kurt Gabel, 513º RIA, 17ª DIA, fala-nos da noite que passara no cemitério americano Mosa-Argonne, onde os mortos da maior batalha do exército americano na Primeira Guerra Mundial estavam enterrados. Os alemães haviam cuidado zelosamente do local durante sua ocupação da França. Gabel e seu companheiro Jake fizeram sua trincheira individual entre duas estelas de mármore branco, bem como outros membros do 513º. Uma vez em suas trincheiras, não houve mais ruídos nem movimentos.

— Quietude total na frente de batalha da Europa Ocidental — disse Jake.[6]

Normalmente, fazer uma trincheira era trabalho árduo e, às vezes, exaustivo. Locais típicos para assentar posições eram dentro ou na borda de bosques, o que implicava, no que concerne ao entrincheiramento, a necessidade de vencer o óbice de muitas raízes, já que a maioria das árvores na Bélgica era plantada em filas compactas. Durante a segunda metade de dezembro, quando o termômetro, à noite, começou a registrar temperaturas próximo ou abaixo de zero, o solo ficava congelado até 30 ou mais centímetros de profundidade. Era difícil dispor de picaretas na linha de frente e, mesmo em caso contrário, não eram de muita ajuda. Às vezes, eram necessárias várias horas para arrancar pedaços de solo congelado e chegar à camada não tão afetada pela temperatura. Os homens usavam granadas e cargas de explosivos para remover a camada congelada do solo.

Em muitas situações, o entrincheiramento era impossível. Nas noites de 18 e 19 de dezembro, perto de Echternach, o sargento John Sweeney, da 10ª Divisão de Blindados, tentou entrincheirar-se:

— Mas o solo era constituído por argila muito úmida, e nossa pá não conseguia penetrá-la. Após alguns minutos de tentativa, ele e seus companheiros desistiram. — Fazia tanto frio que o escalão da retaguarda trouxe até nós algumas sobrecasacas (duas para cada três soldados). Estendemos uma delas sobre o solo e três de nós deitaram sobre ela e nos cobrimos com outra. O único que conseguia aquecer-se era o que ficava no meio. Assim, trocávamos de lugar a cada 20 minutos mais ou menos.[7]

Geralmente, as trincheiras eram retangulares e, sob as melhores condições, tinham entre 1,2 metro e 1,5 metro de profundidade e entre 60 e 90 centímetros de largura por 1,8 metro de comprimento. Quando os homens ficavam nelas por mais de uma noite, ou se fossem veteranos, eles as cobriam.

O sargento Leo Lick, da 1ª Divisão, um veterano da Sicília (onde ganhou uma Estrela de Prata) e da invasão da Normandia, foi para o setor da linha de frente perto de Butgenbach, ao anoitecer do dia 17 de dezembro. Ele e dois companheiros trabalharam numa trincheira durante uma semana. Lançando mão de algumas toras, "nós as pusemos sobre a abertura e, depois, espalhamos galhos sobre elas, cobrimos essa camada com terra e camuflamos o topo com neve. Pusemos também uma camada de 15 centímetros de folhas de sempre-verdes no fundo para períodos de sono um pouco mais confortáveis. A abertura da trincheira serviu também como anteparo a partir do qual podíamos atirar ou montar guarda".[8] (Lick visitou o local em 1986 e viu que a trincheira ainda estava lá, uma experiência compartilhada também por alguns soldados que combateram na Batalha das Ardenas.)

A cobertura protegia os homens dos estilhaços das explosões e dos galhos quebrados que caíam pelo despedaçamento de árvores, mas ela apresentava desvantagens. Certa noite, durante os dias iniciais da campanha nas Ardenas, o praça Richard Jepsen (o qual continuou no exército, obteve uma graduação após a guerra e aposentou-se como coronel), da 30ª Divisão de Infantaria, encontrava-se com um colega numa trincheira individual com boa cobertura. A temperatura subiu para dois graus centígrados — e depois começou a chover.

— O calor de nossos corpos alcançou a cobertura acima de nós, e o gelo e a neve começaram a derreter-se e pingar em nós.[9]

Durante as operações de avanço, os soldados americanos afortunados conseguiam ocupar as trincheiras deixadas pelos alemães em retirada. Quase sempre, eram mais profundas e mais bem protegidas do que as feitas pelos americanos. Às vezes, isso ocorria porque os alemães se utilizavam de trabalho escravo para fazer as escavações; mas, em muitos casos, tal era o fato porque a Wehrmacht fornecia melhores ferramentas a seus homens do que o fazia o exército americano aos seus e porque, de uma forma geral, os soldados alemães eram mais disciplinados.

Com respeito a isso, relata-nos o tenente Otts:

— Fiquei na melhor de todas as trincheiras. Os alemães tinham feito uma escavação de cerca de 2 metros de comprimento por 1,5 metro de largura e 3 metros de profundidade com uma cobertura com toras de 15 centímetros de diâmetro, terra e neve [...]. Ela tinha um pequeno fogão a gasolina e um lampião feito de garrafa, também a gasolina. Portanto, tivemos quase todo o conforto que se tem em casa.[10]

Uma vez feitas as trincheiras, a tarefa seguinte era proteger o local com armadilhas de explosivos e estender fios de arame pelos caminhos, ou qualquer passagem na área, presos a granadas. Em seguida, os homens assentavam minas terrestres. Entre as armadilhas e a linha de trincheiras principal, os homens faziam trincheiras para postos avançados, as quais eram ocupadas por sentinelas. Depois, eles instalavam sistemas de comunicação, o que implicava estender linhas telefônicas até o posto de comando (telefones eram mais confiáveis e mais seguros do que os rádios portáteis, e, de todo modo, o hálito do soldado falando ao rádio se condensava e congelava nos diafragmas dos microfones; por outro lado, as linhas telefônicas eram partidas pelo bombardeio inimigo).[11]

Quando possível, os oficiais intendentes tentavam fazer chegar, por meio de jipes, colchonetes de campanha aos homens antes do anoitecer. Esses colchonetes constituíam a metade de uma barraca de campanha que, quando fixados a outro deles, formavam uma barraca em si (embora, raramente, os soldados americanos armassem barracas na frente de batalha, já que eram evidentes demais) e vinham enrolados sobre dois cobertores de lã ou um saco de dormir. O saco era muito mais agasalhador, embora mais perigoso, pois era mais difícil desvencilhar-se dele se uma patrulha ou um ataque inimigo exigisse reação instantânea do soldado.

Também os cozinheiros, por sua vez, tentavam fazer chegar refeições à frente de batalha antes do anoitecer. Todavia, isso podia ser extremamente perigoso, principalmente quando se tomavam novas posições, pois o inimigo podia ter postos de observação. Durante a terceira semana de dezembro, o praça Gabel e seu 513º RIA avançaram para a linha de frente na Bélgica. Depois de abrirem trincheiras, assentar armadilhas de explosivos e instalar as linhas de comunicação, Gabel surpreendeu-se com duas coisas — a tranqüilidade do local e o aparecimento inopinado dos cozinheiros com marmitas cheias de refeições quentes. Os homens pegaram seus apetrechos de refeição e entraram na fila do rancho:

— Qual se faz em todas as outras filas de rancho, das do Forte Benning às de Neufchâteau — assinalou Gabel.

— Faça com que esses homens se espalhem — bradou urgentemente um tenente aos oficiais subalternos.

Mas, antes que qualquer um deles conseguisse mover-se, houve uma explosão. E outra. Os projéteis dos Germans 88 moviam-se mais rápido do que a velocidade do som. Por isso, os soldados americanos não ouviram o zunido antes da explosão. Gritos de "Socorristas!" misturavam-se com as ordens dos tenentes:

— Voltem para suas trincheiras. Protejam-se!

Outros quatro projéteis explodiram antes que os soldados conseguissem alcançar suas trincheiras. Os homens do 513º RIA tiveram uma rápida, mas dura, lição do custo de reunir-se quando os alemães pudessem estar observando.[12]

De um modo geral, os soldados americanos se mantinham em suas trincheiras, onde comiam rações de campanha frias. Os alemães se alimentavam de pão de centeio e, com um pouco de sorte, salsichas e manteiga.

Ter passado uma noite nas trincheiras na Bélgica em dezembro de 1944 pode ter sido uma experiência memorável. Mas dez, vinte, trinta dessas noites, foi o mesmo que ter estado no próprio inferno. Para começar, as noites eram muito longas nessas latitudes setentrionais. A escuridão chegava entre as 16h e 16h15. Por volta das 16h45, a escuridão era total. As primeiras luzes do dia apareciam somente após decorridas 16 horas. O frio era cortante, mesmo para os soldados americanos provenientes de Montana ou da Dakota do Norte. Geralmente, o tempo era úmido e apresentava temperaturas abaixo de zero, trazendo nuvens baixas do Mar do Norte e um nevoeiro que tudo penetrava — quando não nevava. Esse inverno teve ventos que sopraram com a força de um vendaval, atirando as partículas de neve contra os rostos dos soldados. Foi o mais rigoroso do norte da Europa em 40 anos.

O coronel Ralph Ingersoll, criador do "Talk of the Town", para a revista *New Yorker*, e oficial do serviço de inteligência do I Exército, nos dá uma descrição do frio:

— A bordo de um jipe pelas Ardenas, eu estava usando roupas íntimas de lã, um uniforme também de lã, um macacão e uma jaqueta de campanha das unidades de blindados com punhos de elástico, um suéter, um cachecol, uma capa de campanha impermeável e densamente forrada, dois pares de grossas meias de lã e botas de combate com galochas por cima — e não consigo lembrar-me de ter me sentido agasalhado.[13]

Ingersoll teve sorte. Embora ventasse muito no jipe aberto, o tempo estava seco e ele estava muito mais bem agasalhado para enfrentar o frio do que qualquer outro soldado americano na frente de batalha. As roupas dos homens de infantaria eram deploravelmente, e até mesmo criminosamente, inadequadas. Conforme assinalado, isso se dava em razão de uma decisão que o general Bradley tomara em setembro. Em detrimento do fornecimento de roupas de inverno, ele decidira manter o transporte de armas, munição, alimentos e substitutos para a linha de frente, apostando na possibilidade de que a guerra terminasse antes de dezembro.[14] Como conseqüência disso, os homens nas trincheiras dispunham de poucos dos itens que Ingersoll estava usando. Seus calçados — botas de combate de couro — chegavam a ser mais ruins do que inúteis. Toda vez que a temperatura subia, seus pés ficavam mergulhados sob cinco ou cinqüenta centímetros de água, o que lhes ensopava o couro das botas.

Havia a disponibilidade de boas botas na Europa, dos tipos tornados populares por L. L. Bean depois da guerra — providas de boa impermeabilização, com gáspea de couro, mas solas de borracha. Porém, para a eterna desgraça dos oficiais intendentes e de todo o pessoal dos escalões da retaguarda, o qual, em sua quase totalidade, as estava usando nos meados de dezembro, somente no fim de janeiro as botas chegaram aonde havia necessidade delas. O general-de-divisão Paul Hawley, o cirurgião-chefe do TOGE, disse, secamente, com respeito a isso:

— A verdade é que os calçados fornecidos às tropas americanas não prestam.[15]

Três dias antes do início da campanha das Ardenas, o coronel Ken Reimers, da 90ª Divisão, observou:

— A cada dia, mais homens saem de combate por causa do pé-de-trincheira. Alguns homens estão em estado tão ruim que não podem usar calçados e estão usando galochas sobre as meias. Esses homens não podem caminhar e estão sendo carregados das casamatas, onde passam a noite, para as posições de combate durante o dia.[16]

Em vez de botas, esse homens receberam orientações de como evitar o pé-de-trincheira. Receberam também ordens para massagear os pés e mudar suas meias todos os dias.

— Nós tirávamos as meias molhadas, as pendurávamos em volta do pescoço, massageávamos os pés e, depois, colocávamos as meias secas que tínhamos pendurado no pescoço no dia anterior. Então, recebemos um informe que dizia que todo aquele que desenvolvesse pé-de-trincheira seria julgado pela corte marcial — reporta-nos o sargento Lick.

Os oficiais superiores ameaçaram levar à corte marcial os homens que desenvolvessem o pé-de-trincheira ou tomar medidas disciplinares contra os oficiais menores cujas unidades tivessem alta incidência da moléstia, pois suspeitavam de que os ocupantes das trincheiras estavam deixando-se afetar por esse mal deliberadamente. Eles consideravam os casos dos portadores dessa moléstia equivalentes aos dos soldados que infligiam ferimentos a si mesmos.

A melhor maneira de evitar o pé-de-trincheira era amarrar as botas frouxamente e as tirar à noite, antes de se deitar no saco de dormir ou cobrir-se com o cobertor. Mas:

— Não podíamos tirar nossas botas quando dormíamos, pois elas congelavam e não conseguíamos pô-las novamente de manhã — pondera Lick.

A solução óbvia, logo aprendida por milhares de homens, era tirar as botas e mantê-las dentro do saco de dormir. Contudo, havia outra razão para não se tirarem as botas: a necessidade eventual de combater imediatamente.[17]

Os homens envolviam os pés com sacos de aniagem, quando disponíveis, mas a aniagem absorvia a neve, o que ensopava as botas e as meias. O sargento Lick perdeu todas as unhas dos pés, mas, por meio de massagens regulares e o rodízio constante das meias, evitou o pé-de-trincheira. Milhares de outros homens desenvolveram a moléstia. O pé-de-trincheira foi maior motivo de baixas para os americanos do que os German 88, os morteiros ou as metralhadoras alemãs. Durante o inverno de 1944-1945, por volta de 45 mil homens tiveram que ser removidos da frente de batalha por causa do pé-de-trincheira — o equivalente a três divisões de infantaria completas.[18]

Primeiro, o homem perdia as unhas do pés. Seus pés ficavam esbranquiçados; depois, arroxeados e, por fim, negros. Um caso grave de pé-de-trincheira tornava impossível a caminhada. Muitos homens perderam os dedos, e alguns precisaram ter os pés amputados. Se a gangrena se estabelecesse, os médicos tinham que amputar a parte inferior da perna. É de duvidar que muitos desses soldados tivessem desenvolvido a moléstia deliberadamente. Um tiro no pé era providência mais rápida, menos perigosa e quase impossível de provar que não tinha sido acidental.

Um praça do pelotão do tenente Otts deu um tiro no próprio pé e não houve contestação de que não fora acidental. O soldado passara uma noite inteira conversando com o companheiro, o praça Fonrose LeCrone, sobre a maneira de simulá-lo. LeCrone estava gripado e tão deprimido que a única coisa que desejava era que o colega parasse de falar. Assim, disse a ele que fosse em frente e o fizesse.

— Eram cinco quilômetros por uma trilha até o posto de socorro. Os dois socorristas que o acompanharam o fizeram caminhar todo o percurso; não havia moleza para os que se infligiam ferimentos — conta-nos Egger.[19]

Durante aquelas longas noites, era impossível manter longe da mente a idéia de quão fácil era dar um tiro no pé. O próprio sargento Egger chegou a pensar nisso, mas "não tive coragem de dar um tiro em mim mesmo [...]. Pensei em deixar cair um caixote de rações no pé, mas não quis ficar o resto da vida com isso na consciência. Decidi agüentar firme e confiar em Deus".[20]

Um dos homens do pelotão do tenente Leinbaugh chegou a suplicar ao líder do pelotão:

— Faça-me um favor, sargento. Dê-me um tiro na perna.[21]

O capitão Roland, da 99ª Divisão, revela-nos:

— Os homens começaram a ferir a si mesmos de uma forma ou de outra para se livrarem da frente de batalha. Às vezes, era intencional. Outras vezes ocorria por negligência grosseira, nascida do medo, da exaustão e do estado de miséria.[22]

— Havia sempre duas coisas à nossa frente — assinala o cabo Clair Galdonik, da 90ª Divisão —: o inimigo e a morte [...]. Às vezes, o moral era tão baixo que você preferia morrer a ter uma existência de rotineira agonia. Quando você ficava molhado, com frio, faminto, solitário, a morte parecia convidativa. Parecia sempre a melhor opção, e me vi sentindo inveja de um companheiro morto. Pelos menos, ele não sofria mais física ou mentalmente.[23]

O praça Bert Morphis, da 1ª Divisão, relata que, na véspera do Natal, se encontrava "num posto avançado bem na frente das linhas de defesa alemãs, situação em que, entre avançar ou ser morto, a primeira era a melhor opção, ou mesmo ficar imóvel e morrer congelado".[24]

A maioria deles agüentou o rojão. Dutch Schultz, da 82ª DIA, foi um dentre as centenas de casos que se recusou a ser evacuado por causa do pé-de-trincheira. Mas, quando também ele foi vencido pela disenteria e pela gripe, seu comandante ordenou que fosse para a retaguarda.

— Eu sentia um grande sentimento de culpa em ir para o hospital por algo que não fosse um ferimento autêntico. Anemia, bronquite, disenteria e pé-de-trincheira pareciam um meio fácil de sair dali. Em retrospecto dos fatos, entendo agora que, se você adoece, já não pode ficar no campo de batalha, mas, quando você é uma pessoa jovem e imatura tentando se tornar herói, isso constitui um problema de certa gravidade, principalmente quando você está procurando provar sua coragem a ninguém menos do que a você mesmo — revela-nos Dutch Schultz.[25]

Sair de lá honradamente era o sonho de todo soldado — daí a expressão "ferimento de um milhão de dólares". O sargento John Sabia levou cinco tiros de metralhadora na coxa direita. Seu comandante perguntou-lhe se ele conseguiria ir para o posto de socorro sozinho, já que a companhia não podia dispor sequer de um único homem.

— Ora, sim, claro que posso.

Sabia pegou um galho de árvore para usar como muleta e retirou-se, avançando desajeitadamente e aos saltos, sob o apoio de uma só das pernas. Dez metros adiante, parou, virou-se, brandiu a muleta improvisada, num impetuoso misto de desafio e emotividade, e bradou aos colegas nas trincheiras:

— Ei, seus filhos da mãe! Ficha limpa! Ficha limpa![26]

O praça Donald Schoo, 80ª Divisão de Infantaria, fala-nos da ocasião em que vira um de seus colegas, de nome Steehhourst, ser atingido por um disparo de German 88 e perder a mão esquerda.

— Ele chorava e corria para cá e para lá gritando: "Vou para casa! Obrigado, meu Deus, vou para casa!"[27]

Steehhourst teve sorte, pelo menos segundo a mentalidade dos homens que estiveram na campanha das Ardenas e, especificamente, no caso do sargento Richard Wallace, da 90ª Divisão. Após um bombardeio, Wallace disse ao pessoal de seu pelotão:

— Rapazes, eu daria essa parte do meu braço — disse, segurando-o na altura do cotovelo — se esta guerra terminasse agora. — O bombardeio foi reiniciado, e estilhaços das explosões atingiram o rosto de Wallace.

— Não consigo enxergar! — exclamou. — Não consigo enxergar! Oh, meu Deus, estou cego. — Ele jamais voltou a enxergar, e a guerra estava longe de terminar.[28]

Em 30 de novembro, o praça Martin Duus, da 103ª Divisão, levou um tiro no pescoço. A bala perfurou-lhe a garganta e os pulmões, e saiu pelas costas, no ombro direito.

— Fiquei muito contente por ter sido atingido e ter podido sair de lá. Sem dúvida. Meu receio era ficar suficientemente bom e ter que voltar — ele confessa.[29]

A impossibilidade de dormir foi uma experiência geral. Duas, três, no máximo quatro horas de sono agitado eram tudo que os soldados conseguiam. Mas não importava quão sonolentos ficassem: eles viviam um estado de tensão constante. Os homens da frente de batalha, ainda que tremententes de frio em suas trincheiras, tentavam ficar sempre alerta e esforçar-se para ver e ouvir bem e manter-se despertos. Para isso, mascavam chiclete ou tabaco. O praça Ken Russel, da 82ª DIA, mascava um ou outro "bem lentamente. Eu não gostava de terminar de mascá-los muito rapidamente e não ter nada para fazer, a não ser pensar na situação precária em que eu estava".[30]

O tenente Glenn Gray chamou isso, em seu clássico *The Warriors*, de "a tirania da atualidade". Nas trincheiras individuais, o passado e, mais importante do que ele, o futuro não existem. A única coisa que importa no mundo é o presente. Gray afirma que há "mais tempo para pensar e mais solidão nas trincheiras individuais do que em qualquer outro lugar e que o tempo é medido de outras formas e não por relógios e calendários".[31]

O praça Dave Nutt, da 99ª Divisão, avalia:

— O frio, a neve e a escuridão bastavam para desequilibrar os nervos mais jovens e robustos. O baque de algo tão inofensivo quanto um pouco de neve caindo de um galho de árvore ao solo podia ser terrível. Era neve mesmo? Ou seria uma patrulha alemã? Seria melhor atirar na direção do ruído e correr o risco de revelar sua posição ao inimigo ou, pior do que isso, de atingir um de seus próprios colegas? Mas os alemães nos haviam cercado mesmo?[32]

Certa noite, o tenente Otts ouviu um desses baques e, pela manhã, foi investigar para saber do que se tratava. Ele deparou com um soldado alemão que não parava de resmungar:

— Oh, meu Deus, eu não queria fazer nenhum mal, nenhum.

O jovem alemão estava desarmado e sem capacete. Portanto, é bem provável que ele estivesse vindo na direção da linha de frente dos soldados americanos para render-se e, desavisado, pisou uma armadilha de explosivos. Mas, muitas vezes, os alemães faziam patrulhas desarmados, pois, se fossem capturados, podiam dizer que tinham vindo render-se.

— Acho que um bom número de alemães se teria rendido, mas isso era impossível durante o dia, já que seus próprios colegas os teriam matado, e, à noite, eles tinham medo de passar pelo corredor mortífero de nossas armadilhas de explosivos e metralhadoras — ressalta Otts.[33]

Certa noite, como espectadores em suas trincheiras individuais, muitos dos soldados compartilharam de pungente experiência, na qual um homem ferido gritava sem parar, na frente dos postos avançados. Otts nos dá a sua descrição do fato:

— Uma noite infernal [...]. Alguém à nossa frente clamava: "Ajudem-me! Ajudem-me! Será que ninguém consegue me ouvir? Pelo amor de Deus, ajudem-me!" Isso continuou a noite inteira. Você não pode imaginar o que sentimos quando você está na trincheira cercado pela escuridão da noite e com alguém clamando por socorro com voz lamuriante.

Otts sabia que havia americanos feridos pela frente de batalha, mas sabia também que os alemães usavam esses clamores para embair os soldados americanos e cair de emboscada sobre qualquer um que fosse ajudar. Diante disso, ele ordenava que os homens de seu pelotão não abandonassem suas posições para prestar esse tipo de socorro.[34]

A tensão entre os homens atingia seu ápice quando chegava o momento de fazer a troca da guarda. A cada duas horas, os sargentos de pelotões selecionavam dois homens das trincheiras individuais e os levavam até os postos avançados para render os homens de serviço.

— O pequeno deslocamento até os postos avançados era sinistro — relata-nos o sargento Burton Christenson, da 101ª DIA, em evocação das noites em que combateu nos arrabaldes de Bastogne. — Miramos todas as silhuetas desconfiadamente, suspeitamos do menor ruído. Relutantemente nos aproximamos do posto avançado. Os contornos dos homens em suas posições não permitem saber quem é quem [...]. São alemães? A tensão é sempre a mesma [...]. Então, por fim, você consegue divisar um capacete americano. Sentindo-nos um tanto ridículos, embora também aliviados, fazemos a troca da guarda, nos viramos e voltamos para a linha principal, somente para repetir o processo duas horas depois.[35]

— Sempre dormíamos com um olho aberto — conta-nos o praça Arnold Lindblad, do 104º Batalhão de Socorristas. — A menos que estivesse participando de alguma missão, você entraria na trincheira ao anoitecer e ficaria lá a noite inteira. Mesmo na escuridão, ninguém se expunha nem conversava de trincheira para trincheira. Eram coisas que jamais fazíamos.[36]

Em sua primeira noite na trincheira, o praça Richard Heuer, um substituto subordinado à 84ª Divisão, teve disenteria.

— Eu não quis defecar no capacete — revela. — Assim, decidi sair da trincheira, rastejando. — Dado que estivesse usando duas longas ceroulas por baixo de sua cueca de lã, "tive muito trabalho em conseguir ficar numa posição em que pudesse aliviar minha necessidade. Enquanto eu o fazia, ouvi uns ruídos atrás de mim. Achei que eram alemães. Pulei dentro da trincheira sem vestir minhas ceroulas. Isso causou um grande susto em meu companheiro. Eu tinha defecado numa delas. Portanto, tive que ficar de pé no meio da trincheira e cortá-la fora. Isso não foi fácil, já que tive que cortá-la com minha baioneta".[37]

Os bombardeios tornavam a vida nas trincheiras ainda pior. Tiros de morteiro e de artilharia podiam cair sobre os soldados a qualquer momento. Os alemães observavam os soldados americanos tomar posições no fim do dia, marcavam-nas nos mapas e as bombardeavam à noite. O ex-combatente Arnold "Ben" Parish, da 2ª Divisão de Infantaria, nos fala de uma noite na campanha das Ardenas em que ele e um colega fizeram uma trincheira longa e larga o suficiente para acomodar a ambos, mas com apenas cerca de 1,5 metro de profundidade. Enquanto trabalhavam nela, sobreveio-lhes um bombardeio.

— Choviam bombas e elas explodiam em volta de nossa trincheira. O ar ficou tomado por estilhaços, e alguns deles, já sem momento, caíam sobre nós enquanto nos mantínhamos deitados de bruços com os capacetes sobre nossas cabeças. O barulho era insuportável, o solo estremecia e nós tremíamos de pavor e de frio. Não ousamos erguer nossas cabeças. Teria sido impossível sobreviver fora da trincheira.

Gritos de "Socorristas!". Galhos de árvores voando pelos ares. Cheiro de pólvora. E estalidos, e lampejos, e estrondos, e gritos, cortejados por pedaços de metal esbraseados cindindo sibilantemente a atmosfera. O único movimento que se podia fazer era comprimir-se ainda mais contra o solo. Aqueles que sobreviviam a esse "cataclismo" ficavam perenemente marcados por ele, mesmo que não tivessem sido sequer tocados pelos estilhaços das explosões.

— Ficávamos impotentes e inteiramente sós e não havia nada que pudéssemos fazer. Por isso, orei a Deus [...]. O tempo parecia correr muito lentamente. Tentei me manter aquecido, mas isso não era possível. Pensei em minha mãe e nutri a esperança de que ela não ficasse sabendo onde eu estava ou o que eu estava fazendo [...]. "Talvez seja o fim do mundo", pensei.[38]

Sentimentos de impotência existiam em toda parte. O cabo Stanley Kalberer, estudante universitário no começo de 1944, era, em dezembro desse ano, substituto na 84ª Divisão. Durante a Campanha das Ardenas, ele, também, foi pego de surpresa por um bombardeio e nos descreve sua experiência:

— Jamais me senti tão só, amedrontado, esquecido, ofendido e degradado [...]. Acreditei sinceramente que não sobreviveria ou que, se eu sobrevivesse, ficaria aleijado por causa das condições do tempo ou seria morto pelo inimigo.[39]

O praça Vonnegut nos dá uma descrição de um bombardeio na campanha das Ardenas com a inspiração de um romancista:

— O tempo incrível e artificial que, às vezes, os mortais criam para outros mortais quando já não querem que esses mortais habitem a Terra. Bombas [...] rompendo as copas das árvores em ribombos terríveis [...] fazendo chover facas e agulhas e navalhas. Pequenas bolotas de chumbo com invólucros de cobre zuniam pelos bosques sob a explosão dos projéteis e velocidades muito além da do som.[40]

Num dos bombardeios lançado pelo inimigo em janeiro, o pelotão do tenente Otts ficou à beira de um colapso. Durante certa remissão do fogo alemão, alguns gritavam, enquanto outros diziam a Otts que não podiam agüentar mais a situação. Otts falou-lhes a respeito do procedimento que ele e seus colegas de trincheira costumavam seguir para evitar enlouquecer.

— Fazíamos de conta que a área da companhia era um alvo, como num campo de provas, e que nossa trincheira era o centro do alvo. Deitávamos na trincheira e fazíamos o controle dos disparos da artilharia alemã com base em quão proximamente chegavam de nossa trincheira — cinco equivalia a um tiro no alvo, e quatro, três, dois e um à distância relativa que os projéteis caíam do alvo. E dávamos-lhes um aceno de bandeira com a "Calcinha da Maggie", expressão pela qual se chama a bandeira vermelha nos campos de prova, usada para indicar um tiro distante do alvo. — Décadas mais tarde, Otts confessa: — Isso ajudava a passar o tempo, mas pude imaginar outras coisas melhores que teria preferido fazer.[41]

Todos os homens nas trincheiras conseguiram imaginar outras coisas melhores, que teriam preferido fazer, principalmente durante os bombardeios. Mas eles pareciam durar uma eternidade. E os homens tinham a impressão de que não havia como sobreviver a eles.

Em contraste com o martírio dos bombardeios, sucediam-se horas intermináveis durante as quais nada acontecia, mas, segundo a descrição que o sargento Fred Claesson, da 78ª Divisão de Infantaria, nos dá de sua experiência nas Ardenas:

— Manter as linhas de defesa não significava simplesmente ficar nas trincheiras esperando que algo acontecesse. Significava lutar incessantemente contra o pé-de-trincheira e a depressão, suportar os tiros de barragem que o inimigo lançava habitualmente contra nós na hora do rancho e à noite, a qual era iluminada com foguetes de sinalização e sinais luminosos, rechaçar patrulhas inimigas [...] [mas, sobretudo] significava dias e horas de tédio mortal.[42]

Os homens conversavam, em voz baixa, para minorar o tédio e a tensão. O sargento Robert Rader e o praça Don Hoobler, da 101ª DIA, eram provenientes da mesma cidade, situadas às margens do Rio Ohio.

— Don e eu conversávamos a noite inteira sobre nossos lares, nossas famílias, pessoas e lugares, e sobre o que estávamos fazendo num aperto como aquele — disse Rader.

O praça Ralph Spina, da mesma companhia, nos fala das discussões que entretinha na trincheira com o colega sobre "política, problemas mundiais e os nossos próprios problemas. Acompanhado do desejo de tomar um drinque ou fazer uma refeição quente, de preferência nessa ordem. Conversávamos sobre o que iríamos fazer quando chegássemos em casa, o desejo de fazer uma viagem a Paris ou de ir aos teatros de revista. Mas falávamos, principalmente, sobre voltar para casa".[43]

— Nunca vi um sujeito solitário nas linhas de frente — afirma o sargento Egger. — Os homens se tornavam amigos automaticamente. O sistema de amizade funcionou muito bem; proporcionava-nos segurança adicional [...] e mais calor humano [...]. Éramos uma equipe, e o compartilhar das adversidades do companheiro e dos combates nos unia e criava um laço entre nós.[44]

Os colegas de trincheira desenvolviam entre si uma união desconhecida por todos os demais combatentes. Essa união era mais forte mesmo do que a que pode existir entre amigos, entre irmãos. Sua amizade era diferente da que une os amantes. Sua confiança no companheiro e seu conhecimento dele eram totais. Eles chegavam a conhecer as vidas uns dos outros, o que faziam antes de entrar para o exército, como eram seus pais, irmãos e irmãs, seus professores, o que gostavam de comer e beber, e quais eram suas aptidões. Havia casos em que um odiava o outro; mas, na maioria deles, amavam uns aos outros de um modo conhecido somente pelos combatentes veteranos. Sem pensar nisso, dividiam seu último naco de comida ou seu último gole de água ou um cobertor — e morriam um pelo outro.

Além disso, reclamavam, constantemente, dos hábitos do colega, fossem físicos, fossem mentais — de seus peidos, sua tosses, as canções que entoavam, sua corpulência, inteligência, ou mesmo da inexistência dela, opinião política, nacionalidade, simpatias pelos Confederados ou pelos Yankees, gosto por livros ou por histórias em quadrinhos.

O soldado Keith Lance, da 84ª Divisão, era uma criatura rara, um ateu entrincheirado. Seu colega era "um bom e jovem católico de Nova York". Numa ocasião em que estavam sob bombardeio, seu colega "Rezou a Ave-Maria a noite inteira. Depois de suportar muitas horas dessa coisa", queixa-se Lance, ele se aborreceu. Então, saiu da trincheira e foi "ver como estavam os rapazes". Quando se jogou na trincheira seguinte, Lance ouviu uma explosão. E olhou, perplexo — o alvo tinha sido a sua própria trincheira. Seu colega fora gravemente ferido e soterrado sob a lama.[45]

Esses homens eram jovens com altas taxas de testosterona. Como combatentes de infantaria, havia semanas que não faziam sexo, ou, em alguns casos, meses. Mas a homossexualidade nas trincheiras era rara, se não inexistente. Além do perigo latente de o soldado esquecer-se de onde estava, o exército americano da Segunda Guerra Mundial era brutal nas punições de homossexuais conhecidos. Eles eram destituídos de todas as suas insígnias e eram expulsos vergonhosamente do serviço militar, ficavam presos durante longo tempo e sofriam desgraça sem misericórdia. Demais, eram surrados pelos colegas, os quais eram extremamente infensos à homossexualidade.

Em vez de extravasar suas necessidades sexuais, os homens entrincheirados conversavam sobre garotas e sonhavam com elas. Certa noite, nas cercanias de Bastogne, os praças Al Vittore e Ed "Babe" Heffron, da 101ª DIA, conseguiram dormir algumas horas de sono. Mas Heffron acordou quando Vittore jogou sua pesada perna sobre seu corpo. Quando Vittore começou a acariciar o tórax de Heffron, este o acotovelou abruptamente na barriga.

Vittore acordou e exigiu uma explicação do que estava acontecendo. Heffron lhe deu um reproche veemente como explicação. Vittore sorriu e disse que estivera sonhando com a esposa.

— Al — disse Heffron — não posso ajudá-lo, já que estou com as botas de combate, as calças de pára-quedistas e o casaco de campanha, e não vou tirá-los.[46]

O praça Kurt Gabel, da 17ª DIA, tratou o problema da privação sexual conversando com Jake, seu colega de trincheira, como se os dois fossem um casal. Numa de suas primeiras noites juntos, subseqüentemente a um bombardeio lançado contra a fila do rancho, Jake observou, indignado:

— Isto não é um modo civilizado de seres humanos cearem.

Eles se deitaram no fundo da trincheira e tentaram acomodar-se confortavelmente. Então, Gabe se virou e cutucou Jake com o cotovelo. Jake devolveu-lhe a cutucada e lhe fez uma advertência:

— E outra coisa, queridinho. Se você ficar se remexendo assim habitualmente, você terá, simplesmente, que dormir no quarto de hóspedes.

— Acalme-se, querido — respondeu-lhe Gable. — Nós sairemos daqui em breve, e eu sei que você providenciará para nós um lugar muito maior e melhor. Agora, beijemo-nos e façamos as pazes, que eu o levarei para jantar num lugar fantástico.[47]

Ficar nas trincheiras da frente de batalha era ruim; montar guarda nos postos avançados era pior; mas participar de patrulhas de combate excedia a tudo. Às vezes, os comandantes de batalhão de ambos os lados despachavam patrulhas para capturar prisioneiros e lhes fazer interrogatórios, mas, na maioria das ocasiões, para dar a seus homens o que fazer. Essas patrulhas davam provas de que o comandante do batalhão era agressivo. Os comandantes de companhia e os líderes de pelotão — para não mencionar os soldados comuns — odiavam fazer patrulhas noturnas. O tenente Otts tinha seu próprio método de cumprimento dessas ordens.

— Eu despachava alguns homens para ver se os alemães ainda estavam lá e lhes dizia que dessem uma espiada e voltassem logo em seguida, sem atrair o fogo inimigo. Eu acreditava que a melhor estratégia era deixar o inimigo em paz relativa. Nós poderíamos ir lá, atirar algumas granadas e dar alguns tiros em suas trincheiras, mas eles, simplesmente, viriam também até nós e fariam a mesma coisa conosco, com o que nenhum dos lados não teria ganhado nada. Eu gostava de como as coisas estavam, tranqüilas e pacíficas, e não via sentido em meter o dedo no vespeiro [...]. É possível que o comandante do batalhão tivesse tido lá boas razões, mas ele estava a vários quilômetros do inimigo, enquanto nós, a apenas 50 metros dele.[48]

Às vezes, nas patrulhas noturnas, jovens alemães passavam por jovens americanos a uma distância em que podiam quase se tocar. Apesar do surto na taxa de adrenalina, cada um dos lados, na maioria das vezes, aguardava para ver o que o outro faria — mas, geralmente, nem um nem outro fazia algo. Pelo menos em algumas dessas ocasiões, soldados americanos e alemães, geralmente lá pelos seus 18 anos de idade, sorriam uns para os outros quando se cruzavam.

Certa noite, nas Ardenas, os tenentes Harold Leinbaugh e John Campbell, da 84ª Divisão, avançavam, às apalpadelas, sob o manto escuro da noite, através de grande acúmulo de neve, com paradas freqüentes para ouvir os ruídos oriundos das tropas inimigas nos arredores.

— [De repente] Paramos — relata-nos Campell — ao ouvirmos uns farfalhejos bem próximos de nós. Então, agachamo-nos ao lado de uma trilha estreita.

Uns doze homens passaram por eles, com o cuidado de não fazerem muito barulho.

— Eram alemães — prossegue Campbell — e não estavam perdidos. Passaram tão perto de nós que poderíamos ter esticado a perna e fazer tropeçar cada um deles enquanto se moviam.[49]

O praça Gus Schroeder, de Wisconsin, cresceu falando alemão. Ele servia na 90ª Divisão. Um de seus colegas no-lo descreve como "um homem corpulento, incrivelmente forte e, sob outros aspectos, quase uma criança". Numa das rondas noturnas, Schroeder topou com uma patrulha alemã.

— E conversou com os alemães em alemão fluente. Ele era tão corajoso que chegava a ser imprudente. — Mas, sozinho, ele capturou cem soldados alemães.[50]

O tenente Colby, da 90ª Divisão, saiu em missão de patrulha certa noite na Normandia, para acompanhar o trabalho de um novo líder de pelotão. Colby seguia em meio a uma coluna de sete homens, avançando por uma linha férrea. De repente, o praça que lhe ia à frente começou a avançar de rojo. Colby lhe perguntou por que ele estava fazendo aquilo.

— Todos à minha frente estão fazendo isso — tornou o praça.

E eles rastejaram por uns 50 metros. Em certo momento, Colby trombou com o homem que ia adiante dele.

— O que foi agora?

— Trombei no homem da frente.

Após avançarem um pouco mais, a patrulha parou.

— Por que paramos? — perguntou Colby, em tom de sussurro.

— Despachei uma sentinela avançada — o líder do pelotão respondeu.

Uma hora depois, a sentinela retornou.

— Você conseguiu ver algo?— perguntou Colby.

— Droga, acho que vi minha vida inteira passar à minha frente — disse a sentinela, ofegante. — Vi todo tipo de coisa imaginável lá adiante. Vi tanques e belonaves avançando por esse trilho e vindo em minha direção.[51]

Mais tarde, Colby foi promovido a capitão e assumiu o comando da companhia. Numa das noites na Campanha das Ardenas, ele entrou num bosque para checar sua linha de postos avançados, que se alongava por extensa área, e acabou topando com uma patrulha composta de dois soldados alemães. Colby largou seu mosquetão e pôs as mãos ao alto. Os alemães, por sua vez, também largaram seus fuzis e levaram as mãos ao alto. Os três conversaram num inglês desconexo e num alemão rudimentar. Os alemães persuadiram Colby de que, dado que eles o superassem numericamente, ele teria que os levar como prisioneiros. E esses alemães se tornaram prisioneiros. A guerra para eles tinha acabado. Mas a de Colby prosseguiu.[52] A maioria das noites belgas era escura como o breu. O praça Gene Amici, da 84ª, lembrava-se ainda da noite mais escura de sua vida.

— Chovia, e não se viam estrelas, nem lua, nem nada. E não sabíamos para onde estávamos indo. Cada um segurava no sujeito da frente — segurava em seu cinto e apenas caminhava. A única coisa que fazíamos era continuar caminhando [...]. Tudo o que você via era uma cabeça à sua frente.[53]

Em Hagenau, Alemanha, o major Winters, da 101ª, despachou uma patrulha, em fevereiro de 1945, em missão de resgate de alguns soldados americanos, feitos prisioneiros pelos alemães, e obteve êxito. Seu comandante, o coronel Robert Sink, ficou tão eufórico que ordenou que se despachasse outra na noite seguinte. Mas nevou nesse dia e, assim, o tempo esfriou muito. A camada superficial da neve se congelou e se tornou quebradiça, ruidosa. O ar frio tinha desanuviado o céu, e a lua brilhava. Winters achou que o despacho de uma patrulha nessas circunstâncias era suicídio. Portanto, decidiu desobedecer às ordens de seu comandante. Sink e alguns de seus oficiais ajudantes foram para o posto de comando de Winters com o objetivo de "observar". Eles tinham uma garrafa de uísque com eles. Winters disse a eles que iria para a frente de batalha, a fim de supervisionar a patrulha. Quando chegou às trincheiras, disse a seus homens que permanecessem ali, em silêncio. Com o uísque fazendo o seu trabalho, Sink logo estaria pronto para ir dormir. A "patrulha" poderia alegar na manhã seguinte que tinha penetrado as linhas alemãs, mas que não conseguira resgatar nenhum prisioneiro.[54]

Não havia nada que o coronel pudesse fazer a respeito disso. Como intimidar um combatente de infantaria? Como bem sabia todo soldado americano que estivera no TOGE, o quartel-general era infinitamente mais seguro do que uma trincheira da frente de batalha e muito mais confortável.

Sofrer um ataque de uma força alemã à noite era a pior das experiências. Na noite do dia 27 de dezembro, o sargento Dwayne Burns, da 82ª

DIA, sofreu um desses ataques. Ele servia num posto de observação avançado quando, à 1h15, os alemães atacaram. Uma guarnição de metralhadora posicionada à sua direita arremeteu uma rajada contra um monte de feno situado a cem metros à frente da linha. Quando o incêndio na meda ganhou força, "tudo que conseguíamos ver eram alemães. Eles estavam de bruços, rastejando em direção às nossas linhas. 'Meu Deus', eu disse, 'como chegaram ali tão rapidamente? Mais um pouco e eles estariam dividindo as trincheiras conosco!'"

O observador avançado solicitou a ajuda da artilharia, e os homens entrincheirados começaram a atirar.

— Eu não conseguia ver como qualquer um deles poderia sobreviver àquilo, mas os alemães continuavam avançando [...]. Simplesmente, continuavam a avançar, diretamente de encontro à nossa barreira de fogo. Alguns deles alcançaram as trincheiras no outro lado da linha de frente. Tinha-se a impressão de que eles tomariam nossas posições meramente pela força dos números. — O observador solicitou que a artilharia enviasse fogo bem em cima da linha de defesa.

— Vi muito fogo de barragem — assinala Burns —, mas nada como isso. Ele estava transformando a noite em dia. Foi fantástico. Eu queria ver, mas queria também continuar no fundo de minha trincheira.

Os alemães recuaram. O fogo da artilharia foi sendo suspenso aos poucos. Nisto, Burns foi chamado ao rádio. Era o comandante da companhia, o qual lhe informou que a linha telefônica havia sido cortada por um projétil. Um dos soldados tinha deixado o posto de comando para achar a ruptura e repará-la, mas não havia retornado. Alguém tinha que fazer o trabalho.

— Esse alguém era eu — disse Burns. — Engraçado o fato de eles, quando havia um serviço perigoso para ser feito, não citarem nomes — mas apenas dizer que alguém tinha que fazê-lo.

Burns saiu de sua trincheira e seguiu para a retaguarda, deixando o fio deslizar por uma das mãos enquanto recuava e segurava seu M-1 com a outra.

— Iniciei o trajeto mortífero, curvado, tentando fazer de meu corpo o menor alvo possível. Enquanto seguia rapidamente o fio, o gelo e a neve que havia sobre ele se acumulavam em minha mão. Eu tinha que parar, livrar-me deles e prosseguir. Após seguir cem metros do fio, achei o ponto em que se partira. Encontrei também o homem do posto avançado. Ele tinha encontrado a ruptura, mas tinha sido morto antes de conseguir fazer a emenda. Tirei minhas luvas, apoiei-me num dos joelhos e comecei a trabalhar, de olho, ao mesmo tempo, nos alemães. Tínhamos ouvido falar que os alemães partiam nossos fios, esperavam que alguém aparecesse para emendá-los e, assim, o faziam prisioneiro. Atei e envolvi o fio com isolante em tempo recorde e voltei correndo para a minha trincheira. Não diminuí a velocidade nem quando me aproximei dela: pulei de cabeça no buraco.

De manhã:

— Iniciamos a contagem dos mortos. Tínhamos apenas um homem morto e alguns feridos. Mas víamos soldados inimigos mortos em toda parte, alguns deles a seis metros de nossa linha de defesa. Contamos mais de cem mortos alemães.[55]

Quando os homens saíam das trincheiras, eles pareciam escravos saídos dos poços de uma mina. Em fevereiro de 1945, a Companhia C do 395º Regimento "teve seus homens rendidos pelos homens da 69ª Divisão depois de viver em buracos no solo durante quase três meses. Quando emergimos do solo, alguns dos novatos da 69ª Divisão que passavam por nós pareciam convictos de que estavam rendendo um batalhão cujos integrantes eram todos negros".[56]

Embora fossem terríveis as condições de sobrevivência, os homens resistiram e triunfaram. O modo pelo qual isso sucedeu variou de indivíduo para indivíduo. Mas todos nutriam no íntimo um senso de fatalismo. O praça Ken Webster, da 101ª DIA, relatou seus sentimentos e o resultado de suas introspecções numa carta enviada à mãe: "Escapei de mais uma [...]. Se eu não voltar, tente não se deixar abalar muito por isso. Gostaria de conseguir persuadi-la a considerar a morte algo natural, qual o fazemos aqui. No ardor das batalhas, as baixas são tidas como certas; você sabe que alguém vai morrer e não se surpreende quando um amigo leva uma rajada de metralhadora no meio da cara. Você tem que seguir em frente. Não é como a vida de civil, na qual a morte é um acontecimento inesperado."

("Não havia tempo para chorar os mortos", observa o capitão Colby, "mesmo que tivessem sido bons amigos nossos.")

Quando, para expressar seu considerável abalo com a atitude do filho, sua mãe lhe escreveu, Webster respondeu-lhe, em outra carta: "Você preferiria que o filho de outrem morresse na lama? [...]. Alguém tem que ir lá e matar o inimigo. Alguém tem que compor a infantaria e o corpo de pára-quedistas. Se todo o país tivesse a sua atitude, ninguém lutaria; todos ficariam no Serviço de Intendência. E que espécie de país seria esse?"[57]

Um dos sargentos da 101ª Divisão de Infantaria Aerotransportada no Dia D, mas honrado com a graduação de tenente na Batalha das Ardenas, Carwood Lipton contava, ao fim da guerra, muitos e variados tipos de participação em combates em sua carreira militar. Solicitado a comentar a forma pela qual ele — e também os outros, pelo menos até onde achasse que fosse possível — tinha conseguido vencer os desafios dos combates, Lipton disse:

— Quando os soldados entram em combate, o inevitável passa a tomar conta deles. Eles estão lá, e não há nada que possam fazer para mudar isso. Assim, eles o aceitam. Calejam imediatamente os sentidos diante do cheiro da morte, dos corpos, da destruição, da matança, do perigo. Os corpos e os feridos do inimigo não os afetam. Os ferimentos dos próprios colegas e dos amigos causam-lhes apenas uma impressão passageira, e, nessa impressão, há um sentimento fugaz de triunfo ou de façanha, por não terem sido eles as vítimas. Ainda há trabalho a ser feito, uma guerra a ser vencida, e eles pensam nisso.

De acordo com Lipton, era somente depois, quando o combatente saía da frente da batalha, que ele tinha tempo de pensar nos colegas mortos ou feridos, ou nas vezes em que ele mesmo esteve bem perto da morte. Fora da linha de frente, longe dos combates, "morte e destruição já não são inevitáveis — a guerra poderia acabar, as missões poderiam ser canceladas". Os homens ficavam nervosos só em pensar em ter que voltar para a frente de batalha. Mas, ressaltou Lipton, um vez de volta, toda dúvida e todo nervosismo desapareciam.

— A insensibilidade, a frieza, a calma retornam.[58]

Cinqüenta anos depois, eu disse a Lipton que, em dezembro de 1944, os quartéis-generais eram preferíveis às trincheiras. Ele se voltou para mim e disse, veemente:

— Não diga uma coisa dessas, Steve. Nenhum homem optaria pela desonra. Se os quartéis-generais fossem preferíveis, eles teriam estado cheios, as trincheiras vazias, e nós teríamos perdido a guerra.

É justamente essa a questão. Já que as causas de medo, de degradação e de miséria eram praticamente as mesmas em toda parte, a maioria dos

Acima: Os Piper Cubs podiam voar sob quase todas as condições de tempo, mas esse foi derrotado pela neve. O piloto, o tenente George Kilmer, acumulava participação em 250 missões desde o Dia D. Esses pequenos aviões de reconhecimento eram de incalculável valor para a artilharia e os tanques americanos.

À direita: Normandia, 23 de junho. O sargento Bernard Janora ao rádio com o piloto de um Piper Cub: ele repassaria mensagens a batalhões de artilharia próximos.

Abaixo: Os pequenos aviões eram muito vulneráveis, já que voavam lentamente e a baixa altitude. Esse foi atingido pelo fogo de uma metralhadora alemã perto de Darmstadt, Alemanha, no dia 25 de março. O piloto, embora ferido, conseguiu realizar uma aterrissagem forçada, ainda que de cabeça para baixo. Ele sobreviveu.

A Guerra Aérea

Os destroços de um B-17 em chamas num campo de pasto na França. Fora atingido quando retornava de uma missão sobre a Alemanha, mas seu piloto conseguiu levá-lo para a França antes de fazer um pouso forçado. Sua tripulação sofreu apenas algumas escoriações.

A robustez do B-17 era lendária. Aqui, "Me and My Gal" ["Eu e Minha Garota"], mesmo sem poder contar com três de seus motores, conseguiu levar sua tripulação até a Bélgica, antes de ela o abandonar, em saltos de pára-quedas. Oito dos dez componentes da tripulação escaparam. A marca na encosta da colina em primeiro plano foi produzida pelo impacto do avião desgovernado, que seguiu, desse ponto, para o regato e aterrissou na encosta ao fundo — inteiro.

No Aeroporto de Istres, perto de Marselha, em 15 de julho, três tripulantes posam ao lado do "Rum Dum" ["Esquisitão"], o B-17 que sustentava o recorde de 101 participações em missões de combate. Depois disso, o avião passou a ser usado no transporte de feridos para a Inglaterra.

Os efeitos da superioridade aérea: toda vez que os soldados alemães viam o sobrevôo de um avião dos Aliados agachavam-se. Quando os americanos lhe ouviam o ronco do motor, olhavam para cima e sorriam.

As Batalhas do Outono

Prisioneiros alemães sendo levados em marcha acelerada por soldados americanos para um cercado de prisioneiros de guerra. Região próxima de Maarland, Holanda, em 13 de setembro de 1944.

Um canhão de 155 milímetros montado sobre o chassi de um tanque Sherman faz disparos por sobre o Rio Mosela, em setembro.

A 9ª Divisão de Infantaria, com seus homens avançando a pé e em cima de um tanque com adaptações de trator, atravessa os dentes de dragão da Linha Siegfried, em setembro.

Holanda, 9 de outubro. Dois pára-quedistas americanos em movimentação de ataque, apesar do tiro de barragem alemão, na Operação Market-Garden.

Um Posto de Substituição em Luneville, França, 12 de outubro. Enfado e sensação de isolamento dominavam os ânimos dos homens nesses postos.

Aachen, 15 de outubro. Numa batalha que gerou poucos e parcos benefícios para ambos os lados, a antiga cidade foi quase totalmente destruída.

Monschau, Alemanha, 25 de outubro. A guarnição de um morteiro de 60 milímetros do 24º Regimento motorizado em ação.

Infantaria americana em operação de ataque na Floresta de Hurtgen, em 4 de novembro. Mesmo num terreno quase inteiramente desfavorável para a realização de operações ofensivas, os soldados americanos mantiveram-se firmes no cumprimento do dever.

PÁGINA OPOSTA:

A Floresta de Hurtgen era um péssimo lugar para operações de combate. Um sério problema era a ausência de estradas resistentes a intempéries. *Acima:* Os engenheiros trabalham para construir uma. *Embaixo*: Curvas fechadas e visibilidade muito prejudicada reduziam a eficácia dos tanques americanos.

À direita: O sargento Mike Ala, da 4ª Divisão de Infantaria, ao rádio na Floresta de Hurtgen, em 18 de novembro.

Abaixo: Hurtgen, 9 de dezembro. Prisioneiros alemães sendo escoltados para a retaguarda por um soldado americano da 9ª Divisão.

As chuvas de outono tornavam miserável a vida dos soldados, mesmo sem combates. Aqui, os soldados americanos da 9ª Divisão marcham sobre Hurtgen, em 12 de dezembro.

Jungersdorf, Alemanha, 12 de dezembro. Os soldados americanos da 9ª Divisão com um grupo de alemães capturados. Podem distinguir-se os vencedores dos vencidos pelo sorriso no rosto dos vitoriosos.

O sargento David Kimmell, da 4ª Divisão, em contato com dois pelotões em Hurtgen, em 16 de dezembro.

Os soldados americanos não faziam a mínima idéia do que estava para vir. Em 15 de dezembro, antes de a neve começar a cair, dois homens da 5ª Divisão de Blindados relaxam em sua trincheira.

Em 16 de dezembro, o exército alemão lançou-se com ímpeto contra o inimigo em sua última grande ofensiva na guerra. Os alemães haviam estado em retirada desde julho. O lançamento da ofensiva elevou-lhes o moral, conforme demonstram essas fotografias de alemães capturados, todas tiradas no segundo dia da Batalha das Ardenas.

Os soldados americanos ficaram surpresos. Outros se abalaram. Mas um número suficiente deles permaneceu nos campos para o cumprimento do dever. *Acima*: Em 17 de dezembro, os soldados americanos da 2ª Divisão de Infantaria se mantêm agachados numa trincheira durante um bombardeio alemão, mas prontos para revidar quando a infantaria alemã começasse a atacar. *Abaixo*: Em 20 de dezembro, blindados antitanque americanos subordinados à 82ª DIA se dirigem para a linha de combate com o objetivo de enfrentar a ofensiva alemã.

Infantes americanos não identificados seguem para a frente de batalha através dos Bosques de Kinkelter, na Bélgica, em 20 de dezembro.

A guarnição de um canhão de 57 milímetros a caminho de Luxemburgo, em comboio, em 22 de dezembro.

Estrelas do cinema americano fazem turnês para elevar o moral dos soldados, embora poucas se aproximem da frente de batalha. Marlene Dietrich o fez. Aqui, ela canta para infantes da linha de frente num estábulo perto de Bixieres, França; a cidade foi bombardeada durante sua apresentação.

Ardenas, 23 de dezembro. A guarnição de um canhão de 105 milímetros se prepara para enviar um cartão de Natal a Hitler.

Bélgica, 25 de dezembro. O impulso de assistir a missas e rezar era irresistível. Todos os homens envolvidos em operações de combate, alemães ou americanos, que podiam ir à igreja o faziam.

Natal de 1944. Numa manjedoura situada a 600 metros da linha de frente alemã, homens da 94ª Divisão fazem a secagem de suas roupas e dão graças pela sorte.

soldados da frente de batalha no TOGE em 1944-1945 permaneceram lá, cumpriram seu dever e triunfaram.

Não houve veteranos de trincheiras que não se feriram. O sargento Ed Stewart, da 84ª Divisão, disse, décadas após a guerra:

— Jamais conheci um combatente que não tivesse uma seqüela da guerra.

A mãe de Stewart pediu que ele "deixasse a Europa, mas ele jamais voltou para casa". O sargento George Thompson nos conta que, quando voltou para casa, os ruídos da guerra o acompanharam. Décadas depois, "quando fico em casa sozinho, à noite, tudo parece retornar. Ouço ruídos, bombas explodindo. E fico acordado pensando nisso. Acho que resulta de minha permanência nas trincheiras — durante longas horas noturnas".[59]

11

SUBSTITUTOS E REFORÇOS

OUTONO DE 1944

AS DIVISÕES DA LINHA DE FRENTE das longas guerras dos séculos XIX e XX eram dizimadas mais cedo ou mais tarde. Recebiam a designação de divisões quando, em verdade, não eram mais que unidades compostas de duas ou três companhias. Na Segunda Guerra Mundial, o exército alemão e o britânico ordenavam a retirada de suas divisões depois de sofrerem baixas numerosas, para o descanso de seus homens, recebimento de reforços e sua reorganização. Ao engajar suas divisões nos combates, o exército americano e o Exército Vermelho as mantinham na frente de batalha durante toda a guerra. Elas eram reconstituídas por um fluxo contínuo de substitutos, e isso se deu de tal modo que a maioria dos combatentes desses exércitos, entre 1944 e 1945, era formada por substitutos. As divisões que travaram combate com o inimigo da Normandia até o momento em que alcançaram a fronteira da Alemanha tinham sofrido mais de cem por cento de substituições em dezembro de 1944 (quatro delas — a 1ª, 3ª, 4ª e 29ª — tinham sofrido mais de 200% de substituições ao fim da guerra; e outras sete, mais de 180%). A 90ª Divisão, por exemplo, recebeu mais de 35 mil substitutos durante a campanha, o equivalente, em tropas, a três divisões completas.

O general Marshall tomou a decisão de manter as divisões americanas combatendo com sua força total durante as infusões regulares de substitutos, levados para a frente de batalha não como integrantes de unidades organizadas em companhias ou até mesmo em esquadrões, mas como indivíduos. Esse sistema de substituição parecia auspicioso. As divisões americanas poderiam permanecer na frente de batalha continuamente, já que receberiam novos homens diariamente. Os substitutos seriam engajados em esquadrões, pelotões e companhias veteranas. Eles poderiam ser integrados à unidade e, ao mesmo tempo, aprender com pessoal experimentado os segredos da sobrevivência nos combates. Esses homens seriam jovens, robustos, combativos e bem treinados.

Contudo, a Batalha da Normandia causou aos americanos um número de baixas bem maior do que o previsto. Do fim do mês de julho em diante, o TOGE, no que se refere aos americanos, passou a sofrer carência, principalmente, de fuzileiros. E isso pioraria; a 29ª Divisão sofreu um número de baixas equivalente a 400% em suas companhias de fuzileiros. O exército se esforçou para suprir a falta de 300 mil combatentes no TOGE, e Eisenhower pôs cozinheiros, motoristas, mecânicos, pessoal administrativo e de esquadrões de retaguarda na via de abastecimento, para recompor as companhias de infantaria. Mas eram as casernas nos Estados Unidos que tinham de fornecer o grosso dos reforços. E Marshall reduziu o tempo de treinamento dos jovens no país. Além disso, ele aumentou grandemente a conjunção de esforços nesse sentido, extinguindo o Programa de Treinamento Especial do Exército (PTEE). O PTEE era a menina dos olhos do Ministro da Guerra Henry Stimson. A idéia era selecionar 150 mil dos melhores recrutas e oferecer-lhes uma bolsa de estudos se optassem por seguir carreira no exército (a marinha tinha um programa menor, embora semelhante a ele, em andamento; Stimson queria que o seu competisse com ele). Os que recebiam a oferta de estudos eram jovens cujas notas escolares indicavam a possibilidade de poderem ocupar posições confortáveis no serviço dos escalões da retaguarda e de serem promovidos rapidamente ou enviados para a Escola de Formação de Oficiais. Aqueles que a aceitavam tinham que renunciar a outras oportunidades: enquanto estivessem no PTEE, continuariam como praças. Mas o exército lhes fornecia alojamento, alimentação, ajuda de custo e, além disso, pagava-lhes 50 dólares mensais de soldo. Eles tinham aulas regularmente em colégios ou universidades, nos quais se especializavam em áreas de acordo com as necessidades previstas pelo exército e de cujos especialistas precisariam mais tarde na guerra, tais como matemáticos, engenheiros ou poliglotas. Naturalmente, esses jovens brilhantes eram muito invejados. Um dito popular corrente em meio aos soldados rasos do corpo de infantaria dava conta de que a sigla PTEE significava "Proteção Total Enquanto na Escola".

A maioria dos beneficiários do PTEE iniciaram seus estudos no outono de 1943. Próximo do verão de 1944, a maioria tinha deixado os cursos de estudo. Em fevereiro de 1944, prevendo a necessidade da disponibilidade de homens em certa altura do prosseguimento da campanha na Europa, Marshall reduziu o número dos participantes do programa de 150 mil para 30 mil. Concomitantemente, o general Arnold decidiu que, em vista da superioridade aérea dos Aliados na Europa, a força aérea não precisaria de tantos pilotos como havia imaginado. Diante disso, liberou 71 mil cadetes para que integrassem as forças terrestres.[1] Os frustrados "pilotos" se apelidaram "borboletas terrestres".

Assim, de repente, 190 mil dos melhores e mais brilhantes alistados no exército entre 1942 e 1943, o suficiente para a formação de dez divisões, passaram a estar disponíveis para serem aproveitados nas unidades de combate. Um senhor trunfo — e numa época em que todas as outras forças militares faziam o recrutamento de homens velhos, ou jovens, ou doentes demais para combater, o exército americano nutria sua força de combate com os seus melhores jovens. Mais da metade dos participantes do PTEE foram enviados para as companhias de fuzileiros como substitutos. O exército os havia prometido educação gratuita, mas depois mudou de idéia e os pôs nas frentes de batalha, onde a maioria deles jamais teria ido parar se tivesse negado a oferta para participar do programa. Houve muito ressentimento e muita reclamação, mas o programa foi transformado num curso de treinamento básico e de curta duração.

Quando o praça Robert Curtis chegou a Camp McCoy, Wisconsin, recém-egresso do Hope College, juntou-se a outros participantes do PTEE, acomodados em grande recinto. Um oficial pronunciou um discurso de boas-vindas.

— Sua aptidão e seu currículo — disse — fazem de vocês homens especiais, e nós lhes daremos *opção de escolha.*

— Quando nos apresentamos à banca de comissionamento, o oficial olhava para nós e perguntava: "Que unidade você prefere: de fuzis, de metralhadoras ou de morteiros?"[2]

No campo de treinamento, juntavam-se a outro grupo de substitutos a caminho da Europa jovens americanos comuns que completaram 18 anos de idade em 1944 e que ou se haviam apresentado como voluntários, ou aguardavam para ser recrutados. Jovens oriundos da classe trabalhadora, tipos humanos com os quais a maioria dos beneficiários do PTEE jamais se reuniriam na vida comum, mas, normalmente, os dois grupos se tornavam amigos imediatamente.

— Esses sujeitos eram as melhores pessoas que conheci — avalia Kurt Vonnegut, estudante da Cornell University como beneficiário do PTEE antes de servir na 106ª Divisão como fuzileiro de esquadrão.[3]

Cerca da metade dos reforços seguiu dos Estados Unidos para a França — geralmente para Le Havre — organizada em divisões, tais como a 99ª e a 106ª. O restante deles não foi organizado em nenhum tipo de unidade militar. Eram, simplesmente, praças a caminho dos combates, em qualquer um em que fossem necessários. Eles eram designados como simples soldados para integrar as companhias presentes na frente de batalha. Eram chamados de substitutos.

Mais da metade dos 3 milhões de homens que combateram pelo exército americano no TOGE foram para o Continente como substitutos. Um número desproporcional deles foi direto para as companhias de fuzileiros. Dez milhares desses homens chegavam como membros de divisões de infantaria organizadas às pressas e composta de unidades destacadas de várias partes e que não tinham treinado em conjunto. Na época da campanha das Ardenas, possivelmente quatro em cada cinco homens de infantaria na linha de frente eram substitutos ou integrantes de divisões maltreinadas e sem experiência em combates.

O modo pelo qual esses reforços passavam de um treinamento básico para as trincheiras individuais era responsabilidade do Sistema de Substituição. Os coronéis do estado-maior geral achavam que sua responsabilidade primacial vinculava-se às necessidades da frente de batalha, o que significava, decidiram eles, manter o fluxo incessante de transporte de tropas para lá sob força e velocidade totais, sem consideração do que fazia parte desse fluxo.

Quando os navios chegavam a Le Havre, os substitutos iam diretamente para um posto de "recepção", num acantonamento em que não conheciam ninguém. Depois, eram levados para um posto de "suprimentos", onde recebiam um fuzil, preleções sobre higiene e, com um pouco de sorte, mais algum treinamento, urgentemente necessário. Alguns dos substitutos jamais tinham empunhado nem mesmo um M-1 nem se haviam habilitado no uso de qualquer arma.[4] O tenente George Wilson, comandante de uma companhia de fuzileiros profundamente envolvida na campanha da Ardenas, recebeu cem substitutos em 29 de dezembro:

— Descobrimos que esses homens tinham estado no campo de provas apenas uma vez; jamais haviam lançado uma granada ou disparado uma bazuca, morteiro ou metralhadora.[5]

Depois de entre dois dias e uma semana no acantonamento, o substituto ia para o 3º Posto de Substituição, o qual servia para apoiar o I Exército, e, mais tarde, para um batalhão de vanguarda que atuava como unidade de apoio a um corpo de exército. Por fim, ele era levado para o posto de comando de uma companhia e, daí, transferido para uma trincheira individual. Todas as pessoas que o rodeavam lhe eram desconhecidas.

— Ser substituto é quase a mesma coisa que ser órfão — disse um soldado a uma equipe de pesquisas do exército. — Você fica longe de todas as pessoas que conhece e se sente perdido e solitário.[6]

O praça Morris Dunn, que foi parar na 84ª Divisão, passou semanas num posto de substituição.

— Era como se fôssemos simples números, não conhecíamos ninguém, e jamais me senti tão só e miserável e impotente em toda a minha vida — éramos guiados como gado na hora do rodeio [...]. Durante o percurso para a frente de batalha, fazia frio e chovia, ao passo que o barulho dos disparos da artilharia aumentava a cada quilômetro vencido, até que, finalmente, éramos despejados no meio de uma cidade amplamente arruinada.[7]

Era assim que a maioria dos substitutos chegava ao lugar mais perigoso do mundo — como desconhecidos e desconhecedores dos perigos que os cercavam, amedrontados, confusos, militarmente ineptos. De acordo com o capitão Roland:

— Somente um Kafka poderia descrever verdadeiramente os efeitos despersonalizadores do sistema de substituição.[8]

Cada um dos quase um milhão de soldados que passaram por ele concordara com isso. Tivessem tido os alemães a oportunidade para criar um sistema de substituição para a campanha no TOGE, um que causasse aos americanos o máximo de prejuízos e o mínimo de benefícios, não teriam sido capazes de realizar um trabalho melhor.

O sistema de substituição sofria o desprezo e a crítica de muitos.

— Quando a guerra terminar — disse um substituto a outro —, estarei presente no julgamento dos crimes de guerra dos homens responsáveis por esse sistema. Quero assistir ao fuzilamento desses bastardos![9]

Contudo, o sistema foi concebido com base em sólidas ponderações e experiências pretéritas e, logicamente, boas intenções. Ele fracassou por conta de conseqüências inesperadas (embora previsíveis). O exército sabia que ele tinha problemas e fez alguns estudos. Infelizmente, isso resultou em "reformas" inconseqüentes, tais como a inclusão de instalações de recreação nos postos de substituição e a mudança de sua designação de "substituição" para "reforço", em atendimento a suposto benefício psicológico.

Mas a aceitação de uma sugestão talvez tivesse sido conveniente. Teria sido a de pôr os substitutos em esquadrões que ficassem juntos desde o treinamento básico até a transferência deles para as trincheiras. Isso teria ajudado. Tê-los posto em companhias teria sido ainda mais eficaz, pois criaria a coesão fundamental ao pessoal de infantaria. Mas, melhor do que tudo isso, teria sido subordiná-los a batalhões, unidades prontas para render as exauridas pelos combates na frente de batalha. E, melhor do que não adotar nenhuma destas sugestões, teria sido a realização, por parte de veteranos feridos, de preleções sobre a vida na frente de batalha.

Nada se fez para a adoção de sugestões desse tipo. E o sistema de substituições prevaleceu. No fim da guerra na Europa, os homens continuavam a ser designados para servir nas unidades como indivíduos. Com isto, o exército fracassou em cuidar de si mesmo.

E os substitutos pagaram um preço por isso. Geralmente, mais da metade deles tombava como morto ou ferido nos três primeiros dias na linha de fogo. Suas chances eram apenas as de sobreviver o tempo suficiente para obter experiência e reconhecimento de seu valor.[10]

Eles chegavam, segundo o praça Ken Russell, da 82ª DIA, "todos como bons rapazes, com a força de uma mula e a ingenuidade de uma solteirona. Sentíamos pena desses jovens tímidos e amedrontados, tomados de admiração por nós, os mais velhos [Russel tinha 19 anos] [...]. Geralmente, na primeira batalha, eles morriam como moscas".[11]

Obviamente, era benéfico para os mais velhos ajudarem os novatos, mas a maioria dos veteranos tentava evitar os substitutos. Primeiro, porque os novatos costumavam atrair o fogo inimigo, pois se reuniam em grupo (Ken Russell relata-nos que "os veteranos morriam isoladamente e não em grupo, qual sucedia freqüentemente com os substitutos".), conversavam demais ou acendiam cigarros à noite. Segundo, porque os soldados simplesmente não gostavam de fazer amizades com colegas cuja morte prematura previam convictamente. Demais, o ressentimento que os veteranos nutriam para com os substitutos tinha uma causa insuperável para eles — quando os substitutos chegavam, isso significava que a divisão permaneceria na frente de batalha ou atacaria.

Assim, o recruta ficava isolado durante a maioria de seus primeiros dias na linha de frente. Ainda que o substituto conseguisse obter alguma atenção dos veteranos, isso não lhe ajudava o moral. Segundo as palavras de um veterano:

— Quando os recrutas chegam, as conversas se tornam mais ruidosas e pejadas de gabolices para causar impressão.

O praça Clayton Shepherd encontrava-se em serviço na Companhia K, 332º Corpo de Infantaria, 84ª Divisão. Ao juntar-se ao pelotão, apareceu uma patrulha.

— Seus homens disseram: "Fulano de tal teve a cabeça arrancada por uma explosão, sicrano perdeu um dos braços da mesma forma", e coisas desse tipo. Pensei: "Deus do Céu, com o que estou me envolvendo?" Eles não deveriam ter dito essas coisas a nós, novatos. Eles me fizeram ficar apavorado antes mesmo de eu começar a combater.[12]

Os veteranos da 90ª Divisão — eles mesmos substitutos poucos dias ou semanas antes — diziam aos novatos que não se preocupassem com a morte.

— A morte não deve ser tão ruim assim — ressaltavam. — Ninguém jamais ouviu um morto queixar-se dela.[13]

Em fevereiro de 1945, o capitão Douglas Smith, da 94ª Divisão, reuniu um grupo de substitutos num porão de uma casa situada pouco atrás da linha de frente. O oficial queria incutir-lhes um pouco de confiança. Dessa forma, disse-lhes que eles estavam engajando-se na melhor unidade de todo o exército. Mais tarde, ele perguntou a Jim Morrison, seu sargento:

— Achou que fui sensato ou acha que eu disse um monte de tolices?

— O senhor me pareceu bastante sincero — respondeu-lhe Morrison —, mas eles sabem que a única razão pela qual estão aqui é porque alguém foi ferido ou morto. De outra forma, eles não estariam aqui.[14]

Geralmente, os substitutos chegavam em pequenos grupos. Eles se apegavam muito uns aos outros, pois outros recrutas eram os únicos em todo o exército americano com os quais tinham algo em comum. Em seu primeiro dia, eles se reuniam em grupos na frente de batalha; se sobrevivessem ao bombardeio quase certo, aprendiam a não fazer mais isso. Dutch Schultz aponta uma ocasião nas Ardenas em que cinco substitutos foram mortos por um bombardeio "antes mesmo de serem encaminhados aos pelotões".[15]

Nos postos de substituição, os soldados eram simples números, sem direito de escolha do local ou da unidade em que poderiam servir. Com exceção de uma única vez, na qual o capitão dos Rangers, James Eikner, apareceu num desses postos. A Campanha das Ardenas prosseguia, e os Rangers tinham sido dizimados na Floresta de Hurtgen. Eikner estava lá para escolher alguns recrutas.

— Os Rangers escolhem os homens que querem — explicou — e eles têm que estar à altura dos nossos critérios de escolha. Têm que ser jovens e notáveis — acima da média em matéria de força física e mental —, pois não admitimos homens com baixo quociente de inteligência.

Eikner reuniu alguns milhares de homens no auditório do posto de substituição. E disse a eles:

— Francamente quem e o que éramos, [que] faríamos o melhor para dar-lhes todo treinamento que pudéssemos — algo que mais se aproximasse de um verdadeiro treinamento militar — e que, quando partíssemos, iríamos direto para a frente de batalha combater. — Ele solicitou que os voluntários se manifestassem e obteve centenas deles. Ele escolheu 53 homens "que pareciam gabaritados".

O capitão os levou de volta para as Ardenas de caminhão.

— Justamente no momento em que estávamos desembarcando esses homens, sobreveio-nos um tiro de barragem, e esses pobres jovens, sem experiência de combate, diante do primeiro bombardeio, debandaram em todas as direções. Levamos algum tempo para reunir todos novamente. Dois ou três morreram, e muitos foram feridos.[16]

Os substitutos se expunham pelo mais tolo motivo. O praça Curtis, da 76ª Divisão, em seu primeiro dia na frente de batalha, transferiu-se, juntamente com a guarnição de morteiro da qual fazia parte, para uma ribanceira numa das margens de um rio.

— Uma vez que tudo parecia tranqüilo do outro lado do rio — disse Curtis — fiquei de pé para poder observar melhor. Quase em seguida, ouvi uma explosão. — Um projétil de morteiro explodiu a alguns metros de distância.

— Meus Deus, *abaixe-se!* — clamou o sargento. — Tenho mulher e filhos em casa.[17]

No começo de janeiro, o sargento Lick, da 1ª Divisão, recebeu cinco substitutos em seu pelotão. Um deles provinha de uma unidade terrestre da Força Aérea, e outro, do serviço de intendência; outro deles era mecânico e dois eram novatos, recrutas com treinamento básico. O proveniente da

DIVISÕES DE INFANTARIA

NÚMERO DA DIVISÃO	INÍCIO DE ENGAJAMENTO EM COMBATE	DIAS EM COMBATE	BAIXAS	FORA DE COMBATE	TOTAL	PERCENTUAL DE ROTATIVIDADE EM COMBATES
1	6 junho 1944	292	15.003	14.002	29.005	205.9
2	8 junho 1944	303	15.066	10.818	25.884	183.7
3	15 agosto 1944	233	13.101	15.299	28. 400	201.6
4	6 junho 1944	299	22.454	13.091	35.545	252.3
5	16 julho 1944	270	12.475	11.012	23.487	166.7
8	8 julho 1944	266	13.458	7.598	21.056	149.4
9	14 junho 1944	264	18.631	15.233	33.864	240.4
13	Não Houve	0	—	—	—	—
17	25 dezembro 1944	45	3.166	834	4.000	
26	12 outubro 1944	199	9.956	6.895	16.851	119.6
28	27 julho 1944	196	15.904	8.936	24.840	176.3
29	6 junho 1944	242	20.111	8.665	28.776	204.2
30	15 junho 1944	282	17.691	8.347	26.038	184.8
35	11 julho 1944	264	15.406	10.082	25.488	180.9
36	15 agosto 1944	227	11. 238	14.919	26.157	185.7
42	17 fevereiro 1945	106	3.598	2.351	5.949	42.2
44	24 outubro 1944	230	6. 111	7.637	13.748	97.6
45	15 agosto 1944	230	10.458	15.991	26.449	187.7
63	6 fevereiro 1945	119	4.547	3.472	8.019	56.9
65	9 março 1945	55	1.052	1.250	2.302	16. 3
66	1º janeiro 1945	91	1.098	849	1.947	13.8
69	11 fevereiro 1945	65	1.556	1.791	3.347	23.8
70	3 fevereiro 1945	83	3.996	4.235	8.201	58.2

NÚMERO DA DIVISÃO	INÍCIO DE ENGAJAMENTO EM COMBATE	DIAS EM COMBATE	BAIXAS	FORA DE COMBATE	TOTAL	PERCENTUAL DE ROTATIVIDADE EM COMBATES
71	6 fevereiro 1945	49	788	1.081	1.869	13.3
75	25 dezembro 1944	94	3. 954	4.062	8.016	56.9
76	19 janeiro 1945	95	3.126	2.430	5.556	39.4
78	13 dezembro 1944	125	7.890	4.367	12.257	87.0
79	19 junho 1944	248	14.875	8.582	23.457	166.5
80	8 agosto 1944	239	14.460	11.012	25.472	180.8
83	27 junho 1944	244	15.248	8.732	23.980	170.2
84	18 novembro 1944	152	6. 561	3.250	9.811	69.6
86	29 março 1945	34	760	473	1.233	8.8
87	13 dezembro 1944	134	5.555	6.032	11.587	82.2
89	12 março 1945	57	1.006	1.074	2.080	14.6
90	10 junho 1944	308	18.460	9.157	27.617	196.0
94	17 setembro 1944	183	5.607	5.203	10.810	76.7
95	20 outubro 1944	151	6307	3.834	10.204	72.4
97	1º abril 1945	31	934	384	1.318	94
99	9 novembro 1944	151	6.103	5.884	11.987	85.1
100	9 novembro 1944	163	4.790	7.425	12.215	86.7
102	26 outubro 1944	173	4.867	3. 958	8.825	62.6
103	11 novembro 1944	147	4.543	4.826	9. 369	66.5
104	24 outubro 1944	178	7.011	6.396	13.407	95.1
106	10 dezembro 1944	63	8.163	2.508	10.671	75.7

DIVISÕES DE BLINDADOS

NÚMERO DA DIVISÃO	INÍCIO DE ENGAJAMENTO EM COMBATE	DIAS EM COMBATE	BAIXAS	FORA DE COMBATE	TOTAL	PERCENTUAL DE ROTATIVIDADE EM COMBATES
2	2 julho 1944	223	6.751	7.116	13.867	95.9
3	9 julho 1944	231	10.105	6.017	16.122	111.5
4	28 julho 1944	230	5.988	4.508	10.496	98.4
5	2 agosto 1944	161	3.554	3.592	7.146	67.0
6	28 julho 1944	226	5.526	7.290	12.816	120.1
7	14 agosto 1944	172	6.150	4.352	10.502	98.4
8	23 fevereiro 1945	63	1.313	1.141	2.454	23.0
9	16 dezembro 1944	91	3.952	1.459	5.411	50.7
10	2 novembro 1944	124	4.697	3.684	8.381	78.5
11	23 dezembro 1944	96	3.216	1.921	5.137	48.1
12	7 dezembro 1944	102	3.436	2.540	5.976	56.0
13	10 abril 1945	16	493	246	739	6.9
14	20 novembro 1944	133	2.896	1.400	4.296	40.3
16	5 maio 1945	3	12	231	243	2.3
20	24 abril 1945	8	76	319	395	3.7

Fonte: Ordem de Batalha, O Exército dos Estados Unidos na Segunda Guerra Mundial — Teatro de Operações de Guerra Europeu, *Escritório do Historiador do Teatro de Operações, TOGE, Dezembro de 1945.*

Força Aérea ficou gripado e foi enviado de volta. O mesmo sucedeu ao do serviço de intendência. O mecânico tornou-se operador de metralhadora e sobreviveu. Quanto aos dois substitutos vindos dos Estados Unidos:

— Eles se ofereceram como voluntários para ir ao QG do batalhão com o objetivo de obter rações, e, no caminho, ambos foram atingidos pela explosão de um projétil, o que matou um deles e feriu o outro. Nem chegaram a ter seus nomes registrados na lista do pelotão.[18]

O praça Jim Graff, da 35ª Divisão, era um substituto de 19 anos de idade que ia para a linha de fogo à noite e nunca via seu colega de trincheira senão aos primeiros albores do dia. Um mês depois já era um veterano. Seu líder de esquadrão viu alguns substitutos sendo deixados no centro de uma vila. Ele pediu que Graff escolhesse para ele um assistente para cuidar de seu BAR.

— Saí às ruas e avistei um sujeito que me parecia perdido — disse Graff. — Perguntei-lhe se ele sabia algo sobre BARs.

— Claro que não — respondeu o substituto. — Não sei nada sobre ele, e nem mesmo sobre este fuzil que acabaram de me dar.

Era um M-1. Graff chegou à conclusão de que todos no exército se haviam habilitado no manuseio de fuzis M-1 e ficou perplexo com isso. O substituto explicou-lhe que tinha sido mecânico no corpo de artilharia durante anos e que tinha recebido seu treinamento básico em 1941, quando o exército ainda usava o fuzil Springfield, de 1903. Mesmo assim, Graff o escolheu.[19]

A guerra é cheia de surpresas. Pelo menos em uma ocasião, a inexperiência de um oficial, levado para o teatro europeu como substituto, foi muito lucrativa. Durante a Campanha das Ardenas, o comandante de companhia John Colby disse a um líder de pelotão, então recém-chegado dos Estados Unidos, que capturasse uma casa.

— Ele caminhou até lá e bateu na porta. Deus do Céu! Eu não lhe tinha dado instruções de como tomar uma casa nos arrabaldes de uma vila. Em vez de lançar uma granada dentro da casa e fazer com que seus homens arrombassem a porta e irrompessem para o interior atirando sem parar, ele ficou parado lá, de pé, esperando que alguém atendesse.

Um sargento alemão de camiseta, suspensórios pendendo-lhe dos lados, veio atender. O tenente disse algo ao alemão. Este saiu da casa e bradou algumas palavras. Vários outros alemães apareceram de posições que ocupavam atrás de uma cerca e de um celeiro e puseram mãos ao alto.

Além disso, o sargento alemão enviou um mensageiro a uma guarnição de metralhadora com ordens para que viesse render-se. O grupo inteiro, de americanos e alemães, foi para a vila. Em cada uma das casas, o sargento alemão ordenou que seus homens se rendessem.

Tanto alemães quanto americanos estavam usando camisas brancas e se reuniram em círculo na praça da vila. Os americanos revistaram os alemães à procura de relógios, pistolas e binóculos.

— Alguns alemães fizeram a mesma coisa com os meus homens — notou um Colby abismado.

Os sargentos alemães abominavam a desordem. E esse começou a transmitir ordens aos berros, em inglês e alemão. Ele ordenou que os homens de Colby entrassem em fila num dos lados da estrada e que os alemães o fizessem no outro, e chamou todos à ordem. Em seguida, fez a rendição de sua companhia a Colby.

— Tivesse o nosso inexperiente oficial tomado aquela primeira casa pelas vias normais, conforme eu pretendia que fosse feito, todo tipo de tiroteio teria resultado disso, com muitas baixas. Do jeito que a casa foi tomada, ninguém se feriu, e nós fizemos uns cem prisioneiros. É assim que se faz uma guerra — recomendou Colby, jocosamente.[20]

Se era ruim ser um substituto de infantaria militarmente inepto, podia ser pior servir numa unidade de blindados sem treinamento. Contudo, foi o que aconteceu com muitos. Um comandante de blindados nos conta que, nas Ardenas, "eu passava horas na torre de tiro, quando, literalmente, mostrava aos homens como pôr balas no canhão. Se eles tinham boa pontaria? Eles não conseguiam nem mesmo manter o controle correto do canhão! No meio do mais duro combate da campanha do III Exército, fiquei ensinando aos homens o que eu tinha aprendido em meu treinamento básico".[21]

O sargento Raymond Janus, da 1ª Divisão de Infantaria, recebeu uma nova guarnição de três homens para o seu tanque leve. Todos os homens tinham 18 anos de idade. Somente um deles tinha dirigido um carro na vida, e isso fizera apenas para a igreja, aos domingos. Mas o tornaram motorista. Nenhum dos outros dois tinha o mínimo de experiência sequer para firmar a mira de uma metralhadora ou do canhão de 37 milímetros de um tanque. Depois que Janus lhes deu uma hora de aula de demonstração, eles partiram em missão.

Mal tinha o tanque avançado meio quilômetro, seu motorista entrou em pânico e rolou com ele pela encosta de uma colina. O acidente fez com que Janus fosse cuspido pela torre de tiro e caísse de cabeça ao solo, num choque violento, o que lhe custou a audição.[22]

Os substitutos pagaram um preço por um sistema de substituição criminosamente pródigo em matéria de recursos humanos, e cujos administradores optaram pela quantidade em detrimento da qualidade. Seu critério era, precipuamente, a mobilização contínua de homens. E quem foi culpado por isso?

Em primeiro lugar, Eisenhower. Ele era o chefe. Em segundo, Bradley e Patton. Eles exigiam um fluxo de substitutos cada vez maior enquanto não faziam quase nada para melhorar os treinamentos militares, e conseguiam obter o que exigiam. De nenhum outro modo, o alto comando americano no TOGE demonstrou tanta indiferença como o fizeram Eisenhower, Bradley e outros quanto à necessidade de se examinar a origem de seus substitutos e, depois, forçar a realização de algumas melhorias óbvias e relativamente fáceis nos postos de substituição e nos métodos de distribuição de pessoal. A única razão para isso só pode estar no fato de que Eisenhower, Bradley e outros não tinham uma idéia clara de como era a vida na frente de batalha, pois, aliás, não era com freqüência que escutavam o que os soldados americanos entrincheirados podiam ter a dizer. Por isso, precipitaram jovens de 18 anos de idade e os antigos contemplados com o PTEE nos campos de batalha, sem treinamento e sós.

De certa forma, as forças do exército americano que se aproximavam da Alemanha no outono de 1944 equivaliam a uma espécie de Cruzada de Crianças. Elas eram compostas de milhares de soldados entre 18 e 20 anos de idade, a maioria deles às fímbrias da ofensiva geral e quase nenhum deles adequadamente treinados para combater. O capitão Roland conta-nos que recebera substitutos em janeiro, "alguns dos quais haviam feito a ceia de Natal em casa com suas famílias e foram mortos em combate antes de ter a oportunidade de saber os nomes dos soldados que estavam nas trincheiras com eles".[23]

Conforme mencionado alhures nestes escritos, Eisenhower dizia que na guerra tudo é sacrificável — até mesmo a vida de generais — na busca da vitória. Se a vitória requeria substitutos, alguns deles teriam que ser sacrificados. Todos tinham que ser fortes. Mas o problema aqui é que o sistema de substituição foi culpado pelo cometimento do maior pecado de todos na guerra: o da ineficiência. O sistema pagava o custo da guerra com o sacrifício de vidas, mas não obtinha nenhum retorno. A questão era de desperdício puro e simples, e os comandantes deveriam ter feito algo a respeito disso.

Exemplo: em janeiro de 1945, o capitão Belton Cooper, da 3ª Divisão de Blindados, recebeu 35 substitutos para ajudar a guarnecer os 17 novos tanques que a divisão obtivera.

— Esses homens tinham acabado de desembarcar do navio em Antuérpia algumas horas antes — disse Cooper. — E não tinham recebido nenhuma instrução prévia do que deveriam fazer. — Nenhum deles tinha experiência com tanques. — A maioria jamais estivera num tanque ou até mesmo perto de um.

Cooper deu-lhes breve orientação oral. Em seguida, seus mecânicos levaram pequenos grupos ao interior dos tanques, onde cada recruta chegou a disparar o canhão principal três vezes.

— Esse foi todo o treinamento que o tempo permitiu — explicou Cooper, pois os guias foram pegar os tanques a fim de levá-los para suas várias unidades.

Na noite do dia anterior, os 35 substitutos haviam estado em Antuérpia. Às 15 horas, eles partiram num comboio de 17 tanques com destino à frente de batalha. Duas horas depois, 15 deles foram postos fora de combate pelos disparos de German 88 lançados por blindados alemães.[24]

Divisões inexperientes postas na frente de batalha também sofreram baixas sem necessidade. Em dezembro, a 87ª Divisão substituiu a 26ª na linha de frente.

— Desse modo, ficamos aguardando ali e tremendo na chuva e na escuridão enquanto as patrulhas de contato eram despachadas para a retaguarda, a fim de tentar trazer a companhia de rendição até nós — relata-nos o tenente Otts, da 26ª Divisão. — Finalmente, pouco antes da meia-noite, eles chegaram — novinhos e inexperientes. Havíamos nos acautelado o tempo todo em não deixar que o tom de nossas conversas passasse de sussurros, receosos de atrair sobre nós o fogo de barragem de morteiros ou German 88, mas eles chegaram falando alto, querendo saber onde ficavam suas trincheiras individuais, acendendo lanternas e fazendo tremenda algazarra.

Otts tirou seu pelotão dali — então reduzido a 15 homens. Na estrada que conduzia à retaguarda, a 26ª se atrevera a usar apenas um único jipe, dirigido em alta velocidade, e também somente uma vez por dia. Agora, ela se encontrava espremida numa fila formada pelos seus e pelos veículos da 87ª Divisão.

— Demos de ombros com algumas observações do tipo "Eles vão aprender" e "Esqueça-os".[25]

O capitão Leinbaugh nos dá notícia de um pelotão que, formado num dos postos de substituição e comandado por um capitão "obviamente recém-chegado dos Estados Unidos", foi enviado para as Ardenas. Seus homens estavam barbeados, tinham olhos claros e vestiam uniformes limpos. Traziam suas baionetas caladas. Para Leinbaugh, "eles pareciam inteiramente fora de seu meio — um elenco estranho que havia subido ao palco errado".

O inexperiente capitão conduziu seus homens até uma posição de bloqueio na linha de fogo. Mas, em vez de avançar pela floresta e flanquear o objetivo, fez que seus homens seguissem diretamente por um campo coberto de densa camada de neve, em demanda de uma cabana de pedras. Os alemães deixaram que eles se aproximassem. Quando abriram fogo, todos os soldados americanos foram mortos.

— Ficamos tão furiosos com a inexperiente unidade quanto com os alemães — com ela talvez até mais — conta-nos Leinbaugh. — Não parávamos de chamá-los de filhos da mãe e idiotas. Doze bons homens estavam mortos. Esse tipo de coisa não poderia ter ocorrido conosco; não caíríamos numa dessa.[26]

Eles deveriam ter transmitido aos outros soldados o que eles sabiam. O exército deveria ter criado um sistema de orientação que cuidasse para que eles fizessem isso. Coisas simples, que levavam apenas um minuto para aprender, tal como a prática a que estavam afeiçoados os alemães de disparar para o alto projéteis luminosos com suas metralhadoras, com o intuito de induzir os americanos a manobrarem debaixo deles e, com isso, disparar outros contra o inimigo inadvertido, sem luminosidade; ou tais como distinguir o cheiro peculiar de uma infantaria alemã com seus petrechos de couro impregnados de suor; ou ainda tais como o fato de que a maneira mais fácil de saber quão próximo do perigo se estava depois de se ir de caminhão para a frente de batalha era avaliar com que rapidez e desimpedimento ele avançara. O único modo de aprender a combater é pela prática — mas, certamente, o exército poderia ter feito mais em prol do repasse de informações aos substitutos e às novas divisões, e desde os oficiais administrativos até os homens dos esquadrões da frente de batalha.

Se o substituto sobrevivesse nos três primeiros dias, pode-se dizer que ele se tornara um veterano, embora ainda tivesse muito a aprender. Nas boas unidades, os veteranos assumiam o comando.

— Era o núcleo de resistência o que mantinha a coesão da unidade — afirma o capitão Douglas Smith. São sobreviventes "que sabiam aceitar os substitutos, treiná-los e encaixá-los nos pelotões, mesmo quando tivessem ultrapassado seus próprios limites de resistência muito tempo atrás, de forma que pudessem continuar até que tivessem ido e o processo recomeçasse".[27]

Somos três divisões: uma no cemitério, uma no hospital e uma na frente de batalha, brocardo então corrente entre os homens da 29ª Divisão, encerra um conceito aplicável à realidade de mais de 12 divisões americanas combatentes no TOGE. A que atuava na frente de batalha consistia de substitutos que não sabiam o que fazer e de veteranos cansados da guerra cujas atitudes fatalistas sugeriam que não importava o que aqueles fizessem. Felizmente, havia aquele núcleo de resistência descrito pelo capitão Smith que tanto conseguia ensinar quanto lutar. Isso foi fundamental para a vitória, pois, ao fim da guerra, os homens que tinham sido os novatos do Dia D, jovens provindos dos Estados Unidos, constituíam praticamente todo o corpo de forças do exército de combatentes americano.

O exército estava sempre aprendendo. Depois da guerra, ele realizou pesquisas entre os veteranos do TOGE, até sobre detalhes do material usado em seu treinamento, movidos pela acertada suposição de que eram esses homens os que podiam avaliar sua eficácia mais judiciosamente. A maioria dos homens que contribuíram com informações para a pesquisa teve seu treinamento em 1944 e combateu entre as últimas seis semanas e os últimos seis meses da guerra. É possível que a metade deles tivesse passado pelos postos de substituição.

Todo veterano que entrevistei, quando inquirido sobre treinamento, iniciava a resposta com sua versão de "Nada é capaz de nos preparar para os combates". Praticamente todos os homens entrevistados concordaram com isso. Os pára-quedistas afirmaram que achavam, à época da guerra, que tinham sido submetidos a um regime de treinamento tão rigoroso, que diziam que "os combates não podem ser piores do que isso", mas acabaram descobrindo que eram. Havia um consenso entre os soldados americanos de que o treinamento deveria ter sido mais rigoroso, com mais cartuchos de guerra, e de que a melhor forma de preparar um soldado para o combate era desenvolver-lhe a capacidade de resistência e a força física.

Os veteranos apontaram muitos outros defeitos em seu treinamento. Cerca de 80% dizem que não sabiam o suficiente sobre as armas alemãs, como se defender delas ou como atacar os alemães. Ademais, achavam que seus conhecimentos das táticas de guerra alemãs eram precários e se ressentiam do fato de não terem recebido mais orientações sobre identificação de aviões. Noventa por cento deles sentiam-se despreparados para evitar os campos minados. Ninguém lhes havia dito uma palavra sequer sobre pé-de-trincheira, tampouco como preveni-la.

Nenhuma surpresa nisso: eles achavam que todas aquelas horas gastas em treinamentos de formação compacta e no aprendizado de cumprimentos militares foram um desperdício. Consideraram bom seu treinamento com armas. Mas não foram ensinados a seguir bem atrás dos tiros de apoio da artilharia e costumavam demorar-se no estabelecimento do contato, permitiam que os tiros indiretos dos alemães os imobilizassem, sua disciplina quanto ao evitar a produção de ruídos e ao uso de luzes era deficiente e se juntavam quando o inimigo lhes arremetia fogo. Os que conseguiam sobreviver nos primeiros dias de combate aprendiam como se conduzir melhor, mas poderiam ter sido ensinados como fazer isso, a muito menor custo, lá nos Estados Unidos.[28]

— O maravilhoso é que as divisões de recrutas foram capazes de gerar e manter um certo espírito de equipe. Originalmente formadas pela mistura indiscriminada de homens provenientes de toda a nação, o que derrubou todas as barreiras pessoais, sociais, comunitárias e regionais, com seus membros identificados pelo anonimato dos números e reconstituídas pelos postos de substituição, sua única fonte de força moral, quando não as resultantes do compartimento de experiências perigosas e das agruras dos campos de batalha, residiu no caráter e no patriotismo dos soldados. Felizmente, isso se mostrou bastante — avalia o capitão Roland.[29]

Em artigo na *Army History*, publicada pelo Centro de História Militar, entidade mantida pelo exército americano, o professor Francis Steckel condena o exército, por duas razões: "Primeiro, o sistema de substituições precipitava os homens nos campos de batalha e criava-lhes árduo e desnecessário desafio de adaptação, sem preparação adequada. Segundo, o pequeno número de divisões obrigava as unidades a permanecerem nas linhas de frente sem descanso e além dos limites da resistência humana, o que causava o colapso e a perda prematura das forças, da experiência e das aptidões inestimáveis dos veteranos."[30]

Eu acrescentaria um terceiro motivo de condenação: o descaso no repasse de informações. Não cabia ao operador de metralhadora ou de tanque treinar o substituto na frente de batalha. Esperava-se que o exército fizesse isso, mas ele não o fez.

12

A GUERRA AÉREA

ENTRE OS DIAS 6 DE JUNHO DE 1944 E 6 DE MAIO DE 1945, 5 mil soldados e aeronautas americanos, em média, entraram diariamente no Continente.[1] Ao fim de 1944, o exército americano dispunha de 2,7 milhões de homens no Teatro de Operações de Guerra Europeu. Desses, 500 mil faziam parte da Força Aérea do Exército. Nas forças terrestres, cerca de 300 mil compunham a infantaria da frente de batalha, com mais uns 300 mil na artilharia, nas unidades de blindados ou em outras unidades com funções de apoio em combates. Quanto ao pessoal da Força Aérea, quase a metade era constituída por unidades terrestres e corpos administrativos. A outra metade, ou cerca de meio milhão de americanos, era formada pelos pilotos e membros das tripulações aéreas dos VIII e IX Comandos da Força Aérea.

Seus homens se engajaram em muitos combates, mas suas condições de sobrevivência eram muito melhores do que as que os soldados da frente de batalha enfrentavam. Os aeronautas tinham camas, lençóis limpos, refeições quentes, chuveiros, roupas limpas, além de acesso fácil e freqüente a um bordel, no qual um maço de cigarros pagava os favores de uma mulher e uma noite de bebedeira. Ganhavam medalhas e promoções mais rapidamente que os soldados das forças terrestres e eram motivo de inveja dos homens entrincheirados.

Mas havia situações em que os aeronautas invejavam os homens de infantaria. Para as tripulações dos bombardeiros, não havia a opção de engajar-se numa batalha renhida ou de não se mexer e ficar fora dela, ou de fugir — por bem ou por mal, essas tripulações partiam com o avião. Num B-17 ou num B-24, o piloto levava (e não *conduzia*) sua tripulação de nove homens até uma explosiva e aparentemente intransponível muralha de projéteis de Germans 88. Esses homens não tinham como se movimentar, esconder, agachar, fugir. Os operadores das metralhadoras podiam atirar, mas somente se um caça alemão acometesse o bombardeiro em ângulo reto. Para os que não podiam atirar, os sobrevôos através de fogo antiaéreo eram uma experiência que se assemelhava às situações em que os homens de infantaria eram surpreendidos em campo aberto por tiros de barragem. Esses homens ficavam impotentes e apavorados.

Uma diferença entre as experiências dos combates em terra e no ar era a da percepção da magnitude da guerra. Nas entrevistas, os veteranos de infantaria enfatizavam que, para eles, a guerra se estendia, no máximo, a 20 metros de distância à esquerda e 20 metros à direita. Além disso, conseguiam ver pouco e saber menos ainda. Raramente, o infante chegava a ver mais que ínfima porção do exército americano na Europa. Os aeronautas viviam a experiência da guerra em âmbito continental, pois combatiam num dos milhares de aviões, espalhados em sobrevôos a distâncias além do que a vista podia abarcar. Freqüentemente, ocorre o fato de os homens de infantaria, quando inquiridos nas entrevistas a respeito do que mais vivamente se lembravam relativamente à guerra, recordarem-se de um incidente específico, ao passo que os aeronautas preferem generalizar. Tal foi o caso do tenente Marvin Kraft, navegador do VIII Comando Aéreo:

— O que mais me impressionou foi o alcance, o tamanho e a intensidade da guerra. Examinando o passado, temos a impressão de que fazíamos parte de uma linha de montagem gigantesca. Avançávamos para a consecução de um objetivo grandioso.[2]

Kraft *fazia* parte, de fato, de uma linha de montagem, uma que se estendia de Willow Run, onde os aviões B-24 eram fabricados, na fábrica da Ford, até Berlim, cidade sobre a qual eram lançadas as bombas feitas numa fábrica de munições do estado do Mississipi. Ele fazia parte também de um objetivo grandioso, qual seja o de destruir a capacidade da Alemanha de fabricar e mobilizar armamentos. Para alcançar esse objetivo, os Estados Unidos empregaram porção considerável de todos os seus esforços nas operações de bombardeio. No ápice desses esforços, estavam os bombardeiros quadrimotores do VIII Comando da Força Aérea. A melhor descrição que temos do fato está presente no livro de 1997 do historiador Gerald Astor, *The Mighty Eighth: The Air War in Europe as Told by the Men Who Fought It*: "Muito provavelmente, o mundo jamais tornará a ver uma força organizada tal qual o Poderoso Oitavo, que, no auge de suas operações, quase eclipsou o céu com seus aviões."

Astor prossegue e nos faz notar: "Como todo grande empreendimento, principalmente nos em que se obra sob o guante das exigências da guerra, ele operava, por assim dizer, como uma máquina de fluida e boa funcionalidade."[3] A frustração resultante das operações aéreas era grande. A infantaria podia medir seu progresso pelos números de inimigos mortos ou tomados como prisioneiros e pelo terreno conquistado. Mas os aeronautas raramente viam a queda de um inimigo e jamais faziam prisioneiros. Longe de vencer a guerra no ar, eles pareciam estar, no fim do outono de 1944, sob o risco de perdê-la, já que a Luftwaffe se mostrava excessivamente difícil de destruir. No verão e no outono de 1944, os bombardeiros tinham avançado fundamente pelo território alemão para atacar instalações petrolíferas, industriais e de transportes. Normalmente, não havia nenhum caça alemão para disputas nos ares. Mas, ao fim do outono, antes da contra-ofensiva nas Ardenas, a Luftwaffe apareceu. Ela foi capaz de pôr em operação aviões para o bombardeio noturno de Bastogne e de outras cidades quando as condições lhe foram favoráveis. Na véspera do Natal, os alemães montaram o maior de seus empreendimentos aéreos em toda a campanha no noroeste da Europa. No dia de Ano-Novo, uns 600 aviões alemães atacaram campos de aviação britânicos em Eindhoven e Bruxelas, destruindo 180 ou mais aviões estacionados.

Isso foi extremamente desencorajador. Durante quase seis meses, os americanos haviam estado à caça dos depósitos de combustível da Luftwaffe e das fábricas em que os aviões estavam sendo fabricados, mas, agora, havia mais aviões inimigos nos céus do que houvera seis meses antes. Os alemães tinham espalhado a produção de aviões que antes realizavam em 27 grandes fábricas por entre 729 fábricas menores. O número de caças monomotores entregues à Luftwaffe saltou de 1.016, fabricados em fevereiro de 1944, para 3.013 em setembro. (De um modo geral, a produção de armamentos alemã alcançou, em novembro de 1944, um crescimento de 260% em relação ao início de 1942.)

Entretanto, como resultado do ataque das forças aliadas aos depósitos e às fábricas de combustíveis alemães, os novos aviões eram, até certo ponto, como os novos tanques que iam para as Ardenas — grandes armas,

mas qual a utilidade delas se não havia combustível? E os pilotos alemães que entraram em combate no fim de 1944 tiveram pouco tempo de treinamento para se tornarem aviadores competentes; na maioria dos casos, ele não passava de uma ou duas horas semanais.

Para os Aliados, a grande preocupação no fim de 1944 em relação à guerra aérea era a produção alemã de aviões a jato. O caça ME 163, monomotor, e o ME 262, bimotor, já tinham sido fabricados às centenas. O bombardeiro a jato Arado 234 estava entrando em produção. Era capaz de voar a quase 900 quilômetros por hora, o que fazia dele um avião 15% mais veloz que os P-51 e os P-47. Os americanos somente poderiam contar com a disponibilidade de aviões a jato em outubro de 1945 (mas o fato é que, dois anos depois do fim da guerra, um ME 262, testado na Base Aérea de Patterson, Daytona, Ohio, foi considerado superior ao novo caça-bombardeiro USAF P-80).[4]

No começo de 1945, alguns aeronautas dos Aliados viam-se tomados pelo receio da possibilidade de os jatos reconquistarem, caso a guerra durasse até junho, o controle dos céus da Alemanha para a Luftwaffe. Já em setembro do ano anterior, o general Carl Spaatz, comandante do VIII Comando da Força Aérea Americana, fizera da fabricação de aviões a jato, depois apenas da obtenção de combustível, seu segundo e mais importante objetivo. Em 9 de janeiro de 1945, passou a dar prioridade aos jatos. Contudo, os inimigos continuavam aparecendo. Tanto no ar quanto em terra, os alemães demonstraram uma engenhosidade e determinação que, em face da surra que haviam tomado, nos levam a pensar na palavra "milagre".

Enquanto isso, as tripulações aéreas dos bombardeiros americanos foram informadas de que teriam que realizar mais missões. Primeiro, seu número era de 25; depois, foi aumentado para 35. E continuou aumentando, pelo que atingiu 70 delas em alguns casos. Alguns voluntários chegaram a completar cem missões. Ocasionalmente, as missões eram chamadas de "entregas de leite", e não sofriam nenhuma oposição de bombardeiros e fogo antiaéreo inimigos, embora, em um número razoável de situações, os americanos enfrentassem ou um ou outro desse tipo de resistência. Mas, na maioria das vezes, eles se confrontavam tanto com os bombardeiros quanto com o fogo antiaéreo alemão. Em 1943, antes de o P-51 passar a fazer escoltas de longo alcance aos bombardeiros em vôos sobre o território alemão, somente 35% das tripulações do VIII Comando da Força Aérea sobreviviam às 25 missões. Esse número subiu para 66% depois da entrada em operação, em 1944, dos aviões P-51.*[5]

As tripulações dos bombardeiros quadrimotores — nove homens, mais o piloto — eram como um pelotão de infantaria no tamanho, mas não em hierarquia ou função. Os quatro homens na parte dianteira do avião — piloto, co-piloto, artilheiro, navegador — eram oficiais. Eles eram encarregados da ofensiva. Seu trabalho era lançar bombas no alvo. Seis sargentos** ficavam nas metralhadoras: um na metralhadora do nariz do avião; um na da torre de tiro superior; dois nas da parte central; um na cabine de tiro rotativa, minúscula esfera de Plexiglas situada abaixo da barriga do avião, logo atrás das portas do compartimento de bombas, na qual o atirador se exprimia para operar a metralhadora; e um na parte traseira Estes últimos se incumbiam da defesa do avião. Seu trabalho era derrubar ou rechaçar o ataque de caças alemães. A patente militar fazia pouca diferença na Força Aérea do Exército, pelo menos em meio à tripulação dos aviões, onde os oficiais e os sargentos eram tão unidos uns aos outros quanto os de um pelotão de infantaria. Eles treinavam e combatiam juntos.

O B-17 foi apelidado de "Fortaleza Voadora". Era cheio de metralhadoras, 13 calibre .50 ao todo. Esse era o caso também do B-24 Liberator. A idéia era que, com todas essas metralhadoras pesadas sendo disparadas ao mesmo tempo e continuamente, o bombardeiro poderia defender-se de todo tipo de ataque. Não obstante, em 1943, a Força Aérea do Exército descobriu que isso era inexeqüível. Aliás, cientistas que faziam estudos para os aeronautas recomendaram a remoção de todas as metralhadoras, de toda munição e de todos os artilheiros do avião. Isso feito, os bombardeiros poderiam voar a maiores altitudes e mais rapidamente, e seriam mais seguros. De jeito nenhum, objetaram os pilotos — queremos ter um meio de revidar. Diante disso, as armas e os artilheiros foram mantidos; os pilotos e suas tripulações também continuaram juntos nos aviões.

Nesse entretempo, os britânicos tinham abandonado completamente a realização de bombardeios diurnos, por causa do inaceitável número de perdas. Portanto, passaram a lançar bombardeios à noite — ataques gigan-

---

* Na verdade, o autor se refere ao P-51D, então a versão mais moderna desse caça. (N. T.)

** Quando os maiorais da Força Aérea souberam que os alemães davam melhor tratamento aos sargentos do que aos praças nos campos de prisioneiros, tornaram sargentos todos os recrutas participantes de missões nos céus da Alemanha. (N. A.)

tescos, com centenas de bombardeiros, sem nenhuma preocupação de atingir alvos menores do que uma cidade — enquanto os americanos faziam seus ataques à luz do dia — também reides gigantescos, com centenas de bombardeiros, mas cujas tripulações se esforçavam para atingir alvos específicos.

O B-17 alcançava a velocidade máxima de 460 quilômetros por hora e tinha autonomia de vôo de 3.200 quilômetros quando transportava 2.700 quilos de bombas. Um total de 12.731 desses aviões foi construído pela Boeing, pela Douglas e pela Lockheed durante a guerra. Já o B-24 podia transportar 4 mil quilos de bombas e desenvolvia 480 quilômetros por hora no máximo, com autonomia de vôo de 3.200 quilômetros. Ao fim da guerra, 18.190 desses aviões tinham sido fabricados.

Jovens como eram, é espantoso o fato de que os pilotos americanos e suas tripulações tivessem sido postos no controle de um avião tão grande como esse. Numa entrevista em 1996, o sargento Robert Hastings, artilheiro da torre rotativa de um B-24, nos deu uma descrição de seus colegas de tripulação. O mais velho deles era o navegador, com 25 anos de idade. Três deles, incluindo o piloto, tinham 23 anos; um 21; um 20; dois 19 e dois 18. Eram soldados comuns, sem nenhuma experiência em vôos. Antes de entrar para a Força Aérea, o navegador havia sido publicitário e exercera a função de redator na empresa em que trabalhara.

— Quatro eram estudantes — disse Hastings —, incluindo eu. Um era fazendeiro, e outro, desenhista. Entre eles havia também homens que tinham sido motorista de caminhão, atendente de mercearia e leiteiro. Três eram casados. E nós dez éramos representantes de oito diferentes Estados.[6]

No que respeita à rotina desses homens, a tensão começava no despertar, no café da manhã, e avançava pela preleção do dia. Em fevereiro de 1943, o sargento Andy Rooney, repórter da *Stars and Stripes*, acompanhou uma missão de um B-17. Na madrugada do dia em que essa missão seria realizada, ele topou com os oficiais que se encaminhavam para o barracão da preleção. O preletor, também um oficial, demorava-se diante de uma parede coberta por um cobertor e tinha na mão um longo indicador. Quando todos se sentaram, ele se aproximou mais da parede, varreu o recinto com um olhar demorado e perscrutador e, em seguida, segurou a ponta direita do cobertor e a atirou para trás.

— No início, houve silêncio, com os aeronautas fitando atentamente o mapa. Aos poucos, porém, um murmurinho ganhou força tal, que, depois, se transformou em arquejos de espanto, quando perceberam que se tratava de um mapa em grande escala de uma região ocidental da Alemanha. Nosso destino era — Wilhelmshaven![7]

Wilhelmshaven era sinônimo de fogo antiaéreo e terror. A maioria das missões era como essa, e, às vezes, sua preleção deixava os homens petrificados. Um dos navegadores costumava ficar paralisado com essas preleções, missão após missão. Seus colegas tinham que carregá-lo para o avião. Uma vez a bordo, ele recuperava seu estado normal. Segundo nos informa o capitão Robert Johnson, houve três casos de pilotos que tiveram graves "crises nervosas do 109" (alusão ao ME 109). Dois deles não puderam mais participar de missões. O terceiro foi acometido por um acesso de tremedeira e teve que se apoiar em outrem para deixar a sala de preleção.

— Mas ele era o sujeito mais corajoso que conheci — disse Johnson, que tinha o segundo maior número de vitórias em batalhas aéreas na Europa. — Ele era um jovem judeu e tinha uma compleição física que lembrava o Sino da Liberdade, ombros estreitos, mas um tremendo de um traseiro. Ele se adaptou admiravelmente ao P-47. Tinha pavor absoluto a missões de combate aéreo, mas se esforçou para superar o medo e conseguiu embarcar. Jamais se tornou um ás da aviação, mas certamente marcou presença e nos ajudou.[8]

A tensão aumentava no campo de pouso. Os homens entravam nos aviões através de uma abertura lateral. Os oficiais, ao se movimentarem pelo meio do avião, passavam pelo compartimento de bombas, caminhando sobre uma viga de aço com bombas de 227 e 450 quilos pendentes em ambos os lados. A cabine do B-17 ficava acima e imediatamente após o compartimento de bombas. A torre de tiro superior se situava atrás da cabina. Para chegar à seção do nariz do avião, o atirador precisava curvar-se e passar por baixo do piloto e pelo operador de rádio. E tinha que fazer tudo isso usando casacos pesados, luvas e botas. A posição do atirador da torre rotativa era numa esfera de Plexiglas, movida por mecanismo hidráulico e que ele fazia girar por meio de pedais. Os atiradores usavam luvas de seda com outras, aquecidas eletricamente, por cima das primeiras.

Todos os homens no avião se sentiam apertados. Quer no assento do piloto, quer na posição do artilheiro da cauda, uma vez no avião, o aeronauta mal podia mudar de posição, esticar-se, coçar-se ou, ainda, proporcionar alívio às energias que se lhe acumulavam no corpo. Tampouco podia fechar os olhos ou descansar. Ele tinha que permanecer em alerta total durante três, quatro, cinco, sete ou mais horas. Os homens cuidavam de tomar somente uma xícara de café e de moderar-se no desjejum.

O tenente Chuck Halper tinha como subordinado um navegador que precisava embarcar em quase todas as missões.

— Ele carregava grandes caixas com tampa para guardar papéis. Apesar das várias camadas de roupas, do arnês dos pára-quedas, do colete salva-vidas, do macacão aquecido, das calças, das ceroulas etc., ele depositava sua "contribuição" nessas caixas, fechava-lhes a tampa e tornava a se vestir. Mais tarde, quando o bombardeiro tomava posição para a descarga das bombas, o navegador agarrava-se a uma máscara de oxigênio, pegava a caixa e ia para o compartimento das bombas, lá atrás. Quando elas eram lançadas, ele também lançava a caixa fora. Embora saibamos por qual motivo, tivemos a sorte de não topar com fogo antiaéreo, e todos nós aceitávamos sua atitude como algo perfeitamente normal. Chamávamos sua bomba especial de *flieger Scheisse*, o equivalente em alemão de "merda voadora".[9]

Com cada um dos homens das tripulações em suas posições e fazendo a checagem do equipamento, os pilotos ligavam os motores, um por um. O rugido de centenas de motores sob aquecimento oprimia os sentidos. Em seguida, vinha o rolamento inicial sobre o pátio; depois o sinal de partida, com o que os pilotos o faziam avançar pela pista para decolar, e lá iam eles, um logo atrás do outro. Quarenta anos depois, o tenente Les Lennox, piloto de um B-17, relata:

— O pessoal do controle de tráfego aéreo do mundo atual ficaria absolutamente perplexo se pudesse ver o único método que tínhamos para controlar todos aqueles bombardeiros. Eles decolavam a intervalos de 30 segundos e levantavam vôo sob todo tipo de tempo, e até mesmo em completa escuridão, enquanto, ao mesmo tempo, seus homens tinham que evitar o uso do rádio. Hoje em dia, quando algum avião escapa de um acidente aéreo de conseqüências mais graves ou mesmo sofrem um, o fato vira notícia em todo o país. Presenciávamos tantos fatos como esse diariamente, que não nos impressionávamos com eles.[10]

Voar acima de nuvens altas e densas, tentar manter a formação de vôo, avançar asa com asa eram fatores que facilitavam a ocorrência de acidentes. E as colisões ocorriam. O tenente J. K. Havener, piloto de um B-26, disse:

— Muitas vezes, formações de 36 aeronaves eram feitas sob um céu densamente nublado, e, depois, essas aeronaves, ainda em formação, se elevavam através dessas grossas camadas de nuvens.

Ele nos fala ainda da ocasião em que o tenente Roy Russell seguia a bordo da segunda aeronave de uma das esquadrilhas, as quais avançavam em grupos de seis aviões cada, quando as nuvens ficaram tão carregadas, que ele perdeu de vista a ponta da asa direita da aeronave da vanguarda. Nisto, ele decidiu jogar a aeronave ligeiramente para a esquerda. Ao fazê-lo, a ponta esquerda da asa de seu avião atingiu o estabilizador vertical do avião da vanguarda. Esse avião, com seu leme de direção seriamente danificado, teve que abortar a missão. Mas conseguiu fazer um pouso forçado numa fazenda perto de Cliffs of Dover. Enquanto isso, Russell, apesar da perda da ponta de uma das asas, pôde prosseguir e completou a missão. Ele adorava a guerra, disse certa vez a um amigo.

— Eu era jovem, louco e estava em busca da glória.

Russell se ofereceu como voluntário para a segunda etapa das operações e participou de um total de 70 missões.[11]

Em 1943 e nos nove primeiros meses de 1944, quando os bombardeiros se punham acima das nuvens e seguiam para leste, eram freqüentemente atacados por caças alemães, que decolavam de campos de aviação da França. Felizmente, depois da libertação desse país, os céus ficaram livres da presença do inimigo até o momento em que a armada celeste entrou no espaço aéreo da Alemanha. Isso passou a significar, contudo, horas de luta contra o aborrecimento e o tédio de operar num espaço exíguo e sob um frio congelante num avião despressurizado voando a mais de 7 mil metros de altura, inalação do oxigênio de tanques, conservação do aquecimento elétrico com luvas e botas especiais, sem nada para fazer a não ser manter-se atento ao inimigo e seguir de perto o avião da frente.

Quando os bombardeiros se aproximavam do alvo, todos se entregavam a um afã intenso. E os Germans 88 começavam a atirar. Os radares informavam ao inimigo a altitude dos bombardeiros, e ele ajustava o tempo de detonação do projétil e o lançava contra a formação, ao ponto de coincidência da passagem dos bombardeiros e sua explosão (que arremessava em todas as direções estilhaços de tamanho considerável). A contramedida dos Aliados era lançar destroços metálicos para confundir os radares alemães. Já os alemães usavam como contramedida um avião de reconhecimento em vôo próximo da formação dos bombardeiros para que seu piloto transmitisse pelo rádio a altitude deles.

A dispersão e a realização de manobras de evasão eram a reação natural dos pilotos quando topavam com fogo antiaéreo concentrado à frente, mas isso era proibitivo, por dois motivos. Primeiro, para a consecução da precisão da operação que os generais encarregados das missões dos bombardeiros exigiam, os aviões tinham que se manter bem próximos uns dos outros e lançar suas bombas quando o avião de vanguarda o fizesse. Segundo, para proporcionar o necessário poder de fogo concentrado e rechaçar os caças alemães, os pilotos tinham que seguir vôo com a ponta das asas de seus aviões quase se tocando. E, do ponto de partida até o alvo, eles tinham que voar sob velocidade baixa e constante, como se num desfile militar, sem se permitir a realização de nenhuma manobra evasiva. Para os pilotos, isso era contrário a qualquer impulso do instinto humano. Mas eles não tinham escolha, pois, do ponto de partida até o local em que as bombas deveriam ser lançadas, o bombardeiro ficava no comando do avião. Este ia aonde o bombardeiro dizia que o piloto tinha que levá-lo.

— A pior parte era quando chegávamos próximo do alvo e os disparos das armas antiaéreas começavam a espocar em torno de nós; os alemães saturavam esse ponto da missão com os projéteis de Germans 88. Aí você tinha que avançar através dessa barreira de tiros, e os que não nos atingiam, em cima ou embaixo ou do lado, nos faziam sentir as ondas de compressão resultantes das explosões, o que também fazia vibrar o avião inteiro. O fato de que eu ficava na torre rotativa me foi causa de pavor muitas vezes. Minha tarefa era ficar de olho nas portas do compartimento de bombas e, quando lhe acionavam o mecanismo de abertura, eu confirmava pelo rádio se elas tinham sido abertas [...]. Quando voltávamos e víamos buracos aqui e ali, provocados pelos estilhaços, tínhamos a noção de quanto conseguíamos enganar a morte toda vez que partíamos em missão — conta-nos o sargento Stan Catterazole, artilheiro da torre rotativa.[12]

Os buracos feitos pelos estilhaços das explosões e o vão das portas do compartimento de bombas deixavam passar uma corrente de ar frio. Na missão de que Andy Rooney participou, um estilhaço cortou a ponta do nariz de plástico do avião, fazendo-lhe um buraco do tamanho de um punho cerrado.

— O bombardeiro, tomado de pânico, tirou as luvas e tentou tapar o buraco com elas — conta-nos Rooney. — Em poucos minutos, suas mãos se congelaram e pedaços de pele começaram a desprender-se de seus dedos ao tocarem na borda recortada do plástico.[13]

O cirurgião do 95º Grupamento de Bombas, o capitão Jack McKittrick, nos relata que os artilheiros voltavam das missões com a pele das mãos totalmente arrancadas. Explica-nos que as armas emperravam, e, no ardor da batalha, os homens se esqueciam de quanto frio fazia naqueles aviões e tiravam as luvas para desemperrá-las e suas mãos grudavam, por congelamento, no metal das metralhadoras.[14]

Os B-24 podiam ser duramente castigados e ainda continuar voando, e os pilotos dos B-17 afirmavam que os seus eram os aviões mais resistentes até então construídos. Os B-17 não eram velozes, não permitiam manobras ousadas, não transportavam as maiores cargas de bombas, mas eram tão próximos do indestrutível quanto qualquer coisa que o homem pode fazer voar poderia ser. Milhares deles retornaram para a Inglaterra com dois ou três motores danificados, sistemas hidráulicos completamente desgastados e homens feridos a bordo.

O sargento Catterazole passou, numa missão de ataque a alvos em Munique, por uma situação que costumava ocorrer com certa freqüência. No momento do lançamento das bombas, o fogo antiaéreo inimigo danificou um dos motores de seu avião, depois outro.

— Portanto, agora temos apenas dois motores e nos aproximamos e lançamos nossas bombas, mas, quando fazemos meia-volta, não conseguimos acompanhar o grupo, pois não temos potência suficiente. Assim, começamos a ficar para trás.

O capitão decidiu descer a uma altitude de 3 mil metros:

— E tentamos nos manter ali, mas ainda não tínhamos potência suficiente. Com isso, começamos a lançar para fora do avião tudo que podíamos. Livramo-nos de nossas armas, e, em seguida, o piloto disse que eu tinha que me livrar também da torre de tiro. Aquela coisa enorme tinha que sair dali. Assim, comecei a soltar os quatro parafusos do estribo — o avião tem um enorme estribo de sustentação da torre de tiro —, e nos penduramos nela. Cheguei a pular em cima dela. Chutei-a uma última vez e aquela coisa maldita continuou pendurada lá pelo último dos parafusos, e o piloto gritava para que a soltasse e eu devolvia os gritos dizendo que eu estava tentando, tentando.

Catterazole deu-lhe um último chute e "a torre se foi!". Ele olhou para baixo "através do enorme vão deixado pela torre, e lá, cem metros abaixo de nós, estava o Canal. Ele parecia muito próximo. Diante disso, pus meu colete salva-vidas, pois não sei nadar muito bem". Mas o piloto conseguiu levá-lo até "um lugar que os ingleses chamam de 'banheira', uma grande e extensa praia, na qual os aviões faziam pousos de emergência". (Em 1996, um estudante de 18 anos de idade perguntou a Catterazole: — Já que você era o encarregado do lançamento das bombas, com o que as fazia cair sobre pessoas que jamais vira ou conhecera, quais eram os seus sentimentos e emoções quando você fazia isso? — Catterazole não tinha como amenizar o teor de sua resposta: — Mais do que qualquer outra coisa, eu sempre desejava não estar lá, no lugar delas.)[15]

O sargento George Hintz era artilheiro da torre rotativa de um B-17. Em 25 de fevereiro de 1945, ele voava a 7.500 metros de altitude e estava a 13 quilômetros do alvo, quando projéteis de Germans 88 começaram a explodir à sua volta. O fogo antiaéreo tirou de ação o motor número quatro, e o avião começou a perder altitude. O piloto lançou toda a carga de bombas sobre uma cidade desconhecida e manobrou de volta para a fronteira da França. Num ataque de caças inimigos, parte do nariz do bombardeiro foi arrancada, e os disparos de suas metralhadoras transformaram suas asas e fuselagem em "queijo suíço". O artilheiro da traseira do avião teve sua metralhadora arrebatada das mãos.

— Então o nosso motor número três foi atingido — conta-nos Hintz. — Os sibilos agudos dos tanques de oxigênio perfurados debaixo do compartimento dianteiro e o vazamento nos tanques hidráulicos indicavam o aumento da possibilidade de uma explosão.

O motor número dois incendiou-se, e chamas ameaçavam fazer explodir os tanques de combustível, que vazavam. O piloto ordenou o abandono do avião.

— E, embora a essa altura estivéssemos sob altitude perigosamente baixa, todos nós conseguimos nos arranjar bem e aterrissamos na fronteira da Suíça com a Alemanha, mas, felizmente, do lado suíço. Por incrível que pareça, nosso B-17, sem piloto e gravemente danificado, voou um pouco mais e fez uma respeitosa aterrissagem forçada numa clareira.[16]

O navegador Marvin Kraft assinala o momento em que as balas calibre .50 dos aviões da Luftwaffe causaram grave vazamento de gasolina. A fumaça tomava conta do compartimento de bombas. O piloto ordenou que todos tirassem os coletes à prova de bala, pusessem os coletes salva-vidas e se preparassem para saltar, e fez que soltassem as bombas sobre o Mar do Norte.

— De pé junto ao compartimento de bombas, observando o frio e distante Mar do Norte lá embaixo, com meu pára-quedas preso ao tórax, fiquei terrificado. Parecia-me doloroso até mesmo mover-me e fiquei paralisado de medo. Felizmente, conseguimos fechar uma válvula situada pouco além do vazamento, e o piloto pôde nos levar seguramente de volta. Nas missões abortadas, não ganhávamos crédito — reporta-nos Kraft.[17]

Apesar de toda a sua legendária robustez, é assombroso o número de B-17 e B-24 derrubados. No VIII Comando da Força Aérea, 6.537 B-17 e B-24 foram perdidos, juntamente com 3.337 caças. A expectativa de vida dos bombardeiros quadrimotores que escapavam à destruição de fogo antiaéreo ou dos caças era quase a mesma da fruída pelas tripulações, ou seja, o equivalente a 35 missões. O recorde de missões efetuadas por um único avião, chamado *Rum Dum*,* foi de 101 missões.

Mas, mesmo quando ficavam desgastados pela guerra, quase incapazes de sair do chão ou de serem controlados no ar, os generais encontravam uma maneira de usá-los. Eles eram desaparelhados, carregados com 10 mil quilos de explosivos e enviados para os alvos mais difíceis: bases de submarinos e de lançamento das bombas voadoras. Uma tripulação composta de dois homens levava o avião-bomba até uma faixa litorânea da Inglaterra, onde eles o abandonavam e um navio abastecedor de lanchas torpedeiras assumia o controle dele por sinais de rádio e o guiava por sobre o mar até o seu alvo. Isso, em princípio; na prática, vários pilotos foram mortos nesse cometimento arriscado, incluindo Joseph Kennedy, Jr., antes de ele ser cancelado.[18]

Para todas as tripulações dos bombardeiros, era angustiante ao extremo ver seus B-17 ou B-24 explodirem e se desintegrarem. Ou assistir a um avião danificado começar a cair, obviamente descontrolado, e iniciar a contagem dos pára-quedas à medida que eles se abriam, esperançosos em Deus que ela chegasse a dez, o que raramente ocorria. Para os aeronautas, não havia cerimônia fúnebre, nenhuma oportunidade para dizer adeus ao caro amigo. Mas, embora não pudessem recolher seu corpo, tinham que reunir seus pertences, e isso constituía um momento difícil, pois, de volta ao quartel, deviam procurar, ao examinar o armário do colega com que tinham tomado o café da manhã, não deixar ficar nada em seus objetos pessoais que pudesse chocar seus pais e seus entes queridos.

Presente numa base aérea na Inglaterra, Andy Rooney foi testemunha de uma morte singularmente horrível quando um dos aviões retornava de uma missão. Era grande o vozerio ao rádio, já que havia meia dúzia de bombardeiros com mortos e moribundos. De repente, uma voz clamorosa

---

* "Esquisitão". (N. T.)

e repassada de desespero: o artilheiro da torre rotativa de um B-17 estava preso ali. As engrenagens que faziam a esfera girar para colocá-lo em posição de atirar e depois recolocá-lo na posição em que podia sair dela e entrar no avião tinham sido atingidas e haviam emperrado. O homem estava preso em sua gaiola de plástico.

Dois motores estavam danificados, e o avião perdia altitude rapidamente, pois conseguia voar apenas a pouco mais de 200 quilômetros por hora, o que significava vôo próximo da velocidade de estol. O piloto ordenou que a tripulação se livrasse de tudo que fosse possível, e os homens começaram a jogar fora metralhadoras, munição, tanques de oxigênio e todo instrumento que conseguissem desprender. Ele abriu as torneiras de vazão dos tanques de combustível para reduzir-lhe o conteúdo até os últimos litros possíveis. O sistema hidráulico estava vazando, e o trem de pouso não podia ser ativado. O pouso forçado era inevitável. Durante oito minutos, o piloto, a torre de controle de tráfego e o artilheiro da torre de tiro rotativo conversaram ao rádio. O artilheiro sabia o que o estava aguardando.

— Assistimos, horrorizados, ao que aconteceu. Vimos a vida desse homem extinguir-se, esmagado que foi pelo choque entre o concreto da pista e a barriga do avião — escreveu Rooney.[19]

Os pilotos, a maioria deles em seus 20 anos de idade, eram admirados, respeitados, acatados e até mesmo amados por todos. Um dos diletos entre todos os que o conheciam era o major James Stewart, também ator famoso por suas participações em *The Philadelphia Story* e *Mr. Smith Goes to Washington*. Stewart se havia alistado como recruta, conseguiu entrar para uma escola de treinamento de pilotos e qualificar-se como tal. A Força Aérea sabia que ele era um bom piloto, mas não quis arriscar-se a perdê-lo. Com isso, decidiu designá-lo para servir no estado-maior. Mas ele insistiu em voar e acabou tornando-se comandante de esquadrilha. Um de seus pilotos, o tenente Hal Turrell, disse a respeito de Stewart:

— Ele era um ser humano maravilhoso e destacou-se sumamente como comandante. Ele sempre ficava à vontade em meio à tripulação, mas, por causa de sua celebridade e de seu rosto famoso, raramente saía da base, pois seria muito requisitado pela multidão. Ele jamais se exibia ou se arrogava o direito de participar de missões especiais. Mesmo quando o nosso grupo seguia em posição secundária, ele participava da missão.[20]

Stewart podia ser contado entre os pilotos sensatos e, por isso, sobreviveu. Segundo as palavras de seu colega, o tenente Saul Levine:

— A maioria das perdas aconteceu nas primeiras missões. O número de sobreviventes aumentou com a experiência. O fato de terem aprendido a voar a grandes altitudes e sob formação compacta, a fazer o armazenamento adequado de combustível, a tomar cuidado especial no momento da formação, tudo contribuiu para melhorar os índices e as chances de sobrevivência. A decisão de manter o corpo descansado e afastado das bebidas alcoólicas antes das missões de vôo foi importante também.[21]

As missões aéreas podiam ser experiências de grande fortalecimento do espírito. O tenente Leo Fenster foi navegador e bombardeiro num B-26 bimotor. Ele fez parte de uma tripulação que sobreviveu a cinco aterrissagens forçadas antes de conseguir realizar com sucesso suas 65 missões. Fenster nos conta que a última foi a pior delas. A missão da tripulação era lançar destroços metálicos do avião, o que exigia que voassem bem à frente e abaixo (9 mil metros) dos bombardeiros que entravam em formação. Então, os alemães concentraram o fogo antiaéreo no avião de Fenster, pois conheciam o propósito do lançamento dos destroços.

— Entre todas as missões — afirma Fenster — jamais me vi submetido a um volume e uma intensidade de fogo antiaéreo igual aos do ataque que sofremos nessa missão. Literalmente, os alemães lançaram contra nós todo o seu arsenal de fogo antiaéreo. A barragem foi tão incrivelmente intensa, que, durante um período de 15 minutos antes do lançamento das bombas e 15 minutos depois, o barulho das explosões contínuas que nos engolfavam foi ensurdecedor. Durante 30 minutos, nosso avião balouçou de um lado para o outro e de cima para baixo. Jamais cheguei a achar que fôssemos sobreviver. Se é possível que uma pessoa consiga ter uma conversa com Deus durante um fogo de barragem intenso como esse, eu fui essa pessoa e, francamente, fiz algumas promessas a Deus que afetaram o resto de minha vida no que diz respeito à minha maneira de me conduzir.[22]

O tenente Raymond Murray, piloto de um B-17, nos fala de uma missão de ataque a uma refinaria de petróleo.

— Não tínhamos como nos desviar dos tiros de barragem antiaérea. Não havia nada que pudéssemos fazer, exceto continuarmos em nossos lugares e rezarmos quantas Ave-Marias fossem possíveis. Em volta de nós, víamos aviões caindo em toda parte, mas jamais me esquecerei do primeiro deles. Eu estava olhando diretamente para esse avião, já que eu me orientava por ele, quando foi atingido em cheio entre os motores de número três e quatro. Vi sua asa voar pelos ares e o piloto virar a cabeça bem lentamente e olhar para mim inexpressivamente. Em seguida, vimos os homens saltando do avião, mas alguns deles tiveram os pára-quedas incendiados ao se abrirem. Então, o avião começou a girar longitudinalmente e, depois, em torno do próprio eixo. Nem todos os homens saltaram de pára-quedas, talvez quatro ou cinco deles. E o avião explodiu. Foi então que me tornei um homem muito religioso.

Murray tinha 19 anos de idade.

— Eu era tão jovem, que, com o passar dos anos, o tempo apagou a maioria das coisas ruins que vi. As únicas lembranças que agora tenho das missões de combate são as referentes a horas e horas de tédio interrompidas por pavor absoluto. Mas, até essa última missão, procurei manter-me indiferente ao perigo, como se eu não tivesse nada a ver com ele, como se eu jamais fosse ser atingido.

Conversei com nosso cirurgião, o capitão Jack McKittrick sobre esse dia. Ele era muito bom sujeito. "É por isso que lhes damos uísque, e é por isso que vocês são tão jovens. Se vocês pensassem nelas, não participariam das missões de combate aéreo", disse ele.[23]

As experiências de combate dos aeronautas eram diferentes das dos homens das forças terrestres, mas havia semelhança entre ambos quanto ao modo pelo qual reagiam a elas. Depois de três meses de combate, a maioria dos homens de infantaria sofria de algum tipo de fadiga de batalha. No que respeita aos aeronautas, isso ocorria após 25 ou 30 missões. Ainda assim, seus comandantes os faziam continuar participando dos combates.

O cirurgião McKittrick tratava dos homens que atingiam e às vezes ultrapassavam o limite de resistência física e mental.

— Os homens se voltavam para mim e diziam: "Capitão, o senhor pode fazer o que quiser, mas eu simplesmente não posso embarcar na próxima missão. Estou apavorado." — Ele nos fala também de um incidente em 1943, no qual "um de nossos bons pilotos teve um acesso de histeria no caminhão que nos levava para o salão do rancho. Ele ficou absolutamente descontrolado".

McKittrick enviava esses tipos de homens para um hospital central nas proximidades, "onde os médicos usavam injeções do 'soro da verdade' para fazer os rapazes recontarem suas experiências, pois muitos deles não conseguiam exprimir-se corretamente quando estavam conscientes. Fazê-los externá-las era uma importante forma de terapia".

Na última semana de fevereiro de 1944, o grupo de McKittrick realizou missões de ataque com profunda penetração no território inimigo todos os dias.

— Os rapazes estavam ficando exaustos e voltavam para o quartel tão amedrontados que não conseguiam comer ou dormir. Mas tinham que acordar às 3 horas e começar tudo de novo.

McKittrick e outros cirurgiões enviaram uma carta ao general Curtis LeMay, comandante da 3ª Divisão de Aeronáutica, VIII Comando da Força Aérea, pedindo-lhe que moderasse a freqüência em participação de missões das tripulações antes que elas sofressem um colapso por neurose de guerra. Ao receber a carta, LeMay solicitou a presença de todos os cirurgiões da divisão em seu quartel-general. De acordo com McKittrick:

— Ele nos censurou, mas polidamente. Ainda posso vê-lo sentado lá com um grande charuto na boca, quando disse: "Cavalheiros, sei que vocês são profissionais, mas nós também somos. Não quero que vocês interfiram no modo pelo qual estamos administrando a guerra e não gostaríamos de receber mais cartas."

McKittrick providenciou para que as tripulações recebessem rações de bebida alcoólica durante o interrogatório feito posteriormente às missões.

— Isso era feito metodicamente — disse ele — e serviu muito para serená-los, e dava-lhes um pouco mais de apetite. Ajudava-os a sentirem-se um pouco aliviados dos horrores de uma missão particularmente terrível e que, na maioria das vezes, suplantava a ficção. E mudo de nome se o Women's Christian Temperance Union* não fez o melhor que pôde para pôr um fim nisso.[24]

Os Aliados estavam empregando grande parte de sua produção industrial e alguns de seus melhores jovens na guerra aérea e pagavam o custo disso com suas riquezas nacionais e as vidas e o sofrimento físico e mental de muitos. Era extremamente frustrante, portanto, conviver com o fato de que os bombardeios regionais noturnos não tinham abalado o moral alemão e que os bombardeios de precisão diurnos não haviam destruído os meios de produção da Alemanha. Essa frustração aumentou a tensão dos Aliados e isso os levou a tomar medidas desesperadas.

---

* Na verdade, trata-se da Woman's Christian Temperance Union, entidade criada nos Estados Unidos, no século XIX, mas, atualmente, com ramificações em todo o mundo, dedicada à moderação e sublimação dos usos e costumes dos povos e, principalmente, à preconização da sobriedade, e mesmo da abstinência total, na ingestão de bebida alcoólica. (N. T.)

O pessoal dos quartéis-generais do VIII Comando da Força Aérea, insatisfeito com os resultados dos ataques anteriores, atribuiu o insucesso das operações à insuficiência do tempo para que o bombardeiro do avião de vanguarda começasse a ajustar a mira, o qual mediava o instante em que a aeronave deixava o ponto de partida e o momento em que se aproximava do alvo. Diante disso, o estado-maior ordenou que os aviões, em seu próximo ataque a Colônia, fizessem a aproximação final do alvo contra o vento. Isso tornaria os aviões mais lentos e daria mais tempo aos bombardeiros para que fizessem seus ajustes. Mas também faria com que os Germans 88 tivessem alvos mais lentos pela frente.

Porém, durante a operação, o mecanismo de soltura das bombas do avião de vanguarda não funcionou. Assim, toda a formação atravessou o fogo antiaéreo alemão sem lançar uma única bomba. O avião da vanguarda fez meia-volta para outra tentativa. Os pilotos dos outros aviões o seguiram, temerosos, mas obedientes.

— Esperávamos o pior, e o pior ocorreu — observa o navegador Frank Aldrich. — As aeronaves estavam abandonando suas posições em todos os pontos da formação, e, quando, pela segunda vez, o avião da vanguarda não conseguiu despejar suas bombas, manobramos e tornamos a entrar em formação para mais uma tentativa.

Mas já não havia aviões suficientes para a aproximação do alvo, e o piloto do avião da vanguarda ordenou o abandono da missão. O avião de Aldrich, gravemente atingido, soltou suas bombas num campo e fez com sucesso uma aterrissagem forçada.[25]

Muitas foram as missões abortadas, e várias as arruinadas. Na tarde do dia 2 de março de 1945, os homens do 323º Grupamento Aéreo, IX Comando da Força Aérea, partiram em missão de ataque contra a Ponte Rodoviária de Sinzig. A esquadrilha consistia de 216 B-26 Marauders transportando 400 toneladas de bombas e 11 B-26 carregados de destroços metálicos. Durante a aproximação do alvo, com as portas do compartimento de bombas dos aviões abertas e os pilotos dos bombardeiros instruídos a lançar suas bombas quando o avião de vanguarda o fizesse primeiro, o avião que avançava à asa do avião da dianteira foi atingido em cheio por fogo antiaéreo. A concussão fez que ele soltasse suas bombas prematuramente. O resto da formação soltou as suas também quando os bombardeiros as viram cair. Como conseqüência disso, todas as 400 toneladas de bombas caíram a cerca de 10 quilômetros do alvo. Para os americanos, o custo disso foi a derrubada de um de seus aviões, o pouso forçado de outro, oito deles danificados e mais uma causa de insuportável frustração.[26]

No início de 1945, a maior parte do IX Comando da Força Aérea estava estacionada na França. Para manter a realização das missões de ataque dos Marauders contra os alvos na Alemanha em condições de tempo desfavoráveis, os aeronautas adotaram uma técnica usada pela primeira vez pelos alemães em bombardeios noturnos à cidade de Londres em sua guerra-relâmpago. Aviões Pathfinder especialmente equipados iriam à frente dos B-26. O Pathfinder seguiria um feixe direcional que o conduziria até o alvo. Ao longo do caminho, vários sinais de rádio emitidos por outras estações na França informariam ao piloto do Pathfinder onde ele estava em relação ao ponto de descarga das bombas. Isso tornou os bombardeios razoavelmente precisos — quando tudo funcionava —, mas tinha as suas desvantagens. Conforme nos explica o tenente Ned Grubb:

— O ponto de partida ficava entre 40 e 50 quilômetros do alvo, o que não proporcionava tempo suficiente ao piloto do Pathfinder para que pudesse "enquadrar" o feixe direcional e o fixar para uma aproximação precisa. Isso resultou num vôo em linha reta até o alvo muito mais longo do que o comum, o que se mostrou muito impopular com os pilotos da retaguarda, já que proporcionava ao pessoal da artilharia inimiga melhores condições para fazer bem a regulagem da detonação de seus projéteis e o enquadramento do alvo em suas peças de fogo antiaéreo.

Mas também permitia que os Marauders realizassem bombardeios em meio a neve e nuvens, conforme ressalta o tenente Grubb.

— Agora, o inimigo tinha que se preocupar também com ataques mesmo sob péssimas condições de tempo — durante as quais, até então, isso implicara para eles um período de relaxamento, no qual podiam cuidar da manutenção de suas armas antiaéreas, seus aviões etc., e, possivelmente, ter algum descanso.[27] — Quando tudo funcionava — logicamente, isso raramente ocorria —, o sistema se mostrava surpreendentemente eficaz. A margem de erro era de apenas cem metros.

Quando os céus se mostravam suficientemente claros, os P-47 estacionados na França faziam a escolta dos B-26. Antes da aproximação do alvo, metade da força de escolta realizava sobrevôos acima da formação dos bombardeiros para proporcionar-lhes proteção superior, enquanto a outra metade desfazia sua formação e seus aviões se lançavam contra as baterias de Germans 88 em bombardeios de mergulho. No começo, essas operações foram triunfais, mas os alemães progrediram em seus meios de revidá-las. Eles passaram a atirar somente quando do início da aproximação do alvo pelo inimigo. Então, os P-47 deixaram de ter como saber, por causa da ausência de fumaça, a localização exata dos Germans 88 e não podiam arriscar-se a serem atingidos pelas bombas em queda livre. Assim, tinham que esperar até que as bombas explodissem. Aí, eles lançavam o ataque.

— A coragem desses ases da aviação em mergulho direto contra a garganta desses Germans 88 vomitando projéteis mortíferos ia além de qualquer descrição possível — avalia J. K. Havener, piloto de um B-26.[28]

Os pilotos de caça eram homens especiais. Eram insolentes, joviais, vigorosos. Não mais do que a maioria dos outros aeronautas, talvez, mas esses eram os traços de caráter que exibiam mais freqüentemente — tanto no céu quanto em terra. Chegavam, por exemplo, a fazer pilhéria do perigo da artilharia antiaérea inimiga. A respeito disso, o tenente Wayne Gatlin, ex-piloto de um P-51, reporta:

— Um daqueles caras dos bombardeiros dizia que "o fogo de barragem antiaérea do inimigo era tão cerrado que até os pilotos automáticos estavam saltando de pára-quedas".

Gatlin disse também que quase não deparou com o fogo antiaéreo dos alemães, mas, ao ser pressionado, confessou que "o que há de bom nos caças é que você pode se desviar facilmente do fogo antiaéreo, enquanto os rapazes dos bombardeiros não têm como fazer isso muito bem, principalmente durante a aproximação do alvo".[29]

Aviões monomotores, mas verdadeiros burros de carga, e pilotados por um único piloto, os P-47 podiam transportar um lote de armamentos surpreendentemente pesado — seis foguetes de 15 centímetros de diâmetro e 9 mil quilos de bomba, mais 8 metralhadoras calibre .50. Mas os pilotos tinham que ver os alvos. Para continuar operando sob condições de tempo ruins, o general Quesada introduziu o uso de um tipo de radar que permitiria que seus P-47 lançassem bombardeios através das nuvens. Operadores de radar americanos na França rastreariam o vôo de uma esquadrilha de P-47. O piloto da aeronave da dianteira seguiria um feixe direcional até o alvo. Os controladores de radares nas bases diriam a esse piloto quando lançar as bombas.

— Detestávamos isso — queixa-se o tenente Philip Wright — e ficávamos furiosos com a autoridade concedida aos controladores, guardados seguramente nas bases, longe dos combates. Voando em linha reta, sob uma altitude estável de 3 mil metros, e a 430 quilômetros por hora, éramos alvos fáceis para o fogo antiaéreo alemão controlado por radar e nos sentíamos como pilotos desprezíveis.

Em meados de fevereiro de 1945, Quesada participou de uma missão com quatro aviões juntamente com Wright e dois outros. A caminho dos aviões — P-47 carregados com bombas de 230 quilos e munição para 8 metralhadoras calibre .50 —, Quesada disse:

— Simplesmente esqueçam que sou general. — Com um sorriso, acrescentou: — Se puderem.

Quando os aviões se aproximaram do alvo, o radar entrou em ação. Um a um, os pilotos se destacaram da formação, tornaram a fazer outra e foram outra vez frustrados pelo mau funcionamento do radar. Depois de outras quatro tentativas, Quesada cancelou a missão. Diante disso:

— Optamos por lançar bombardeios de mergulho contra uma divisão de Panzer e atacá-la também em vôos rasantes. Era um alvo bom demais para ser ignorado quando ainda tínhamos todas aquelas bombas e munição. Num mergulho através de uma barragem de projéteis de 40 e 20 milímetros, emparelhei com o alvo e soltei a minha carga. Minhas bombas golpearam belamente os alemães e acalentei a esperança de que Quesada tivesse ficado tão impressionado com isso quanto eu — conta-nos Wright. Ele ficou, e isso significou o fim das missões de ataque controladas por radar.

Em outra missão, Wright teve uma experiência incomum. Ele recebeu uma chamada pelo rádio de um homem que se identificou como controlador terrestre de uma divisão de blindados. O controlador lhe disse que os alemães estavam escondendo-se em tal e tal bosque e pediu que os P-47 fossem ao encalço deles. Wright e seus colegas voaram para o tal bosque, onde:

— O solo e o ar [nos pareceram como se] estivessem entrando em erupção! Rajadas de Germans 88 viam de toda parte. Havíamos sido atraídos para uma armadilha de barragem antiaérea! Os alemães tinham localizado a freqüência de rádio americana e fizeram que um controlador, com inglês perfeito, nos enganasse.[30]

O mais famoso ataque aéreo da guerra, lançado contra Dresden nos dias 13 e 14 de fevereiro de 1945, tem sido considerado a mais bárbara e insensata operação de guerra. À noite, o Comando de Bombardeiros da RAF realizou um ataque com 873 bombardeiros, cujas entranhas despejaram sobre a cidade do inimigo milhares de bombas incendiárias e de alto poder de destruição, com até quatro toneladas. Esse ataque pôs a cidade em chamas e deu início a uma tempestade de fogo à medida que uma coluna de intenso e crescente calor aspirava o oxigênio e o queimava, o que deu origem a vendavais ciclônicos e temperaturas de até 500 graus centígrados ou mais. Ao meio-dia, 311 B-17 do VIII Comando da Força Aérea lançaram 771 toneladas de bombas na cidade ardente, com o objetivo de atingir bombeiros e equipes de resgate em movimentação pelas ruas. No dia seguinte, 210 B-17 soltaram sobre ela mais 461 toneladas de bombas. A tempestade de fogo varreu a cidade durante quatro dias e podia ser vista num raio de 300 quilômetros. As pessoas que se refugiaram em abrigos antiaéreos foram mortas por asfixia ou assadas vivas. Kurt Vonnegut nos dá na carta que escreveu aos pais logo depois da guerra uma descrição da cena que testemunhou:

"No dia 14 de fevereiro, os americanos e a RAF apareceram. A combinação de suas forças matou 250 mil pessoas em 24 horas e destruiu toda a cidade de Dresden — possivelmente a mais bonita de todo o mundo. Mas não a mim.

Depois disso, fizeram-nos carregar corpos dos abrigos antiaéreos: mulheres, crianças, anciãos, mortos por concussão, fogo ou asfixia. Os civis nos xingavam e atiravam pedras enquanto carregávamos os corpos até enormes piras funerárias na cidade."

(Vonnegut acabou sendo libertado pelos soviéticos, depois que "os aviões [soviéticos] lançaram ataques rasantes e bombardeios contra nós, matando 14 homens, exceto a mim". Antes disso, o vagão ferroviário em que se espremia com outros prisioneiros de guerra tinha sido atacado por americanos. Vonnegut afirma ser o único homem a ter sido atacado por alemães, americanos e soviéticos e sofrer bombardeios dos britânicos e ter sobrevivido.)[31]

No décimo quinto aniversário do Dia V-E, ocasião em que houve um debate na televisão sobre a Segunda Guerra Mundial entre Joseph Heller, Vonnegut e mim, Vonnegut disse:

— O bombardeio da cidade de Dresden não encurtou em um segundo sequer a duração da guerra. Há uma única pessoa que se beneficiou com esse ataque, e essa pessoa sou eu.

Mas, embora o ataque a Dresden seja considerado, de um modo geral, o mais avassalador de toda a guerra na Europa, não o foi. Pouco antes desse ataque, os bombardeiros dos Aliados tinham atingido Berlim (com bombas de 500 quilos) e Leipzig ainda mais duramente. A questão é que houve muito pouco protesto por causa desse ataque, se é que podemos dizer que houve algum. O que fez de Dresden um caso especial foi a aparente ausência de alvos industriais e militares ali. As pessoas ficaram indignadas com a destruição do coração de uma cidade antes relativamente pouco atingida pelos conflitos da guerra e conhecida em todo o mundo por sua beleza. Demais, o número de mortos em Dresden foi, inicialmente, insensatamente dilatado, e chegou a 250 mil, segundo apontamento de Vonnegut. Depois, de acordo com as estimativas feitas pelos alemães, esse número baixou para 135 mil. Avaliações recentes dão conta de que ele se situara em 35 mil. Ninguém sabe ao certo, já que Dresden tinha muitos refugiados.

Os primeiros protestos surgiram na propaganda nazista, mas, assim que se tornou conhecida a destruição generalizada em Dresden, houve muitos clamores populares nos países dos Aliados. A maior parte dos especialistas britânicos em bombardeios regionais fez numerosos questionamentos acerca da necessidade do ataque. Até mesmo Churchill, que tinha ajudado a pôr em andamento o ataque a Dresden pedindo que o Comando de Bombardeiros da RAF achasse meios adicionais de "desmantelar os planos da retirada alemã", recuou em sua atitude. Em 28 de março, ele advertiu seus chefes de estado-maior da insensatez da realização de "bombardeios [indiscriminados] às cidades alemãs simplesmente para o aumento do estado de terror" e, como resultado disso, conquistar "uma terra completamente arruinada".

Por que motivo desejariam os Aliados bombardear cidades comerciais, sem alvos genuínos? Há muitas respostas para isso. A que faz mais sentido para mim é o fato de que, simplesmente, os Aliados tinham ficado sem alvos para atacar. As cidades ao longo do Reno e do vale do Ruhr, no oeste da Alemanha, tinham sido arrasadas e/ou ocupadas pelos meados de fevereiro. Berlim, Leipzig e outras importantes cidades alemãs eram um monte de escombros. Dresden era ainda uma das poucas cidades deixadas relativamente intactas (não é verdade que Dresden atraía refugiados porque nunca tinha sido bombardeada — ela tinha sido bombardeada, e duas vezes, embora por meio de ataques muito menores). Quando inquirido pelo Ministro da Guerra, Henry Stimson, sobre a necessidade do ataque, o general Marshall assinalou que os soviéticos tinham solicitado que os Aliados destruíssem o sistema de transportes dos alemães (Dresden tinha um pátio de manobras e carregamento ferroviário de proporções razoáveis), razão pela qual, aliás, lançava, presumivelmente, a culpa sobre eles. Mas os soviéticos disseram que não tinham feito nenhuma solicitação desse tipo, embora, àquela altura — meados de 1945 —, os soviéticos já estivessem criando o que se tornaria a Alemanha Oriental, e, portanto, tinham motivos políticos para fingir que eram os grandes amigos do povo alemão, enquanto os capitalistas estavam destruindo suas casas e suas famílias.

Injustificavelmente, os britânicos levaram a maior parte da culpa. Dresden tornou-se uma espécie de vergonhoso labéu no *establishment* britânico, bem como o símbolo do terror dos bombardeios. Tanto assim, que o general Arthur Harris, chefe do Comando de Bombardeiros da RAF, foi o único líder britânico da Segunda Guerra que não fora honrado com a ordem da cavalaria.

Os americanos que participaram do ataque não aceitam essa condenação. O tenente Dave Nagel disse numa entrevista:

— Se você visse Londres, como eu vi, não sentiria nenhum remorso. Não conheço ninguém que tenha sentido remorso. Eu não odiava ninguém, mas, próximo do fim, estávamos nervosos, tensos [...]. Com o tempo, para mim o melhor alemão passou a ser o alemão morto. Até hoje, não compro produtos alemães se eu puder evitar. Tornei-me preconceituoso.[32]

Ainda respeitante a isso, o tenente John Morris declarou:

— Não acho razoável dizer que sinto vergonha por ter ido a Dresden nesse dia. Foi estrategicamente sensato ter impedido que a Wehrmacht conseguisse recuar para que pudesse reorganizar-se e tornar-se mortífera outra vez. Portanto, bombardeamos os pátios de manobras ferroviárias e os entroncamentos rodoviários ao longo da linha de retirada da Wehrmacht, de uma extremidade à outra da fronteira da Alemanha. Não folgo com o destino dos 35 mil alemães que morreram ali. E duvido que houvesse muitos judeus nesse número. Os burgueses de Dresden os tinham despachado para Auschwitz. — Morris prossegue e revela sua opinião sobre a importância relativa do ataque: — É verdade que a RAF provocou a tempestade de fogo, o que causou muitas mortes. Era uma tática que ela usava freqüentemente. Mas ela e nós matamos mais pessoas em outras cidades, em outros dias. Foi o que fizeram também os soviéticos. Os japoneses. Os alemães. Dresden não foi a única.[33]

O VIII Comando da Força Aérea orgulhava-se de seus bombardeios precisos e negou somente sua participação no ataque a Dresden. Mas, sob o ponto de vista dos alemães, nos últimos meses da guerra era difícil saber se os aviões que bombardeavam suas cidades eram britânicos ou americanos. O capitão Dan Villani, do 398º Grupamento de Bombardeio, foi um dos pilotos dos B-17 participantes do ataque maciço arremetido contra Berlim nos meados de fevereiro. Décadas depois, ele disse:

— A maior parte da formação se dispersou para evitar o fogo antiaéreo e, ao fazer isso, arruinou a precisão do lançamento das bombas. Tenho certeza de que a maioria dos pilotos não ligou a mínima para isso. Eles queriam apenas sair da área do alvo o mais rapidamente possível [...]. O alvo principal era o centro de Berlim e não acho que isso era um bombardeio a alvo militar. Mas, pessoalmente, não senti nenhum remorso. Eles puseram Hitler no poder e o apoiaram e, com isso, selaram seus destinos.[34]

De 1943 em diante, depois de ser posto na defensiva, Hitler passou a exortar o povo alemão a manter a resistência durante um pouco mais de tempo, pois, dizia, estava próxima a disponibilidade de armas secretas. A maior parte desses seus discursos exortatórios não passava de linguagem bombástica. O mais perto que ele chegou de uma arma secreta que poderia ter invertido a situação da guerra era o avião a jato, mas, sob vários aspectos, ele o empregou mal e grosseiramente. Seu maior erro foi insistir em que o ME 262 fosse fabricado como bombardeiro, em vez de como caça, erro agravado por sua insistência na fabricação de bombardeiros convencionais. Metade dos aviões produzidos na Alemanha em 1944 era de bombardeiros; em 1945, eles ainda representavam 40 por cento do total de aviões fabricados pelos alemães. Enquanto isso, a Alemanha perdia mensalmente 82% de seu efetivo de forças nos ares, ou, em outras palavras, sofria um prejuízo de cerca de 1.200 aviões de uma produção média anual de 1.300.[35] Os jatos poderiam ter reduzido essas perdas consideravelmente, mas nunca havia um número suficiente deles. Sua produção total era de 1.433, mas somente uns 200 entravam em combate e nunca mais de 25 por vez. Eram números insignificantes se comparados com os números das forças americanas nos ares — num ataque lançado contra Berlim em março de 1945, 1.250 B-17 foram escoltados por um número quase idêntico de caças.

O ME 262 e outros jatos alemães suplantavam todos os outros aviões da Segunda Guerra Mundial, mas, como fatores de vencimento da guerra no último ano do conflito, mostraram-se inferiores às bombas voadoras. Embora os P-51 não pudessem rivalizar com os ME 262 no ar, podiam destruí-los em terra, ou lançar suas bombas contra as pistas excessivamente longas que os jatos requeriam para decolar e pousar (no começo de

1945, os jatos passaram a ser escondidos em bosques e a usar autoestradas como pista), ou, juntamente com os grandes bombardeiros, ir ao encontro dos seus conhecidos locais de produção. Segundo consta, cerca de 500 jatos foram destruídos antes de serem entregues à Luftwaffe.

Os jatos e as bombas voadoras eram motivo de preocupação, e ambos causavam prejuízos consideráveis, mas os dois vieram tão tardiamente, em números tão ínfimos, e foram tão mal usados, que a única coisa que conseguiram fazer foi adiar e tornar mais cara a vitória dos Aliados, ao invés de impedi-la.

Isso não responde às perguntas: o bombardeio estratégico foi fundamental para a vitória? Constituiu sábio emprego de recursos? Certamente, ele foi caro para o inimigo: estima-se que 2 milhões de pessoas, soldados e civis, foram empregadas tanto nos sistemas de defesa antiaérea quanto na limpeza e nos processos de reparo após os bombardeios.[36]

Mas ele foi extremamente oneroso para os Aliados também, em recursos materiais e vidas. Os Estados Unidos puseram parte da nata de sua juventude nos B-17 e não se pode dizer, de modo algum, se essa foi a melhor utilização de seus talentos e aptidões. Não consigo ver nos bombardeios arrasadores de cidades um fator de impacto significativo sobre os combates nas frentes de batalha, tampouco acho que os ataques lançados contra sistemas industriais específicos, tais como os das fábricas de rolamento, tenham valido a pena. O que realmente valeu a pena, pelo custo das operações, e isto foi fundamental, foi ter forçado os alemães a se manterem na defensiva pelos ares, o que poupou os exércitos dos Aliados na Europa do receio e do perigo das ações da Luftwaffe, e os ataques à indústria de combustível alemã, os quais foram tão espetacularmente triunfais que, na primavera de 1945, a Wehrmacht ficou sem estoques de gasolina. Isso, por si só, justificou o investimento nos bombardeiros quadrimotores. A guerra não poderia ter sido vencida sem eles.

13

SOCORRISTAS, ENFERMEIRAS E MÉDICOS

NÃO SE PODE DIZER QUE HOUVE DIFERENÇA em ser morto na Segunda Guerra Mundial ou na Guerra de Secessão, mas, se estilhaços, balas ou galhos de árvores ferissem um soldado americano, sem matá-lo, sua experiência como baixa era infinitamente melhor do que a pela qual passaram Johnny Reb ou Billy Yank, a começar por suas chances de sobrevivência, pois a medicina militar tinha progredido muito naquela parte do século XX. A equipe médica, dos socorristas nos campos de batalhas aos enfermeiros e médicos nos hospitais de campanha montados nas cidades, legou à posteridade anais de admirável valor. Mais de 85% dos soldados submetidos a operações de emergência em hospitais de campanha ou de evacuação sobreviveram. Menos de 4% de todos os pacientes internados em hospitais de campanha morreram. Na Guerra de Secessão, esses números chegaram a 50%.

Medicamentos maravilhosos e técnicas cirúrgicas avançadas tornaram possível o progresso da medicina, mas eram as pessoas que tinham que levar os feridos para o hospital antes que fosse tarde demais para enfermeiras, medicamentos e cirurgiões fazerem o seu trabalho. Essas pessoas eram os socorristas.

Num batalhão de infantaria com 12 pelotões, havia de 30 a 40 socorristas. Depois de algum tempo na frente de batalha, fosse após uma semana, fosse após um mês, a maioria das unidades tinha reduzido para um o número de socorristas por pelotão. Os socorristas eram pessoas dos mais variados tipos, tanto na motivação que os empolgava quanto no fundo e na forma, mas um traço característico e comum a todas eles era a recusa em matar acompanhada pelo desejo de servir.

Um dos heróis em Pointe-du-Hoc no Dia D, o praça Ralph "Pregador" Davis, membro dos Rangers, pediu, em setembro, transferência para o Serviço de Saúde, por motivos religiosos. Ele foi aceito imediatamente, já que era difícil encontrar voluntários para o serviço. Numa patrulha noturna, o "Pregador" foi atingido nas costas por um atirador de elite alemão e ficou paralítico da cintura para baixo. (Depois da guerra, alcançou seu objetivo de se tornar pastor, antes de morrer por conseqüências tardias do ferimento.) O sargento Frank South disse que o Pregador era "profundamente respeitado por sua coragem — provada em batalha — e por seu devotamento, do que também deu provas".[1]

A experiência de combate provocou forte reação moral no Pregador. Ela foi causa de forte reação em outros também, mas, às vezes, em sentido contrário. O Pregador já não era capaz de matar; alguns homens que iniciavam o serviço ativo como socorristas por motivos religiosos mudavam de atitude ao depararem com a realidade da guerra — e solicitavam transferência para companhias posicionadas na frente de batalha, o que significava que desejavam pegar um fuzil e revidar.

Os socorristas tinham passado pelo mesmo treinamento que os homens de infantaria, exceto com relação ao manuseio de armas. Nos campos de instrução, os socorristas tinham sido mantidos à parte, em seus próprios acampamentos, afastados dos homens cuja vida estavam aprendendo a salvar, aparentemente pelo receio de seus superiores de que se contaminassem com a índole dos soldados de fato. Com isso, os recrutas que empunhavam fuzis e os socorristas desenvolveram pouco o senso de camaradagem. Um tenente chegou a confessar que ele e seu pelotão "desprezavam, de certo modo", os homens do Serviço de Saúde, pois eram contrários à guerra.[2] A simples presença deles era como um espectro de admoestação moral pairando sobre o que os homens de infantaria estavam sendo treinados para fazer. Eram, assim, freqüentemente ridicularizados, com pechas tais como "traficantes de pastilhas",* e as talas e curativos que punham em ferimentos imaginários nos exercícios eram motivo de piada. Esse era o seu único trabalho real, o tratamento de bolhas e coisas semelhantes.

---

* Assim chamados por causa das pastilhas de sal que distribuíam. (N. A.)

Mas, nos combates, eram irrestritamente amados e admirados.

— Além-mar — conta-nos o socorrista Buddy Gianelloni —, tudo era diferente. No começo, chamavam-nos de socorrista, mas, quando menos esperávamos, estávamos sendo chamados de doutor. Eu tinha 19 anos então.[3]

Em inúmeras ocasiões, quando perguntei ao veterano em entrevistas se ele se lembrava de algum socorrista, o ex-combatente dizia algo como:

— O tipo de homem mais corajoso que conheci. Permita-me falar-lhe a respeito [...].

Eis, pois, um relato típico: o praça Mike DeBello foi atingido por uma bala de metralhadora que lhe rasgou a parte superior da musculatura do braço e recebeu ajuda do socorrista Mellon.

— O "doutor" Mellon foi o jovem mais corajoso que conheci. Ele veio correndo através do fogo de metralhadora e fez um curativo e pôs uma tala em meu braço.

Mellon foi surpreendido pela concussão produzida pela explosão de um projétil de German 88 e sofreu deslocamento do ombro. Ele deveria ter voltado para o posto de socorro, mas, conforme mais tarde explicou, achava que "havia muitos colegas feridos precisando de ajuda. Assim, tomei um pouco de codeína e morfina. Já que eu não conseguia erguer o braço acima da cintura, fiquei tentando trabalhar com esses feridos apenas com uma das mãos".[4]

Para preservar sua condição de não-combatente ante a Convenção de Genebra, o Ministério da Guerra não dava aos socorristas soldo de combate (um adicional de 10 dólares por mês) ou o direito de usar a insígnia de combatente de infantaria. Os soldados se ressentiam muito disso. Em algumas divisões, os fuzileiros faziam coleta de contribuições com base em seus próprios soldos para dar o bônus de combate aos socorristas. Em que pese o seu direito de não usar a insígnia, quatro socorristas recrutados para servir no TOGE foram agraciados com a Medalha de Honra, e centenas deles ganharam Estrelas de Prata ou de Bronze.[5]

O socorrista Ed Grazcyck, da 4ª Divisão, ganhou uma Estrela de Bronze. Mais tarde, numa ocasião em que sua companhia sofreu um ataque de fogo de barragem na Floresta de Hurtgen, um dos sargentos foi morto pelos estilhaços que lhe atingiram o pescoço, e Grazcyck foi atingido por um grande fragmento na parte posterior da cabeça. O socorrista ficou inconsciente e parecia estar morto. Ao lado dele, um homem clamava pela presença de um socorrista. O tenente George Wilson correu até o homem ferido e viu que ele "segurava desesperadamente o que lhe sobrara do braço. Ele tinha sido arrancado, quase à altura do ombro".

Enquanto Wilson fitava impotente a cena, o socorrista Grazcyck recobrou a consciência e veio em socorro do homem ferido. Ele disse a Wilson que fizesse um curativo para estancar a sangria, entregou-lhe um pouco de morfina, explicou-lhe como usá-la e, em seguida, passou instruções verbais enquanto Wilson polvilhava o coto ensangüentado com sulfa em pó e enfaixava o ferimento. Quando Wilson terminou o trabalho, tanto o homem ferido quanto Grazcyck desmaiaram. Wilson providenciou para que um jipe os levasse para o posto de socorro. E eles sobreviveram.[6]

Os socorristas serviam nas companhias da linha de batalha. Ficavam nas trincheiras individuais sob atitude passiva. Mas, às vezes, quando os americanos entravam em operações de ataque, eles tinham que ficar para trás com os feridos, pelo que se sentiam solitários e abandonados. Em outras ocasiões, em que o ataque fracassava e os homens recuavam, os socorristas tinham que entrar nas linhas de frente para prestar auxílio e ajudar os feridos a se dirigirem para o hospital de campanha.

O praça Byron Whitmarsh, da 99ª Divisão, nos fala da experiência dos socorristas durante situações de tiros de barragem:

— Havia coisas piores do que ser fuzileiro de infantaria; não muitas, mas ser socorrista era uma delas. Quando os tiros de barragem e o tiroteio se intensificam, não demora muito até que se ouça um grito de "Socorrista!" É quando os soldados comuns podem comprimir-se contra o fundo de suas trincheiras e não precisam sair de lá em missão de misericórdia.[7]

Assim que o socorrista chegava até o homem ferido, fazia-lhe um exame o mais breve possível, punha-lhe uma tala, se necessária, injetava-lhe uma dose de morfina, limpava o ferimento da melhor forma possível, polvilhava sulfa em pó sobre ele, enfaixava-o e arrastava ou carregava o paciente para a retaguarda. O praça Robert Phillips, socorrista da 28ª Divisão, chegou a adquirir pavor pelo sibilo dos projéteis e o invariável grito de "Socorrista!" que o obrigava a deixar sua trincheira. Enquanto trabalhava, os estilhaços das explosões destroçavam as árvores, e as baixas aumentavam. Ele afirma que jamais se esquecerá do trabalho de examinar um homem ferido à noite, de lhe rasgar as roupas na escuridão e tateá-lo a fim de localizar o ferimento:

— Era como pôr a mão num balde cheio de fígados úmidos.[8]

O praça Benedict Battista foi um socorrista da 90ª Divisão que cobriu a enorme distância entre a Praia de Utah e o centro da Europa, "tentando salvar vidas". Depois da guerra, disse, à guisa de ponderação:

— Não me arrependo do que fiz, mas, se tivesse que fazer tudo outra vez, eu não iria querer ser socorrista. Vi sangue demais. Preferiria fazer parte de uma unidade de manutenção do exército.[9]

Em sua primeira missão nos campos de batalha, o sargento Gianelloni quase fracassou.

— O primeiro ferido que tratei calhou de ser um sargento severo e durão. Um estilhaço lhe rompera a bota e alcançara os dedos do pé. Não era um ferimento grave, mas, para ele, era [...]. Sentei-me ao lado dele e ele gemia e resmungava. Disse a ele que tinha que cortar-lhe a bota para retirá-la. Ele respondeu dizendo que eu fosse em frente e que, ao invés de conversar, tratasse dele. Assim, cortei-lhe a bota e a retirei. Enquanto me preparava para enfaixar o ferimento, olhei para baixo e vi que minha mão estava toda ensangüentada. Com isso, inclinei-me para o lado e comecei a sentir falta de ar. E o sargento foi ficando cada vez mais impaciente e disse que eu deixasse de frescura e cuidasse dele. Eu lhe respondi que estava fazendo o melhor que podia.

O paciente, além de cada vez mais nervoso, estava armado e irritado. Gianelloni decidiu aplicar-lhe uma dose de morfina, não porque fosse necessário, mas porque não queria que aquele filho da mãe perdesse o autocontrole. Por isso, tirei um frasco de morfina de minha bolsa e arregacei-lhe uma das mangas. Pressionei a seringa contra o seu braço e continuei a pressioná-la e pressioná-la, e ele gritava, e eu pressionava ainda mais, até que, por fim, aquela coisa quebrou. Eu disse: "Oh, esqueci de pôr a agulha e preparar a injeção. Oh."

Gianelloni jogou o *kit* fora. O paciente pegou o fuzil:

— E disse: "Seu bastardo, é melhor que você cuide de mim, pois, do contrário, eu o mato." Eu disse: "Só mais um instante." Assim, peguei outro *kit* e pus a agulha dessa vez e apliquei-lhe 30 miligramas de morfina. Isso o fez tontear e cair.

Deve ter feito mesmo — de acordo com Gianelloni, 4 miligramas são suficientes para desacordar um homem e anestesiá-lo para uma operação.[10]

Se o socorrista não fizesse seu trabalho rápida e corretamente, ele perderia seu paciente. E, às vezes, tinha que prestar os primeiros socorros sob a mira do fogo inimigo, pois, ocasionalmente, os alemães atiravam nos socorristas a trabalho entre as linhas de tiro. Tal foi o caso do praça Phillips, que sofreu um ferimento enquanto tratava de um homem ferido. Ou do cabo Louis Potts, da 26ª Divisão, que, no dia de Natal, foi alvo dos tiros inimigos enquanto cuidava de um soldado ferido. Mas ele continuou no campo coberto de neve e foi cuidar de outra vítima. Dessa vez, um atirador de elite alemão o atingiu na testa.

— Potts era de baixa estatura [...]. Ele dava o melhor de si para ajudar os feridos, independentemente de riscos pessoais — comentou o seu sargento.[11]

Ouvi dezenas de histórias como essas, tanto de veteranos alemães quanto de veteranos americanos, mas, geralmente, eles apenas tinham ouvido falar delas, ao invés de eles próprios terem testemunhado fatos como esses. Respeito a isso, Albert Cowdrey, do Centro de História Militar dos Estados Unidos, insiste em que são incomuns e ressalta que estudos sérios demonstraram que "os alemães cumpriam integralmente a Convenção de Genebra". Embora os homens que usavam a braçadeira da Cruz Vermelha fossem mortos, isso se dava, às vezes, porque ela não era vista. O argumento dos socorristas é peremptório: ela servia para torná-los mais evidentes, não menos. Eles começaram a usar duas braçadeiras e a pintar uma cruz vermelha num quadrado branco no capacete, confiantes em que os alemães ou os soldados americanos passariam a respeitar o símbolo se, pelo menos, ele pudesse ser visto. (Cowdrey contradiz suas afirmações a esse respeito com a descrição dos fatos havidos na Guerra do Pacífico, na qual os socorristas se tornaram alvos especiais para os japoneses e reagiram com o abandono do uso das braçadeiras e até mesmo tingindo-as de verde.)[12]

O tenente Wenzel Andreas Borgert foi comandante de uma unidade antitanque do exército alemão na Normandia. Ele nos dá uma descrição de um ataque americano em que dez de seus quinze homens foram feridos. Então, ele solicitou uma ambulância pelo rádio.

— E devo reconhecer — disse Borgert numa entrevista — que, no mesmo instante em que a grande bandeira da Cruz Vermelha assomou no topo da colina atrás de mim, os americanos pararam de atirar imediatamente. Posso dizer honestamente que isso me causou enorme impressão, pois não houve nada dessa coisa de Cruz Vermelha na frente de batalha na então União Soviética.

Ambos os lados puderam cuidar de seus feridos. Borgert avistou um oficial americano e cruzou terra de ninguém para conversar com ele. O americano entabulou conversa em alemão.

— Onde você aprendeu a falar tão bem o alemão? — perguntou-lhe Borgert.

— Minha família é alemã — o oficial americano respondeu.

Em seguida, perguntou a Borgert se ele não desejava render-se, já que, "em todo caso, a guerra está perdida para a Alemanha".

Não, foi a resposta de Borgert. Ele continuaria a combater. Mas disse ao americano que, assim que a noite chegasse, ele pretendia recuar de sua posição atual.

— Então, eu não o atacarei até anoitecer — tornou o americano, e fez o que promoteu.[13]

Às vezes, os americanos atiravam nos socorristas. O major Cochran, da 90ª Divisão, nos fala do caso de um observador avançado que solicitava fogo de barragem quando ficava sabendo que os alemães estavam comendo — ele tinha uma espécie de sexto sentido com relação a isso, segundo Cochran. Depois de solicitar o cessar-fogo, ele dizia:

— Preparem-se para fazê-lo novamente.

Ele explicava a Cochran que, em cinco ou dez minutos, "seus socorristas aparecerão para tratar de suas baixas, e nós os pegaremos também".[14]

O sargento Robert Bowen, da 101ª Divisão, relata-nos o caso de dois homens de seu pelotão, feridos em 23 de dezembro, nas Ardenas.

— Eles ficaram estendidos na neve, um deles balbuciando coisas sem nexo, e o outro gritando.

Bowen tentou chegar até eles, mas o fogo alemão o manteve afastado. Então, o socorrista Evert Padget disse-lhe que iria tentar, pois, explicou, os alemães honrariam sua braçadeira da Cruz Vermelha.

— E ele saiu em socorro deles. Esse foi um dos maiores atos de coragem que eu tinha testemunhado. As balas do inimigo sulcaram a camada de neve à sua volta até ele alcançar os feridos. Depois disso, a intensidade do fogo alemão diminuiu, e ele pôde cuidar dos dois homens — embora ambos estivessem além da possibilidade de serem salvos, Padget conseguiu, pelo menos, ministrar-lhes uma dose de morfina. Em seguida, ele voltou para a linha de defesa americana e o tiroteio recomeçou. E confessa Bowen: — Pensei nos alemães feridos que tinham ficado estendidos na estrada no dia anterior e no fato de que quatro de nossos rapazes haviam tentado matar qualquer um que viesse em socorro deles.[15]

Na Normandia, dois dias após o Dia D, o praça Ken Webster, da 101ª

Divisão, viu um jipe alemão surgir por entre uma cortina de fumaça e avançar audaciosamente através da vila de Vierville. O veículo trazia uma grande bandeira da Cruz Vermelha e transportava na parte de trás dois alemães feridos deitados em padiolas, com um pára-quedista alemão corpulento e robusto ao volante. Foi uma cena tão surpreendente que ninguém fez um movimento sequer para interrompê-la, até que, finalmente, quando o jipe estava quase saindo da vila, um oficial americano o deteve. Webster nos fala do resultado disso:

— O jipe foi confiscado. O motorista, um socorrista, foi morto, pois portava uma pistola, e os dois homens feridos foram abandonados à beira da estrada para que morressem ali.[16]

O tenente Charles Stockell viu socorristas combaterem uns aos outros. Segundo consta no registro do dia 25 de julho de seu diário, "um socorrista americano e um socorrista alemão que tratavam feridos na terra de ninguém se envolveram numa luta corporal. A guerra foi interrompida durante dez minutos, até o momento em que o americano derrotou o alemão".[17]

Durante a Campanha das Ardenas, numa ocasião em que a companhia do capitão Colby se encontrava no Rio Our, um socorrista inspirou seus homens a alcançar um objetivo. Colby disse a eles que atravessassem o rio congelado para atacar. Eles o fizeram, mas foram rechaçados pelos tiros de uma metralhadora inimiga.

Todos, exceto um dos homens, conseguiram voltar para a margem do rio ocupada pelos americanos. Esse soldado ficara para trás como baixa.

— Ele ficou estendido e imóvel no meio do rio congelado. Um socorrista (estou certo de que era Vosburg) abandonou o maldito esconderijo na nossa margem do rio e pôs-se ao lado do homem caído. A metralhadora inimiga tornou a cuspir fogo. As rajadas penetravam a neve próximo aos dois e faziam-na esguichar.

O socorrista se levantou e se pôs de pernas abertas diante do homem ferido, o que o fez ficar entre o fogo da metralhadora e a baixa. De joelhos na neve, ele começou a tratar o paciente. Com isso, o restante da Companhia E seguiu para a outra margem do rio, com cada um dos homens disparando alguns tiros enquanto avançava.

O homem ferido sobreviveu, e o ataque foi um sucesso.[18]

Muitas vezes, quando o socorrista chegava, encontrava o colega morto. Nesse caso, eram de responsabilidade do socorrista a remoção e o transporte do corpo até o pessoal do Serviço de Registro de Óbitos. Bill Mauldin nos fornece breve descrição desses homens:

— Esse pessoal poderia ter feito o papel dos coveiros em Hamlet.[19]

Seu estado normal era o de bêbados, necessário talvez para a realização de seu trabalho.

Esses homens se tornavam insensíveis. O praça Kurt Gabel, da 17ª DIA, nos fala sobre o dia em que participara da medonha tarefa de procurar e empilhar os corpos dos mortos de sua unidade, como resultado de um fracassado ataque às posições inimigas num campo coberto de neve. Os corpos estavam congelados. Depois de uma manhã de trabalho, Gabel e seus colegas haviam feito uma enorme pilha de defuntos. Então, o pessoal do Serviço de Registro de Óbitos chegou com um caminhão de duas toneladas e meia. Dois de seus homens ficaram na parte traseira do caminhão, enquanto dois outros trabalhavam junto à pilha de cadáveres.

Os dois homens em terra agarraram um dos corpos pelos ombros e pelas pernas e o balouçaram três vezes para obter momento e, ao mesmo tempo, entoaram: "Um — dois — três — *já*!" O corpo voou pelos ares e caiu sobre o caminhão com um baque surdo. Os homens no caminhão arrastaram o corpo até a extremidade oposta da carroceria e se prepararam para receber outro. E tornaram a fazer a mesma coisa.

Gabbel deu alguns passos adiante e assumiu os ares do combatente de infantaria que era. Seu fuzil pendia-lhe de um dos ombros. Com um leve toque sobre a arma, disse friamente:

— Façam isso mais uma vez, e eu arrancarei suas malditas cabeças.

Durante alguns instantes, ninguém se moveu. Depois, os homens no caminhão desceram lentamente, e os quatro homens ergueram gentilmente o corpo seguinte e o puseram no caminhão.[20]

Os soldados mortos em combate eram enterrados o mais brevemente possível em pequenos cemitérios temporários e, algum tempo depois, eram desenterrados e levados para o cemitério de uma divisão ou exército na retaguarda. Mas isso também era temporário. Depois que a guerra terminou, a família passou a ter o direito de que lhe providenciassem o traslado do corpo para casa. Muitos pais ou viúvas decidiram, porém, deixar seus entes queridos no lugar em que tombaram. Esses corpos eram trasladados para um dos belos cemitérios militares mantidos pela Comissão Americana de Monumentos de Guerra. Os maiores estão situados na Normandia e em Luxemburgo.

Estudante de medicina antes da guerra, Robert Bradley serviu como socorrista na 30ª Divisão de Infantaria, com a qual chegou, num desembarque de tropas à Praia de Omaha no dia 10 de junho. Homem religioso, ao invés de destruí-las, ele preferia salvar vidas. Ele dormia junto ao paredão de uma sebe. Desde os primeiros albores do dia, e isso até o fim da guerra, punha-se em atividade para o salvamento de vidas.[21]

Seus instrumentos eram grosseiros. Ele amarrava uma tesoura num dos pulsos com um cadarço para tê-la à mão e poder cortar prontamente a roupa ensangüentada do ferido. Além de carregar compressas suplementares no recipiente da máscara de gás, sua capa de chuva tinha muitos retalhos cortados de outras, pois ele tinha aprendido que era útil pôr um pedaço de capa de chuva em ferimentos no tórax e, em seguida, cobri-los com uma compressa.

Na Normandia, Bradley aprendeu como chegar rapidamente a seus pacientes. Em seu treinamento básico, detestara aprender a realizar saltos mortais, mas descobriu que a melhor maneira de superar uma sebe era com um mergulho — de cabeça. Em seguida, ele corria pelo campo aberto até o homem ferido, alguém que tinha sido abandonado e que ficava completamente dependente dos socorristas. Bradley ainda se lembra "do inefável brilho de esperança nos olhos do ferido quando surgíamos por detrás da sebe".[22]

O sargento Frank South, socorrista junto aos Rangers, notou um fato interessante que também impressionou outros socorristas:

— Durante os treinamentos, não era raro ouvir alguém dizer: "Se eu perder uma perna (um braço ou qualquer outra coisa), por favor, mate-me. Não quero voltar para casa mutilado." Nos combates, eu, nem nenhuma pessoa que conheço, jamais ouvi isso, ainda que o ferimento fosse muito grave.[23]

Um oficial da 90ª Divisão observou:

— Tínhamos tanta confiança na aptidão de nossos socorristas que acreditávamos firmemente que não morreríamos se eles chegassem até nós a tempo.[24]

O tenente Jack Foley, da 101ª DIA, fez um elogio típico a seu socorrista, o praça Eugene Roe.

— Ele estava lá quando se precisava dele, e como ele chegava "lá" era algo que sempre nos perguntávamos [...]. Ele lutou contra a neve e o frio, nos muitos ataques em campo aberto e através de florestas.[25]

Quando a temperatura baixava demais, até mesmo os socorristas não podiam ajudar.

— O que prejudicava mesmo o soldado era a hipotermia — assinala o praça Richard Roush, socorrista da 84ª Divisão. — Aliás, não fazia muita diferença o fato de o soldado ter sido ligeira ou gravemente ferido naquelas temperaturas extremamente baixas — ele caía imediatamente em hipotermia. Não podíamos fazer nada por ele, pois não tínhamos meios de aquecer o soldado ferido. Não havia como salvá-lo.[26]

— O socorrista podia fazer com menos mais que qualquer outra pessoa — nota Ken Russell, da 82ª DIA.[27]

Raramente, o socorrista dispunha de muitos recursos, e, na maioria das vezes, eles eram insuficientes. A morfina era o medicamento mais importante, pois fazia o ferido relaxar e o ajudava a evitar cair em hipotermia. Nas Ardenas, para impedir que ela se congelasse, os socorristas a carregavam junto ao corpo. Um deles costumava trazê-la na parte superior da cueca. Outros a traziam debaixo do braço.

Durante a Campanha das Ardenas, o socorrista Roush costumava manter plasma sangüíneo numa panela de metal em cima do motor do jipe. Uma vez que seu jipe não tinha sistema de anticongelamento, ele era obrigado a ligar o motor a cada meia hora, o que impedia o plasma de congelar-se. Mas:

— Depois de fazer isso durante cinco dias, eu não tinha como prosseguir com o processo. Portanto, eu simplesmente o abandonava e ia dormir. Quando eu acordava, encontrava o jipe congelado, e também o plasma sangüíneo.[28]

Carregar tanta morfina pelos campos de batalha mostrou-se uma tentação a que pelo menos um dos socorristas não pôde resistir. O socorrista Gianelloni nos relata essa história. Num dos tiros de barragem inimiga, ele ouviu o grito de "Socorrista!".

— Eu disse: "Minha Nossa", levantei-me e segui na direção do chamado de socorro. — Ele foi parar no setor do pelotão seguinte e perguntou quem havia sido ferido.

— Doutor, olhe para cá — um dos soldados respondeu.

Era o socorrista do pelotão, caminhando como um zumbi, mesmo com os projéteis continuando a cair em volta. Gianelloni o agarrou e caiu com ele ao solo. Ele descobriu que o socorrista do pelotão tinha injetado morfina em si mesmo quando o bombardeio começou. Ele se havia tornado um viciado.[29]

Assim que o ferido se encontrava atrás da linha de trincheiras principal, quatro padioleiros do posto de socorro avançado, localizado alguns metros na retaguarda, chamados pelo rádio ou telefone, avançavam para evacuá-lo. Geralmente, isso levava cerca de 15 minutos. Eles arrastavam o soldado até onde houvessem estacionado seu jipe — 25 ou 100 metros atrás —, colocavam-no numa das quatro liteiras montadas no veículo e seguiam o mais rapidamente possível para o posto de socorro do batalhão, o qual ficava a mais ou menos um quilômetro dali, na retaguarda.[30]

No começo de agosto, o tenente Stockell, da 2ª Divisão de Infantaria, foi atingido seriamente numa das pernas — 20 ferimentos profundos, provocados por estilhaços de explosão. Um socorrista conseguiu chegar até ele, improvisar um curativo e ajudá-lo a mover-se para a retaguarda. Lá, um jipe os aguardava. "Estou estendido sobre o capô", Stockell escreveu em seu diário, "como se fosse um cervo abatido."

No posto de socorro, "estava tudo embaçado. Acordei num hospital de campanha e deparei com dois médicos tirando-me as botas de combate e roubando minha pistola Luger. Protesto, mas tudo volta a embaçar-se".

No hospital de campanha, os médicos aplicaram mais morfina em Stockell, transfundiram-lhe sangue e deram-lhe uma injeção antitetânica. Depois, removeram-lhe as bandagens, limparam seus ferimentos, tornaram a enfaixar-lhes com bandagem nova, tentaram compor um diagnóstico de seu caso e, por fim, classificaram-no como evacuável. Então, uma ambulância o levou para a Praia de Omaha — ele permaneceu inconsciente —, de onde foi transferido por uma barcaça de desembarque para um LST, o qual o levou para Portsmouth. Daí, foi levado de trem para um hospital.

— Quando despertei, estava na Inglaterra. — Do momento em que foi ferido até o instante em que foi internado num moderno hospital do outro lado do Canal transcorreram 24 horas. Ali, ele se recuperou, tal como sucedera a mais de 99% dos homens evacuados da Normandia para a Inglaterra.[31]

O cabo Walter Gordon, da 101ª Divisão, foi um deles. Em combate nas cercanias de Bastogne na véspera do Natal, ele foi atingido no ombro esquerdo pela bala de um atirador de elite. A bala saiu pelo ombro direito, depois de lesar-lhe a coluna, o que o deixou paralítico do pescoço para baixo. Dois colegas o retiraram da trincheira e o arrastaram de volta para o bosque — "qual um gladiador sendo arrastado para fora da arena", segundo as palavras de Gordon —, onde o socorrista lhe injetou morfina e fez transfusão de sangue. O sargento Carwood Lipton segurou o recipiente do plasma sangüíneo debaixo do braço para mantê-lo fluindo.

Poucos minutos depois, um jipe levava Gordon para o posto de socorro avançado.

Uma hora depois de ter sido ferido, Gordon se encontrava numa ambulância com destino a um hospital de evacuados em Sedan. Lá — ainda nesse mesmo dia — ele foi classificado como baixa a ser evacuada por via aérea para a Inglaterra. Uma vez lá, os médicos imobilizaram-lhe o tronco. Durante seis semanas, ele ficou deitado de costas, sem se movimentar. Sua recuperação foi lenta, mas completa. Gordon tornou a ter uma vida completa e bem-sucedida.[32]

A evacuação aérea para a Inglaterra era mais confortável e muito mais rápida do que a feita por LST. E mais segura. Em todo o mundo, somente 46 dos 1.176.048 pacientes evacuados por via aérea durante toda a guerra morreram a caminho do hospital.[33]

O notável índice de recuperação dos soldados americanos encontra fundamento nos métodos de produção em massa, nos processos das linhas de montagem. Quão satisfatoriamente o processo de recuperação funcionava — do socorrista para o posto de socorro; de lá para o hospital de campanha; daí para a Inglaterra — pode ser avaliado levando-se em conta a reação dos homens da frente de batalha, os quais tinham quase certeza de que passariam por ele e do qual suas vidas dependeriam.

— Nutríamos a convicção de que o exército tinha um regulamento que proibia mortes nos postos de socorro — afirmou um tenente.[34]

Esse índice de recuperação era resultante também pela condição física geral do ferido. Primeiro, os soldados americanos eram jovens seletos até mesmo dentro de sua faixa etária. Um em cada três alistados potenciais era rejeitado pelos médicos do exército por motivos físicos — uma advertência marcante dos efeitos que a Depressão produziu no povo americano. Segundo, eles tinham, de um modo geral, excelente condição física. Por fim, estavam livres de parasitas, graças ao DDT, e adequadamente nutridos. Em contraste com isso, ficavam exaustos, na maioria dos casos, antes mesmo de a hipotermia lhes sobrevir. Mas, se o socorrista conseguisse chegar ao ferido a tempo para estancar a sangria e impedir a sobrevinda da hipotermia, suas chances de recuperação eram excelentes.

A maioria dos pacientes recuperava a consciência no hospital de campanha ou no de evacuados. E ficavam tontos com a dose de morfina que lhes era ministrada. O primeiro vislumbre de vida que tinham era de uma enfermeira do Corpo de Enfermeiras do Exército (CEE). Em seu uniforme típico, ela parecia sempre irritada, exausta e ocupada. Mas era uma garota americana, tinha um sorriso maravilhoso, uma atitude confortante, índole reanimadora e mãos gentis. Para o soldado ferido, ela era como uma enviada celestial.

As primeiras enfermeiras a entrarem no Continente chegaram em 10 de junho, na Praia de Omaha. Elas eram membros do 42º e 45º Hospitais de Campanha e do 91º e 128º Hospitais de Evacuados. Foram a vanguarda das 17.345 enfermeiras americanas do CEE que serviram no TOGE em 1944-1945. Esse número foi 17 vezes maior que o do pessoal do CEE existente em todo o exército em 1942. Em 1945, o número total de enfermeiras no CEE chegou a quase 60 mil.

Essas pioneiras tiveram que superar muitos obstáculos. O primeiro deles foi a tomada da decisão de se apresentarem como voluntárias, pois havia, em âmbito nacional, uma campanha difamatória contra a presença de mulheres no exército, um movimento de feição tão odiosa quanto o da falsidade que o caracterizava. As piadas a respeito da questão eram grosseiras e tinham origem nos soldados dos esquadrões da retaguarda e entre os civis. Ninguém que tivesse visto uma enfermeira do exército em ação num hospital de campanha, ou, muito menos, um soldado ferido, fazia piadas desse tipo. Mas, porque fossem tão amplamente contadas por pessoas que não sabiam do que estavam falando, o recrutamento de mulheres diminuiu significativamente. Segundo o resultado de uma pesquisa, do total das mulheres que se apresentaram como voluntárias, 41% tiveram que vencer a oposição de parentes próximos. Somente a metade disse que os amigos mais íntimos a havia apoiado, mas 80% de suas amigas mais íntimas tinham sido a favor de sua decisão de servir.[35]

Em face das circunstâncias, o recrutamento era insuficiente. Para incrementá-lo, o exército tornou o mister das enfermeiras do CEE mais atraente. De junho de 1944 em diante, as enfermeiras passaram a ter direito a graduações como oficiais, privilégios de aposentadoria integral, abono-família e equiparação de salário. Além disso, o governo passou a custear os estudos das enfermeiras.

Em seu Discurso Anual à Nação, o presidente Roosevelt fez referência à crítica escassez de enfermeiras na Europa Ocidental e propôs o recrutamento de enfermeiras. Um projeto de lei foi aprovado pela Câmara dos Deputados e passou por apenas um voto no Senado.[36]

Uma fonte inexplorada desse tipo de recurso humano foi a das enfermeiras afro-americanas. Quando a guerra terminou, havia somente 479 enfermeiras negras num corpo de 60 mil. Isso ocorreu porque o exército estabeleceu um limite à presença das afro-americanas em suas fileiras, não porque elas não tivessem desejado servir. Mas, nos Estados Unidos de então, era impensável a idéia de haver enfermeiras negras cuidando de soldados americanos brancos. (Em junho de 1944, uma unidade de 63 enfermeiras afro-americanas foi encaminhada para um hospital na Inglaterra, com o objetivo de cuidar de prisioneiros de guerra alemães.)[37]

A prolongada escassez de enfermeiras significou excesso de trabalho para as que serviram em hospitais de campanha ou de evacuados. Nesse sentido, as experiências do pessoal do 77º Hospital de Evacuados foram típicas. Pelos meados de 1944, o 77º já era uma unidade veterana. Ele esteve na Inglaterra no verão de 1942 e, depois, seguiu para Oran em novembro; dali, foi para Constantine, em janeiro de 1943; para Tébessa, em fevereiro; La Meskiana, em março; voltou para Tébessa; partiu para Bône em abril; de lá se transferiu para Palermo, em setembro, e, em outubro, foi para Licta; em novembro, voltou para a Inglaterra, a fim de se preparar para o Dia D. Parece evidente, portanto, que essa equipe, do tamanho de um batalhão, sabia como fazer as malas e partir às pressas.

Em 7 de julho de 1944, o 77º entrou na Normandia pela Praia de Utah e se estabeleceu em Ste.-Mère-Eglise. Em apenas um dia, já estava funcionando. Durante as primeiras 12 horas de funcionamento, tratou de 1.450 pacientes, ou dois por minuto. Nos seis primeiros dias, o 77º fez a triagem de 6.304 pacientes. Na primeira semana, os pacientes chegavam a um ritmo de um por minuto, 24 horas por dia.

As ambulâncias que chegavam dos postos de socorro dos batalhões tinham que fazer fila tripla, a qual alcançava 200 metros de comprimento. Os seis médicos trabalhavam o mais rapidamente possível, mas conseguiam acompanhar somente os padioleiros que saíam das ambulâncias e entravam com os pacientes por um dos lados da barraca de recepção e a deixavam pelo outro. Entretanto, as padiolas não apenas chegavam e saíam; havia espaço para cem delas na barraca, e esta estava quase sempre cheia. Do lado de fora, havia também padioleiros sustendo homens feridos em suas padiolas. Ao longo dos lados da barraca, demoravam-se sentados, segurando suas "recordações" da guerra, os feridos que podiam andar. Uma etiqueta assinalava se a baixa tinha recebido morfina e a dose que o socorrista lhe havia aplicado. Os médicos iam de paciente em paciente e faziam perguntas, compulsavam cada uma das fichas e levantavam os curativos para observar o ferimento.[38]

As enfermeiras faziam a troca dos curativos, administravam medicamentos, checavam os prontuários, monitoravam os sinais vitais e, enquanto cumpriam essa tarefa, rearrumavam os cobertores e ofertavam um sorriso ao soldado. E tinham muitos outros afazeres. A tenente Aileen Hogan fornece-nos uma breve descrição de suas experiências na Normandia:

— Jamais trabalhei tão arduamente em minha vida. Não posso chamar isso de enfermagem. Os rapazes chegavam, recebiam tratamento de emergência, penicilina e sulfa, e saíam novamente. É algo indescritível.[39]

Voluntárias da Cruz Vermelha ajudaram a suprir as necessidades de conforto. Jean Dockhorn e Jascah Hart, as primeiras mulheres da Cruz Vermelha a chegarem à Normandia, haviam trabalhado em hospitais. Elas desembarcaram nas praias com as primeiras mulheres do exército no dia 10 de junho e foram cuidar de trabalhar. A funcionária hospitalar da Cruz Vermelha, Beatrice Cockram, faz uma descrição de suas atividades e emoções no dia 31 de julho: "Andar por uma enfermaria fazia meu coração praticamente sangrar quando eu via quanto tinha que ser feito apenas para lavar rostos e dar goles de água. As enfermeiras estão ocupadas demais com o tratamento com plasma sangüíneo, penicilina e sulfa."[40]

A tenente Aileen Hogan tinha 42 anos de idade quando se ofereceu como voluntária para servir no CEE, o que fez poucos dias antes do ataque a Pearl Harbor. Ela serviu na 2ª Unidade do Hospital Geral na Normandia e nos descreve seu trabalho junto ao pessoal encarregado da administração de penicilina: "Às 19 horas, toda a penicilina necessária para a primeira ronda de aplicação é misturada, e dois técnicos e uma enfermeira percorrem o hospital para administrá-la aos pacientes. Um enche as seringas e troca as agulhas; os outros dois aplicam a injeção. A um ritmo de 60 por barraca, você fica tonta. É uma arte encontrar os caminhos pela noite, sem o menor bruxuleio de luz em lugar algum e, logicamente, nenhuma lanterna; as barracas, vagas e indistintas silhuetas em contraste com a escuridão; cordas e cravos de barracas, uma ameaça constante; seringas e preciosos medicamentos equilibrados precariamente num dos braços."[41]

Quando as enfermeiras desembarcaram nas Praias de Omaha ou Utah, arregaçaram as pernas das calças para evitar que se molhassem. Finuras desse tipo não duraram muito. A tenente Mary Eaton disse às suas amigas nos Estados Unidos que a enfermeira na França "tem somente calças e camisas, perneiras e botas em seu guarda-roupa no verão deste ano. O adorno de cabeça é um capacete de metal, usado o tempo todo".[42]

Depois de ter passado um mês em Ste.-Mère-Eglise, o 77º Hospital de Evacuados transferiu-se para St.-Lô; em seguida, para Le Mans; depois, para Chartres, aonde chegou em 24 de agosto, logo atrás da linha de frente. Um de seus membros nos dá viva descrição da zona rural na esteira da guerra:

— Próximo à beira das estradas, os campos estavam cheios de grãos, e os fazendeiros davam início à colheita. Um ou outro campo mostrava-se sarapintado com trincheiras individuais, onde a infantaria se havia abrigado. Ao longo de cada um dos lados de uma estrada inteira e afastadas uma das outras por cerca de 40 metros, havia trincheiras individuais, cobertas e marcadas com um tufo de palha preso ao topo de uma vara. Elas tinham sido feitas com precisão militar pelo inimigo em retirada para a proteção dos motoristas, os quais podiam saltar para dentro delas em caso de ataques rasantes dos aviões dos Aliados. Nas cercanias de Chartres, os hangares e o quartel do inimigo eram agora, em virtude dos bombardeios, monturos de escombros. Os campos circunvizinhos estavam pontilhados pelas crateras feitas pelas explosões das bombas. Pilhas de bombas aéreas inimigas ainda estavam de pé pelo campo. Perto do quartel, uma grande horta tinha sido criada pelos aeronautas inimigos, e os legumes jaziam ainda sobre as leiras simétricas e bem-cuidadas.

O hospital foi montado nos arrabaldes de Chartres, num campo cujo solo logo se tornou um lamaçal que engolfava os caminhões até os cubos dos eixos. A lama grudava nos calçados em grumos enormes. No entanto, à noitinha as barracas de alojamento e muitas das barracas do próprio hospital tinham sido erguidas, e, no começo da tarde do dia seguinte, o hospital estava completamente montado e pronto para receber pacientes.

Mais tarde, nas vizinhanças de Verviers, durante a Campanha das Ardenas, o 77º sofreu um pesado ataque da artilharia e deliberadas incursões em vôos rasantes de aviões alemães. Doze enfermeiras ficaram feridas. Mesmo com a repetição dos ataques rasantes dos aviões, a maioria das enfermeiras continuou sendo atendida — agora, os pacientes eram elas.

A missão do 77º em Verviers — cidade que ficava a uns 20 quilômetros de Liège — era a de uma unidade de resistência, o que significava uma combinação de esforços de triagem, resistência e evacuação. Era ali que a situação do paciente era submetida a um processo de classificação. A esse respeito, os médicos tomavam a decisão. E faziam alguns deles voltarem diretamente para o serviço. Outros eram classificados como pacientes de um hospital geral em Liège, onde passavam alguns dias antes de serem reencaminhados para o serviço. Os que levavam mais tempo para se recuperar iam para Paris. A maioria deles seguia para lá de trem. Uns poucos eram classificados como casos necessitados de evacuação aérea imediata para a Inglaterra.

Durante a Campanha das Ardenas, o hospital nunca deixou de estar completamente cheio. De acordo com o projeto original, sua capacidade de atendimento deveria ser de 750 pacientes; entretanto, mais que o dobro desse número de pacientes estava internado no hospital pelo fim de dezembro. Apesar da superlotação, os funcionários da Cruz Vermelha e as enfermeiras conseguiram fazer algumas decorações natalinas e dar presentes de natal devidamente embrulhados aos pacientes — doces, livros e vários objetos de higiene pessoal. E os cozinheiros forneceram uma ceia de Natal a todos, com peru e tudo mais, além de uvas e maçãs.

Histórias engraçadas ajudavam os pacientes a manter bom ânimo. Um deles preocupou singularmente uma funcionária da Cruz Vermelha, a senhorita Eisenstadt, e ela leu o prontuário do paciente com a certeza de que poderia saber como e quando ele fora ferido. A enfermeira ficou assombrada com o que viu.

— Deus do Céu, como você conseguiu ser atingido por duas flechas? — perguntou, ingenuamente.

O autêntico índio americano deitado na maca respondeu-lhe com justificável indignação.

— Esse é o meu nome, não o meu ferimento![43]

Numa carta enviada para casa, a enfermeira Ruth Hess descreve a montagem e o início de funcionamento de um hospital de campanha que tinha avançado no rastro da varredura das forças americanas através da França: "Chegamos tarde da noite e passamos a noite inteira nos preparando para receber pacientes. Trabalhamos até as 3 horas. Depois, iniciamos o turno da noite, de 12 horas, às 19h30. Continuamos nisso durante dias, sem parar. Pacientes operados: 880; pequeno desbridamento de bala de pistola e estilhaços, numerosas amputações, muitas fraturas, vísceras perfuradas, fígados, baços, rins, pulmões etc. Tudo que se possa imaginar. Cuidamos de quase 1.500 pacientes nesses nove dias." Então, o hospital foi desmontado e transferido para mais adiante.[44]

Assim como muitas enfermeiras, Hess sentia admiração e ternura pelos homens feridos. A tenente Frances Slanger, do 45° Hospital de Campanha, expressou bem esses sentimentos numa carta enviada em outubro à *Stars and Stripes*, mas dirigida aos soldados: "Vocês, soldados americanos, dizem que nós, enfermeiras, levamos uma vida dura. Nós caminhamos com lama até os tornozelos. Vocês têm que se deitar sobre ela. Temos fogão e lenha [...]. Em comparação com a vida que vocês, homens, estão levando, não podemos reclamar, nem achamos que somos merecedoras de buquês de flores [...]. É para vocês que tiramos o capacete.

Temos aprendido sobre o nosso soldado americano e o estofo de que ele é feito. Os feridos não choram. Seus colegas estão sempre em primeiro lugar. A paciência e a determinação que eles demonstram, a coragem e a fortaleza moral que têm são, às vezes, assombrosas. É um privilégio recebê-los e uma grande honra vê-los abrir os olhos e, com seu formidável sorriso americano, dizer: 'Oi, querida.'"

Slanger foi morta no dia seguinte por um projétil de artilharia. Ela foi uma das 17 enfermeiras do exército mortas em combate.[45]

Em janeiro de 1945, a tenente Marjorie LaPalme servia no 41º Hospital de Evacuados na Bélgica, onde tratava os feridos da Campanha das Ardenas. Seus pacientes, escreveu em carta enviada para casa, "têm sempre um sorriso estampado no rosto [...]. Estão sempre querendo conversar conosco sobre casa e famílias. Grandes rapazes. Eu amo a todos! Como a meus próprios irmãos!

Quando cheguei aqui, eu tinha apenas 21 anos de idade — entre as mais jovens. Agora estão chegando garotas com 18 anos de idade."[46]

Independentemente da idade, as enfermeiras suportavam seu fardo, cumpriam suas responsabilidades e mantinham o bom ânimo. "A vida de enfermeira", escreveu numa carta enviada para casa a tenente Hess, "eu a amo!"[47]

— Os médicos de todos os hospitais militares fizeram um excelente trabalho — elogia Ken Russell, da 82ª DIA. Ele sabia disso porque havia sido paciente deles. — O médico do hospital de campanha avançado era uma das pessoas mais dedicadas que poderiam existir. Ele trabalhava durante várias horas sem a disponibilidade de recursos adequados — e as maravilhosas enfermeiras faziam a mesma coisa. Eles não dispunham nem mesmo de iluminação decente. Ouvi dizer que chegaram a extrair um estilhaço ou uma bala de um ferido apenas com uma lanterna como fonte de luz.[48]

Na maioria dos casos, os pacientes chegavam ao hospital com desfigurações além do imaginável. — Jamais vi ferimentos tão horríveis como esses — escreveu o dr. William McConahey, cirurgião de um batalhão da 90ª Divisão na Normandia. — Pernas e braços arrancados, rostos desfigurados, eventrações, tórax rasgados e abertos, e assim por diante. Trabalhávamos com a maior rapidez possível, hora após hora, até que ficássemos cansados demais para nos mantermos de pé — mas, depois, voltávamos a trabalhar.[49]

O dr. Joseph Gosman serviu como cirurgião-ortopedista no 109º Hospital de Evacuados. Ele chegou à Normandia a tempo para tratar dos feridos da Batalha de St.-Lô.

— Fiquei pasmo com a agitação existente ali — disse ele.

Um de seus pacientes fora vítima da explosão de uma mina quando se encontrava num jipe. A radiografia mostrou "porcas e arruelas alojadas no músculo, tal como se numa mesa". Houve também o interessante caso de um homem que fora atingido por uma bala na parte lateral do corpo. A bala entrou numa grande veia, "flutuou" pela corrente sangüínea, entrou no ventrículo direito do coração e, depois, passou para o ventrículo esquerdo. A radiografia mostrou-a boiando na câmara do coração. Caso notável também é o do soldado que trazia no bolso das calças um canivete suíço de campanha. Um estilhaço de explosão atingiu o objeto, e pedaços dele e do projétil penetraram a sua perna.

— A chapa radiográfica parecia exibir uma mesa posta, com faca, garfo, colher e outro tipo de objeto — disse Gosman.

Ou, ainda, o de um que estava agachado ao lado de um monte de estrume quando um projétil caiu em cima do monturo, "cobrindo-lhe das nádegas aos joelhos de estrume, dando-lhe às pernas a impressão de uma salsicha estufada". Esses foram alguns dos quase 200 mil homens feridos em combate tratados nos hospitais em 1944.[50]

Gosman prestou atenção especial no aspecto dos sobreviventes desses ferimentos. Era "uma espécie de falência não corroborada, de vacuidade e assombro [...] de homens a quem a morte fizera breve visita, mas se retirara". Ele ficou especialmente impressionado também com um soldado americano deitado em seu beliche, em silêncio, "como alguém resgatado do alto de um arranha-céu". Ele leu seu prontuário e ficou perplexo ao saber que o soldado tinha levado um tiro no pescoço. A bala tinha entrado pelo lado esquerdo, sem lhe danificar os nervos, a artéria carótida e a veia jugular, e fizera um pequeno buraco na coluna dorsal, mas não atingira a medula espinhal, e saíra. O homem não precisou de nenhuma cirurgia; o sintoma principal de seu ferimento era de dores no pescoço.[51]

Em Bastogne, a equipe médica da 101ª DIA foi arduamente provada. O posto de socorro tornou-se hospital de campanha, onde os feridos se acumulavam. Os médicos trabalhavam ali, às vezes, em turnos de 24 horas. Quando ficavam sem plasma sangüíneo, extraíam sangue dos homens com ferimentos leves e dos casos de exaustão por combate. Os cirurgiões não tentavam realizar operações de monta; em vez disso, concentravam esforços para manter seus pacientes vivos até que a cirurgia definitiva pudesse ser feita num hospital geral.

Dois dias antes do Natal, um lançamento de socorros por via aérea bem-sucedido proporcionou-lhes penicilina, morfina, padiolas e cobertores. Ainda assim, os pacientes sofriam. Casos de infecção se alastravam pelas "enfermarias" (elas eram, geralmente, improvisadas em porões), refertas da fedentina de gangrena. A 101ª expediu uma solicitação de ajuda e foi socorrida por cirurgiões voluntários, os quais chegaram a Bastogne num planador e montaram seu "teatro de operações" num depósito de ferramentas contíguo a uma garagem.

Para todas as equipes médicas, a Batalha das Ardenas foi como uma enorme calamidade. Casos de pé-de-trincheira superavam os de ferimentos por tiros de armas, estilhaços e destroços de árvores. "O maravilhoso nisso é que o sistema de saúde continuou operante mesmo sob os fardos impostos simultaneamente pelo tempo e pela guerra", comenta o historiador de medicina militar Albert Cowdrey.[52]

Ambos os lados tratavam os feridos que lhes caíam nas mãos da melhor maneira que podiam. Equipes médicas capturadas eram postas para trabalhar. O tenente Briand Beudin, um cirurgião junto à 101ª que chegou de pára-quedas à Normandia, logo após a meia-noite, em 6 de junho, foi tomado como prisioneiro às 3 horas no posto de socorro que ele mesmo tinha montado. Os alemães ajudaram a carregar os americanos feridos até um de seus postos de socorro, "onde os socorristas foram tratados como amigos pela equipe médica alemã". Os médicos trabalharam juntos durante toda a noite e nos dias seguintes. Embora sob a condição de prisioneiro durante algumas semanas, Beudin achou sua permanência no 91º *Feldlazarett* "muito interessante". Lá, aprendeu técnicas medicinais alemãs e ensinou aos alemães métodos de tratamento americanos.[53]

Os médicos alemães, ainda que dispondo de vias de comunicação terrestres, sofriam uma crise de abastecimento na França, ao passo que os americanos, em que pese a presença do Oceano Atlântico entre eles e a fonte de seus suprimentos, estavam bem abastecidos. Isso era devido ao domínio das forças aéreas dos Aliados sobre os céus da França, o que, por outro lado, punha as equipes médicas alemãs numa situação desesperadora. Eles eram obrigados a se arranjar com o que tinham. "Enviamos nossas equipes de cirurgiões e nossos homens para um hospital alemão que tinha sido capturado com o intuito de operar e, depois, transferir os pacientes para onde estávamos. Toda cirurgia que os alemães fizeram foram operações sórdidas — todos ficavam cobertos com pus, tomados por gangrena, escaras e sujeira —, e os soldados eram absolutamente pele e osso [...]",[54] relatou a enfermeira Ruth Hess na carta enviada para casa em 8 de agosto.

Sua repugnância tinha fundamento, mas não era algo típico. Geralmente, quando os jovens combatentes começavam a comparar as condições de sobrevivência — como são as coisas do outro lado? —, "melhor" era freqüentemente a resposta. Ex-combatentes me disseram, veementemente, que as botas de combate alemãs eram muito melhores do que as americanas, mas ouvi justamente o contrário de ex-combatentes da Wehrmacht. Tal foi o caso também no que diz respeito a equipamentos e armas.

Mas, sobretudo, com relação à comida. Os alemães invejavam os americanos por conta de suas rações — principalmente de cigarros e barras de chocolate — e não apenas quanto à quantidade, mas também à qualidade. Contudo, toda vez que os soldados americanos invadiam um setor de armazenamento à procura de cozinhas de campanha alemãs, ficavam surpresos com as maravilhas que seus olhos deparavam.

Uma enfermeira do 77º Hospital de Evacuados fala das maravilhas de um depósito de rações nas cercanias de Chartres (onde havia até legumes prontos para a colheita do lado de fora dos alojamentos). "Sardinhas e queijo deliciosos", escreveu ela. "O queijo foi acondicionado num recipiente parecido com um tubo de pasta de dentes e era do tipo que cheira mal, mas tinha um gosto muito bom. Havia também ovos e laranjas."[55]

Além de médicos, os cirurgiões tinham que ser psiquiatras. Havia alguns pacientes — 25% deles quando os combates eram intensos — que não chegavam a sofrer nenhum dano físico, mas caíam em crises de incoerentes tartamudeios, choro, tremedeira ou pavor, pelo que ficavam incapazes de escutar ou conversar. Esses eram as baixas resultantes da fadiga mental causada pelos combates. Era responsabilidade dos médicos fazer que o maior número deles voltasse ao seu estado normal — e para as frentes de batalha — o mais brevemente possível.

Nos hospitais de campanha, os médicos americanos tratavam os homens como soldados temporariamente incapacitados, em vez de como pacientes com problemas mentais, com o que, normalmente, davam como "exaustão" o diagnóstico desses homens. A bem da prevenção e da cura, os médicos tentavam tratar pacientes como esses tão proximamente da frente de batalha quanto possível. Comumente, os médicos dos batalhões mantinham os casos de exaustão descansando em seus postos de socorro durante 24 horas, a maioria deles sob sedativos. Esses homens eram alimentados e recebiam mudas de roupa. Em três quartos desses casos, esse processo se mostrou suficiente, e os soldados voltaram para as trincheiras.[56]

Os bons comandantes de companhia sabiam que essa era uma providência eficaz. O capitão Winters, da 101ª, disse ter aprendido durante a Campanha das Ardenas "o milagre que ocorria com um homem que estivesse prestes a sofrer um colapso se pudéssemos tirá-lo de sua trincheira e enviá-lo para o posto de comando, a fim de que permanecesse lá durante algumas horas. Alimento e bebida quente, uma oportunidade para aquecer-se — era disso que ele precisava para continuar".[57]

Os homens que precisavam de mais do que uma rápida estada no posto de comando ou no posto de socorro do batalhão eram enviados para as instalações médicas da divisão, onde o psiquiatra da divisão administrava um "centro de casos de exaustão" que podia abrigar pacientes para um tratamento de três dias. O grosso desses homens também era devolvido à frente de batalha. Os que não conseguiam recuperar-se iam para as enfermarias de neuropsiquiatria dos hospitais gerais, onde eram mantidos para tratamentos terapêuticos e de recondicionamento. Os casos extremos eram evacuados por via aérea para os Estados Unidos.[58]

O sistema funcionava. No TOGE, 90 em cada 100 homens cujos problemas eram diagnosticados como casos de exaustão tornavam a ser aproveitados em algum tipo de serviço — geralmente, na frente de batalha. Tal como no caso dos soldados feridos por balas e estilhaços, os socorristas, as enfermeiras e os médicos trabalharam também em benefício das baixas por exaustão — deram-lhes o melhor tratamento possível que um exército em combate podia fornecer até então.

14

BURROCRATAS, MUQUIRANAS, TRAPALHÕES, APROVEITADORES E RACISTAS

ALÉM DE DISCIPLINADO, o tipo de soldado americano que compareceu ao TOGE era altamente seleto quanto à idade e à saúde física, e, até certo ponto, à inteligência. O sistema de treinamento do exército acrescentou centímetros de músculo à musculatura de seus tórax, pernas e braços. Demais, incutiu-lhes senso de responsabilidade, juntamente com o do receio das conseqüências da desobediência de ordens, para não mencionar as das de comportamento criminoso, as quais são belamente lembradas numa antiga máxima de um sargento: "O exército não pode obrigá-lo a fazer algo, mas, com certeza, pode ensiná-lo a não querer deixar de fazê-lo." Esse sistema fez também um bom trabalho de identificação e promoção de jovens talentosos capazes de suportar situações de tensão e de liderar eficientemente.

A guerra faz que aflore o melhor que existe no íntimo de cada homem, como testifica a pequena amostra dos combatentes do TOGE citados neste livro. Genericamente, a maioria dos soldados americanos que esteve no noroeste da Europa entre 1944 e 1945 deu o melhor de si em tudo o que fez e descobriu que era capaz de fazer mais do que jamais imaginara que fosse possível. Milhares de homens entre 20 e 25 anos de idade reagiram magnificamente ao desafio do exercício da responsabilidade. Eles amadureciam à medida que exerciam seus misteres de liderança e, no caso dos que sobreviveram, foram bem-sucedidos em suas carreiras no após-guerra. Até certo ponto, eles tiveram sorte: somente em situações extremas, qual a de uma guerra total, a sociedade concede tanta responsabilidade de decisão de vida e morte a homens tão jovens. Conjuntamente, os suboficiais, os oficiais subalternos e os soldados rasos que sobreviveram à guerra foram os campeões da construção dos Estados Unidos moderno. Isso se deu, em parte, graças ao que aprenderam no exército, principalmente no que diz respeito a tomar decisões e aceitar responsabilidades.

Em muitos aspectos, o exército era diferente da sociedade civil, mas o TOGE e a frente de batalha doméstica andaram juntos, mantiveram-se no compartilhamento do senso comum a que se pode chamar de "nós". A geração da época da guerra foi uma sociedade do "nós", conforme então indicava o próprio bordão popular: "Estamos todos juntos nisto." No exército, essa atitude de coesão foi grandemente reforçada. O elo humano dentro dele era como uma cebola. No centro, ficava o esquadrão, onde o elo podia ser quase místico.

O tenente Glenn Gray (depois da guerra, professor de filosofia) nos dá excelente idéia disso: "O ordenamento para a consecução de um objetivo comum e concreto em organizações de tempos de paz não lembra nada que se pareça com o grau de coleguismo normalmente conhecido em tempos de guerra. Em seu ponto mais alto, esse senso de coleguismo é como um êxtase. Os homens são colegas de fato somente quando cada [membro do esquadrão] está pronto para dar sua vida pelo outro, sem refletir e pensar em perda pessoal."[1]

Depois do esquadrão, sucediam-se as outras camadas: o pelotão, a companhia e assim por diante, até a divisão, todas cobertas pela camadas soltas e externas dos corpos de exército e do próprio exército. O senso de identidade impedia que o soldado roubasse ou enganasse o colega de esquadrão ou de companhia, ou que relaxasse no cumprimento do dever, quer como homem de infantaria na frente de batalha, quer como motorista de caminhão.

Mas o exército era muito grande — 8 milhões de homens no ápice de sua mobilização, em contraste com os 165 mil de quatro anos antes — e foi organizado tão rapidamente, que milhares de vigaristas, incompetentes, criminosos, desajustados e covardes conseguiram passar pelo processo de treinamento e se tornaram soldados no TOGE. Alguns deles eram oficiais subalternos e suboficiais de divisões de infantaria e o preço que se pagou por sua incompetência foi o sofrimento de baixas. Muitos eram soldados dos esquadrões de retaguarda, completamente baldos do senso de "nós", os quais, de um modo ou de outro, se aproveitaram das oportunidades oferecidas pela guerra.

O personagem Milo Minderbender, criado por Joseph Heller em seu *Catch-22*, é um exagero, mas não apenas mera invenção. Os Estados Unidos estavam enviando para a Europa quantidades colossais de bens. Em face dos números envolvidos e da necessidade constante de pressa, houve uma vulnerabilidade nesse processo de remessa de bens cujo aproveitamento em benefício próprio uns poucos soldados acharam irresistível. Em verdade, mais do que uns poucos — os números relacionados com o roubo de produtos são assustadores. O material bélico para os combatentes americanos na Itália entrava pelo porto de Nápoles. E chegava dia e noite — armas, munição, rações, combustível, caminhões, equipamentos elétricos e muitos mais. Cada um desses itens era procurado avidamente no mercado negro. Um terço de todo o material desembarcado em Nápoles foi roubado. Certa vez, na Itália, um trem inteiro transportando suprimentos para a frente de batalha desapareceu.

A abundância de produtos americanos que chegavam a uma Europa em guerra fazia cinco anos deu origem ao maior mercado negro de todos os tempos. A maioria dos soldados americanos participou dele de alguma forma, pela troca de cigarros por perfume ou de rações por jóias, quando não de outro modo. Alguns ficaram ricos graças a isso.

Na extremidade oposta dos jovens mercantilistas, ficavam os trapalhões, aqueles sujeitos que jamais podiam ser encontrados onde havia uma missão de patrulha ou um serviço a ser feito, os quais, aliás, desenvolviam tão bem o domínio da arte de se perder pelo exército, que se tornavam praticamente invisíveis. Entre esses dois extremos, situavam-se os chatos e muquiranas da burrocracia, geralmente homens que tinham sido feitos oficiais subalternos, suboficiais, sargentos ou cabos e que exploravam mediocremente as prerrogativas de seu posto hierárquico ou de seus misteres. Encabeçando, porém, essa lista ficava a figura formidanda do general encarregado de todos os suprimentos no TOGE. Lá embaixo, no fim dela, rastejavam os covardes e também os racistas.

Todos eles fizeram parte do exército americano presente no TOGE, e este capítulo é um relancear de vista sobre alguns deles.

A maioria dos soldados americanos fazia o seu trabalho, combatia dignamente, conseguia manter-se longe de problemas sérios e, de um modo geral, era considerada uma força formada por "bons sujeitos". Os que fraquejavam e se tornavam homens aborrecidos por uma noite, ou um dia, ou mesmo uma semana, geralmente podiam pôr a culpa disso no vinho, o qual estava presente em quase todos os porões da França e da Bélgica (em profundo contraste com o Teatro de Guerra no Pacífico, onde os homens se serviam de bebida caseira, vil, mas que embriagava). Paul Fussell, em seu *Wartime*, capta com exatidão essa situação no capítulo "Muita Bebedeira, Pouco Sexo".

Quando se tratava de beber, os combatentes do TOGE eram simples garotos. Por terem crescido em meio à Depressão, sua experiência com o álcool fora limitada a umas poucas cervejas na noite de formatura, e a muita cerveja nas noites de sábado no campo de treinamento na Geórgia ou alhures, e nos bares ingleses. Isso não os preparou, de modo algum, para os desafios que a França ofereceria.

Em 15 de dezembro, Dutch Schultz, da 82ª DIA, unidade aquartelada em instalações militares do exército francês, obteve um passe para Reims, capital mundial do champanhe. Lá, topou com três colegas da escola, os quais serviam em outra unidade. Foi também onde ouviu pela primeira vez o espocar da abertura das garrafas de champanhe.

— Foi a minha primeira experiência com champanhe — revela Schultz. — Comecei a bebê-lo como se fosse soda limonada.

Ele não consegue lembrar-se de nada que aconteceu em Reims depois que a bebedeira começou, mas se recorda muito bem do que sucedeu quando voltou para o alojamento.

— Fui direto para minha cama, que ficava na parte superior de um beliche no segundo andar. Quando cheguei ao dormitório, encontrei uma pessoa dormindo em minha cama.

Dutch acordou o sujeito.

— O que você está fazendo na minha cama? — perguntou, vociferante.

— Esta cama é minha. O que você pensa que está fazendo? Dê o fora daqui! — devolveu o soldado, também aos brados.

E eles começaram a trocar socos. As luzes se acenderam. Todos os homens no recinto queriam matar Schultz. Para a sua consternação, ele descobriu que estava não apenas na cama errada, mas também no quarto errado, no alojamento errado, no batalhão errado.

— Retirei-me dali às pressas.

— Babacão! — bradaram os homens enquanto ele fugia e lançaram-lhe uma série de adjetivos obscenos para expressar sua contrariedade.[2]

Os homens considerados chatos e burrocratas muquiranas natos eram tidos também como os suspeitos mais comuns e prováveis de certos fatos — oficiais com autoridade demais e quase nenhuma inteligência, sargentos que tinham traços evidentes de sadismo em suas personalidades, os muitos ou excessivos oficiais intendentes e alguns policiais militares. Os tipos eram múltiplos e mui variados no modo pelo qual exerciam seus papéis, mas os soldados americanos tinham uma expressão única com que pechar a índole de cada um deles: "cocô de galinha".

Fussel define bem a expressão: "A expressão servia para fazer referência a comportamentos que tornavam a vida militar pior do que precisava ser: a importunação mesquinha dos mais fracos pelos mais fortes; a disputa franca pelo poder, autoridade e prestígio [...]; o apego à letra em vez do discernimento do espírito das ordens. Os cocôs de galinha eram assim chamados — em vez de cocôs de cavalo, de boi ou de elefante — porque eram mesquinhos e ignóbeis, e tomavam seriamente o que era apenas banal. O cocô de galinha ou a sua atitude podem ser reconhecidos prontamente, pois não têm nada a ver com o vencimento da guerra."[3]

Havia alguns deles na frente de batalha, não muitos. Na maioria dos casos, eram visitantes e não pertenciam ao lugar. Vejamos, por exemplo, o caso do comandante do regimento do capitão Colby. O capitão liderava um ataque ao longo de uma estrada quando sua companhia foi duramente atingida e se viu obrigada a entrincheirar-se. Seguiu-se um tiroteio. Depois de mais ou menos meia hora, Colby ergueu a cabeça, a fim de olhar para o seu comandante e o viu de pé diante dele, "elegantemente trajado em impecável uniforme, com seu capacete limpo e exibindo uma Estrela de Prata. Parecia o arquétipo da serenidade".

— Você não pode seguir com os seus homens por esse caminho — disse o comandante, bruscamente. — Suba aqui e diga-me o que aconteceu. Tente estabelecer um exemplo de como um oficial deveria agir.

— Desça aqui, senhor, e então nós poderemos conversar sobre isso — tornou Colby.

— Suba aqui — insistiu o general. — Isto é uma ordem.

Para o alívio de Colby, um projétil de morteiro explodiu a alguns metros do general.

— Ele se juntou a mim na trincheira.[4]

A maioria dos cocôs de galinha eram homens das unidades da retaguarda. Existem inúmeras histórias sobre eles. O sargento Ed Gianelloni nos fala da ocasião em Luneville em que sua divisão saiu temporariamente da frente de batalha e teve a oportunidade de tomar os primeiros banhos de chuveiro após dois meses. Para os oficiais, havia um banheiro público, onde as francesas tomavam banho. Para os recrutas, havia chuveiros portáteis no meio de um campo enlameado. Todos os soldados se despiram, empilharam roupas e armas, e ficaram aqui e acolá tremendo de frio, enquanto aguardavam a água quente.

— Tudo bem, rapazes — clamou um sargento-engenheiro no comando. — Vocês têm um minuto para se molhar, um minuto para se ensaboar e um minuto para se enxaguar. Depois disso, saiam daqui.

Um praça que se demorava de pé próximo da pilha de armas esticou o braço, pegou um M-1, apontou-o para o sargento e perguntou-lhe, polidamente:

— Sargento, quanto tempo você disse que temos?

O sargento engoliu seco e, em seguida, gaguejou:

— Vou-lhes dizer uma coisa: vou dar uma volta e checar meu equipamento. Quando eu voltar, vocês terão que ter ido embora.[5]

O general Patton tinha mais do que um cocô de galinha em si. Era famigeradamente conhecido como militar severo e disciplinador quanto aos trajes, ao asseio pessoal e à organização no III Exército. Ele ordenava — e, algumas vezes, é possível que o tenha conseguido — que os homens de infantaria da frente de batalha usassem gravata e se barbeassem todos os dias. Bill Mauldin fez uma famosa caricatura a respeito disso. Willie e Joe seguem por uma estrada num velho jipe. Uma enorme placa na estrada lhes informa: "Você está entrando na região militar do III Exército!" E segue-se uma lista de multas aplicáveis a todos que entrarem ali indevidamente: falta de capacete: 25 dólares; barba crescida: 10 dólares; falta de gravata: 25 dólares; e assim por diante. Willie diz a Joe:

— Informe ao chefe pelo rádio que nos atrasaremos, pois faremos um desvio de 1.500 quilômetros.

Mas o problema era sério. Às vezes, o rigorismo obsessivo de Patton podia custar muito caro. E isso, além do fato de que não tinha nada a ver com o vencimento da guerra, prejudicava o esforço dos que perseguiam a vitória.

O tenente Bill Leesemann, jovem de 20 anos de idade, servia numa seção de operações de reconhecimento do 101º Batalhão de Engenharia de Combate, unidade subordinada à 26ª Divisão. Em 18 de dezembro, a

26ª, juntamente com a 80ª Divisão e a 4ª Divisão de Blindados, recebeu ordens de abandonar o ataque a posições inimigas na Lorena, seguir para o norte e atacar o flanco sul alemão nas Ardenas. Isso exigiu uma atividade frenética de seus homens. Leesemann recebeu a incumbência de deixar o quartel-general da divisão em Metz e ir ao quartel-general dos engenheiros do III Exército em Nancy para pegar mapas — ninguém nas divisões em missão de ataque tinha mapas de Luxemburgo. Era uma viagem de 60 quilômetros de carro. Leesemann e seu motorista partiram no dia 19 de dezembro, já que a 26ª fazia sua formação com o objetivo de avançar para Luxemburgo. Ela não poderia partir antes que os mapas chegassem.

Chuvia; a estrada estava coberta de lama; tropas que seguiam para o norte causaram-lhes atrasos. Era noite quando Leesemann chegou a Nancy. Ele parou num cruzamento, no qual "um policial, um verdadeiro casquilho militar, controlava o tráfego". Leesemann pediu-lhe informações de como chegar ao quartel-general dos engenheiros. O policial militar lançou um olhar de exame e reprovação aos tenentes e ao motorista de barbas crescidas e ordenou que seguissem para o posto de comando da polícia militar. Disse que eles não podiam entrar na região militar do III Exército até que lavassem o jipe, se barbeassem e vestissem uniformes limpos. Leesemann redargüiu dizendo que essas coisas eram irrelevantes então e explicou-lhe a urgência da situação. O policial militar mandou chamar um cabo.

Vinte minutos depois, o cabo chegou. Depois de mais interrogatório, ele chamou o sargento. O sargento veio. Seguiu-se mais conversa, e, por fim, ele fez uma ligação para o quartel-general dos engenheiros. E a permissão para prosseguir foi finalmente concedida.

Leesemann e o motorista seguiram para o quartel-general:

— Um grande castelo com jardins ao redor. As sentinelas no grande portão de ferro na entrada se dirigiram a nós com a mesma e rotineira ladainha e ameaças de prisão: "De jeito nenhum nos responsabilizaremos por deixá-los entrar na área de comando."

Outra ligação, outro período de espera. Eventualmente, mas não sem mais aventuras pelo labirinto e pelos socavões do III Exército, Leesemann obteve os mapas e retornou para o quartel-general da 26ª Divisão. Eram 5 horas do dia 20 de dezembro. Havia quatro horas que a divisão estava pronta para partir. Mas aguardava a chegada dos mapas.[6]

O maior muquirana do TOGE era o general-de-divisão John C. H. Lee (USMA, 1909), comandante do Serviço de Abastecimento (SA). Seu trabalho era muito difícil, sem dúvida. E, logicamente, é comum no exército o fato de todos detestarem oficiais intendentes, e Lee era o oficial intendente-chefe de todo o TOGE.

Lee era um militar rigorista que tinha exalçada opinião de si mesmo. Tinha também extremado fervor religioso (Eisenhower o comparava a Cromwell), o que o incompatibilizava com o jeito comum de ser de todos. Ele distribuía os equipamentos como se fossem um presente pessoal. Abominava o desperdício. Certa vez, quando caminhava pelo salão de um refeitório, enfiou o braço dentro de um barril usado como lixeira, retirou dele uma bisnaga de pão comida pela metade, deu-lhe algumas mordidas e, em seguida, foi reprochar o cozinheiro por ter jogado fora comida em bom estado. Era senhor do que Bradley chamava polidamente de "soberbia infeliz" e era cordialmente odiado. Os oficiais e os soldados lhe puseram um apelido baseado nas iniciais de seu nome, J. C. H.: Jesus Christ Himself.*[7]

O mais conhecido excesso de Lee foi cometido em setembro, no auge da crise de abastecimento. Eisenhower sempre expressara seu ponto de vista de que os quartéis-generais importantes não deveriam ser estabelecidos em meio ou perto das tentações de uma cidade grande e tinha reservado os hotéis em Paris para o uso das tropas combatentes em licença. Contudo, Lee, sem o conhecimento de Eisenhower, transferiu seu quartel-general para Paris. Seu pessoal requisitou o uso de todos os hotéis anteriormente ocupados pelos alemães e assumiu o controle de escolas e outros grandes edifícios. Mais de 8 mil oficiais e 21 mil homens do SA chegaram à cidade em menos de uma semana, os quais foram seguidos por outras dezenas de milhares deles. Os parisienses começaram a murmurar que as exigências do exército americano estavam excedendo as que haviam sido feitas pelos alemães.

Os soldados americanos e os generais ficaram furiosos. E afirmaram justamente o que era óbvio: no auge da crise de abastecimento, Lee havia gasto seu precioso tempo na organização dessa transferência. Depois, gastou as reservas de valiosa gasolina, tudo de modo que ele e seus sequazes pudessem desfrutar dos hotéis de Paris. Mas a situação se agravou. Com 29 mil homens do SA em Paris, a maioria dos quais envolvida, de algum modo, no fluxo de suprimentos das praias e dos portos para a linha de frente, e considerando-se o que Paris tinha para vender, de vinho e garotas a jóias e perfumes, criou-se um mercado negro em grande escala.

* "O Próprio Jesus Cristo". (N. T.)

Eisenhower ficou louco de raiva com isso. Ele enviou a Lee uma ordem para que interrompesse a entrada em Paris de todo homem que não fosse absolutamente essencial e que retirasse da cidade todo aquele que não se enquadrasse nessa condição. Frisou ainda que os trabalhos essenciais do exército "não abrangem o fornecimento de instalações adicionais, serviços e recreação ao SA ou a seu quartel-general". Ele disse a Lee que gostaria de ordenar que ele e todos os seus homens saíssem da cidade, mas não podia dar-se ao luxo de desperdiçar mais gasolina com outra transferência do SA. Acrescentou que Lee tinha tomado uma decisão "extremamente insensata" e disse-lhe que corrigisse o equívoco o mais brevemente possível.[8]

Logicamente, Lee e seu quartel-general permaneceram em Paris. Obviamente, havia fortes razões para fazerem isso. E, naturalmente, os combatentes veteranos que obtinham licenças para passar três dias em Paris jamais conseguiam um quarto de hotel e tinham que dormir num abrigo da Cruz Vermelha improvisado como alojamento, em beliches. Os escalões do SA ficavam com as camas e os quartos particulares. E o número de seus homens, ao invés de diminuir, aumentou. Por volta de março de 1945, havia 160 mil homens do SA no Departamento do Sena.[9]

Esses homens ficavam também com as garotas, pois tinham dinheiro, graças ao mercado negro. Este floresceu em toda parte. Milhares de litros de gasolina, toneladas de alimentos e roupas e milhões de cigarros eram desviados diariamente. A gasolina transportada pela tubulação que se estendia das praias até Chartres era desviada tão freqüentemente que apenas tênue fio desse combustível chegava ao destino.

A maior parte dessa atividade consistia em pequenos furtos, mas que prejudicavam os soldados da frente de batalha. Como exemplo, posso citar o caso dos cigarros, entre os quais a marca mais popular era a Lucky Strike, seguida pela Camel. Em Paris, o pessoal do SA e seus sequazes fumavam Lucky Strikes e Camels; nas trincheiras, os homens recebiam Pall Malls, Raleighs ou coisa pior, tal como cigarros britânicos.*

---

* Quando o major Rolf Pauls foi capturado, o tenente americano que lhe fez o interrogatório inicial ofereceu a ele um Lucky Strike. Por sua vez, Pauls ofereceu ao tenente um de seus cigarros alemães. O tenente o acendeu, o tragou, tossiu e disse:

— Oh, horrível.

— Sim — concordou Pauls —, horrível. Os seus Luckies são muito melhores. (Entrevista de Hugh Ambrose com Rolf Pauls, Grupamento de Engenharia do Exército Americano.) (N. A.)

Mas uma grande parte do mercado negro era controlada pelo crime organizado. Eis, a propósito, uma história contada a mim por um ex-tenente que trabalhou como investigador criminal para o Departamento do Pessoal do SHAEF. Havia um coronel da Guarda Nacional, nascido na Sicília, que era chefe do Comando do Sistema de Transportes. Uma de suas prerrogativas era a disponibilidade de uso de um C-47. Todo dia de céu límpido, o coronel, juntamente com um co-piloto, pegava o avião e ia de Londres a Paris e voltava. Ele levava caixas de cigarro e trazia jóias e perfumes. Seu negócio floresceu, mas havia muitos pagamentos a realizar, muitas pessoas envolvidas. Em meados de dezembro, os investigadores criminais do SHAEF estavam prontos para prendê-lo, mas ele foi informado da operação e fugiu em seu C-47, com um co-piloto e uma caixa abarrotada de jóias.

— Ao sobrevoar o Canal da Mancha — contou-me o tenente — ele matou o piloto e, em seguida, desfigurou o próprio rosto, além de um reconhecimento possível. Ele era excelente piloto e aterrissou à beira de uma área com maré extremamente baixa, perto da Praia de Utah. O avião com o corpo do piloto foi encontrado somente no dia seguinte, sob maré baixa — e o coronel tinha deixado sua placa de identificação sobre o homem morto. Soubemos mais tarde que um casal de fazendeiros franceses tinha visto um piloto americano roubar um burro e uma carroça, pôr uma caixa nela e vestir roupas de camponês. A última vez que foi visto, ele seguia para a Sicília.[10]

O exército alemão tinha também uma grande quantidade de burrocratas. Ali, também, eram, em sua maioria, oficiais intendentes. O coronel von Luck nos fala de uma ocasião em que, no começo de setembro, durante a retirada pela França, ele deparou com um depósito de suprimentos. Seus tanques, caminhões e outros veículos precisavam de combustível; seus homens, de munição e comida. Ele ordenou que os suprimentos necessários lhes fossem entregues.

O sargento encarregado deu a Luck o que este chamou de "resposta típica e desaforada: 'Não posso fornecer nada sem autorização por escrito.' Quando perguntei: 'E o que você fará se os americanos chegarem aqui amanhã, o que é bem provável?', a resposta foi: 'Então, de acordo com as ordens, eu destruirei o depósito.' Quando meus homens avançaram ameaçadoramente contra o sargento, armas em punho, repliquei: 'Se eu não receber combustível, munição e comida dentro de meia hora, não poderei responsabilizar-me pelo que ocorrer.'" O sargento olhou para um Luck sorridente e seus homens e lhes deu aquilo de que precisavam.[11]

Cenas semelhantes se repetiram milhares de vezes durante a retirada. No outro lado da balança, os comandantes das regiões militares da Wehrmacht podiam ser tão loucos quanto Hitler. Assim como o seu líder, eles moviam regimentos e divisões desmantelados de longa data em seus mapas. Encastelados no ambiente seguro de seus quartéis-generais, eles ordenavam contra-ataques de unidades-fantasma. Em janeiro de 1945, na Bélgica, o tenente-coronel Gerhard Lemcke, militar de carreira da 12ª Divisão de Panzer, teve, nesse sentido, uma experiência típica. Seu quartel-general ficava numa casa de fazenda, numa colina. Da janela da cozinha, pôde ver tanques Sherman fazendo manobras para cercar sua posição. Ele recebeu ordens para atacar, as quais ignorou.

Nisto, um oficial do estado-maior foi até a casa de carro. O oficial estivera bebendo para criar coragem — os oficiais dos estados-maiores raramente iam à frente de batalha e, quando o faziam, era com receio que tratavam com os comandantes de combate. Nesse caso, o oficial informou a Lemcke que ele tinha vindo para levá-lo sob custódia.

— Posso perguntar por quê?

— Você não executou as ordens do comandante da região militar.

— E o que devo fazer? Eu deveria dizer aos meus homens que atirassem pedras? Ou talvez neve? Há muito dela à nossa volta — não tenho outra coisa. A bateria de artilharia na retaguarda, seus homens não atiram mais porque não têm munição. Mas esses figurões ordenaram que eles permanecessem lá para nos defender. Que tal dizer ao pessoal do quartel-general da região militar que peguem suas armas e enviem seus homens cá para cima e se juntem à minha infantaria?

— Diga isso a eles você mesmo — tornou o tenente.

Lemcke pôs-se ao rádio. O pessoal do quartel-general repetiu a ordem para atacar. Novamente, Lemcke recusou-se a cumpri-la. O oficial do outro lado do rádio disse ao tenente que prendesse o homem e o levasse para o quartel-general. Quando o tenente fez menção de que iria cumprir a ordem, os homens de Lemcke o cercaram.

— Esses soldados haviam estado comigo desde a campanha na União Soviética — disse Lemcke. — Alguns deles tinham sido agraciados com a Cruz de Ferro. Eles não permitiriam que aquele tenente me levasse a lugar nenhum.[12]

Além do próprio Hitler, os maiores burrocratas e muquiranas da Alemanha eram o Reichsmarschall Hermann Goering e o Reichsführer da SS Heinrich Himmler. Em novembro de 1944, Himmler foi posto no comando da banda oriental do Alto Reno. Himmler sabia muito bem como aterrorizar e chacinar civis, mas não sabia nada sobre assuntos militares. Em 3 de janeiro de 1945, ele ordenou que o major Hannibal von Lüttichau efetuasse um ataque.

— Não duvido de que essas ordens tenham sido elaboradas com grande cuidado. — Lüttichau disse a Himmler. — Mas precisamos de combustível.

— Você não precisa de veículos — retorquiu Himmler.

— Mas uma unidade de panzer entrincheirada é facilmente destruída por ataques aéreos — obtemperou Lüttichau. — A força das unidades de panzer está nas operações de tiro e mobilização. Surgir de repente, atirar e retirar-se! Além disso, não tenho munição. Não importa de quanto heroísmo possamos estar imbuídos, não duraremos um dia antes que nossos soldados achem que estejamos loucos e ergam as mãos e se rendam. Que devo fazer com relação a isso?

Himmler ordenou que ele fosse preso. E ele foi, mas sua Cruz de Ferro o protegeu, e isso o manteve vivo.[13]

De um modo geral, os veículos de imprensa americanos que cobriram os acontecimentos no TOGE — quer para os serviços de telégrafo, jornais e revistas, quer para o jornal dos soldados americanos, o *Stars and Stripes* — fizeram um trabalho notável. O nome dos melhores repórteres, assim como os nomes Eisenhower, Bradley, Patton, Collins, ecoarão através das eras. Nessa relação poderiam ser incluídos também Edward R. Murrow e Walter Cronkite, Ernie Pyle e Andy Rooney, Eric Sevareid e A. J. Liebling, Martha Gellhorn e Anne O'Hare McCormick, John P. Marquand e Robert Sherrod, James Agee e William Shirer, entre outros. O mais conhecido de todos foi Ernest Hemingway, correspondente da revista *Collier's*. Se ser um sujeito fátuo é ser, acima de tudo, egocêntrico, Papa* foi um deles.

Quando Hemingway sentava-se para escrever, era a única pessoa nas imediações. As reportagens que enviava para a *Collier's* diziam respeito

* Apelido de Hemingway. (N. T.)

ao que via, fazia, sentia. O maior de seus momentos se deu quando ele e seu motorista, o praça Archie Pelkey, se uniram a um grupo da Resistência Francesa em demanda de Paris. Era o dia 19 de agosto. O Sol se ergueu e "foi lindo aquele dia". Hemingway partiu com o objetivo de levar informação vital para o quartel-general.

— Eu tinha percorrido essa área de bicicleta durante muitos anos. É andando de bicicleta que você conhece melhor os contornos de uma região rural, por suas subidas e descidas.

"Jamais conseguirei descrever-lhes a emoção que senti", abria ele sua reportagem em Paris, antes de prosseguir e descrever em três colunas suas impressões.

Foram muitas as aventuras com o grupo da Resistência e houve muita bebedeira. Qual ninguém mais poderia fazê-lo, Hemingway amava os combatentes por sua coragem, impetuosidade e simplicidade. Antes de partirem para Paris, regalaram-se várias vezes com mais um drinque, mais um beijo da garçonete. E Hemingway também. Mas, ao chegarem às fímbrias de seu perímetro urbano, um policial militar americano ordenou que saíssem da estrada.

Nessa noite, chovia muito, mas Pelkey e Papa se abrigavam no aconchego de um bistrô, com uma garrafa de vinho e um pouco de queijo e pão, enquanto contemplavam Paris lá embaixo. Eles conversaram sobre seus novos amigos franceses.

— Formam uma bela unidade — Pelkey disse. — A melhor unidade que conheci. Nenhuma disciplina. Tenho que admitir isso. Bebem o tempo todo. Tenho que admitir isso. Mas uma unidade muito combatente. Ninguém liga a mínima para ser morto ou não.

— Sim — Papa concordou. Então, terminou sua reportagem: "Não pude dizer mais nada, pois senti um nó estranho na garganta e tive que limpar os óculos porque agora, lá embaixo, cinzenta e sempre bela, espraiava-se a cidade que mais amo no mundo."[14]

A respeito da guerra, Ernie Pyle não tinha o mesmo ponto de vista de Hemingway, e esse é o motivo pelo qual, meio século depois, as pessoas ainda lêem o que ele escreveu, e o que Hemingway escreveu, não. Uma antologia de 1995, com dois volumes, das melhores reportagens da Segunda Guerra Mundial, publicada pela Library of America, reunia 26 reportagens de Pyle, mas apenas uma de Hemingway. Todos sabiam que Hemingway era corajoso, tolo e sentimental. O que o público queria saber era o que os soldados americanos e o alto comando estavam fazendo. E era isso o que Pyle e quase todos os outros lhe forneciam.

Rumores e piadas ajudavam os homens a suportar o insuportável, e é por isso que eles fazem parte de todas as guerras. No TOGE, rumores circularam aos milhares. Alguns eram apavorantes ("Vamos saltar sobre Berlim", entre os pára-quedistas, por exemplo), mas a maioria gerava esperanças. Seu teor sempre prometia ou revelava a realização de um fato: os alemães se revoltaram; a guerra terminará antes do Natal; Hitler está morto; e assim por diante, em sucessão infindável. Ou, então, prometia uma recompensa: todo pára-quedista (ou combatente de infantaria e artilharia, ou socorrista, ou qualquer outro) ganharia gratuitamente um carro de Henry Ford quando a guerra fosse vencida. E havia os que prometiam a rendição de uma unidade qualquer: nossa divisão será retirada dos campos de batalha e levada para os Estados Unidos para treinar novos soldados. Nos campos de prisioneiros, seu teor costumava dar conta de que uma troca de prisioneiros estava prestes a ocorrer.

O praça Harold Snedden, da 28ª Divisão, marchou através de Paris no dia de sua libertação. Enquanto avançava pelos Campos Elíseos, ouviu um rumor que se espalhou instantânea e inteiramente pelas longas colunas dos soldados em marcha: "Os oficiais superiores decidiram nos manter aqui para policiar a cidade." Mas não demorou muito até que Snedden ficasse triste e desapontado.[15]

Já o praça Ed Jabol, da 1ª Divisão, teve a satisfação de obter uma recompensa por causa de um rumor que pôs em circulação. Nos combates nas sebes, ele e seu colega disseram individualmente a outro soldado que a água local estava contaminada, apenas para saber quanto tempo o rumor levaria para voltar até eles. No dia seguinte, chegou um informe do quartel-general recomendando que se bebesse somente vinho até que a água pudesse ser tratada.[16]

Piadas e bordões abundaram no TOGE. A maioria deles era grosseira, sensual e eivada da mais chula linguagem. Mas alguns serviam para fazer queixas específicas e eram ouvidos quase tão freqüentemente quanto a expressão "soldados americanos" e o termo "praça". Entre eles, havia coisas do tipo: "Você jamais teve uma vida boa como essa", "Você descobriu um lar no exército" e "O que mais você poderia querer?". Outros eram provocantes: "Uma pena que você estivesse dormindo quando as garotas vieram" ou "Ouvi dizer que você será promovido". Alguns eram simplesmente maliciosos para muitos soldados: "Ouvi dizer que você vai se alistar outra vez."

Milhares de criminosos comuns estiveram presentes no TOGE. Centenas deles foram julgados pela corte marcial, condenados e presos ou, no caso de rapinagem ou assassinato, receberam sentença de morte por fuzilamento. Sessenta e cinco homens sofreram essa condenação. Mas Eisenhower era o homem da última palavra. Em 16 casos, ele comutou a pena de morte em prisão perpétua; mas 49 homens foram fuzilados.

A deserção era punível também com a pena de morte por fuzilamento, mas o exército americano não executava esse tipo de sentença desde 1864. A deserção foi um problema sério no TOGE, fosse porque isso era relativamente fácil de fazer na Europa (não houve nenhum caso de deserção nas ilhas do Pacífico), fosse por causa do caráter infindável dos combates, fosse porque o exército tentava trazer os desertores de volta para as suas unidades e dar-lhes uma segunda chance, o que significava que os desertores podiam estar certos de que não haveria nenhuma punição se fossem presos.

Em novembro de 1944, o tenente Glenn Gray encontrou, enquanto atuava numa missão para o serviço de contra-espionagem, um desertor num bosque da França. O jovem, oriundo das montanhas do estado americano da Pensilvânia, estava acostumado a acampar. Estava ali havia algumas semanas, vivendo de veação, e pretendia permanecer onde se encontrava até o fim da guerra.

— Todos os homens que conheci e com os quais treinei foram mortos — disse o desertor a Gray. — Estou só [...]. Os projéteis parecem cair cada vez mais perto e não consigo suportar isso.

Ele implorou que Gray o deixasse ali. Gray se recusou a fazer isso e disse que iria entregá-lo às autoridades militares, mas lhe assegurou que ele não seria punido. O desertor disse a ele que sabia disso, mas previu, com amargura, que "eles" simplesmente o poriam na frente de batalha outra vez — e foi exatamente isso o que ocorreu quando Gray chegou com ele de volta.[17]

Somente um desertor, o praça Eddie Slovik, passou pelo processo de confissão à condenação na corte marcial e, daí, à execução pelo pelotão de fuzilamento. Slovik chegou à França como substituto em agosto. No dia 25, ele passou a noite numa vila, entrincheirado com outros substitutos. E sofreram um bombardeio. Na manhã do dia seguinte, quando os demais deixaram as trincheiras, ele ficou para trás. À tarde, ele se juntou a alguns soldados de infantaria canadenses, com os quais passou as seis semanas seguintes. Depois disso, foi entregue a policiais militares americanos, que o levaram de volta para a companhia a que havia sido subordinado.

Slovik disse ao comandante que ficou com muito medo do bombardeio e jurou:

— Se eu tiver que ir para lá novamente, fugirei.

Mais tarde, ele pôs isso no papel, no fim de uma confissão de deserção por escrito. Ele queria passar o resto da guerra na prisão. Mas foi infeliz; ele foi levado a julgamento em 11 de novembro, época em que o rigor dos combates na Linha Siegfried estava provocando aumento de deserções. O alto comando estava querendo aplicar uma punição exemplar. E Slovik se enquadrava perfeitamente no que seus homens estavam procurando. O rapaz foi julgado culpado e condenado à pena de morte. Quando o caso foi submetido à derradeira apreciação de Eisenhower, em 30 de janeiro, a Campanha das Ardenas já fazia das deserções um problema ainda maior. Eisenhower não interveio. Em 31 de janeiro, Slovik foi executado.[18]

O caso de Slovik provocou comentários e controvérsias. E seguiram-se clamores públicos sobre o senso de justiça do exército. Eisenhower jamais recuou de sua decisão. Ele achava que o caso fora mais do que esclarecido. Mas, independentemente do mérito da questão, isso ajudou a conferir o justo valor à execução de Slovik quando comparada com o fato de que, durante o curso da campanha de 11 meses no noroeste da Europa, durante o qual Eisenhower fez que levassem somente um homem à pena de morte, Hitler ordenou que executassem 50 mil soldados por deserção ou covardia.

Uma das responsabilidades mais estressantes dos comandantes de pelotões e de companhias era reconhecer os casos de fadiga resultante dos combates e lidar com eles. Os melhores deles conseguiam prever o grau máximo de resistência de um soldado antes que ele fosse ultrapassado para conceder-lhes algum descanso. Os casos mais graves iam para a retaguarda, a fim de receber tratamento. Alguns retornavam para a linha de frente; muitos eram reaproveitados na execução parcial de suas tarefas. A tentação para simular a fadiga de combate era algo sempre presente.

Certa noite na Floresta de Hurtgen, o tenente George Wilson deu as boas-vindas a dois substitutos, operadores de rádio, à sua companhia e ordenou que seguissem para uma trincheira. Houve um bombardeio. Na manhã do dia seguinte, o menor dos dois substitutos correu para a trincheira de Wilson e pulou para dentro dela.

— Ele tremia convulsivamente — disse Wilson — e lágrimas escorriam-lhe abundantes pelo rosto. Todo o seu corpo era sacudido pelos espasmos, e ele mal conseguia dizer-me em meio ao choro soluçante que não podia suportar aquilo. Ele simplesmente tinha que sair dali, dizia; tive que deixá-lo ir para a retaguarda. Ele chorava como criança durante o acesso e batia com a cabeça no solo.

Wilson tentou conversar com ele, mas foi em vão. Tentou também ser duro com ele:

— Eu disse a ele com veemência que fazia mais de cinco meses que eu estava combatendo na frente de batalha e que ninguém havia deixado que eu saísse dali. Já que ele tinha acabado de chegar, ele não iria sair dali de jeito nenhum.

Isso provocou mais histeria no soldado. Ele disse, soluçante, que iria desertar. Wilson disse-lhe que fosse em frente — mas que ele seria morto. Em seguida, Wilson disse a ele que seus pais ficariam muito envergonhados com sua atitude. Ainda soluçante, o substituto disse que não se importava com isso.

— Sou apenas um judeu filho da mãe, imundo, inútil e covarde.

Eventualmente, ele se acalmou e voltou para a trincheira. Mais tarde, nesse mesmo dia, seu colega, um sujeito corpulento, veio até Wilson e representou um papel semelhante, mas não foi tão convincente como o outro. "Perdi a paciência", escreveu Wilson, "e lhe disse aos berros que os dois estavam tentando fazer de mim um idiota e que eu já estava farto deles.

Surpreendentemente, ele admitiu prontamente a farsa e chegou mesmo a descrever como tinha passado a noite anterior planejando a encenação. Pelo que parece, ambos tinham sido atores na escola e haviam feito algum treinamento para isso."

No dia seguinte, outro bombardeio. O maior dos dois substitutos perdeu totalmente o controle de si. Lágrimas rolando-lhe pelo rosto, implorou que Wilson o enviasse para a retaguarda. "Voltei-me para ele furibundo, apontei meu fuzil para seu tórax e lhe disse que, se eu ouvisse mais uma palavra dele, eu atiraria. Ele parou de gritar imediatamente."

O bombardeio recomeçou. O soldado foi atingido por um estilhaço num dos braços, com o que obtivera o tão almejado "ferimento de um milhão de dólares". E saiu dali. Wilson jamais o viu novamente. Tampouco o primeiro deles, que seguiu por conta própria para a retaguarda e conseguiu convencer as autoridades militares de lá a ser transferido para um hospital como um caso de fadiga por batalha.[19]

Na popular história em quadrinhos da Segunda Guerra Mundial *The Sad Sack*, o personagem era um praça ingênuo, confuso, preguiçoso e empavonado, mas feliz e quase amável. Na vida real, esse tipo de sujeito era alguém miserável. Sempre infeliz, ele tentava fazer de todos à sua volta pessoas igualmente miseráveis. Seu coração vivia cheio de ódio — por seus oficiais, pelo exército, pelos negros, judeus, italianos ou qualquer outra pessoa. Sempre que se via em vantagem em certas situações, fazia o papel de valentão. Além de mentiroso inveterado, ele simplesmente sumia quando algum trabalho de verdade aparecia ou algum combate tinha que ser travado. Ele não apenas não suportava o próprio fardo, como também era um peso sério e constante para a eficiência do exército. No extremo de sua índole negativa, esse muquirana se mostrava uma pessoa mesquinha, um filho da mãe rancoroso, sem nenhuma virtude que o pudesse redimir.

O pior dos muquiranas era o racista.

A maior democracia do mundo combateu o maior racista do mundo com um exército de segregados. Pior do que isso: o exército e a sociedade conspiraram para degradar os afro-americanos de todas as formas possíveis, por questões racistas. Um pequeno incidente ocorrido na frente de batalha doméstica da nação americana ilustra bem a tirania sob a qual os negros americanos viveram durante a Segunda Guerra Mundial.

Em abril de 1944, o cabo Rupert Timmingham escreveu à revista *Yank*: "Eis uma pergunta que todo negro americano está fazendo", disse ele na abertura da missiva. "Pelo que o negro americano está lutando? Em que time estamos jogando?" E relatou as dificuldades que ele e outros oito soldados negros haviam enfrentado enquanto viajavam pelo Sul — "onde o racismo impera" — para se apresentarem à nova unidade para a qual tinham sido designados.

"Não pudemos nem mesmo comprar uma xícara de café", denunciou Timmingham.

Por fim, o gerente da lanchonete da estação ferroviária do estado do Texas disse que os soldados negros podiam contornar o refeitório e dirigirem-se à cozinha para lanchar e tomar café. Calhou de, quando o fizeram, "cerca de duas dúzias de prisioneiros de guerra alemães, acompanhados por dois guardas americanos, chegarem à estação. Eles entraram no refeitório, sentaram-se às mesas, foram servidos, conversaram, fumaram, desfrutaram, enfim, de bons momentos. Fiquei do lado de fora observando e não consegui evitar de me perguntar por que eles são mais bem tratados do que nós. Por que somos guiados como se fôssemos gado? Se estamos lutando pela mesma coisa, se devemos morrer por nosso país, então por que o governo permite que coisas como essa continuem a ocorrer? Alguns dos rapazes andam dizendo que vocês não publicarão esta carta. Eu lhes digo que vocês o farão".[20]

No TOGE, muitos soldados negros foram designados para o cumprimento de tarefas com prisioneiros. A maioria dos prisioneiros de guerra alemães entrevistados para a elaboração deste livro nos dá o testemunho revelador de que recebeu melhor tratamento dos guardas negros do que dos brancos, tratamento que entre esses prisioneiros chegou a dar origem ao bordão: "O melhor americano é o americano negro."[21]

O racismo dominou tão fortemente no exército quanto no Sul. Os negros tinham suas próprias unidades, refeitórios, alojamentos, tribunais — nos Estados Unidos, Inglaterra, França, Bélgica, não importava onde. Não houve infantaria de negros no TOGE, mas apenas nove batalhões de artilharia de campanha, alguns batalhões de artilharia antiaérea e meia dúzia de batalhões de tanques e de peças antitanque compostos por negros. Alguns se saíram bem, outros tiveram desempenho mediano, outros mal conseguiram desincumbir-se de suas tarefas.

O 969º Batalhão de Artilharia de Campanha foi muito elogiado pelo general Maxwell Taylor pelo tiro de apoio que forneceu a outras unidades durante a defesa de Bastogne. "Nosso sucesso", escreveu Taylor ao comandante do 969º Batalhão, "é atribuível à cooperação ombro a ombro de todas as unidades envolvidas. Esta divisão está orgulhosa por ter compartilhado o campo de batalha com o seu comando." Ele indicou o batalhão para ser incluído na agraciação da Menção Honrosa de Unidades, a qual ele recebeu em 5 de fevereiro, com o que se tornou a primeira unidade de combate negra a conquistar essa honraria.[22]

Patton não demonstrava muito entusiasmo com o recebimento de guarnições de tanques compostas de negros, pois achava que estes não tinham reflexos suficientemente rápidos para dirigir tanques em batalha.[23] Mas quando, no fim de outubro, o 761º Batalhão de Tanques, a primeira unidade de negros a ser engajada em combates, se apresentou como subordinada à 26ª Divisão, III Exército, Patton recebeu as guarnições de tanque calorosamente:

— Rapazes, vocês compõem as primeiras guarnições de tanque de soldados negros a combater no exército americano [...]. Pouco me importa a sua cor, desde que vocês vão até lá e matem esses alemães filhos da mãe. Todos têm os olhos fitos em vocês e esperam grandes coisas de vocês. Contudo, mais do que todos, sua própria raça está de olho em vocês. Não desapontem a ela nem a mim.[24]

Eles não os desapontaram. O batalhão passou 183 dias em combate. Todos os comandantes sob cujas ordens lutaram fizeram-lhes elogios. E essa unidade ganhou uma Medalha de Honra e muitas Cruzes de Distinção de Serviços Prestados.

Contudo, o 827º Batalhão Antitanque, composto de soldados negros, teve um desempenho ruim nos combates, tanto assim que o exército quase o extinguiu e muitos comandantes recusaram-se a operar com ele. As causas eram bem conhecidas: homens sem treinamento, sob o comando de oficiais rejeitados por outras unidades, e precariamente equipados. Logo depois do fim da guerra, Walter Wright, historiador-chefe do exército, disse que o problema real residia nos oficiais inferiores. Os negros precisavam dispor do melhor, insistia Wright, pois "os soldados negros americanos têm, em média, educação precária e, em muitos casos, são iletrados; carecem de amor-próprio, autoconfiança e iniciativa; eles costumam ter uma consciência muito clara de sua baixa reputação diante dos olhos da população branca e, conseqüentemente, sentem muito pouca motivação para combater agressivamente".

Por que deveriam fazê-lo, prosseguiu Wright, quando cada um deles sabia "que a cor de sua pele desqualifica-o automaticamente para a colheita dos frutos da consecução de objetivos? Não admira que não veja razão para empreender árduos esforços de superação de obstáculos. Para mim, a coisa mais extraordinária é ver essa gente continuar tentando fazer algo, apesar de tudo".[25]

E o problema não estava apenas no fato de que os brancos não recompensariam o soldado negro que fizesse bem o seu trabalho; os negros que se esforçavam eram ridicularizados pelos colegas. Tal o caso, por exemplo, de Isaac Coleman, o segundo mais velho de outros 14 irmãos, criado numa fazenda na Virgínia. Ele abandonara a escola aos 15 anos de idade para trabalhar; além disso, não havia uma escola pública para negros na região em que morava. Ele se alistou em 1941 e subiu rapidamente na carreira militar, "pois eu era ambicioso e fazia o meu trabalho da melhor forma que podia. Eu era obediente e aceitava responsabilidades. Os colegas me chamavam de puxa-saco ou coisa pior, e me envolvi em algumas brigas com soldados negros, mas eu me sentia satisfeito. Cheguei a primeiro-sargento aos 20 anos de idade". Isso lhe deu um soldo de 140 dólares por mês, a maior parte dos quais ele enviava para casa.

O sargento Coleman combateu em várias partes da Europa e voltou para a Virgínia em janeiro de 1946.

— Quando cheguei em casa, o solo estava coberto de neve, e um sujeito branco na estação de ônibus me deu uma carona para casa. Meu pai saiu de casa com os pés descalços e me levantou do chão quando cheguei. Papai chorou, e nós visitamos e vimos todos nessa noite. Papai tinha sete filhos na guerra, seis deles servindo além-mar ao mesmo tempo, e todos nós voltamos para casa. Eu não teria achado má idéia permanecer no exército, mas minha esposa era professora e não queria abandonar a profissão. Assim, eu cedi. Comprei uma fazenda com o programa de empréstimos aos praças americanos.[26]

A maioria dos negros americanos jamais teve chance de lutar. Para alguns, surgiu uma oportunidade durante a crise do sistema de substituição, na Campanha das Ardenas. No Serviço de Abastecimento, administrado pelo general Lee, havia milhares de negros em boa forma física cujo trabalho poderia ser feito por pessoal temporariamente incapacitado de realizar certas tarefas. Lee lhes ofereceu a oportunidade de se apresentarem como voluntários para servir na infantaria e, depois, serem designados para combate em unidades outrora compostas somente de brancos, sem consideração de contingentes, mas conforme as necessidades do momento.

Quando o chefe do estado-maior do SHAEF, o general-de-divisão Walter B. Smith, leu uma circular que Lee emitira, entrou furioso no escritório de Lee. Smith estivera encarregado da administração do "programa [racial] dos negros", em cumprimento de política adotada pelo exército em 1941. Ele disse a Lee:

— É inevitável que o teor desta circular se torne público e igualmente inevitável que o resultado disso seja que toda entidade de negros, todos os grupos de pressão e jornais cheguem à conclusão de que, enquanto o Ministério da Guerra segrega soldados de cor em organizações de acordo com seus pontos de vista e contra os desejos e apelos de toda a raça negra, o exército na Europa está plenamente disposto a pô-los nas frentes de batalha de mistura com unidades de soldados brancos e fazê-los travar combates quando surge uma emergência.

Depois de tomar fôlego, Smith prosseguiu:

— Dois anos atrás, eu teria considerado isso a coisa mais perigosa que meus olhos poderiam ver relativamente às relações com os negros.

— Eu não consigo ver as coisas dessa forma — devolveu Lee. (Apesar de seus defeitos, aqui ele revelou alguma virtude.) — Acredito ser correto que soldados brancos e negros sirvam na mesma companhia.

— Não estou discutindo essa questão, sob nenhum aspecto — tornou Smith, veemente. — Mas a política do Ministério da Guerra é outra.[27]

Smith não conseguiu persuadir Lee, mas convenceu Eisenhower a manter um sistema de segregação básico no TOGE: o Comando Supremo declarou que voluntários negros seriam treinados para servir em pelotões e que seriam postos na frente de batalha com base nisso.

Com isso, criou-se um problema. Os postos de substituição não estavam preparados para treinar os recrutas em pelotões, mas somente individualmente. Os batalhões de artilharia e de tanques compostos exclusivamente de negros precisavam urgentemente de substitutos, mas os postos podiam treinar recrutas apenas como soldados de infantaria. Quatro mil, quinhentos e sessenta e dois homens se ofereceram como voluntários, muitos deles soldados sem graduação que aceitaram ser reduzidos à condição de praças para que isso fosse possível. Contudo, os postos de substituição não estavam preparados para lidar com tantos homens.

No dia 1º de março de 1945, os primeiros 2.253 voluntários tinham completado seu programa de treinamento. Eles foram organizados em 37 pelotões de fuzileiros e enviados para a frente de batalha, na qual foram distribuídos, conforme necessário, pelas companhias. O líder de pelotão e o sargento eram indicados entre os membros que já faziam parte da companhia e, logicamente, eram brancos.[28] Com algumas exceções, esses pelotões se saíram bem. Alguns chegaram mesmo a se destacar. De um modo geral, seu desempenho foi tão bom que levou muitos oficiais que serviram com eles a adotarem a idéia de rejeitar a segregação no exército do futuro. No mínimo, as avaliações de seu desempenho davam conta de que eles eram muito agressivos. Num dos combates, três soldados negros usaram um *Panzerfaust* capturado para tirar de ação um tanque Tiger. E foram recompensados com a estada de uma semana em Paris. Dali por diante, muitos soldados negros passaram a ser vistos detendo o avanço do monstro blindado do inimigo com *Panzerfaust* nas mãos.[29]

O general-de-divisão Edwin Parker, comandante da 78ª Divisão, disse a respeito dos negros de seus pelotões:

— Moral: excelente. Desempenho: superior. Esses homens se mostram extremamente ávidos de se aproximar do inimigo e destruí-lo [...]. Quando recebiam uma missão, aceitavam-na com entusiasmo, e, mesmo quando seus pelotões sofriam baixas, os rapazes de cor continuavam a pressionar o inimigo.[30]

O racismo estava em retirada, mas continuava vivo. No último mês da guerra, a preocupação era: o que acontecerá quando formos para os alojamentos? Era impensável a idéia de que brancos e negros pudessem reunir-se nos mesmos alojamentos. Mas, quando essa reunião ocorreu, aquela preocupação mostrou não ter fundamento. Depois de dois meses da instituição de um alojamento misto, um comandante de batalhão da 78ª Divisão disse que não teve problemas de espécie alguma e explicou o porquê:

— Os soldados brancos e os soldados negros estão unidos por amizade e respeito nascidos dos combates e amadurecidos pela conscientização de que esse tipo de associação não é impossível, como muitos de nós fomos levados a crer [...]. Quando passamos pelas mesmas privações, enfrentamos os mesmos perigos, diante de um inimigo indiferente quanto à cor da pele de quem deve ser morto, não pode haver segregação racial. Meus soldados se alimentam e divertem, trabalham e descansam como uma companhia de homens, sem discriminação da cor do próximo.[31]

Houve também outros auspiciosos indícios de que o exército ficaria livre do racismo em pouco tempo. A revista *Yank* publicou a carta do cabo Timmingham. Alguns meses depois, ele lhe enviou outra. "Até hoje, recebi 287 cartas", escreveu ele, "e, por estranho que pareça, 183 são de homens brancos servindo nas forças armadas. Outro fato estranho é o de que a maioria destas cartas foi enviada por pessoas oriundas do Sul. Todas elas se sentem orgulhosas por serem originárias do Sul, mas ficam envergonhadas ao saber que existem tantas pessoas de seu próprio povo fazendo o jogo de Hitler. Todavia, sinto-me com novas esperanças quando vejo que, sem dúvida, há milhares de brancos dispostos a combater [o racismo]."

A *Yank* informou que tinha recebido milhares de cartas de soldados americanos, "quase todos indignados com o tratamento dado ao cabo".[32]

No fim de 1945, depois da experiência da Segunda Guerra Mundial, a cova para o sepultamento do racismo estava pronta. O historiador Wright concluiu seu relatório sobre o emprego de soldados negros na guerra com as seguintes palavras: "Minha maior esperança é que, a longo prazo, seja possível designar individualmente soldados negros para atuar em qualquer unidade do exército em que sejam considerados indivíduos qualificados para servir eficientemente."[33] Isso foi feito, sob o comando e a liderança dos coronéis, majores, capitães e tenentes que compareceram ao TOGE e os quais viram os fatos com os próprios olhos. Em uma década, o exército passou de uma das mais racistas instituições do país à mais bem-sucedida instituição multirracial.

15

PRISIONEIROS DE GUERRA

UM DOS MOMENTOS MAIS PERIGOSOS dos combates na Europa durante a Segunda Guerra Mundial era o em que o soldado decidia que não estava mais disposto a combater ou que não era mais capaz de fazê-lo. Ele abandonava sua arma e punha as mãos ao alto ou exibia uma bandeira branca — às vezes sozinho, outras vezes como uma companhia inteira ou até como uma unidade maior — e, portanto, se expunha ao perigo da atitude imprevisível de um soldado armado que ele estivera tentando matar momentos antes e que, na maioria das vezes, estava alucinadamente tomado pelo ardor da batalha. Suas chances de ser morto eram grandes. O grande estado de tensão provocado por essas ocasiões somente o abandonava quando se via seguro numa cela de prisioneiros de guerra na retaguarda.

A maioria dos soldados que se mantinha firme no manejo das armas até o esgotamento da munição e que, portanto, resvalava para uma situação de iminente derrota jamais conseguia alcançar a condição de prisioneiro de guerra, mesmo depois de lançar as mãos para o alto e gritar *Camarada!*. A artimanha alemã de enviar homens desarmados em missões de patrulha, de modo que, se fossem capturados, pudessem alegar que estavam tentando render-se, tornou difícil e perigosa para alguns alemães a tentativa de capitularem individualmente, já que, por causa desse artifício, os soldados americanos passaram a atirar em todos os alemães com que deparassem entre as linhas de frente. Os alemães se tornaram igualmente impiedosos.

Os Arquivos de Crimes de Guerra do SHAEF estavam abarrotados de registros de incidentes: "Caso 6-123, Companhia B, 394º Regimento de Infantaria. Em 17 de dezembro, perto de Losheim, os alemães cercaram um pelotão. Os soldados americanos ergueram uma bandeira branca, mas os tanques alemães assaltaram suas posições, cobrindo alguns homens com terra e atirando contra as trincheiras individuais. Não se sabe como, mas 22 homens conseguiram render-se. Os alemães os reuniram, os levaram para uma espécie de ravina e os fuzilaram. Somente o socorrista conseguiu escapar.

Caso 6-156. Testemunha: praça Andrew S. Protz. Em Honsefeld, cinco soldados americanos ergueram uma bandeira branca e avançaram. Os alemães abriram fogo, com o que mataram quatro e feriram um deles, o qual um tanque alemão atropelou deliberadamente enquanto o ferido implorava socorro."[1]

O praça Edward Webber, do 47º Regimento de Infantaria, nos faz uma descrição de um incidente horripilante, embora dificilmente ele tenha sido único. Enquanto avançava contra um tanque alemão danificado, sua guarnição suspendeu os disparos da metralhadora, abriu a torre de tiro e acenou com uma bandeira branca. Quando Webber e seus colegas começaram a se aproximar do tanque, a metralhadora tornou a cuspir fogo — disparada, provavelmente, por algum jovem fanático que se recusara a render-se com o restante dos colegas. O pelotão de Webber revidou.

— Os homens da guarnição começaram a sair pela escotilha de emergência — disse Webber. — Eles gritavam: "*Nicht schiessen! Nicht schiessen!*"* Mas, a essa altura, estávamos fulos de raiva. Os homens da guarnição foram postos em linha de joelhos, e um soldado enfurecido se pôs atrás deles e atirou contra a nuca de cada um. O último a morrer era um adolescente de cabelos louros que balouçava para a frente e para trás sobre os joelhos, chorando e urinando em ambas as pernas das calças. Ele tinha retratos da família espalhados pelo solo à sua frente. Apesar disso, levou um tiro na nuca e foi atirado para a frente como se fosse um saco de batatas.[2]

O sargento Zane Schlemmer, da 82ª DIA, tratou os prisioneiros de guerra de modo diferente. "Tínhamos adquirido um ódio *intenso* por tudo que fosse alemão", escreveu ele num livro de memórias. "Sentíamo-nos

---

* *Não atirem! Não atirem!* (N. T.)

particularmente infelizes por termos que enviá-los, como prisioneiros, para a retaguarda. Tínhamos que continuar na frente de batalha e nos ressentíamos de qualquer um que voltasse para condições de abrigo e aconchego. Assim, sempre cortávamos seus cintos e, com nossas facas de pára-quedistas, arrancávamos os botões de suas calças, de modo que tivessem de segurá-las para mantê-las no lugar. Isso era humilhante para eles, principalmente para os oficiais."[3]

Tanto o exército americano quanto o alemão proibiam a execução de prisioneiros de guerra desarmados. Mas ambos os lados o faziam freqüentemente, embora nenhuma corte marcial fora instituída para o julgamento de homens acusados de matar prisioneiros. O fato era assunto em que todos concordavam que não deveria ser discutido, e nenhum registro sobre ele foi feito. Portanto, todo relato a respeito dele provém de fontes informais.

Entrevistei mais de mil veteranos combatentes. Somente um deles disse que matou um prisioneiro e acrescentou que, embora sentisse algum remorso, o faria novamente. Não obstante isso, talvez um terço dos veteranos com quem conversei relatou incidentes nos quais viram outros soldados americanos matar prisioneiros alemães indefesos. O tenente Tom Gibson, da 101ª DIA, nos dá uma idéia detalhada dessa atitude relativamente generalizada, com a descrição do assassinato de dez prisioneiros de guerra alemães por um oficial de infantaria aeromóvel americana — ele atirou neles enquanto faziam uma trincheira e estavam sob vigilância. Gibson comentou: "Acredito firmemente que somente um combatente tem o direito de julgar outro combatente. Somente ele sabe como é difícil manter o equilíbrio, cumprir seu dever e sobreviver com algo semelhante à honra. Você tem que aprender a perdoar os outros, e a você mesmo, por algumas das coisas que são feitas."[4]

Para os pára-quedistas que tiveram que saltar sobre a Alemanha, o momento mais perigoso era quando chegavam ao solo. Se os civis locais os alcançassem antes que as autoridades militares chegassem, eles atacavam os americanos com pedras, forcados e armas de caça. Muitos foram mortos por pessoas comuns dominadas pela raiva e pelo ódio.

Nos combates de novembro, o pelotão de infantaria do tenente Fussell deparou com uma profunda cratera numa floresta em que um ou dois esquadrões de soldados alemães, entre uns 15 e 20 homens, se reuniam. "O desejo evidente de se renderem — a maioria vertia lágrimas de pavor e desespero — foi ignorado por nossos homens que se mantinham à beira da cratera", escreveu Fussell mais tarde. Quando os alemães puseram as mãos para cima, os homens de Fussell, "rindo e clamando toadas de deboche, atiraram, exultantes, contra o interior da cratera até que cada um dos homens lá embaixo estivesse morto [...]. Se um corpo se contorcesse ou movesse o mínimo que fosse, levava mais tiros. Isso foi para eles uma grande satisfação, e o acontecimento foi transformado numa espécie de divertida anedota, contada e recontada à volta de fogueiras durante todo o inverno".[5]

O sargento Robert Jamison, 90ª Divisão de Infantaria, também nos fala de um incidente durante a Campanha das Ardenas:

— Detivemos um tanque alemão com nossa bazuca e retiramos dele dois homens de sua guarnição. Um deles havia sido ferido gravemente na perna. Um filho da mãe de um tenente o inquiriu a respeito de sua unidade, mas ele se recusou a responder. Então, o tenente o empurrou pela porta afora e atirou nas costas dele. Essa foi a situação em que me vi mais próximo de matar um dos nossos próprios homens.[6]

O capitão Charles Stockell se encontrava numa posição de combate perto da Serra de Elsenborn.

— Tínhamos na unidade um jovem praça, uma criança de natureza dócil, com apenas 19 anos de idade, que tivera dois irmãos mortos na Normandia. Mas se transformava num verdadeiro demônio quando se tratava de alemães. Matava todos que encontrava, incluindo qualquer prisioneiro. Para Junior, enviar prisioneiros para a retaguarda passou a ser uma ofensa punível com pena capital.

Certa vez, durante a Campanha das Ardenas, Stockell demorava-se de pé com o comandante do batalhão do lado de fora do quartel-general. O comandante precisava enviar um informe a uma das companhias. Mandou que chamassem Junior e o incumbiu da missão. "Junior partiu em passo acelerado pela rua abaixo. Um alemão que estivera se escondendo numa das casas durante 72 horas apareceu no portão da frente, fazendo mesuras, sorridente, com as mãos na cabeça.

— *Kamerad! Kamerad!*

Junior jamais reduziu o passo, mas sacou de sua pistola e atirou no rosto do homem enquanto passava por ele. O comandante xingou e jogou o capacete ao chão; Junior atacara novamente."[7]

A maioria das histórias de assassinato não se reveste necessariamente de frieza de sentimentos; de um modo geral, elas dizem respeito a lances envolvendo fuzileiros da frente de batalha ocorridos imediatamente após um tiroteio em que viram colegas serem mortos. No lado americano, quase nunca os oficiais davam ordens diretas para matar prisioneiros. A instrução que os pára-quedistas espalharam entre si antes do Dia D era: "Nenhum prisioneiro, de acordo com as ordens do general Gavin [ou Ridgway, ou Taylor]", mas nunca vi nenhuma prova documentada dessa "ordem". Aliás, os pára-quedistas fizeram muitos prisioneiros em 6 de junho. Contudo, existe uma ordem por escrito emitida pelo quartel-general do 328º Regimento de Infantaria, datada de 21 de dezembro, que diz: "Nenhum soldado da SS ou pára-quedista deverá ser feito prisioneiro, mas morrer ao ser visto."[8]

O pretexto para a emissão dessa ordem foi o massacre de Malmédy. Este ocorreu em 17 de dezembro. A Bateria B, 285º Batalhão de Observação de Artilharia de Campanha, 7ª Divisão de Blindados, dirigia-se para o sul, com destino a St.-Vith, quando os destacamentos de Peiper toparam com a unidade nas cercanias de Malmédy. Peiper avançou através da coluna, atirando e criando confusão em toda parte. Os soldados americanos abandonaram seus veículos em pânico e se lançaram para dentro das trincheiras ou tentaram fugir para o bosque próximo. Peiper ordenou que fossem capturados e seguiu em frente.

Se Peiper deu ou não ordens diretas para a matança dos prisioneiros, não se sabe com certeza. Sabe-se, entretanto, que ele fora ajudante de Heinrich Himmler e que, como comandante de batalhão na União Soviética, incendiou duas vilas e matou todos os seus habitantes. E os soldados veteranos da SS que ele comandou nas Ardenas tiveram uma longa experiência na frente de batalha da Europa Oriental, no qual o assassinato de prisioneiros de guerra era algo comum. Hitler havia emitido uma ordem segundo a qual a ação dos soldados alemães, nas Ardenas, deveria ser precedida "por uma onda de terror, e nenhum impedimento de natureza pessoal e humanitária deveria prejudicá-la". A primeira vez que se tomou conhecimento dela foi quando o tenente-coronel George Mabry, um dos heróis da Praia de Utah no Dia D, informou que seu batalhão tinha capturado um coronel alemão que trazia consigo a ordem escrita de Hitler.[9]

Durante os primeiros quatro dias da Campanha nas Ardenas, o comando de Peiper assassinou, enquanto seus panzers avançavam, uns 350 prisioneiros de guerra americanos e pelo menos uma centena de civis belgas desarmados. Mas Peiper não estava presente em Malmédy quando os soldados americanos da Bateria B, cerca de 150 deles, foram capturados. Então, uma segunda coluna de panzers apareceu. Os alemães estacionaram um tanque em cada uma das extremidades de um campo coberto de neve e perto de um bosque. Um carro de comando se aproximou dos prisioneiros. O oficial alemão se pôs de pé, sacou da pistola, apontou-a para um médico militar americano situado na frente do grupo de prisioneiros e atirou nele. Quando o médico caiu, o alemão matou o oficial que estivera ao lado dele. Depois disso, os tanques abriram fogo contra os prisioneiros com suas metralhadoras.

O praça Homer Ford era um desses prisioneiros.

— Eles começaram a atirar em nós com metralhadoras, pistolas e tudo o mais. Todos caíram. Depois, eles vieram até nós com pistolas e fuzis e mataram alguns que ainda respiravam e atingiram outros na cabeça com a coronha dos fuzis. Eu fui atingido no braço, e, dos quatro homens que escaparam juntamente comigo, um tinha sido atingido na bochecha; um no estômago; e outro nas pernas — testificou.[10] Muitos desses homens conseguiram fugir para a floresta. Desses 150 prisioneiros, 70 sobreviveram.

Como massacre, tomando-se como critério de medida os fatos havidos na Segunda Guerra Mundial, ele não foi grande. E a conclusão de Hugh Cole em sua história oficial da Campanha das Ardenas é: "Conforme os fatos nos permitem determinar, as matanças de Peiper representam o único assassinato de prisioneiros de guerra ordenado e organizado por uma das partes beligerantes na Campanha das Ardenas."[11] A frieza da atrocidade cometida em Malmédy caiu como um raio sobre o exército americano. Os mortos foram encontrados por uma patrulha algumas horas depois da ocorrência. Cole notou que "a rapidez com que a notícia do massacre de Malmédy chegou ao conhecimento dos soldados americanos da frente de batalha foi assombrosa". Ao anoitecer, chegou às trincheiras individuais — que se estendiam por uma linha de frente de cem quilômetros — o informe de que os alemães estavam matando prisioneiros de guerra americanos. Isso teve dois efeitos: primeiro, muitos soldados da SS que se renderam foram mortos; segundo, os soldados americanos que estavam pensando em se render mudaram de idéia.[12]

O massacre de Malmédy pareceu aos olhos de muitos americanos o exemplo perfeito da brutalidade dos nazistas. Depois da guerra, foi assunto de longas audiências ante um tribunal americano em Dachau, no qual 73 ex-membros das tropas de assalto de Peiper foram julgados. Destes, 43 receberam pena de morte, 22 pena de prisão perpétua, incluindo Peiper, e 8 condenações de 10 anos de reclusão. Muitas dessas sentenças foram comutadas; nenhum deles cumpriu pena integralmente.[13]

A retaliação americana ao massacre de Malmédy já tinha sido feita, pelo tratamento dos homens da SS que caíram prisioneiros nas mãos dos soldados americanos. O praça J. Frank Brumbaugh, da 82ª DIA, passou de carona num jipe pelo local do massacre de Malmédy.

— Soldados americanos e alguns prisioneiros de guerra estavam no campo. Eles estavam tirando da neve os corpos solidamente congelados dos soldados americanos assassinados, contorcidos em posições grotescas, com braços e pernas em todas as posições.

Cerca de uma hora depois, ele viu alguns pára-quedistas guardando um grupo de alemães capturados usando botas de pára-quedistas e botas de combate de infantaria americanas, obviamente roubadas de prisioneiros, feridos ou defuntos americanos. Os pára-quedistas americanos mataram prontamente os que estavam usando botas de combate, sob a suposição de que, se eles as tivessem tirado de soldados americanos feridos ou capturados, era possível que lhes houvessem causado ferimentos ou a própria morte, já que a camada de neve era profunda e o frio intenso demais.

— Os alemães capturados e surpreendidos no uso de botas de pára-quedistas americanos foram obrigados a retirar a elas e as meias, arregaçar as calças acima do joelho e marchar sem rumo sobre a neve até que seus pés ficassem totalmente congelados e não conseguissem sentir mais nem mesmo a punção de uma faca, nem caminhar. — Os prisioneiros foram enviados para hospitais de campanha, onde ambos os pés lhes foram amputados. — Acho que talvez tenha sido uma atrocidade, mas acho também que, então, essa foi uma forma contundente, mas eficaz, de dar aos alemães uma lição valiosa e necessária, qual seja a de não se meterem com os pára-quedistas! — observou Brumbaugh.[14]

Durante os primeiros dias do conflito nas Ardenas, houve muitos incidentes curiosos envolvendo prisioneiros. O tenente Walter Melford, um ex-aluno do PTEE que tinha obtido graduação pouco antes de entrar em combate, era alemão de nascimento. Imigrante chegado aos Estados Unidos com sua família nos meados da década de 30 e criado no Brooklyn, ele agora trabalhava no serviço de inteligência do exército americano e, por essa condição ambígua, via-se sob grande perigo proveniente de ambos os lados. Quando sua unidade foi cercada e o coronel estava prestes a render-se, Melford se reuniu com outros quatro alemães de nascimento que se haviam tornado soldados americanos. Chegaram à conclusão de que não era possível capitular e fugiram. Quando toparam com uma patrulha americana, Melford exclamou:

— Somos amer*r*icanos. — Mãos para o alto!, foi a resposta, e os cinco homens com sotaque alemão usando uniformes americanos foram todos presos. Melford disse a um policial militar que ele era do Brooklyn. Quem joga próximo à segunda base nos Dodgers? Melford não sabia e precisou de alguns dias para que pudesse identificar-se a contento.

Dois meses depois, Melford se encontrava com uma coluna de blindados num ataque a uma área industrial do vale do Ruhr. Os tanques americanos encurralaram um batalhão alemão numa grande fábrica. O comandante voltou-se para Melford e disse:

— Seria mais rápido e mais fácil para nós se você conseguisse convencer esses sujeitos a se renderem.

Melford montou dois alto-falantes num tanque e soltou a voz:

— *Ihr seid vollkommen umzingelt...* ("Vocês estão completamente cercados [...].)

Cerca de cem alemães saíram da fábrica acenando com bandeiras brancas. O comandante disse a Melford que os levasse em marcha para um complexo de prisioneiros de guerra capturados.

— Fiz com que formassem quatro filas e, ainda em cima do tanque segurando o microfone dei a ordem "*Vorwärts marsch!*", e os levei direto para o complexo. Foi simplesmente maravilhoso.[15]

Um alemão desconhecido resolveu o problema da rendição com um belo exemplo de imaginação e coragem. O sargento James Pemberton, 20 anos de idade, 103ª Divisão, liderava uma patrulha noturna perto de Mulhausen. Ele havia partido com nove homens, mas, no caminho de volta, contou dez deles.

— Eu tinha um problema, mas não disse nada porque achei que sabia o que estava acontecendo e não podia fazer nada a respeito disso. Assim que chegamos ao quartel-general e entramos num recinto iluminado, peguei o fuzil, e o alemão começou a gritar: "*Kamerad! Kamerad!*" Nenhuma arma ou algo parecido. Ele estivera em missão de observação, nos ouvira e decidira que estava farto da guerra e simplesmente se juntou a nós para se tornar prisioneiro de guerra.[16]

Os alemães conseguiram fazer o seu primeiro grande grupo de prisioneiros nos primeiros dias da Campanha das Ardenas, uns 20 mil (ao todo, os alemães tomaram como prisioneiros 30 mil soldados e 26 mil aeronautas americanos no noroeste da Europa). Mas o maior deles foi capturado em 19 de dezembro, quando dois regimentos da 106ª Divisão se renderam aos alemães. Num total de 7.500 homens, essa foi a maior rendição em massa aos alemães na guerra.

O praça Ernest Vermont ouviu seu tenente clamar "Cessar fogo" e, em seguida, "Destruam suas armas". Para Vermont, "essa foi a pior coisa que fiz em minha vida". Os alemães reuniram os homens da unidade americana e começaram a conduzi-los em marcha para a retaguarda. Os alemães tomaram seus relógios, cuspiram nos americanos e deram-lhes tapas na cabeça. Numa vila, um membro da Juventude Nazista atirou pedras em Vermont.

— A humilhação de ser tomado como prisioneiro foi quase além do que eu podia suportar.[17]

Com isso, Vermont expressou o sentimento de muitos homens da 106ª Divisão. O praça Vonnegut recusou-se a obedecer a ordem de rendição e fugiu com três outros com o objetivo de tentar voltar para as linhas de frente americanas. Altos, escanzelados e sem sobrecasacas, armas e botas. Os alemães abriram fogo contra os fugitivos. Nisto, os americanos pularam para dentro de uma trincheira. Dez minutos depois:

— Entraram de rojo num bosque como grandes e desafortunados mamíferos que eram. — A sorte lhes abandonou; eles foram encurralados e forçados a se render. Mas também tornou a beneficiá-los, pois, em vez de serem mortos, foram levados em marcha para o leste junto com os outros. Enquanto marchavam, em cada entroncamento rodoviário outro grupo de soldados americanos se juntava a eles. Desciam a serra como água, aumentando em volume quando chegaram à auto-estrada no fundo do vale. Dezenas de milhares de americanos se arrastavam para o leste com as mãos cruzadas no topo da cabeça. Vonnegut chamou isso de "rio de humilhação".[18]

O cabo Roger Foehringer, da 99ª Divisão, foi levado para um alojamento, onde um jovem soldado alemão o abordou para interrogá-lo.

— Eu lhe lançava um olhar de ódio, e ele me apontava o dedo. Seu inglês era bom, e a primeira coisa que fez foi golpear-me no estômago com seu Luger e arrancar minha plaqueta de identificação do pescoço.

Depois, ele conseguiu fazer Foehringer falar de sua vida caseira, sobre o que ele fazia antes da guerra, onde havia estudado.

— Não foi um interrogatório eficiente — achou Foehringer.

Provavelmente, deve ter sido outra a opinião do alemão, ou seja, a de que tinha obtido tudo que podia. Os cabos não têm muita informação para passar, em nenhum exército.

No dia seguinte, 19 de dezembro, Foehringer começou uma marcha de quatro dias. No primeiro deles:

— Passamos por colunas e mais colunas de alemães em marcha, tanques e meias-lagartas e peças de artilharia movidas por cavalos, todo tipo de coisa imaginável.

Eles dormiram num monte de feno e não foram alimentados. No terceiro dia:

— Chegamos a uma plantação de beterraba sacarina cujas leiras tinham sido reviradas. Eu nunca tinha visto uma beterraba sacarina em minha vida, mas corri para o campo e peguei uma e os alemães não atiraram em mim. E, que maravilha, foi algo que me deu energia, consolo, ânimo e força para continuar.

Finalmente, os prisioneiros de guerra americanos chegaram ao fim de uma linha férrea, onde embarcaram em vagões franceses que os alemães haviam usado para transportar gado. Seus pisos estavam cobertos de bosta. Mesmo assim, os americanos foram encerrados ali, de 80 a 100 homens em cada um dos vagões, e ficaram tão espremidos que não havia espaço nem para algum deles se sentar, muitos menos se deitar. Até os corpos dos mortos tinham que ficar de pé. Nesses vagões, não havia nem mesmo instalações sanitárias, a não ser um ou outro balde de lata. A fedentina era insuportável, mas não havia como evitá-la. Ocasionalmente, duas vezes por dia, doutras uma vez, ou mesmo nenhuma, os alemães abriam os vagões e davam água aos prisioneiros. Essas composições de carga longas e lentas eram alvos ideais para os P-47, e os pilotos americanos varriam continuamente a tiros de metralhadora os vagões desmarcados e os atacavam com foguetes. Muitos morreram, alemães e americanos.

O tenente-piloto Jim McCubbin estava num dos vagões atacados por dois P-47. Ao observar as bombas se soltando das asas:

— Isso me deu uma noção de como era a vida na infantaria. Fiquei muito mais amedrontado do que quando estivera no ar — disse ele.

E o piloto deu graças ao fato de que os alemães tinham um vagão com armas antiaéreas e revidaram.

— Se não tivesse sido pelo fogo de revide deles, os P-47 teriam feito muitos outros ataques. Eu sabia disso. Eu o tinha feito várias vezes.[19]

O praça Vermont nos fala do momento em que seu vagão foi atingido por tiros de metralhadora num ataque em vôo rasante dos americanos.

— As balas perfuraram o vagão e mataram muitos homens. Acho que fui o único a sobreviver. Os outros ou foram mortos ou ficaram gravemente feridos.[20] — Foi a pior experiência de quase todos os homens que estiveram ali.

Quando, finalmente, eles chegaram aos vários campos no centro e no leste da Alemanha, os prisioneiros de guerra tiveram experiências muito diversas umas das outras, dependendo de a qual serviço eles pertenciam em seus exércitos, de sua graduação e, sobretudo, da administração e dos guardas do campo. Goering acalentava uma visão romântica dos Cavaleiros do Céu e um sentimento de irmandade para com os colegas pilotos; a Luftwaffe administrava campos de aviação com aviões derrubados; sem considerar a precariedade das rações, os prisioneiros da Força Aérea do Exército passaram relativamente bem ali.[21]

Mas, segundo as palavras de um prisioneiro da Luftwaffe:

— As rações alemãs eram em quantidade suficiente para assegurar a morte por inanição sob o mais prolongado e desagradável dos aspectos.[22]

O tenente McCubbin, o piloto de P-47, cujo avião fora derrubado e que acabou parando num campo de prisioneiros perto de Nuremberg na data de seu 24º aniversário, nos dá uma descrição do fato:

— O bom de tudo era que a sopa tinha ervilhas. O pior era que mais da metade dessas ervilhas tinha bichos. Logo começamos a parar de rejeitar as piores e passamos simplesmente a tirar os bichos de dentro delas e, por fim, a apenas nos preocuparmos com as proteínas. Dormíamos num piso duro e em grupos para preservar o calor do corpo e compartilhar do único cobertor que tínhamos. Quando a dor de alguém se tornava insuportável, todos nós virávamos para o outro lado ao mesmo tempo.[23]

Para os prisioneiros, a mais importante de todas as disposições da Convenção de Genebra de 1929 sobre prisioneiros de guerra era a que tratava das rações, a qual estabelecia que deveriam ser iguais à ração recebida pelos soldados do exército que mantinha os prisioneiros. Nos Estados Unidos, a quantidade de alimentos era mais do que suficiente, e o aprovisionamento dos prisioneiros era cumprido, e até mesmo excedido. Na Europa, havia necessidade de se estabelecerem prioridades, e, no que diz respeito a elas, os prisioneiros de guerra eram sempre as últimas. Em nenhum outro lugar, fora dos Estados Unidos, os prisioneiros de guerra eram adequadamente alimentados. Os soldados americanos que pesavam 81 quilos quando capturados nas Ardenas pesavam 54 ou 46 quilos quando libertados.

— Eu tinha 64 quilos quando cheguei ao campo de prisioneiros e 42 quando fui solto — disse o praça Vermont.[24]

E os soldados americanos foram um pouco mais bem alimentados do que os prisioneiros de guerra soviéticos ou do que os internos dos campos de concentração.

De um modo geral, as refeições consistiam de pão de centeio e uma sopa de batatas rala, servidas duas vezes por dia. O coronel Joe Matthews, da 106ª Divisão, disse que, às vezes, tomava "sopa de larvas verdes", feita de folhas de beterraba e carne de cavalo. Ela recebeu esse nome porque sua superfície ficava coberta com as larvas que ganhavam a cor esverdeada por causa da folhagem da beterraba. Havia acaloradas discussões entre os prisioneiros sobre a necessidade de comer ou não as larvas. Matthews, agroquímico, se convenceu de que elas eram fonte de proteínas e passou a comê-las.[25]

Os recrutas da infantaria enfrentavam situações ainda piores.

— Como prisioneiro, passei de 62 quilos para 43 em quatro meses. Tudo o que nos davam para comer era uma xícara de sopa e um pedaço de arremedo de pão diariamente. Isso era uma brutalidade sistemática para nos manter dependentes da refeição seguinte e fracos demais para tentar fugir. Tive os dois pés congelados, icterícia, pulgas, piolho, disenteria, duas infecções nos pés e problemas de subnutrição [...]. A única diferença entre os campos de concentração e o *Stalag** em que fiquei era que não éramos dizimados em câmaras de gás ou com tiros de bala [...]. Não me lembro de nenhum ato de misericórdia ou compaixão por parte dos alemães — relatou um sargento.[26]

Existem numerosos testemunhos dos que estiveram lá de que os guardas e os oficiais alemães de alguns campos assassinavam ou maltratavam prisioneiros de guerra, por forçá-los a trabalhar em condições desumanas, torturá-los e sujeitá-los a importunação constante e injustificável. Por outro lado, existem também outros testemunhos que dão conta de que os alemães faziam o melhor que podiam em situações difíceis. E há algo de irônico com respeito às condições desumanas nas quais muitos prisioneiros trabalharam — a causa disso foram as forças aéreas dos Aliados. Cidade após cidade e subseqüentemente aos seus ataques aéreos, os prisioneiros de guerra dos campos eram levados para a cidade mais próxima, a fim de efetuarem a limpeza e a remoção de destroços. Foi assim que o

* Campo de prisioneiros alemão, principalmente durante a Segunda Guerra Mundial. (N. T.)

praça Vonnegut ficou frente a frente com os horrores de um grande ataque aéreo (Dresden, fevereiro de 1945) e veio a escrever *Slaughterhouse-Five*.

O cabo Foehringer teve uma experiência semelhante. Ele estava em Würzburg em março de 1945, quando os britânicos atacaram a cidade com bombas incendiárias. Obrigado por ordens a entrar num porão e, depois, a sair de lá, sentiu vir-lhe de encontro "o vento mais forte que já vi, e todo o céu e a cidade de Würzburg pareciam em chamas. As bombas incendiárias tinham atingido os telhados das edificações de toda a cidade e os tinham incendiado". O fogo passava dos telhados para os pavimentos, e os destroços caíam juntamente com ele e incineravam os civis abrigados nos porões. Durante toda a semana seguinte, Foehringer e seus colegas prisioneiros trabalharam na remoção de destroços e mortos.[27]

Na maioria dos casos, ser prisioneiro de guerra na Segunda Guerra Mundial era talvez a pior experiência que um ser humano poderia ter. Certamente, não havia nada de bom a ser dito com relação a ela. O que era pior: ser alemão nas mãos de soviéticos ou ser soviético nas mãos de alemães? Americano nas mãos de japoneses ou polonês nas mãos de alemães (ou soviéticos)? Ninguém sabe dizer, mas, numa escala de horrores, todas essas situações ficam bem além da de um americano nas mãos de alemães.*

A maneira pela qual o exército americano tratava seus prisioneiros de guerra é parte da história de sua campanha no noroeste da Europa. Os americanos fizeram seu primeiro grande grupo de prisioneiros de guerra alemães, mais de cem mil, na Tunísia, em maio de 1943. Eisenhower queixava-se do fato de que ninguém havia ensinado aos soldados americanos em West Point o que fazer com tantos prisioneiros. O Ministério da Guerra tomou consensualmente a decisão de levá-los para os Estados Unidos. Eles podiam ser levados para lá em navios de transporte de tropas de retorno do norte da África, os quais, não fosse por isso, voltariam

* A título de comparação, do total de americanos que os japoneses fizeram prisioneiros de guerra, de 34% a 38% deles morreram; cerca de dois terços de prisioneiros soviéticos mantidos na Alemanha parecem ter morrido; e estima-se que a proporção de alemães capturados na frente de batalha da Europa Oriental e que morreram mais tarde chegue a 80%. Na Europa Ocidental, 0,7% de americanos mantidos como prisioneiros de guerra pelos alemães morreram; 1% dos alemães mantidos cativos pelo exército americano morreram. Para o tratamento completo do assunto, leia-se Albert Cowdrey, "A Question of Numbers", *in* Günter Bischof e Stephen E. Ambrose, eds., *Eisenhower and the German POWs: Facts Against Falsehood* (Baton Rouge: Louisiana State University Press, 1992). (N. A.)

vazios. E poderiam trabalhar em fazendas americanas, onde a carência de mão-de-obra era grande.

A primeira vez que vi soldados alemães foi em junho de 1944, em Whitewater, Winconsin. Eles haviam sido membros do Afrika Corps, homens assustadores para alguém com 18 anos de idade — grandalhões, fortes, louros, trabalhadores, disciplinados. Ao lado deles, o guarda americano, mesmo com seu fuzil-metralhadora Thompson a tiracolo, parecia franzino. Fiquei observando os alemães trabalhando perto de minha mãe na fábrica de ervilhas em conserva, fazendo a seleção dos grãos, e isso ajudou a desfazer a imagem de super-homens que eu tinha deles. Eram apenas trabalhadores rurais fazendo o que fazem os trabalhadores rurais.

Outras grandes capturas de soldados alemães ocorreram em Falaise, e nas batalhas do outono, e, depois, durante a Campanha das Ardenas. De agosto a dezembro, os navios de transporte de tropas que levavam jovens americanos para os campos de batalha da Europa retornavam com jovens alemães para os Estados Unidos para trabalharem nas fazendas.

Para os alemães nascidos entre 1910 e 1927, o melhor lugar de todos para ficar no inverno de 1944-1945 era num campo de prisioneiros nos Estados Unidos. Lá, os soldados alemães tinham segurança, abrigo e farto sustento. Tinham um vida tranqüila e confortável — melhorada por duros trabalhos braçais durante o dia, algo que a maioria dos alemães adorava fazer —, incluindo aulas em universidades sobre assuntos que iam de literatura inglesa a matemática avançada; cinema; guardas humanos, enfim, uma administração de campos de prisioneiros decente.

O praça Josef Bischof, cidadão austríaco, capturado em dezembro de 1944, foi enviado para o estado do Colorado, onde trabalhou em fazendas de plantação de beterraba e batata. Muitos dos fazendeiros em cujos campos ele trabalhou eram teuto-americanos de segunda geração, os quais ainda falavam o velho idioma e ainda guardavam muitos dos antigos costumes.

— Eles costumavam nos dizer — conta-nos Bischof: — "Bem, rapazes, se vocês trabalharem duro hoje, minha esposa fritará um frango para vocês à noite, acompanhado por torta e sorvete", e nós tratávamos mesmo de trabalhar duro.

Quando a guerra terminou, Bischof quis permanecer nos Estados Unidos. A Áustria estava arrasada, ele não tinha família, e "nos Estados Unidos eles o deixam trabalhar o tanto que você queira". Jovem e saudável, Bischof calculou que precisaria de apenas alguns anos para começar a prosperar e poder ter a própria casa e administrar o próprio negócio. Mas, em 1946. ele e seus colegas foram enviados para casa.[28]

Os campos de prisioneiros de guerra estavam espalhados por todos os Estados Unidos. Geralmente, os prisioneiros passavam o dia nos campos de cultivo e, à noite, nos alojamentos anteriormente ocupados pelos jovens americanos então a caminho da Europa ou presentes nos campos de batalha. Na maioria dessas situações, os guardas eram soldados negros.

Uma das muitas ironias da guerra foi o fato de que os soldados da nação que lutava pela pureza racial e dominação do mundo ficassem chocados com a forma pela qual os brancos do Sul tratavam os negros. Eles diziam com indignação que os alemães tinham dado melhor tratamento aos negros de suas colônias africanas do período anterior à Primeira Guerra Mundial. E os fazendeiros americanos realçavam isso ainda mais aos olhos dos prisioneiros alemães ao darem melhor tratamento a estes do que aos trabalhadores negros locais. Nas plantações de algodão, por exemplo, a cota diária de trabalho dos colhedores negros era de 125 quilos, mas a dos prisioneiros alemães, 50 quilos.

No campo de prisioneiros no estado de Louisiana, os alemães sofriam terrivelmente com o calor e a umidade em seus labores nas plantações de cana, mas eram bem aceitos pela comunidade. Eles iam às sessões de cinema de sábado à noite no centro da cidade e, no cinema, sentavam-se nas cadeiras do piso, ao passo que os negros se sentavam no balcão, local reservado para os de "cor". E iam sem escolta (o sujeito teria que ter sido algum tipo de idiota — ou nazista ou ambas coisas — para tentar fugir e voltar para a Alemanha; sei de apenas um deles que fez isso). Além do mais, freqüentavam as festas locais; e houve alguns casos de romance e até mesmo alguns casamentos entre prisioneiros alemães e americanas.[29]

O sistema funcionava para o benefício de todos. As plantações eram feitas e colhidas. Os prisioneiros se saíram muito melhor do que poderiam tê-lo feito na Wehrmacht. O exército americano, em seu tratamento dos prisioneiros de guerra, deixou registrado para a história um arquivo de decência e eficiência numa área em que todos os outros países, exceto a Grã-Bretanha e o Canadá, devem manter-se cabisbaixos, por vergonha.

Em abril de 1945, a 106ª, uma divisão reorganizada que teve mais de seus antigos membros em campos de prisioneiros de guerra alemães do que qualquer outra divisão do exército americano, saiu às pressas de Rennes, França, e seguiu para a Alemanha com o objetivo de lidar com uma situação desesperadora: a rendição em massa de centenas de milhares de soldados alemães. O concurso da 106ª fora necessário para a guarda e os cuidados dos prisioneiros. A certa altura desse processo, a divisão chegou a ter 330 mil homens sob sua responsabilidade. Apesar da carência de alimentos, medicamentos e abrigos, a 106ª cumpriu bem a sua missão. E seus homens foram elogiados por seu comandante, o general-de-divisão D. A. Stroh:

— Seu desempenho superior resultou em grande crédito para todos os envolvidos.[30]

Ainda assim, houve alguma brutalidade, bastante sofrimento, muitos casos de doença e um número de mortos relativamente grande. Como bem nos adverte o historiador Albert Cowdrey, as condições de sobrevivência nos superlotados campos de prisioneiros de guerra mantidos pelos americanos na Alemanha na primavera de 1945 nos "oferecem um sóbrio corretivo de qualquer ilusão que nos faça crer que, na Segunda Guerra Mundial, toda desumanidade estava somente em um dos lados".[31] Mas a acusação amplamente difundida de que os Estados Unidos mataram deliberadamente de fome um milhão de prisioneiros de guerra é uma mentira monstruosa.*

---

* Conforme demonstrado *in* Bischof e Ambrose, eds., *Eisenhower and the German POWs*. (N. A.)

PARTE QUATRO

A OCUPAÇÃO DA ALEMANHA

No início do Ano-Novo, os soldados americanos voltaram a realizar operações ofensivas. Pela frente, tinham terreno acidentado, a Linha Siegfried, rios de forte correnteza e ravinas profundas para cruzar, tudo defendido por soldados alemães, em combate pela defesa de sua terra natal. As condições de tempo eram péssimas; era um dos piores invernos no noroeste da Europa. Essas operações foram realizadas, em grande parte, por soldados comuns, que tinham concluído seus estudos de colegial ou universitários em 1944 e se tornaram soldados de infantaria da linha de frente em 1945.

16

A GUERRA NO INVERNO

JANEIRO DE 1945

NA VÉSPERA DO ANO-NOVO DE 1944, o tenente John Cobb (USMA, 1943) encontrava-se numa barca, como parte de um comboio em travessia do Canal da Mancha. Ele era um oficial substituto subordinado à 82ª DIA, a caminho da Serra de Elsenborn. "Apesar dos expedientes de blecaute e de segurança", escreveu ele anos depois, ainda como que surpreso, "todas as embarcações no Canal apitaram ou dispararam foguetes de sinalização à meia-noite na véspera do Ano-Novo."[1]

Nessa mesma noite, o cabo Paul-Arthur Zeihe, da 11ª Divisão de Panzer, estava na frente de batalha, perto de Trier.

— Pouco antes da meia-noite, o tiroteio foi quase completamente interrompido — relata. — Quando o relógio soou meia-noite, os americanos exibiram seus "fogos de artifício", disparando foguetes de sinalização. De repente, por meio das luzes dos foguetes, vimos os americanos saírem de suas trincheiras, pegarem seus fuzis e pistolas, pularem e saltarem, enquanto disparavam suas armas, com o que todo o vale foi iluminado. Ainda hoje posso vê-los diante de mim, iluminados pelas luzes de seus foguetes, saltitando alegremente num cenário coberto de neve. Não demorou muito para que começássemos a fazer a mesma coisa, a disparar foguetes de sinalização, a disparar também as nossas armas.

— Isso durou uns cinco, talvez seis minutos, até diminuir e, depois, cessar. Tornamos a desaparecer em nossas trincheiras, e eles também.

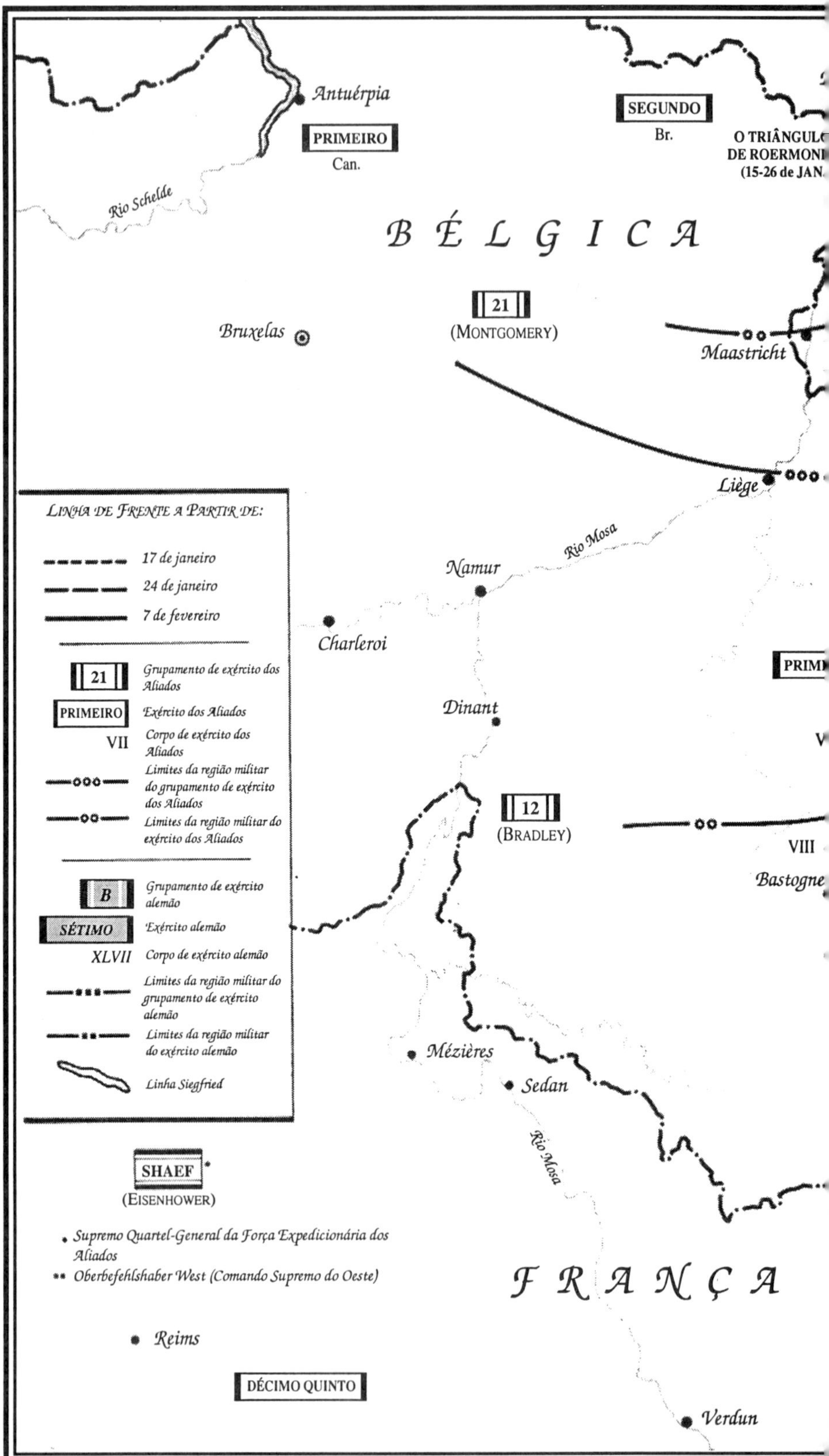

Antuérpia
PRIMEIRO
Can.
SEGUNDO
Br.
O TRIÂNGULO DE ROERMOND (15-26 de JAN.
Rio Schelde
BÉLGICA
21
(MONTGOMERY)
Bruxelas
Maastricht
Liège
Rio Mosa
Namur
Charleroi
Dinant
12
(BRADLEY)
VIII
Bastogne
Mézières
Sedan
Rio Mosa
FRANÇA
Reims
DÉCIMO QUINTO
Verdun
LINHA DE FRENTE A PARTIR DE:
17 de janeiro
24 de janeiro
7 de fevereiro
21
Grupamento de exército dos Aliados
PRIMEIRO
Exército dos Aliados
VII
Corpo de exército dos Aliados
Limites da região militar do grupamento de exército dos Aliados
Limites da região militar do exército dos Aliados
B
Grupamento de exército alemão
SÉTIMO
Exército alemão
XLVII
Corpo de exército alemão
Limites da região militar do grupamento de exército alemão
Limites da região militar do exército alemão
Linha Siegfried
SHAEF *
(EISENHOWER)
* Supremo Quartel-General da Força Expedicionária dos Aliados
** Oberbefehlshaber West (Comando Supremo do Oeste)

A CAMPANHA DAS ARDENAS
17 de janeiro a 7 de fevereiro de 1945
H
(STUDENT)
Düsseldorf
XII SS
Rio Reno
DÉCIMO QUINTO
Colônia
XLVII Pz.
Rio Roer
Floresta de Hürtgen
XIX
Schmidt
LXXXI
Bonn
LXXIV
Rio Roer
B
(MODEL)
Remagen
N
LXVII
Koblenz
QUINTO Pz.
LXVI
PLATÔ DE EIFEL
OB WEST
(RUNDSTEDT)
XIII
SÉTIMO
ALEMANHA
LVIII Pz.
Bitburg
Rio Reno
LIII
XII
LUX.
LXXX
G
(BLASKOWITZ)
LXXXII
Milhas
0
30
0
30
Km
PRIMEIRO
LXXXV
XX
XXXIX
Rio Mosela
6
(DEVERS)
Metz
XIII SS
© 1997 A. Karl/J. Kemp

Essa foi uma das mais belas experiências que tive durante meu tempo de serviço. Havíamos permitido que nosso senso de humanitarismo ocasionasse isso pelo menos uma vez.[2]

Esse sentimento foi geral. O Ano-Novo tinha começado. Certamente, esse haveria de ser o último ano da guerra. Mas a experiência do cabo Zeihe foi incomum. Ao norte, os americanos atiravam no inimigo.

"Estive presente em muitas festas de Fim de Ano, incluindo a que se comemora em Times Square", disse o major John Harrison na carta que enviou para casa em 1º de janeiro de 1945, "mas jamais vi uma como a da noite passada. Pouco antes das 24 horas, toda a artilharia ao longo da linha de frente foi acionada, e toda a carga possível foi lançada contra os alemães. Quando deu meia-noite em ponto, a artilharia antiaérea começou a disparar tudo o que tinha, de metralhadoras .50 a projéteis de 90 milímetros, enchendo o céu com venenoso chumbo contra o Lamplight Charlie [solitário bombardeiro alemão que aparecia à noite em missão de tiro enervante]. Creiam-me, foi um espetáculo e tanto do meu ponto de vista, mesmo a cerca de 20 quilômetros dali. Podíamos ver os grandes canhões cuspir fogo e também os clarões que, logo depois, tomavam o céu. O barulho era estrondoso. Foi, sem dúvida, uma mensagem de Ano-Novo de que os alemães na frente de batalha jamais se esquecerão e, também, a mais fria e solitária véspera de Ano-Novo que muitos americanos tiveram."[3]

No começo de 1945, os Aliados tinham conseguido fazer os alemães recuarem para a fronteira ocidental de seu país ou para pontos próximos dela. Eisenhower acalentara esperanças de conseguir algo melhor; no outono de 1944, ele tinha apostado 5 libras com Montgomery que, perto do Natal, a guerra teria terminado. Mas a carência de gasolina e a Linha Siegfried haviam detido suas tropas, e a contra-ofensiva alemã nas Ardenas os tinha rechaçado, temporariamente. Apesar disso, muito tinha sido conquistado. Os Aliados tinham libertado a França e a Bélgica e, nesse processo, mataram, feriram ou capturaram centenas de milhares de alemães, alguns deles homens pateticamente despreparados, outros soldados soberbos. O SHAEF era como uma máquina de funcionamento fluido e harmonioso. As vias de abastecimento entre os Estados Unidos e a Grã-Bretanha até o Continente eram seguras e viviam fervilhantes de homens e material bélico em trânsito para a linha de frente.

Um instantâneo panorâmico tirado do TOGE em 1º de janeiro de 1945 mostraria: navios-tanques, cargueiros e transportes (seguindo do oeste para o leste) descarregando em Le Havre, Antuérpia, Cherbourg; longas filas de caminhões transportando homens e suprimentos para a linha de frente; hospitais de campanha e quartéis-generais de regiões militares e grupamentos do exército; postos de manutenção de equipamentos e material bélico; depósitos de mantimentos que cobriam muitos quilômetros quadrados e guardavam quantidades incríveis de alimentos, munição, roupas, combustível, veículos e outras coisas mais; algumas vilas e cidades destruídas, outras intactas; campos de aviação espalhados pela França e Bélgica, fervilhando de atividade; um movimento constante de tanques, canhões (móveis e rebocados), jipes e caminhões, todos em demanda do leste; mais proximamente à fronteira alemã, os canhões eram enfileirados, as baterias eram posicionadas em linhas paralelas à frente de batalha; postos de socorro; mais canhões; e, na linha de frente em si, tropas americanas entrincheiradas, trementes de frio, famintas, exaustas, mas triunfais.

Já um instantâneo da Alemanha, abrangendo Berlim e as bandas ocidentais do país, mostraria cidade após cidade em ruínas ou em chamas; nas áreas rurais, poucas evidências de guerra; ao longo do Rio Reno, também em ruínas as grandes cidades industriais da região do Vale do Ruhr; entre o Reno e a Linha Siegfried, nada, a menos que as condições de tempo fossem suficientemente boas para que os Jabos pudessem operar (a diferença mais notável entre os dois instantâneos teria sido a ausência completa de caminhões ou trens do lado alemão); veículos abandonados, alguns inutilizados pelos Jabos, outros por problemas mecânicos; por causa da camuflagem, nenhuma peça de artilharia à vista; e, na linha de frente em si, tropas alemãs entrincheiradas, igualmente trementes de frio, famintas, exaustas e então recém-derrotadas em seu grande jogo ofensivo.

Dois temas dominam as lembranças dos homens que participaram das batalhas de janeiro: o frio e a artilharia americana. Todo veterano que entrevistei, de ambos os lados, concorda que esse foi o período de inverno mais frio que tinha enfrentado, mas discordou quanto ao poder de fogo: cada um desses homens insistiu em que o inimigo era quem tinha mais peças de artilharia. Os soldados americanos falaram de bombardeios que pareciam nunca ter fim; tal o caso também das tropas britânicas. Os soldados americanos e seus comandantes de divisão, de regiões militares e grupamentos de exército queixavam-se da falta de projéteis de artilharia ("Vocês estão atirando demais", era a resposta do Ministério da Guerra a essa queixa), mas, de fato, os americanos tinham duas vezes mais munição de artilharia que os alemães.

Isso resultou da eficiência da indústria americana e do jeito americano de fazer guerra. A batalha ardia ao longo da fronteira alemã. Os projéteis alemães tinham que viajar entre uma centena de metros e cerca de apenas alguns quilômetros para alcançar seus canhões na frente de batalha. Os projéteis americanos tinham que vencer milhares de quilômetros para chegar lá. Mas tal era a capacidade de produção americana que muito mais projéteis americanos do que alemães chegavam à frente de batalha. A tentativa alemã de romper as vias de abastecimento dos Aliados com seus submarinos fracassara; a tentativa que os Aliados fizeram de interceptar as vias de suprimento alemãs com os seus Jabos teve grande sucesso. Com isso, os americanos atiravam sem parar, confiantes em que mais projéteis estavam a caminho. Os alemães economizavam os seus, dominados pela incerteza de sua chegada.

Quanto ao frio, todos sofriam igualmente. Se fazia muito frio? O frio era tanto, que, se um homem não fizesse suas necessidades às pressas, corria o risco de ter o pênis congelado ou gangrenado. Fazia tanto frio que o praça Don Schoo, membro de uma guarnição de um canhão antiaéreo da 4ª Divisão de Blindados, disse:

— Entrei em serviço e fui até a minha meia-lagarta para render o homem de guarda. [Mas] Ele não conseguiu passar pela torre de tiro. Sua sobrecasaca estava úmida quando ele entrou e se congelou, o que o impediu de sair.[4]

A temperatura era tão baixa que o óleo dos motores se congelava. As armas também. Os homens urinavam nelas para fazê-las voltar a funcionar, solução boa, mas temporária, e que lhes causava grandes problemas.

O sargento Schlemmer, da 82ª DIA, usava vários suéteres e sobrecasacas de lã e fez buracos em seu saco de dormir, de modo que pudesse vesti-lo também. Ele tinha modificado suas luvas de lã, cortando-lhes as partes laterais dos dedos e costurando-as todas juntas, com exceção da que servia para acomodar o dedo anular e o dedo para apertar o gatilho, com o que elas ficaram parecendo luvas de boxe.

— Mesmo com toda essa roupa, jamais me senti agasalhado — disse.

Para a sorte dele, se é que podemos chamar isto de sorte, ele arranjou um cão alemão de pêlos compridos junto a uma companhia de soldados alemães que seu pelotão tinha atacado de emboscada numa passagem de nível. Schlemmer batizou o cão de Adolph, e o animal se tornou seu companheiro de suas horas de sono.

— Nós nos aconchegávamos um ao outro sempre que conseguíamos encontrar um lugar para dormir.[5]

A temperatura variava à noite entre 17 e 23 graus centígrados abaixo de zero e podia ser ainda mais baixa. Os homens sem abrigo — algo que não fosse melhor que uma trincheira individual — ou alguma fonte de calor tinham que escolher entre ficarem acordados, com a movimentação constante dos pés durante as 14 horas que durava a noite, ou se congelarem. Uma das lembranças mais vivas que o major Harrison guarda na alma com relação a esse mês de janeiro é a dos soldados americanos comprimindo-se contra as pedras quentes das paredes das casas ardentes, com chamas saindo pelos telhados e pelas janelas. Não que com isso estivessem escondendo-se dos alemães; estavam tentando aquecer-se por um ou dois minutos.[6]

Os soldados americanos, e os alemães, do lado oposto, passaram por tormentos físicos piores do que os dos homens de Valley Forge.* As tropas de Washington puderam dispor de barracas, cabanas e fogueiras, com as quais se aqueciam e obtinham comida quente. Demais, não se envolviam em batalhas contínuas. Como contraste disso, as condições de sobrevivência no noroeste da Europa em janeiro de 1945 foram tão brutais quanto as muitas outras que existiram ao longo da história, incluindo as em que franceses e alemães se retiraram de Moscou, no meio do inverno de 1812 e 1941.

Mas, nessa batalha, os alemães não estavam retirando-se. Eles combatiam o avanço americano, que, por causa do gelo e da neve, quase não ocorria, o que forçou os americanos a pagarem o mais alto preço para reconquistar o território perdido nas Ardenas. Mas os generais de Eisenhower e os outros oficiais da hierarquia de comando insistiam em que a FEA lançasse uma ofensiva. Eisenhower tinha sob seu comando 73 divisões. Desse total, 49 eram americanas, 12 britânicas, 3 canadenses, 1 polonesa e 8 francesas. Ele tinha 49 divisões de infantaria, 20 de blindados e 4 de infantaria aeromóvel. Para fazer frente a elas, os alemães tinham 66 divisões. Destas, algumas eram de segunda classe, a maioria de seus homens viajava a cavalo ou a pé, todas eram incompletas e umas poucas eram unidades de boa qualidade. Um relatório de 3 de janeiro do G-2 do SHAEF declarava: "Unidades especiais [...] compostas de soldados jovens e de

* Vila do Estado da Pensilvânia em que as tropas do exército do general Washington acamparam durante o inverno de 1777-1778. (N. T.)

excelente qualidade, com alto moral e confiança considerável na vitória. Alguns adotaram a atitude de que o caso era de vitória ou de morte, já que nada sobraria se a Alemanha perdesse a guerra [...]. As divisões de Volksgrenadier [estão] um tanto misturadas, mas, de um modo geral, [são] boas [...]. O soldado alemão está lutando com grande determinação e bravura. Poucas deserções."[7]

Dada a pouca desigualdade no poder de fogo, a ausência do apoio de bombardeiros na maioria dos dias do mês de janeiro por causa do tempo e a brutalidade das condições de combate — bancos de neve, estradas cobertas de gelo, terrenos acidentados —, uma ofensiva geral no inverno era pouco atraente. Apesar disso, Eisenhower decidiu lançar ataques no norte e sul das Ardenas, numa tentativa de encurralar os alemães em seus limites ocidentais e reconquistar o terreno perdido nas duas últimas semanas de dezembro. Em sua opinião, não havia alternativa. Os Aliados não podiam dar-se ao luxo de cancelar operações ofensivas enquanto as V-1 e V-2 continuassem a cair sobre Antuérpia, Londres e outras cidades. Não podiam deixar de tentar alcançar a vitória o mais brevemente possível enquanto os nazistas exortavam o povo alemão: resistam por um pouco mais de tempo, pois armas secretas, as quais nos darão a vitória, estão a caminho. Quem poderia saber que armas eram essas? O caça a jato e as armas de retaliação — as bombas voadoras — já eram bastante perigosos.

Eisenhower não foi o único a planejar o lançamento de uma ofensiva em janeiro. Hitler lançou a sua própria ofensiva no dia de Ano-Novo — conhecida como Operação Northwind, um ataque à Alsácia. Enquanto isso, o Exército Vermelho se preparava para a realização da maior de suas ofensivas, cujo início estava estabelecido para 12 de janeiro. O mês de janeiro de 1945, mais do que qualquer outro da história, seria um período de intensos combates.

A ofensiva inicial de janeiro dos Aliados foi dirigida contra a cunha alemã. Montgomery desejara iniciar o ataque de oeste para leste, para expulsar os alemães das Ardenas (na verdade, ele achava que as condições de tempo estavam desfavoráveis demais para realizar operações ofensivas e não queria atacar de jeito nenhum, mas a pressão sobre ele era inelutável). Eisenhower e Bradley queriam atacar a base da cunha a partir do norte com o I Exército e do sul com o III Exército Americanos. Mas Patton já tinha empregado o grosso de sua força de ataque na libertação de Bastogne e, portanto, tinha seu centro de gravidade no meio das Ardenas, não no segmento sudeste de sua "base". E Monty era totalmente contra um ataque ao longo do segmento nordeste da base — ele concordava, no máximo, com um ataque ao flanco do inimigo. Assim, ficou ajustado que o I e o III Exércitos se encontrariam em Houffalize, uma vila que ficava a uns cinco quilômetros ao norte de Bastogne. Quando esse encontro ocorresse, a cunha seria cortada ao meio. "A solução menor", lamentaram os generais alemães.

Eisenhower havia desejado que Monty fizesse o I Exército iniciar as operações em 1º de janeiro e achava que tinha obtido a promessa de Montgomery de que era exatamente isso o que seria feito. Mas Monty adiou o início das operações para o dia 3 de janeiro, o que deixou Eisenhower furioso, embora o frio, a neve e o céu nublado do primeiro e segundo dias de janeiro houvessem atrapalhado tanto o III Exército, que seu comando teve que emitir ordens para que os regimentos e as divisões que tinham sido orientados para atacar se mantivessem no mesmo lugar.

Nesse ínterim, Montgomery enviou uma carta a Eisenhower na qual exigia que a ele, Montgomery, fosse concedido o controle completo dos combates terrestres, agora que a estratégia de Eisenhower tinha sido experimentada e havia fracassado. E, logicamente, deveria haver uma arremetida única, ao norte, com as tropas de Patton assumindo o papel de forças de resistência. Então, Montgomery apresentou a Eisenhower um documento com instruções oficiais para esse fim.

Ao invés de assiná-lo, Eisenhower emitiu um documento com suas próprias instruções. Com ele, devolvia o controle do I Exército a Bradley e insistia em que houvesse um amplo avanço da linha de frente em direção à Alemanha assim que a cunha fosse destruída. "Aquilo que atualmente deve ser impedido", ressaltou ele, "é a estabilização da cunha do inimigo com o emprego de infantaria, o que lhe concederia a oportunidade de usar seus panzers à vontade contra qualquer parte da frente de batalha. Devemos retomar a iniciativa, e rapidez e vigor são fundamentais."[8]

Em nota à parte, Eisenhower foi simples, direto e peremptório: "Não concordo", disse ele em relação ao argumento de Montgomery pela necessidade de um único comandante das forças terrestres. Ele disse também que tinha feito tudo que podia por Monty e não queria ouvir falar novamente sobre o assunto de subordinar Bradley ao comando de Montgomery. "Asseguro-lhes que quanto a este assunto não posso ir adiante." E acrescentou: "Planejei o avanço" em demanda do Reno com base numa ampla linha de frente e ordenei que Montgomery lesse as instruções cuidadosamente. Toda imprecisão de cartas e instruções oficiais anteriores enviadas a Montgomery deixaram de existir. Então, o "Eu" passou a significar os Estados Unidos.

Em suma, Eisenhower disse a Montgomery que não toleraria mais discussões sobre a questão do comando. "Eu lamentaria a criação de um abismo de convicções intransponível entre nós, de proporção tal, que seríamos obrigados a apresentar nossas diferenças ao CCS", disse ele, mas, se Montgomery insistisse na questão, seria exatamente isso que Eisenhower faria.[9]

Montgomery sabia quem perderia seu posto se Eisenhower recorresse ao CCS e respondeu a Eisenhower com um cabograma, no qual lhe pediu que rasgasse o documento em que exigia a condição de único comandante das forças terrestres. Logo em seguida, enviou-lhe uma carta manuscrita. "Caro Ike", disse Monty, "você pode confiar em que eu e todos sob o meu comando nos dedicaremos totalmente à implementação de seu plano."[10]

Para os homens de infantaria, das unidades de blindados e de artilharia do I e III Exércitos Americanos, esse plano significou o envolvimento na mais terrível das ofensivas, mais do que as dessa ou de qualquer outra guerra. Quase esquecida nos dias de hoje, a batalha que atravessou esse mês de janeiro inteiro foi, para os soldados americanos, uma das piores da guerra, talvez pior ainda do que as travadas na Floresta de Hurtgen ou em Metz. Nela, não houve o mínimo de encanto; os momentos interessantes e excitantes foram poucos, e as manobras simplesmente não existiram. Ela consistiu apenas em avanços com ataques francos e diretos, planejados para aniquilar a cunha e, depois, permitirem que as tropas retornassem para a fronteira da Alemanha. Foi travada em condições tão terríveis quão inimagináveis, de feição tal, que somente os que a ela compareceram podem saber como foi. Mais de uma vez, ao indagarem a respeito do frio em entrevistas os veteranos que participaram dos combates nesse mês de janeiro, alguns estremeceram involuntariamente.

Esses foram os combatentes do TOGE. A essa altura, seu número chegava a 300 mil. Talvez a metade dos alistados fosse de veteranos, incluindo substitutos ou membros de divisões que tinham entrado em combate em novembro ou dezembro e muitos que se haviam ferido uma ou duas vezes. Nas fileiras de suboficiais e oficiais subalternos, a substituição de tropas tinha sido ainda maior, de quase três quartos. Na maioria das divisões, havia um grupo de veteranos, incluindo um de oficiais subalternos, suboficiais e de sargentos que tinham obtido promoções nos campos de batalha — a maior honraria que um combatente pode receber, o princípio da condição hierárquica de notáveis suboficiais e oficiais subalternos — cuja maioria fora constituída de praças participantes dos conflitos na Normandia, em St.-Lô, na Falásia, na Holanda e nas Ardenas, sobreviventes que tinham sido promovidos quando oficiais subalternos eram mortos ou feridos. Esses tenentes e sargentos novéis, alguns deles ainda adolescentes e muitos na faixa dos 20 anos de idade, compunham o núcleo de liderança que fez que o exército americano atravessasse esse horrendo mês de janeiro.

Havia, na frente de batalha, alguns oficiais subalternos incomuns. Um deles era o tenente Ed Gesner, da 4ª Divisão de Infantaria. Então com 40 anos de idade, ele havia sido transferido do Comando de Operações Estratégicas (COE), pois era considerado velho demais para saltar atrás das linhas inimigas. Conhecedor de alguns truques de sobrevivência, ele os havia ensinado ao seu pelotão, tais como fazer uma trincheira individual rapidamente em solo congelado (ele dava três tiros no mesmo lugar, retirava prontamente sua parte solta com seu punhal, enfiava meia banana de dinamite no buraco, acendia o pavio, afastava-se uns 30 metros dali às pressas, levantava-se e voltava para lá correndo antes mesmo que a poeira assentasse e começava a cavar com sua pá de trincheira; em poucos minutos, havia uma trincheira ocupável).

Um dos oficiais do batalhão de Gesner nos dá uma descrição de sua atitude em combate na batalha do mês de janeiro:

— Ele parecia estar em toda parte, mobilizando seu pelotão. Eu o via usar três armas diferentes — um mosquetão, um fuzil M-1 e uma metralhadora portátil Thompson calibre .45. Tinha-se também a impressão de que atirava muito mais do que a maioria de seus oficiais e, em vez de parar para recarregar as armas, ele as trocava pelas de alguns de seus homens ou pegava a de algum caído. Todos o achavam um grande homem. Certa vez, quando ele ficou sem munição à beira de uma trincheira, pulou dentro dela e começou a golpear um alemão com a coronha de seu fuzil. O pobre alemão pôs as mãos para o alto rapidamente.[11]

Já o caso dos oficiais subalternos e suboficiais provenientes dos Estados Unidos era diferente. Jovens de faces coradas, ficavam confusos com tudo que os cercava. O major Winters, ele mesmo um praça em 1942, disse que, durante a Campanha das Ardenas:

— Eu olhava para os oficiais inferiores e para os meus comandantes de companhia e rangia os dentes de raiva. De um modo geral, tínhamos tenentes fracos. Eu não confiava neles. O que eu podia fazer com relação a isso? — E acrescenta, relativamente aos oficiais inexperientes: — Na hora do aperto, conversem com os nossos sargentos.*

Os sargentos lhe informavam quem entre esses oficiais era inepto, quem dava a impressão de que conseguiria matar homens, quem parecia que se sairia bem. Winters fazia o que podia para manter seus sargentos e soldados com os oficiais menos aptos e distribuía os veteranos entre os tenentes segundo o melhor critério possível. Ele sabia em quem ficar de olho — e, no dia seguinte, substituía o comandante de uma companhia no meio de um ataque. Além disso, deu a alguns de seus sargentos promoções pela atuação nos campos de batalha.[12]

Nas centenas de companhias espalhadas pela frente de batalha, ocorreram situações semelhantes antes e durante a grande ofensiva. O comandante da companhia do tenente Otts, por exemplo, não se sentia bem na frente de batalha. Em 9 de janeiro, o capitão disse a Otts que voltaria para o posto de comando e que Otts deveria assumir o comando.

— Eu disse que ele teria outro caso de fadiga de batalha nas mãos e perderia seu último tenente se eu fosse deixado sozinho no comando da companhia por mais tempo. Ele apenas riu, disse-me que eu ficaria bem e partiu. Eu era um simples segundo-tenente e tinha somente 22 anos de idade.[13]

Quando a ordem para atacar chegou às companhias da frente de batalha, os soldados ficaram indignados.

— Não consegui acreditar nisso — revela o sargento John Martin, da 101ª Divisão.

Depois de combater duas semanas cercado pelo inimigo:

— Não consegui acreditar que eles iriam fazer com que atacássemos. Pensei: "Graças a Deus, eles nos tirarão daqui e nos darão roupas ou coisa parecida."

E o major Winters disse:

— Fiquei irritado com isso. Não conseguia acreditar que, depois

---

* Em 1996, o sargento Josh Honan, membro do exército canadense, recebeu a seguinte pergunta de um dos assistentes enquanto realizava uma palestra numa escola de formação de oficiais da Irlanda:

— Qual seria, em sua opinião, o que de melhor um bom oficial deveria ter?

— Um bom sargento — respondeu Honan. E acrescentou: — Os bons oficiais não saem prontos das academias militares. Os sargentos se vêem obrigados a retreiná-los. (N. A.)

daquilo que havíamos feito e pelo qual tínhamos passado, depois de todas as baixas que havíamos sofrido, eles fariam que efetuássemos um ataque.[14]

Os soldados americanos de todas as divisões que tinham combatido nas Ardenas pensavam da mesma forma.

Não que eles achassem que era a vez de outros lutarem; o fato era que eles estavam exaustos e se sentiam completamente esgotados antes mesmo de partirem. Praticamente, todos esses homens tinham resfriado intenso e as fossas nasais obstruídas, o que lhes aumentava o estado de miséria (a pneumonia levou muitos para o hospital)[15] — e eles estavam sendo precipitados em condições de combate que poderiam levá-los ao colapso de sua capacidade de resistência. Nos bosques das Ardenas, a neve chegava a meio metro ou mais de profundidade, e congelada na superfície, escorregadia, ruidosa. Para avançarem, os homens tinham que chapinhar esforçadamente através da neve, curvando-se e contorcendo-se para evitar derrubar a neve dos galhos das árvores e revelar sua posição. A visibilidade em terra era limitada a alguns metros em torno. O combatente tinha pouco contato com os homens à esquerda ou à direita e não conseguia avistar a posição de uma metralhadora ou o local de uma trincheira até que estivesse quase em cima deles. Não havia estradas, casas ou pontos de referência nos bosques. Os esquadrões em operação de ataque tinham que se mover com base em coordenadas geográficas até toparem com alguém, amigo ou inimigo.

A realização de ataques através de estradas era quase impossível, pois estavam cobertas por fina camada de gelo. E a mira dos Germans 88 estava ajustada para possíveis alvos nas estradas, as quais, aliás, estavam minadas. Mas atacar através dos campos era igualmente desencorajador. Não havia nenhum abrigo, e muitos dos soldados americanos não dispunham de nenhum tipo de camuflagem.

No dia 9 de janeiro, um oficial da Seção de Investigações Criminais (SIC) da 26ª Divisão perguntou ao coronel Ken Reimers, da 90ª Divisão, se ele tinha um tal de tenente Barry em sua unidade. Reimers disse que sim. O oficial da SIC queria prender Barry; constava que ele tinha roubado alguns lençóis da casa de um civil na região militar da 90ª e fizera buracos no centro deles. O oficial alegava que muitos atos de pilhagem estavam sendo praticados e que daria um basta nisso. Mas Reimers tratou também de fazer algumas perguntas e descobriu que Barry agira movido pela idéia de usar os lençóis como recurso de camuflagem em meio à neve e que tinha distribuído um para cada um dos homens de seu pelotão. Quando Reimers explicou isso ao comandante da divisão, general Earnest Bixby, este lhe disse:

— Promova-o.

Diante disso, Reimers lhe informou que Barry já era primeiro-tenente.

— Bem, dê-lhe uma Estrela de Bronze então, por sua iniciativa.[16]

Sob o lençol, se tivesse sorte suficiente para obter um, o infante trazia os bolsos de sua jaqueta de combate abarrotados de rações, artigos de barbear, fotografias, cigarros, doces, meias secas, papéis e canetas e *kit* de refeição com colher e garfo. Trazia também sua capa de chuva dobrada e presa na parte de trás de seu cinto ou a usava para ajudá-lo a manter-se agasalhado. Ele carregava de dois a quatro cobertores de lã finos distribuídos pelo exército e a metade de uma barraca de campanha a tiracolo. Toda vez que os soldados americanos tinham que marchar por pouco mais de algumas milhas, os lados da estrada ficavam cheios de cobertores, sobrecasacas, galochas e máscaras de gás. Um caminhão seguia logo atrás, recolhia o equipamento, levava-o para a frente e tornava a distribuí-los — possivelmente, antes do anoitecer.

O praça Lester Atwell, da 87ª Divisão, nos dá uma descrição do processo dos ataques através dos campos cobertos de neve:

— Partíamos. Mais adiante, ouvíamos o prolongado e terrível zunido e estrondo dos projéteis da artilharia alemã. Em fila dupla, os homens, magros e sem sobrecasacas, indistintos em meio aos muitos e pequenos vórtices da neve cadente, cambaleavam e caíam fundo e estendidos na neve. Em seguida, invocavam forças, levantavam e avançavam, cabisbaixos contra a força do vento. Essa era a partida para o ataque, para cuja realização essa fila dupla, vacilante, contrariada e castigada pelo frio, avançava pesadamente através da neve, num esforço para vencer tropeços e chafurdices.[17]

Kurt Gabel, da 17ª DIA, participou do ataque inicial em 3 de janeiro, perto de Mande-St.-Etienne, vila situada a uns dez quilômetros ao norte de Bastogne. Seu pelotão avançou em coluna através de um bosque. Depois, seus homens se espalharam para atravessar um campo coberto de neve. "De repente, o céu sobre nossas cabeças ficou tomado por ruídos que eu jamais tinha ouvido antes", escreveu Gabel. Eram os zunidos agudos das "marias choronas", projéteis do *Nebelwerfer*,* lançador de foguetes de canos múltiplos.

---

* Morteiro de trincheira alemão de 150 milímetros e seis canos. Era rebocado ou montado em veículos e tinha um alcance de tiro máximo de 5.500 metros. (N. T.)

"Quando os primeiros projéteis caíram em meio à nossa formação, as séries seguintes já vinham zunindo sobre nossas cabeças. O líder do pelotão abriu os braços e clamou: 'Ao chão!' Caí de cara sobre a neve e senti o efeito de várias concussões quando os foguetes atingiram o solo. Eles zuniam e explodiam, e eu tratei de encravar-me no chão e entreguei-me a lamúrias, agora sabendo que esse tiro de barragem tinha sido cuidadosamente premeditado, uma armadilha a que os alemães esperaram que chegássemos e nos deitássemos."

Em meio às explosões, Gabel ouviu um grito: "Avancem!" Isso lhe pareceu insensato. Ele virou a cabeça o mais que pôde enquanto mantinha o corpo comprimido contra o solo e viu à sua direita "um capitão correndo em direção ao esquadrão de fuzileiros. 'Levantem-se!', ele exclamou, seu rosto retorcido de raiva. 'Levantem-se, seus bastardos estúpidos. Aqui, vocês morrerão. Não há abrigo. Avancem! Avancem!' E agarrou um soldado pelo ombro e chutou outro. Eu jamais tinha visto alguém enfurecido assim. 'Faça-os se levantarem, maldição!', vociferou ele, brandindo o punho para cima e para baixo em sinal de passo acelerado".

Gabel ficou mais do que impressionado: "Os foguetes pareciam perder suas qualidades terríveis ao lado desse capitão. Eu não sabia quem ele era nem me importei em procurar sabê-lo. Tratei de pôr-me de pé de um salto e avancei aos trancos." Os outros fizeram o mesmo. E o pelotão alcançou o outro lado do campo aberto. Lá, seus homens se atiraram para dentro de um escoadouro, exaustos.

"Armar baionetas!" O choque da ordem fez tremer o corpo de Gabel. "Armar baionetas? Isso é coisa da Primeira Guerra Mundial. Baionetas foram feitas para abrir latas de ração." Não nesse dia. À volta de Gabel, "ouvi o ruído de 14 baionetas sendo retiradas de suas bainhas e serem encaixadas na bossa logo abaixo do cano do fuzil".

"Vamos", bradou o líder do pelotão. Todos os 14 homens saltaram para fora do escoadouro, formaram uma linha de atiradores, com seus fuzis em posição de ataque, e avançaram em direção às posições alemãs. O inimigo tentou pôr as mãos ao alto. Mas, ainda aos gritos, os soldados americanos atravessaram os alemães com suas baionetas. E tomaram a vila; sua recompensa foi a oportunidade de passar a noite na cidade.[18]

Uma das coisas que faziam muitos desses homens precipitados nos primeiros ataques do mês de janeiro perseverarem era a idéia de onde passar a noite, pois deixavam suas sobrecasacas e seus sacos de dormir para trás. Geralmente, o objetivo do dia era alcançar a vila seguinte, a leste.

— Eram objetivos pelos quais nos empenhávamos ao máximo — disse o praça Jack Ammons, da 90ª Divisão.[19]

Ora, quando os soldados americanos conseguiam expulsar os alemães das casas antes do anoitecer, tornavam-se eles os ocupantes de porões, ficavam livre dos ventos, logravam aquecer-se um pouco e tinham chance de dormir. Mas, quando os alemães conseguiam resistir e manter o controle da cidade, os soldados americanos passavam as primeiras horas da escuridão fazendo trincheiras no solo congelado, no bosque mais próximo da vila, e, o resto da noite, caminhando dentro das trincheiras e procurando manter-se acordados para evitar o congelamento. Depois, pela manhã, tinham que sair dali e realizar outro ataque.

Às vezes, calhava de os alemães ocuparem alguns porões, e os soldados americanos outros. Ocasionalmente, ambos compartilhavam do mesmo porão, sem que disso soubessem, senão apenas pela manhã. O praça Schoo, por exemplo, entrou num porão e deparou com três soldados alemães dormindo no piso. Schoo saiu para buscar alguns colegas e acordar os alemães. Um deles falava inglês.

— Nós os fizemos buscar lenha para uma fogueira, esquentamos comida e fizemos café para todos — ficamos conversando a noite inteira. De manhã, nós os levamos para o quartel-general (eram bons sujeitos).[20]

Outra característica dos combates do mês de janeiro foi o horror criado pela alta incidência de corpos esmagados por tanques. Os soldados escorregavam, e os tanques derrapavam. Os feridos não conseguiam sair do caminho. Dwayne Burns, soldado de 20 anos de idade subordinado à 82ª DIA, viu um colega pára-quedista ser atropelado por um tanque.

— Se não fosse pelo par de pernas e botas projetando-se da massa corpórea ensangüentada e esmagada, teria sido difícil dizer o que era aquilo. Virei o rosto e tive a certeza de que iria vomitar. Tive vontade de jogar minha arma fora e dizer a eles que eu estava desertando: "Chega, não posso mais suportar isto."[21]

Mas ele teve que prosseguir, pois a pressão vinda de cima para continuar avançando era inelutável. Os generais queriam resultados, o que fazia os coronéis desejarem o mesmo. Assim, os homens continuaram avançando, independentemente de qualquer coisa. O 3º Batalhão do 513º Regimento de Infantaria Aeromóvel, 17ª DIA, fornece um exemplo de como os oficiais subalternos conseguiam extrair dos soldados mais do que estes sabiam que tinham dentro de si para dar. Na tarde do dia 6 de janeiro, o quartel-general do batalhão perdera seu comandante e a maior parte de seu estado-maior ao ser atingido por um projétil de artilharia inimigo. Dois comandantes de companhia foram tirados de ação. Na Companhia I, o tenente Eugene "Fatboy" Crowley assumira o comando.

Na noite desse dia, chegaram ao batalhão ordens do regimento para a tomada da vila de Flamierge. Somente à meia-noite, o batalhão repassou as ordens ao tenente Crowley, e o plano que elas envolviam não lhe pareceu nem um pouco agradável: atacar às 9 horas. Quando Crowley reuniu seus líderes de pelotão e lhes disse o que se esperava deles, o tenente J. Dickson Phillips, do 2º Pelotão, protestou contra "a idéia de atravessar, em plena luz do dia, um terreno aberto e coberto de neve, completamente dominado por um inimigo no controle de uma ponte, quando pelo menos uma boa parte do ataque poderia ser realizada na escuridão". Crowley deu-lhes a resposta costumeira: ordens são ordens.

Às 9 horas e à frente dos homens em missão de ataque, Crowley partiu. No começo, um avanço silencioso de uns 165 homens espalhados pelo campo, no qual, numa das extremidades, erguia-se uma colina. Quando os americanos estavam a meio caminho do campo de 300 metros de largura, três tanques alemães apareceram na colina e abriram fogo com seus canhões e metralhadoras. Os americanos mergulharam na neve, na tentativa de se abrigarem e se porem fora do alcance dos tiros de bazuca (ele alcança cem metros, no máximo), com nada para revidar, exceto fuzis. Depois de sofrerem baixas durante 15 minutos, Crowley ordenou uma retirada. O praça Don Scott nos relata que "parecíamos palhaços de caixinhas de surpresa, aparecendo e desaparecendo aqui e ali, tentando avançar uns dez passos rapidamente e tornando a mergulhar na neve. Para as guarnições dos tanques alemães, a ocasião foi como um treinamento de tiro contra alvos vivos". Menos de cem homens conseguiram voltar para o ponto de partida.

Crowley reagrupou e reorganizou sua unidade e, depois, ordenou a realização de outro ataque. Novamente, seguiu à frente da operação, em escaladas e avanços de rojo, com seus homens atrás. Quando estavam outra vez a meio caminho de seu objetivo colina acima, os tanques tornaram a aparecer e os rechaçaram, mais uma vez com pesadas baixas.

Então, ocorreu o maior ato de bravura que o praça Scott viu na guerra. Um operador de bazuca e seu ajudante começaram a subir a colina de rojo, em demanda dos tanques. No meio do caminho, pararam e, aparentemente, começaram a discutir.

— Então, o ajudante se virou e começou a voltar para as fileiras americanas, rastejando — conta-nos Scott. — O operador de bazuca continuou a rastejar em direção aos tanques, distantes 200 metros dele, carregando consigo os projéteis de bazuca, ainda sem ser visto pelo inimigo. Quando ficou a cem metros dos tanques, disparou um projétil contra um deles. Mas ele caiu a dez metros de distância do blindado. Isso chamou a atenção dos alemães e, antes que pudesse recarregar (a bazuca é uma arma operada por dois homens), eles simplesmente o destroçaram com tiros de canhão e fogo de metralhadora. Quando o ajudante do operador de bazuca se levantou para empreender sua última corrida em direção às trincheiras, o inimigo o matou.

O tenente Crowley ordenou mais um ataque.

— Desta vez, vamos ver se conseguimos pegar algumas bazucas pelo caminho e acabar com esses bastardos — vociferou. — Começamos a escalar de rojo aquela maldita colina outra vez — disse Scott. — Quando ficamos a 150 metros dos tanques, eles dispararam um último projétil de German 88 e se retiraram. Simplesmente se viraram, venceram o topo da colina e foram embora. — É possível que tivessem ficado sem munição.

A Companhia I voltou a avançar. No declive da montanha que dava acesso à vila de Flamierge, os americanos tornaram-se alvo do fogo da infantaria inimiga.

— Mas tiros de fuzil não nos pareceram nem um pouco desencorajadores depois do banho de sangue provocado pelos tanques. Nós tratamos de arremeter contra a vila, e os alemães tiveram que fugir pelo outro lado.[22]

Com a perda da metade de sua companhia, Crowley havia alcançado seu objetivo.

Nem todos os comandantes de companhia mostravam-se tão dispostos a seguir ordens sem contestação. Pelo menos numa ocasião, dois comandantes de companhia simplesmente se recusaram a executar uma ordem direta para atacar. Foram o capitão Jay Prophet e o tenente Harold Leinbaugh, comandantes, respectivamente, das Companhias A e K do 333º Regimento de Infantaria, 84ª Divisão. Na manhã seguinte a uma noite passada num bosque e sob o bombardeio constante do inimigo, o comandante do batalhão, um coronel, foi até a linha de frente e ordenou que as Companhias A e K avançassem mais meio quilômetro. Prophet recusou-se a avançar. Leinbaugh também. Prophet protestou dizendo que todas as armas estavam congeladas, a força das companhias tinha sido reduzida pela metade, e os homens estavam exaustos. O coronel ameaçou enviá-lo à corte marcial.

— Coronel — tornou Prophet —, não há nada que me agradaria mais neste exato momento do que uma boa e aconchegante sala de corte marcial.

O coronel, por sua vez, recusou-se a acreditar que as armas estivessem congeladas. Prophet ordenou que se fizesse um teste. Nenhuma das armas pôde ser disparada. Então, o coronel começou a repreender os capitães e seus homens por causa de seu aspecto, dizendo que aparentemente ninguém ali se barbeava fazia uma semana. Leinbaugh respondeu-lhe que não havia água quente. O coronel, que se orgulhava de ser estofo da velha Guarda Nacional, deu-lhes uma sugestão:

— Se vocês, homens, economizassem um pouco de seu café da manhã, ele poderia ser usado para se barbearem.

Leinbaugh deu alguns passos até um banco de neve, pegou o bule de café de 20 litros dos soldados trazido naquela manhã e o sacudiu diante do rosto do coronel. O café congelado produziu um ruído seco. Leinbaugh sacudiu o bule novamente.

— Basta — disse o coronel. — Pombas, já ouvi.[23]

Na maioria dos casos, a vontade dos coronéis prevalecia. O tenente-coronel William DuPuy, comandante de um batalhão da 90ª Divisão, cruzou com um esquadrão de operadores de morteiro e alguns fuzileiros abrigados à borda de uma ribanceira próxima da vila de Doncols.

— Quem está no comando aqui? — bradou o oficial.

— Sou o sargento da Companhia C, coronel — respondeu o sargento John Peterson.

— Bem, vamos entrar na cidade com estes homens. Vocês não estão sendo úteis aqui.

— Mas estamos sob a mira das armas naquelas janelas lá em cima, senhor.

— Nada de *mas* ou *porém*. Faça com que estes homens se mexam. Vamos!

Peterson tirou sua .45 do coldre e bradou:

— OK, sigam-me, rapazes!

E avançou por uma abertura na ribanceira. Enquanto os homens atrás dele se punham de pé, Peterson levou um tiro na cabeça e caiu morto aos pés do coronel DuPuy. O coronel estacou, aterrado. Mas, logo depois, exclamou:

— Sigam-me. — E começou a descer a ribanceira à procura de outra abertura.[24]

Para os alemães, sua miséria física era agravada pela sensação terrível de que aquilo que estavam fazendo era absolutamente a pior coisa que poderiam fazer por seu país e pelo povo alemão. Isso era perfeitamente claro para cada um deles.

— Por que estávamos detendo os americanos no oeste e permitindo que os russos entrassem na Alemanha? Era insensato o que estávamos fazendo ali, combatendo os americanos — disse o tenente Walter Rahn, confirmando o que expus acima.[25]

Para o bem de suas famílias, seus lares, suas cidades, os soldados alemães deveriam ter feito as malas na frente de batalha da Europa Ocidental e partido para o leste, para defendê-los contra o Exército Vermelho. Somente Hitler e seus sequazes nazistas podiam beneficiar-se com a continuação dos combates contra os Aliados do Ocidente. O fato de que as dezenas de milhares de soldados alemães, envolvidos numa situação como aquela, lutando conscientemente contra os seus próprios interesses, conseguiam continuar combatendo, brava e eficazmente, era um triunfo da disciplina e da ditadura.

E sofriam terrivelmente por causa do tempo e dos americanos.

— Nunca tínhamos visto a maneira pela qual o rico combate — disse o coronel Gerhard Lemcke, em alusão à artilharia americana.[26]

— Quando você está dentro de um tanque numa posição avançada e é avistado, sente-se tomado por um medo de tremer os joelhos. Isso sempre ocorria quando estávamos impotentes e expostos. Os americanos, que tinham mais munição do que o necessário, despejavam projéteis sobre o blindado durante uma ou duas horas. Permanecíamos dentro dele, com as bocas ressequidas, sem falar muito, fumando um cigarro atrás do outro, na esperança de que os americanos errassem o alvo — conta-nos o capitão Gerhard Winkler, então comandante de tanque.[27]

Como se não bastasse a possibilidade terrível de ser bombardeado num tanque, o major Helmut Ritgen, de uma divisão de Panzer Lehr, amava a infantaria. Numa entrevista em 1995, ele disse:

— A infantaria tinha que deter os americanos, retirar-se a pé, atravessar rios sem pontes e assim por diante, no meio do inverno. Fui operador de tanque, mas a infantaria era o verdadeiro braço milagroso de Hitler. —

Ritgen fez uma pausa e, depois, acrescentou: — Acho que isso seria impossível na geração atual.[28]

Quando, em 3 de janeiro, a ofensiva foi iniciada, o I e o III Exércitos Americanos estavam separados por 40 quilômetros de colinas e ravinas acidentadas, rios congelados, estradas tortuosas e cobertas de gelo, bosques tomados pela neve e dezenas de milhares de soldados alemães experimentados em batalhas e altamente hábeis na utilização de acidentes geográficos e vilas como posições fortificadas. Partindo do sul, as unidades de vanguarda do III Exército — a 26ª e a 90ª Divisões — seguiram com destino a Houffalize. Saindo do norte, o I Exército avançou no encalço do inimigo.

A 82ª DIA era uma das divisões do I Exército e estava atacando em direção ao sul, procedente de Trois-Ponts. O batalhão do coronel Vandervoort, unidade subordinada ao 505º RIA, seguia na vanguarda. "O dia 3 de janeiro amanheceu nebuloso, com baixa temperatura e sob a expectativa de mais neve", consta no registro histórico do regimento. "Antes de partir, todos abandonaram seus bornais de provisões, seus sacos de dormir e suas sobrecasacas numa pilha e com grande esperança de que o sargento-intendente conseguisse avançar com eles antes do anoitecer." O início do ataque estava marcado para as 8h30. Então, os homens partiram e, inicialmente, tudo correu bem. Mais adiante, um campo aberto, situado entre eles e a vila de Fosse, seu primeiro objetivo, foi surgindo à frente deles. Nisto, sobreveio-lhes fogo de armas de pequeno calibre com intensidade tal, que lhes tornou impossível o avanço. Apesar disso, os comandantes de companhias e pelotões tentaram fazer os soldados seguirem adiante — mas eles mesmos foram mortos antes de conseguir dar meia dúzia de vacilantes passos na camada de neve de um metro de profundidade. O coronel Vandervoort ordenou o lançamento de fogo de artilharia sobre a posição alemã e o envio de alguns Shermans para apoiar a infantaria. O tiro de barragem forçou os alemães a se retirarem, e os pára-quedistas conseguiram entrar em Fosse. Mas o inimigo não permitiu que se estabelecessem nos porões. Diante disso, eles se retiraram para um bosque, onde se entrincheiraram para passar a noite.

O sargento William Tucker, aguardando a vez de receber curativos no posto de socorro, viu que o tenente-coronel Edward Krause, do estado-maior da divisão, andava preocupadamente de um lado para o outro. Krause era da Companhia I; todos os oficiais da companhia tinham sido mortos ou feridos nesse dia. Dois terços dos soldados procumbiram como baixas. Esses homens era veteranos do norte da África, Itália, Normandia, Holanda e Ardenas.

— É, coronel — disse Tucker brandamente —, parece que muitos rapazes tiveram azar hoje. — O coronel Krause não respondeu. Ele virou o rosto enquanto seus olhos se enchiam de lágrimas.

À medida que a temperatura baixava e a neve continuava a cair, os homens do 505º souberam que os caminhões não conseguiram atravessar os campos para trazer seu equipamento. Desse modo, ficariam sem sobrecasacas, cobertores ou sacos de dormir. A água era problemática, pois os cantis se congelavam. O frio e a exposição do soldado ao rigor do tempo faziam que velhos ferimentos voltassem a se abrir e, surpreendentemente, desencadeavam o ressurgimento de casos de malária entre os homens que a tinham contraído no Mediterrâneo. Consta no registro histórico do regimento: "Embora a situação dos soldados fosse bastante ruim, a dos feridos, em muitos casos, era trágica. Apesar dos esforços heróicos dos socorristas (muitos dos quais se tornaram baixas também) que trabalharam incessantemente durante toda a noite, alguns dos mais seriamente feridos morreram por conta de sua exposição ao tempo."

Na manhã do dia 4 de janeiro, os homens das Companhias B e C embora estivessem muitas horas sem dormir, reiniciaram as operações de ataque — na verdade, um avanço sob árdua patinhagem através da neve, com um dos soldados abrindo caminho para que dois deles seguissem atrás e dois tanques como apoio. Eles chegaram a uma colina ampla, fortemente defendida pelo inimigo. Os tanques avançaram e começaram a varrer-lhe a encosta com tiros de sua metralhadora .50 e de seus canhões de 75 milímetros. "Todos abriram fogo e atiraram tão rapidamente quanto eram capazes de apertar o gatilho e trocar os pentes de bala. Num período de tempo bem curto (provavelmente, em menos de um minuto), os alemães começaram a sair de suas trincheiras com as mãos para cima." "Cessar fogo!", bradou o sargento Herman Zeitner. E o tiroteio cessou.

"Em seguida, houve um espetáculo inacreditável. De todas as posições naquela colina, os alemães começaram a sair de trincheiras, deixando os soldados americanos boquiabertos ao verem aproximadamente 200 deles descerem lentamente a colina." O mais assombroso é que, nesse conflito, os homens do 505º, os quais tinham penado tão deploravelmente no dia anterior, não sofreram um único arranhão sequer.

Nos dias 5 e 6 de janeiro, deu-se quase a mesma coisa — um ou dois quilômetros de avanço por dia. A boa notícia foi que, no dia 6, os engenheiros abriram com um trator uma estrada através dos campos até a frente de batalha, o que permitiu que os caminhões levassem para lá os equipamentos de inverno dos soldados americanos. Já no dia 7 de janeiro, a novidade não foi boa, qual seja o ferimento, às 8 horas, pela explosão de um projétil de morteiro, do coronel Vandervoort. "Isso chocou os homens do batalhão", diz o registro histórico do regimento, "os quais chegaram a acreditar que seu comandante de longa data era invencível." Os ferimentos o incapacitaram para os combates; eventualmente, sua carreira foi prematuramente encerrada. Segundo as palavras do historiador S. L. A. Marshall, "o exército americano perdeu um homem que tinha tudo para ocupar um posto no alto comando".[29]

A retirada dos alemães das Ardenas foi lenta, trabalhosa e cara para os americanos — mas para os alemães também. Hitler, sempre insistente na manutenção de terreno capturado, recusou-se a considerar a idéia de tirar suas tropas das Ardenas e fazê-las retornar para a Linha Siegfried. Para manter suas posições nas Ardenas e, portanto, preservar a ameaça de lançar uma ofensiva em direção ao oeste, Hitler atacou na Alsácia com a idéia de impedir o envio de mais reforços americanos do norte para as Ardenas.

Os partícipes da Operação Northwind, iniciada em 1º de janeiro, alcançaram as tropas do general-de-divisão Alexander Patch, comandante do VII Exército Americano. Eventualmente, um total de 15 divisões americanas, com 250 mil homens, foi envolvido nos combates, os quais foram travados ao longo de uma frente de batalha que se estendeu por quase 150 quilômetros, de Saarbrücken, ao norte, a um ponto na margem ocidental do Reno, ao sul de Strasburgo. A concentração das tropas ali deu origem a uma cunha natural, ao longo da curva do Rio Reno, o que fez dessa batalha algo parecido com a que se desenrolava ao norte, nas Ardenas.

Atrás da cunha, a Planície Alsaciana se alongava, do Reno até os sopés dos Montes Vosges, para oeste. Era uma região inadequada para posições de defesa. Com base no que rezam os bons manuais de guerra, a resposta ao ataque da Operação Northwind teria sido efetuar a retirada das tropas para terrenos acidentados e deixar a planície para os alemães. Era isso o que Eisenhower queria fazer, mas houve interferências políticas. De

Gaulle disse ao Comandante Supremo que, se eles fossem alunos de escolas militares, ele concordaria com o ponto de vista de Eisenhower, mas, como o líder dos franceses, ele não podia aceitar, absolutamente, o abandono de Strasburgo, não apenas por questões de orgulho nacional, mas também por causa das temíveis represálias que a Gestapo certamente faria aos cidadãos de Strasburgo. Relutantemente, Eisenhower concordou com ele e transmitiu-se a ordem ao III Exército: manter posições. Como resultado disso, rudes batalhas foram travadas ao longo do mês de janeiro em Wingen, Phillipsburgo, Herrlisheim, Rittershoffen e alhures.

O coronel Hans von Luck, do 125º Regimento, 21ª Divisão de Panzer, foi incumbido da missão de romper as linhas de defesa americanas no lado noroeste da cunha, passar pelos sopés orientais dos Montes Vosges e, assim, interceptar a via de abastecimento americana para Strasburgo. Isso demandava, sobretudo, o rompimento da Linha Maginot. Nessa região, ela se estendia de leste a oeste, ao longo da curva do Reno. A Linha Maginot, construída a grandes expensas, não fora local, em 1940, de nenhum combate digno de comentário — os alemães a contornaram —, mas, em janeiro de 1945, uma parte da Linha foi usada conforme o propósito para o qual tinha sido construída e mostrou por que merecia ser qualificada de fortificação soberba.

Em 7 de janeiro, Luck se aproximou da Linha, num ponto ao sul de Wissemburgo, em Rittershoffen.

— De repente, conseguimos divisar a primeira casamata, cujos ocupantes nos receberam com fogo pesado. Nossos homens de vanguarda e o SPV que os acompanhava foram parar em campos densamente minados; e a artilharia avançou com seu poder de fogo.[30] — As forças americanas, compostas de soldados da 79ª Divisão de Infantaria, da 14ª Divisão de Blindados e de membros da 42ª Divisão de Infantaria, procuraram tirar o máximo proveito dos pontos de tiro, das trincheiras, dos canhões e de outros recursos da Linha. E conseguiram deter os alemães.

Durante os dois dias seguintes, os alemães reforçaram o ataque, com novos Germans 88 e alguns tanques, juntamente com a 25ª Divisão de Panzer. E lançaram outro assalto à Linha. A certa altura do ataque, conseguiram fazer alguns americanos saírem de lá aproximando-se o máximo possível para arremessar granadas em suas troneiras, mas foram imediatamente rechaçados por pesado fogo de artilharia.

Ainda assim, os alemães continuaram tentando. Houve ocasiões em que a batalha dentro das casamatas foi selvagem, enervante, agravada pelo barulho de explosões que pareciam estourar os tímpanos. Luck acabou conseguindo rompê-la. Em 10 de janeiro, avançou com seu regimento para atacar posições em Rittershoffen, como medida preparatória para assaltar outra parte da Linha Maginot a partir da retaguarda (as defesas francesas estavam voltadas para o leste) e ampliar a ruptura. À noite, ele entrou na vila, mas não conseguiu expulsar os americanos. Estes conseguiram manter o controle de um dos lados da vila, mas os alemães tomaram o outro. A situação na localidade próxima, a vila de Hatten, foi semelhante. Então, desdobrou-se ali uma batalha que durou duas semanas e a qual Luck, veterano dos campos de combate da Polônia, França, União Soviética, norte da África e Normandia, classificou como "uma das mais duras e sacrificantes batalhas já travadas".[31]

Ambos os lados usaram incessantemente seus recursos de artilharia, com o disparo de uns 10 mil projéteis por dia. O bombardeio foi uma verdadeira calamidade para ambas as partes, já que suas linhas de defesa nunca ficavam separadas uma da outra por mais do que uma rua de distância. Houve vezes em que chegaram a ficar no mesmo lado da rua e, doutras, na mesma casa.

— Foi uma batalha terrível. Em certo momento, estávamos cercados; noutro, não. Aconteceu muitas vezes de nos refugiarmos em casas onde os alemães se encontravam no pavimento superior. E nós os ouvíamos e víamos e vice-versa. Quando eles não se mexiam, nós partíamos e, quando nós não nos mexíamos, eles partiam — relata-nos o praça Pat Reilly, da 79ª Divisão.[32]

Lança-chamas foram usados para incendiar casas. Como agravante da terrificante situação, a população civil se havia escondido quando a batalha começou, e, então, mulheres, crianças e idosos se espremiam nos porões. Não havia eletricidade, e os canos se congelaram, o que resultou na falta de água. Os soldados de ambos os lados faziam o que podiam para alimentar os civis e cuidar deles.

A movimentação individual durante o dia era perigosa. À noite, os caminhões de ambos os lados chegavam para trazer munição e alimentos e levar os feridos. As casas, os edifícios públicos e a igreja estavam em ruínas. Os corpos dos mortos, entre eles os de uns cem civis, jaziam estirados pelas ruas. Houve lutas corpo a corpo com punhais e combates recinto a recinto com pistolas, fuzis e bazucas. Ataques e contra-ataques se sucediam regularmente.

Em 21 de janeiro, o VII Exército ordenou que a 79ª e a 14ª Divisões, então muito reduzidas, se retirassem de Rittershoffen. Os americanos abandonaram a Linha Maginot e ocuparam novas posições ao longo do Rio Moder. Somente pela manhã, Luck percebeu que eles tinham partido. Ele caminhou pela vila, sem conseguir acreditar no que via. Na igreja, venceu os destroços e chegou ao altar, que jazia em ruínas. Mas, lá no mesmo lugar, demorava-se o órgão, intacto. Luck orientou um de seus homens no acionamento dos foles, sentou-se ao órgão e executou o coral *Danket Alle Gott*, de Sebastian Bach. As notas da obra ressoaram pela vila. Os soldados alemães e os civis de Rittershoffen se reuniram e ajoelharam, rezaram e cantaram.[33]

De um modo geral, a Operação Northwind foi um fracasso. Os alemães jamais conseguiram aproximar-se de Strasburgo, tampouco interceptaram as vias de abastecimento dos americanos. E seu preço foi alto para ambos os lados: as perdas do VII Exército Americano em janeiro foram de 11.609 baixas de combate mais 2.836 casos de pé-de-trincheira. O prejuízo alemão foi de uns 23 mil mortos, feridos ou perdidos (o VII Exército fez 5.985 prisioneiros de guerra).[34]

Nas Ardenas, a Companhia K, 333º Regimento, 84ª Divisão, atuou como unidade de vanguarda do ataque do I Exército a Houffalize. Um dos membros da companhia, o praça Fred "Junior" Olson, tinha chegado como substituto na véspera do Ano-Novo. E ninguém lhe deu conselhos ou informações.

— Foi como se não houvesse meio de explicar as coisas, como se eu fosse descobrir tudo por mim mesmo no devido tempo — disse.

Mas ele se sentiu confortado quando o sargento "Pop" Teebagy, de 35 anos de idade, considerado o coroa da companhia, disse-lhe que "tudo vai dar certo, garoto".

A idade de Teebagy, disse Olson, "conferiu às suas palavras alguma autoridade".

Durante a semana seguinte, Olson já tinha experiência suficiente para ser considerado um calejado veterano. Em seu primeiro combate, um alemão se pôs atrás da trincheira dele, a qual era um posto avançado. Olson estava comendo "uma daquelas malditas barras de chocolate que acompanhavam a ração" e não percebeu nada. Seu colega, o sargento Paul Zerbel, viu o alemão quando este estava a três metros de distância. Mas o sargento foi mais rápido do que o alemão.

Depois de matar o alemão, Zerbel disse que era hora de saírem dali. Ele seguiu na frente e Olson, atrás.

— Estávamos nos deslocando em fila através das árvores — disse Olson — e eu tropecei.

Quando isso aconteceu, uma rajada de metralhadora decepou os galhos logo acima de sua cabeça.

— É inacreditável; sabe, foi a única vez que isso aconteceu comigo. Sua vida esteve por um fio. — Foi tudo muito rápido, uma questão de segundos. Ainda estou consciente de que, se eu não tivesse tropeçado, teria sido morto.

Quando Zerbel e Olson alcançaram as linhas da companhia, Olson sentiu-se grandemente aliviado.

— Disseram-me que passava da meia-noite e que 7 de janeiro tinha sido o dia do meu aniversário. Por alguma estranha razão, eu me havia persuadido de que, se eu conseguisse sobreviver até além do dia em que completasse 19 anos de idade, seria capaz de prosseguir até o resto da guerra e de que, de algum modo, tudo daria certo. E lá estava, o dia 8 de janeiro, e eu tinha conseguido chegar lá.[35]

A companhia continuou a atacar. Em 13 de janeiro, o tenente Franklin Brewer fez um protesto ao comandante da companhia:

— Não há nenhum homem na companhia em condições de caminhar mais um quilômetro sequer e muito menos de combater.

Mas o quartel-general da divisão disse que, dado que a companhia tivesse acabado de passar um dia numa vila, onde havia "descansado e se reorganizado", seus homens estavam em boa forma para o cumprimento do dever. Traduzindo do jargão do exército para o português, descansado e reorganizado significa que os soldados tinham achado uma casa em ruínas para se proteger do vento, se haviam amontoado pelo chão em sobrecasacas congeladas e, exaustos, tinham caído em pesado sono. E também que, às 3h30, era a hora de acordar, fazer o desjejum — café morno e sanduíches de presunto e queijo — e, em seguida, marchar em direção a Houffalize.

Na manhã desse dia, a companhia se envolveu num combate característico. O escalão de vanguarda foi surpreendido pelo fogo lançado pelo inimigo, com armas posicionadas em embasamentos de peças de artilharia ocultados por toras de madeira, artifícios bem conhecidos, a essa altura, pelos soldados americanos. Os alemães abriram fogo cedo demais, o que permitiu que os soldados americanos recuassem e se abrigassem, sem que sofressem baixas. Pelo que puderam perceber, parecia haver um pelotão nesses embasamentos. Os soldados americanos se valeram instintivamente do que lhes veio à mente como solução — a solicitação de tiro de apoio. Em poucos minutos, mais de cem projéteis de artilharia zuniam por sobre suas cabeças e iam explodir nas posições alemãs. Alguns dos projéteis tinham os detonadores regulados para retardar a explosão; outros estavam carregados com fósforo branco. "Quando o tiro de barragem foi interrompido", informa-nos o registro histórico da companhia, "avançamos rapidamente e estabelecemos uma linha de fogo a 40 metros dos alemães. O tiroteio com armas de pequeno calibre durou apenas uns poucos minutos antes que um trapo branco na extremidade de um fuzil fosse freneticamente agitado de uma das trincheiras. Os alemães — oito ou dez deles — saíram de suas trincheiras, com os braços estendidos o máximo possível para cima enquanto caminhavam pesada e apreensivamente em nossa direção através da neve.

Avançamos cautelosamente em direção à posição deles, passando por cima de árvores derrubadas e esforçando-nos por vencer um emaranhado de galhos caídos. Uma dúzia de mortos e feridos alemães estava espalhada pelo solo. A artilharia tinha feito excelente trabalho ou mesmo uma espécie de matança desnecessária. A neve estava enegrecida por enormes porções de solo congelado; vários embasamentos de canhões alemães tinham sofrido tiros certeiros. Fragmentos de fósforo branco ainda ardiam e sibilavam sobre a camada de neve. O cheiro de cordite e nuvens de fumaça pairavam sobre os buracos."

Ao avançar, o capitão Leinbaugh topou com um major alemão, apoiado numa árvore. Sua perna direita tinha sido decepada à altura da metade da coxa.

— Mate-me — suplicou o alemão a Leinbaugh, serenamente e em bom inglês. Mas o capitão continuou caminhando. Mais adiante, um dos sargentos alcançou Leinbaugh e perguntou se ele tinha visto o sujeito com a perna arrancada.

— Sim. Ele me pediu que o matasse.

— É, a mim também.

— Você o matou?

— Ora, você sabe que eu não podia ir embora e deixar o pobre filho da mãe morrer daquele jeito.[36]

Nesse mesmo dia, o major Roy Creek, do 507º RIA, um dos heróis do

Dia D, cruzou com dois socorristas carregando para o posto de socorro um pára-quedista gravemente ferido. Creek segurou-lhe a mão para encorajá-lo.

— Major, eu me saí bem? — o pára-quedista perguntou.

— Você foi ótimo, filho. — Mas, quando eles o levaram, Creek viu que uma de suas pernas tinha sido arrancada. — Quando eles desapareceram em meio às árvores, derramei a primeira lágrima pelo soldado. Desde então, há 50 anos, continuo a represar as lágrimas quando penso nele e em muitos outros como ele. Esses foram os verdadeiros heróis da guerra. Espero, e oro por isso, que jamais precisemos participar de outra.

A essa altura, Creek tinha aprendido que a guerra não era apenas uma situação de realidades infernais. Seu batalhão estava subordinado à 51ª Divisão de Infantaria Escocesa, unidade composta de soldados escoceses. Ele foi convidado para jantar no rancho do quartel-general da divisão e aceitou, mas, quando chegou lá, ficou embaraçado com o descuido da própria aparência. O comandante britânico "estava usando seu uniforme de batalha, medalhas e distintivos luzentes e uniforme impecavelmente passado, botas brilhantes etc. O rancho era numa pequena, mas bela casa. No recinto do jantar, sobre a mesa jaziam uma toalha branca, talheres de prata, copos e velas. O jantar foi servido por um garçom de uniforme branco, rijamente engomado. A ceia consistia de delicioso e fresco ensopado de carne, pão recém-saído do forno, manteiga e geléia de morango. Saboreei-o intensamente e, quando terminei de beber meu copo de Borgonha envelhecido, a pequena lata de ervilhas geladas no meu bolso — meu jantar daquela noite, não tivesse o britânico me convidado para jantar — pareceu-me grande e desajeitada. Depois de agradecer e me retirar, senti grande admiração pelos britânicos, que sabiam, verdadeiramente, como minorar as agruras da guerra".[37]

No dia 7 de janeiro, o marechal-de-campo dos britânicos no Continente, comandante do 21º Grupamento do Exército, ao qual se subordinava o IX Exército Americano, mas não mais o I Exército, concedeu uma entrevista coletiva. Montgomery disse à imprensa que, já no primeiro dia da campanha das Ardenas, "assim que vi o que estava acontecendo, tomei eu mesmo certas providências para impedir que, caso os alemães chegassem ao Mosa, não conseguissem atravessá-lo. E mandei que se realizassem certas manobras, de modo que estabelecêssemos algum equilíbrio para enfrentarmos o perigo [...], ou seja, eu estava me antecipando a fatos futuros e prováveis". Não demorou muito para que Eisenhower o pusesse no comando do flanco norte, e, então, ele fez que os britânicos entrassem em combate e, portanto, salvou os americanos, alegou.

— Assim, no quadro atual dos acontecimentos, as tropas britânicas estão lutando em ambos os lados das forças americanas que sofreram um duro golpe. É um belo quadro da coesão dos Aliados.

Essa tinha sido uma batalha "interessante", Montgomery disse, parecida com a de El Alamein; aliás, "acho que uma das mais interessantes e difíceis batalhas que comandei". E acrescentou que os soldados americanos se tornavam grandes combatentes quando lhes davam uma liderança decente.[38]

Todos os americanos presentes na Europa ficaram indignados com isso. Segundo o testemunho que os soldados americanos e seus oficiais dão da batalha, eles tinham detido os alemães antes que Montgomery entrasse em cena. Quase nenhum corpo de forças britânicas se envolveu na Campanha das Ardenas. Longe de comandar as forças vitoriosas, Montgomery tinha, em verdade, atravessado o caminho de todos e arruinado o contra-ataque.

Mas o fato singularmente irritante com relação à versão da Campanha das Ardenas criada por Montgomery foi sua imensa satisfação com o fantasiado progresso do contra-ataque. Embora se estimasse que o encontro das tropas do I e do III Exércitos fosse precisar ainda de um semana para ocorrer, e não obstante os alemães estivessem retirando-se ordenadamente, com o que poupavam seus equipamentos e seus homens, Monty alegava a consecução próxima de uma vitória total. Patton desabriu-se em protestos diante de todos os repórteres que se dispuseram a ouvi-lo, revelando-lhes publicamente o que já tinha escrito em seu diário — que, não tivesse sido por Montgomery, "nós poderíamos ter capturado todo o exército alemão. Gostaria que Ike tivesse um pouco da índole do apostador, mas, certamente, nesse aspecto, ele é um leão em comparação com Montgomery, e Bradley é melhor do que Ike no que diz respeito à intrepidez. Monty é um tolo cansado e aborrecido. A guerra exige que assumamos riscos, e ele não se arrisca".[39]

Em 14 de janeiro, a Companhia K alcançou um ponto distante meio quilômetro da fase final da linha de frente objetivada pelo I Exército.

— Estávamos numa região montanhosa a apenas meio quilômetro de Houffalize. Com os fracos raios de sol atravessando as nuvens, com os tanques do "Inferno sobre Rodas" [a 2ª Divisão de Blindados] espalhados pela serra e com caças-bombardeiros patrulhando os céus a leste, a guerra se tornou, de repente, algo fascinante.[40]

A sensação não durou muito tempo. Quando, no dia seguinte, o encontro das unidades ocorreu, as companhias se voltaram para o leste e atacaram novamente, dessa vez para se aproximar e, depois, romper a Linha Siegfried. O dia 15 de janeiro é considerado, de um modo geral, o último da Batalha das Ardenas, mas ninguém poderia ter convencido os soldados americanos disso. Eles ainda tinham pela frente duro avanço a empreender, de modo que pudessem voltar para as posições que tinham ocupado um mês antes.

Lutar pela reconquista de terreno perdido era uma experiência desanimadora. A 4ª Divisão de Infantaria tinha desembarcado na Praia de Utah no Dia D; juntamente com a 1ª e a 29ª Divisões, estivera continuamente envolvida em combates desde 6 de junho de 1944. O tenente George Wilson se juntou à 4ª Divisão pouco antes da ruptura da linha de defesa inimiga em St.-Lô —, época em que ela tinha sofrido uma taxa de 60% de substituição de seus oficiais. Agora, na segunda metade do mês de janeiro de 1945, ele se encontrava em combates pela conquista de um terreno que se estava tornando cada vez mais conhecido para ele. De repente, "percebi que estávamos percorrendo a mesma rota pela qual tínhamos passado quando da perseguição dos alemães, quatro meses antes, em setembro. Ficamos sabendo que nossa missão era, basicamente, romper a Linha Siegfried no ponto exato em que a havíamos atravessado antes".

Wilson sentia-se impressionado com o fato de que, dos cerca de 30 oficiais de seu regimento em setembro, apenas três continuavam na ativa. Todos os demais tinham sido mortos ou feridos; além disso, o regimento havia perdido muitos oficiais substitutos naqueles últimos quatro meses.

Wilson disse ainda, a respeito de setembro, quando passou pela vila:
— St.-Vith era uma pequena e charmosa cidade agrícola, deixada em paz pelos alemães, que de nenhum modo haviam tentado defendê-la.

Ele sabia que St.-Vith fora o cenáculo de uma batalha de tanques no terceiro dia da Campanha das Ardenas e que ela tinha sido usada pelos alemães como um de seus quartéis-generais e um centro de comunicações, em virtude do que fora pesadamente bombardeada pelos Aliados, mas seus olhos não estavam preparados para o que viu.

— Dos pontos elevados ao sul, tínhamos uma visão clara da ruína total do lugar. Tudo o que víamos eram os contornos irregulares de paredes destroçadas daquilo que, antes, haviam sido edifícios. Era como se estivéssemos vendo uma pintura surrealista e infernal. Nada estava intacto; e não havia sinal de vida. Não havia como evitar de refletir sobre as batalhas que tínhamos travado na mesma região em setembro de 1944. Perguntávamo-nos também quantas vidas tinham sido perdidas em favor do que, aparentemente, não representava ganho algum depois de quase cinco meses de inferno.[41]

O número total de baixas americanas nas Ardenas foi de 80.987. Mais da metade dos casos de morte ou de ferimento aconteceu em janeiro. No período de 16 de dezembro a 2 de janeiro, a fase defensiva da batalha para os americanos, houve 4.138 mortos em combate, 20.231 feridos na mesma situação e 16.946 casos de desaparecidos. Entre 3 e 28 de janeiro, período no qual os americanos estiveram na ofensiva, as perdas foram de 6.138 mortos, 27.262 feridos e 6.272 desaparecidos. Portanto, janeiro de 1945 foi o mês mais árduo e custoso da campanha do exército americano no noroeste da Europa. Segundo estimativas, o número total de baixas alemãs nas Ardenas varia entre 80 mil e 104 mil.[42]

A Batalha das Ardenas teve conseqüências políticas da mais ampla magnitude. A decisão de Hitler de retirar homens e armas de sua frente de batalha na Europa Oriental e transferi-los para o oeste com o objetivo de tentar lograr sucessos decisivos ali resultou no esmagamento das combalidas forças alemãs na Europa Oriental, o que teve início em 12 de janeiro, com a ofensiva do Exército Vermelho. O exército soviético ocupou a parte oriental da Alemanha e a Europa Central, o que deu origem a meio século de escravidão dessas regiões. O responsável por essa catástrofe era o líder do anticomunismo no mundo, mas ele preferiu sacrificar sua nação e seu povo aos comunistas a se defender contra eles na Europa Oriental e a permitir que britânicos e americanos avançassem pelo Ocidente.

— O soldado americano comum foi o verdadeiro vencedor da batalha. — Essa é a opinião autorizada de Russel Weigley. Ele prossegue: — Se a vitória foi incompleta, a culpa residiu na falha dos generais como um todo, pelo fato de terem deixado de aproveitar as oportunidades criadas pelo valor e coragem dos homens.[43]

O que os fazia continuar? Assim como no exército alemão, disciplina, com certeza, a coesão das unidades e os treinamentos. Mas, para muitos, o fator decisivo foi a sensação de que não tinham opção e a percepção de que a única forma de se verem livres dos combates era aniquilarem o exército alemão.

"Essa atitude não resultou de uma noção impessoal, imposta pelas autoridades maiores", escreveu Michael Doubler, "mas de uma idéia viva, que orientava as atividades diárias de muitos comandantes e soldados. Instintivamente, eles perceberam que a única forma de voltarem para casa era continuar avançando."

Mais adiante em seus escritos, Doubler faz citação de uma carta do coronel James Rudder, membro dos Rangers, enviada a seus soldados:

"Há uma única razão para estarmos aqui, qual seja a de eliminarmos o inimigo que provocou esta guerra. E há uma única forma de eliminar o inimigo, como seja a de nos pormos frente a frente com ele e o combatermos. Prossigamos todos com o trabalho para cuja execução nos enviaram aqui, a fim de que possamos voltar para casa o mais brevemente possível."[44]

No fim de janeiro, as forças americanas no noroeste da Europa se encontravam outra vez na fronteira da Alemanha. Dessa vez, certamente, elas romperiam a linha inimiga e atravessariam o Reno.

17

AVANÇANDO PARA O RENO

1º DE FEVEREIRO A 6 DE MARÇO DE 1945

NO COMEÇO DE FEVEREIRO, as frentes de batalha tinham quase a mesma extensão das linhas de combate dos meados de dezembro, mas atrás delas as diferenças eram grandes. Em 15 de dezembro, os alemães tinham acumulado divisão sobre divisão no Platô de Eifel, ao passo que os americanos se encontravam amplamente espalhados pelas Ardenas. Já em 1º de fevereiro, os americanos tinham divisões amontoadas sobre divisões nas Ardenas, enquanto os alemães, no Platô de Eifel, ocupavam posições assaz distantes umas das outras. Toda unidade que os alemães retiravam das Ardenas era enviada para ocupar brechas em outro ponto qualquer da linha de batalha, pois achavam improvável que os americanos fossem atacar posições no Platô de Eifel, que tinha florestas mais densas do que as Ardenas. Isso, contudo, era exatamente o que Patton e Bradley queriam fazer. Com a maior parte do I e III Exércitos nas Ardenas, fazia sentido para eles atacar a partir dessa região.

Eisenhower não concordava com isso. Ele precisava que as divisões do III Exército fossem para o sul, com o objetivo de ajudar as forças do general-de-divisão Jacob Devers a eliminar o Foco de Resistência de Colmar. Além disso, ele queria que o I Exército atacasse ao norte das Ardenas e ao sul de Aachen, para tomar as represas do Rio Roer, de modo que o IX Exército Americano pudesse atravessar o Roer e, depois, seguir para o Reno. Os exércitos de Montgomery, o britânico e o canadense.

podiam atravessar, então, o Baixo Reno, com seu flanco direito protegido pelo IX Exército.

Mas, quando um dos oficiais do estado-maior de Eisenhower telefonou para Bradley — que, então, se encontrava no quartel-general de Patton — e disse-lhe que Ike queria que Brad enviasse quatro ou cinco divisões do III Exército a Colmar em missão de apoio, Bradley explodiu de raiva.

— Nós estaríamos dando o certo pelo incerto — bramiu ele, com a mão segurando o telefone tão fortemente que os nós de seus dedos esbranquiçaram. — Vá em frente e pegue todas as divisões! — bradou. — Há mais coisas em jogo do que uma simples transferência de divisões [...]. Se essa é a sua forma de pensar, então, no que me diz respeito, você pode ficar com qualquer maldita divisão e/ou região militar do 12º Grupamento, dispor delas como melhor lhe aprouver, e aqueles de nós que você deixar para trás manterão seus traseiros grudados na cadeira até que o inferno se congele.

As palavras finais de Bradley foram:

— Não acredito que você ache que estou com raiva. O que desejo é passar-lhe a impressão inequívoca de que estou *malditamente colérico.*

Patton, demorando-se ao fundo, disse, em tom de voz alto o suficiente para ser ouvido do outro lado da linha:

— Diga-lhes que vão para o inferno e que todos nós nos demitiremos. Eu serei o primeiro a fazê-lo.

Quando Bradley desligou violentamente o telefone, todos os oficiais do estado-maior de Patton se levantaram e aplaudiram.[1]

Com os ânimos tão incendidos e pressionado dessa forma, Eisenhower recuou. Ele deixou que Patton mantivesse as divisões e permitiu que Bradley comandasse uma ofensiva ao Platô de Eifel com força total. Para os combatentes do TOGE, isso significou mais um mês de esforços através de lama e neve para poder atacar o inimigo entrincheirado. Ela consistiria num avanço de ampla porção da linha de frente, com poucas tentativas de realização de manobras. Seu objetivo era matar alemães.

— Como complemento dessas idéias — disse Eisenhower a Monty em explicação de seu plano —, quanto mais alemães matarmos no lado ocidental do Reno, menos deles haverá para nos enfrentar no lado oriental do rio. — Ele insistia na necessidade de aproximar as forças aliadas ao longo do curso do Reno e disse a Monty: — Simplesmente não podemos dispor das grandes forças de defesa que seriam necessárias caso permitís-

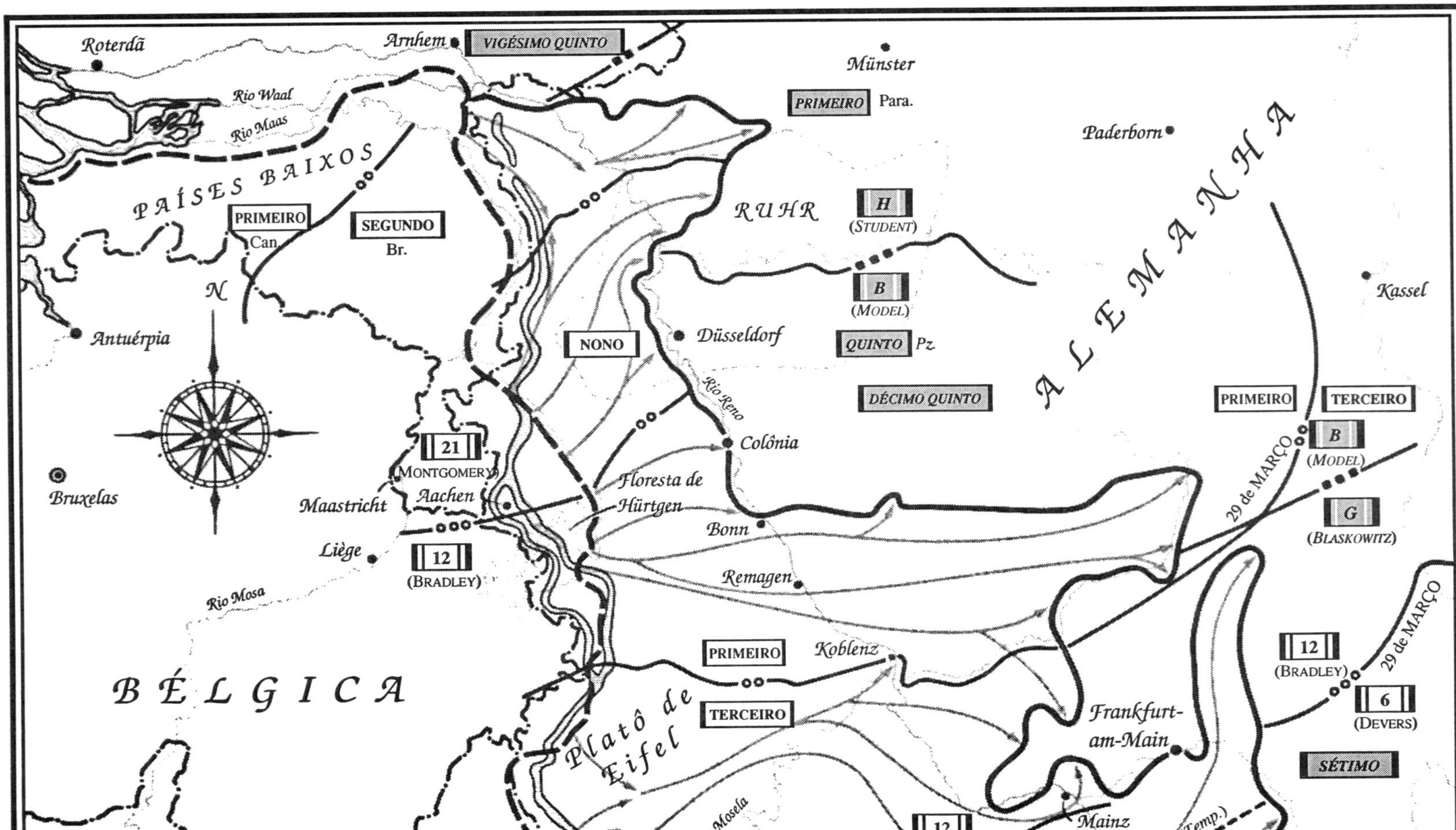
Roterdã
Arnhem
VIGÉSIMO QUINTO
Münster
PRIMEIRO Para.
Paderborn
Rio Waal
Rio Maas
PAÍSES BAIXOS
PRIMEIRO Can
SEGUNDO Br.
RUHR
H (STUDENT)
B (MODEL)
QUINTO Pz.
DÉCIMO QUINTO
ALEMANHA
Kassel
N
Antuérpia
NONO
Düsseldorf
Rio Reno
Colônia
PRIMEIRO
TERCEIRO
B (MODEL)
29 de MARÇO
G (BLASKOWITZ)
Bruxelas
21 (MONTGOMERY)
Maastricht
Aachen
Floresta de Hürtgen
Bonn
Liège
12 (BRADLEY)
Remagen
Rio Mosa
Koblenz
PRIMEIRO
TERCEIRO
12 (BRADLEY)
29 de MARÇO
6 (DEVERS)
BÉLGICA
Platô de Eifel
Frankfurt-am-Main
SÉTIMO
Mainz

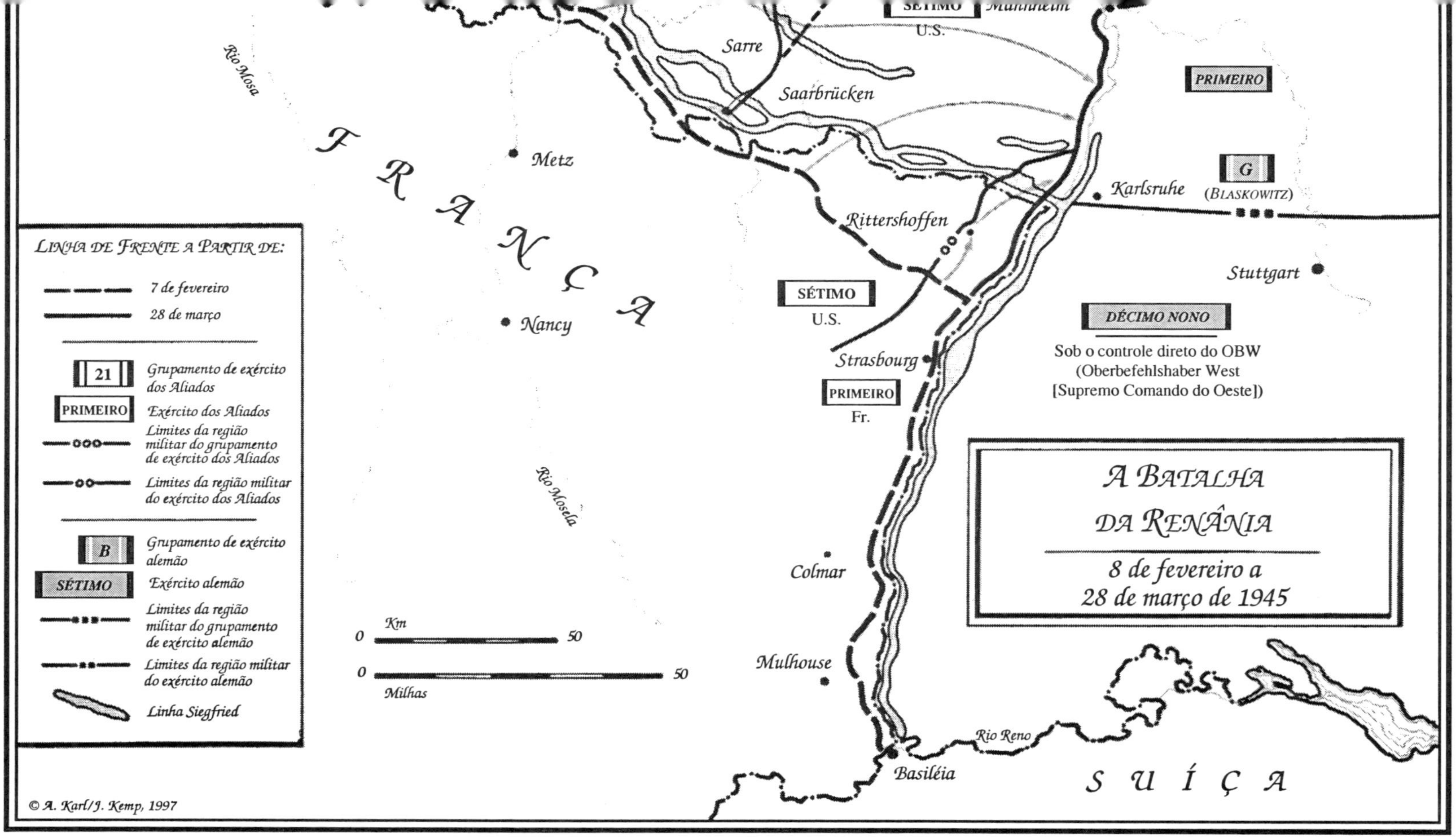
A Batalha
da Renânia
8 de fevereiro a
28 de março de 1945
Linha de Frente a Partir de:
7 de fevereiro
28 de março
21
Grupamento de exército dos Aliados
PRIMEIRO
Exército dos Aliados
Limites da região militar do grupamento de exército dos Aliados
Limites da região militar do exército dos Aliados
B
Grupamento de exército alemão
SÉTIMO
Exército alemão
Limites da região militar do grupamento de exército alemão
Limites da região militar do exército alemão
Linha Siegfried
Rio Mosa
F R A N Ç A
Metz
Nancy
Rio Mosela
Sarre
Saarbrücken
Rittershoffen
SÉTIMO
U.S.
Strasbourg
PRIMEIRO
Fr.
Colmar
Mulhouse
Basiléia
Rio Reno
S U Í Ç A
Karlsruhe
PRIMEIRO
G
(Blaskowitz)
Stuttgart
DÉCIMO NONO
Sob o controle direto do OBW
(Oberbefehlshaber West
[Supremo Comando do Oeste])
Km
0
50
Milhas
0
50
© A. Karl/J. Kemp, 1997

semos que os alemães controlassem grandes baluartes projetando-se para dentro de nossas linhas e, ao mesmo tempo, tentar invadir seu país.

Era por essa razão que ele insistia na necessidade de eliminar a resistência em Colmar.[2] Em outras palavras, ele receava que os alemães lançassem outra contra-ofensiva e conseguissem arruinar seus planos.

Isso pode ter sido excesso de cautela — e Monty achou que era; Patton também —, mas Eisenhower tinha seus motivos. Uma das razões de sua cautela era a capacidade de combate das tropas alemãs, apoiadas então por um fluxo estável de novos e excelentes equipamentos. No fim de janeiro, ele disse a Marshall:

— Há um zelo notável e fanático por parte de quase todos os combatentes [alemães], bem como por parte de todos os 85 milhões de cidadãos da nação [alemã], unidos eficientemente pelo terror interno e receio das conseqüências externas.[3]

Ele tinha uma noção perfeita dos fatos e os exprimiu corretamente. Os alemães sabiam o que tinham feito como conquistadores e ocupantes da Europa e, portanto, o que poderiam esperar quando fosse a vez deles de serem conquistados e seu país ocupado. Quanto ao regime de terror, os desertores tinham a certeza de que seriam enforcados e suas famílias seriam enviadas para campos de concentração. O Partido Nazista ainda era temido e obedecido. Enquanto Hitler estivesse vivo, assim seria. Até esse dia, os alemães continuariam lutando.

Eisenhower preferia combatê-los no lado ocidental do Reno, aproximar-se do rio a partir da fronteira da Suíça e seguir para Arnhem. Nesse ponto, ele poderia tirar 20 divisões da frente de batalha para criar uma força-reserva que, então, seria capaz de explorar qualquer oportunidade que surgisse.

— Se arriscarmos meter nossas cabeças numa concentração de forças de defesa num ponto determinado — ponderou —, poderemos ser capazes de avançar em qualquer direção. A flexibilidade requer reservas.[4]

Nesse estágio da guerra, a flexibilidade foi uma notável qualidade tática de Eisenhower. Aquilo que ele tinha aprendido nos 28 meses de combates anteriores era jamais menoscabar a possibilidade de ser surpreendido e estar sempre pronto para aproveitar oportunidades.

As condições de combate no mês de fevereiro foram diferentes das de janeiro, embora tão rudes quanto as do outro. O cirurgião de um batalhão nos dá uma descrição delas:

— O frio era intenso, mas não o suficiente para congelar, nesse mês de fevereiro de 1945. A chuva caía sem parar, e tudo parecia envolvido pela lama. Éramos, quase todos, lama dos pés à cabeça e estávamos barbados, cansados e acossados pela recorrência de severa epidemia de diarréia [...]. Era uma sensação miserável desvencilhar-se às pressas das cobertas três ou quatro vezes à noite, pôr rapidamente as botas, correr para fora, sob frio e chuva, e ter de chapinhar através da lama e da escuridão para chegar à latrina. Muito provavelmente, o inimigo estaria bombardeando a área, e isso só piorava as coisas.

A diarréia era acompanhada por cólicas intestinais, vômitos e febre.

— Como sempre, foram os homens de infantaria os que realmente sofreram nesses horríveis combates. Frio, umidade, lama e fome dia após dia; ataques e contra-ataques ferozes; noites sem dormir em trincheiras enlameadas; e a chuva incessante fizeram de suas vidas um inferno singular.

Eles ficavam famintos porque, na maioria das vezes, os caminhões de provisões não conseguiam chegar até eles. Em meio ao pesado tráfego de veículos militares e à chuva, as estradas ficavam intransitáveis. Os engenheiros trabalhavam febrilmente dia e noite despejando rochas e toras de madeira nos lamaçais, mas isso era uma batalha invencível.[5]

Em 2 de fevereiro, o general Patton, irritado com as estradas impérvias, ordenou que grupos de trenós de cães fossem trazidos de avião da Península do Labrador. Sua idéia era usá-los para evacuar feridos através da neve. Quando os primeiros grupos chegaram, contudo, a neve tinha derretido, e os cães, portanto, jamais foram usados.[6]

O que era insuportável, os soldados americanos suportavam. Aquilo que fora verdadeiro para eles em 6 de junho de 1944 e que, dali em diante, continuou sendo verdadeiro — o caminho mais curto para o lugar mais desejável do mundo, ou seja, o próprio lar! — os conduziu para o leste. Assim, eles o "engoliam", nunca se desviavam dele e, acertadamente, sentiam-se orgulhosos de si mesmos por procederem assim. O praça Jim Underkofler, ex-aluno do PTEE, servia na 104ª Divisão. Seu comandante era o lendário general Terry Allen; a unidade tinha o apelido de Divisão do Lobo Cinzento; seu lema era "Nada no Inferno Deterá os Lobos Cinzentos".

— Talvez isso pareça prosaico — disse Underkofler numa entrevista em 1996 —, mas era uma espécie de expressão simbólica de determinação. O moral era extremamente importante. Quero dizer, servia para revigorar o ânimo, pois as condições de sobrevivência eram tão deploráveis, que não tínhamos mais nada em que nos apoiar, mas somente em nossa própria força interior. Sabe, ficávamos na trincheira massageando os pés do colega, e ele massageava o nosso, para que não desenvolvêssemos o pé-de-trincheira. Esse é apenas um dos exemplos do tipo de relacionamento e camaradagem que tínhamos.[7]

A linha de frente que ia de Aachen a Colônia atravessava Düren, cidade situada na margem oriental do Rio Roer. Mas, em vez de avançar diretamente, Bradley ordenou que o esforço maior fosse empreendido pelos veteranos que estiveram na Serra de Elsenborn e na Batalha das Ardenas, os quais deveriam seguir por um corredor de 17 quilômetros de largura situado ao sul da temida Floresta de Hurtgen. Quando o fizessem, os americanos chegariam às bandas da nascente do Roer, a um ponto além da represa, e, portanto, assim que atravessassem o rio, estariam livres para avançar sobre a Planície de Colônia e seguir para o Reno, sem correrem o risco de se expor a uma inundação provocada pela inimigo. A primeira coisa a fazer seria romper a Linha Siegfried, ainda um prodigioso obstáculo, embora, em muitos pontos, desguarnecido de tropas para fazer uso dele. E todos os veteranos das unidades de combate no TOGE estavam perfeitamente conscientes de que fora ali que os alemães os tinham detido em setembro de 1944.

Os generais estavam entusiasmados com essa operação. Antes do ataque, o general Walter Lauer, comandante da 99ª Divisão, chegou a fazer uma visita ao sargento Oakley Honey e à sua Companhia C, 395º Regimento. Honey nos conta que Lauer ficou em pé no capô de um jipe, pediu que os homens se reunissem à sua volta e lhes fez um discurso.

— Nós combatemos os alemães nos bosques e nas montanhas e os derrotamos. Agora, teremos uma chance de combatê-los em terreno aberto.

— Oba! Todos ficaram exultantes com isso — disse Honey, irônico. E acrescentou, com sarcasmo: — Era fácil perceber isso, pelas feições de desagrado.

Lauer prosseguiu:

— Estamos prestes a passar por muitas experiências novas e nos sentimos felizes — felizes porque, finalmente, vamos lançar uma ofensiva.

— O que poderia fazer um homem mais feliz do que isso? — observou o sargento Vernon Swanson.[8]

No dia 4 de fevereiro, a Companhia C partiu em direção à Linha Siegfried.

— Nossa visibilidade foi muito prejudicada, pois começou a nevar e, logo depois, fortes ventos transformaram a chuva de neve em nevasca. Então, veio a ordem para armar baionetas — conta-nos o sargento Swanson.

Honey nos fala ainda da situação em que tiveram de "avançar contra a tempestade de neve com as baionetas caladas e com o vento soprando fortemente de encontro aos nossos rostos. Após vencer a fileira inicial de dentes de dragão, começamos a topar com casamatas abandonadas. Num dos postos de comando, dez alemães saíram de lá com as mãos erguidas, sem oferecer nenhuma resistência".

— Ainda me lembro da ocasião, e dela jamais me esquecerei, em que tomei uma casamata. Os alemães estavam aguardando o momento de poderem render-se, e o que estava no comando pareceu nos admoestar por termos levado tanto tempo para ir capturá-los. Ele disse: "*Nicht etwas zu essen*" ("Nada para comer"). Estranho, não sentimos nem um pouco de compaixão por eles — relata-nos o praça Irv Mark, da Companhia C.

— Ninguém de nossa companhia se lembra de ter havido disparo de tiros diretos contra nós durante nosso avanço através da Muralha do Ocidente, embora projéteis de artilharia tivessem caído sobre nós. Não sofremos nenhuma baixa de combate, possivelmente porque estávamos muito mais aptos do que estivéramos seis semanas antes, principalmente no que toca a armadilhas de explosivos e minas terrestres — observa o sargento Swanson.[9]

Poucas companhias tiveram sorte como essa. O sargento Clinton Riddle, da 82ª DIA, servia na Companhia B, 325º Regimento de Infantaria Transportada por Planadores. Às 2 horas do dia 2 de fevereiro, ele acompanhou o comandante da companhia numa missão de patrulha.

— Caminhamos até um ponto em que pudemos avistar um dos conjuntos de dentes de dragão da Linha Siegfried. Ali, passamos a caminhar paralelamente à linha e a uma distância considerável dela. Não conseguíamos divisar bem as casamatas existentes em ambos os lados da estrada que atravessava os dentes de dragão. Os dentes ficavam dispostos em cinco filas duplas, em ziguezague. As encostas das colinas mostravam-se sarapintadas por embasamentos de peças de artilharia dos alemães, arranjados de modo que pudessem dar-se cobertura mútua com fogo cruzado e com todas as suas peças apontadas para a estrada que atravessava os dentes de dragão.

Ao retornar da missão de patrulha, o capitão ordenou o lançamento de um ataque.

— Fazia frio e a camada de neve era profunda — disse Riddle.

Uma companhia foi a primeira unidade a partir. Ela foi recebida por fogo de armas portáteis e morteiros e logo forçada a se atirar sobre a neve.

— Os embasamentos arremeteram mais fogo contra nós do que imaginei que fosse possível — notou Riddle, aduzindo um indício de como estavam bem ocultadas muitas das fortificações dos alemães. — Os homens começaram a jogar-se sobre a neve em toda parte. Rastejamos durante toda a manhã. Foi um ataque feito com o apoio da barriga.

Lançando mão de táticas de tiro e movimento comuns, os americanos conseguiram fazer os alemães recuarem para além da ponte e da estrada.

— Quando alcançamos a estrada que atravessava os dentes de dragão — disse Riddle —, o capitão olhou por sobre o ombro e disse: "Agora, vamos!" Essas foram as últimas palavras que ele disse, pois os alemães faziam a cobertura dessa estrada e, quando ele estava a meio caminho em seu avanço, foi atingido certeiramente entre os olhos. Havia apenas três homens de nossa companhia ainda de pé quando tudo terminou.

Outros 25 homens apareceram, e o novo comandante, um tenente, fez que seus homens empregassem táticas de tiro e movimento para atacar as casamatas de ambos os lados da estrada. Mas os alemães acharam que já tinham sofrido demais. Depois que seu comandante ordenou a resistência inicial e, em seguida, fez o disparo que tirou a vida do capitão americano, seus homens o mataram e se prepararam para render-se. Assim:

— Quando alcançamos as casamatas, os alemães saíram de lá, dizendo "*Kamerad*". Deveríamos tê-los matado ali mesmo. Estavam usando seu uniforme de gala, com as botas brilhando. Tínhamos estado rastejando pela neve, molhados, com frio, famintos, sonolentos, cansados, enlouquecidos, pois eles tinham matado muitos de nossos rapazes.[10]

Eles conseguiram atravessar as primeiras posições de defesa da Linha Siegfried, e isso bastava por enquanto.

A 90ª Divisão alcançou exatamente o mesmo ponto da Linha Siegfried em que, no dia 16 de dezembro, a 106ª Divisão fora dizimada. O praça Jack Ammons passou a noite de 5 para 6 de fevereiro de 1945 num edifício parcialmente destruído por um bombardeio, situado à beira da linha.

— A vila era estranha — disse ele. — Tinha-se a impressão de que um milhão de fantasmas de campanhas anteriores haviam passado por ela.

Às 4 horas do dia 6 de fevereiro, o 359º Regimento, 90ª Divisão, conseguiu passar despercebido por dentes de dragão, campos minados, arame farpado e casamatas do anel externo das fortificações. Logo depois do amanhecer, as casamatas cuja existência seus homens não tinham positivado ganharam vida e despejaram fogo sobre os tanques e os reforços que acompanhavam a infantaria, o que lhes deteve o avanço. Seguiu-se, pois, uma batalha que durou uma semana.

Os alemães empregaram um nova tática de guerra para confundir os americanos. O capitão Colby nos fornece uma explicação a esse respeito:

— Pelotões inteiros de infantaria desapareceram como resultado da tática alemã de abandonar uma casamata sem maiores problemas e, em seguida, submetê-la ao fogo de morteiros e artilharia com coordenadas de tiro previamente ajustadas, o que forçava os que os atacavam a entrar nela em busca de abrigo. Depois, eles cobriam suas saídas com fogo intenso, cercavam a casamata após o anoitecer e a destroçavam. Os homens aprenderam logo que era mais seguro estar fora das fortificações do que dentro delas.[11]

Em 9 de fevereiro, o capelão do regimento, padre Donald Murphy, registrou a sua versão dessa tática em seu diário: "A Companhia K encontrava-se numa casamata. O guarda do posto avançado adormeceu, e os alemães capturaram todos eles, incluindo os tenentes Franklin e Osborne. De fato, as casamatas são armadilhas mortais. Você fica impotente quando entra nelas."[12]

Patton inspecionou uma casamata usada como posto de comando:

— Ela era uma alojamento com três andares subterrâneos e tinha banheiros, chuveiros, enfermaria, cozinha, depósitos e todo tipo de comodidade imaginável, além de amplas instalações telefônicas. Eletricidade e aquecimento eram produzidos com geradores a *diesel*. Contudo, toda a capacidade ofensiva dessa instalação consistia de duas metralhadoras instaladas em cúpulas de aço, soerguíveis e rebaixáveis por elevadores hidráulicos. Como todas as outras, essa casamata foi tomada pelo assentamento de uma carga de dinamite junto à sua porta traseira. Notamos marcas nas cúpulas provocadas pelo impacto de projéteis de 90 milímetros, disparados de uma distância de 200 metros, mas que simplesmente ricochetearam.

Para Patton, isso foi outra prova da "completa futilidade de sistemas de defesa fixos [...]. Na guerra, a única defesa certa é a ofensiva, e a eficiência da ofensiva depende do espírito de luta dos que a realizam".[13]

O capitão Colby nos fornece um vivo instantâneo da artilharia americana em ação:

— Observávamos umas 12 casamatas, nossa missão-alvo do dia. Encontrávamo-nos em terreno ligeiramente mais alto e podíamos vê-las claramente. Enquanto, tomados por impressões desanimadoras, estudávamos nossas possibilidades de êxito, um canhão móvel de 155 milímetros apareceu e se aproximou de nós. Um tenente desembarcou do veículo e caminhou até onde estávamos. "Segundo estou informado, vocês têm permissão para usar um pouco de fogo contra o inimigo", disse ele. Fizemos tudo, e só faltamos abraçá-lo. Dissemos a ele, então, que escolhesse uma casamata e mandasse fogo. E o tenente apontou para uma casamata. O operador do canhão abaixou o cano da arma, abriu-lhe o bloco da culatra e espiou o alvo através do cano. Satisfeito com o assentamento da mira, disse aos colegas que lhe pusessem um projétil.

O projétil de 155 milímetros pesava 50 quilos. Eram necessários dois homens para pô-lo num carregador com varais à feição dos que sustentam padiolas e dois outros para erguer o carregador e pôr o projétil na câmara do canhão. Um quinto homem o encaixava no lugar certo e enfiava ali os sacos de pólvora. Quando o bloco da culatra era fechado e tudo estava pronto, o artilheiro puxava o cordão de disparo.

O grande estrondo, disse Colby, era "terrível para o homem de infantaria" e assinalou que as balas calibre .30 que ele usava tinham 0,3 polegada de diâmetro, enquanto o projétil de 155 milímetros tinha 6,1 polegadas.

— O fogo do inferno atingiu a casamata e a cobriu com um lençol de chamas produzido pela explosão da carga que tinha em si. Um anel de fumaça perfeito saiu de um respiradouro situado no topo.

— Essa já era — disse o tenente.

— Ela ainda está de pé — retorquiu Colby.

— É. Mas ninguém ficou vivo lá dentro. Se ficou, teve o cérebro fritado.

Colby atinou que, em virtude de com isso terem revelado suas posições ao inimigo, deveriam buscar abrigo antes que os alemães começassem a contra-atacar.

— Ah, agora não — disse o tenente. — Vamos explodir mais algumas antes que a brincadeira comece. Quer disparar um?

Como Colby poderia resistir? Após ter ajustado mais uma linha de mira através do cano do canhão aberto, a arma foi carregada, e Colby deu um puxão no cordão de disparo. Outra casamata posta fora de combate. O tenente disse a Colby que ficasse atrás do canhão quando o disparasse outra vez, pelo que poderia observar o projétil seguir seu curso até o alvo.

— O capitão mirou contra outra casamata. E, de fato, quando o canhão foi disparado, pude ver um ponto negro descrever velozmente um arco em direção ao alvo. Novamente, um clarão que abrangeu totalmente o alvo. Eles deram mais um ou dois tiros contra cada uma das casamatas à nossa frente e, em seguida, recolheram seu equipamento e foram embora para outro cenário de combate. Quando nos aproximamos das casamatas, deparamos somente com homens mortos ou estonteados lá dentro.

— Não importa o número de casamatas que pudessem existir. O fato era que o homem as tinha construído e o homem as estava destruindo. O elaborado sistema de "Dentes de Dragão" provou ser inútil e serviu somente para arrancar de nós exclamações de assombro em relação ao trabalho que os alemães tiveram para construí-los — disse Colby como comentário final a respeito dessas fortificações.[14]

Ainda a respeito do esforço alemão, tal foi o caso também da Muralha do Atlântico. Em janeiro, na Linha Siegfried, assim como em junho de 1944, na Muralha do Atlântico, os alemães obtiveram pouco retorno de seu grande investimento em derramamento de concreto.

Mas os alemães fizeram um investimento que lhes trouxe grandes dividendos. Foi a mina Schu. Assim como a mina de sucata, as minas Schu eram uma verdadeira invenção do demônio. Um recipiente de madeira do tamanho de uma caixa de fósforos de cozinha, era simples, de fácil fabricação, barata e mortal. Ela continha cerca de cem gramas de TNT, que se assemelhava a sabão na aparência e na consistência. Quando alguém a pisava, fazia com que um prego penetrasse num detonador, o que provocava uma explosão que podia arrancar um pé ou gerar prejuízo ainda maior. Havia milhares de minas Schu debaixo de lamaçais e enterradas nos campos e também nas cidades ao longo da Linha Siegfried.

No dia em que a Companhia G, 328º Regimento, 26ª Divisão, partiu, naquele mês de fevereiro, em missão de ataque a posições inimigas ao longo do Rio Sarre, ao sul de Luxemburgo, não tinha avançando meio quarteirão sequer quando quatro homens pisaram essas minas e tiveram que voltar mancando ou claudicantes para a retaguarda. O 1º Pelotão estabeleceu um posto de observação na igreja, a qual estava quase totalmente em ruínas. Bem do lado de fora, jazia o corpo de um soldado americano, mas era impossível removê-lo, pois os alemães o haviam usado como armadilha assentando um anel de minas Schu à sua volta.

— A igreja estava praticamente destroçada — relata-nos o tenente Otts. — O telhado estava destruído e havia grandes buracos nas paredes laterais. Desses, somente um podia ser usado para avançarmos contra o inimigo. A rua estava cheia de minas Schu e armadilhas de explosivos, mas os alemães sabiam onde elas estavam e saíam de seus esconderijos e lançavam granadas contra a igreja. Essa edificação era tão grande e estava tão cheia de entulho que, sempre que necessário, podíamos nos atirar ao chão e evitar de sermos feridos.

Ainda assim, o capitão Seeley pisou uma mina Schu e morreu.[15]

O tenente John Cobb, da 82ª DIA, tinha chegado à França no dia 1º de janeiro. Pelo fim desse mês, já era um veterano. Em 7 de fevereiro, viajou de caminhão com o seu pelotão para a vila de Hurtgen; chegaram ali pouco antes do anoitecer. Depois de desembarcarem, Cobb ordenou que seus homens entrassem em forma e partissem em marcha. Eles marcharam até a 1 hora do dia 8 de fevereiro, no qual alcançaram uma vila, completamente destruída. Cobb achou um porão em que pôde abrigar seu pelotão, mas, uma hora depois, chegaram ordens para que partissem a serviço. Sua tarefa era acompanhar um escalão de engenheiros usando detectores de minas, com a missão de limparem uma trilha que cruzava o vale do Rio Kall. O trabalho transcorreu lentamente e consumiu quase o dia inteiro.

O local tinha sido o palco de uma batalha em novembro, na qual um batalhão da 28ª Divisão fora duramente golpeado. A companhia de Cobb era a primeira unidade americana a retornar ao vale, apelidado pela 28ª de "Vale da Morte".

— Havia tanques e caminhões inutilizados e corpos de soldados americanos em toda parte. A neve e o frio tinham preservado esses corpos e eles pareciam tão vivos que produziam em nós sensações sinistras; era difícil acreditar que havia três meses que estavam mortos. Era como se alguém tivesse tirado um instantâneo de uma unidade inteira em combate, com tudo exatamente ainda como estivera em dado momento do passado. Os elementos avançados, com tanques e infantaria, os postos de comando, o posto de socorro com homens ainda estendidos em padiolas e os caminhões de suprimento destruídos estavam todos em seus devidos lugares, justamente como se alguém tivesse simulado uma operação seguindo à risca um manual de guerra — mas os atores estavam todos mortos —, descreve-nos Cobb.[16]

Lá pelo dia 8 de fevereiro, o IX Exército Americano, estacionado ao norte de Aachen, tinha atravessado a Linha Siegfried e se aproximara do Roer, mas não podia arriscar-se a realizar um ataque do outro lado do rio enquanto os alemães tivessem o controle das represas, pois estes poderiam inundar o vale do Roer. Enquanto isso, o I Exército tentava romper a Linha num ponto ao sul de Aachen. No dia 10, o V Corpo do Exército assumiu o controle das represas, mas descobriu que os alemães tinham destruído as válvulas de escoamento na noite anterior, o que provocou uma inundação de duração relativamente longa e que impediria o avanço do IX Exército até que as águas baixassem.

Enquanto esperavam, os americanos despacharam patrulhas de reconhecimento e aplicaram-se à prática de novas técnicas de travessia de rios. Para a Companhia K, localizada no centro da linha de frente do IX Exército, ao norte de Aachen, isso implicou o envio de escalões à noite a bordo de barcos de borracha através das águas da enchente do Roer provocada pelo inimigo, para localizar campos minados e embasamentos de canhões e capturar prisioneiros. Juntamente com outros regimentos na linha de frente, engenheiros trabalharam em conjunto com a infantaria em treinamentos sobre barcos de assalto e em experiências para o aperfeiçoamento de táticas no uso deles. Em 12 de fevereiro, os engenheiros demonstraram no rio, com êxito, o uso de barcos de assalto, pontes flutuantes, balsas e o disparo de lançadores de foguetes e granadas com o apoio de sistemas de comunicação. Os geradores de fumaça, usados pela primeira vez em setembro de 1944, foram uma inovação de que os soldados da linha de frente gostaram muito.

Enquanto treinavam e aguardavam o nível das águas do rio baixar, os homens da Companhia K tiveram a experiência incomum de receber visitantes. “Com o Roer como ‘estado-tampão’”, escreveu um dos soldados, "os figurões dos esquadrões da retaguarda que normalmente ficavam longe da linha de frente nos fizeram uma visita. Primeiro, tivemos um correspondente, e, depois, dois coronéis do quartel-general do XIII Corpo do Exército apareceram no posto de comando para dar um olhada no ponto de travessia." O tenente George Pope, lotado no posto de observação do 1º Pelotão, foi o anfitrião.

— Eram homens de meia-idade, nos seus trinta e poucos anos — disse Pope. — Eu os levei para o segundo pavimento do edifício que proporcionava uma boa vista de grande extensão do rio.

Os oficiais estavam usando gravata borboleta e tinham o barbicacho preso ao capacete.

— De repente, disparam-se alguns tiros contra nós, coisa pequena, e longínqua, mas esses filhos da mãe se jogaram no piso. Você não acreditaria se visse. Eles disseram: "Vamos sair daqui!" Quase explodi de rir.[17]

O Dia D era 23 de fevereiro. Após o anoitecer do dia 22, os tanques se aproximaram da beira do rio. Os engenheiros fizeram que arrastassem os barcos de assalto, cada um pesando uns 200 quilos, através dos profundos lamaçais e até pontos adiante, nos quais pudessem ser montados. Caminhões-reboque enormes, com vigas e caixões flutuantes como partes de pontes de grande capacidade de sustentação, avançaram pesadamente até os pontos de montagem. Na 29ª Divisão, os soldados se reuniam ao lado dos barcos. A noite "estava tão nublada, úmida e fria quanto é possível ocorrer no mês de fevereiro. Muitos dos homens estavam completamente encharcados, pois tiveram que se mover pelos canais, pelas trincheiras e ao longo do rio em cheia com água até a cintura ou o pescoço. Os equipamentos e suprimentos ficaram ensopados e pesados, e, em muitos casos, inúteis. Os homens não tinham como secar-se e foram forçados a se aconchegar uns aos outros na lama e na água, enquanto tremiam e rezavam".[18]

Para a 104ª Divisão, o objetivo a alcançar era Düren. Os obstáculos entre ela e a cidade eram quase tão colossais quanto os representados pelo Canal da Mancha e pela Muralha do Atlântico em junho de 1944. O rio tinha uma profundidade que variava entre 2 e 4 metros e sua largura alcançava entre 300 e 400 metros, com correntes de mais de 10 quilômetros por hora. O abrigo mais próximo no lado ocidental (americano) distava 300 metros da margem. Do lado alemão, as margens do rio estavam maciçamente minadas, e esse perigo se estendia até o sistema de trincheiras que comandava o rio. Minas contrapessoais ocultavam-se sob a água, presas à barreira espiralada de arame farpado assentada ao longo da beira das águas. Na frente das trincheiras, havia mais dessas minas. Extensos campos minados, incluindo minas Schu e de sucata, se projetavam profundamente para além das posições alemãs.

Ao longo de toda a extensão do Roer, as condições para combater o inimigo eram semelhantes às expostas acima. Um operador de tanque da 84ª Divisão observou que, quando as válvulas do gigantesco gerador de fumaça do batalhão foram abertas, volumosas nuvens de fumaça cinzenta se espalharam pelo rio, o que, para os soldados, foi animador e sinistro ao mesmo tempo. À meia-noite, os soldados de três companhias de infantaria "desceram os declives em direção ao rio, onde se agacharam ao lado dos barcos. Sentimos uma afinidade especial com esses fuzileiros enquanto aguardavam na lama a ordem de partir. As guarnições de tanque ficavam seguras atrás das placas de blindagem, e a maioria das tropas de apoio se abrigava em porões ou buracos, mas esses pobres sujeitos não tinham onde se esconder". Rezava a ordem que obedeciam: "Persigam o inimigo implacavelmente até o limite de resistência de cada um dos homens."[19]

Às 2h45 do dia 23 de fevereiro, a linha de frente do Rio Roer, com 35 quilômetros de extensão, incendiou-se como se fosse um rastilho de pólvora e transformou-se no setor de mais pesado e amplo tiro de barragem de toda a guerra. Grandes canhões, com calibres entre 75 e 240 milímetros; morteiros leves e pesados; foguetes; tiros de tanques diretos; metralhadoras calibre .50 e canhões antiaéreos de 40 milímetros — todas as armas que os americanos tinham despejaram contra o inimigo como num dilúvio de 45 minutos de balas e carga altamente explosiva para assustá-lo, matá-lo ou expulsá-lo de sua posição. Os que compareceram ao conflito eram homens que tinham enfrentado muitos fogos de barragem; esse foi o seu maior testemunho em matéria de disputa bélica. Somente o IX Exército dispôs de 2 mil peças de artilharia, que dispararam 46 mil toneladas de munição.[20]

"Em meio a todo aquele fogaréu", escreveu um tenente da 84ª, "um solitário operador de metralhadora alemão concluiu que já tinha suportado demais o fogo inimigo. E disparou uma longa rajada de projéteis luminosos contra os seus algozes. Esse foi o último erro que ele cometeu. Todos os tanques, todos os canhões antiaéreos, todos os operadores de metralhadora no raio de alcance do solitário inimigo alemão lhe devolveram o fogo ousado. Ondas de balas luminosas e tiros diretos varreram-lhe a trincheira e a engolfaram numa explosão única e demorada. Comemoramos entusiasticamente, e o capitão George Gieszl comentou: 'Agora, ele é um alemão miseravelmente morto.'"[21]

Às 3h30, os primeiros grupos de assalto empurraram seus barcos para dentro do rio. Na 84ª, companhias de tropas de assalto tiveram seus barcos emborcados durante a travessia, mas a maior parte de seus homens nadou para a margem inimiga do rio, embora com frio e muitos sem armas (havia apenas 30 fuzis numa companhia de 130 homens). Os engenheiros conseguiram levar de volta para a margem ocidental somente três dos 34 barcos, para que fosse embarcado o grupo seguinte. As tropas de assalto avançaram território inimigo adentro. Atrás delas, os engenheiros trabalhavam febrilmente com o objetivo de montar pontes especiais para a travessia de tropas e fundear a âncora de uma balsa na margem oposta. Por volta das 8h30, o trabalho foi terminado, e munição, armas de apoio e fios de comunicação foram transportados pela balsa para o outro lado. Mais ou menos às 10h30, membros das companhias de assalto tinham entrado em Düren.[22]

Ao todo, seis divisões foram envolvidas na travessia do rio. Nessa operação, suas experiências foram múltiplas. Algumas companhias depararam no rio com o mais sério empeço; outras foram alvo de fogo de artilharia e de armas portáteis e, no que toca a alguns casos, foram rechaçadas. De um modo geral, contudo, a travessia foi bem-sucedida, graças à preparação tática da artilharia e à fumaça.

Nesse estágio da guerra, a coordenação operacional entre artilharia e infantaria foi uma das características mais notáveis da atuação do exército americano no TOGE. Como exemplo disso, quando a 104ª ocupou a cidade de Düren, o 3º Batalhão, 413º Regimento de Infantaria, recebeu ordens para tomar um manicômio que ocupava toda uma colina e que era a principal posição do inimigo. Respeitante a isso, segue-se uma conversa telefônica entre o tenente-coronel Edward Shinkle, do 385º Batalhão de Artilharia de Campanha, e o tenente-coronel William Summers, comandante do 3º Batalhão:

— Alô, Bill. Aqui é o Eddie. Quando vocês partirão?

— Estaremos prontos para partir dentro de uma hora, Eddie. Partiremos às 2h30.

— OK. Eis o que faremos. Um tiro de barragem ao longo da estrada, um de cada lado, e bem ao fundo. Transferiremos [o bombardeio] para o

O Inverno de 1945

Floresta de St.-Hubert, Bélgica, 1º de janeiro. Os praças John Mincek e Luther Jack com sua metralhadora, protegendo o quartel-general do III Exército.

Combate urbano em Saarlautern, 2 de janeiro. O tanque faz disparos contra uma casa em que se acoitam três atiradores de elite e uma metralhadora pesada.

O frio foi intenso durante a Batalha das Ardenas, muitas vezes com temperaturas de 17 graus centígrados abaixo de zero e, raramente, acima de 2 graus positivos. *À esquerda*: Abertura de trincheiras na Bélgica, em 2 de janeiro. Esses homens da 2ª Divisão descobriram uma forma de lidar com o solo congelado. *Abaixo*: Soldado desconhecido da 35ª Divisão de Infantaria toma posição na linha de frente então recém-estabelecida perto de Bastogne, 3 de janeiro.

PÁGINA OPOSTA:

Acima: Bélgica, 5 de janeiro. Os homens da Companhia I, 84ª Divisão, seguem para o leste durante a ofensiva.

Centro: Luxemburgo, 5 de janeiro. Um prisioneiro de guerra alemão ajuda americanos a carregar um soldado alemão ferido. Ambos os alemães eram adolescentes.

Abaixo: Bélgica, 5 de janeiro. Homens da 2ª Divisão de Infantaria se preparam para qualquer eventualidade.

À esquerda: Hora do rancho na Floresta de Hurtgen, 5 de janeiro. Às vezes, os intendentes e os cozinheiros arranjavam-se bem na providência de fazer que alimentos quentes chegassem à frente de batalha.

Acima: Ardenas, 6 de janeiro. Um soldado am ricano observa o corpo congelado de um sold do alemão.

À esquerda: O cabo Irvin Kruger, do Esquadrão de Cavalaria de Reconhecimento, e Beffe, Bélgica, em 7 de janeiro, tenta localiz as posições de atiradores de elite alemães.

Perto de Bastogne, 8 de janeiro. Os homens da 4ª Divisão de Blindados atacam — a pé.

Homens da 90ª Divisão de Infantaria aguardam o fim de um bombardeio, em Wiltz, Luxemburgo, em 9 de janeiro.

A neve cobriu as Ardenas do Natal até o mês de fevereiro. *Acima*: O praça Jesse Kenner, do 501º RIA, 101ª DIA, exibe sua bazuca em seu precário abrigo nas cercanias de Foy, Bélgica, em 11 de janeiro. *Centro*: O sargento Raymone Horner e o praça Romaine Mounts num M-24, blindado leve, em 14 de janeiro. *Abaixo*: O praça Roy Jordan abre uma trincheira para passar a noite nas Ardenas, em 14 de janeiro. Assim que o soldado conseguia vencer o solo congelado, a escavação era menos penosa, mas fácil, jamais.

À esquerda: Caminhões com suprimentos trazem o rancho. Bélgica, janeiro.

Abaixo: Nas Ardenas, ou em qualquer área florestal, os soldados americanos complementavam suas rações com carne de caça. Aqui, o praça Clinton Calvert e o cabo Roy Swisher conseguiram alguma. Luxemburgo, 12 de janeiro.

À direita: Bélgica, 12 de janeiro. Os soldados americanos estavam na ofensiva a essa altura; eles abandonavam seus sacos de dormir quando atacavam. Aqui, os sargentos Nicholas Esposito e Charles Lynch desprendem da neve seus sacos de dormir congelados, os quais, com um pouco de sorte, levarão para a linha de frente, antes do anoitecer.

À esquerda: Um tanque Sherman avança na Bélgica, em 14 de janeiro. A essa altura, todos estavam profundamente enfastiados com a neve, apesar da beleza da paisagem.

Abaixo: Os praças James Acosta e Kenneth Horgan, da 3ª Divisão de Blindados, nas Ardenas, em 14 de janeiro, mantêm-se de prontidão com sua bazuca, para o caso de eventuais ataques de blindados alemães. Dias claros com sol eram sinônimo de noites mais frias, mas significavam também a possibilidade de operações da Força Aérea do Exército Americano, verdadeira bênção para as tropas terrestres.

A Bateria B do 37º Regimento de Artilharia de Campanha, 2ª Divisão de Infantaria. Bélgica, 18 de janeiro.

Bélgica, 23 de janeiro. Soldados americanos da 78ª Divisão tentam adestrar-se no esqui *cross-country*. Poucos soldados americanos tiveram treinamentos em táticas ou técnicas de guerra de inverno, tampouco dispuseram de roupagem adequada. Esses homens estavam usando lençóis obtidos de residências belgas.

Acima: Uma guarnição de morteiros da 7ª Divisão de Blindados em ação, perto de St.-Vith, em 24 de janeiro.

À direita: O praça Joe Fink abre a sua trincheira com uma picareta. Wirtzfeld, Bélgica, 30 de janeiro.

Abaixo: Horsbach, França, 2 de fevereiro. O praça Vincent Wenge, da 70ª Divisão, retira a água de sua trincheira depois de um descongelamento temporário.

O Reno e a Vitória

Acima: Combates na Renânia, em 27 de fevereiro. Os homens do IX Exército Americano avançam.

À direita: Kerpen, Alemanha, 28 de fevereiro. Guarnições de morteiros fazem disparos em íntimo apoio à infantaria em avanço.

Abaixo: Infantaria da 1ª Divisão em Gladbach, Alemanha, em 1º de março. Tentativas alemãs para defender o terreno plano da Renânia contra os ataques de tropas como essas foram inúteis, onerosas e insensatas.

Em março, o exército americano presente no Noroeste da Europa era composto de um número relativamente pequeno de veteranos e muitos substitutos, vários dos quais haviam acabado de concluir os estudos do nível secundário, em 1944. Depois de uns poucos dias na linha de batalha, os substitutos se tornavam veteranos, homens capazes de lograr altos graus de eficiência em combate. *Acima*: Um canhão de 105 milímetros em ação nos arredores de Erp, Alemanha, em 6 de março. *Abaixo*: Combate urbano em Koblenz, em 18 de março.

Estas fotografias foram tiradas pelo capitão William Mustanich, do 254º Batalhão de Artilharia de Campanha. Em 12 de março, sua companhia cruzou o Reno através de uma ponte flutuante para tomar posições na margem oriental do rio. Em 17 de março, recebeu ordens para avançar. Poucos minutos antes das 15 horas, quando seus veículos atravessavam o rio próximo à Ponte de Ludendorff, ele tirou a foto acima, dizendo, enquanto o fazia: "Esta maldita ponte fez história." Dez minutos depois, a ponte ruiu. Ele se virou e tirou a foto abaixo. (Cortesia de William Mustanich.)

A cena mais bem-vinda do mundo para esses prisioneiros poloneses em Dachau foi a chegada dos soldados americanos. Os poloneses hastearam uma bandeira americana feita artesanalmente para dar as boas-vindas aos seus libertadores, os soldados da 45ª Divisão.

O cabo Larry Mutinsk, da 45ª Divisão, distribui os cigarros de seu último maço aos prisioneiros de Dachau.

Os guardas da SS em Dachau tinham sido enfileirados pelos homens da 45ª Divisão. Um dos guardas fez menção de tentar abandonar o arranjo e provocou uma chuva de tiros dos soldados americanos. Com exceção de três deles, todos os guardas da SS caíram ao chão, em simulação de falecimento.

Oficiais alemães aguardam ao longo da autobahn perto de Giessen, Alemanha, e observam veículos da 6ª Divisão de Blindados Americana avançar para a frente de batalha.

Por volta do dia 29 de março de 1945, o exército americano tinha atravessado o Reno e entrava copiosamente na Alemanha. Esses prisioneiros de guerra alemães, em marcha para o oeste, a caminho de campos de prisioneiros, ficaram pasmos com o número de caminhões, tanques, meias-lagartas e veículos de todos os tipos que o inimigo possuía. Porém, em última análise, o que derrotou a Wehrmacht não foram os equipamentos, mas seus próprios homens. Os soldados americanos provaram o seu valor; eis, aqui, o fruto de sua vitória.

leste, para o fim da linha de edifícios, ao ritmo de cem metros a cada três minutos. Quando você alcançar os últimos edifícios, voltaremos o fogo de todos os nossos canhões para a colina durante cinco minutos. Que tal?

— OK, Eddie.

Os canhões abriram fogo conforme o combinado. Quarenta e oito tiros caíram sobre a primeira linha e foram reportados como tiros precisos. A terra tremeu, e uma mistura de grandes nuvens vermelhas e terra se evolou dos edifícios daquele lado da cidade. Nessa parte, o fogo esporádico lançado pelo inimigo cessou. E a infantaria avançou. Summers considerou o tiro de barragem "belo e preciso. Foi lançado exatamente como planejado e anulou completamente a resistência do inimigo numa área vital".[23]

À tarde, os engenheiros terminaram os trabalhos da montagem de uma passadeira sobre o Roer. No fim do dia 24 de fevereiro, as unidades passaram a dispor de pontes trilhadas, o que permitiu que os tanques e a artilharia se juntassem à infantaria na margem oriental do rio. À noite, a Companhia K seguiu pela ponte de travessia de tropas, pelo seu tabuleiro estreito, instável e balouçante. Era melhor do que nadar, mas a travessia por essa ponte não foi fácil, pois, além de sua instabilidade, os homens carregaram de 15 a 20 quilos de equipamento. Metade de suas tábuas ficava submersa e havia apenas um único cabo ao qual segurar-se. Além disso, os americanos estavam ao alcance da artilharia alemã e esta lhes arremetia fogo intenso. Os disparos eram feitos às cegas, através da fumaça e da escuridão, mas de uma distância relativamente curta, o que era embaraçoso para o avanço americano.

— Os alemães tinham se reorganizado, e os disparos de sua artilharia estavam caindo em ambos os lados do rio, e fiquei pensando: "Amigo, isso aqui tá parecendo um filme de Hollywood", disse o sargento George Lucht, ao lembrar-se de sua apressada travessia da ponte.[24]

Uma vez superado o Roer, os americanos depararam, entre eles e o Reno, com um terreno relativamente plano. Para os alemães, a decisão militar mais lógica e elementar era bater em retirada. Por que defender uma planície que não tinha nenhuma fortificação quando o maior rio da Alemanha, o Reno, estava a uns poucos quilômetros atrás deles? Não fazia sentido. Não obstante, todos sabiam que era exatamente o contrário disso o que Hitler faria — aliás, Eisenhower contava com isso. E Hitler, de fato, o fez. Ele ordenou que seu exército permanecesse onde estava e lutasse. Uma vez que seu exército não tinha posições fixas nem uma linha de defesa no rio, seus homens deveriam utilizar as vilas como fortificações. Elas eram vilas habitadas por alemães leais. Quando a 5ª Divisão entrou numa delas, seus homens encontraram mensagens nos muros que diziam: "Visite a Alemanha e Morra", "Avancem, Escravos de Moscou" e "A Morte lhes Dará Paz".[25]

Essas mensagens não ficaram à vista durante muito tempo, pois os muros em que estavam tombaram. Os soldados americanos usaram as técnicas de combate urbano que tinham aprendido na campanha do outono de 1944.

— Os velhos guerreiros entram nas cidades mantendo-se dentro das casas — explica-nos um veterano. — Eles usam bazucas para abrir buracos no muros divisórios à medida que avançam, e, quando chegam ao fim do quarteirão e têm que atravessar a rua para alcançar o outro quarteirão, eles produzem fumaça primeiro e fazem a travessia sob o abrigo dessa cortina.

Segundo ele, a coisa mais importante no combate urbano é ficar fora das ruas e "nos mantermos dispersos e nos movermos rápida e incessantemente, independentemente do que acontecer [...]. Mantermos a cabeça erguida, os olhos abertos e as pernas ativas e, a todo custo, ficarmos afastados uns dos outros".[26]

Em pouco tempo, os moradores das vilas alemãs começaram a admirar-se com o que o poder de fogo dos americanos podia fazer às suas casas. O praça Karl Drescher, adolescente infante alemão, relata-nos que, em 25 de fevereiro, um desses moradores lançou-se a uma escalada à sua posição de combate e disse-lhe que parasse de atirar, senão os americanos destruiriam a vila.

— Isso foi demais pra mim — disse Drescher, indignado. — Eu disse a ele que era melhor que sumisse dali, se não quisesse que eu o matasse. Pois eram muitos os que tinham que enfrentar a guerra que ele havia provocado e não apenas eu! Eu era um garoto quando ela começou; eu não a tinha iniciado.

Na vila seguinte, outro morador lhe sugeriu que ele fosse para um certo vilarejo e preparasse posições lá, uma vez que ele já havia sido destruído.

— Eu lhe disse que desse o fora, pois estávamos muito bem ali. — Como o morador não parou de queixar-se, Drescher perguntou-lhe qual era a casa dele. Quando o civil a apontou, Drescher montou um morteiro próximo à casa do civil e fez cinco disparos rapidamente. Em seguida, saiu dali, pouco antes de a artilharia americana mandá-la aos pedaços pelos ares.[27]

Os substitutos que estavam sendo enviados para a linha de frente dos alemães eram preocupantemente jovens ou alarmantemente velhos. Os velhos se preocupavam em descobrir a melhor maneira de entregar-se. Os jovens preocupavam-se em combater o tempo todo. A respeito disso, o sargento Ewald Becker, membro do 111º Regimento de Granadeiros Panzer, ao passar orientação a um escalão composto desses jovens soldados, "lhes disse que a guerra não ocorria somente em função deles, mas que também importava muito o que acontecia aos homens que combatiam à direita ou à esquerda deles. Eles tiveram dificuldade para entender que o esforço não era apenas individual. Além disso, todos eles haviam sido membros da Juventude Nazista e acreditavam no objetivo da guerra e nas nossas chances de vencê-la".[28]

O praça Drescher era um deles. Numa determinada vila, ele e seu esquadrão encontraram um pelotão inteiro abrigado num porão.

— Todos os seus homens queriam render-se, permitir que a linha de frente inimiga passasse por cima deles. Nós, nós queríamos prosseguir com a guerra.[29]

E outros também. O capitão Colby relata-nos um contra-ataque realizado pelos alemães nessa época, no qual, embora os homens da 6ª Divisão de Infantaria de Montanha da SS não tivessem nenhum apoio de unidades de artilharia, combateram de maneira singularmente agressiva.

— Embora o fogo de nossas peças de artilharia e nossos morteiros fosse efusivamente despejado sobre as fileiras dos fanáticos da SS, foram os tiros de fuzil, em última análise, que os detiveram. Alguns alemães eram parados em seu avanço a apenas uns quatro metros de distância das posições americanas. Corpos de amigo e inimigo foram encontrados, literalmente, nas mesmas trincheiras, de tão intensos que foram os combates. Os alemães estavam usando extravagantemente o único recurso de defesa que lhes restava — os corpos de seus soldados.[30]

Durante todo o mês de fevereiro, Patton atacou, independentemente das condições para isso. Ele estava no auge de sua agitação e de suas preocupações. Seu vigor e sua inquietação, sua impetuosidade, seu senso de história, sua aplicação a detalhes, sem, ao mesmo tempo, jamais perder de vista o quadro geral do andamento da guerra, combinaram para fazer dele o mais importante comandante do exército americano. Todas essas qualidades, é fato, mas também a sua competência profissional. Ele estava sempre procurando melhorar. No começo de fevereiro, por exemplo, ordenou que todos os tanques Sherman de seu exército recebessem o reforço de mais 6,5 centímetros de placas de blindagem, aproveitadas de tanques destruídos, na parte frontal da carcaça — e ficou satisfeitíssimo com os resultados; pela primeira vez, o Sherman podia ser atingido diretamente pelo projétil de um German 88 e continuar inteiro. Ademais, mandou que instalassem lança-chamas nos blindados, aproveitando a abertura usada para os disparos da metralhadora — e, outra vez, ficou muito satisfeito com os resultados, pois eles se mostraram muito eficazes contra casamatas. Contudo, nada superava os canhões de 155 milímetros; de acordo com Patton, "a uma distância de 300 metros, o projétil de 155 milímetros pode arrancar do lugar uma casamata".[31]

O pior inimigo de Patton era o tempo e o que ele fazia às estradas. No flanco esquerdo do III Exército, a leste de St.-Vith, os moradores locais ficaram observando, consternados, quando os tanques e os caminhões americanos rasgaram suas estradas de terra — estradas que eles não usavam no inverno, por determinação legal. Os gelos noturnos, os degelos diurnos, a tentativa de usá-las para o tráfego de veículos pesados, combinavam para torná-las intransitáveis. A certa altura do mês de fevereiro, Patton foi obrigado a recorrer a burros de carga para abastecer a linha de frente.

Ainda assim, deu ordens para atacar. Bradley queria que ele parasse, de modo que pudesse transferir algumas divisões do III para o I Exército.

— No dia 10 — disse Patton — Bradley telefonou para perguntar-me quando eu poria minhas tropas na defensiva. Eu disse a ele que eu era o mais idoso e mais experiente líder entre os oficiais do exército americano na Europa e que, se eu tivesse que me pôr na defensiva, pediria dispensa do serviço militar. Ele argumentou que eu devia muito às tropas e teria que continuar ali mesmo onde eu estava. Eu repliquei dizendo que muito me era devido também e que, a menos que eu pudesse continuar atacando, eu teria que ser dispensado. Além disso, sugeri a ele que seria bom se alguns dos oficiais de seu estado-maior visitassem a linha de frente para saber como a outra metade vivia.[32]

Em 26 de fevereiro, membros do III Exército capturaram Bitburg.

Patton entrou na cidade pelo sul enquanto os combates ainda prosseguiam nas bordas da parte norte da cidade.

— Apesar do fato de que os projéteis caíam sobre a cidade com certa regularidade, vi cinco alemães, três mulheres e dois homens, recompondo o telhado de uma casa. Eles não esperaram nem pela ajuda governamental, como seria o caso em muitos outros países que eu poderia citar.[33]

Dezenas de soldados americanos falam a mesma coisa: na Itália e na França, os moradores das cidades deixavam os entulhos nas ruas, no aguardo de que alguém os removesse, ao passo que, na Alemanha, os moradores os removiam assim que a batalha deixasse suas vilas para trás.

Nessa época, Patton emitiu uma ordem com a qual determinava que os homens condecorados com a Medalha de Honra ou com a Cruz de Serviços de Excelência deveriam ser mantidos longe da linha de frente, pois, normalmente, esses homens tentavam superar as próprias limitações e eram mortos, "já que, por outro lado, para produzir uma raça viril, esses tipos de homens deveriam ser mantidos vivos".[34]

Patton passava seis horas por dia num jipe aberto fazendo inspeções, exortações, encorajamentos, exigências. Ele atravessou o Rio Sauer por uma ponte com o tabuleiro parcialmente submerso e sob uma cortina de fumaça (isso deu origem a outra lenda envolvendo Patton, a de que ele tinha atravessado o rio a nado). Em 19 de fevereiro, quando, ao norte, o I Exército aguardava o rebaixamento das águas do Roer, Patton enviou uma carta a Bradley "dizendo que todas as tropas americanas, exceto as do III Exército, não estavam fazendo absolutamente nada e, já que eu ainda estava atacando, eu poderia sair-me melhor com mais divisões [...]. Essa foi a única carta oficial que escrevi, mas senti profundamente, então, que a história nos criticaria por não termos sido mais enérgicos".[35]

Aliás, a história era assunto que ocupava muito a sua mente. À noite, ele lia *As Guerras da Gália*, de Júlio César. Seu interesse recaiu especialmente sobre Trier, situada no ápice de um triângulo formado pelo Sarre e Mosela, em seu flanco norte. A histórica cidade de Treveri, segundo a designação de César, tinha a melhor cavalaria da Gália. Conforme as palavras de Russell Weigley, "a paixão de Patton pelo estudo dos caminhos percorridos pelos conquistadores antigos, caminhos que, na prática, podiam ser combinados com o emprego das atuais estratégias e avançadas táticas de guerra", o dominara completamente.[36]

Ele queria a cidade de Trier. Com o objetivo de tomá-la, envidou esforços e conseguiu tirar a 10ª Divisão de Blindados de Bradley e enviá-la para Trier. Bradley não se sentira minimamente inclinado a deixar que Patton levasse sua divisão, antes tão profundamente envolvida em outro setor da guerra.

— O fabricante de barracas — disse Patton, usando seu apelido pessoal para referir-se a Bradley — achava que devíamos parar de atacar, e eu e os três comandantes de regiões militares levamos meio dia para obter permissão de prosseguir com o ataque por mais 48 horas.

Anos depois, ele revelou que "eu ficava louco toda vez que tinha que implorar a concessão de oportunidades para vencer batalhas".[37]

O tenente-coronel Jack Richardson (USMA, 1935), da 10ª Divisão de Blindados, liderou a força-tarefa que levava o seu próprio nome em missão de ataque à cidade de Trier. Quando alcançou o Rio Mosela, deparou com uma ponte intacta. Ele se encontrava no veículo que seguia na vanguarda de seu batalhão de blindados quando avistou os fios que se ligavam às cargas de demolição na extremidade oposta da ponte. Depois de saltar do veículo, atravessou a ponte correndo, sob o fogo cerrado do inimigo, e cortou os fios.

— O crisol dos campos de batalha revela o brilho do metal precioso — observou Patton, em alusão à atitude heróica do coronel (Richardson foi morto em abril).

Patton notou ainda que os botaréus e pegões da Kaiserbrücke* datavam de 28 a.C. Ao entrar na cidade pela estrada de César, Patton "pôde sentir o cheiro do suor das Legiões", e as figurou marchando à sua frente em demanda do interior do anfiteatro em que o imperador Constantino, o Grande, atirava seus cativos às feras.

Inteiramente empolgado por seu triunfo, Patton fez a mais extravagante das alegações:

— Tivessem eles nos recusado a permissão de prosseguir com este ataque, toda a história da guerra poderia ter sido mudada, pois a captura de Trier foi seu ponto decisivo.[38]

Todavia, ele não teve descanso. O III Exército tinha iniciado a campanha de fevereiro a partir de um ponto do Reno mais distante do que qualquer outro ponto de partida dos exércitos da linha de frente da Europa Ocidental. Depois de ter superado, finalmente, a Linha Siegfried, ele ainda tinha que vencer uma distância tão grande para alcançar o Reno, que temia ser o seu o último exército a atravessá-lo.

---

* "Ponte do Kaiser, do Imperador, de César". (N. T.)

"Estamos como que disputando uma corrida de cavalos com [o general-de-divisão] Courtney [Hodges]", disse Patton em carta escrita à esposa. "Se ele me vencer [na travessia do Reno], ficarei envergonhado."[39]

Nos meados da primeira semana de março, o IX e o I Exércitos se aproximavam do Reno e ameaçavam sitiar divisões alemãs inteiras. Mas Hitler não apenas lhes proibiu de recuar, como também ordenou que contra-atacassem. Como conseqüência, milhares de soldados alemães ficaram encurralados na margem ocidental do rio, onde ou se renderam, ou foram mortos. "Talvez seja cedo demais para sermos otimistas, mas todos pressentem que a resistência inimiga está prestes a desmoronar e que, desta vez, seguiremos para o Reno rapidamente, sem que se nos retardem o avanço", declarou o serviço de inteligência do I Exército. No dia seguinte o serviço de inteligência notou: "Os alemães, embora não estejam, em nenhum sentido, se levantando e entregando em massa, estão empreendendo uma batalha defensiva desorganizadamente. Os pontos de resistência mais sólidos, quando isto ocorre, têm sido encontrados em pequenas cidades, mas, geralmente depois de uma ou duas horas de combate, os soldados inimigos saem com as mãos para cima."[40]

Os generais transbordavam de resolução, energia, excitação, expectativa. O general William Hoge, comandante do Comando de Combate B, 9ª Divisão de Blindados, tipificava o enorme vigor dos oficiais superiores. Em 5 de março, ele reuniu os comandantes de suas unidades para lhes transmitir sua missão. Ela consistia em avançar.

— Evitem os focos de resistência; não se envolvam em combates [...]. Os batalhões de infantaria deverão seguir na vanguarda sem se deter jamais, e evitar as cidades, se possível [...]. Procurem obter ajuda dos tanques como puderem. Se não conseguirem dispor de peças antitanque, façam os tanques avançarem para a linha de frente. A infantaria deverá avançar em meias-lagartas.

Mas esse espírito de Avançar! Avançar! Avançar! não alcançou os escalões de comando inferiores. Em certa ocasião, o sargento "Speedy" Goodson, da Companhia A, 27º Batalhão, estremunhado pela falta de repouso, pôs-se a caminhar sem rumo em terreno aberto assim que os alemães começaram a fazer alguns disparos com suas peças de artilharia.

— Volte e proteja-se — bradou o líder de seu pelotão.

— Ah, não fará diferença, tenente. Eles nos pegarão mais cedo ou mais tarde enquanto nos mantiverem aqui.

— Esse era o estado da maioria dos homens enquanto avançavam penosamente nos primeiros dias de março. O tempo era frio, úmido e chuvoso [...]. Na verdade, ninguém tinha o coração nos combates. Eles persistiam apenas porque o treinamento que receberam tornaram mecânicas as suas ações, e eles estavam tão cansados que simplesmente não se importavam com nada. Mas eis que então recebiam a punção do aguilhão e o golpe do chicote, e tornavam a partir impetuosamente em demanda do Reno e para o alcance de uma sucessão de objetivos que parecia estender-se ao infinito — diz em comentário o historiador militar Ken Hechler.[41]

O grande objetivo, certamente quase inatingível, era tomar uma ponte. Os americanos estavam tão desesperados que passaram a valer-se de um estratagema pelo qual haviam executado dezenas de alemães que o tinham usado. A 83ª Divisão montou uma força-tarefa de soldados americanos proficientes em alemão, fez que vestissem uniformes alemães e lhes forneceu tanques e outros veículos disfarçados e camuflados, de modo que parecessem modelos alemães. A força-tarefa partiu após o anoitecer do dia 2 de março, passou pelas linhas de defesa alemãs e, ao amanhecer, alcançou o Reno, em Obercassel. Nisto, uma sentinela alemã pediu a senha à coluna. Logicamente, o resultado foi a eclosão de um tiroteio. A força-tarefa era poderosa o suficiente para combater e avançar para a ponte, mas o barulho da batalha alarmou o encarregado da sirene de ataque antiaéreo da cidade e ele a acionou. Os engenheiros alemães na ponte interpretaram o alarme como sinal para explodi-la, o que foi feito justamente no momento em que os tanques americanos se aproximavam dela.[42]

A cidade de Colônia foi como um ímã para o I Exército. A famosa cidade das catedrais era a quarta maior cidade da Alemanha e a maior do Reno. Os alemães jamais haviam imaginado que invasores procedentes do oeste poderiam chegar tão longe assim. Portanto, a cidade estava resguardada apenas por um anel exterior de um frágil sistema de defesa, guarnecido pelo que restara de uma miscelânea de divisões e um anel interior ainda mais frágil, composto de membros da polícia, do corpo de bombeiros e da *Volkssturm** local. Essas forças não poderiam deter por muito tempo um exército americano que dispunha do máximo de seu poder.

---

* Em 18 de outubro de 1944, obcecado por idéias de "mobilização total", ainda afeito a seu

Os americanos estavam atravessando em massa a Linha Siegfried. Os alemães resistiam e combatiam da melhor forma que podiam. As colunas americanas avançavam 15 quilômetros ou mais por dia e cercavam as divisões alemãs, e lhes impunham a rendição. Enquanto isso, a artilharia marretava pesadamente cidades e pontes. O major Max Lale, do 401º Batalhão de Artilharia de Campanha, disse em carta enviada à esposa em 2 de março: "Sempre li que um exército em movimento é mais feliz do que aquele que se vê obrigado a manter-se na mesma posição, e agora eu acredito nisso [...]. Vi um canteiro de amores-perfeitos [...]. Hoje, pouco antes do anoitecer, fiquei observando, a grande distância, os tufos de fumaça, os clarões das chamas, e escutando os ribombos surdos que anunciavam a morte de uma das mais antigas cidades da Europa."[43]

Em 5 de março, a 3ª Divisão de Blindados, comandada pelo general Maurice Rose, entrou na cidade, seguida, horas depois, pela 104ª Divisão, unidade comandada por Terry Allen. No dia seguinte, os tanques de Rose alcançaram a Ponte Hohenzollern, mas, conforme fora previsto, a maior parte de sua estrutura jazia sobre a água, tal como as outras pontes sobre o trecho do Reno que corta a cidade de Colônia.

Nessa cidade, somente a grande Catedral ficou de pé, majestosamente, embora danificada. Assim como a de São Paulo, em Londres, fora alvo dos ataques americanos, mas jamais foi derrubada. Aqui, os críticos da atuação das forças aéreas disseram que ela se manteve de pé porque *era* o alvo; ali, outros alegaram que, assim como a de São Paulo, ela foi poupada por conta da intervenção divina; mais além, outros disseram que foi preservada como homenagem à magnificente capacidade dos arquitetos das catedrais medievais.

Era a época das festas carnavalescas. A Terça-Feira Gorda caiu no dia 7 de março. Na cidade de Colônia, uma das mais católicas cidades alemãs, os habitantes fizeram o melhor que puderam para comemorá-la. O tenente Günter Materne, oficial da artilharia alemã, relata-nos que seus homens desconfiaram da origem de um barco num ancoradouro. Resolveram investigar e descobriram que ele estava cheio de champanhe e até mesmo vinho. E decidiram cair na folia. Os moradores começaram a sair dos porões para se juntar a eles.

---

princípio de concentrar suas tropas na linha de frente da Europa Ocidental e esperançoso de rechaçar as forças aliadas, Hitler baixou um decreto para a criação da *Volkssturm* ou "guarda nacional". Com ele, ordenava o recrutamento em massa de todos os homens saudáveis entre 16 e 60 anos de idade para a defesa do Reich. (N. T.)

Portanto, nos divertimos bastante — disse Materne. — E ficamos bêbados. Algumas pessoas me abordavam e diziam: "Tire o uniforme. Nós lhe daremos roupas de civil. A guerra está perdida."

Mas Materne, embora bêbado, repeliu a tentação e, no dia seguinte, mesmo com uma ressaca horrenda, conseguiu atravessar o Reno num barco a remo.[44]

Ele foi um dos últimos alemães a escapar. A decisão de Hitler de defender a Planície de Colônia e o resto do país, abrangido por uma região que ficava entre a Linha Siegfried e o Reno, custou muito ao povo alemão. Os americanos fizeram 250 mil prisioneiros e mataram ou feriram quase o mesmo número de homens. Mais de 20 divisões foram inteiramente destruídas. A força aérea dos Aliados agora tirava proveito dos dias longos e das condições de tempo mais favoráveis, com o que destroçava todo alemão que se movesse à luz do sol e chegava a realizar 11 mil surtidas num único dia.

O sargento Becker, membro de uma guarnição de Tigers, sabia bem o que era isso:

— Os americanos atacavam de todas as direções ao mesmo tempo. De cima, de baixo, pelos flancos.[45]

"Hitler deveria tomar cuidado com a fúria que pode despertar numa democracia molestada", disse o então coronel Eisenhower na carta escrita a seu irmão Milton no primeiro dia da Segunda Guerra Mundial.[46] Agora, essa fúria estava sendo manifestada na margem ocidental do Rio Reno. Os Aliados tinham levado a guerra para a própria Alemanha. Agora, eram as vilas alemãs que jaziam em ruínas à medida que as linhas de frente avançavam.

Um grupo de soldados da 101ª entrou em Colônia algumas semanas depois da ocupação da cidade. Esses homens ficaram impressionados com a extensão da destruição que testemunharam. Todas as janelas destruídas, todas as igrejas atingidas, todas as ruas vicinais bloqueadas com entulho. A gigantesca estátua de Bismarck sobre um cavalo ainda estava de pé, mas a espada de Bismarck, apontada para a França, tinha sido arrancada por estilhaços de explosão. Os pára-quedistas seguiram para o rio, onde começaram a rir e apontar para as ruínas grosseiras da Hängebrücke, ou ponte pênsil. Um casal de idosos alemães se pôs ao lado deles e começou a chorar e menear a cabeça. Todas as suas belas pontes estavam deformadas e destroçadas, e eis que ali se encontrava, em parte, a causa disso, os rapazes americanos, a rir-se delas.[47]

Muitos dos soldados americanos ficavam muito felizes ao ver as vilas e cidades alemãs em ruínas. Na Primeira Guerra Mundial, a Alemanha escapou da destruição. Era a vez dela agora. Levem esta guerra para a casa dos alemães que eles não provocarão outra tão cedo, era a idéia geral. Mas, mais do que deparar com pontes alemãs destruídas pelo próprio exército alemão, o que lhes incomodava era o fato de que estavam ali, nas linhas de fogo, com duros combates pela frente. No caso de alguns homens, eles estavam nas arenas dos conflitos bélicos desde 6 de junho de 1944. Já era hora de outros ocuparem o lugar deles.

E havia outra coisa que os incomodava. O praça David Webster, da 101ª, exprimiu-se mui oportunamente a respeito disso. No dia 15 de fevereiro, um dos seus colegas sofrera morte singularmente horrível. Em seus escritos, Webster disse: "Ele não tinha nem 20 anos ainda. Não havia começado a viver. Contorcendo-se e gemendo, ele entregou a vida a Deus estendido numa padiola. Nos Estados Unidos, as pistas de corrida se multiplicavam, as casas noturnas obtinham lucros cada vez maiores, a Praia de Miami ficava tão cheia, que não se conseguia arranjar lugar para se acomodar em parte alguma. Poucas pessoas pareciam se preocupar conosco. Ora, isso era crescimento, isso era prosperidade, isso era a maneira de se fazer guerra. Mas nós nos perguntávamos se algum dia as pessoas saberiam quanto custava aos soldados, mergulhados em cenas de terror, ensangüentados, vítimas e testemunhos de mortes agonizantes e horrendas, vencer uma guerra."[48]

"Deus, eu odeio os alemães", escreveu Eisenhower certa vez a Mamie, sua esposa. Nos primeiros anos da guerra, o ódio que tinha por eles resultava das agressões bélicas que cometeram e de toda a miséria que causaram aos países que ocuparam. Em 1945, quando a maior parte do império nazista tinha sido libertada pelos Aliados, ele os odiava por forçá-lo a destruir suas próprias cidades e matar jovens alemães, por fazê-lo ordenar que jovens americanos entrassem na guerra, por lutarem em prol de uma causa que não era apenas inútil e maligna, mas também diretamente contrária aos melhores interesses da nação alemã. Mas isso tinha que ser feito.

18

ATRAVESSANDO O RENO

7 A 31 DE MARÇO DE 1945

O RENO FOI O MAIS FORMIDÁVEL DOS RIOS que os soldados americanos tiveram que atravessar. Ele nasce nos Alpes e segue do norte para Arnhem, onde se desvia abruptamente, em angulosa curva, e se estende para o oeste. Há trechos em que sua largura varia entre 200 e 500 metros e suas águas correm velozes e turbulentas, com grandes redemoinhos e entre 2 e 3 metros de profundidade. Os alemães posicionados em sua margem oposta estavam desorganizados e desmoralizados, desanimados com as perdas resultantes de sua insana tentativa de decidir a guerra na Planície de Colônia, mas ainda determinados e capazes de utilizar as vantagens naturais que o Reno lhes dava para defender seu país.

A essas vantagens, opunha-se a escassez de pontos adequados para travessia. Havia apenas dois ou três lugares ao sul da cidade de Colônia que podiam ser considerados pontos de travessia possível. Mas, pior do que isso, era o fato de que, ao longo desse trecho, não havia nenhum objetivo importante na margem oriental ou nas regiões interioranas num raio de cerca de 50 quilômetros, e essas regiões e as mais além eram inadequadas para operações ofensivas. Ali, o terreno tinha florestas densas e era ondulado e entremeado de ravinas.[1] As estradas eram sinuosas e se estendiam por terreno anfractuoso, como nas Ardenas.

Ao norte de Colônia, o 21° Grupamento do Exército Britânico contava com muitos pontos de travessia adequados, bom terreno para a realização de operações ofensivas e importantes objetivos do outro lado do Reno, no vale do Ruhr. Além do Ruhr, a planície setentrional alemã dava acesso direto a Berlim. Assim, enquanto o coração de Eisenhower estava com Bradley, Hodges e Patton, sua mente vagava pelo norte, com Monty. O general Harold "Pinky" Bull, o G-3* do SHAEF e seus estrategistas haviam decidido que a região norte era o lugar certo para a travessia principal. Eisenhower concordou com essa decisão, mas ressaltou que "a possibilidade de fracasso não pode ser menosprezada. Providenciarei, portanto, preparativos logísticos que me possibilitem transferir nossas forças principais do norte para o sul caso eu me veja forçado a fazê-lo".[2]

Ao norte, as forças de Montgomery se aproximavam do rio. Enquanto isso, ele começou a formar sua base de abastecimento para a travessia e as investidas que se seguiriam. Ao todo, ele solicitou que se lhe pusessem à disposição 250 mil toneladas de suprimentos, tanto para as forças britânicas e canadenses quanto para o IX Exército e a 17ª DIA. O IX Exército fazia parte do 21º Grupamento do Exército desde o outono anterior; a 17ª DIA tinha chegado à Europa em dezembro e fora enviada imediatamente para as Ardenas. Essa unidade tinha experiência de combate, mas seus homens não tinham feito saltos ainda e, então, os estavam praticando na Bélgica.

O estado-maior de Montgomery tinha iniciado o planejamento da travessia do Reno em outubro de 1944, assim que ficou evidente que a Operação Market-Garden tinha fracassado. O plano final era quase tão complexo quanto o da Operação Overlord, e seu âmbito quase tão grande como o dela. Oitenta mil homens, pouco menos da metade do número dos que entraram na França em 6 de junho de 1944, deveriam cruzar o Reno em barcos ou aviões de transporte no primeiro dia das Operações Plunder (a travessia em barcos) e Varsity (a fase aérea), seguidos imediatamente por uma força de apoio constituída de 250 mil homens e, por último, um exército de um milhão de soldados.

Como sempre, Montgomery procedeu ao que Weigley chamou de a majestosa deliberação de um paquiderme. Ele estabeleceu 24 de março como o dia do início das operações. Durante as duas semanas anteriores ao dia do lançamento do ataque, Monty fez que se produzisse uma densa

---

* De *General Staff 3*. Divisão do estado-maior geral do SHAEF incumbida de treinamento de pessoal e planejamento de operações militares. (N. T.)

cortina de fumaça para ocultar a disposição das tropas — mas, com isso, deu aos alemães um evidente sinal a respeito do ponto de travessia. Cada peça de artilharia do total de suas forças dispunha de 600 projéteis para arrojar contra o inimigo. Em 11 de março, as forças aéreas aliadas começaram a arremessar maciçamente contra os alemães na margem oriental do rio sua carga mortífera, o que montou a 50 mil toneladas de bombas. Monty convidou Churchill e muitos outros dignitários a juntar-se a ele para assistir ao grande espetáculo.

Desde o dia 28 de fevereiro, o IX Exército estivera avançando para o oeste, em demanda do Reno. Mas o avanço era lento e dificultoso. A Companhia K, 333º Regimento, recebeu ordens para continuar avançando e tomar a vila de Hardt, situada entre o Roer e o Reno. Depois de marchar um dia inteiro através da lama e sob frio intenso, situação seguida por umas poucas horas de descanso, a companhia entrou em formação uma hora antes do amanhecer. Mais da metade da companhia era composta de substitutos. Todos ficavam estonteados, exaustos, antes mesmo de o dia começar. E cautelosos, já que sabiam que seu flanco estava desprotegido, embora estivessem forçando passagem cada vez mais através das linhas alemãs.

O sargento George Pope se atrasou na providência de fazer seu escalão partir.

— E lá vêm [o capitão George] Gieszl e o comandante do batalhão, certo? E o comandante do batalhão me diz: "Pelo amor de Deus, Pope, são mais de 8 horas e você ainda não..." Não deixei que o coronel prosseguisse e disse: "Por que tanta pressa? Onde, merda, você pensa que está, fazendo manobras em Louisiana? Isto aqui não é simulação. A coisa aqui é real, e sou eu quem vai à luta, você não." Foi o que eu disse ao coronel, certo? Eu não me importava com nada.[3]

A companhia partiu, alcançou Hardt, atacou e foi detida por fogo de metralhadora e uma chuva de tiros de Germans 88. Dois homens foram mortos. Os outros se jogaram ao chão. Então, o praça Mel Cline lançou mão dos hábeis recursos que só usara em seu treinamento básico.

— Ficamos deitados, com a barriga para baixo. O operador de metralhadora alemão estava bem à nossa frente. Essa foi a única vez na guerra que mirei o alvo como fazíamos nos campos de prova nos treinamentos. Eu via o alemão levantar-se de sua trincheira, atirar e abaixar-se novamente. Ajustei a mira e dei vários disparos até que, finalmente, atingi sua arma e o pus fora de combate. Quando alcançamos a sua trincheira, descobri que a bala tinha ricocheteado em sua arma e lhe lacerara o braço.[4]

O praça Leonard Bowditch encontrava-se num canteiro de nabos quando foi atingido no joelho por um estilhaço.

— Eles estavam se preparando para evacuar-me, e o tenente Leinbaugh conversava com vários de nós que haviam sido feridos. Eu disse a ele que gostaria que ele ficasse com o meu cachecol para lhe dar sorte. Então, passei-lhe o cachecol, e ele o pôs em torno do pescoço. Em seguida, disse-me que o cachecol não deveria dar tanta sorte, já que eu tinha sido atingido. Mas eu lhe disse que ele funcionou muito bem comigo, já que eu tinha conseguido o meu ferimento de um milhão de dólares e estava voltando para casa.[5]

O escalão de Pope foi surpreendido num terreno aberto.

— Estamos grudados ao solo — disse o sargento — e vejo alguns sujeitos virando a cabeça, e sinto vontade de fazer o mesmo. O solo era plano como um pavimento. Não havia um única folha de capim atrás da qual você pudesse se esconder. E fiquei gritando: "Atirem, seus filhos da mãe!" Foi um momento difícil.

O tenente Bill Masters assumiu o comando. Ele estava na beira de um bosque com metade de seu pelotão. O restante de seus homens e os outros pelotões estavam sendo duramente golpeados no campo plano e aberto.

— O fogo era terrivelmente intenso, e as baixas estavam aumentando. Decidi que eu tinha que fazer esses homens saírem dali, senão muitos outros seriam mortos — disse Masters.

Ele avançou correndo em direção aos homens enquanto os xingava e dizia que fizessem que os outros saíssem dali ao passar por eles.

— Alcancei um monte de açúcar de beterraba, o que me proporcionou algum abrigo, e cheguei perto o suficiente do inimigo para arremessar uma granada contra um operador de metralhadora bem à minha frente. Mas não consegui tirar a granada do bolso — ela ficou presa.

Um alemão jogou um espremedor de batata na direção de Master.

— A granada caiu bem ao meu lado, mas não explodiu.

Ambos os lados começaram a atirar um no outro. Nenhum dos dois acertou o alvo e ambos ficaram sem munição ao mesmo tempo. Master apoiou-se num dos joelhos e recarregou sua arma, e os alemães fizeram o mesmo. Novamente, os antagonistas ergueram suas cabeças ao mesmo tempo e atiraram simultaneamente. Nisto, Masters meteu uma bala bem entre os olhos do operador de metralhadora. Quando Masters tirou o capacete para enxugar a sobrancelha, viu um buraco de bala no topo.

Masters correu para o primeiro edifício nos arrabaldes da cidade, onde conseguiu abrigo.

— Um dos soldados, um moleque de rua de Chicago que eu tinha tornado meu guarda-costas [o praça Ray Bocarski], entrou logo atrás de mim e, depois, alguns homens chegaram também e fomos de edifício em edifício fazendo a varredura do local e capturamos uma boa quantidade de pára-quedistas alemães nas casas.

O tenente Paul Leimkuehler nos dá uma descrição mais viva da atuação de Masters:

— Ele matou um operador de metralhadora e abriu caminho em direção à pequena cidade. E seguiu liderando, correndo pela rua principal como um louco, matando todos que encontrava pela frente.[6]

Os alemães tinham dois canhões de 75 milímetros e dois Germans 88 voltados para a vila. De repente, projéteis capazes de perfurar blindagem começaram a destroçar paredes. O capitão Gieszl e o observador avançado solicitaram o apoio de tiros de barragem. Em poucos minutos, os canhões alemães estavam fora de combate. Nos dias seguintes, a companhia pôs-se a avançar para o Reno. Em algumas ocasiões, encontrou resistência, noutras não. Pouco antes de o pelotão da vanguarda chegar ao Reno, um pelotão alemão irrompeu pelo meio da coluna da companhia. Seguiram-se imediatamente um tiroteio de fuzis à queima-roupa e um arremesso generalizado de granadas, os quais duraram vários minutos. Quatro homens foram feridos, incluindo Masters. Vários alemães foram mortos, e o restante se rendeu.

Por volta do dia 7 de março, a companhia se encontrava em Krefeld, nos baixios do Reno. Como que por milagre, os homens encontraram um apartamento num edifício residencial no qual tudo funcionava — eletricidade, aquecimento de água, descargas de privada e telefones. E tomaram seu primeiro banho quente em quatro meses. Encontraram também charutos e garrafas de conhaque. O praça Bocarski, proficiente em alemão, acendeu um charuto, acomodou-se numa poltrona e chamou a telefonista, que, confusa, foi convencida a transferir a ligação para um quartel-general em Berlim. Ele disse a um oficial alemão que, com certeza, podia esperar a chegada da Companhia K para dali a uma semana.[7]

Mas isso não teria como ocorrer. Ao alcançar o rio, a Companhia K, juntamente com o restante do IX Exército, teve que ficar onde estava até que Montgomery tivesse aprontado tudo para a Operação Plunder. As tropas precisavam urgentemente de descanso. Na noite do dia seguinte ao da tomada de Hardt, o praça J. A. "Strawberry" Craft estava tão exausto que, depois de entrar em sua trincheira, disse ao sargento que iria dormir.

— Você vai "acordar" morto — advertiu-lhe o sargento. — Então, eu terei que "acordar" morto.

Décadas depois, ele ainda se lembra desse curto diálogo e explica:

— Eu precisava daquelas horas de sono, e as obtive.[8]

A resposta que o sargento Pope deu a seu coronel teve sua contrapartida na 103ª Divisão. O sargento Joe Skocz partiu em missão de patrulha noturna. O patrulheiro avançado era um "veterano" com 65 dias de combate e sempre cumprira o seu dever. De repente, a patrulha parou. Skocz avançou para ver o que estava acontecendo. O patrulheiro, agachado atrás de uma árvore, apontou para a frente e disse:

— Há alguém ali. Estão aguardando para nos emboscar.

— Eles estão parados — observou Skocz.

— E nós ficaremos também.

Skocz ordenou que o patrulheiro fosse adiante e procurasse descobrir do que se tratava. E, segundo as palavras do próprio Skocz:

— Ele se inclinou para se pôr bem perto do meu ouvido e disse: "Dane-se, sargento. Você quer saber, vá lá você mesmo."

Skocz foi e descobriu que não havia nada lá.

— Quando voltamos, eu disse a ele que não queria vê-lo nunca mais na frente de batalha.[9]

O sargento William Faust, da 1ª Divisão de Infantaria, estivera em combates travados em dois continentes, em seis países diferentes. Em março de 1945, ele disse:

— Aqueles de nós que ainda restavam da "Big Red One" de 1942 tinham perdido a vontade de perseverar; o entusiasmo que tivemos por esse tipo de coisa na África, Sicília, França, Luxemburgo e Bélgica não estava mais conosco.[10]

Em 15 de março, o praça Martin Duus, da 103ª Divisão, ex-aluno do PTEE, em combate desde o mês de dezembro anterior, foi atingido no pescoço. A bala saíra-lhe pelo ombro direito.

— Meu braço direito inteiro ficou paralisado. Eu não conseguia movê-lo. Achei que iria perdê-lo. E não conseguia nem olhar para ele.

Duus jamais voltou a poder usá-lo; o membro ficou paralítico. Mas sua reação desmentiu a seriedade do ferimento, enquanto, ao mesmo tempo, falou eloqüentemente do estado de espírito dos soldados mais provados:

— Fiquei muito contente por ter sido ferido e poder sair de lá. Sem dúvida. Meu receio era ficar bom o suficiente e ter que voltar.[11]

No dia 7 de março, as forças de Patton ainda combatiam no lado ocidental do Reno, como tentativa de se aproximar do rio a partir de Koblenz e seguir para Mainz, ao sul, e, nesse processo, encurralar outras unidades de força alemãs que enfrentavam o VII Exército Americano. Patton estava sofrendo a perda de algumas divisões, as quais eram despachadas para o sul com o objetivo de ajudarem o VII Exército a romper a Linha Siegfried a leste de Saarbrücken. Isso o deixava furioso, mas ele se acalmou quando Bradley concordou em mover a linha divisória das regiões militares do III e do VII Exércitos para uns 20 quilômetros ao sul de Mainz. Essa providência fez com que o melhor trecho do rio para travessia, situado ao sul de Colônia, passasse a ser abrangido por seu campo de atuação. Ele estava pensando em fazer a travessia sem se deter e com a esperança de que pudesse fazer isso antes mesmo que a operação elefantina de Montgomery fosse iniciada, e até mesmo antes de Hodges também, se possível.

Mas seus homens estavam exaustos. "Os sinais do esforço prolongado tinham começado a aparecer", explica-nos o historiador de um regimento. "Maior lentidão na capacidade de reação do soldado; aumento marcante dos casos de fadiga de batalha e queda do padrão de eficiência em combates — tudo isso mostrava claramente que o limite estava aproximando-se rapidamente."[12] Nesse sentido, a Companhia G, 328º Regimento de Infantaria, foi um caso típico. Ela era composta de veteranos, cujo cansaço era tão profundo que eles se tornaram homens indiferentes, e também de soldados que estavam à beira das conseqüências da fadiga mental provocada pelos combates, além de alguns recrutas inexperientes. Apesar disso, tinha seu tão necessário grupo de líderes e soberba capacidade de comunicação com a artilharia, conforme fora demonstrado pelo tenente Otts na segunda semana de março, durante a arremetida do III Exército em direção ao Reno. O sargento G. I. nos fornece uma descrição dessa capacidade de comunicação numa carta enviada a Otts em 1988: "A última recordação que tenho de vocês — aliás, viva recordação — é a da ocasião em que enfrentaram uma feroz barragem de artilharia e morteiro, totalmente desprotegidos, enquanto passavam as coordenadas das posições inimigas. Sei quanta coragem era necessária para fazer isso. Parece que ainda consigo ouvir aquelas coisas horríveis explodindo entre as árvores. Eu perdi um companheiro de trincheira quando ele foi atingido por um estilhaço de explosão nessa barragem e, depois, o substituto dele. Não sei quem estava cuidando de mim."[13]

Otts estabeleceu um posto de comando, descarregou-se de seu equipamento, tirou as duas jaquetas de campanha que usava e começou a cavar uma trincheira.

— Tiros de morteiros começaram a cair tão copiosamente que semelhavam verdadeira chuvarada, e todos se jogaram ao chão imediatamente — disse ele. — Em vez de cobrir a cabeça, eu, como um idiota, apoiei o cotovelo do braço direito no solo e o queixo sobre a mão e fiquei olhando em volta para ver o que estava acontecendo. De repente, algo me atingiu o lado esquerdo da mandíbula de tal modo que pareceu um golpe desferido pela direita de Jack Dempsey [...]. Levei a mão ao ferimento, e a sensação era como se eu tivesse perdido metade do rosto.

Um de seus homens rastejou até ele para tentar fazer um curativo. Ele olhou para Otts e exclamou:

— Oh, meu Deus, tenente, isto é demais para mim.

E teve que ser evacuado. O comandante da companhia veio manquejando até Otts. Atingido no pé, pretendia passar o comando ao tenente, mas, ao dar uma olhada no rosto de Otts, exclamou também:

— Meu Deus, não, você também, não.

E virou-se e voltou mancando para a sua trincheira.

Quando Otts se levantou com o intuito de voltar para o posto de socorro, um atirador de elite o alvejou no ombro, mas a bala saiu pelas costas, sem atingir nenhum osso. Agora, ele estava a caminho de casa. Para os outros, o suplício prosseguiria.

— Durante todo o dia, houve casos de colapso nervoso e fiquei correndo de um lado para o outro em socorro desses homens, mas isso não ajudou. Tive que enviar uns 15 deles para a retaguarda, para onde seguiram chorando. Depois, foi a vez de dois líderes de esquadrão, um deles por se tratar de um caso gravíssimo — relata-nos o tenente Jack Hargrove.[14]

Toda a linha de frente do I Exército seguia para o leste. Algumas divisões de Hodges chegavam a avançar 15 quilômetros por dia, às vezes mais, e estavam fazendo enormes e vários grupos de prisioneiros. Seus homens sentiam-se ansiosos por alcançar o rio, em cujas proximidades esperavam obter acantonamento em porões secos e aquecidos e alguns dias de descanso e refazimento. Havia mesmo a possibilidade de ficarem no objetivo almejado durante um período de tempo relativamente extenso, já que não havia planos para travessia em seu setor, onde todas as pontes estavam destruídas ou logo estariam. Em essência, o I Exército era uma unidade constituída pelas forças de reserva do SHAEF. Eisenhower contava com ele para ter a opção de enviar algumas divisões tanto para o norte, com o objetivo de reforçar o exército de Monty, quanto para o sul, com o intuito de fortalecer as tropas de Patton, conforme o desdobramento dos combates. Para poupar essas divisões, o I Exército tinha que se aproximar do rio ao longo de todo o seu campo de atuação. Assim, não haveria perigo de um contra-ataque alemão, e grandes números de americanos poderiam ser retirados de ação e serem lotados como forças de reserva algures.

Enquanto isso, os alemães estavam em retirada quase completa. Embora tivessem ordens de que nenhuma unidade podia passar para a margem oriental do rio sem autorização de Hitler, alguns integrantes do exército alemão estavam tomando suas próprias decisões. O major Rolf Pauls, que tinha perdido um exército na então União Soviética, mas que se mantinha fiel ao alto comando (mais tarde, ele foi nomeado embaixador da Alemanha Ocidental em Israel, China e, por último, Estados Unidos), encontrava-se combatendo as forças aliadas com o rio logo atrás de si. Então, ordenou que seus homens e os Germans 88 e uns poucos tanques que lhe restavam atravessassem a última ponte que ainda estava de pé em seu setor. O alto comando ameaçou enviar Pauls à corte marcial e o chamou de covarde. Ele alegou que precisava da artilharia atrás das linhas de defesa e que seus tanques estavam quase sem combustível, e conseguiu safar-se.[15]

Escondido num bosque, o praça Siegfried Kugler, de 17 anos de idade, ficou observando os americanos marcharem em direção ao Reno.

— Quando vimos tudo aquilo passando por nós, toda aquela artilharia, aqueles tanques e caminhões, bem, tenho que admitir que fiquei admirado. Pensei: “Como podemos declarar guerra a um país como esse?”[16]

Na manhã do dia 7 de março, o general John Millikin, comandando o III Corpo de Exército ao flanco direito do I Exército, enviou a 9ª Divisão de Blindados para a margem ocidental do Reno. A missão do Comando de Combate B (CCB), unidade subordinada à 9ª Divisão e comandada pelo general William Hoge, era ocupar Remagen, cidade da margem ocidental do rio e onde uma grande ponte de linha férrea se estendia sobre ele. Chamada de Ponte General Erich Ludendorff, fora construída em meio à Primeira Guerra Mundial, a fim de facilitar o transporte de suprimentos para a frente de batalha da Europa Ocidental. Na margem oriental, havia uma ribanceira, conhecida como Erpeler Ley. Praticamente a pique, erguia-se a 170 metros de altura e dominava o vale do rio. As linhas férreas passavam por um túnel através da Erpeler Ley. (Ironicamente, a história se repetiu: em dezembro de 1918, o III Corpo de Exército, I Exército, atravessara o Reno em Remagen como parte das operações de ocupação das forças aliadas. Meu avô, o coronel Harry M. Trippe, do Corpo de Engenheiros do Exército Americano, foi um dos homens que cruzaram a Ponte de Ludendorff.)

O tempo estava úmido e desagradável, frio e com nuvens pairando quase ao nível do topo das árvores. Isso manteve os caças e os bombardeiros americanos em terra, mas não os pequenos Piper Cubs. Enquanto o CCB avançava em direção ao Reno, o tenente Harold Larsen, do corpo de artilharia da 9ª Divisão, seguiu à frente num Piper Cub em vôo de reconhecimento, à procura de alvos possíveis. Por volta das 10h30, ele se aproximava de Remagen, quando, para seu assombro, avistou a Ponte de Ludendorff, que se foi agigantando a seus olhos, com sua estrutura maciça, em meio à névoa e à neblina do vale do rio. Larsen transmitiu pelo rádio a notícia ao general Hoge, que enviou ordens imediatamente às unidades estacionadas mais proximamente a Remagen para que tomassem a ponte. Elas eram o 27º Batalhão de Infantaria Motorizada e o 14º Batalhão de Tanques. Hoge fez com que se reunissem numa força-tarefa sob o comando do tenente-coronel Leonard Engeman, que pôs o pelotão de infantaria da Companhia A, do tenente Emmet "Jim" Burrows, na vanguarda. Depois de arredar do caminho débeis forças de resistência inimiga, a Força-Tarefa Engeman alcançou um bosque a oeste de Remagen pouco antes do meio-dia. Ao sair do bosque, Burrows e seus homens deparam com uma ribanceira sobranceira ao Reno. E lá estava a Ponte de Ludendorff, intacta. Os alemães a haviam utilizado para se retirarem.

Burrows entrou em contato com o tenente Karl Timmermann, de 22 anos, o qual assumira o comando da Companhia A no dia anterior. Outra ironia: Timmermann nascera em Frankfurt am Main, cidade situada a menos de 160 quilômetros de Remagen. Seu pai fizera parte das forças de ocupação americanas em 1919, casara-se com uma alemã e ficara no país até 1923, quando retornou para Nebrasca com sua esposa e seu filho. Timmermann tinha entrado para o exército em 1940 e graduou-se na escola de formação de oficiais do Forte Benning.

Timmermann fez algumas observações e pôs-se ao rádio para falar com o coronel Engeman, que lhe disse que entrasse na cidade com sua infantaria e seus tanques. Quando Timmermann partiu, Engeman entrou em contato com Hoge, que partiu pelos campos num jipe em demanda do ponto de encontro, absorto em sopesar a perspectiva de perder um batalhão caso a ponte fosse explodida contra a possibilidade de capturá-la. Ademais, ele havia acabado de receber ordens para seguir para o sul, na margem ocidental do rio, até que suas tropas se coligassem ao flanco esquerdo do III Exército. Caso decidisse dirigir-se para a ponte, teria que desobedecer às ordens, razão pela qual correria o risco de ser enviado à corte marcial e cair em desgraça.

Às 15 horas, Hoge chegou, observou a situação e, depois de calcular que perderia apenas um pelotão caso os alemães explodissem a ponte quando ela fosse assaltada, ordenou que Engeman a capturasse. Enquanto isso, Timmermann tinha vencido alguns focos de esparsa resistência e, por volta das 14 horas, começou a aproximar-se da ponte. Os alemães na margem oriental disparavam metralhadoras e canhões antiaéreos contra sua companhia. O comandante de seu batalhão, major Murray Deevers, juntou-se a Timmermann.

— Você acha que pode fazer sua companhia atravessar essa ponte? — indagou.

— Bem, nós tentaremos, senhor — respondeu Timmermann.

— Vá em frente.

— E se a ponte explodir na minha cara? — Timmermann perguntou.

Deevers virou-se e afastou-se sem dizer palavra.

— OK, vamos atravessá-la — bradou Timmermann aos seus líderes de esquadrão.

E eis que avistou engenheiros alemães prestes a pressionar os êmbolos dos explosivos. Seguiu-se, pois, gigantesca explosão. O estouro fez que Remagen estremecesse e produziu uma erupção de terra e pedras na extremidade ocidental da ponte. Os alemães haviam detonado uma carga colossal, que criara um enorme buraco na passagem de nível que ligava a estrada principal à plataforma da ponte. A cratera produzida pela explosão tornou impossível o acesso de veículos à ponte — mas não o de infantaria.[17]

Timmermann voltou-se para um líder de esquadrão e disse:

— Agora, vamos atravessar essa ponte antes...

Nesse mesmo instante, houve outro estrondo ensurdecedor. Os alemães tinham detonado uma carga de demolição emergencial colocada quase no meio da ponte. Assombrados, os homens da Companhia A viram boquiabertos o tabuleiro da gigantesca ponte arquear-se e aço, madeira, poeira e uma nuvem de fumaça densa e negra se misturarem na atmosfera. Muitos deles se atiraram ao chão.

Ken Hechler, em seu *The Bridge at Remagen*, um dos melhores relatos da atuação do exército americano na Segunda Guerra Mundial e um modelo de testemunho histórico, descreve-nos o que aconteceu em seguida: "Todos ficaram aguardando a reação de Timmermann. 'Graças a Deus, agora não teremos que atravessar essa coisa maldita', disse, veemente, o sargento Mike Chinchar, como tentativa de confortar a si mesmo.

O praça Johnny Ayres golpeou levemente com a ponta de um dos dedos as duas granadas presas a argolas em sua mochila e meneou positivamente a cabeça:

— Nós não teríamos chance.

Mas Timmermann, que estivera tentando divisar, em meio à densa nuvem de poeira e fumaça, o que havia sobrado da ponte, exclamou:

— Vejam — ela ainda está de pé.

A maior parte da nuvem de poeira e fumaça se havia dissipado, mas, nisto, os homens foram tomados pelo mesmo pasmo de seu comandante. A visão da ponte ainda estendida sobre o Reno não causou nenhum entusiasmo aos homens. Ao contrário: o colosso lhes pareceu um espectro indesejado. A missão suicida ressuscitara."[18]

Timmermann viu que os engenheiros alemães, demorando-se na extremidade oriental da ponte, puseram-se a trabalhar freneticamente para efetuar outra tentativa de destruí-la. Quando o oficial americano girou o braço por cima da cabeça para dar aos homens o aceno de "Sigam-me", o fogo de uma metralhadora acoitada numa das torres da ponte os deteve. Mas um dos tanques da Companhia A se aproximou da beira da cratera criada pela explosão e destroçou a torre, extinguindo o fogo alemão.

— Avancem — bramiu Timmermann.

— Nós nos encontraremos no outro lado e comeremos frango no jantar — tornou, também aos brados, o major Deevers.

— Frango, meu caro, sou todo frango neste momento — disse, à guisa de protesto, um dos homens do pelotão.

— Avancem — ordenou Deevers, embora ruborizado.

— Deixe-me dizer-lhe uma coisa: não vou lá para ser mandado pelos ares — tornou o soldado. — Não, senhor major, você pode me enviar para a corte marcial e matar-me, mas não piso essa ponte.

Timmermann começou a gritar.

— Movam-se, rapazes, movam-se.

E deu o exemplo, avançando ele mesmo para a ponte. Foi o bastante. O pelotão da vanguarda o seguiu, e seus homens se abaixaram, correram e se jogaram para a esquerda e para a direita, enquanto tomavam cuidado para não serem surpreendidos por buracos no madeirame sobre os trilhos da linha (colocado ali pelos alemães para que seus veículos pudessem retirar-se pela ponte), mas sempre se movendo na direção dos alemães na margem oposta do rio.

O sargento Joe DeLisio foi à frente do primeiro esquadrão. Os sargentos Joe Petrencsik e Alex Drabik lideraram o segundo. A despeito de mais fogo de metralhadoras e canhões antiaéreos de 20 milímetros, eles continuaram a avançar contra o inimigo.

— Continuem avançando — clamava Timmermann. Seus homens imitaram-lhe a atitude.

— Continuem avançando — bradavam uns para os outros. — Continuem avançando.

Os engenheiros seguiam logo atrás deles à procura de cargas de demolição e cortando fios elétricos. Seus nomes eram Chinchar, Samele, Massie, Wegener, Jensen. Eles eram italianos, checos, noruegueses, alemães, russos, filhos de imigrantes alemães, tornados ao velho continente para libertá-lo e regenerá-lo.

Na margem oposta, à entrada do túnel, viram um engenheiro alemão pressionando o êmbolo de um detonador. Não havia saída, a não ser continuar avançando. Mas nada ocorreu — aparentemente, uma bala ou um projétil perdido cortara o fio ligado às cargas de demolição. A meio caminho da ponte, três homens encontraram três caixotes de TNT pesando 15 quilos cada um, presos a colunas de sustentação do tabuleiro da ponte. Usando alicates especiais, trabalharam junto às cargas de demolição até que se soltassem e caíssem no rio. DeLisio arremeteu para as torres, subiu correndo a escada circular de uma delas à sua direita, de onde partiam os disparos, e, no quarto nível, encontrou três operadores de metralhadora alemães atirando contra os homens na ponte.

— *Hände hoch!* — ordenou DeLisio.

Os alemães se renderam; ele pegou as armas que o inimigo estivera usando e as arremessou pela abertura. Os soldados lá embaixo na ponte viram-nas cair e se sentiram grandemente encorajados. Depois disso, Drabik pôs-se a correr a toda velocidade, passou pelas torres e alcançou a margem oriental. Ele foi o primeiro soldado americano a atravessar o Reno. Outros lhe seguiram os passos e, rapidamente, fizeram prisioneiros os engenheiros alemães que se encontravam no túnel. Timmermann ordenou que o tenente Burrows e seu pelotão escalassem a Erpeler Ley, dizendo:

— Você sabe o que fazer, Jim. É como o velho exercício do Forte Benning: tomar o terreno elevado e controlá-lo.

Anos depois, Burrows disse, a respeito disso:

— Tomar Remagen e atravessar a ponte foi fácil se comparado com a escalada daquela ribanceira.

E o tenente sofreu baixas, mas conseguiu chegar ao topo, onde deparou com um número tão grande de alemães e veículos inimigos espalhados por vários pontos à sua frente que não lhe foi possível nem mesmo pensar em atacá-los. Viu-se obrigado, portanto, a deter-se na beira da ribanceira. Mas ele alcançara um ponto privilegiado, e os americanos tinham atravessado o Reno.[19]

O praça Heinz Schwarz, de 16 anos, natural de uma vila situada a pouca distância de Remagen e à margem oriental do rio acima, encontrava-se no túnel.

— Éramos todos garotos — disse ele. — Os soldados mais velhos de nossa unidade permaneceram no túnel, mas o restante de nós ficou curioso e foi até uma das torres da ponte para dar uma espiada.

Lá, ele ouviu a ordem:

— Desçam todos! Vamos explodir a ponte!

Em seguida, ouviu a explosão e viu a ponte arquear-se.

— Achamos que ela tinha sido destruída e que estávamos salvos.

Mas, quando a nuvem se desfez, viu Timmermann e seus homens se aproximando. Ele desceu correndo a escada circular e foi para a entrada do túnel, quase no mesmo instante em que DeLisio alcançou a torre.

— Tudo o que eu sabia era que, de um modo ou de outro, eu tinha que sair pela entrada traseira do túnel e correr para casa, para os braços de minha mãe, tão rapidamente quanto possível.

Ele conseguiu. Quinze anos depois, tornou-se membro da Bundestag.

Numa cerimônia, em 7 de março de 1960, ele se encontrou com DeLisio. Os dois trocaram histórias.[20]

Assim que a notícia do êxito de Timmermann ascendeu pela hierarquia de comando, passando pelo regimento, divisão, corpo do exército e região militar, cada um dos generais reagiu ordenando que os homens que se encontravam no local das operações atravessassem a ponte, que engenheiros a reparassem, que as unidades na região tomassem outro rumo e seguissem para Remagen. Bradley era o mais entusiasmado de todos. Ele estivera temeroso de poder cumprir apenas um papel secundário na campanha final, mas, com Hodges do outro lado da ponte, ele decidiu imediatamente que envolveria tão profundamente o I Exército nas operações, que Eisenhower teria que apoiar o estabelecimento da cabeça-de-ponte.

Primeiramente, contudo, Bradley teria que passar pelo general Bull. O G-3 do SHAEF se havia posto a favor de Bradley quando a notícia chegou. Quando Bradley descreveu as linhas gerais de seu plano, Bull, relatou Bradley, "olhou para mim como seu eu fosse um herege. E disse, com escárnio:

'— Você não vai a lugar algum, lá embaixo em Remagen. Você tem uma ponte, mas ela está no lugar errado. Ela simplesmente não se encaixa no plano.

— Ora, essa. Que você quer que façamos: que nos retiremos para explodi-la? — perguntei, desafiante.'"

Bradley se pôs ao telefone para falar com Eisenhower. Quando soube das novidades, Eisenhower ficou exultante. E disse:

— Brad, isso é maravilhoso.

Bradley disse a ele que desejava fazer passar para o outro lado do rio tudo o que lhe fosse possível.

— Claro — aprovou Eisenhower —, atravesse-o, sim, com tudo o que você tiver. É a melhor ruptura que fizemos até hoje.

Bradley achou necessário dizer-lhe que Bull discordava de suas idéias.

— Pro inferno com os estrategistas — disse Eisenhower bruscamente. — Não, Brad, você deve prosseguir. Eu lhe darei tudo o que temos para controlar essa cabeça-de-ponte. Faremos bom uso dela mesmo que o terreno não seja tão favorável.[21]

Os alemães concordavam com o ponto de vista de Eisenhower e Bradley, segundo o qual a Ponte de Ludendorff se tornou, de um momento para o outro, o ponto estratégico mais importante da Europa. Portanto, assim como os americanos, eles começaram a enviar às pressas tropas e veículos para o local, a fim de restringir e, depois, eliminar a cabeça-de-ponte, e fazer o último grande emprego da Luftwaffe para destruir a ponte. O major Pauls, que quase fora enviado à corte marcial em Bonn por fazer seus tanques e sua artilharia atravessarem a ponte na manhã de 7 de março, ouviu, à tarde, elogios do alto comando "por ter ficado alerta e tê-la atravessado quando pôde". Na noite de 7 para 8 de março, recebeu ordens para marchar para o sul imediatamente, em demanda de Remagen.[22]

Na manhã do dia 8, a Luftwaffe atacou. O sargento Waldemar Führing, um dos homens do major Pauls, chegou a tempo para assistir ao ataque:

— Fiquei a uns 800 metros de distância, atrás de alguns arbustos, e pude ver como os nossos Stukas tentaram destruir a ponte. Nossos pilotos foram corajosos, pois se aproximaram muito dela. Mas nenhuma bomba atingiu a ponte.[23]

Duas grandes massas de homens avançavam em demanda de Remagen. Para os alemães, esse avanço foi uma marcha infernal, pois tiveram que vencer a lama, engarrafamentos, veículos abandonados e cavalos e homens mortos. Os Piper Cubs os localizavam e concorriam para fazer cair sobre eles bombardeios colossais da artilharia americana posicionada na margem ocidental do rio.

Para os americanos, o inferno foi a travessia da ponte. Ao se aproximar de uma das torres da ponte na margem ocidental, o capitão Roland, da 99ª Divisão, viu, inscrito numa placa: "Atravesse o Reno com os pés secos. Cortesia da 9ª Divisão de Blindados." Quando a atravessou, o que fez na noite de 7 para 8 de março, "minha mente pareceu transportar-se para o momento histórico em que César atravessou o rio nesse mesmo local, para combater o mesmo inimigo, 2 mil anos antes. Meu devaneio foi interrompido pelo zunido e pelas explosões dos projéteis inimigos. Como me senti exposto e vulnerável naquela tira de metal suspensa bem acima das águas negras e agitadas... Continuar caminhando se tornou algo extremamente difícil. Tinha a sensação de que cada projétil era-me lançado diretamente contra o peito. Mas, em verdade, nós, que tínhamos alcançado a ponte, estávamos relativamente seguros. As bombas estavam caindo sobre pontos nas proximidades da ponte, em meio às tropas em marcha, as quais sofreram muitas baixas".

Na ponte, um projétil caía-lhe sobre a estrutura ou perto dela a cada cinco minutos.[24]

O coronel William Westmoreland (USMA, 1936), chefe do estado-maior da 9ª Divisão de Infantaria, fez a travessia, à noite, deitado de bruços sobre o capô de um jipe, como auxílio para que o motorista evitasse os buracos no madeiramento. Na manhã do dia seguinte, providenciou a montagem de uma bateria de peças antiaéreas no topo da Erpeler Ley. Nesse dia, viu, pela primeira vez, um avião a jato.[25]

Hitler ordenou que fossem levados à corte marcial os responsáveis pelo fracasso na destruição da ponte. A travessia dos americanos em Remagen custou ao marechal-de-campo von Rundstedt seu posto de comandante no oeste; no dia 8 de março, Hitler o exonerou e pôs o marechal-de-campo Albert Kesselring em seu lugar. O Führer demitiu outros quatro generais e ordenou a realização de ataques constantes e com força máxima para destruir a ponte, até mesmo com o emprego dos jatos que Westmoreland vira, em operações com bombas V-2, homens-rã, para colocar explosivos em sua estrutura, e bombardeios de artilharia. Os americanos se apressaram em transportar armas antiaéreas para o local.

— [Quando os aviões americanos apareceram] Nossos rapazes dispararam tantos tiros que o solo tremeu; foi assombroso. Todo o vale em torno de Remagen ficou coberto de fumaça e poeira antes de os alemães partirem, apenas três minutos depois de terem aparecido pela primeira vez — disse um observador do ataque alemão.[26]

A luta pela cabeça-de-ponte continuou. Os americanos deitavam intenso fogo de artilharia sobre os alemães, dependendo das orientações dos observadores avançados nos Piper Cubs, que indicavam a localização dos alvos principais para o lançamento dos projéteis. O sargento Oswald Filla, comandante de uma unidade de panzers, nos fala "da incrível quantidade de tiros de artilharia. Seus observadores de artilharia nos ares eram muito bons. Toda vez que nos dirigíamos a algum ponto em torno da cabeça-de-ponte para ver o que podia ser feito, dispúnhamos, no máximo, de meia hora antes de os primeiros projéteis nos alcançarem".[27]

À medida que a infantaria e os blindados forçavam o recuo dos alemães, centenas de engenheiros trabalhavam para reparar a ponte, mesmo quando estava sendo bombardeada, enquanto outros milhares de engenheiros mourejavam no assentamento de pontes flutuantes que dessem acesso à cabeça-de-ponte. O 291º Batalhão de Engenharia de Combate, comandado pelo tenente-coronel David Pergrin, trabalhou com resolução inquebrantável, em que pese os ataques da artilharia e da força aérea alemãs. Além disso, os engenheiros construíram uma barreira com toras e redes rio acima para interceptar explosivos alemães que pudessem ser levados para a ponte pela correnteza.[28]

O capitão John Barnes (USMA, 1942), do 51º Batalhão de Engenharia de Combate, era um dos incumbidos da construção de uma ponte flutuante de 21 toneladas. A descrição que nos dá da forma pela qual isso foi feito ilustra bem quão aptos os engenheiros americanos se haviam tornado nesse mister. Sua construção começou às 16 horas do dia 10 de março, e a montagem das rampas de acesso se deu a dois quilômetros rio acima em relação à ponte (ao sul desta). Tufos de fumaça gigantescos, emitidos por geradores, protegiam os engenheiros dos atiradores de elite alemães, mas "tiros indiretos da artilharia inimiga fustigavam as áreas circunvizinhas à ponte. Vários engenheiros ficaram feridos, e seis foram mortos. Os alemães chegaram mesmo a disparar bombas V-2 de plataformas de lançamento na Holanda, mas essa foi a única vez que o fizeram contra o solo alemão".

Os trabalhos de construção prosseguiram noite adentro.

— A ponte foi construída por partes, com quatro grupos trabalhando simultaneamente na montagem de balsas de quatro flutuadores, tarefa feita, em sua maior parte, por causa da escuridão, com o apoio do tato. Por volta das 4 horas do dia seguinte,14 balsas de flutuadores quádruplos tinham sido construídas e estavam prontas para serem reunidas na montagem de uma ponte. Quando as balsas foram postas em seus devidos lugares, os engenheiros fizeram que as reforçassem com flutuadores pneumáticos, assentados entre os tabuleiros das pontes flutuantes de aço, de modo que a ponte, como um todo, pudesse suportar as 36 toneladas dos tanques Sherman.

Os engenheiros usaram âncoras de três braços para fixar as balsas, mas as âncoras não conseguiam suster a parte da ponte que se estendia sobre o meio do rio, apesar da ajuda de barcos motorizados.

"Mais ou menos nessa época, soubemos que a marinha dispunha de alguns LCVPs na área e solicitamos sua ajuda. Dez deles nos foram enviados como auxílio. Eles conseguiram sustentar a ponte contra a correnteza até que conseguíssemos instalar cabos de aço de uma polegada entre ambas as margens do Reno, logo acima da ponte, e ao qual as âncoras de cada um dos tabuleiros flutuantes da ponte foram presas. Isso solucionou o problema de manter a ponte estável em relação à correnteza. Os tabuleiros de quatro flutuadores foram fixados ao cabo da âncora e postos cuidadosamente no devido lugar e presos à ponte, que se alongava cada vez mais, até que, por fim, alcançou a margem oposta.

"Finalmente, às 19 horas do dia 11 de março de 1900 [*sic*!], 27 horas depois de iniciada a sua construção, a ponte flutuante de 440 toneladas foi terminada. Ela foi a mais longa ponte flutuante construída pelo Corpo de Engenheiros do Exército sob fogo inimigo. O tráfego através dela teve início às 23 horas, a partir das quais um veículo passou a cruzar-lhe a extensão a cada dois minutos. Durante os sete primeiros dias, 2.500 veículos, incluindo tanques, passaram pela ponte."[29]

Em 17 de março, a grande estrutura da Ponte de Ludendorff, golpeada impiedosa e primeiramente pelos americanos e, depois, pelos alemães, acabou desabando abruptamente e, em seguida, despedaçou-se estrondosamente, pelo que matou 28 e feriu 93 dos engenheiros que trabalhavam em sua estrutura. Mas, a essa altura, os americanos tinham seis pontes flutuantes sobre o rio e nove divisões transpostas para a margem oriental. Agora, eles estavam em condições de avançar para o leste e, em seguida, unirem-se ao IX Exército, que estaria atravessando o Reno ao norte de Düsseldorf. Quando o I e o IX Exércitos se encontrassem, sitiariam o XV Exército Alemão no vale do Ruhr. O I Exército precisou combater durante dez dias através de ravinas profundas e florestas densas e enfrentar oposição feroz para alcançar a auto-estrada, que ficava a apenas 11 quilômetros de Remagen. Mas, uma vez lá, passou a dispor de boas estradas, que davam acesso ao norte.

Michael Doubler opina acertadamente quando diz que tudo concorreu harmoniosamente para o êxito em Remagen. Todo o trabalho, todas as esperanças e a toda a industriosidade do general Marshall para a criação desse exército de cidadãos deram resultado. Essa foi uma das grandes vitórias da história do exército. O crédito disso vai para o sistema de guerra e os homens — Timmermann, DeLisio, Drabik, Hoge, Bradley e Ike — cujas qualidades o exército americano desenvolvera na Europa, o que reuniu estreitamente esses homens numa equipe cujas características principais eram o espírito de iniciativa nos baixos escalões e a fria determinação e competência nos altos comandos.[30]

Ao norte, os preparativos de Montgomery prosseguiam. Ao sul, Patton e seu III Exército varriam as posições inimigas na Saarlândia e no Palatinado numa campanha espetacular. Quando suas divisões se aproximaram do Reno, Patton tinha à sua disposição 500 barcos de assalto, além de LCVPs e DUKWs, trazidos para a linha de frente, juntamente com

7.500 engenheiros, mas sem ostentação ou publicidade, em deliberado contraste com as providências de Montgomery, de modo que não chamassem a atenção dos alemães. Na noite de 22 para 23 de março, a 5ª Divisão iniciou, em Oppenheim, ao sul de Mainz, a travessia do rio. Os alemães estavam despreparados; por volta da meia-noite, o 11º Regimento de Infantaria inteiro tinha feito a travessia de barco, mas sofreu apenas 20 baixas. Bem antes do amanhecer, toda a 5ª Divisão e parte da 90ª Divisão estavam do outro lado do rio. Então, os alemães lançaram um contra-ataque sobre a 5ª Divisão, usando alunos de uma escola preparatória para a academia militar na vizinha Wiesbaden. Eles se mostraram bons soldados e conseguiram infiltrar-se nas posições americanas, mas, depois de uma noite agitada e parte da manhã do dia seguinte, estavam mortos ou tinham caído como prisioneiros.

Ao amanhecer, a artilharia alemã tinha começado a atirar, e a Luftwaffe havia enviado aviões para realizar bombardeios e ataques em vôos rasantes. Mas os americanos continuaram avançando para o leste. Pela manhã, a Divisão inteira estava na outra margem do rio, juntamente com a 4ª Divisão de Blindados. Patton entrou em contato com Bradley pelo rádio:

— Brad, não conte a ninguém, mas atravessei o rio.

— Ei, não me diga — você quer dizer que está do outro lado do Reno?

— Sim, claro. Consegui fazer uma divisão atravessá-lo na noite passada.

Pouco depois, na seção de instruções matinais do 12º Grupamento do Exército, o pessoal do III Exército declarou: "Às 22 horas do dia 22 de março, sem o auxílio de operações de bombardeio, cortinas de fumaça, apoio de artilharia e operações aéreas, o III Exército atravessou o rio Reno."[31]

No dia seguinte, Patton pôs-se a atravessar a pé uma ponte flutuante construída por seus engenheiros, mas, a meio caminho, se deteve. Enquanto todos os soldados americanos presentes nos arredores que tinham uma câmera cuidavam de tirar fotos, seu desejo era urinar no Reno — um esguicho longo, alto e estável. Enquanto se abotoava, Patton disse:

— Esperei muito tempo para fazer isso. Nem mesmo urinei esta manhã quando me levantei para que pudesse ter o máximo de urina. Sim, senhor, a pausa que alivia.

Quando chegou à margem oriental, simulou uma queda, levantou-se com as duas mãos cheias da terra do solo alemão e disse:

— Eis, então, William, o Conquistador.[32]

À noite, entre 23 e 24 de março, Montgomery deu início à sua operação. Os generais Eisenhower e Simpson subiram até a torre de uma igreja para observar o IX Exército fazer a sua parte. À 1 hora do dia 24 de março, mais de 2 mil canhões americanos abriram fogo. Durante uma hora, mais de mil projéteis americanos por minuto cruzaram o Reno, o que equivaleu a 65.261 tiros ao todo. Enquanto isso, 1.406 B-17 despejavam sua carga de bombas sobre as bases da Luftwaffe, situadas pouco além da margem oriental do rio. Às 2 horas, barcos de assalto, movidos por motores de 55 HP e transportando sete homens, com uma tripulação de dois deles em cada um, partiram para a outra margem. Somente quando os primeiros barcos estavam prestes a tocar a margem oposta do rio, a artilharia americana suspendeu fogo e começou a tentar atingir alvos situados mais além, a leste. O inimigo estava tão castigado que somente uns poucos projéteis de morteiro caíram entre o que poderiam ser consideradas suas fileiras principais. As coisas estavam indo tão bem que, antes da chegada da luz do dia, a 79ª e a 30ª Divisões inteiras se encontravam do outro lado do rio, com um prejuízo de apenas 31 baixas. Dali, partiram em direção a leste.

Neste ínterim, nos campos de aviação da Grã-Bretanha, França e Bélgica, os pára-quedistas e as tropas transportadas por planadores da 6ª DIA, unidade britânica, e da 17ª DIA, unidade americana, começaram a embarcar em seus C-47, C-46 ou em planadores. Esses homens participariam de uma operação aérea comparável, em tamanho, à do Dia D; em 6 de junho de 1944, 21 mil soldados de infantaria aeromóvel tinham embarcado em missão de combate, ao passo que, em 24 de março de 1945, esse número foi de 21.680 britânicos e americanos. Ao todo, 1.696 aviões de transporte e 1.348 planadores foram empregados (os planadores foram os Horsas e os Hamicars, britânicos, e os Wacos, americanos; todos feitos com lona e madeira). Eles seriam protegidos enquanto a caminho da zona de salto (ZS) e até chegarem à zona de aterrissagem (ZA) por mais de 900 caças, e outros 900 aviões desse tipo lhes dariam cobertura e patrulha na ZS. A leste, mais 1.250 P-47 estariam de prontidão contra possíveis movimentos alemães em direção à ZS, enquanto 240 B-24 lançariam suprimentos para os homens nessa área também. Levando em conta o enxame de B-17 que saturava a ZS com bombas, 9.503 aviões aliados estavam envolvidos na operação.[33]

Os objetivos dos pára-quedistas eram elevações de terrenos cobertas de florestas e que proporcionariam a observação e identificação de pontos de saída de Wesel, de travessia do Reno e de afluentes próximos. Churchill, Eisenhower, Brooke e muitos outros dignitários, além da imprensa, estavam presentes para assistir à operação. Alguns B-17 foram incumbidos de transportar fotógrafos e sobrevoar a ZS para que se tirassem fotografias. Mas o que os preocupava era o fogo antiaéreo; o vale do Ruhr e as regiões circunvizinhas, o coração industrial da Alemanha, eram os locais mais fortemente defendidos do país. As guarnições de artilharia e de canhões antiaéreos alemãs tinham anos de experiência em rechaçar ataques aéreos sobre o Ruhr, e os aviões de transporte e os planadores chegariam sob baixa altitude e lentamente (em sobrevôos de 250 metros e a 120 nós por hora), o que se daria logo após as 10 horas. Os aviões-reboque traziam atrás de si dois planadores cada um, em vez de um, como no Dia D e na Operação Market-Garden, cometimento arriscado mesmo em operações de exercícios militares.

A ZS se estendia por uns poucos quilômetros a norte e a leste de Wesel. A esquadra aérea levou duas horas e meia para cruzar a região do Reno. O tenente Ellis Scripture era o navegador do avião da vanguarda, um B-17. Foi uma experiência nova para ele voar num B-17 a 250 metros de altura e 120 nós por hora — condições de navegação perigosamente próximas das que podem causar perda de altura. Contudo, "era uma bela manhã de primavera e, para nós, foi uma tremenda emoção conduzir os C-47 ao meio do Reno. Centenas e centenas de aviões vieram em nosso rastro [...]. A maior emoção de toda a guerra foi o momento em que começamos a despejar dezenas de milhares de soldados além da barreira final para a conquista da nação alemã".[34]

O repórter Richard C. Hottelet estava num dos B-47 portando câmeras para registrar o evento. "O céu acima de nós era de um azul-claro", escreveu ele. "Lá embaixo, um solo dourado e campinas de um verde intenso eram recortados por longas sombras numa manhã primaveril. Voando a uma altitude de umas poucas centenas de metros, em manobras de grande inclinação lateral para permitir que os fotógrafos pudessem tirar suas fotos, vimos as sólidas falanges verdes-oliva de transportadores de tropas, aviões-reboque e planadores avançando em fila [...]. Era como um poderoso rio verde-oliva que avançava firmemente sobre a Alemanha."

Vencida a zona do rio, nas fímbrias da ZS, sobre as quais os grandes bombardeiros e os caças tinham acabado de lançar suas bombas, a cena era outra: "Aqui, não havia luz do sol; aqui, no centro de uma terra verdejante e fértil, o local era, clara e notoriamente, uma zona de morte. A fumaça parecia uma mortalha." Os canhões antiaéreos alemães ganharam vida. O avião de Hottelet foi atingido; ele teve que saltar de pára-quedas, mas, felizmente, somente quando o avião havia tornado a alcançar a margem ocidental do rio, onde o repórter aterrissou seguramente, entre amigos.[35]

Horas antes, na manhã desse mesmo dia, antes de os aviões partirem, "Axis Sally" dissera aos homens da 17ª DIA pelo rádio que deixassem seus pára-quedas em casa, pois poderiam chegar ao solo descendo apoiados nos projéteis do fogo antiaéreo alemão. Ela não mentira. O número de disparos das armas antiaéreas e terra-a-terra foi o maior entre todas as operações aéreas da guerra. Um oficial americano, veterano do salto de pára-quedistas sobre a Normandia, disse que "não houve nada igual", ao passo que um oficial britânico, igualmente experiente, disse que "essa operação de desembarque aéreo fez as operações em Arnhem parecerem um piquenique dominical".[36]

O sargento Valentin Klopsch, no comando de um pelotão de engenheiros alemães abrigado num estábulo situado a cerca de dez quilômetros ao norte de Wesel, nos dá uma descrição direta da operação. Primeiro, houve o bombardeio aéreo; depois, o da artilharia, os quais puseram em pânico os adolescentes de seu pelotão. Quando o tiroteio cessou, eles se sentiram grandemente surpresos ao verem que ainda estavam vivos, mas ficaram também muito abalados. Os jovens soldados se levantaram, começaram a espiar em torno e entregaram-se a efusivas e mútuas felicitações por terem sobrevivido. Klopsch e outros poucos veteranos disseram a eles que se abaixassem, pois o inimigo estava voltando.

— E, agora, escutem — disse Klopsch.

"Procedentes da outra margem do Reno, roncos estrondosos e fortes estampidos ressoavam nos céus. Como que em ondas vigorosas de uma praga de insetos, aeronaves se aproximavam a várias altitudes. E, depois, pára-quedistas saltavam delas; seus pára-quedas pareciam abrir-se como cogumelos. Era como se colares de pérolas se soltassem dos aviões."

As guarnições das baterias antiaéreas da Luftwaffe, que haviam achado que seu dia tinha terminado quando os bombardeios passaram, voltaram a trabalhar. O fogo antiaéreo foi intenso, "mas que superioridade do inimigo em armas, homens e equipamento. O céu estava cheio de pára-quedistas, mas outros grupos continuavam a saltar dos aviões. E sempre o terrível e estrondoso ronco deles em vôos a baixa altitude. Tudo à nossa volta parecia girar como um redemoinho". Os americanos se organizavam em esquadrões e pelotões, assentavam seus morteiros e eles também começavam a trabalhar. E atacaram o estábulo em que Klopsch e seus homens se abrigavam. O pelotão alemão atirou até ficar sem munição, quando, então, Klopsch exibiu uma bandeira branca.

— Nisso, os americanos se aproximaram, mascando chicletes, cabelos arranjados como os dos Cherokees, mas com Colts na cintura. — Ele e os sobreviventes de seu pelotão foram levados em marcha para uma cadeia de prisioneiros de guerra improvisada numa fazenda e receberam ordens para se sentarem e não se moverem. Décadas depois:

— Que descanso maravilhoso, depois de todos aqueles bombardeios e tiros de barragem terríveis — disse o sargento alemão.[37]

Os C-46 levaram uma surra das baterias antiaéreas alemãs. Essa era a primeira vez que eram usados para transportar pára-quedistas. O avião tinha uma porta em cada um dos lados da fuselagem, o que proporcionava aos pára-quedistas uma saída mais rápida, grande vantagem sobre os C-47, que tinham uma única porta. Mas o que se descobriu somente tarde demais foi o fato de que o sistema de combustível dos C-46 era altamente vulnerável ao fogo inimigo. Quatorze dos 72 C-46 se incendiaram assim que foram atingidos. Outros oito caíram; em cada um desses casos, os pára-quedistas conseguiram abandonar o avião, mas a tripulação, não.

Para os planadores, a operação foi terrível. O céu estava tomado por explosões de projéteis e balas traçantes. Projéteis de metralhadoras rasgavam-lhe a lona. Os pilotos — todos tenentes, a maioria deles ainda sem idade para votar — não podiam efetuar manobras de evasão. Eles mantinham a mente fixa no objetivo que tinham de alcançar e tentavam bloquear todos os outros fatos e idéias que lhes acudiam. Mais da metade dos planadores foi duramente atingida e quase todos foram obrigados a fazer pousos forçados em meio ao fogo intenso de armas portáteis.

O praça Wallace Thompson, socorrista de uma unidade de pára-quedistas, recebeu um jipe e seguiu vôo sentado no banco do motorista, com o veículo preso à barriga de um Waco. O praça não gostou nem um pouco da idéia. Durante toda a operação, ficou dizendo aos pilotos, os tenentes John Heffner e Bruce Merryman, que preferia saltar de pára-quedas em missão de combate, mas os oficiais ignoraram suas queixas.

Assim que atravessaram o rio, os pilotos pediram que Thompson ligasse o motor de seu jipe, de modo que, assim que aterrissassem, eles pudessem destravar as presilhas que lhe fixavam o veículo ao avião e o praça pudesse se afastar com o jipe.

Ao chegarem sobre a área do alvo, em vôo a apenas alguns metros do solo, um projétil de um German 88 explodiu logo atrás do jipe de Thompson. A concussão rompeu as presilhas no nariz do avião, que chicotearam violentamente e arremessaram os pilotos para fora. Mas a explosão partiu também as cordas que prendiam o jipe, o qual foi arremessado à frente do planador, com o motor ligado, em vôo de alta velocidade e com Thompson agarrando o volante com toda a sua força. Mas ele conseguiu chegar ao solo com o veículo em perfeita aterrissagem, com as quatro rodas ao mesmo tempo, o que o tornou o primeiro homem na história a "voar" num jipe sem instrutor.

O planador aterrissou desgovernadamente e rojou-se com o bico através do solo, até parar e ficar em posição vertical. Os tenentes Merryman e Heffner conseguiram sobreviver ao abandono forçado do planador, mas foram atingidos imediatamente por balas de metralhadora: Heffner por uma, numa das mãos, e Merryman por duas, numa das pernas. Em seguida, eles rastejaram até uma trincheira e se abrigaram ali. Thompson foi com o jipe até eles.

— Que aconteceu? — disse o praça, exigente. Mas, nesse exato momento, uma bala lhe atingiu de raspão o capacete. Ele saltou do jipe e jogou-se para dentro da trincheira, onde repreendeu os pilotos e amaldiçoou todo o programa de operações com planadores.

— Suas últimas palavras — disse Merryman — foram que aquele havia sido o seu último vôo em planadores, que eles podiam matá-lo e pô-lo num deles, mas que essa seria a única forma de obrigá-lo a voar nele.

Então, Thompson cuidou de seus ferimentos e, depois de tratar outros feridos na área, levou Merryman e Heffner para um posto de socorro no jipe.[38]

Os partícipes da Operação Varsity não foram apenas protagonistas de cenas como a de um jipe "voador", mas também de um acontecimento único na história da força aérea dos Estados Unidos. Os pilotos dos planadores incumbidos de levar para a linha de frente o 194º Regimento de Infantaria Transportado por Planadores haviam sido informados, duas semanas antes do início da operação, de que mais uma companhia de infantaria era necessária para a realização da missão do 194º e de que alguns oficiais seriam os homens que comporiam essa companhia. Havia a disponibilidade de quase 200 deles. Eles tinham recebido rápidas instruções sobre táticas de combate de infantaria e uso de armas. Nessa missão, desceram ao solo sob intenso fogo da artilharia terrestre alemã, e, entre os pilotos e os soldados improvisados como homens de infantaria, houve um número considerável de baixas, mas, apesar do fogo contínuo de metralhadoras e a explosão infindável de morteiros, eles conseguiram organizar-se e fazer o seu trabalho. Horas depois, foram atacados por 200 homens da infantaria alemã, um tanque e dois canhões antiaéreos, mas conseguiram rechaçá-los. O tenente Elbert Jella danificou o tanque inimigo com sua bazuca. O blindado em retirada passou por cima de um dos canhões antiaéreos de suas próprias tropas; o outro foi capturado pelos pilotos dos planadores. Ao todo, os oficiais da força aérea que combateram como companhia de infantaria sofreram 31 baixas. Sua atuação foi comentada na *Stars and Stripes*.[39]

No posto de socorro, os tenentes Merryman e Heffner cruzaram com uma tripulação de um B-24 que fora derrubado, mas que conseguira realizar um pouso forçado sem grandes problemas. Os rapazes da força aérea contaram a eles a sua história: quando, às pressas, começaram a sair do avião em chamas, o primeiro homem a fazê-lo foi morto, o que fez com que o restante saísse com as mãos para o alto. Os alemães os levaram para o porão de uma casa de fazenda, deram-lhes algum conhaque e os mantiveram ali "enquanto eles, os alemães, se decidiam a respeito de quem estava vencendo a guerra. Pouco tempo depois, os alemães chegaram à conclusão de que a estavam perdendo e entregaram suas armas e se renderam à tripulação do bombardeiro. Os alemães foram entregues ao pessoal de sua divisão, e a tripulação seguiu para o posto de socorro". Essa foi, talvez, a única vez em que uma tripulação de bombardeiro capturou soldados de infantaria alemães.[40]

Os operadores de canhões antiaéreos da Luftwaffe, em sua quase totalidade, não queriam saber de combates terrestres. Quando os soldados da força aérea americana começavam a entrar em formação e se mover em direção aos seus objetivos, os alemães costumavam render-se. Demais, foi de grande ajuda aos homens da 17ª DIA o fato de essa unidade ter sido reforçada com a distribuição de fuzis de 57 milímetros, arma que não coiceava, pesava apenas 21 quilos, podia ser disparada apoiada nos ombros e era mais mortífera do que a bazuca.[41] Antes do fim do dia, as tropas dessa divisão tinham alcançado todos os seus objetivos, e, poucos dias depois, o encontro com as tropas de infantaria foi efetuado. O 21° Grupamento do Exército Britânico estava do outro lado do Reno e investia em direção ao leste.

Na primeira semana da primavera de 1945, os exércitos de Eisenhower tinham realizado o que ele estivera planejando desde o começo do ano — avançar suas tropas, aproximá-las do Reno ao longo de toda a sua extensão, realizar a travessia do rio ao norte de Düsseldorf — e aquilo que ele havia ousado nutrir esperanças de conseguir, qual seja, efetuar mais travessias em outros trechos do rio, no centro, com o I Exército, e ao sul, com o III Exército. A hora dos combates havia chegado. Algumas unidades de infantaria e divisões de blindados das forças aliadas enfrentaram forte resistência; outras, apenas oposição esporádica; outras mais, absolutamente nenhuma. Independentemente do que encontrassem pela frente — terreno acidentado, fortificações, mais rios para atravessar —, seus generais foram unos em lançar mão também da frase que o tenente Timmermann usara na ponte em Remagen: "Continuem avançando!"

A 90ª Divisão, no flanco esquerdo de Patton, seguiu para o leste, em direção a Hanau, às margens do Rio Meno. A divisão o atravessou em barcos de assalto na noite de 18 de março. O batalhão do major John Cochran topou com um batalhão formado por aspirantes à escola de formação de oficiais e membros da Juventude Nazista, adolescentes alemães ávidos por combater. Eles ergueram uma barricada numa vila. Quando os homens de Cochran avançaram em direção a ela, os garotos alemães abriram fogo com suas metralhadoras e mataram um americano. Cochran ordenou que a artilharia arremetesse fogo contra a barricada e a destruiu, causando a morte de três alemães.

— Um dos jovens, talvez com 16 anos de idade, pôs as mãos para o alto — disse Cochran. — Fiquei muito transtornado com a perda de um bom soldado e agarrei o garoto e tirei minha cartucheira.

Perguntei-lhe se havia mais gente como ele na cidade. Ele me olhou fixamente e disse:

"Prefiro morrer a dizer qualquer coisa a você."

Eu disse a ele que rezasse, pois iria morrer. E o golpeei no rosto com minha grossa e pesada cartucheira. Eu estava prestes a golpeá-lo novamente quando fui agarrado por trás pelo capelão Kerns. Ele disse:

"Não!"

— Em seguida, levou o garoto embora. O capelão tinha intercedido não apenas para salvar uma vida, mas também para impedir-me de cometer um assassinato. Não tivesse sido pelo capelão, eu o teria cometido.[42]

Dos instantes da travessia do Reno até o fim da guerra, todo homem que perdeu a vida morreu desnecessariamente. Foi pensando nisso que o major Cochran quase se transformou num assassino. No último dia de março, o sargento Schlemmer, da 82ª Divisão, teve uma experiência singularmente horrenda, que quase o fez sofrer um colapso nervoso. Seu escalão avançava, apoiado por um tanque. Seis pára-quedistas seguiam a bordo do blindado, enquanto ele e outros cinco seguiam-lhe o rastro, o que os liberava da preocupação com minas. Em certo momento, ouviu-se um disparo. Era de um German 88, cujo projétil atingiu a torre do canhão e cuja explosão causou violento deslocamento dos homens a bordo do tanque, matando um e ferindo os outros quatro.

— A força da explosão os arremessou para a traseira do tanque, para perto de mim — disse Schlemmer. — Eles continuaram estirados ao caírem. Então, um segundo projétil se aproximou, zunindo, mas, dessa vez, ricocheteou na parte da frente do tanque. O veículo entrou em marcha à ré e esmagou três de nossos feridos. A única coisa que pude fazer foi sentar-me, gritar e xingar, fosse talvez pela frustração de não poder ajudá-los, fosse por causa da futilidade de toda aquela guerra maldita, fosse em razão do ódio pelos alemães, por terem causado tudo aquilo. Foi algo que jamais consegui entender.[43]

Nesse mesmo dia, o cabo James Pemberton, que terminara o colegial em 1942 e entrara para o PTEE e, depois, fora designado para servir na 103ª Divisão como substituto, avançava também atrás de um tanque.

— Meus homens começaram a se desviar um pouco do rastro do tanque, e eu gritei para que se mantivessem na trilha para evitar minas. Eles o fizeram e nós prosseguimos. O tanque estava passando por cima de um número infindável de minas Schu. Eu podia vê-las saltando do solo como se fossem pipoca.

Pemberton tinha um substituto de 18 anos de idade no escalão; ele disse ao jovem soldado que subisse no tanque e se mantivesse ali, pois achou que ele ficaria fora do caminho lá em cima. De repente, um German 88 foi disparado. O substituto caiu. O tanque entrou em marcha à ré e o atropelou, esmagando-o da cintura para baixo.

— Ouvimos um grito, e alguns morteiros atingiram o "Chucrute" 88. Nosso tanque tornou a avançar. Para mim, essa foi uma das piores coisas pelas quais passei. Esse pobre rapaz tinha terminado o colegial em junho, foi recrutado, passou pelo treinamento básico, embarcou para além-mar, enfrentou 30 segundos de combate e morreu.

A unidade de Pemberton continuou avançando.

— Os alemães sempre esgotavam sua munição e, depois, se rendiam — notou.

Na esperança de poupar-se dessa asneira do inimigo, em certa vila o comandante fez um recruta judeu que falava alemão avançar empunhando uma bandeira branca e dizer aos jovens alemães que se rendessem.

— Eles deram tantos tiros nele que, depois que pararam de atirar, os socorristas tiveram que passar um lençol por debaixo de seu corpo para levá-lo embora.

Em seguida, os próprios alemães começaram a agitar uma bandeira branca. Em fila indiana, oito deles saíram de um edifício, com as mãos para cima.

— Eles eram muito arrogantes. Encontravam-se a uns dez metros de mim quando notei que o líder percebeu, de repente, que ainda tinha uma pistola no coldre, à altura do ombro. Ele levou a mão para dentro da jaqueta com dois dedos para retirá-la e a jogou para longe.

— Um de nossos rapazes gritou: "Cuidado! Ele está armado!", e veio correndo e atirando e fez que oito alemães ficassem estendidos no chão, mas eles não morreram. Eles pediram água, mas ninguém lhes deu um gole sequer. Jamais me senti mal por isso, embora eu tenha certeza de que os civis ficariam horrorizados se vissem a cena. Mas foram eles mesmos que pediram isso. Se nós não estivéssemos tão cansados, frustrados, tensos e loucos por conta dos colegas que eles mataram, isso jamais teria ocorrido. Contudo, muitas coisas acontecem na guerra, e ambos os lados conhecem os prejuízos do conflito.[44]

Hitler e os nazistas tinham envenenado as mentes dos meninos que a Alemanha estava precipitando na guerra. Em dada ocasião, o capitão F. W. Norris e seus homens, da 90ª Divisão, toparam com uma barreira. Sua companhia sofreu algumas baixas e revidou ferozmente, ferindo muitos inimigos que a guarneciam.

— O mais seriamente ferido foi um jovem sargento da SS que parecia um perfeito super-homem das idealizações de Hitler. Líder do ataque inimigo, ele agora sangrava copiosamente e precisava urgentemente de transfusão de sangue.

Um dos socorristas de Norris começou a fazer-lhe uma transfusão. O alemão ferido, que falava muito bem o inglês, exigiu saber se havia sangue judeu na transfusão. O socorrista disse-lhe que não sabia e que não ligava a mínima para isso, pois, nos Estados Unidos, isso não fazia diferença para ninguém. O alemão replicou que, se não pudesse ter a garantia de que não se tratava de sangue judeu, recusaria o tratamento.

— Eu fiquei escutando e, em certo momento, achei que era o bastante — disse Norris. — Voltei-me para esse sujeito da SS e, em termos bem claros, disse a ele que eu realmente não me importava com a vida dele, mas acrescentei que, se não fizesse a transfusão, ele morreria, com certeza. Ele olhou para mim calmamente e disse: "Prefiro morrer a ter sangue judeu dentro de mim." Portanto, ele morreu.[45]

Por volta do dia 28 de março, o I Exército tinha prorrompido dos limites da cabeça-de-ponte em Remagen. A 3ª Divisão de Blindados, do general Rose, seguiu na vanguarda, com destino a Paderborn e ao ponto de encontro com o IX Exército para fechar o cerco às forças alemãs no Ruhr. Nesse dia, as tropas de Rose avançaram impetuosamente, pelo que cobriram 150 quilômetros, o mais longo ganho de terreno num único dia de guerra efetuado por uma unidade americana. Lá pelo dia 31 de março, seus homens se encontravam envolvidos num ataque a um centro de treinamento de guarnições de tanques nas cercanias de Paderborn. Rose seguia à frente de uma coluna, em seu jipe. Ao contornar uma esquina, seu veículo bateu em cheio na traseira de um tanque Tiger. O comandante do tanque alemão, com cerca de 18 anos de idade, abriu a portinhola da torre de tiro e voltou o cano da metralhadora para Rose, enquanto lhe exigia a rendição, aos brados.

Rose, seu ajudante e o motorista saíram do jipe e ergueram os braços. Por motivo ignorado, o comandante do tanque ficou extremamente agitado — mais tarde, correu o boato, no exército americano, de que o alemão sabia que Rose era judeu, mas isso, certamente, não era verdade — e continuou com a arma apontada para Rose e a gritar com ele, enquanto gesticulava em indicação e protesto contra a pistola de Rose. Este levantou o braço direito para desprender sua cartucheira e, desse modo, deixar seu coldre cair. Mas, aparentemente, o alemão achou que ele iria sacar da pistola e, com um grito de ódio, disparou sua metralhadora diretamente contra a cabeça de Rose, matando-o instantaneamente. O ajudante e o motorista conseguiram fugir e sobreviver para contar a história. Maurice Rose foi o primeiro e único comandante de divisão a ser morto no TOGE.[46]

A escola de operadores de blindados em Paderborn tinha tanques Tiger novos em folha. Esses veículos podiam ser muito eficazes e mortíferos. Dez deles enfrentaram uma coluna de Shermans em campo aberto. Os Tigers destruíram 17 Shermans e meia dúzia de meias-lagartas, mas também sofreram algum prejuízo na ocasião. Uma das vantagens do Sherman era o fato de que conseguia girar sua torre de tiro muito mais rapidamente do que o Tiger podia fazê-lo com a sua. Em circunstâncias favoráveis, o comandante de um tanque americano podia levar a melhor e disparar primeiro. Num dado combate entre os dois, um comandante da 3ª Divisão de Blindados aproveitou-se bem dessa vantagem. Ciente de que os projéteis de 75 milímetros dos Shermans não conseguiam penetrar a blindagem do Tiger, ele fez o operador do canhão preparar uma carga com fósforo branco. Quando o Tiger se virou em sua direção, ele disparou. O projétil atingiu uma parte da blindagem situada pouco acima do compartimento do condutor e explodiu num crescendo infernal de chamas e fumaça. O capitão Cooper, que viu o confronto, relatou que "toda a blindagem na frente da torre de tiro ficou coberta por partículas flamejantes de fósforo branco, as quais também se aderiram às partes laterais do Tiger. A fumaça envolveu completamente o tanque, e o ventilador do compartimento do motor a conduziu para a cabine de operações. A guarnição do Tiger achou que o tanque estava se incendiando e o abandonou imediatamente, embora, em verdade, o tanque tivesse sofrido muito pouco dano".

O operador do tanque americano virou a torre de tiro e disparou outro projétil com fósforo branco contra outro Tiger e conseguiu atingir novamente a parte frontal do blindado e obteve os mesmos resultados.

— Portanto, o bravo e inteligente comandante tirou dois Tigers de combate sem precisar perfurar-lhes a couraça — disse Cooper.[47]

Mas esse tipo de resistência da parte do inimigo era raro. Na maioria dos casos, os tanques alemães em retirada não paravam para lutar. Geralmente, eles passavam diretamente pela vilas, em vez de usá-las como barreiras ou fortificações. Isso foi bom para as vilas, pois as instruções dos americanos eram a de demolir qualquer edificação que estivesse defendida, mas, se bandeiras brancas esvoaçassem às janelas e não houvesse nenhum soldado alemão à vista, eles as deixavam intactas.

O I e o III Exércitos estavam avançando, principalmente, pelas regiões rurais, as quais se mostravam intocadas pelos rigores da guerra. Os soldados americanos passavam as noites em casas. Nesse caso, eles davam mais ou menos cinco minutos às famílias para que abandonassem suas moradias. As famílias ficavam indignadas, mas os soldados americanos eram insistentes.

"Nenhum de nós tinha qualquer simpatia por eles, pois todos nós tínhamos sido ensinados a aceitar as conseqüências de nossas ações — aparentemente, essas pessoas acham que são vítimas de algo de cuja deliberação não participaram e, por isso, parecem achar também que estão sendo maltratadas", disse o tenente Max Lale numa carta enviada para casa em 30 de março. Entre o pessoal que cuidava dos prisioneiros alemães corria a piada de que todo alemão tinham um primo em Milwaukee.[48]

As moradias rurais alemãs também tinham os seus confortos materiais — eletricidade, água aquecida, privadas com descarga, papel higiênico branco e macio —, tais como a maioria das pessoas achava que, em 1945, existiam somente nos Estados Unidos. Em sua primeira noite numa casa, o praça Joe Burns passou cinco minutos debaixo de um chuveiro com água quente. Cinqüenta e um anos depois, ele os classificou como "os cinco minutos mais requintados de minha vida. Jamais antes ou desde então tive um deleite genuíno como esse".[49] O praça David Webster nos fala da ocasião em que pôde lavar as mãos numa pia:

— Era o nosso meio. Um grupo pequeno e sociável, uma casa limpa e bem iluminada [com cortinas de blecaute], uma xícara de café — um paraíso.[50]

As coisas estavam melhorando, embora ainda houvesse muita Alemanha para ser conquistada.

19

A VITÓRIA

1º DE ABRIL A 7 DE MAIO DE 1945

PRIMEIRO DE ABRIL DE 1945. É chegada a Páscoa. Em muitos lugares, a celebração da Ressurreição uniu os soldados americanos e os civis alemães. O sargento Lindy Sawyers e seu esquadrão, da 99ª Divisão, instalaram-se numa casa grande o suficiente para permitir que sua dona e suas duas pequenas filhas permanecessem ali. Ele nos conta que, na véspera da Páscoa, "entrei na casa e ouvi um choro lamuriante vindo da dona da casa e de suas filhas".

Ele perguntou o que havia de errado e foi informado de que alguns de seus homens tinham encontrado e roubado o bolo da Páscoa. Sawyers investigou e achou os dois recrutas que tinham cometido o delito. E devolveu o bolo aos legítimos donos.

— Houve grande alegria, e me senti virtuoso, pelo menos por alguns segundos.

O praça Joe Bombach, da 99ª Divisão, trabalhava como músico profissional antes da guerra. Ele "confiscou" um violino e foi à missa com um colega que era pianista. Como na igreja havia um órgão, ambos começaram a tocar, cada qual o seu instrumento. Com a igreja cheia, os alemães pediram que continuassem. E eles o fizeram por mais três horas.

— Os alemães adoraram. Achei que foi um dos mais memoráveis acontecimentos que tivemos. Ele nos uniu a todos por um dia.

O sargento Oakley Honey, da mesma unidade, nos relata que, no dia em que os homens de seu esquadrão deixaram a casa em que se haviam instalado, "sua dona deu uma lembrança a cada um dos soldados quando ele partiu. Quando chegou a minha vez, vi lágrimas nos olhos da velha senhora no momento em que ela pôs um ovo de páscoa decorado em minha mão. Nós os havíamos tratado bem e não tínhamos incomodado a parte principal da casa. Por isso, ficaram gratos. Na guerra, havia um acordo tácito. Se você tivesse que lutar por uma cidade, tudo nela era seu. Se nos permitissem entrar nela sem oposição, tratávamos sua população de um modo muito melhor".[1]

Para o artilheiro Max Lale, a Páscoa alemã "lembrou-me um pouco a de nossa própria terra natal", disse ele numa carta enviada à esposa em 2 de abril. "As crianças alemãs estavam nas ruas à procura de ovos coloridos, assim como fazem as nossas. A maioria das famílias da cidade deu ovos de páscoa aos nossos soldados."[2]

No Domingo de Páscoa de 1944, o exército americano não tinha nenhum soldado nem nenhum tipo de veículo no Continente Europeu ao norte de Roma. Os aeronautas americanos tiveram forte presença nos céus da Alemanha, mas, em terra, os únicos americanos na Alemanha eram prisioneiros de guerra. Um ano depois, contavam-se mais de um milhão de prisioneiros americanos na Alemanha, a maioria dos quais tinha sido civil em 1943, e muitos deles em 1944. Dezenas de milhares de veículos americanos, caminhões de duas toneladas e meia, jipes, DUKWs, blindados de transporte de tropas, peças de artilharia móvel, artilharia e LCVPs a reboque e outros tipos de equipamentos avançavam pelas *Autobahnen* e estradas secundárias, protegidos por milhares de aviões, cuja envergadura ia dos Piper Cubs aos B-17 e B-24 — a maioria deles fabricada em 1943 ou 1944, alguns em 1945.

O capitão Lale nos dá uma descrição dessa movimentação: "Dia após dia, avançávamos pelas estradas alemãs, aprofundando-nos cada vez mais pelo interior do país. Aqui, estradas de terra; ali, Autobahn, mas sempre fervilhando com veículos do exército em avanço. Você tinha a sensação de que as forças do exército eram as águas de imensa enchente invadindo áreas rurais, encimada por fúria e violência nas cristas de suas ondas e depositando os destroços de sua passagem em enormes remansos. Você se move com a correnteza, e ela o faz avançar quase sem esforço."[3]

Nas vilas e nas pequenas cidades na região central da Alemanha, os civis ficavam nas calçadas, temerosos e impressionados com essa exibição

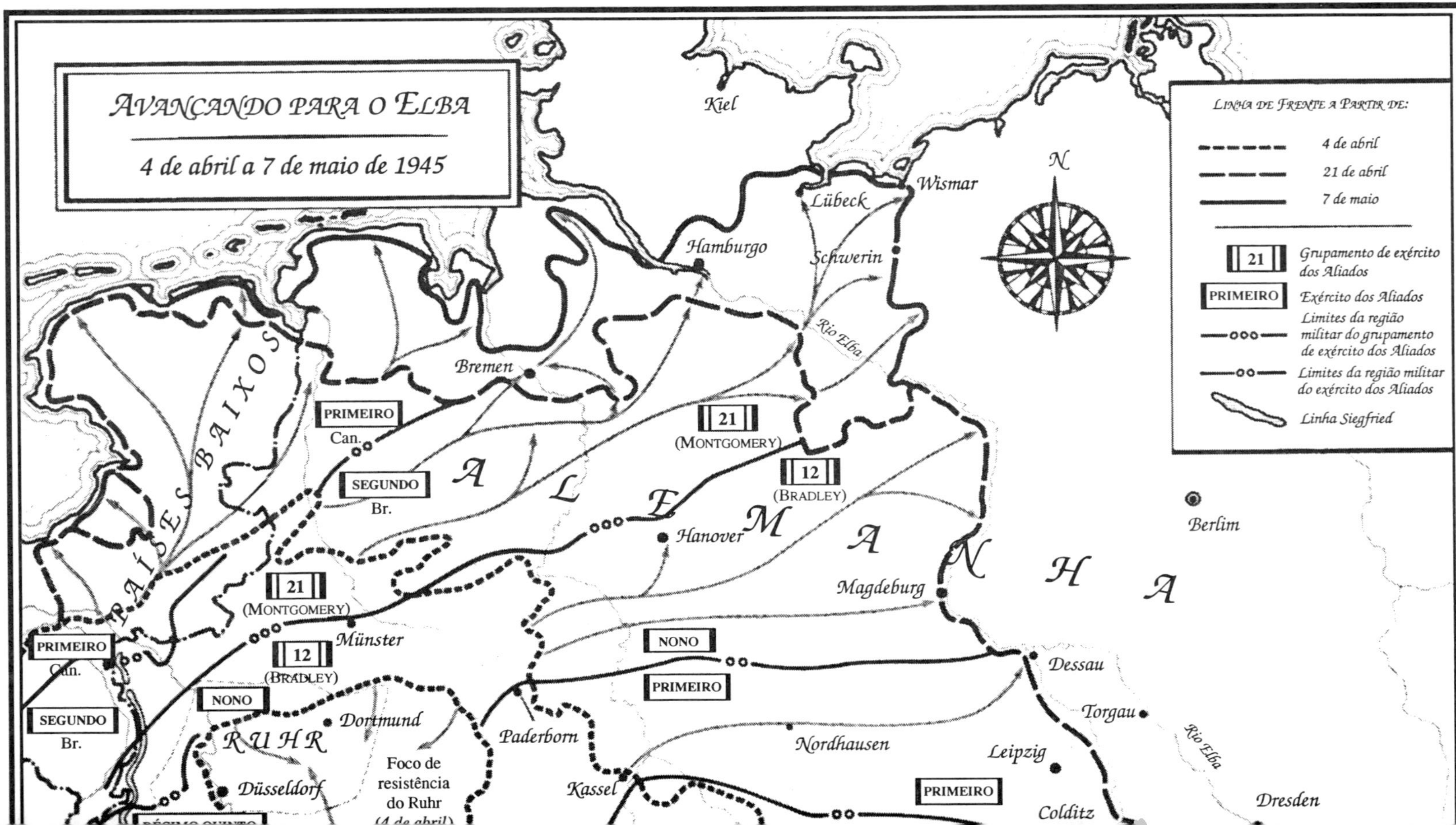

AVANÇANDO PARA O ELBA
4 de abril a 7 de maio de 1945
LINHA DE FRENTE A PARTIR DE:
4 de abril
21 de abril
7 de maio
Grupamento de exército dos Aliados
Exército dos Aliados
Limites da região militar do grupamento de exército dos Aliados
Limites da região militar do exército dos Aliados
Linha Siegfried
N
Kiel
Lübeck
Wismar
Hamburgo
Schwerin
Rio Elba
Bremen
PRIMEIRO
Can.
SEGUNDO
Br.
21
(MONTGOMERY)
12
(BRADLEY)
PAÍSES BAIXOS
ALEMANHA
Hanover
Magdeburg
Berlim
Münster
NONO
Dessau
Torgau
Dortmund
RUHR
Paderborn
Nordhausen
Foco de resistência do Ruhr
Düsseldorf
Kassel
Leipzig
Colditz
Dresden

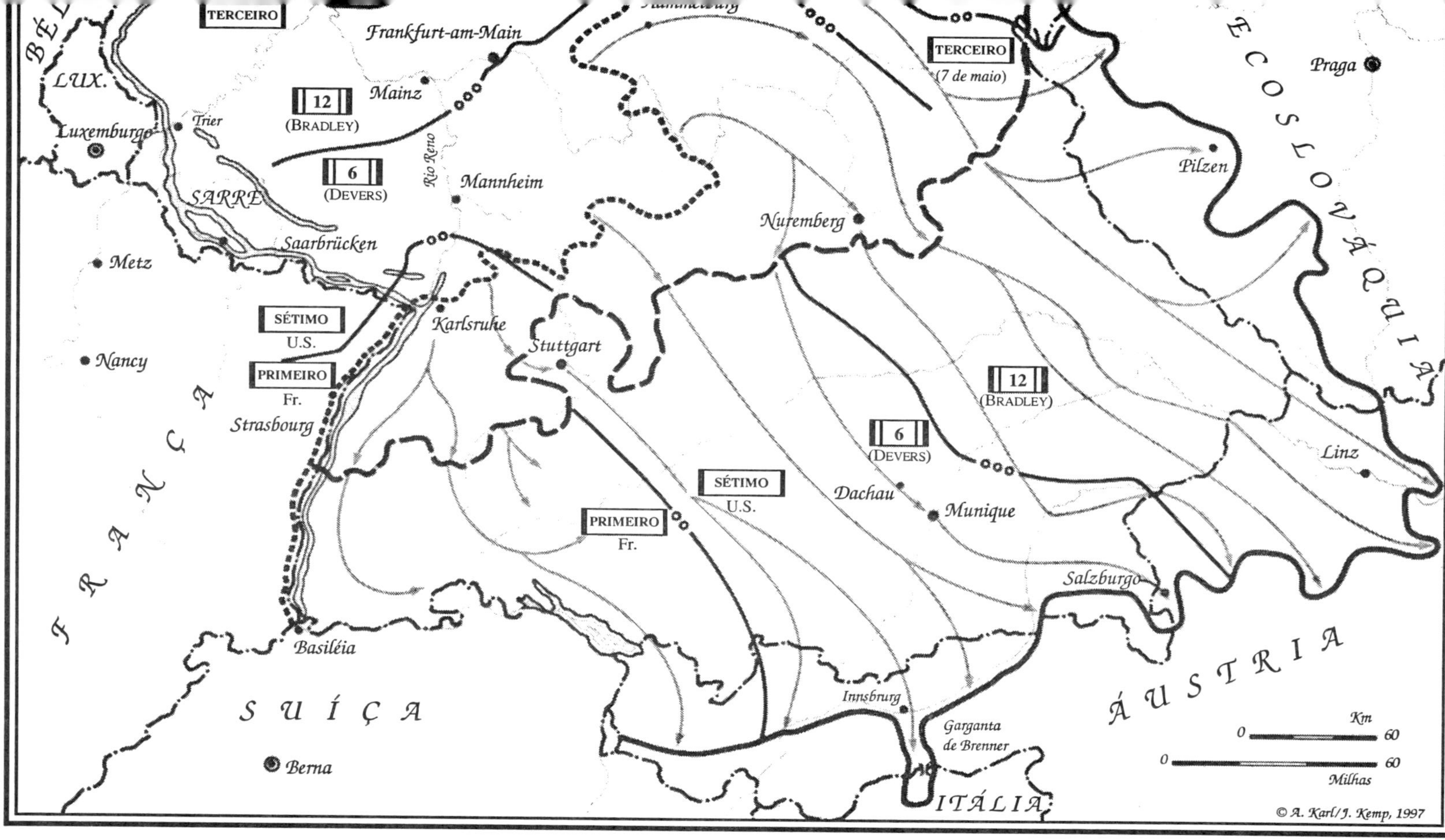
BÉL
LUX.
Luxemburgo
Trier
SARRE
Metz
Nancy
TERCEIRO
Frankfurt-am-Main
Mainz
12
(BRADLEY)
6
(DEVERS)
Rio Reno
Mannheim
Saarbrücken
SÉTIMO
U.S.
PRIMEIRO
Fr.
Strasbourg
Karlsruhe
Stuttgart
F R A N Ç A
Basiléia
S U Í Ç A
Berna
Nuremberg
TERCEIRO
(7 de maio)
Pilzen
Praga
ECOSLOVÁQUIA
12
(BRADLEY)
6
(DEVERS)
SÉTIMO
U.S.
PRIMEIRO
Fr.
Dachau
Munique
Linz
Salzburgo
Innsbrurg
Garganta de Brenner
ITÁLIA
Á U S T R I A
Km
0
60
0
60
Milhas
© A. Karl/J. Kemp, 1997

de capacidade de mobillização e poder de fogo. Poucos deles acalentavam ilusões a respeito do desfecho da guerra. Churchill dissera certa vez: "O bárbaro está sempre em seu pescoço ou nos seus calcanhares." Os soldados americanos concordavam com isso. Os civis alemães mais velhos com os quais tiveram contato disseram aos americanos que jamais haviam sido nazistas, nunca confiaram em Hitler e não tinham outro desejo senão o de ver o fim da guerra para que pudessem prosseguir com suas vidas. Ademais, sentiam-se contentes com o fato de que, em vez de tropas soviéticas ou francesas, haviam sido os americanos os que haviam ocupado suas cidades e podiam, ainda que com sacrifício, fazer algo por eles.

Já os jovens alemães tinham uma atitude diferente, e o número destes não era composto apenas dos adolescentes da *Volkssturm*. Em determinada cidade, o praça Honey encontrava-se de pé ao lado de um senhor alemão e um menino com seus 10 anos de idade. Quando os Shermans e os novos Pershings (o primeiro tanque pesado americano, armado com um canhão de 90 milímetros) passaram, o menino disse:

— *Deutsches Panzer lind besser.*

O velho senhor disse ao garoto que se calasse, mas ele tornou a repetir o que dissera. Honey olhou para o menino e perguntou:

— Se os tanques alemães são melhores, por que não estão aqui?[4]

Os tanques alemães ainda operantes e afortunados o bastante para poderem dispor de algum combustível estavam em franca retirada, tanto na frente de batalha da Europa Oriental quanto na da Europa Ocidental. Enquanto isso, o Exército Vermelho se aproximava de Berlim. Os nazistas estavam embarcando barras de ouro — um total de cem toneladas, acumuladas pela rapinagem de blocos e dentes de ouro extraídos das arcadas dentárias dos judeus assassinados em Auschwitz e em outra dúzia de campos — e os conteúdos das galerias de arte de Berlim, bem como das obras artísticas que tinham pilhado das galerias de arte da Europa — para Merkers. Ali, esse tesouro era escondido numa profunda mina de sal. Quando os americanos começaram a aproximar-se de Merkers, os alemães tentaram arredar essas riquezas do caminho do inimigo, mas, no dia 1º de abril, os trabalhadores das ferrovias alemãs insistiram em gozar o tradicional feriado da Páscoa e se recusaram a trabalhar. O dr. Josef Goebbels, ministro da propaganda nazista, escreveu em seu diário: "É de arrancar os cabelos pensar que a Reichsbahn está comemorando o feriado da Páscoa enquanto o inimigo saqueia nossos depósitos de ouro."[5]

Quando os americanos chegaram a Merkers, descobriram a existência da mina. Poucos dias depois, Eisenhower e Patton visitaram-na e, lá, desceram, por um de seus poços, até uma profundidade de 800 metros.

— Deus do Céu, Ike! — exclamou Patton, maravilhado.

E propôs que o poço fosse lacrado e que o tesouro fosse deixado ali mesmo. Depois da guerra, quando o Congresso dos Estados Unidos começasse a reduzir o orçamento militar do exército, este poderia financiar a si mesmo. Ao invés de aceitar a sugestão, Eisenhower ordenou que pusessem policiais militares na entrada da mina e deu início à tomada de providências para a transferência da pilhagem para Frankfurt, escolhida como o local do quartel-general da zona de ocupação americana, transferência que foi efetuada dez dias depois. As obras de arte foram devolvidas a seus legítimos donos; o governo americano ficou com o ouro.[6]

Outra descoberta, feita no Domingo de Páscoa por membros do III Exército, foi a de um depósito de gás tóxico alemão em Hundstadt, onde se encontravam armazenados 50 mil projéteis com carga de gás prontos para serem usados. Outros depósitos de gás foram descobertos mais tarde, incluindo cinco barcaças no Danúbio com 2.500 bombas também com carga de gás.[7] Aliás, em todo caso, os americanos tinham seu próprio estoque desse armamento. Os alemães foram, nas trincheiras da Primeira Guerra Mundial, os primeiros a fazer uso de armamentos com gás, um erro dolosamente estúpido, pois os ventos predominantes na Europa sopram do oeste para o leste. Conseqüentemente, os generais alemães na Segunda Guerra Mundial não quiserem saber do emprego de gás. Mas, logicamente, não podiam tomar uma decisão final a esse respeito, exceto Hitler. Contudo, mesmo no começo de abril de 1945, quando ele estava no auge de sua loucura e desespero, jamais ordenou o uso de gases na guerra. Aparentemente, porque fora vítima desse armamento na Primeira Guerra Mundial. Portanto, não era verdade que nada deteria Hitler; a possibilidade de o inimigo também usar gases na guerra contra ele lhe tolhia as ações nesse mesmo sentido.

Os soldados americanos ficaram surpresos ao descobrir quanto gostavam dos alemães. Crianças belas, limpas, disciplinadas, diligentes, educadas e possuidoras de gostos e estilos de vida de classe média — para muitos soldados americanos, os alemães se pareciam "muito conosco". Já o praça Webster, da 101ª Divisão, odiava os nazistas e queria que mais vilas alemãs fossem destruídas, de modo que os alemães sofressem como os franceses, os belgas e os italianos tinham sofrido e, assim, não iniciassem outras guerras. Apesar disso, Webster sentia-se atraído pelo povo alemão. "Os alemães que tenho visto até agora têm me impressionado e deixado a idéia de que são pessoas limpas, eficientes e ordeiras", disse ele em carta enviada aos pais em 14 de abril. Segundo ele, os alemães eram freqüentadores assíduos da igreja. "Na Alemanha, todos passeiam e trabalham. Seus cidadãos são mais limpos, mais progressistas e mais ambiciosos do que os ingleses e os franceses."[8]

Com o crescimento constante da ocupação, pelos americanos, das regiões central e ocidental da Alemanha, o alto comando ordenou a adoção de uma política de não-confraternização. Os soldados americanos receberam instruções para não conversar com *nenhum* alemão, nem mesmo crianças, exceto oficialmente. Essa ordem absurda, tão obviamente contra a natureza humana, foi impossível de se fazer cumprir. Ainda assim, alguns tentaram fazê-lo. Webster nos fala de um substituto que "ficou tão obcecado pelo cumprimento da política de não-confraternização que ordenou que todas as guimbas de cigarro fossem destroçadas e que se espalhassem as migalhas pelos campos, de modo que os alemães não usufruíssem o mínimo que fosse do tabaco americano".[9]

Houve casos em que os soldados americanos maltrataram a população civil e se entregaram a uma pilhagem generalizada, especialmente de vinho, jóias, *memorabilia* nazista e outros itens pessoais. Os ex-combatentes insistem em afirmar que os piores equívocos foram cometidos pelos substitutos que haviam chegado tarde demais e não participaram de nenhum combate. Eram americanos adolescentes e podiam ser brutais, principalmente no tratamento dos prisioneiros de guerra alemães. Houve também alguns estupros, mas não muitos, pois a política do exército era identificar, julgar e, se condenados, executar os estupradores (49 soldados americanos foram fuzilados por estupro ou assassinato). De um modo geral, contudo, podemos dizer que as forças de ocupação americanas e britânicas, em comparação com os outros exércitos conquistadores na Segunda Guerra Mundial, agiram correta e honradamente. Temos, como exemplo dessa comparação, o caso de uma moradora de Königsberg, quando de sua ocupação pelo Exército Vermelho, que nos revela que, depois de ela e suas amigas terem sido estupradas repetidas vezes, "pedimos insistentemente aos soldados que nos matassem, mas eles responderam, invariavelmente, que "os soldados soviéticos não matam mulheres, somente os soldados alemães fazem isso'".[10]

Portanto, os moradores alemães das regiões ocupadas pelos americanos tiveram sorte e, também, consciência disso. Eles faziam o melhor que podiam, a maioria deles para agradar os americanos, e conseguiram fazê-lo com razoável sucesso. Havia, entre ambos, algo que se aproximava de uma admiração mútua. Isso fez que os americanos duvidassem do que tinham ouvido falar sobre os alemães.

"O inimigo não poderia ter se transformado tão rapidamente de um bruto num ser humano adorável. Portanto, os soldados americanos são praticamente forçados a concluir que haviam estado enceguecidos por medo e ódio e pela propaganda de seu próprio governo", disse em seu livro, com acerto, Glenn Gray.[11] O tema central das relações teuto-americanas na primeira semana de abril de 1945 foi a harmonia.

Aluno do programa PTEE, o cabo Foehringer serviu na 106ª Divisão. Capturado, juntamente com outros quatro colegas, no Domingo de Páscoa, o inimigo tratou de fazê-los marchar para o leste, a fim de ficarem longe do exército americano, que avançava. Em certo ponto da marcha, Foehringer e seus homens conseguiram sair da fila de prisioneiros, esconder-se num bosque e, portanto, escapar. E começaram a marchar em direção ao oeste. Perto da vila de Versbach, alguém atirou neles. Eles correram. Ao chegarem ao topo de uma colina, viram dois senhores idosos acenando para eles, indicando com os braços que os americanos se aproximassem. Eles o fizeram. Os alemães lhes mostraram uma caverna e deram a entender que ficassem escondidos nesse local. Assim, os americanos passaram a noite ali, de onde puderam ver e ouvir o exército alemão seguindo para o leste.

De manhã, Foehringer relatou, "dois garotos vieram até a caverna e trouxeram com eles pão de centeio, toucinho e uma espécie de arremedo de café. Quente!!! Não tínhamos como nos comunicar com eles, mas eles conseguiram nos fazer entender que devíamos permanecer ali. Isso continuou até 5 de abril. No fim da tarde do dia 6 de abril, os meninos vieram correndo até a caverna e começaram a exclamar: '*Amerikaners komme, Amerikaners komme!*'* Diante disso, nós e os garotos descemos a colina correndo em direção a Versbach. Todas as pessoas da vila estavam em

* "Os americanos chegaram, os americanos chegaram!" (N. T.)

volta de um jipe no centro da praça e, em cima do capô do veículo, estava um sargento americano brandindo em movimentos circulares uma 45.

Eles descobriram que o sargento era um dos mecânicos de uma unidade de peças antitanque da retaguarda e que se havia embriagado e resolvera ir para a linha de frente para conhecê-la. Ele simplesmente roubara um jipe e partira. Não tinha a mínima idéia de onde estava, mas nutria a esperança de que Foehringer soubesse. De sua parte, antes de se arriscar a atravessar a linha de frente inimiga a partir de seu próprio território, Foehringer quis agradecer aos que o haviam ajudado.

— Todos os jipes americanos tinham baús com todo tipo de coisa — disse ele. — Barras de chocolate, rações, bandagem e suprimentos médicos. Assim, abrimos o baú e atiramos tudo para o povo.

Em seguida, todos os cinco soldados americanos subiram no jipe.

— Não havia sobrado muito de nós — disse Foehringer, como explicação do fato de todos terem podido embarcar no veículo.

— Eu estava pesando 45 quilos, e os outros também. Portanto, nosso peso total era de apenas uns 250 quilos.

O sargento os levou para o oeste, em direção a Würzburg. Foehringer viu "meias-lagartas, tanques e caminhões alemães em chamas e corpos de soldados estendidos pelas beiras da estrada, mas nenhum sinal de tropas, nem nossas, nem deles". Perto de Würzburg, alcançaram a linha de frente da 42ª Divisão, sãos e salvos. E relataram às tropas amigas que não havia nenhuma linha de frente alemã.*

No Domingo de Páscoa, o 21º e o 12º Grupamentos do Exército se encontraram perto de Paderborn, em fechamento do cerco no Ruhr. Cerca de 400 mil soldados alemães foram encurralados, enquanto o restante da Alemanha nazista ficou impedida de ter acesso aos seus estoques de

---

* Trinta anos depois, Foehringer, acompanhado de sua família, retornou a Versbach. Ele jamais soubera o nome dos meninos que o haviam ajudado, mas, depois de investigar, descobriu os nomes de dois irmãos cuja idade coincidia mais ou menos com o tempo decorrido dos fatos. Ele foi até a casa de um desses irmãos e foi recebido pela senhora da casa, que, ao vê-lo, disse ao marido, aos brados:

— *Mein Gott*, é o americano!

Seu marido veio correndo. Os dois homens se reconheceram imediatamente e se abraçaram. O outro dos irmãos foi chamado a comparecer também ao encontro festivo. As famílias exultaram e comemoraram muito o acontecimento. Foehringer ofereceu-lhes um grande jantar no restaurante local. (Memórias de Roger Foehringer, EC.) (N. A.)

armas e munição. Eisenhower se pronunciou ao povo alemão, por meio de panfletos e pelo rádio, e exortou os soldados inimigos a se renderem e recomendou que o povo começasse a fazer o plantio de comestíveis. Descreveu-lhes o quadro da situação inauspiciosa em que se encontravam e os advertiu de que resistências futuras apenas lhes acarretariam, em maior proporção, outras misérias.[12]

A maioria dos alemães concordou sinceramente com o alvitre. Milhares de soldados abandonaram suas armas, tiraram seus uniformes, vestiram roupas de civis e seguiram para casa. Os fazendeiros começaram a revolver o solo, mesmo nos casos em que tiveram que usar a força humana em vez da tração animal. Mas um grupo de homens manteve aceso o foco de resistência, entre eles homens da SS, membros da Juventude Nazista e os aspirantes à escola de oficiais. Muitos deles eram fanáticos; quase todos eram simples garotos. Não sabiam muita coisa a respeito de como se fazer uma guerra, mas eram tão temerários e estavam tão bem armados que podiam causar danos consideráveis. O praça Erich Womelsdorf, 21 anos de idade, da 11ª Divisão de Panzer, combatente dos campos da União Soviética e da França, nos dá uma descrição do que vira.

— Chegaram dois caminhões procedentes de Berlim, cheios de adolescentes, com 15, 16 anos de idade. Cada um deles portava um *Panzerfaust* novo em folha. E saíram à caça do inimigo. Seguiram por uma estrada sinuosa até os Montes Harz, onde se esconderam e aguardaram a passagem do próximo tanque. Quando ele chegou, eles o atingiram pelo flanco e, em seguida, fugiram, para, depois, continuar a fazer o mesmo jogo. E não havia como encurralá-los. Isso, de certo modo, atrasou o avanço dos americanos, mas essa operação não gerou resultados significativos. O comandante de minha divisão se recusou a aceitá-los na unidade. Ele disse: "Jamais arcarei com essa responsabilidade."[13]

Milhares de soldados rasos alemães também continuaram lutando. Muitos deles estavam na frente de batalha involuntariamente — o receio que tinham da Gestapo era maior do que o que tinham dos soldados americanos —, mas um número impressionante deles estava lá porque achava que esse era o seu dever. Assim como a maioria dos que continuavam a combater, o major Hannibal von Lüttichau tinha motivações conflitantes.

— Minha esperança era a de que os americanos se apressassem e pusessem logo um fim àquilo tudo, pois não esperávamos nada de bom dos soviéticos — disse ele numa entrevista em 1995.

Contudo, ele continuava a combater os americanos, pois:

— Precisávamos resistir quanto possível para mantermos a consciência tranqüila; não podíamos trair nossa terra natal. Isso era algo de que todos os soldados tinham consciência.[14]

Mas havia outra motivação. O tenente Wenzel Andreas Borgert no-la descreve da seguinte forma:

— A insistência dos Aliados numa rendição incondicional nos fez combater por mais tempo — disse ele em 1995. — A fome, os piolhos, a exaustão, o frio — você jamais poderia entender. E dia após dia de ansiedade e baixas. Meu amigo levou um tiro na cabeça e perdeu um dos olhos, mas eu parecia não conseguir mais sensibilizar-me. Ainda tenho estilhaços de explosões na cabeça. Todos os soldados amaldiçoam a guerra.[15]

Todavia, ele continuou a fazer guerra.

E, uma vez que Borgert e tantos outros prosseguiram com os combates, as forças americanas continuaram a sofrer baixas. Uma delas foi o tenente Will Rogers, Jr., da 7ª Divisão de Blindados. Ele estivera na campanha desde agosto, na frente de batalha. Ele via as coisas por um prisma positivo.

— Isso é bom demais — disse ele quando, à frente da coluna, subiu em seu jipe em Chartres — e depois de dar ordens, por iniciativa própria, para que se poupasse a torre da catedral.

Em Verdun, sua unidade ficou sem combustível. Ele aproveitou a oportunidade para levar seu pelotão ao cemitério americano em St.-Mihiel. Obtido o combustível no dia seguinte, seguiu com seu veículo em patrulha de reconhecimento através do labirinto de trincheiras feito durante a Primeira Guerra Mundial. Rogers pegou o rádio e começou a explicar aos homens de seu pelotão os detalhes da Batalha de Verdun.

— Um milhão de soldados tombaram — disse ele.

De repente, ouviu o clamor forte e agudo do comandante de sua força-tarefa:

— Tenente Rogers — lutemos em uma guerra de cada vez!

Rogers ganhou uma Medalha de Bronze por sua atuação na Batalha das Ardenas. Depois de atravessar o Reno em Remagen, ele se encontrava, no Domingo de Páscoa, no jipe da vanguarda, como sempre. Ao contornar uma curva, um disparo de *Panzerfaust* lhe atingiu o veículo e ele foi ferido na cintura por um estilhaço.

— Ferido no foco de resistência do Ruhr — disse.

Ele não considerou o seu um "ferimento de um milhão de dólares".

— Evacuado para a Inglaterra — disse, queixoso. — Nem cheguei a encontrar-me com os soviéticos.[16]

Eisenhower estava em condições de enviar seus exércitos aonde desejasse. Montgomery queria que ele cedesse o I Exército ao 21º Grupamento do Exército Britânico e permitisse que este se juntasse ao IX Exército para o lançamento de uma investida contra Berlim — sob seu comando. Hodges também desejava a tomada de Berlim, e bem assim Simpson, Patton, Brooke e Churchill. Mas Bradley não desejava isso, nem Eisenhower. Em parte, suas razões eram políticas. Na Conferência de Yalta, os Três Grandes* tinham estabelecido um acordo pelo qual dividiriam a Alemanha em zonas de ocupação, e Berlim, em setores de ocupação. Na região central da Alemanha, o Rio Elba era a linha demarcatória da divisão da Alemanha entre seus conquistadores. Se o IX Exército, de Simpson, e o I Exército, de Hodges, conseguissem atravessar o Elba e avançar para Berlim, eles tomariam território que teria que ser devolvido às forças de ocupação soviéticas; se eles ocupassem Berlim, teriam que abrir mão de mais da metade da cidade para o Exército Vermelho. Então, Eisenhower solicitou a Bradley uma estimativa do custo de uma eventual tomada de Berlim. Cerca de cem mil baixas, respondeu Bradley, e acrescentou que isso era "um preço muito alto por um objetivo prestigioso, principalmente quando temos que recuar e deixar o outro sujeito assumir seu controle".[17]

Além disso, Eisenhower acreditava que, se os americanos tentassem disputar com os soviéticos uma corrida pela tomada de Berlim, os primeiros a perderiam. O IX e o I Exércitos estavam a 400 quilômetros de Berlim; o Exército Vermelho se encontrava às margens do Rio Oder, a menos de cem quilômetros da cidade. E o Exército Vermelho estava ali em grande número — com mais de 1,25 milhão de soldados.

Outro ponto a considerar: o objetivo de Eisenhower era vencer a guerra e, portanto, banir a carnificina o mais rapidamente possível. Cada novo dia de guerra significava mais mortes para os internos dos campos de concentração, para os milhões de trabalhadores escravos na Alemanha, para

* Winston Churchill, Franklin D. Roosevelt e Joseph Stalin. (N. T.)

os prisioneiros de guerra aliados. Se ele concentrasse sua atenção e suas forças em Berlim, os alemães na Baviera e na Áustria, onde muitos dos campos de prisioneiros e de trabalho escravo estavam localizados, seriam capazes de resistir pelo tempo que só Deus poderia avaliar.

Há um paralelo aqui com o fim da Guerra de Secessão. Pouco antes da rendição em Appomattox, alguns dos homens do estado-maior de Robert E. Lee lhe sugeriram que desmontasse o exército da Virgínia do Norte e ordenasse que seus homens se dispersassem pelas montanhas da Virgínia Ocidental, onde, como pequenos grupos, poderiam empreender guerra de guerrilha. Lee ficou estupefato com a sugestão e replicou que não poderia haver nada pior para o Sul do que ter bandos armados vagando pelo interior do país, sem disciplina nem orientação.

Mas Hitler não era nenhum Lee. E os homens da SS e da Juventude Nazista não eram apenas fanáticos, mas também estavam armados com as mais modernas armas, o que dava a alguns de seus pequenos grupos um poder de fogo maior do que o de que pudera dispor o exército da Virgínia do Norte no auge de suas forças. Mesmo depois da rendição no Ruhr, os alemães jamais ficaram sem armas ou munição. Aqueles garotos podiam obter todos *Panzerfaust*, esmagadores de batatas, metralhadoras, submetralhadoras, fuzis, minas Schu que conseguissem carregar. Se tivessem um pouco de sorte e lograssem obter combustível, podiam dispor de tanques Tiger, Germans 88 e outros armamentos pesados. Essa combinação de adolescentes fanáticos e muitas armas e munição criou uma situação infernal.

Depois da rendição dos meados de abril, na qual 325 mil soldados (mais 30 generais) se entregaram aos Aliados no foco de resistência do Ruhr, a Wehrmacht entregou os pontos. Sem munição e combustível, o tenente Günter Materne, membro da artilharia alemã encurralado no cerco ao foco de resistência ("onde tudo estava em completa confusão"), destruiu seu canhão móvel.

— No posto de comando, o comandante de nosso regimento de artilharia, sofreando as lágrimas, nos disse que tínhamos perdido a guerra, que todas as vítimas tinham morrido em vão. A chave de código "lobisomem" tinha sido emitida pelo posto de comando de Hitler. Isso significava que todos tínhamos que nos dividir em pequenos grupos e seguirmos para o leste.

Não foram muitos os que fizeram isso, observou Materne. Os veteranos simplesmente se sentaram e aguardaram a chegada dos americanos.[18]

Não houve nenhuma tentativa do exército regular de manter uma linha de frente.

Já o caso da *Volkssturm*, da Waffen SS e da Juventude Nazista foi outro. Seus homens combateram ferozmente e causaram grandes prejuízos ao inimigo. Os soldados americanos nunca sabiam, quando os seus jipes de vanguarda contornavam uma curva, o que havia pela frente. Se adolescentes inexperientes estivessem ali, abriam fogo — na maioria das vezes, com *Panzerfaust* — contra o jipe. E os americanos se lançavam em investidas esmagadoras contra a vila. A frase "Não vou ser o último homem a ser morto nesta guerra" traduz o sentimento predominante então. Assim, quando um desses adolescentes atirava neles, os americanos descarregavam sobre os jovens alemães uma chuva de projéteis. Era caos e catástrofe, provocados sem necessidade — mas Hitler tinha educado esses jovens justamente para isso. Os fanáticos estavam forçando os americanos a fazerem aos civis e às cidades alemãs o que o próprio Hitler queria fazer-lhes, pois eles se haviam mostrado "indignos" do Führer.

O receio dos Aliados era que Hitler conseguisse encorajar, pelo rádio, esses bandos armados a continuarem lutando. Sua voz era a sua arma. Se lograsse chegar aos Alpes Austríacos, ele poderia conseguir cercar-se de tropas da SS e usar o rádio para pôr sua voz em ação.

Era exatamente isso o que estava acontecendo, de acordo com agentes do Comando de Operações Estratégicas. O pessoal do G-2 do SHAEF era da mesma opinião. Já em 11 de março, o pessoal do G-2 declarara: "A tendência principal da política de defesa dos alemães parece direta e primacialmente voltada para a salvaguarda da Zona Alpina. Essa região é praticamente impenetrável [...]. Evidências indicam que números consideráveis de tropas da SS e unidades especialmente escolhidas estão sendo sistematicamente transferidos para a Áustria [...]. Defendidas pela natureza, as forças que até aqui guiaram a Alemanha poderão sobreviver para providenciar seu ressuscitamento [...]. Ali, um corpo de tropas formado por jovens especialmente selecionados será treinado em táticas de guerrilha, de modo que um exército de resistência inteiro possa ser preparado e orientado para libertar a Alemanha."[19]

Em setembro de 1944, o serviço de inteligência do SHAEF havia declarado que o exército alemão estava morto. Em meados do mês de dezembro desse mesmo ano, o serviço de inteligência ignorara, inadvertidamente, a mobilização do maior exército que os alemães haviam montado na frente de batalha da Europa Ocidental. Depois de pagar em dezembro um preço tão alto por sua subestimação da força do inimigo, o serviço de inteligência do SHAEF agiu de modo inteiramente contrário em março de 1945, ao repassar a Eisenhower um relatório grosseiramente exagerado ("Armamentos serão produzidos em fábricas à prova de bombardeios; alimentos e equipamentos serão armazenados em vastos galpões subterrâneos, juntamente com as mais eficazes armas secretas já inventadas") e alarmista. Não obstante, por trás dessa nova atitude do pessoal do serviço de inteligência, havia um fundo de verdade. Embora as fábricas e os armazéns subterrâneos pudessem ser imaginários, o rádio e Hitler como ameaças não o eram. Ele podia pedir que seus fanáticos resistissem e resistissem até que os aliados ocidentais e os soviéticos travassem uma guerra entre si.

Havia muitos que acreditavam nessa possibilidade. O capitão John Cobb, da 82ª DIA, encarregado de um complexo de prisioneiros temporário, nos fala de um incidente ocorrido no dia da rendição do foco de resistência no Ruhr.

— O oficial alemão de mais alta graduação ali presente solicitou-me uma audiência. Eu o recebi, esperando dele alguma reclamação a respeito das condições de sobrevivência ou do tratamento ali dispensado. Em vez disso, ele solicitou permissão para unir-se a nós, juntamente com voluntários alemães, quando iniciássemos nosso ataque contra os soviéticos. Ele se mostrou incrédulo quando lhe informei que não tínhamos nenhuma intenção de combater os soviéticos.[20]

O cabo Friedrich Bertenrath narra como a guerra terminou para ele:

— Ainda havia uns 150 de nós e 40 veículos. Os americanos se aproximaram. Eles nos revistaram, mas nós não pusemos nossas mãos para cima. Depois de algum tempo, uma garrafa de gim começou a circular entre os homens. Cada um deles tomou um gole. Em certo momento, um americano disse: "Todos vocês são nossos prisioneiros." Um de nossos homens replicou: "Esqueça essa idéia de nos fazer prisioneiros. Deixe que nos juntemos a vocês para lutar contra os soviéticos." "Esqueça isso", respondeu um dos americanos. Eles eram soldados decentes. Tivemos permissão de subir em nossos veículos — eles nos deram um pouco de gasolina — e avançamos pela área como se os tempos fossem de paz. Um jipe americano seguiu na frente e outro atrás de nós, e, entre eles, 20 tanques alemães e blindados de transporte de tropas. Era um belo dia de primavera. Não havia mais aviões, nenhum Jabo sobre nossas cabeças.[21]

O sargento Bruce Egger nos fala do caso de um tenente que se entregou a ele. O tenente falava inglês perfeitamente.

— E era tão louro, sagaz e arrogante quanto uma versão hollywoodiana de um oficial nazista. Ele nos deu uma verdadeira aula a respeito das razões pelas quais, segundo acreditava, os americanos não deveriam ter declarado guerra à Alemanha. Para ele, nós deveríamos ter nos unido aos alemães no combate do verdadeiro inimigo, a União Soviética, e acrescentou que ainda não era tarde. Nós nos rimos dele, mas, à medida que a Guerra Fria se ampliava, refletimos várias vezes em suas palavras.[22]

A missão de Eisenhower era acabar com a guerra rápida, limpa e definitivamente, pois, em todo caso, os soviéticos tomariam Berlim, já que, ademais, havia mais divisões alemãs no sul da Alemanha do que no norte. A melhor maneira de realizar essa missão era ocupar a Baviera e a Áustria antes que os alemães conseguissem estabelecer um reduto nos Alpes. Então, Eisenhower ordenou que o IX Exército se detivesse no Elba, que o I Exército avançasse para Dresden, às margens do Elba, e mantivesse suas tropas ali até segundas ordens e que o III e o VII Exércitos, juntamente com o exército francês, ocupassem a Baviera e a Áustria.

Em outras palavras, ele se recusou a disputar com os soviéticos a tomada de Berlim. Além de ter sido muito criticado por isso, essa sempre foi considerada sua mais polêmica decisão em sua participação na guerra. E tem-se escrito muito a respeito disso, até eu mesmo o tenho feito. Nada tenho a acrescentar à polêmica, exceto isto: nestes 30 anos em que tenho entrevistado os soldados americanos que compareceram ao teatro europeu, em que tenho lido os seus livros e memórias e me correspondido com eles, ainda não soube de nenhum caso, no que lhes diz respeito, em que algum deles tenha dito que desejara arremeter intrepidamente contra Berlim. Para os soldados americanos, o que ficou evidente com a decisão de Eisenhower foi o fato de que ele havia desejado pô-los em primeiro lugar. Se os soviéticos quisessem envolver-se derradeiramente numa luta urbana, isso seria problema deles.*

* * *

* Na Batalha de Berlim, Gregori Arbatov, comandante de uma das companhias de fuzileiros do Exército Vermelho, perdeu muitos homens. Alguns dos que ali tombaram eram soldados

Os prisioneiros de guerra americanos eram uma das maiores preocupações do exército. Os alemães tinham em seus campos de prisioneiros espalhados pelo centro e sul da Alemanha 90 mil aeronautas e soldados americanos. Sua situação era penosa e somente pioraria à medida que o Terceiro Reich fosse desintegrando-se. Libertá-los se tornara meta precípua.

No que concerne a Patton, um desses campos de prisioneiros exercia atração irresistível. Ele se situava em Hammelburg, na estrada que conduzia a Leipzig. Patton estava obcecado pelo campo, pois seu genro, o tenente-coronel John Waters, era um dos prisioneiros desse *Stalag*. Desse modo, embora Hammelburg estivesse a uns 40 quilômetros atrás da linha de frente, no fim de março Patton ordenou a realização de uma missão de resgate. O general Hoge, que tinha avançado para comandar a 4ª Divisão de Blindados, foi incumbido de executá-la. Ele era totalmente contra a missão; missões de resgate não tinham sentido militar, disse a Patton, e, nesse caso, mais provavelmente, acrescentou, não resultariam em nada, exceto em americanos mortos em ambos os lados dos muros de arame farpado. Mas Patton lhe disse que tratasse de agir. Diante disso, Hoge criou, embora relutantemente, a Força-Tarefa Baum (com o capitão Abraham Baum no comando), mas a manteve em proporções relativamente pequenas, em vista dos receios que nutria. A Força-Tarefa Baum consistiu de 307 oficiais e soldados em 16 tanques, 27 meias-lagartas, 7 jipes, 3 canhões de 105 milímetros móveis e um blindado de transporte. Com muitos tiros e o fogo dos blindados, seus homens abriram caminho pela resistência inimiga e alcançaram o campo de prisioneiros no segundo dia.

O tenente Marvin Shelley, da 103ª Divisão, era um dos prisioneiros de guerra em Hammelburg quando a Força-Tarefa Baum chegou.

— Os tanques derrubaram as cercas e destroçaram o lugar — disse o tenente. — Saímos às pressas para cumprimentar os soldados, mas eles não pareciam muito entusiasmados. A força-tarefa estava informada de que havia 250 oficiais em Hammelburg. Em verdade, seu número estava mais próximo de 2.500. O tenente-coronel Waters sentiu-se tão feliz por

---

que ele liderara na Batalha de Moscou, além de muitos outros. Cinqüenta anos depois, enfurecia-se ainda ao lembrar-se da insistência de Stalin em tomar a cidade. Arbatov disse que qualquer homem são teria cercado Berlim, bombardeado a cidade com artilharia e, depois, teria aguardado a capitulação inevitável do inimigo. "Mas não aquele filho da mãe do Stalin. Ele nos fez entrar na cidade, com todos aqueles garotos nazistas loucos, e nosso sangue foi derramado." Estima-se que o preço que pagaram por isso foi de cem mil baixas.[23] (N. A.)

ser libertado, que ficou correndo, com uma pequena bandeira americana na mão, de uma ponta à outra da rua em que as forças da companhia americana se situavam. E foi atingido — por projéteis americanos. Walters não morreu, mas teve a perna arruinada. Os homens da força-tarefa quase não conseguiram acreditar nos números com que seus olhos deparavam. Eles não tinham como nos tirar de lá. Assim, disseram-nos que tínhamos a liberdade para escolher o que quiséssemos — voltar para a prisão, sair dali por conta própria ou ficar com eles. Muitos dos prisioneiros voltaram para o campo. Eu decidi seguir com os tanques. Você ficaria surpreso com a quantidade de homens que podem ser transportados por um tanque — 30 ou 40 deles. Quando o blindado fazia uma curva, os colegas escorregavam e caíam e, com isso, tinham que correr para alcançá-lo, mas nós os ajudávamos a subir outra vez. Em dado momento, o tanque da vanguarda foi atingido pelo projétil de um *Panzerfaust*. Corpos voaram, e isso deteve o comboio imediatamente.

Eles haviam caído numa emboscada da Waffen SS.

Em menor número em relação ao inimigo, inferiormente dotada de armamentos, cercada, a Força-Tarefa Baum sucumbiu. Alguns de seus soldados foram mortos, outros sofreram ferimentos, o restante foi feito prisioneiro. Quanto aos homens do campo de prisioneiros, foram obrigados a voltar para lá. O tenente Shelley foi um deles.

— Eis então o general alemão encarregado do campo, muito bom sujeito, inglês perfeito, sorrindo ao nos ver chegar ao alojamento, de pé, como que em atitude de saudação por nosso retorno. "Que bom vê-los, ah, ah, outra vez." Coisas desse tipo.[24]

Os prisioneiros do campo foram libertados definitivamente nos meados de abril.

Durante alguns dias após o fiasco, Patton pareceu mais sossegado, nem tanto porque reconhecesse quão tolo havia sido, mas porque receava outro protesto furioso dos jornais. A notícia, contudo, vazou somente em 12 abril, dia em que o presidente Roosevelt morreu. Quando o ajudante de Bradley, o major Chet Hansen, foi vê-lo na manhã seguinte, "[vi que] ele recobrara a velha impetuosidade.

— Pombas — disse ele — diante da morte do presidente, você poderia praticar sexo anal no meio da rua e aparecer, no máximo, na quarta página".[25]

Quando os campos eram libertados como parte de operações regulares, geralmente os soldados americanos, ao chegarem, constatavam que os guardas haviam fugido e deparavam com os prisioneiros de guerra à sua espera. A presença de um soldado americano ou britânico era motivo de explosões de alegria. O capitão Pat Reid, do exército britânico, esteve preso na prisão de Colditz. Ela era, em verdade, um castelo numa área campestre da região central da Alemanha. Os prisioneiros eram oficiais das forças aliadas, "maus sujeitos" para os alemães, pois tinham fugido de outros campos de prisioneiros. Antes das fugas, Colditz era considerada uma prisão à prova de fuga, mas esses homens "incorrigíveis" continuavam fugindo (um deles por meio do que pode ter sido a primeira asa delta do mundo), embora poucos conseguissem chegar à Suíça. Quando, em 1987, visitei Colditz com Reid e dois oficiais americanos, o lugar havia sido transformado numa espécie de museu antinazismo. Reid e os americanos mostraram ao guia da então Alemanha Oriental lugares e túneis que o funcionário do museu não conseguira descobrir durante uma década de trabalho ali.

Reid nos fala do momento em que, em 15 de abril, um dia depois que os guardas tinham abandonado o campo, um solitário soldado americano apareceu no portão, com "seu cinto e boldriés carregados de pentes de balas e granadas e uma submetralhadora nas mãos". Um oficial das forças aliadas avançou cautelosamente em sua direção com a mão estendida. O soldado americano a apertou, sorriu e disse, jovialmente:

— Algum soldado aí dentro?

— De repente, uma multidão de soldados arrojou-se em tropel na direção dele, gritando e ovacionando e disputando freneticamente a chance de poder tocá-lo, como a certificar-se de que ele realmente existia, ou para, com o toque, reconhecer por ele e em si mesmos o milagre da vida e tornarem a ser homens por direito legítimo, livres do cativeiro e resgatados do abandono, com sua fé na misericórdia divina justificada, a dignidade humana vingada, a justiça feita, finalmente, e a tirania vencida, uma vez mais. E choraram, incapazes de se conter. Homens com lágrimas a escorrer pelo rosto beijaram o soldado americano em ambas as bochechas — como que numa continência de irmãos.[26]

Em Moosburg, prisioneiros de guerra das forças aliadas que tinham sido levados, em marcha e sob terríveis condições e grande risco, para longe do avanço dos soviéticos foram recolhidos — uns 110 mil deles, incluindo 10 mil americanos. Não havia nenhum lugar apropriado para onde os guardas alemães pudessem levá-los. Assim, eles os abandonaram e fugiram. O major Elliott Viney, do exército britânico, era um desses prisioneiros. "OS AMERICANOS CHEGARAM! Três jipes no campo e todas bandeiras nacionais hasteadas. Os rapazes trouxeram cigarros, fósforos, alface e farinha. As cenas têm sido quase indescritíveis. Rádios operantes em toda parte, cercas de arame farpado sendo derrubadas [prisioneiros de guerra] empunhando baionetas e usando quepes. Os homens da SS dispararam um *Panzerfaust* contra o alojamento dos guardas quando estes se recusaram a lutar", registrou o major, em 29 de abril de 1945, em seu diário.[27]

Para a maioria dos soldados alemães, a visão de um soldado americano ou britânico de pé à sua frente era um acontecimento quase tão bem vindo quanto o era para os prisioneiros das forças aliadas. Os que conseguiam se entregar com segurança achavam-se os homens mais afortunados que existiam. Em meados de abril:

— Atirei num cervo à noitinha enquanto caçava, mas errei, e cinco soldados alemães saíram do bosque com as mãos para cima. Aposto que acharam que tínhamos uma visão excelente — disse o sargento Egger.[28]

Egger caçara por distração; o tenente Charles Stockell caçava para alimentar a si e a outros. "Fizemos tantos prisioneiros, que nossas rações estão reduzidas à metade. Tornei-me o caçador do batalhão. Todo dia, saio com o jipe e um caminhão e o encho de cervos, faisões e coelhos para alimentar os homens. Eles adoram isso. Atualmente, estamos fazendo 2 mil prisioneiros e tomando 200 canhões por dia", escreveu ele em seu diário no dia 14 de abril.[29]

Nas autobahns que se estendiam em sentido leste-oeste, as tropas alemãs marchavam para oeste pelo canteiro, ao passo que os americanos, em tanques, caminhões e jipes, seguiam para leste pela estrada. O sargento Gordon Carson, da 101ª Divisão — que avançava em direção a Salzburgo —, nos relata que, "até onde a vista alcançava, víamos prisioneiros alemães, plenamente armados, marchando pelo canteiro. Ninguém parava para fazer-lhes a rendição. Nós apenas acenávamos". O praça Webster não conseguia dissipar no íntimo a surpresa de ver "os alemães, que, apenas pouco tempo antes, haviam sido tão difíceis de capturar, vindo agora das colinas como cordeirinhos para se renderem". Webster assistiu ao "incrível espetáculo de dois soldados americanos fazendo a guarda de 2.500 soldados inimigos".

Houve momentos em que a 101ª topou com alguma oposição, principalmente nas travessias de rios, nas quais as tropas da SS atiravam da margem oposta para deter o avanço dos americanos até que a ponte pudesse ser destruída. Todas as pontes no caminho da 101ª foram destruídas pelos engenheiros alemães, à medida que os aliados se aproximavam. O major Winters ficou impressionado com o fanatismo dos alemães:

— Eles estavam destruindo suas próprias pontes, mesmo quando a inutilidade dessa destruição era patente aos olhos de qualquer idiota.[30]

Os homens da 101ª avançavam em DUKWs. A maioria dos soldados americanos estava sendo transportada em todo tipo de veículo, sempre em demanda do leste. Uns poucos homens de infantaria, porém, ainda seguiam para adiante a duras penas, da mesma forma pela qual tinham atravessado a França, a Bélgica e a Renânia, ou seja, a pé. "Marchamos outros 40 quilômetros hoje", registrou o sargento Egger em 20 de abril. "Nos treinamentos nos Estados Unidos, onde marchas dessa extensão ocorriam somente uma vez por mês, não eram tão penosas como essa. Naturalmente, os homens se queixavam, mas sempre preferi caminhar a combater", disse ele.[31]

Porém, houve situações em que esses homens tiveram que combater. Em 27 de abril, a Companhia G chegou a Deggendorf, a nordeste de Munique. Lá, numa cidade de 15 mil habitantes, havia alguns membros da Juventude Nazista. Embora não contassem com o apoio do fogo de artilharia ou mesmo de morteiros e tanques, nem estivessem capacitados em táticas de guerra, tinham metralhadoras e *Panzerfaust*, e despejaram fogo sobre os americanos. "Os projéteis pareciam abelhas furiosas zumbindo por sobre nossas cabeças", escreveu Egger. Mas a artilharia americana destruiu-lhes a colméia. Mais tarde, na então cidade arruinada, um de seus colegas disse a ele:

— Não seria uma tremenda vergonha passar por tudo isto e agora morrer, tão próximo do fim? A idéia de ser morto por algum fanático com 13 anos de idade me deixa apavorado. Depois de ir tão longe, não quero morrer.[32]

O tenente Leinbaugh nos faz a descrição de um incidente de ocorrência típica no avanço dos americanos a partir do Reno. A Companhia K seguia em caminhões de duas toneladas e meia, quando, em dado instante:

— No momento em que nosso comboio de quilômetros de extensão passava por um conjunto de colinas, começamos a ouvir estampidos de tiros de fuzil e vimos tufos de fumaça sobre posições no topo de uma colina. Nossos caminhões foram freados bruscamente, e milhares de fuzis M1 revidaram o fogo inimigo. Um minuto depois, vimos um lenço branco sendo brandido vigorosamente de uma trincheira individual, e dois alemães sujos de lama, com as mãos para cima, desceram correndo e aos tropeções a colina, ao encontro das comemorações de êxito dos americanos. Subimos nos caminhões e seguimos em frente, deixando os dois ao abandono, patéticos, de pé numa valeta.[33]

À medida que os soldados britânicos e americanos foram avançando pelo território alemão, fizeram descobertas que lhes suscitaram grande mudança de atitude em relação ao país e seu povo. Em 11 de bril, a 3ª Divisão de Blindados entrou em Nordhausen, localizada no lado sul dos Montes Harz, na região central da Alemanha. O capitão Belton Cooper se encontrava próximo aos elementos da vanguarda quando os soldados americanos começaram a entrar na cidade. De repente:

— Uma coisa estranha e fantasmagórica surgiu do lado de um dos edifícios. Uma criatura de aparência frágil, com calças listradas e desnuda da cintura para cima. Mais parecia um esqueleto humano coberto por fina e colante malha de pele, ou por um plástico translúcido estendido sobre as costelas e sugado por poderoso aspirador até tocar a espinha dorsal. Não pude dizer se era homem ou mulher. Não tinha rosto, propriamente falando, senão simples crânio escanzelado, com olhar esbugalhado. Os dentes estavam expostos em amplo sorriso e, no lugar de olhos, parecia haver simples covas escuras. Não consegui entender como podia ser humanamente possível que essa patética criatura tivesse força suficiente para caminhar. À medida que avançamos pela estrada, deparamos com mais e mais dessas figuras macilentas em pé ou sentadas, mas a maioria delas jazia escarranchada pela estrada, no mesmo lugar em que haviam caído. Em seu último esforço para sobreviver, elas tinham tentado se afastar o mais possível de seus algozes.

Cooper chegou a um armazém, onde civis alemães, velhos, mulheres e crianças, efetuavam um saque.

— A multidão estava faminta, e as pessoas puxavam e empurravam umas às outras. Não prestavam absolutamente nenhuma atenção nos pobres miseráveis que se arrastavam pelas ruas.

Mais adiante:

— Passamos por três grandes pilhas do que parecia ser uma mistura de papel higiênico e lixo e que chegavam a 3 metros de altura por 200 de comprimento. O fedor era insuportável e, quando, em certo instante, tornei a olhar para ela, percebi que algumas partes se mexiam. Com pavor absoluto, dei-me conta de que ali havia corpos de seres humanos, nus. Alguns ainda estavam vivos e se contorciam em meio aos excrementos e ao lixo humano.

O general Collins determinou que todos os civis de Nordhausen trabalhassem 24 horas por dia até que os corpos fossem enterrados. Tratores foram trazidos à cidade para abrir covas coletivas. Mais tarde, Cooper descobriu que existia na cidade uma fábrica subterrânea de foguetes V-2, onde mourejavam trabalhadores escravos — até que morressem de inanição. No dia seguinte, deparou com uma escola com algumas árvores ao redor. Depois de se aproximar e examinar melhor, viu que se tratava de uma fábrica de montagem de foguetes. As árvores eram, em verdade, tanques de combustível de alumínio, postos uns sobre os outros e cobertos com redes de camuflagem.[34]

O tenente Hugh Carey, que se tornou governador de Nova York na década de 80, estivera em Nordhausen em 11 de abril. Trinta anos depois, ele escreveu: "Detive-me de pé durante alguns instantes à entrada de Nordhausen, juntamente com outros soldados americanos. Inalei o cheiro da morte e a fedentina de bárbara e calculada crueldade. Fiz a promessa, enquanto fiquei de pé ali, de durante toda a minha vida lutar pela paz, pelos direitos da humanidade e contra qualquer forma de ódio e preconceito."[35]

Eisenhower viu um campo de trabalho escravo pela primeira vez em 13 de abril. O campo ficava em Ohrdruf Nord, perto da cidade de Gotha. Tempos depois, ele chamou o que viu de a coisa mais chocante de sua vida. Ele jamais tinha visto tanta degradação e nunca imaginara a barbaridade que o homem era capaz de cometer.

"Até então, eu tivera conhecimento a respeito [de crimes nazistas] apenas genericamente ou por intermédio de fontes secundárias", escreveu ele.

Assim como muitos homens de sua idade, ele nutria fundas desconfianças da propaganda de guerra, como resultado do conhecimento que tomara depois da Primeira Guerra Mundial de que seu governo tinha exagerado grosseiramente as descrições que dera das supostas atrocidades alemãs cometidas então. Diante disso, não levara em consideração alguns aspectos das histórias que ouvira a respeito dos campos. Mas a realidade era pior do que essas histórias. Assim, pois, ela o chocara, profundamente, em todos os sentidos.

"Visitei todos os recantos do campo, pois achei meu dever estar em condições de ser, dali em diante, um testemunho vivo dessas coisas, caso tomasse corpo em meu país a crença ou suposição de que as histórias das brutalidades nazistas eram apenas propaganda."

Na noite desse mesmo dia, ele despachou comunicados para Washington e Londres, com os quais exortava os governos dos dois países a enviarem editores de jornais, fotógrafos, congressistas e membros do parlamento para uma visita ao campo e o registro dos fatos. Seu pedido foi atendido.[36]

Dias após dia nas semanas seguintes, mais e mais campos foram descobertos. Em 15 de abril, os britânicos chegaram a Belsen. Nesse dia, Edward R. Murrow seguiu para Buchenwald, campo que ficava ao norte de Weimar. Assim como Eisenhower e todos os soldados americanos que viram pelo menos um dos campos, Murrow sentiu-se tomado pelo receio de que ninguém acreditaria no que ele tinha visto. Ainda assim, fez uma descrição do que vira em seu programa de rádio na CBS. Como conclusão, ele disse:

— Oro a Deus para que vocês creiam no que lhes disse a respeito de Buchenwald. Sim, relatei o que vi, mas apenas parcialmente. Para a maior parte do que vi, não tenho palavras [...]. Se os ofendi, ainda que com esta descrição branda de Buchenwald, não me arrependo nem um pouco. Pois eu estive lá.[37]

Martha Gellhorn, do *New York Times*, visitou o campo principal de Dachau. Depois, deixou o local num C-47 em operação de transporte para a França de prisioneiros de guerra libertados. Ela conversou com eles sobre Dachau, o qual eles tinham acabado de deixar.

— Ninguém acreditará em nós — disse um soldado. E todos concordaram com ele. — Mas temos que falar sobre isso, entende? Temos que falar sobre isso, acreditem em nós ou não.

Marguerite Higgins, do concorrente *New York Herald Tribune*, também esteve lá. Ela relatou: "As cenas nas operações de libertação foram de grande comoção. Os prisioneiros dos campos abraçavam calorosamente os soldados americanos, beijavam o solo diante deles e os carregavam nos ombros pelo local."[38]

Em 27 de abril, a 12ª Divisão de Blindados se aproximou de Landsberg-am-Lech, a oeste de Munique. Havia uma unidade da Wehrmacht e da Waffen SS na cidade. O comandante da Wehrmacht decidiu retirar-se atravessando o Rio Lech. O comandante da SS optou por lutar. O outro oficial disse a ele que fizesse o que achasse melhor, mas também que as tropas da Wehrmacht sairiam dali. Quando os civis viram os soldados partirem, começaram a pendurar lençóis brancos nas casas. A cena enfureceu os homens da SS.

— Em seu ódio — relata-nos o tenente Julius Bernstein — eles foram de casa em casa, arrastaram para fora todos que encontraram e os enforcaram na árvore ou poste de luz mais próximo. Quando entramos em Landsberg, encontramos civis alemães pendurados em árvores, como se fossem frutos maduros.

Horas depois, nesse mesmo dia, os soldados começaram a sentir um cheiro acre. A fetidez provinha de um dos campos externos do complexo de Dachau. Quando os americanos se aproximaram da cidade, o oficial da SS encarregado ordenara que os 4 mil trabalhadores escravos fossem dizimados. Os guardas travaram as portas e janelas dos alojamentos de madeira com pregos, encharcaram-nos de gasolina e atearam fogo. Os prisioneiros foram queimados vivos. Algum tempo depois, Bernstein ajudou a embarcar alguns civis de Landsberg em caminhões, a fim de levá-los ao campo para ver a atrocidade. "Você acreditaria que ninguém admitiu ter nenhum conhecimento do campo?", escreveu ele anos depois. "Eles nos disseram que achavam que ele era uma fábrica de armas secretas. Assim, não fizeram perguntas. Todos defenderam Hitler, dizendo: 'O Führer não sabia nada a respeito disto!' E culparam Goering, Goebbels e Himmler, mas não ao seu Führer querido."[39]

O major Winters foi um dos primeiros a chegar a Landsberg.

— A lembrança de homens débeis e macilentos — relatou — que baixavam os olhos e a cabeça quando olhávamos para eles através do alambrado, como cães que se encolhem ao serem espancados e maltratados, nos faz calar no íntimo sentimentos indescritíveis e que jamais serão esquecidos. O choque de ver essas pessoas atrás da cerca me fez dizer, repetidamente, somente comigo mesmo: "Agora sei por que estou aqui!"[40]

Em 25 de abril, em Torgau, no Rio Elba, o tenente William Robertson, da 69ª Divisão, I Exército, topou com um dos soldados do Exército Vermelho. A Alemanha estava dividida. Diante disso, seguiu-se espontânea comemoração. Então, centenas de soldados do Exército Vermelho acharam barcos a remo e batelões e passaram para a margem do rio em que os americanos estavam. Havia uma fábrica em Torgau que produzia gaitas e acordeões. Com isso, houve música e dança. O praça Andy Rooney estava lá a serviço da *Stars and Stripes*. E também o sargento Forrest Pogue, historiador militar, que, como de costume, demorava-se na linha de frente, entrevistando os soldados americanos. Os soldados dançaram com combatentes soviéticas — elas tinham a fama de serem atiradoras de elite inigualáveis.

Ao sul, o III Exército penetrava pela Checoslováquia (cuja ocupação já havia sido confiada aos soviéticos), enquanto o VII Exército avançara rapidamente em direção ao leste, passara por Munique e seguira para a Áustria (onde nenhuma linha de fronteira ainda tinha sido estabelecida). Eisenhower exortara os soldados americanos a penetrarem o mais fundamente possível o território da Áustria.

Não houve muita resistência. Herbert Mittelstadt, de 18 anos de idade, membro de uma unidade de artilharia antiaérea alemã, se encontrava na província de Vorarlberg, no oeste da Áustria.

— Em 1º de maio, nosso tenente se aproximou de nós, 21 homens ao todo, e anunciou, gravemente: "Não creio que haja nenhum modo possível de vencermos esta guerra. Vou dispensá-los, e quem quiser pode continuar combatendo comigo como guerrilheiro." Somente um de nós levantou a mão. Sua família estava na Prússia Oriental e, em todo caso, sua possibilidade de voltar para casa era mínima. Dado que o tenente houvesse conseguido apenas um aliado, disse: "Nada disso vale a pena. Vou dispensar a mim mesmo também!"[41]

Eisenhower tinha mantido suas tropas longe de Berlim em parte porque o acordo da divisão política da Alemanha em zonas de ocupação já tinha sido selado pelos Três Grandes. A Dinamarca, ocupada pelos alemães em 1940, era um caso à parte. Os dinamarqueses esperavam ser libertados, não ocupados. E essa era a política de britânicos e americanos. Os soviéticos, contudo, tinham outro objetivo em mente. No começo de abril, o SHAEF soube, por meio do Ultra, que o Exército Vermelho estava avançando em direção à Dinamarca, ainda que Stalin negasse qualquer intenção de fazer isso. O embaixador japonês na Suécia informara a Tóquio (a mensagem foi interceptada e decodificada pelos Aliados) que, se o Exército Vermelho entrasse na Dinamarca, Stalin pretenderia atrair o país "para a esfera de influência soviética e, desse modo, obter uma via de acesso ao Mar do Norte a partir do Báltico"[42]. Para impedir que isso ocorresse, Eisenhower ordenou que Montgomery chegasse a Lübeck e a

Wismar o mais rapidamente possível. Monty achou que isso significava atacar na direção errada; ele queria seguir para o sul, em demanda de Berlim, e não para o norte, em direção ao Mar Báltico. Eisenhower insistiu em sua decisão.

O IX Exército Americano liderou o avanço, com a 82ª DIA na vanguarda. A operação envolveu a travessia do Rio Elba. Dutch Schultz participou da travessia. Com barcos feitos de madeira e lona, sem coletes salva-vidas, ela foi iniciada em 29 de abril.

— Essa seria a nossa primeira travessia — disse ele, queixoso. — Não sabíamos nada a respeito de travessia de rios no meio da noite. O rio tinha 400 metros de largura e forte correnteza. Nossa ansiedade aumentou, pois sabíamos que a guerra estava acabando. Quanto mais tempo ficávamos expostos a situações de combate, mais nos sentíamos como fugitivos da lei dos grandes números. Além de todos os outros riscos de combate, agora estávamos diante da possibilidade de nos afogarmos. Doze homens para um único barco, nada diferente de meter sardinhas numa lata. Nosso líder nos exortava a remar mais rapidamente. Ele parecia um timoneiro marcando o ritmo das remadas de uma das equipes da Liga Universitária. No meio do rio, começou a nevar e, ao mesmo tempo, colidimos com outro barco, o que resultou numa disputa de gritos e berros para saber quem estava na direção correta. Foi inacreditável, mas nada de grave aconteceu.

Atravessado o rio, Schultz seguiu para leste. E foi surpreendido por uma barragem de projéteis de 20 milímetros. Ele pulou para dentro de uma trincheira, onde "topei com um soldado alemão, que não tinha mais do que 15 anos de idade. Estávamos a uns cinco metros de distância um do outro, com cada um apontando a arma para o outro. Mas ele acabou largando o fuzil e pôs as mãos para cima".

Na tarde desse dia, outra surpresa. O inimigo, escondido num bosque próximo, abriu fogo contra eles com sua metralhadora.

— Impelido por sonhados louros de glória, decidi ir à caça do inimigo com granadas de mão. Depois de irromper floresta adentro e avançar de rojo por uns 30 metros na direção da metralhadora, pensei, de súbito: "Ora, por que estou fazendo isso?" Sem pensar uma segunda vez, retornei através do mesmo caminho pelo qual tinha avançado e me juntei ao pelotão. Essa tentativa abortada de me tornar herói foi o fim de minha carreira de combatente no Teatro de Operações de Guerra Europeu.[43]

A 82ª alcançou Wismar, mas o Exército Vermelho jamais chegou à Dinamarca.

Individualmente, como esquadrões, companhias, regimentos, divisões, corpos de exército e até mesmo como exércitos inteiros, os alemães estavam se rendendo. Os loucos e fanáticos continuavam lutando, desorientados, como galinhas com a cabeça decepada, e em que pese o suicídio de Hitler em 30 de abril. Mas a maior parte dos confrontos armados havia cessado. O pensamento que dominava a mente dos soldados americanos era o de voltar para casa. Em 6 de maio, Don Williams, da *Stars and Stripes*, escreveu um artigo em que lhes dava uma má notícia. "Nenhum homem, nem nenhuma mulher, independentemente de quanto tempo ele ou ela tenha estado em serviço, em casa ou mesmo nos campos de batalha, será dispensado do exército se seus préstimos forem necessários ao empreendimento da guerra contra o Japão", escreveu. Mas haveria um sistema de pontuação para uma possível dispensa, baseado no tempo de serviço, no tempo de permanência além-mar, em condecorações militares (as quais, subitamente, se tornaram muito valiosas; anteriormente, elas eram ignoradas) e no número de filhos em casa. Soldados com menos de 18 anos de idade ganhavam pontos adicionais. Soldados considerados essenciais para operações de guerra e os com pontuação insuficiente (a maioria deles) ou seriam mantidos no serviço como tropas de ocupação, ou seriam embarcados para a invasão do Japão. "Enquanto isso", prosseguiu Williams, "não escrevam para casa e digam à sua mãe ou à sua namorada que vocês estarão em casa na semana ou no mês seguinte. Para a maioria de vocês, as coisas não são tão simples assim."[44]

Em 7 de maio, a campanha do exército americano no noroeste da Europa chegou ao fim. Pela manhã, no quartel-general do SHAEF em Reims, os delegatários alemães assinaram o documento de rendição incondicional. Mas os soviéticos insistiram na assinatura de um segundo documento, em Berlim, o que foi feito em 8 de maio.

Quanto à rendição, as reações dos soldados foram as mais diversas. O sargento Ewald Becker, do 111º Regimento de Granadeiros Panzer, encontrava-se perto de casa, em Kassel.

— Saímos às ruas para nos rendermos. O primeiro veículo a aparecer foi um jipe americano, e, quando pus as mãos para o alto, um dos homens acenou e sorriu para mim, e seguiram em frente. Depois, apareceu outro jipe, com quatro soldados. Eles pararam e me deram chocolate. Disseram algo que não consegui entender e foram embora. Então, um veículo alemão com uma bandeira branca se aproximou. Perguntei ao motorista o que estava acontecendo e ele me disse que a guerra tinha acabado duas horas antes. Assim, voltei para a vila e, lá, espichamos o primeiro barril que encontramos. Posso dizer, com toda a certeza, que a vila inteira ficou bêbada.[45]

O sargento Pogue estava em Pilsen, Checoslováquia. O que ficou mais vivamente gravado em sua memória foi o fato de que "as luzes foram acesas". Então, ele percebeu que não vira uma luz acesa sequer em toda a Europa, exceto na Suíça, desde que desembarcara na Praia de Omaha, em 7 de junho de 1944.[46]

Beneficiário do PTEE no estado de Oklahoma, em 1943, o cabo James Pemberton foi parar na 103ª Divisão e, no fim da guerra na Europa, seu tempo de combate montava a 147 dias.

— Na noite de 8 de maio de 1945, eu contemplava, de nossa cabana nas montanhas, o vale do Rio Inn, na Áustria. Se você não tiver vivido em escuridão total durantes meses, sendo obrigado a impedir a irradiação até mesmo da luz de um simples palito de fósforo no fundo de uma trincheira, você não tem como fazer idéia disso.[47]

O tenente Stockell encontrava-se em companhia do sargento Forrest Pogue, em Pilsen. Em 8 de maio, ele escreveu em seu diário: "Alemães chegando aos milhares a Pilsen, para fugir dos soviéticos em Praga. Mais tarde, nos festejos de libertação, conheci Edvard Beněs— [presidente da Checoslováquia] e Jan Masaryk [Ministro das Relações Exteriores]. Um amigo conseguiu incluir-me sorrateiramente no banquete entre americanos e soviéticos. [O general soviético Vasili] Chuikov,* com um copo de vodca na mão, propôs se fizesse um brinde. De um gole só! O general [Clarence] Heubner disse que, se bebesse daquele jeito, iria parar debaixo da mesa [ou seja, ficaria bêbado]. Inicialmente, Chuikov ficou contrariado, mas, quando a observação de Heubner foi traduzida, ele se voltou para Heubner e disse, em inglês, enquanto apontava para debaixo da mesa: 'Conheça ali os seus amigos!!!'"[48]

Muitas unidades fizeram um ou outro tipo de comemoração. No 357º Grupo Especial de Combate, 90ª Divisão, o comandante reuniu todos os oficiais na encosta de uma colina coberta por relva, junto ao mastro em

* Chuikov foi o herói de Stalingrado e comandara o assalto militar a Berlim. (N. A.)

que adejava a bandeira americana. O comandante do regimento e o comandante da divisão falaram aos soldados.

— Não consigo lembrar-me de suas palavras — disse o tenente-coronel Ken Reimers, mas conseguiu recordar-se dos prejuízos que essas unidades sofreram. — Tivemos algumas perdas terríveis — nossa infantaria sofreu mais de 250% de baixas. Nenhum dos comandantes de companhia que partiu da Inglaterra se encontrava ali conosco, e, no regimento inteiro, havia apenas meia dúzia de oficiais que desembarcara na Praia de Utah.[49]

Fazia 308 dias que a 90ª Divisão estivera envolvida em operações de combate — o recorde entre as unidades no TOGE —, mas outras divisões tiveram quase tantas baixas quanto ela. Os oficiais subalternos e os soldados rasos foram os que mais sofreram. Alguns dos melhores jovens da nação americana tombaram enquanto na liderança e condução de suas tropas. Dutch Schultz fez aos seus oficiais, suboficiais e oficiais subalternos excelente panegírico: "Homens como os capitães Anthony Stefanich, Jack Tallerday; os tenentes Gus Sanders, Gerald Johnson; e os sargentos Herman R. Zeitner, Sylvester Meigs e Elmo Bell, para citar apenas alguns, foram responsáveis, em grande parte, por minha transformação num combatente de infantaria capaz de cumprir o seu dever. Eles me ensinaram a vencer os meus temores e a falta de confiança em mim mesmo.

Esses homens não foram apenas líderes sublimes, tanto nos combates quanto longe deles, mas também, e isto é o mais importante, levaram a sério a responsabilidade de pôr, acima de suas próprias necessidades, o bem-estar de seus homens."[50]

Não existe um tipo característico de combatente entre os milhões de soldados americanos que serviram no noroeste da Europa, mas Bruce Egger foi, certamente, um tipo representativo. Criado nas montanhas da região central do Idaho, fora, em 1943, um dos alunos do programa PTEE no estado de Kansas. Quando o programa foi reduzido, ele foi transferido para o Forte Leonard Wood, onde passou por treinamentos. Em outubro de 1944, chegou à França e foi encaminhado para um posto de substitutos. Em 6 de novembro, seguiu para a linha de frente com a Companhia G, 328º Regimento, 26ª Divisão. Sem se furtar um dia sequer do cumprimento de seus deveres, serviu, durante toda a guerra, em operações de combate na linha de frente quase ininterruptamente. Teve lá suas grandes situações de perigo fatal, das quais a mais notável foi a em que um estilhaço de explosão deixou de penetrar-lhe o corpo graças à presença do exemplar do Novo Testamento que trazia no bolso da jaqueta de campanha, mas jamais sofreu ferimentos. A esse respeito, teve sorte incomum. A Companhia G chegara à Praia de Utah em 8 de setembro de 1944 completa, com 187 recrutas e seis oficiais. Por volta de 8 de maio de 1945, um total de 625 homens tinha servido em suas fileiras. Desses, 57 foram mortos em combate, 183 sofreram ferimentos, 116 tiveram pé-de-trincheira e 51 se vitimaram por ulcerações causadas pelo frio.

De praça, Egger chegou a terceiro-sargento. Depois da guerra, graduou-se, em 1951, em engenharia florestal e trabalhou no Departamento de Administração de Florestas Americano durante 29 anos.

Em suas memórias sobre a guerra, Egger expressou-se em nome de todos os soldados americanos: "Mais de quatro décadas se passaram desde aqueles meses terríveis, nos quais suportamos os lamaçais da Lorena, o frio cortante das Ardenas, os porões úmidos de Saarlautern [...]. Sentimos angústia e frio e exaustão a maior parte do tempo, além de um medo terrível [...]. Mas éramos jovens e fortes então, possuidores da maravilhosa capacidade de recuperação da juventude, e, apesar de todo o tormento e medo e ódio presentes em cada minuto daquela situação, a guerra foi, ainda que terrífica, uma grande aventura. Nenhum de nós gostaria de passar por isso novamente, mas todos nos sentimos orgulhosos de termos sido testados tão severamente e obtermos a devida aprovação. Nossa única lástima é pelos amigos que jamais puderam voltar para casa."[51]

EPÍLOGO

OS SOLDADOS AMERICANOS E A AMÉRICA MODERNA

NO COMEÇO DA SEGUNDA GUERRA MUNDIAL, meu pai, médico de uma pequena cidade da região central de Illinois, entrou para a Marinha. Minha mãe, meus irmãos e eu nos mudamos com ele para a região dos Grandes Lagos e, de lá, para Pensacola. Quando, em 1943, ele embarcou para o Pacífico, transferimo-nos para Whitewater, Wisconsin, para passarmos a morar com minha avó. Conseqüentemente, não tive a oportunidade de ver muitos soldados americanos durante a guerra. Mas, em 1946, quando meu pai deixou a Marinha e começou a montar uma clínica em Whitewater, passamos a ter como vizinhos o equivalente a um esquadrão de soldados americanos. Eles moravam numa pensão, pois freqüentavam a faculdade local (hoje, a University of Wisconsin-Whitewater), como beneficiários do fundo governamental de auxílio aos ex-combatentes.

Quando papai instalou uma cesta de basquete junto à garagem, os soldados ensinaram a arte desse jogo a mim e aos meus irmãos. As partidas eram disputadas entre os que vestiam camiseta e os que não a usavam. Não me lembro se cheguei a conhecer-lhes os sobrenomes — eles eram o Bill e o Harry, o Joe e o Stan, o Fred e o Ducky —, mas jamais me esquecerei de suas cicatrizes. Stan tinha três: uma no braço, outra no ombro e uma terceira na mão. Fred e Ducky tinham duas cada um. Os outros tinham uma.

Não jogávamos com muita freqüência, pois eles estavam se esforçando para obter certificado de aprovação entre 18 e 21 matérias por semestre.

— Para compensar o tempo perdido — eles nos diziam.

Sua folga principal era no outono, quando iam de carro para o norte de Wisconsin, onde se iniciava, em dado fim de semana, a abertura da temporada de caça a cervos. No começo de 1947, ano em que eu completara 12 anos de idade, tive permissão de ir com eles.

Dormimos, lado a lado, em sacos de dormir, na sala de estar de uma pequena casa de fazenda. Eles tomaram uns drinques, não muitos, já que iriam acordar às 4 horas, mas o suficiente para soltar-lhes a língua. Falaram de seus fuzis, provindos de várias partes do mundo — checos, britânicos, soviéticos, americanos, japoneses, franceses —, cada um com uma história da forma pela qual tinha obtido o seu. Foi ali que ouvi minhas primeiras histórias sobre guerra. Desde então, tenho me dedicado a escutar muitas delas. Então, achei que esses homens eram "gigantes". E ainda acho.

Stan era o líder do grupo. E ele assumiu essa condição. Não houve votação, nem discussão. Simplesmente, aceitamos o fato de que ele era o líder. Na manhã seguinte, ele organizou o grupo. O lugar era uma região agrícola, com pequenas elevações, sarapintada de bosques com 20 ou mais acres. Stan estudava o bosque com os seus binóculos e, em seguida, passava-nos incumbências. Dois homens se encaminhavam para a extremidade oposta do bosque, dois outros tomavam posições ao longo de seus lados e mais dois outros ficavam na beira da extremidade mais próxima. Os seis restantes marchavam pelo bosque adentro aos gritos com o objetivo de expulsar o cervo para fora do bosque, de modo que os homens posicionados ao redor pudessem disparar um tiro certeiro. Depois de atingirem o seu cervo, os que atiravam assumiam a condição de enxotadores e os outros ficavam no lugar ocupado pelos primeiros. E todos nós conseguimos acertar um cervo.

Não é assim que se costuma caçar no norte de Wisconsin atualmente. Ali, os caçadores vão à caça individualmente. Nela, a maioria constrói uma plataforma numa árvore para espreitar o animal (os cervos jamais olham para cima a fim de se acautelarem contra possíveis perigos). Algumas semanas antes do dia da abertura da temporada, eles põem iscas — maçãs ou repolhos — em torno das árvores. Também eles, geralmente, conseguem caçar o seu cervo, mas esse tipo de caça não me parece interessante e não participo dele mais.

Quando fui para Madison com o intuito de fazer meus estudos universitários, os ex-combatentes se haviam formado e tinham partido para outras bandas com o objetivo de ganhar a vida. Nos quatro anos seguintes, encorajado por meus professores, desenvolvi minha própria parcela de esnobismo acadêmico. Eles me fizeram ler livros como *The Man in the Gray Flannel Suit* (1955), de Sloan Wilson, *The Lonely Crowd* (1951), de David Riesman, e *The Organization Man* (1956), de William Whyte. Os autores desses livros, assim como os professores, condenavam o conformismo da década de 50. Eles acusavam os jovens executivos e os engravatados de então de marcharem no mesmo compasso, de se vestirem de maneira idêntica, de raramente contestarem as autoridades, de fazerem tudo que se lhes mandasse, de trabalharem incessantemente, de serem assombrosamente materialões, baldos de cultura e senso de individualismo. Quando me formei, estava cheio de desprezo por eles e, devo admitir, por seu líder, o presidente Eisenhower — um cordeirinho conduzindo outros cordeirinhos.

Mas, em verdade, esses foram os homens que construíram a América atual. Eles haviam aprendido a trabalhar em equipe nas forças armadas durante a Segunda Guerra Mundial. E tinham visto muita destruição; agora, eles queriam construir. E construíram o Sistema de Rodovias Interestaduais, a Hidrovia de St. Lawrence, as zonas residenciais suburbanas (tão escarnecidas pelos sociólogos, mas tão bem aceitas pelo povo), e outras coisas mais. Viram muita matança; agora queriam salvar vidas. Erradicaram a poliomielite e lograram outros avanços revolucionários na medicina. Tinham aprendido no exército as virtudes de uma organização sólida e do trabalho em equipe, e o valor da iniciativa individual, da criatividade e da responsabilidade. Desenvolveram sistemas empresariais modernos, enquanto, ao mesmo tempo, inauguraram a era de grandes avanços na ciência e na tecnologia, na educação e nas políticas públicas.

Os ex-combatentes tinham visto muitos conflitos; eles queriam paz. Tinham visto também os males de uma ditadura; e queriam a paz. Eles haviam aprendido na juventude que o único modo de evitar guerras era pela dissuasão do inimigo com o poderio militar e pela rejeição do isolacionismo em prol do inter-relacionamento de todos os povos do mundo. Assim, apoiaram a criação da OTAN, das Nações Unidas e do Departamento de Defesa. Eles tinham detido Hitler e Tojo; na década de 50, eles detiveram Stalin e Kruschev.

Em seu discurso de posse, o presidente John F. Kennedy falou dos homens e das mulheres de sua geração: "A tocha foi passada para uma nova geração de americanos — nascida neste século, temperada pela guerra, disciplinada por uma paz conquistada com sofrimento e amargura, orgulhosa de nossa antiga herança — e em nada disposta a testemunhar ou permitir a lenta extinção dos direitos por cuja defesa esta nação sempre se empenhou."

A geração "nós" da Segunda Guerra Mundial (como em "todos nós estamos nisto juntos") compunha-se de um tipo especial de homens e mulheres, os quais fizeram grandes coisas pelos Estados Unidos e pelo mundo. Quando os soldados americanos embarcaram para a Europa, foram para o Continente não como conquistadores, mas como libertadores. Na Ordem do Dia 6 de junho de 1944, Eisenhower dissera-lhes que sua missão era realizar "a destruição da máquina de guerra alemã, a eliminação da tirania nazista sobre os povos oprimidos da Europa e a conquista para nós de um mundo livre". E eles cumpriram sua missão.

Nessa série de operações militares, libertaram os próprios alemães (pelo menos os alemães que viviam a oeste do Rio Elba). Em julho de 1944, na Normandia, Walter Zittats, um praça da Wehrmacht, guardava alguns prisioneiros americanos. Um deles falava alemão. Então, Zittats lhe perguntou: "'Por que vocês estão lutando contra nós?' Sempre me lembrarei perfeitamente de suas palavras: 'Estamos lutando contra vocês para libertá-los da fantasiosa idéia de que vocês são uma raça superior.'"[1]

Em junho de 1945, Eisenhower disse ao seu estado-maior:

— O sucesso desta ocupação somente poderá ser avaliado daqui a 50 anos. Se os alemães de então tiverem uma democracia estável e próspera, teremos triunfado.

Essa missão também foi cumprida.

No segundo semestre de 1996, eu me encontrava em visita a um professor da University of Wisconsin-Madison. Aproveitei a oportunidade para ministrar um curso sobre a Segunda Guerra Mundial a cerca de 350 alunos. Eles ficaram estarrecidos com as descrições que lhes dei de como eram as coisas nas linhas de frente. Ficaram ainda mais assombrados com as responsabilidades assumidas pelos oficiais subalternos, suboficiais e soldados rasos que compareceram ao teatro de guerra europeu, os quais eram soldados tão jovens quanto eles. Assim como todos que jamais participaram de combates militares, eles perguntaram a si mesmos se teriam sido capazes de assumi-las — e, mais que isso, eles se perguntaram como fora possível alguém tê-lo feito.

Com respeito a este último questionamento, é grande o número de obras publicadas. De um modo geral, ao se avaliar a motivação dos combatentes americanos, é unânime a conclusão de que patriotismo ou qualquer outra forma de idealismo teve pouco a ver com ela. Os soldados americanos lutaram porque tiveram que lutar. Aquilo que os manteve juntos não foi a nação ou sua bandeira, mas a coesão das unidades. Pela experiência de quatro décadas que tenho de entrevistas com ex-combatentes, posso dizer que é bem verdadeira a generalidade dessa conclusão.

Contudo, há algo mais com relação a isso. Embora os ex-combatentes americanos se sentissem e se sintam constrangidos em falar ou escrever a respeito da causa pela qual lutaram, em notável contraste com seus bisavôs que lutaram na Guerra de Secessão, eles eram os filhos da democracia e fizeram mais para disseminá-la pelo mundo do que qualquer outra geração na história.

No íntimo, os suboficiais, os oficiais subalternos e os soldados rasos americanos sabiam discernir o bem do mal e não queriam viver em um mundo em que o mal prevalecesse. Portanto, eles lutaram, e venceram, e todos nós também, os homens atuais e os pósteros, devemos ser-lhes profundamente gratos para todo o sempre.

POSFÁCIO

UMA DAS MELHORES COISAS que resultam de ser autor de um *best seller* é o recebimento de correspondência. Quanto às que tratam deste livro, o fenômeno tem sido deslumbrante e compensador, muito além de tudo que meus livros anteriores suscitaram, numa proporção de pelo menos dez por um. Críticas lisonjeadoras em publicações prestigiosas são bem-vindas, logicamente, mas não podem ser comparadas com as cartas enviadas pelos homens que estiveram lá, na guerra. Eis, pois, a seguir, uma de minhas favoritas, manuscrita e datada de 15 de março de 1998:

"Caro senhor: não poderia deixar de escrever para felicitá-lo pela publicação de seu livro *Soldados Cidadãos*. Uma obra bem escrita e muito verdadeira. Sei disso porque estive lá, desde o primeiro dia, no desembarque na Praia de Utah. Seu livro me trouxe à mente muitas e caras recordações — de tão longa data. Servi na 357ª Companhia de Infantaria, 90ª Divisão. John Colby foi comandante de minha companhia, e eu fui sargento de pelotão. Fui eu quem pôs John na padiola a bordo do jipe quando ele foi atingido na cintura. Quanto ao primeiro comandante de companhia a respeito do qual o senhor escreveu, o qual fugiu da luta abalado dos nervos pelos tiros de barragem [veja p. 49], fui eu quem o socorreu e o tirou de um campo minado. Em seguida, levei-o até o dr. McConahey, no posto de socorro. Fui eu também o caso, mencionado no livro, do homem que foi à barraca do dr. McConahey para obter ajuda (eu tinha 18 anos de idade então), onde cheguei sem o maxilar inferior, arrancado por um tiro [veja p. 381]. Eis o que aconteceu. Eu estava num campo de prisioneiros, o qual o exército americano, que avançava, estava prestes a ocupar. Assim, os alemães nos puseram em fila e executaram uns 60 de nós — com metralhadoras e, depois, com um tiro de pistola na nuca.

O senhor escreveu que [o praça Gus] Schroeder capturou cerca de cem prisioneiros alemães [veja p. 312]. E capturou mesmo. Eu estava com ele. Ele tinha umas seis balas em seu fuzil-metralhadora Thompson. Eu havia esgotado a minha munição, mas tinha uma Walther, pistola alemã de 9 milímetros, com três balas dentro. O motivo pelo qual não tivemos problemas foi que a maioria daqueles prisioneiros de guerra alemães eram, na verdade, soviéticos que tinham sido capturados pelos alemães e, postos no exército alemão — contra a vontade deles, já que, se não tivessem aceitado, teriam sido executados —, quiseram render-se. Eles ficariam numa situação melhor do que a nossa, com toda aquela chuva, neve e lama que tínhamos que enfrentar.

Minha esposa e eu voltamos lá no 50º aniversário do Dia D. Consegui um mapa de batalha original com John Colby e o usei. Iniciei a excursão com os pés nas águas da Praia de Utah, escalei uma duna de areia e, em seguida, percorri a França com base no mapa e ao volante do maior Mercedes que pude alugar. A melhor viagem que já fiz. Muitas das lembranças que seu livro trouxe à baila deram-me uma visão muito mais ampla do que aconteceu. Meu papel na guerra foi muito pequeno. Eu nunca sabia o que estava acontecendo senão em nossa companhia. Obrigado pelas recordações.

Sargento Donald L. Foye, 31423833, Companhia E, 357º Regimento de Infantaria, 90ª Divisão."

Outra carta muito calorosa veio de Wallace Berger, "um substituto de 19 anos de idade, amedrontado e solitário, levado para a linha de frente no inverno de 1944 juntamente com a 26ª Divisão [...]. Sentia, repetidas vezes, o frio, o medo causado pelo destroçar das árvores, a proximidade de Pat Healey, meu colega de trincheira (dormíamos um nos braços do outro para nos aquecermos), e, de quando em vez, a impressão de que jamais sairíamos vivos de lá.

Portanto, obrigado por ter escrito um livro sobre a minha guerra. Acho que, de certo modo, ele me transmitiu uma sensação de paz, como que aquietando, pela narração das histórias, algo que se me agitava no íntimo".

O praça Edward Schiff, de San Diego, escreveu-me dizendo que o livro "trouxe de volta, como que numa enxurrada, velhas lembranças; algumas surpreendentemente vivas, e outras que eu gostaria de esquecer. Mas também algumas agradáveis, tais como a do dia em que minha companhia foi escolhida para liderar um ataque no qual partimos na traseira de tanques. Quando passamos por nossa linha de frente, todos os homens das trincheiras ficaram de pé e aplaudiram.

Voltei para casa num navio-hospital, depois de ter sido ferido no dia de Natal, numa investida contra Bastogne. Quando nos aproximamos do Porto de Charleston, vimos uma enorme faixa na doca apenas com duas palavras: 'MUITO BEM!'

Tenho também lembranças muito sombrias. A circunstância miserável do frio, da umidade, dos lamaçais; a apreensão terrível que sentimos ao participarmos de operações de ataque; o choque que eu sentia ao ver quase todos que conheci serem mortos ou feridos, alguns deles bem ao meu lado. Mas a pior delas é a da ocasião em que disparei minha metralhadora contra uma patrulha alemã que se encontrava tão próxima que pude ver o rosto de seus membros. Jamais soube o que lhes aconteceu, o que me faz pensar, às vezes, que talvez haja alguns homens idosos na Alemanha atualmente que se distraiam contando a seus netos histórias sobre o momento em que um americano quase os matou de medo com os disparos de sua metralhadora. Doutras vezes, acho que foi grande a possibilidade de eu ter matado pelo menos alguns dos homens daquela patrulha. Provavelmente, eram adolescentes, assim como eu então, com uma vida inteira pela frente, até o momento em que apertei o gatilho. Todos tinham parentes e entes queridos cujas vidas foram duramente abaladas e que podem estar pranteando até agora".

Numa carta manuscrita, o praça James Howley me disse que "sou um dos soldados a respeito dos quais você escreveu". Ele foi recrutado em 1943 e recebeu treinamento no Texas. Embarcado para a Escócia na primavera de 1944, atravessou o Canal da Mancha dez dias após o Dia D e foi designado para servir na 9ª Divisão de Infantaria. "Fui treinado para ser eletricista, mas me enviaram para além-mar como fuzileiro sem nenhum treinamento de soldado de infantaria. Lá, puseram-me num canhão antitanque que eu jamais tinha visto. Mas meu trabalho acabou sendo o de abrir trincheiras. Nós conseguimos atravessar o Reno à noite antes de a ponte desabar e capturamos uma meia-lagarta cheia de gim — umas oito ou dez caixas. Durante alguns dias, não nos importamos nem com a chuva, nem com a neve. Havia um sujeito a quem chamávamos de 'toupeira', já que ele sempre conseguia achar um buraco para se proteger ao ouvir o menor ruído. Em certa ocasião, depois que passamos a dispor daquele gim, ele saiu de seu buraco, pôs-se a operar uma metralhadora .50 quando um avião alemão apareceu e disparou a arma contra o inimigo. O avião se voltou para ele e, num ataque em vôo rasante, matou a ele e a um operador de rádio."

As cartas continham uma quantidade razoável de reclamações, das quais a principal foi a de que eu não fizera menção dessa ou daquela divisão, o que é muito justo, mas não posso fazer nada a respeito disso agora, e, em todo caso, não tive a intenção de fazer do livro o repositório de uma história abrangente. Um dos veteranos criticou o fato de eu me ter referido à Guarda Nacional como tal somente na história sobre o coronel nascido na Sicília (p. 394). Admito minha falha. Minha única desculpa é que simplesmente achei que todos sabem que a 29ª Divisão (242 dias em combate, 204% de rotatividade de pessoal), unidade que desempenha importante papel nestes meus relatos, era uma divisão da Guarda Nacional (a "Azul e Cinza", composta de tropas dos estados de Virgínia, Maryland e Delaware) e uma das melhores unidades do exército.

Descontente, outro veterano queixou-se também do fato de eu ter dito que o coronel era natural da Sicília. Ele me acusou de eu me ter deixado levar por preconceitos contra os sicilianos e de os haver fomentado, e salientou a intensa e impressionante participação de ítalo-americanos na guerra. E disse-me que eu deveria ficar envergonhado. A única resposta que lhe posso dar é que a fonte da história ressaltou a origem siciliana do coronel. A história é dele, não minha. Aliás, recebi três queixas semelhantes a essa, relativas ao fato de eu ter mantido a palavra "judeu" numa citação do tenente George Wilson (p. 401).

Quase todas as cartas apontam a existência de um ou outro erro tipográfico, que serão corrigidos na próxima edição. Muitas nos chamam a atenção para erros factuais, os quais, aliás, são extremamente embaraçosos para mim. Três dos fatos a respeito dos quais jamais tornarei a equivocar-me são: o tanque alemão Panther tinha um canhão de 75 milímetros e não de 88 milímetros; em Michigan, na fábrica de Willow Run, a Ford Motor Company produzia aviões B-24 e não B-17; e durante o treinamento os socorristas eram chamados de *chancre mechanics* e não *shank mechanics*.

Já sob um aspecto mais positivo, um bom número de veteranos tem escrito dizendo que o livro fez que refletissem sobre o que aprenderam no exército, principalmente no que diz respeito a responsabilidade.

"Desde muito tempo, tenho consciência de que minha vida mudou com essa experiência e que, talvez, eu a entenda um pouco mais agora", disse o praça Berger no fechamento de sua carta.

Muitos veteranos têm escrito sobre o fato de que o exército tornou possível para eles o conhecimento de muito mais coisas a respeito de seus concidadãos. Nesse sentido, o cabo William Schaufele nos dá uma descrição de sua experiência. Ele fizera 18 anos de idade em 7 de dezembro de 1944. Aluno, então, da Yale University, conseguira concluir o ano letivo e, em seguida, fora subordinado à 10ª Divisão de Blindados e seguira para Bastogne, onde participara da Batalha das Ardenas. Ele escreveu: "Uma impressão que trouxe comigo dos combates foi que, em muitos casos, senão em todos, os recrutas tinham melhores noções do que fazer em combates reais do que seus oficiais. A heterogeneidade das unidades com base no grau de instrução não parecia fazer nenhuma diferença. Servi com pessoas que não tinham nem mesmo o colegial, haviam sido trabalhadores humildes, eram provenientes de vilas rurais ou de áreas urbanas modestas, mas muitos deles, como soldados, eram melhores do que eu. Alguns foram promovidos a sargento e rebaixados duas ou três vezes nos treinamentos, mas, quando entraram em combate, tornaram a ser promovidos, dessa vez a comandantes de tanques — e bem merecidamente."

Algumas das histórias são engraçadas. Jim Betts, um jovem de 18 anos de idade, que continuou na guerra e foi servir ao exército na Coréia, era, no outono de 1946, calouro da University of Georgia. Cerca de 3 mil de seus colegas, também calouros, haviam sido praças, alguns três, quatro ou cinco anos mais velhos do que ele, e estavam estudando sob os auspícios de um fundo governamental de amparo aos ex-combatentes. No primeiro dia de aula, o presidente do corpo estudantil, "um sujeitinho obviamente rejeitado pelo serviço de alistamento militar e com a voz repassada de altivez, disse-nos que todos os calouros teriam que usar o barrete da universidade durante o ano inteiro. Nisto, lá em cima no balcão ecoou uma voz tão poderosa que tivemos a impressão de poder sentir-lhe as vibrações: 'O quê!?' Foi o bastante para causar enorme alvoroço entre os veteranos. Depois eu soube que o calouro havia sido um dos sargentos dos fuzileiros navais no Pacífico. Ninguém usou o barrete".

Recebo muitas histórias ou anedotas específicas que são interessantes, mas frustrantes, pois, se eu as tivesse conhecido antes, certamente elas teriam sido incluídas no livro. Às vezes, elas confirmam a história de outrem. Respeitante a isso, por exemplo, a que fala do observador avançado que viu um monte de feno se movendo e solicitou o lançamento de fogo de artilharia contra o monturo ambulante (p. 294) levou um dos homens da guarnição de um canhão de 105 milímetros usado no tiro de barragem a escrever-me. Ele disse que a guarnição do canhão achou que tudo não passava de uma piada e, durante todo o restante da guerra, e nas reuniões organizadas no após-guerra, todos riam desbragadamente ao se lembrarem da ocasião em que dispararam suas armas contra um monte de feno em movimento. Somente depois de 53 anos, descobriram que houve, realmente, um alvo desse tipo e que haviam destruído, em verdade, um tanque alemão camuflado.

O ex-combatente Jack Crawford forneceu-me outra confirmação na carta que me escreveu a respeito da história presente nas páginas 396-8. Crawford desembarcou na Praia de Utah com a 4ª Divisão 12 dias após o Dia D. Combateu na região das sebes, em Mortain e na Floresta de Hurtgen. Feriu-se três vezes e recebeu uma promoção em campanha. Certa vez, apesar de ferido, fugiu do hospital para tornar a juntar-se à sua unidade em Hurtgen. Quando chegou ao quartel-general de Bradley, em Spa, entrou num bar "e encontrei sentados lá Ernest Hemingway e o coronel Buck Lanham, comandante do 22º Regimento de Infantaria, 4ª Divisão. Lanham convidou-me a sentar-me com eles e fiquei muito feliz por ter a oportunidade de conversar com Hemingway, já que eu tinha lido alguns de seus livros. Enquanto bebemos e conversamos, tive a impressão de que ele estava farto de tudo e que aquela não era, de fato, a sua guerra. Ele estava contando histórias sobre aventuras amorosas em Paris. Eu acabei me irritando com isso e disse que ele deveria vir até o meu batalhão comigo em Hurtgen para saber como era realmente a guerra, ao invés de ficar sentado ali, a 50 quilômetros de distância da frente de batalha. O coronel me repreendeu duramente e disse que eu não estava combatendo. Diante disso, levantei-me, bati continência para o coronel e disse: 'Vá se ferrar, Hemingway' e saí".

Recebi dezenas de cartas dos veteranos que combateram nas linhas de frente dizendo que jamais viram um coronel, muito menos um general, onde estiveram. Mas alguns deles me escreveram para dizer que esse ou aquele coronel ou general chegou a ir à frente de batalha em seu setor.

Wyatt Barnes deu-se ao trabalho de sentar-se para escrever-me uma "carta de duas ou três páginas, no máximo", mas acabou escrevendo o que eu chamaria de uma espécie de livro de memórias com 12 páginas, um dos melhores que já li. Eis alguns pontos de especial interesse: Barnes começou como aluno do PTEE num colégio do Brooklyn em meados de 1943. Depois, foi transferido para o Forte Polk, no estado da Louisiana, onde "nos sentíamos terrivelmente mal. Detestávamos, principalmente, nossos novos companheiros, os quais eram, em maioria, dos Montes Apalaches e do extremo sul do país, mas alguns de Idaho e Montana. Eram matutos e falavam com um sotaque engraçado; desprezávamos seus modos rudes. Eles, por sua vez, sentiam repulsa por nosso elitismo e nossos costumes urbanos. Além disso, alardeei a minha assinatura do *New York Times*, o que, portanto, causou-lhes aversão ainda maior por nós. Mas, com o tempo, eles se acostumaram conosco e nós com eles".

Barnes embarcou para a Inglaterra em agosto de 1944 e, de lá, seguiu para a França em meados de outubro, onde, na linha de frente, serviu como substituto na 80ª Divisão. "Cinco de nós foram engajados no 1º Esquadrão do 1º Pelotão. Nós cinco nos conhecêramos ligeiramente em nossa viagem como substitutos; os laços de amizade entre nós vieram depois."

No fim de novembro, Barnes participou de uma ofensiva contra a Linha Maginot na Lorena. Durante um bombardeio inimigo, um projétil de German 88 caiu bem ao lado dele, mas não explodiu.

Em meados de dezembro, a 80ª recolheu as armas e seguiu para o norte, em demanda da borda sul da cunha, como parte do contra-ataque do III Exército. "Avançamos a bordo de caminhões de duas toneladas e meia na viagem para o norte. Isso foi para nós um novo tormento, em meio a um frio cortante e numa noite que não parecia ter fim. E nenhuma ração. Por causa da obstrução das estradas, houve paradas freqüentes, ocasiões que usamos como pausa para urinar. Esprimidos e congelados, saíamos lenta e custosamente pela traseira do caminhão, onde nos expúnhamos à fúria do vento e fazíamos nossas necessidades. O tempo estava assustador."

No Dia de Natal, a 80ª juntou-se à 4ª Divisão de Blindados para a realização da investida final, com vistas a romper a linha inimiga e chegar a Bastogne. "Formamos uma linha de escaramuça. Não se ouvia uma palavra. Em seguida, começamos a avançar, com 3 a 5 metros a separar um do outro cada um dos homens. Em pouco tempo, os tiros começaram a vir em nossa direção, com os estampidos da detonação transformando-se em estalidos distintos ao atingirem as balas pontos bem próximos de nós.

Uma bala traçante atingiu o solo congelado bem na minha frente e descreveu um arco por sobre a minha cabeça ao ricochetear. Então, depois de avançarmos uns cem metros, senti uma bala atingir-me logo abaixo do lado direito da clavícula. Depois do impacto, e isto parece incrível, pude sentir a bala perfurar-me os tecidos e orgãos, vencendo um a um. O tempo, quase literalmente falando, deve ter parado enquanto todo o meu ser se concentrou nessa perfuração orgânica devastadora. Mas a bala saiu, por um ponto um pouco à esquerda de minha omoplata direita.

Caí para a frente, e, no instante em que atingi o solo, eu disse: 'Dois meses' comigo mesmo. Esse era o ferimento de um milhão de dólares! Apenas dois meses de serviço seriam suficientes para proporcionar-me a dispensa da linha de frente e manter-me longe do inverno mais cruel."

Aliás, o ferimento de Barnes foi pior do que ele imaginou; seu pulmão direito tinha sido perfurado e houve uma grave hemorragia interna. Para ele, a guerra havia terminado. Barnes descreveu-me com alguns detalhes sua remoção do campo coberto pela neve para um jipe, no qual foi levado para um posto de socorro, de onde seguiu para o 39º Hospital de Evacuados. De lá, foi transferido de trem para Paris e, por fim, embarcou num avião para a Inglaterra, onde foi internado no 160º Hospital Geral, perto de Cheltenham. "Seu tributo ao pessoal do corpo médico do TOGE foi muito merecido", disse ele no desfecho da carta.

A *American Heritage* publicou o capítulo sobre os socorristas, as enfermeiras e os médicos (meu capítulo favorito, já que vidas são salvas e não destruídas), e recebeu muita correspondência como resposta, com cartas narrando essa ou aquela história na qual o missivista fora salvo por um socorrista e dizendo quão maravilhosos os socorristas, as enfermeiras e os médicos foram. É quase de partir o coração a leitura de algumas delas. Agora, temos essas cartas nos arquivos do Eisenhower Center, à disposição de estudiosos e visitantes, e espero que algum dia alguém escreva um livro sobre o sistema de atendimento médico do exército na Segunda Guerra Mundial.

O artigo da *American Heritage* trouxe à luz outra história que não pode deixar de ser citada. É a história relatada por A. Bruce Campbell, do 11º Regimento de Infantaria, 5ª Divisão. Ele registrara o fato, ainda na guerra, e o classificou como "provavelmente a mais notável cirurgia feita nos campos de batalha da Segunda Guerra Mundial".

Em 10 de novembro de 1944, a 5ª Divisão estava atacando o inimigo em Metz. O praça Henry Roon, Companhia B, 2º Regimento de Infantaria, foi atingido na garganta por um estilhaço de projétil de morteiro. Com a traquéia rompida, caiu prostrado na lama. O praça Duane Kinman, um socorrista com 18 anos de idade e os estudos interrompidos no segundo ano do colegial, terminou de fazer o curativo no tórax de outro ferido e correu para socorrê-lo. "Ele viu que Roon estava ficando extremamente corado, enquanto ofegava e entremostrava estar prestes a morrer sufocado. Kinman abriu seu canivete. Roon fez alguns movimentos de protesto, os quais foram repelidos pelo socorrista, que disse: 'Não gosto de fazer isto, mas será a única forma de mantê-lo vivo.'

Em seguida, sem perder mais tempo com deliberações e munido de perfeita presença de espírito e da recordação das duas preleções que lhe haviam sido dadas um ano antes nos treinamentos, Kinman se preparou para efetuar delicada operação, mesmo nas melhores condições para a realização de cirurgias. Ele sabia que tinha que abrir a traquéia e também dispor de um tubo ou improvisar uma espécie de cânula e inseri-la numa incisão para mantê-la aberta. Num relance, viu uma caneta-tinteiro no bolso de Roon e lançou mão do improvisado recurso.

Com os disparos de metralhadoras estalejando por toda parte, com projéteis de morteiros ainda caindo em volta, com um campo lamacento como mesa de operação, um céu nublado como iluminação, seu canivete como bisturi e sem o benefício de nenhuma anestesia ou droga, Kinman fez uma incisão na garganta de Roon, procurando evitar, cuidadoso, a veia jugular. Com destreza e segurança, fez um corte longitudinal de meia polegada na traquéia de Roon. Em seguida, enfiou na incisão a extremidade rotunda da caneta-tinteiro de Roon para manter o corte aberto e disse a ele: 'Agora, mantenha essa caneta na traquéia, que você ficará bem.'"

Então, Kinman ajudou Roon a recuar para a retaguarda e caminhar até um posto de socorro. Lá, o cirurgião do batalhão não achou, na providência do socorrista, nada que pudesse ser melhorado. Duas outras traqueotomias realizadas ali por cirurgiões no mesmo dia tinham fracassado.

Ex-beneficiário do programa PTEE, o praça Eldon McDermeit esteve na frente de batalha com a 70ª Divisão de Infantaria: "Em nossa terceira noite na linha de frente, dois de nossos colegas foram feridos com baionetas. Era patente que eles haviam estado dormindo. No dia seguinte, todos os homens da 70ª Divisão de Infantaria tiveram seus sacos de dormir trocados por cobertores. Era muito mais difícil nos mantermos aquecidos com cobertores. Por isso, ficamos acordados. Raramente, recebíamos refeições quentes na linha de frente. Quase sempre, comíamos rações. Nossa primeira refeição quente veio depois de seis semanas na frente de batalha. Outra refeição assim chegou cinco semanas depois."

Aprendo muito com os veteranos. Piloto de ligação de uma unidade de artilharia de campanha, o tenente Sidney Lowery disse que ele e seus amigos pilotavam os Piper Cubs sem usar pára-quedas, o que, em todo caso, teria sido inútil nas altitudes em que voavam. Além disso, "era mais seguro permanecer no Piper Cub quando ele era atingido por causa de suas características aeronáuticas, as quais, geralmente, permitiam que o piloto fizesse pousos de emergência". (Veja foto no encarte "A Guerra Aérea".) Lowery acrescentou que "nosso maior perigo era o fogo de nosso próprio exército. Todos nós estávamos realizando missões de vôo para orientar os disparos da artilharia de nossas próprias divisões, mas, ao mesmo tempo, mais recuadamente, as unidades de artilharia dos Corpos de Exército estavam empreendendo suas próprias missões, com armas de maior calibre, e totalmente inconscientes do que estávamos fazendo. Portanto, enquanto orientávamos o fogo de nossas próprias unidades ao sobrevoar a linha de frente, freqüentemente ouvíamos uma espécie de 'shuuus!' e sentíamos o avião sacudir quando o projétil disparado pela artilharia de um Corpo de Exército passava. Perdi mais de um amigo nes sas situações, cujo avião foi derrubado por nossa própria artilharia".

As cartas que recebi relatando casos de pé-de-trincheira (p. 301) foram muitas. O tema está bem resumido no seguinte trecho, extraído de uma carta: "Durante estas cinco décadas, tenho trazido no íntimo a vergonha de ter sido evacuado por causa do pé-de-trincheira. O exército (mas não as enfermeiras e os médicos) me fez sentir-me como alguém que desapontou os seus colegas. Seu relato ajudou-me a superar esse sentimento ruim."

O praça Norman Redlich, da 100ª Divisão, disse que, "no fim de novembro de 1944, após passar outra noite numa trincheira úmida e fria e seguir da melhor forma que pude as recomendações de remover as botas à noite e secar minhas meias, acordei e descobri que não podia mais calçar as botas, pois meus pés tinham inchado como balões. Mal conseguindo andar, fui transferido para um hospital de campanha e, lá, me disseram que eu estaria de volta à frente de batalha numa questão de dias. Mas a dor aumentou. e meus pés começaram a ficar brancos e, depois, roxos. O problema foi tão grave que eu não podia nem mesmo cobrir os pés com os lençóis e tive que dormir com os cobertores e os lençóis dobrados".

Redlich foi embarcado de volta para os Estados Unidos no *Queen Elizabeth I*, que tinha sido transformado num navio-hospital. "Praticamente, todos os passageiros estavam com pé-de-trincheira, muitos dos quais com dedos dos pés e pernas amputados. Eu me sentia afortunado e culpado ao mesmo tempo. Sob muitos aspectos, ainda me sinto assim", acrescentou Redlich.

A honestidade franca de Redlich é típica dos pracinhas americanos que entrevistei ou que se corresponderam comigo com o passar dos anos. Shakespeare escreveu que os homens de idade recordam, em benefício próprio, as façanhas que realizaram como guerreiros. Com algumas exceções, sempre achei que o que ocorre é justamente o oposto disso. Em muitas das entrevistas em grupo, ouvi algo parecido com o seguinte:

— Não sou nenhum herói. Ele é o herói.

— Não, eu não. Se você quiser ouvir algo sobre um verdadeiro herói, deixe-me falar a respeito de fulano de tal.

Certa vez, recebi uma carta de um homem que se identificou como um dos judeus que mourejara como trabalhador escravo numa fábrica alemã que produzia projéteis de *Panzerfaust*. Ele disse na carta que ele e seus colegas escravos haviam descoberto que, se misturassem areia com o enxofre, podiam tornar inúteis as cargas explosivas, e que conseguiam fazer isso quando os inspetores alemães viravam o rosto. Ele disse também que somente os soldados alemães davam aos projéteis o toque final, ou seja, a inclusão do mecanismo de detonação. Mas esses soldados alemães gostavam de fazer pausas para descansar. Quando as faziam, os escravos aceleravam a produção, mas, com isso, aproveitavam para danificar o mecanismo. Os soldados alemães ficavam contentes com o aumento da produção e nunca inspecionavam os projéteis que tinham sido produzidos enquanto eles estavam descansando. Essa, disse ele orgulhosamente, foi a sua contribuição, e ele se sentia feliz porque havia lido, neste livro (p. 73), a história sobre os projéteis alemães cuja falha em explodir os soldados americanos haviam testemunhado e porque, em razão disso, vidas tinham sido salvas.

Engenheiro de operações de combate junto à 87ª Divisão, o tenente Bryce Stevens disse que o livro "trouxe à baila recordações de acontecimentos, cenas e até mesmo odores de uma época e de um lugar nos quais eu não pensava havia muito tempo". Uma dessas recordações foi a do primeiro banho de chuveiro tomado depois de três meses de combates contínuos: "O procedimento a seguir era despir-se totalmente, pôr as roupas sujas (exceto as botas) numa pilha e atravessar correndo pranchas sobre terreno lamacento para chegar à barraca seguinte, onde estavam os chuveiros. Lá, eles abriam a água o tempo suficiente para que nos molhássemos e, em seguida, fechavam-na enquanto nos ensaboávamos. Depois, a água tornava a cair para que nos enxaguássemos. E voltávamos para a primeira barraca, onde roupas limpas eram distribuídas. Tudo isso sob um frio congelante. Não me lembro como conseguimos obter roupas que couberam em nós."

Richard Meier escreveu-me dizendo que seu tio, Gordon Meier, participou do combate na estação ferroviária de Losheimergraben (p. 225) e que o praça Herbert Meier, soldado alemão citado no livro e que também esteve nesse combate, era primo de seu tio. "Esse episódio da Batalha das Ardenas a torna parecida à de Gettysburg — primos frente a frente nas linhas de combate."

Gordon Meier escreveu: "Lembro-me muito bem daquela estação ferroviária. Fomos surpreendidos por tiros de barragem. Pusemo-nos debaixo do embarcadouro (10 centímetros de concreto). Os alemães vieram marchando diretamente pelos trilhos. Podíamos ouvir o ruído de suas botas com saltos de aço. Matamos muitos deles. O bombardeio recomeçou, e recuamos 500 metros. Lembro-me de que os alemães tinham longas sobrecasacas e que eles as prendiam na cintura para que pudessem correr mais facilmente. Capturamos um jovem oficial alemão para interrogatório, mas ele estava morrendo. Ele trazia consigo dois pedaços de pão com geléia."

O pai de Robert Kettler serviu na 80ª Divisão. Ferido e capturado perto de Nancy em 22 de setembro de 1944, ele morreu no *Stalag* 4G em 1º de outubro do mesmo ano. Kettler tinha 4 anos de idade quando o telegrama chegou: "Lembro-me ainda da tormenta emotiva que percorreu a nossa casa nesse dia. Em pé ao lado de uma poltrona azul em que minha mãe se mantinha sentada em pranto enquanto a família e os amigos se reuniam para consolá-la sob um ritual que já se me havia tornado bem conhecido, mesmo na nossa pequena Indiana, eu sabia que algo muito grave nos tinha acontecido." Em 1995, Kettler, sua filha e sua mãe fizeram sua primeira visita ao túmulo de seu pai, no Memorial e Cemitério Americano perto de Liège, Bélgica.

Diante do túmulo, escreveu Kettler, "toquei no braço de minha mãe.

'É um belo lugar', eu disse a ela. 'Sim, é', ela respondeu. 'E estou muito grata por ter podido estar aqui com você. Mas é muito longe de Shelbyville, Indiana.'"

Enquanto se afastavam do cemitério, prosseguiu Kettler, "conversamos serenamente no carro, com nossas vozes repassadas de um sentimento de alívio e desapego. Tínhamos ficado diante do túmulo de meu pai. Agora, podíamos voltar para casa".

Kettler descrevera sua experiência na edição do verão de 1996 da *Traces*, publicada pela Indiana Historical Society. Recebi dezenas de outros artigos, livros publicados por conta própria, memórias e documentos de todos os tipos, incluindo relatos de valor histórico do pessoal de companhias ou batalhões, coligidos e publicados por alguém da unidade. Isso é maravilhoso. Fico encantado em poder guardá-los nos arquivos do Eisenhower Center, na University of New Orleans, onde ficarão à disposição de futuros estudiosos e dos descendentes dos combatentes.* Só lamento o fato de que não tenham estado ali quando escrevi este livro.

Aprendo o tempo todo Eis a seguir algo que eu ignorava. Em janeiro de 1945, o praça Richard Lockhart, da malfadada 106ª Divisão, foi prisioneiro de guerra do *Stalag* IXB, em Bad Orb, Alemanha. Era um campo de prisioneiros primitivo e de dimensões menores que as usuais, mas que abrigava milhares de soldados soviéticos, sérvios e franceses — todos recrutas. Não dispunha de instalações médicas, de nenhum sistema sanitário e de aquecimento, nem tinha, de sobejo, "sopa de ervas silvestres". Quando Lockhart e seus colegas americanos chegaram, os guardas leram uma lista de chamada. E ordenaram que todos os judeus dessem um passo à frente. Uma dezena deles o fez. Os guardas os separaram e os enviaram para um campo de trabalho escravo, sob veementes protestos de Lockhart e outros. Muitos dos prisioneiros de guerra judeus morreram. O que os fez dar um passo à frente?, perguntou-se Lockhart. Ele chegou à conclusão de que deve ter sido uma atitude de afirmação de sua cultura e religião ou que eles podiam ter feito isso por simples ingenuidade, induzidos pela sensação de que o uniforme do exército americano que estavam usando os protegeria.

---

* O endereço do Eisenhower Center é 923 Magazine St., New Orleans, LA 70130. O diretor Douglas Brinkley continua a buscar diligentemente memórias, documentos, relatos de valor histórico e outros materiais dos veteranos do TOGE; embora eu esteja aposentado, esse projeto é o mais caro ao meu coração, e exorto todos os veteranos a guardar cópias de seu material literário no arquivo. (N. A.)

Conheço um judeu que, mui justificadamente, receava ser capturado. Portanto, quando isso esteve na iminência de ocorrer, ele trocou sua plaqueta de identificação pela de um cadáver. Isso funcionou para ele, mas não para sua família, que recebeu um telegrama do Ministério da Guerra informando-a de que ele tinha sido morto em combate.

Meu mentor, o dr. T. Harry Williams, ensinou-me que devo deixar meus personagens falarem por si mesmos.

— Eles sempre dizem o que têm a dizer de um modo melhor do que você jamais poderia fazê-lo — insistia ele. O páragrafo que se segue comprova o ponto de vista dele. Foi escrito pelo tenente Charles Jordan, da 9ª Divisão.

"Li algo a respeito de homens intrépidos. Tive, aliás, durante algum tempo, um mensageiro que, em minha opinião, era alguém que muito se aproximava de uma pessoa destemida (ele foi morto), mas eu não era alguém assim. Meu maior receio era cometer erros ou demonstrar meu medo aos que me rodeavam. O segundo deles, ainda que bem menor, era morrer. Em meus primeiros dias de combatente, tive também medo de ser ferido, mas isso se transformou rapidamente em desejo. Meu maior período de medo me sobrevinha quando começávamos a nos organizar para efetuar um ataque. Nunca sabíamos o que esperar ou onde esperar o quê, e, quanto mais longa a espera, maior o medo. O medo de morrer manifestava-se abertamente em mim quando eu me via obrigado a manter-me deitado numa vala ou numa trincheira, ou mesmo no solo, com projéteis de artilharia e morteiros explodindo à minha volta. Não havia absolutamente nada que se pudesse fazer nessas situações, a não ser manter-se prostrado e orar. Desde os dias em que passei a viver constantemente com medo, fui descobrindo que o medo que você sente de perder a própria vida não chega ao pés do medo causado pela doença grave de que a sua esposa ou os seus filhos podem ser portadores. Seria preferível levar um tiro todos os dias da semana a enfrentar uma situação de doença na família."

O sargento Milt Lamm era aluno da Indiana University no outono de 1942 e entrou para o serviço ativo em fevereiro de 1943. Depois, foi beneficiado com o programa PTEE e, quando este foi extinto, foi engajado numa unidade de infantaria. Soldado substituto na 84ª Divisão do fim de novembro de 1944 até abril do ano seguinte, ganhou uma Estrela de Prata e uma de Bronze. Ele nos fornece algumas imagens vivas de sua experiência. Eis dois exemplos:

"Comecei minha vida de combatente inteiramente só, numa trincheira individual com água pela metade e na frente de uma casamata alemã em Lindern, Alemanha. Durante muitos dias, tudo o que eu fiz foi encolher-me no fundo da trincheira enquanto os projéteis dos Germans 88 caíam furiosamente sobre nós. Eu não tinha a mínima idéia do que estava acontecendo.

A ferramenta de abrir trincheiras dos alemães era muito superior à nossa picareta e à nossa pá. No exército americano, você tinha que ter uma picareta, e o seu amigo, uma pá. A ferramenta alemã era pá e picareta ao mesmo tempo. Você simplesmente convertia a picareta numa pá e vice-versa mudando o ângulo do cabo. Assim, todos nós passamos a carregar a ferramenta de abrir trincheiras alemã."

Um dos melhores comentários que ouvi sobre os assuntos da guerra foi feito durante uma cervejada e uma conversa de grupo com veteranos. Conversávamos sobre o que significara todo aquele esforço, despendido 50 anos antes. Não consegui gravar o nome do homem que nos deu a imagem que se segue, mas jamais me esquecerei do que ele disse:

— Considere o seguinte. Na primavera de 1945, em todo o mundo, a presença de um esquadrão composto de 12 adolescentes, armados e uniformizados, causava terror ao coração das pessoas. Quer fosse um esquadrão do Exército Vermelho em Berlim, Leipzig ou Varsóvia, quer um esquadrão alemão na Holanda, quer um esquadrão japonês em Manila, Seul ou Pequim, ele era sinônimo de estupros, pilhagem, roubo, destruição arbitrária, matança insensata. Mas havia uma exceção: um esquadrão de soldados americanos, cuja presença abria os maiores sorrisos que se podiam ver no rosto das pessoas e lhes produzia alegria no coração. De fato, foi o que se deu em várias partes do mundo, até mesmo na Alemanha, ou — depois de setembro de 1945 — no Japão. Isto porque os soldados americanos eram sinônimo de doces, cigarros, rações e liberdade. Os Estados Unidos tinham enviado o escol de sua juventude a várias partes do mundo, não para conquistar, mas para libertar; não para aterrorizar, mas para ajudar. Esse foi um grande momento de nossa história.

Outra imagem interessante foi a fornecida por um veterano que disse ter feito sua parte para ajudar a transformar o século XX, um período de trevas, numa época de luzes. Acho que essa foi a grande façanha da geração que lutou na Segunda Guerra Mundial do lado dos Aliados. Em 1945 — ano em que mais se mataram pessoas, mais se destruíram edifícios, mais se incendiaram casas do que em qualquer outro ano da história —, era impossível crer-se no progresso humano. As duas guerras mundiais haviam zombado da idéia de progresso do século XIX, da noção de que as coisas estavam melhorando e continuariam a melhorar. Em 1945, as pessoas sentiam-se obrigadas a acreditar que o resultado da revolução científica e tecnológica que tinha inspirado a idéia de progresso seria a destruição do mundo.

Mas, lenta e seguramente, a disposição de espírito dos soldados americanos distribuindo doces e ajudando a trazer de volta a democracia às nações dos antigos inimigos expandiu-se por toda parte, e, hoje, são as democracias e não os governos totalitários que estão em marcha. Hoje, podemos voltar a acreditar no progresso, já que as coisas, de fato, estão melhorando. Isso graças aos soldados americanos, além de outros milhões de homens, que ajudaram a libertar a Alemanha e o Japão do guante maligno de seus governantes e que, depois disso, enfrentaram Stalin e seus sucessores. Essa geração fez mais pelo avanço da liberdade — e pela prosperidade — em todo o mundo do que qualquer geração anterior.

John Lydon, 34 anos de idade, advogado em Chicago, escreveu-me em 1998 dizendo que seu pai servira no SHAEF. "Durante a maior parte de minha juventude", confessou Lydon, "nunca consegui entender realmente o meu pai. Eu condenava a ele e à sua geração por tudo, desde pelo macarthismo à guerra do Vietnã, e ao caso Watergate. Jamais lhes dei crédito pelo Sistema de Rodovias Interestaduais, pela IBM, pela NASA, pela Lei dos Direitos Civis de 1965, pela queda do comunismo ou por qualquer coisa desse tipo. Mas acabei lendo o seu livro. Você me ajudou a compreender meu pai. Quando meu filho tiver idade suficiente, eu darei a ele um exemplar de seu livro, para que ele possa conhecer o avô."

O sargento Henry Halsted, honrado com a Medalha de Bronze, participou, depois da guerra, de alguns programas experimentais que reuniram na Inglaterra colegiais americanos e alemães veteranos da guerra, e de um semelhante na França. A idéia era ensinar por meio do contato e pelo exemplo. Em 1997, Halsted recebeu um cartão de Natal de um alemão que participara de um desses programas e que morava em Munique: "Sempre penso em nossos encontros e nossas idéias em comum. Aliás, o programa de 1948 e tudo relacionado a ele foi o acontecimento mais importante e decisivo para mim. Ele influenciou profundamente a minha vida!"

E um participante francês escreveu: "Em 1950, a França estava em ruínas. Eu via apenas um mundo marcado pela guerra, pela destruição, pela sombra da guerra e pelo medo. Eu achava que ela não tinha terminado, que haveria outra guerra. Não acreditava que seria possível construir uma vida, ter uma família. Mas, então, apareceu o grupo de jovens americanos, pessoas atraentes, idealistas, otimistas, seguras, crentes e atuantes, como se tudo fosse possível. Foi uma experiência transformadora para mim."

Essa disposição de espírito — nós podemos fazê-lo, podemos reconstruir a Europa e deter o Exército Vermelho e evitar a Terceira Guerra Mundial — foi o grande presente dado ao Velho pelo Novo Mundo no século XX. Os Estados Unidos pagaram o preço desse presente com as vidas de seus melhores jovens. Quando leio as cartas dos veteranos, fico impressionado, na maioria das vezes, com suas descrições sucintas do que fizeram com suas vidas depois da guerra. Eles tiveram carreiras de sucesso, foram bons cidadãos e pais de família, e muitos deles deram grandes contribuições à sociedade, ao seu país e ao mundo. Mas penso também nos que não conseguiram voltar da guerra, principalmente em todos aqueles suboficiais, oficiais subalternos e soldados rasos que foram mortos em números assustadores.

Esses homens eram líderes natos. E morreram um após o outro. No que respeita a cada um deles, eu me pergunto: que tipo de vida foi perdida? A de um gênio? É impossível imaginar o que ele poderia ter inventado; e sabemos que a sua perda foi a nossa perda. Um político promissor? Aonde ele nos poderia ter levado? Um arquiteto? Um professor? Um sábio? Um romancista? Um músico? Às vezes, acho que o maior preço que pagamos pelas guerras é o tributo do que poderia ter sido.

Nesse sentido, o tenente Waverly Wray me vem à mente. E bem assim o capitão Anthony Stefanich, o tenente-coronel Robert Cole e tantos outros, os quais partiram mui prematuramente e cujas mortes nos privaram dos dons de suas vidas. Quando os sinos dobraram para Wray, Stefanich, Cole e para centenas de seus amigos que tombaram, dobraram para todos nós também.

Meu filho, Hugh Ambrose, organizou, traduziu e editou todas as entrevistas feitas com os alemães, e, aqui, ele descreve algumas das impressões desses veteranos a respeito dos soldados americanos.

Dedicado à memória de nosso honrado amigo,
coronel Hans von Luck

OS VETERANOS ALEMÃES que aceitaram participar das entrevistas para este livro nos brindaram com uma profunda compreensão de alguns aspectos do caráter dos soldados americanos e da natureza da guerra na frente de batalha da Europa Ocidental.* Os alemães em si, embora não constituíssem amostra representativa de seu exército como um todo, eram das mais variadas posições da organização militar de Hitler e quase todos travaram combate em duas ou mais frentes de batalha. Se mal interpretados, os termos que eles usaram para descrever o exército americano poderiam irritar muitos veteranos americanos. Em seu veredicto da Wehrmacht, o major Gerhard Lemcke, da 12ª Divisão de Panzer, disse que, quando o soldado ia para a frente de batalha na Europa Ocidental, tomava conhecimento da "forma pela qual o rico luta na guerra". Mas, se os veteranos americanos escutassem cuidadosamente o que esses veteranos alemães disseram, não se sentiriam desrespeitados. Na verdade, com isso, os veteranos alemães estavam elogiando os soldados americanos, que, depois de terem vencido a guerra na Europa sem ódio, não deixaram nem um pouco dele em seu rastro.

Segundo as palavras do major Helmut Ritgen, os "ricos" americanos assumiam uma atitude prática.

— Normalmente, os americanos eram muito agressivos pela manhã, mas, à noite, ficavam cansados e paravam de lutar. Das 19 horas até o amanhecer, a paz reinava absoluta.

* Todos os trechos de valor histórico citados aqui foram extraídos da Coletânea de História Oral dos arquivos do Eisenhower Center, em Nova Orleans. (N. A.)

Uma vez iniciada, a campanha militar diurna contava com o apoio especial da força aérea americana e da artilharia. No que afeta aos alemães, a superioridade aérea deu aos Aliados a vitória na Europa Ocidental. Incontestados no ar, os aviões dos Aliados lançavam ataques após ataques contra as colunas e as fortificações inimigas, com bombardeios e metralhas em vôos rasantes. Assim como muitos soldados enviados à Normandia para repelir-lhe a invasão, Walter Jungmichel jamais conseguiu chegar ao campo de batalha; um Jabo mergulhou em sua direção e "fez tantos buracos em meu veículo, que pude ver através dele".

Uma das razões dessa supremacia aérea estava no fato de que o observador avançado da artilharia americana sobrevoava em círculos e a baixa velocidade, num pequeno avião, o campo de batalha, em manobras em que inclinava as asas ora para um lado, ora para o outro, de modo que pudesse ter uma boa visão dos combates. O exército alemão vivia receoso dos resultados dessas operações.

— Era suicídio — disse o capitão Walter Schäfer-Kehnert – atirar em qualquer coisa se você estivesse sob a visão do avião de reconhecimento da artilharia americana.

Uma vez localizados, os alemães calculavam que "tínhamos, no máximo, meia hora antes de os primeiros projéteis chegarem". E, pior do que isso, os americanos tinham tantos projéteis que pareciam "dispará-los contra cada um dos soldados".

Na opinião do capitão Schäfer-Kehnert, a combinação de Jabos, bombardeios de saturação e artilharia deixou o exército alemão "paralisado, de certo modo".

Em suma, os alemães estavam convictos de que os soldados americanos deixavam os explosivos de grande poder de destruição fazer o trabalho difícil.

— A infantaria [americana] não atacava — disse o major Rolf Pauls, da 363ª Divisão de Infantaria da Wehrmacht — até que tivesse certeza de que as posições que estava atacando estivessem com mais da metade de sua totalidade destruída, o que faz sentido se você pode dar-se ao luxo disso.

Tampouco as tropas americanas engrossavam o ataque com atitudes temerárias. De acordo com um de seus adversários, os soldados americanos "lutavam bravamente, mas, se as coisas não estivessem indo bem, eles recuavam, efetuavam bombardeios e tentavam novamente no dia seguinte". Como contraste desse modo de agir, um capitão da artilharia alemã disse que, "quando [a infantaria soviética] sofria ataques de nossa artilharia, seus homens não se atiravam ao solo, como os americanos [...]. Não, os soviéticos continuavam a avançar impetuosamente, mesmo debaixo do fogo da artilharia. Ficávamos lá sempre com a pistola e fuzil à mão, pois eles continuavam vindo". Os soviéticos tinham muita motivação, mas poucas armas. No caso dos americanos, a situação era outra. Dada a grande vantagem estratégica de que os americanos dispunham, concluíram os alemães, eles, simplesmente, não tinham "necessidade de se lançarem contra uma resistência sólida".

Aos americanos também não pareceu necessária a realização de uma campanha impiedosa. Conforme dito, ambos os lados respeitavam a Cruz Vermelha. Os americanos e os alemães confiavam uns nos outros quando havia a necessidade de parar de atirar para que mortos e feridos fossem removidos. Confiavam no corpo de socorristas do lado oposto no que se refere ao tratamento de todos os feridos. Essa confiança, que resultou em muitos episódios estranhos nos campos de batalha, significava tudo para os soldados. Nenhum veterano alemão falava sobre assuntos atinentes à frente de batalha na Europa Ocidental sem fazer o mesmo, longamente, a respeito da Cruz Vermelha. E, outra vez, a Europa Oriental nos fornece um contraste em relação ao conflito entre americanos e alemães. Na União Soviética, disseram os alemães, "[nossos] feridos, se não fossem levados conosco, seriam mortos".

Com as frentes de batalha da Europa Oriental e da Ocidental em franca desintegração nos primeiros meses de 1945, a diferença entre elas afigurou-se mais nítida à mente dos soldados alemães. Do oeste, vinham seus oponentes, os americanos, que — embora inapelavelmente determinados a destruir o regime nazista — viam a si mesmos apenas como libertadores. Em que pese a sua atitude de antagonista implacável, o soldado americano acabou se figurando aos olhos dos nativos como alguém que se encontra em sua terra para libertar suas famílias. Já do oeste, avançavam os inimigos dos alemães, as tropas do exército soviético, imbuídas de ódios prístinos e éticos, armadas com a paixão da vingança. Tremelicantes diante da possibilidade de os soviéticos exigirem compensação dos prejuízos causados à sua terra natal, os soldados alemães da frente de batalha do ocidente começaram a achar que combater os americanos "não nos convém". Como explicação de sua ansiedade então, Walter Jungmichel disse que ele e seu colegas "eram obrigados a combater [os soldados americanos] com todo empenho [...] e oferecer-lhes resistência, quando, ao mesmo tempo, nutríamos a esperança de que os americanos conseguissem avançar logo pelo território alemão". De fato, eles estavam tão preocupados, que muitos alemães tentaram persuadir as tropas americanas a juntarem-se a eles numa guerra contra o Exército Vermelho. A sugestão, embora fantástica, patenteou-lhes a confiança no exército americano, o qual sempre contrabalançara a consecução de uma rendição incondicional com o respeito pela vida humana.

Embora os alemães tivessem passado a respeitar a maneira de fazer guerra desses seus oponentes, foi necessário algum tempo para que se acostumassem com a atitude dos soldados americanos. O tenente Walter Rahn nos fala do dia em que foi capturado enquanto atacava uma posição americana. Os soldados o jogaram em seu carro-patrulha e trataram de reforçar o contra-ataque.

— O intérprete me perguntava de quando em vez — enquanto atacavam meus homens — se eu estaria disposto a ordenar-lhes a rendição. Fiquei tão chocado com isso, visto que eu jamais havia passado por algo semelhante em meus longos anos de guerra, que não consegui pensar em nada que pudesse dizer.

Outros soldados alemães ficaram também muito impressionados com os americanos, nem tanto por causa de sua atitude cavalheiresca, mas por sua magnanimidade, a qual nos parece comprovar, por exemplo, o caso do sargento Ewald Becker, que, após anos de combates medonhos, decidiu render-se, juntamente com os colegas.

— Saímos às ruas para nos rendermos. O primeiro veículo a aparecer foi um jipe americano, e, quando pus as mãos para o alto, um dos homens acenou e sorriu para mim, e seguiram em frente. Depois, apareceu outro veículo americano, um pouco maior e com quatro homens a bordo. Eles pararam e me deram chocolate. Disseram algo que não consegui entender e foram embora.

Eventualmente, outros soldados americanos vieram e levaram as armas de Becker e seus homens, puseram-nos sob guarda e os levaram para o campo de prisioneiros de guerra mais próximo.

Quanto às condições de abrigo dos campos de prisioneiros dos Aliados, poucos veteranos alemães se queixaram deles. Quando Gustav Spreckels, sargento da Divisão de Panzer Lehr, tornou-se prisioneiro de guerra, os guardas disseram-lhe que "jogasse tudo fora. Os Estados Unidos são ricos, e você receberá tudo novo". Contudo, mais importante do que roupa e comida era o desejo do soldado de ser reconhecido como tal. Os veteranos alemães entrevistados para a elaboração deste livro acreditavam que não tinham sido nem nazistas nem criminosos; tinham sido soldados. E todos elogiaram os americanos por terem feito essa distinção entre os dois.

— Quando cheguei ao campo de prisioneiros, eu disse que era da 116ª Divisão de Panzer. E o pessoal do exército americano disse:

— OK, ótima divisão.

— Éramos bem conhecidos e não havia ressentimentos por nós.

No campo de prisioneiros de guerra a que o tenente Walter Padberg fora recolhido, a autoridade que concedia aos prisioneiros permissão para o alívio de suas necessidades sexuais jazia nas mãos de um jovem médico americano.

— Certo dia, [o doutor] perguntou-me — disse Padberg:

— Você conhece mulheres jovens na área? Pois, pombas, provavelmente ficarei aqui durante meses.

— Sim — [eu] disse. — Vou procurar uma para você.

— Perto dali, havia um campo de prisioneiras, para as mulheres que tinham auxiliado a propaganda nazista. Elas tinham usado uniforme militar e agora, portanto, estavam presas.

Padberg fez amizade com algumas das mulheres desse campo. Depois de algum tempo:

— Encontrei um bela e jovem mulher, de Königsberg. Ela já sabia que seus pais estavam mortos. Ela estava só no mundo e não sabia para onde ir.

Quando Padberg perguntou-lhe se ela gostaria de conhecer seu amigo, ela disse:

— Sim! Um médico americano? Excelente!

Padberg acrescentou, feliz:

— Ela voltou com ele [para os Estados Unidos]. Lá, eles se casaram e me escreveram várias e belas cartas para dizer-me que eu havia unido bons partidos.

Nos anos que se sucederam à guerra, a amizade entre veteranos alemães e americanos floresceu. Em várias ocasiões, as associações de veteranos americanas e alemãs celebraram cerimônias conjuntas em homenagem aos colegas que tombaram no palco da guerra. Entretanto, mais freqüentemente, o que se dá são encontros fortuitos entre indivíduos nos próprios campos de batalha de outrora. Durante as conversas que ali se seguem — as quais, geralmente, começam com "Qual era a sua unidade?" —, eles descobrem que têm muito em comum. Tanto os veteranos americanos quanto os ex-combatentes da Wehrmacht gostam de comemorar seus feitos do após-guerra. Assim como todas as pessoas idosas sentem grande orgulho por terem criado um país seguro e próspero para seus filhos e seus netos, gostam também de conversar com outras pessoas que estiveram lá. Somente as pessoas que ali compareceram entendem que a guerra de um soldado da frente de batalha estendia-se à necessidade de cuidarem de seus amigos enquanto, ao mesmo tempo, "tentamos sair vivos desta coisa imunda".

Esse entendimento mútuo tem resultado em confabulações surpreendentes. O cabo Hans Herbst, pareceu-me óbvio, participou de uma delas, na qual falou sobre sua entrada na Bélgica, no fim do mês de outubro de 1944.

— Eu estava em meu blindado de transporte de tropas, a cerca de 17 ou 18 veículos atrás do tanque da vanguarda, avançando por uma pequena estrada de terra através da floresta.

A certa altura da viagem, o comboio chegou a uma ponte.

— Havia duas posições americanas com armas antitanque assentadas ali. Nós as avistamos. O primeiro de nossos tanques abriu fogo. Meu amigo Murray Shapiro, um dos americanos na posição de frente para nós, disse-me [mais tarde] que esse primeiro disparo matou todos, exceto um de seus homens nas primeiras posições. Os sobreviventes revidaram e destruíram quatro dos tanques Panther parados na pequena estrada. Nós nos retiramos.

Quando penso em quanto os colegas dos soldados significavam para eles, pergunto-me como os veteranos conseguem esquecer o passado. Mas o relato de Herbst revela mais do que apenas dois soldados a trocar histórias sobre o passado. É uma conversa entre dois homens que aprenderam a perdoar. E ao soldado americano muito crédito deve ser dado por tornar possíveis essas conversas. Ele lutou duramente para vencer a guerra. Mas, em cada passo do caminho, ele se esforçou para estabelecer a paz. Um tributo como esse é, talvez, um dos melhores que um veterano poderia desejar, principalmente quando procede de seu antigo oponente.

— Desejo apenas acrescentar — disse Herbst com uma risadinha — que, hoje, quando me encontro entre americanos, vejo-me entre amigos. Eles dizem que tive a sorte de continuar vivo. Eu digo a eles que a minha sorte está no fato de que eles eram maus atiradores.

NOTAS BIBLIOGRÁFICAS

PRÓLOGO

1. Nas memórias de B. H. Vandervoort, guardadas no Eisenhower Center (EC), na Universidade de Nova Orleans, está registrada a homenagem que Vandervoort fez a Wray, juntamente com sua recomendação da concessão da Medalha de Honra. A história de Wray está presente também *in* Wills, *Put on Your Boots and Parachutes!*, pp. 86-7.
2. Honoré de Balzac, conforme citado *in* Weigley, *Eisenhower's Lieutenants*, p. 127.
3. Colby, *War from the Ground Up*, p. 37.
4. Entrevista de Hugh Ambrose com Adolf Rogosch, EC.
5. English, *A Perspective on Infantry*, p. 169.

CAPÍTULO 1: EXPANDINDO A CABEÇA-DE-PRAIA

1. Henderson, "D-Day + 1, Omaha Beach", *in* Roush, *World War II Reminiscences*, pp. 95-100.
2. Wills, *Put on Your Boots and Parachutes!*, p. 212.
3. Memórias de Otis Sampson, EC.
4. Memórias de Frank Woosley, Memórias de James Coyle, Memórias de Sam Applebee e Memórias de Otis Sampson, EC.
5. Memórias de Otis Sampson, EC.
6. Wills, *Put on Your Boots and Parachutes!*, p. 91.
7. Balkoski, *Beyond the Beachhead*, p. 170.
8. Entrevista de Hugh Ambrose com Friedrich Bertenrath, EC.
9. Balkoski, *Beyond the Beachhead*, pp. 178-9.
10. *Ibid.*, p. 177.
11. Memórias de Sidney Salomon, EC.
12. Relato histórico de Edward Gianelloni, EC.
13. Memórias e artigo de jornal sobre Jim Finn, *The Hackensack (N. J.) Record*, 3 de junho de 1944, *in* EC.
14. Memórias de Charles Stockell, EC.

15. Relato histórico de Fred Hall, EC.
16. Relato histórico de Robert Miller, EC.
17. Balkoski, *Beyond the Beachhead*, p. 154.
18. *Ibid.*, p. 148.
19. *Ibid.*, pp. 155-6.
20. Weigley, *Eisenhower's Lieutenants*, p. 127.
21. Murphy, *Heroes of WWII*, pp. 206-9.
22. Colby, *War from the Ground Up*, pp. 41-2 e 45.
23. Memórias de Arthur Schultz, EC.
24. Memórias de Otis Sampson, EC.
25. Entrevista de Hugh Ambrose com Günter Behr, EC.
26. Entrevista de Hugh Ambrose com Helmut Hesse, EC.
27. Relato histórico de James Delong, EC.
28. Entrevista de Hugh Ambrose com Friedrich Bertenrath, EC.
29. Moench, *Marauder Men*, p. 203.
30. Entrevista de Hugh Ambrose com Friedrich Bertenrath, EC.
31. Ambrose, *Eisenhower*, Vol. I, *Soldier, General of the Army*, pp. 315-7.
32. Relatório de 14 de junho de 1944 da Agência de Serviços Estratégicos, EC
33. Doubler, *Closing with the Enemy*, pp. 43-7.
34. Ruppenthal, *Logistical Support of the Armies*, Vol. I, pp. 420-2.
35. Pogue, *The Supreme Command*, p. 543.
36. Chandler, ed., *The D-Day Encyclopedia*, p. 141.
37. Fraser, *Knight's Cross*, pp. 503-5.

CAPÍTULO 2: OS COMBATES NAS SEBES

1. Hastings, *Overlord*, p. 248.
2. Relato histórico de James Delong, EC.
3. Ambrose, *Eisenhower*, Vol. I, *Soldier, General of the Army*, p. 317.
4. *Ibid.*, 319.
5. Pogue, *Supreme Command*, p. 188.
6. English, *A Perspective on Infantry*, p. 184.
7. Ambrose, *Eisenhower*, Vol. I, *Soldier, General of the Army*, p. 321.
8. Hastings, *Overlord*, p. 156.
9. Ambrose, *Band of Brothers*, p. 110.
10. Hastings, *Overlord*, p. 155.
11. Relato histórico de William Craft, EC.
12. Ellis, *On the Front Lines*, p. 94.
13. Hastings, *Overlord*, pp. 187-8.
14. *Ibid.*, p. 190.

15. Fussel, *Wartime*, p. 268.
16. Memórias de Belton Cooper, EC.
17. *Ibid.*
18. Wilson, *If You Survive*, p. 35.
19. Balkoski, *Beyond the Beachhead*, p. 212.
20. Moench, *Marauder Men*, p. 223.
21. English, *A Perspective on Infantry*, p. 180.
22. Doubler, *Closing with the Enemy*, pp. 45-6.
23. *Ibid.*, p. 58.
24. Weiss, *Enemy North.*
25. Doubler, *Closing with the Enemy*, pp. 49-51.
26. Entrevista de Hugh Ambrose com Walter Padberg, EC.
27. Fraser, *Knight's Cross*, pp. 509-10.
28. Entrevista de Hugh Ambrose com Rolf Pauls, EC.
29. Entrevista de Hugh Ambrose com Adolf Rogosch, EC.
30. Hastings, *Overlord*, p. 183.
31. Entrevista de Hugh Ambrose com Frederick Ruge, EC.
32. Doubler, *Closing with the Enemy*, p. 66.
33. Entrevista de Hugh Ambrose com Gerhard Lemcke, EC.
34. Hastings, *Overlord*, pp. 181-2.
35. *Ibid.*, p. 206.
36. Balkoski, *Beyond the Beachhead*, pp. 253-4.
37. *Ibid.*, p. 254.
38. Hastings, *Overlord*, p. 218.
39. Relato histórico de Edward Gianelloni, EC.
40. Colby, *War from the Ground Up*, p. 161.
41. Balkoski, *Beyond the Beachhead*, p. 264.
42. Memórias de Belton Cooper, EC.
43. Balkoski, *Beyond the Beachhead*, pp. 274-7.

CAPÍTULO 3: RUPTURA E CERCO

1. Hastings, *Overlord*, p. 273.
2. Bradley, *A Soldier's Story*, cap. 17.
3. Ambrose, *Eisenhower: Soldier and President*, p. 149.
4. Pyle, *Ernie's War*, p. 332.
5. Relato histórico de James Delong, EC.
6. Memórias de Belton Cooper, EC.
7. MacDonald, *The Mighty Endeavor*, p. 305.
8. Weigley, *Eisenhower's Lieutenants*, p. 153.

9. Pyle, *Ernie's War*, p. 336.
10. Relato histórico de Edward Gianelloni, EC.
11. Memórias de Belton Cooper, EC.
12. Entrevista de Hugh Ambrose com Herbert Meier, EC.
13. Entrevista de Hugh Ambrose com Joachim Barth, EC.
14. Bradley, *A Soldier's Story*, p. 358.
15. Weigley, *Eisenhower's Lieutenants*, p. 153.
16. Hastings, *Overlord*, p. 255.
17. Entrevista de Hugh Ambrose com Joachim Barth, EC.
18. Memórias de Belton Cooper, EC.
19. Entrevista de Hugh Ambrose com Günter Feldmann, EC.
20. Weigley, *Eisenhower's Lieutenants*, p. 154.
21. Hastings, *Overlord*, pp. 256.
22. *Ibid.*, p. 258.
23. Weigley, *Eisenhower's Lieutenants*, pp. 157 e 166.
24. Hastings, *Overlord*, pp. 259-60.
25. Memórias de Belton Cooper, EC.
26. Weigley, *Eisenhower's Lieutenants*, p. 160.
27. Entrevista de Hugh Ambrose com Friedrich Bertenrath, EC.
28. Entrevista de Hugh Ambrose com Walter Padberg, EC.
29. Ambrose, *Eisenhower*, Vol. I, *Soldier, General of the Army*, p. 82.
30. Weigley, *Eisenhower's Lieutenants*, p. 177.
31. *Ibid.*, p. 175.
32. *Ibid.*, p. 185.
33. Entrevista de Hugh Ambrose com Heinz-Günter Guderian, EC.
34. Weiss, *Enemy North.*
35. *Ibid.*
36. *Ibid.*
37. Baldridge, *Victory Road*, p. 101.
38. Weigley, *Eisenhower's Lieutenants*, pp. 216-7.
39. Memórias de Robert Weiss, EC.
40. Entrevista de Hugh Ambrose com Heinz-Günter Guderian, EC.
41. Weiss, *Enemy North.*
42. Entrevista de Hugh Ambrose com Helmut Ritgen, EC.
43. Colby, *War from the Ground Up*, p. 195.
44. Memórias de Charles Stockell, EC.
45. Ambrose, *Eisenhower*, Vol. I, *Soldier, General of the Army*, p. 331.
46. *Ibid.*, p. 332·
47. *Ibid.*, p. 331.
48. Entrevista de Hugh Ambrose com Herbert Meier, EC.
49. Entrevista de Hugh Ambrose com Günter Materne, EC.

50. Entrevista de Hugh Ambrose com Walter Padberg, EC.
51. Entrevista de Hugh Ambrose com Herbert Meier, EC.
52. Entrevista de Hugh Ambrose com Friedrich Bertenrath, EC.
53. Colby, *War from the Ground Up*, p. 241.
54. Wilson, *If You Survive*, p. 70.
55. Entrevista de Hugh Ambrose com Walter Padberg, EC.
56. Entrevista de Hugh Ambrose com Walter Kaspers, EC.
57. Entrevista de Hugh Ambrose com Hans-Heinrich Dibbern, EC.
58. Colby, *War from the Ground Up*, p. 232.
59. Ambrose, *Eisenhower*, Vol. I, *Soldier, General of the Army*, p. 336.
60. Hastings, *Overlord*, p. 313.

CAPÍTULO 4: ARREMETENDO PARA A LINHA SIEGFRIED

1. Ambrose, *Eisenhower*, Vol. I, *Soldier, General of the Army*, p. 337.
2. Entrevista de Hugh Ambrose com Paul-Alfred Stoob, EC.
3. Entrevista de Hugh Ambrose com Günter Mollenhoff, EC.
4. Memórias de Belton Cooper, EC.
5. Province, *Patton's Third Army*, pp. 36 e 42.
6. Relato histórico de Edward Gianelloni, EC.
7. Wilson, *If You Survive*, p. 68.
8. *Move Out*, exemplar *in* EC.
9. *Ibid.*
10. Wilson, *If You Survive*, pp. 82-3.
11. Hatch, *4th Infantry "Ivy" Division*, p. 31.
12. Doubler, *Closing with the Enemy*, p. 153.
13. Memórias de Fred Hall, EC; *New York Sun*, 24 de outubro de 1944.
14. Weigley, *Eisenhower's Lieutenants*, p. 301.
15. Relato clássico da Market-Garden *in* Ryan, *A Bridge Too Far*.
16. Ambrose, *Band of Brothers*, pp. 117-8.
17. Memórias de Otis Sampson, EC.
18. Memórias de Arthur Schultz, EC.
19. Memórias de Otis Sampson, EC.
20. Memórias de Arthur Schultz, EC.
21. Wills, *Put on Your Boots and Parachutes!*, p. 139.
22. Memórias de D. Zane Schlemmer, EC.
23. Memórias de Otis Sampson, EC.
24. Memórias de Arthur Schultz, EC.
25. Murphy, *Heroes of WWII*, p. 209.
26. Wills, *Put on Your Boots and Parachutes!*, p. 130.

27. Booth e Duncan, *Paratrooper*, p. 227-30.
28. Memórias de Otis Sampson, EC; Wills, *Put on Your Boots and Parachutes!*, pp. 141-3.
29. Booth e Duncan, *Paratrooper*, p. 236.
30. Weigley, *Eisenhower's Lieutenants*, p. 314.
31. Booth e Duncan, *Paratrooper*, pp. 235-6.
32. Weigley, *Eisenhower's Lieutenants*, p. 315.
33. Wills, *Put on Your Boots and Parachutes!*, p. 154.
34. Memórias de Clinton Riddle, EC.
35. Memórias de Arthur Schultz, EC.

CAPÍTULO 5: A LINHA SIEGFRIED

1. Ambrose, *The Supreme Commander*, p. 529.
2. Doubler, *Closing with the Enemy*, pp. 128-9; Cole, *The Lorraine Campaign*, pp. 28-9.
3. Cole, *The Lorraine Campaign*, p. 29.
4. Weigley, *Eisenhower's Lieutenants*, p. 386.
5. Cole, *The Lorraine Campaign*, p. 266.
6. *Ibid.*, p. 145.
7. *Ibid.*, pp. 272-3.
8. Weigley, *Eisenhower's Lieutenants*, p. 387.
9. *New York Sun*, 24 de outubro de 1944.
10. Memórias de Fred Hall, EC.
11. Ambrose, *Eisenhower*, Vol. I, *Soldier, General of the Army*, pp. 354-5.
12. *Ibid.*, p. 357.
13. Wilson, *If You Survive*, pp. 11-8.
14. Memórias de Belton Cooper, EC.
15. Doubler, *Closing with the Enemy*, p. 102.
16. Entrevista de Hugh Ambrose com Wenzel Andreas Borgert, EC.
17. Entrevista de Hugh Ambrose com Friedrich Bertenrath, EC.
18. Doubler, *Closing with the Enemy*, p. 97.
19. Entrevista de Hugh Ambrose com Friedrich Bertenrath, EC.
20. Memórias de Belton Cooper, EC.
21. Doubler, *Closing with the Enemy*, pp. 123-5.
22. *Ibid.*, pp. 97-8.
23. *New York Sun*, 24 de outubro de 1944.
24. Memórias de Fred Hall, EC.
25. *Ibid.*
26. Doubler, *Closing with the Enemy*, p. 100

27. *New York Sun*, 25-27 de out. de 1944.
28. *Reporting World War II*, Vol. II, p. 274.
29. *Life*, 6 de novembro de 1944.
30. Coleção particular de documentos de John C. Harrison, EC.

CAPÍTULO 6: METZ E A FLORESTA DE HURTGEN

1. Leinbaugh e Campbell, *The Men of Company K*, p. 89.
2. Fussell, *Doing Battle*, p. 27.
3. Leinbaugh e Campbell, *The Men of Company K*, p. 21.
4. *Ibid.*, p. 33.
5. *Ibid.*, p. 41.
6. *Ibid.*, p. 45.
7. *Ibid.*, p. 46.
8. Weigley, *Eisenhower's Lieutenants*, p. 389.
9. Doubler, *Closing with the Enemy*, pp. 134-5.
10. Egger e Otts, *G Company's War*, p. 33.
11. *Ibid.*, p. 35.
12. *Ibid.*, p. 52.
13. Cole, *The Lorraine Campaign*, pp. 440-3; Doubler, *Closing with the Enemy*, p. 138.
14. Doubler, *Closing with the Enemy*, p. 140.
15. *Ibid.*, p. 72.
16. Relato histórico de Forrest Pogue, EC.
17. Miller, *A Dark and Bloody Ground*, p. 1.
18. *Ibid.*, p. 33.
19. *Ibid.*, p. 28.
20. *Ibid.*, p. 45.
21. *Ibid.*, p. 60.
22. Chernitsky, *Voices from the Foxholes*, pp. 62-3.
23. Miller, *A Dark and Bloody Ground*, p. 79.
24. Ellis, *On the Front Lines*, p. 220.
25. Wilson, *If You Survive*, pp. 132 e 145-7.
26. Doubler, *Closing with the Enemy*, pp. 188-9.
27. Wilson, *If You Survive*, p. 183.
28. Ellis, *On the Front Lines*, p. 78.
29. Miller, *A Dark and Bloody Ground*, pp. 150-2.
30. *Ibid.*, p. 162.
31. Salomon, *2nd U.S. Ranger Infantry Battalion*, p. 25.
32. Memórias de James Eikner, EC.

33. Memórias de Len Lomell, EC.
34. Memórias de James Eikner, EC.
35. Miller, *A Dark and Bloody Ground*, p. 168.
36. Documentação particular de Gerald Heaney, EC.
37. Miller, *A Dark and Bloody Ground*, p. 169.
38. Memórias de R. Potratz, EC.
39. Entrevista de Forrest Pogue com George Williams, EC.
40. Miller, *A Dark and Bloody Ground*, p. 171.
41. Entrevista de Forrest Pogue com George Williams, EC.
42. Memórias de Len Lomell, EC.
43. Entrevista de Forrest Pogue com George Williams, EC.
44. Miller, *A Dark and Bloody Ground*, p. 169.
45. *Ibid.*, p. 203.
46. Leinbaugh e Campbell, *The Men of Company K*, p. 73.
47. Memórias de Len Lomell, EC.
48. Memórias de James Eikner, EC.

CAPÍTULO 7: AS ARDENAS, 16 A 19 DE DEZEMBRO DE 1944

1. John Eisenhower, *The Bitter Woods*, p. 81.
2. Memórias de Robert Merriman, EC.
3. Memórias de Jack Barensfeld, EC.
4. Memórias de Franklin Anderson, EC.
5. Eisenhower a Marshall, 10 de janeiro de 1945. Eisenhower Library, Abilene, Texas.
6. John Eisenhower, *The Bitter Woods*, pp. 113-9.
7. Cole, *The Ardennes*, p. 675.
8. Entrevista de Hugh Ambrose com Heinz-Günter Guderian, EC.
9. Relato histórico de James Madison, EC.
10. Swanson, *Upfront with Charlie Company*.
11. Memórias de Charles Roland, EC.
12. John Eisenhower, *The Bitter Woods*, p. 179.
13. Entrevista de Ken Hechler com Jochen Peiper, EC.
14. Entrevista de Ken Hechler com Heinz Kokott, EC.
15. Entrevista de Ken Hechler com Jochen Peiper, EC.
16. *Ibid.*
17. Entrevista de Hugh Ambrose com Günter Materne, EC.
18. Entrevista de Hugh Ambrose com Heinz Kokott, EC.
19. Entrevista de Hugh Ambrose com Friedrich Bertenrath, EC.
20. Entrevista de Hugh Ambrose com Heinz Kokott, EC.

21. Memórias de Charles Roland, EC.
22. Swanson, *Upfront with Charlie Company*, p. 8.
23. As memórias de Dettor estão presentes em *The Bulge Bugle*, Vol. 13, nº 4 (novembro de 1944), uma publicação dos Veterans of the Battle of the Bulge, exemplar *in* EC.
24. John Eisenhower conta a história de Bouck mais detalhadamente em *The Bitter Woods*, pp. 184-94.
25. *Ibid.*, p. 192.
26. Memórias de Charles Roland, EC.
27. Memórias de Roger Foehringer, EC.
28. Entrevista de Ken Hechler com Hasso von Manteuffel, EC.
29. MacDonald, *A Time for Trumpets*, pp. 144-5.
30. Memórias de Heinz Kokott, EC.
31. Entrevista de Hugh Ambrose com Heinz-Günter Guderian, EC.
32. Entrevista de Ken Hechler com Jochen Peiper, EC.
33. Entrevista de Hugh Ambrose com Karl Drescher, EC.
34. Ambrose, *Eisenhower: Soldier and President*, pp. 170-1.
35. *Ibid.*, p. 172.
36. Memórias de Kenneth Delaney, EC.
37. Memórias de Jack Barensfeld, EC.
38. Entrevista de Hugh Ambrose com Herbert Meier, EC.
39. Entrevista de Hugh Ambrose com Friedrich Bertenrath, EC.
40. Entrevista de Ken Hechler com Jochen Peiper, EC.
41. As memórias de Mocnik constam em *The Pekan*, boletim informativo do 526º Batalhão de Infantaria Motorizado, Vol. 15, nº 1, exemplar *in* EC.
42. John Eisenhower, *The Bitter Woods*, p. 231.
43. Entrevista com Richard Winters, EC.
44. Entrevista com Walter Gordon, EC.
45. Memórias e cartas pessoais de Ralph Hill, EC.
46. Jack Belden, "Retreat in Belgium", *Reporting World War II*, pp. 596-9.
47. Entrevista com Kurt Vonnegut, EC.
48. Ambrose, *Eisenhower: Soldier and President*, pp. 172-3.
49. Cunningham, "Battle of the Bulge", *Reporting World War II*, p. 575.
50. Charles Roland a Stephen Ambrose, 17 de janeiro de 1995, EC.

CAPÍTULO 8: AS ARDENAS, 20 A 23 DE DEZEMBRO DE 1944

1. Swanson, *Upfront with Charlie Company*.
2. Memórias de Charles Roland, EC.
3. Doubler, *Closing with the Enemy*, pp. 208-10.

4. *Ibid.*, p. 203.
5. Memórias de Arnold Parish, EC.
6. Memórias de Benjamin Vandervoort, EC.
7. Entrevista de Ken Hechler com Jochen Peiper, EC.
8. Gavin a Vandervoort, 6 de outubro de 1979, EC.
9. Ambrose, *Eisenhower: Soldier and President*, pp. 173-4.
10. Ed Cunningham, "Battle of the Bulge", *Reporting World War II*, p. 590.
11. História de Howard Randall (com uma cópia de seu cartão de "Identificação"), EC.
12. Leinbaugh e Campbell, *The Men of Company K*, p. 133.
13. Ambrose, *Eisenhower: Soldier and President*, p. 175.
14. Coleção particular de documentos de John C. Harrison, EC.
15. Relato histórico de Gordon Carson, EC.
16. Rapport e Northwood, *Rendezvous with Destiny*, p. 586.
17. Doubler, *Closing with the Enemy*, p. 217.
18. Memórias de Robert Bowen, EC.
19. Entrevista de Hugh Ambrose com Helmuth Henke, EC.
20. Entrevista de Hugh Ambrose com Gottfried Kischkel, EC.
21. Entrevista de Hugh Ambrose com Gerd von Fallois, EC.
22. *Ibid.*
23. Entrevista de Ken Hechler com Jochen Peiper, EC.
24. Entrevista de Hugh Ambrose com Heinz-Günther Guderian, EC.
25. Entrevista de Ken Hechler com Jochen Peiper, EC.
26. Entrevista de Hugh Ambrose com Günter Brückner, EC.
27. Memórias de Jack Barensfeld, EC.
28. Cole, *The Ardennes*, p. 667.

CAPÍTULO 9: FESTAS DE FIM DE ANO

1. Egger e Otts, *G Company's War*, p. 115.
2. *Ibid.*, p. 99.
3. Relato histórico de Donald Chumley, EC.
4. *Memorable Bulge Incidents*, p. 26.
5. Swanson, *Upfront with Charlie Company*, p. 11.
6. Entrevista de Hugh Ambrose com Herbert Meier, EC.
7. Swanson, *Upfront with Charlie Company*, p. 5.
8. Entrevista de Hugh Ambrose com Günter Materne, EC.
9. Leinbaugh e Campbell, *The Men of Company K*, pp. 115-8.
10. *Ibid.*, pp. 112-3.
11. Relato histórico de Clair Galdonik, EC.

12. Entrevista de Hugh Ambrose com Gottfried Kischkel, EC.
13. Egger e Otts, *G Company's War*, p. 73.
14. *Memorable Bulge Incidents*, pp. 63-4.
15. Ambrose, *Band of Brothers*, p. 193.
16. Egger e Otts, *G Company's War*, p. 110.
17. Memórias de D. Zane Schlemmer, EC.
18. *The B Battery Story*: *The 116th AAA Gun Battalion history*, exemplar *in* EC; MacDonald, *A Time for Trumpets*, pp. 540-55.
19. Memórias de Phillip Stark, EC.
20. Memórias de Belton Cooper, EC.
21. *Memorable Bulge Incidents*, p. 54.
22. *Memorable Bulge Incidents*, p. 10; Entrevista de Stephen Ambrose com Kurt Vonnegut, EC.
23. Colby, *War from the Ground Up*, p. 463.
24. Relato histórico de Henry Andersen, EC; Memórias de Bill Everhard, EC.
25. Memórias de Leo Zarnosky, EC.
26. Sou grato a Bill Everhard e John Goetz por suas memórias sobre esse incidente; elas podem ser encontradas no EC.
27. Citado nas memórias de Bill Everhard, EC.
28. Memórias de Charles Stockell, EC.
29. John Eisenhower, *The Bitter Woods*, pp. 342-3.
30. *Ibid.*, 343-5.

CAPÍTULO 10: A NOITE NA FRENTE DE BATALHA

1. Relato histórico de William Craft, coleção particular de documentos de Lynn Sims, EC.
2. Leinbaugh e Campbell, *The Men of Company K*, p. 83.
3. Egger e Otts, *G Company's War*, p. 209.
4. Leinbaugh e Campbell, *The Men of Company K*, p. 115.
5. Balkoski, *Beyond the Beachhead*, pp. 185-7.
6. Gabel, *The Making of a Paratrooper*, pp. 153-4.
7. *The Bulge Bugle*, Vol. 13, nº 4 (novembro de 1994), p. 17.
8. Memórias de Leo Lick, EC.
9. Memórias de Richard Jepsen, EC.
10. Egger e Otts, *G Company's War*, p. 139.
11. Doubler, *Closing with the Enemy*, p. 222.
12. Gabel, *The Making of a Paratrooper*, 163.
13. Ingersoll, *Top Secret*, p. 111.
14. Cowdrey, *Fighting for Life*, p. 259.
15. *Ibid.*, p. 266.

16. Colby, *War from the Ground Up*, p. 344.
17. Memórias de Leo Lick, EC.
18. Cowdrey, *Fighting for Life*, p. 267.
19. Egger e Otts, *G Company's War*, p. 212.
20. *Ibid.*, p. 223.
21. Leinbaugh e Campbell, *The Men of Company K*, p. 53.
22. Memórias de Charles Roland, EC.
23. Relato histórico de Clair Galdonik, EC.
24. *Memorable Bulge Incidents*, p. 30.
25. Memórias de Arthur Schultz, EC.
26. Leinbaugh e Campbell, *The Men of Company K*, p. 189.
27. Memórias de Donald Schoo, EC.
28. Colby, *War from the Ground Up*, p. 377.
29. Stannard, *Infantry*, p. 182.
30. Memórias de Ken Russell, EC.
31. Gray, *The Warriors*, p. 119.
32. Swanson, *Upfront with Charlie Company*, p. 3.
33. Egger e Otts, *G Company's War*, pp. 210-1.
34. *Ibid.*, p. 63.
35. Ambrose, *Band of Brothers*, p. 186.
36. Balkoski, *Beyond the Beachhead*, p. 220.
37. Leinbaugh e Campbell, *The Men of Company K*, pp. 111-2.
38. Memórias de Arnold Parish, EC.
39. Memórias de Stanley Kalberer, EC.
40. Vonnegut, *Slaughterhouse-Five*, p. 101.
41. Egger e Otts, *G Company's War*, p. 135.
42. Relato histórico de Fred Claesson, EC.
43. Ambrose, *Band of Brothers*, p. 186.
44. Egger e Otts, *G Company's War*, p. 118.
45. Leinbaugh e Campbell, *The Men of Company K*, p. 52.
46. Ambrose, *Band of Brothers*, p. 186.
47. Gabel, *The Making of a Paratrooper*, p. 164.
48. Egger e Otts, *G Company's War*, p. 209.
49. Leinbaugh e Campbell, *The Men of Company K*, p. 156.
50. Colby, *War from the Ground Up*, p. 240.
51. *Ibid.*, p. 63.
52. *Ibid.*, p. 537.
53. Leinbaugh e Campbell, *The Men of Company K*.
54. Ambrose, *Band of Brothers*, p. 241.
55. Memórias de Dwayne Burns, EC.
56. Swanson, *Upfront with Charlie Company*, p. 15.
57. Ambrose, *Band of Brothers*, p. 110; Colby, *War from the Ground Up*, p. 44.

58. Entrevista e memórias de Carwood Lipton, EC.
59. Leinbaugh e Campbell, *The Men of Company K*, p. 279.

CAPÍTULO 11: SUBSTITUTOS E REFORÇOS

1. Perret, *There's a War to Be Won*, pp. 373-4.
2. Memórias de Robert Curtis, EC.
3. Entrevista com Kurt Vonnegut, EC.
4. Steckel, "Morale Problems in Combat", p. 2.
5. Wilson, *If You Survive*, p. 214.
6. Miller, *A Dark and Bloody Ground*, p. 135.
7. Leinbaugh e Campbell, *The Men of Company K*, p. 63.
8. Memórias de Charles Roland, EC.
9. Perret, *There's a War to Be Won*, p. 376.
10. Steckel, "Morale Problems in Combat", p. 3.
11. Memórias de Ken Russell, EC.
12. Leinbaugh e Campbell, *The Men of Company K*, p. 91.
13. Colby, *War from the Ground Up*, p. 74.
14. Memórias de Douglas Smith, EC.
15. Memórias de Arthur Schultz, EC.
16. Memórias de James Eikner, EC.
17. Memórias de Robert Curtis, EC.
18. Memórias de Leo Lick, EC.
19. *Memorable Bulge Incidents*, p. 81.
20. Colby, *War from the Ground Up*, pp. 393-4.
21. Ellis, *On the Front Lines*, p. 306.
22. Steckel, "Morale Problems in Combat", p. 4.
23. Memórias de Charles Roland, EC.
24. Memórias de Belton Cooper, EC.
25. Egger e Otts, *G Company's War*, p. 87.
26. Leinbaugh e Campbell, *The Men of Company K*, p. 153.
27. Memórias de Douglas Smith, EC.
28. Doubler, *Closing with the Enemy*, pp. 249-50.
29. Memórias de Charles Roland, EC.
30. Steckel, "Morale Problems in Combat", p. 6.

CAPÍTULO 12: A GUERRA AÉREA

1. Doubler, *Closing with the Enemy*, p. 266.
2. Roush, *World War II Reminiscences*, p. 174.
3. Astor, *The Mighty Eighth*, p. 434.

4. Weigley, *Eisenhower's Lieutenants*, p. 573; Moench, *Marauder Men*, p. 272.
5. Astor, *The Mighty Eighth*, p. 419.
6. Entrevista de Adam Dayan com Robert Hastings, Wisconsin Veterans Museum, Madison.
7. Rooney, *My War*, p. 119.
8. Astor, *The Mighty Eighth*, p. 426.
9. *Ibid.*, p. 341.
10. Hawkins, *B-17s Over Berlin*, p. 212.
11. Havener, *The Martin B-26 Marauder*, p. 191.
12. Relato histórico de Stan Catterazole, Wisconsin Veterans Museum, Madison.
13. Rooney, *My War*, p. 125.
14. Hawkins, *B-17s Over Berlin*, p. 260.
15. Relato histórico de Stan Catterazole, Wisconsin Veterans Museum, Madison.
16. Hawkins, *B-17s Over Berlin*, p. 263.
17. Roush, *World War II Reminiscences*, p. 177.
18. Hawkins, *B-17s Over Berlin*, p. 215.
19. Rooney, *My War*, p. 95.
20. Astor, *The Mighty Eighth*, p. 428.
21. *Ibid.*, p. 377.
22. Memórias de Leo Fenster, EC.
23. Hawkins, *B-17s Over Berlin*, p. 256.
24. *Ibid.*, p. 260.
25. Astor, *The Mighty Eighth*, p. 382.
26. Moench, *Marauder Men*, p. 351.
27. Havener, *The Martin B-26 Marauder*, pp. 234-7.
28. *Ibid.*, pp. 187-8.
29. Astor, *The Mighty Eighth*, p. 341.
30. Memórias de Philip Wright, EC.
31. As cartas de Vonnegut da época da guerra foram incluídas em *Traces of Indiana and Midwestern History*.
32. Astor, *The Mighty Eighth*, p. 397.
33. *Ibid.*
34. *Ibid.*, p. 398.
35. Memorando enviado por Ralph William ao presidente Eisenhower em 6 de abril de 1960, Eisenhower Library.
36. Astor, *The Mighty Eighth*, p. 420.

CAPÍTULO 13: SOCORRISTAS, ENFERMEIRAS E MÉDICOS

1. Memórias de Frank South, EC.
2. Colby, *War from the Ground Up*, pp. 73-5.

3. Relato histórico de Edward Gianelloni, EC.
4. Leinbaugh e Campbell, *The Men of Company K*, p. 228.
5. Cosmos e Cowdrey, *Medical Service in the European Theater of Operations*, p. 363.
6. Wilson, *If You Survive*, pp. 99-100.
7. Swanson, *Upfront with Charlie Company*, p. 3.
8. Cowdrey, *Fighting for Life*, p. 261.
9. Colby, *War from the Ground Up*, p. 82.
10. Relato histórico de Edward Gianelloni, EC.
11. Egger e Otts, *G Company's War*, p. 110.
12. Cowdrey, *Fighting for Life*, pp. 251-2.
13. Entrevista de Hugh Ambrose com Wenzel Andreas Borgert, EC.
14. Colby, *War from the Ground Up*, p. 73.
15. Memórias de Robert Bowen, EC.
16. Webster, *Parachute Infantry*, p. 41.
17. Memórias de Charles Stockell, EC.
18. Colby, *War from the Ground Up*, p. 82.
19. Mauldin, *The Brass Ring*, p. 232.
20. Gabel, *The Making of a Paratrooper*, p. 209.
21. Bradley conta sua história em *Aid Man!*, agora esgotado e raro. Cowdrey, em *Fighting for Life*, pp. 252-5, descreve-a sucintamente.
22. Cowdrey, *Fighting for Life*, p. 253.
23. Memórias de Frank South, EC.
24. Colby, *War from the Ground Up*, p. 70.
25. Ambrose, *Band of Brothers*, p. 184.
26. *Memorable Bulge Incidents*, p. 29.
27. Memórias de Ken Russell, EC.
28. *Memorable Bulge Incidents*, p. 28.
29. Relato histórico de Edward Gianelloni, EC.
30. Perret, *There's a War to Be Won*, p. 488.
31. Cowdrey, *Fighting for Life*, p. 255.
32. Ambrose, *Band of Brothers*, pp. 197-8.
33. Centro de História Militar, *The Army Nurse Corps*, p. 15.
34. Colby, *War from the Ground Up*, p. 73.
35. Campbell, "Servicewomen of World War II", p. 254.
36. Centro de História Militar, *The Army Nurse Corps*, p. 8.
37. *Ibid.*, p. 9.
38. Allen, *Medicine Under Canvas*, p. 118.
39. Litoff e Smith, "Today We Have Lived History", p. 20.
40. Litoff e Smith, "This Is War", p. 9.
41. Litoff e Smith, *We're in This War, Too*, p. 164.

42. *Ibid.*, p. 161.
43. Allen, *Medicine Under Canvas*, p. 140.
44. Litoff e Smith, *We're in This War, Too*, p. 153.
45. *Ibid.*, p. 169.
46. *Ibid.*, p. 175.
47. *Ibid.*, p. 160.
48. Memórias de Ken Russell, EC.
49. Colby, *War from the Ground Up*, pp. 73-5.
50. Cowdrey, *Fighting for Life*, p. 262.
51. *Ibid.*, pp. 262-3.
52. *Ibid.*, p. 267.
53. Relato histórico de Briand Beudin, EC.
54. Litoff e Smith, *We're in This War, Too*, p. 159.
55. Allen, *Medicine Under Canvas*, p. 130.
56. Cosmos e Cowdrey, *Medical Service in the European Theater of Operations*, p. 385.
57. Entrevista com Richard Winters, EC.
58. Cosmos e Cowdrey, *Medical Service in the European Theater of Operations*, pp. 385-6.

CAPÍTULO 14: BURROCRATAS, MUQUIRANAS, TRAPALHÕES, APROVEITADORES E RACISTAS

1. Gray, *The Warriors*, p. 43.
2. Memórias de Arthur Schultz, EC.
3. Fussell, *Wartime*, p. 80.
4. Colby, *War from the Ground Up*, p. 61.
5. Relato histórico de Edward Gianelloni, EC.
6. Memórias de William Leesemann, EC.
7. Bradley, *A Soldier's Story*, p. 405.
8. Ambrose, *The Supreme Commander*, pp. 488-9.
9. Pogue, *The Supreme Command*, p. 323.
10. O informante insiste em se manter anônimo.
11. Luck, *Panzer Commander*, p. 210.
12. Entrevista de Hugh Ambrose com Gerhard Lemcke, EC.
13. Entrevista de Hugh Ambrose com Hannibal von Luttichgau, EC.
14. Ernest Heminway, "How We Came to Paris", *Collier's*, 7 de outubro de 1944.
15. Chernitsky, *Voices from the Foxholes*, p. 70.
16. Relato histórico de Ed Jabol, EC.
17. Gray, *The Warriors*, pp. 17-8.

18. Huie, *The Execution of Private Slovik*, p. 131.
19. Wilson, *If You Survive*, pp. 155-7 e 168-9.
20. *Yank*, 28 de abril de 1944.
21. Entrevista de Hugh Ambrose com Walter Kaspers, EC.
22. Lee, *The Employment of Negro Troops*, p. 652.
23. Weigley, *Eisenhower's Lieutenants*, p. 660.
24. Lee, *The Employment of Negro Troops*, p. 661.
25. *Ibid.*, p. 704.
26. Sims, "They Have Seen the Elephant", memórias de Isaac Coleman.
27. Lee, *The Employment of Negro Troops*, pp. 689-93.
28. *Ibid.*, pp. 693-5.
29. Weigley, *Eisenhower's Lieutenants*, p. 661.
30. Lee, *The Employment of Negro Troops*, p. 697.
31. *Ibid.*, p. 702.
32. *Yank*, 28 de julho de 1944.
33. Lee, *The Employment of Negro Troops*, p. 705.

CAPÍTULO 15: PRISIONEIROS DE GUERRA

1. Arquivos de Crimes de Guerra do SHAEF, exemplar *in* EC.
2. Memórias de Edward Webber, EC.
3. Memórias de D. Zane Schlemmer, EC.
4. Ambrose, *Band of Brothers*, p. 210.
5. Fussell, *Doing Battle*, p. 124.
6. Colby, *War from the Ground Up*, p. 532.
7. Memórias de Charles Stockell, EC.
8. Cole, *The Ardennes*, p. 264.
9. *Ibid.*, pp. 261-2.
10. Ed Cunningham, "The Battle of the Bulge", *in Reporting World War II*, Vol. II, p. 582.
11. Cole, *The Ardennes*, p. 262.
12. *Ibid.*, p. 263.
13. John Eisenhower, *The Bitter Woods*, p. 237.
14. Memórias de J. Frank Brumbaugh, EC.
15. Memórias de Walter Melford, EC.
16. Memórias de James Pemberton, EC.
17. Memórias de Ernest Vermont, EC.
18. Vonnegut, *Slaughterhouse-Five*, pp. 37 e 61-2, com agradecimentos ao autor pela permissão da citação.
19. Astor, *The Mighty Eighth*, p. 414.

20. Memórias de Ernest Vermont, EC.
21. Durand, *Stalag Luft III*, pp. 358-9.
22. *Ibid.*, p. 158.
23. Astor, *The Mighty Eighth*, p. 415.
24. Memórias de Ernest Vermont, EC.
25. Whiting, *Death of a Division*, p. 117.
26. Durand, *Stalag Luft III*, p. 358.
27. Memórias de Roger Foehringer, EC.
28. Entrevista de Stephen Ambrose com Josef Bischof, EC.
29. Schott, "Prisoners Like Us".
30. Bischof e Ambrose, *Eisenhower and the German POWs*, p. 234.
31. Cowdrey, "A Question of Numbers", p. 92.

CAPÍTULO 16: A GUERRA NO INVERNO

1. Memórias de John Cobb, EC.
2. Entrevista de Hugh Ambrose com Paul-Arthur Zeihe, EC.
3. Cartas de John Harrison, EC.
4. Memórias de Don Schoo, EC.
5. Memórias de D. Zane Schlemmer, EC.
6. Memórias de John Harrison, EC.
7. Weigley, *Eisenhower's Lieutenants*, p. 572.
8. Ambrose, *Eisenhower: Soldier and President*, p. 179.
9. *Ibid.*
10. *Ibid.*, p. 180.
11. Wilson, *If You Survive*, p. 238.
12. Ambrose, *Band of Brothers*, p. 209.
13. Egger e Otts, *G Company's War*, p. 129.
14. Ambrose, *Band of Brothers*, pp. 208 e 218.
15. Colby, *War from the Ground Up*, p. 389.
16. *Ibid.*, p. 381.
17. Ellis, *On the Front Lines*, p. 97.
18. Gabel, *The Making of a Paratrooper*, pp. 172-5.
19. Colby, *War from the Ground Up*, p. 373.
20. Memórias de Don Schoo, EC.
21. Memórias de Dwayne Burns, EC.
22. Memórias de Don Scott, EC.
23. Leinbaugh e Campbell, *The Men of Company K*, pp. 167-8.
24. Colby, *War from the Ground Up*, p. 378.
25. Entrevista de Hugh Ambrose com Walter Rahn, EC.

26. Entrevista de Hugh Ambrose com Gerhard Lemcke, EC.
27. Entrevista de Hugh Ambrose com Gerhard Winkler, EC.
28. Entrevista de Hugh Ambrose com Helmut Ritgen, EC.
29. Langdon, *Ready*, pp. 112-3.
30. Relato histórico de Hans von Luck, EC.
31. *Ibid.*
32. Colley, "Operation Northwind", p. 15.
33. Relato histórico de Hans von Luck, EC.
34. Colley, "Operation Northwind", p. 16.
35. Leinbaugh e Campbell, *The Men of Company K*, pp. 157 e 161-2.
36. *Ibid.*, pp. 177-82.
37. Memórias de Roy Creek, EC.
38. Ambrose, *Eisenhower: Soldier and President*, p. 180.
39. *Ibid.*, pp. 180-1.
40. Leinbaugh e Campbell, *The Men of Company K*, p. 190.
41. Wilson, *If You Survive*, pp. 234-5.
42. Weigley, *Eisenhower's Lieutenants*, p. 574.
43. *Ibid.*
44. Doubler, *Closing with the Enemy*, p. 228.

CAPÍTULO 17: AVANÇANDO PARA O RENO

1. Ambrose, *Eisenhower*, Vol. I, *Soldier, General of the Army*, p. 380.
2. Weigley, *Eisenhower's Lieutenants*, p. 578.
3. Ambrose, *Eisenhower*, Vol. I, *Soldier, General of the Army*, p. 381.
4. *Ibid.*, p. 382.
5. Colby, *War from the Ground Up*, pp. 414-5.
6. Province, *Patton's Third Army*, pp. 169 e 174.
7. Entrevista com Kim Underkofler, Wisconsin Veterans Museum, Madison.
8. Swanson, *Upfront with Charlie Company*, p. 16.
9. *Ibid.*, p. 14.
10. Memórias de Clinton Riddle, EC.
11. Colby, *War from the Ground Up*, p. 407.
12. *Ibid.*, p. 403.
13. Patton, *War as I Knew It*, p. 251.
14. Colby, *War from the Ground Up*, pp. 409-10.
15. Egger e Otts, *G Company's War*, pp. 175-6.
16. Memórias de John Cobb, EC.
17. Leinbaugh e Campbell, *The Men of Company K*, p. 217.
18. Ellis, *On the Front Lines*, p. 66.

19. Leinbaugh e Campbell, *The Men of Company K*, p. 218.
20. Weigley, *Eisenhower's Lieutenants*, p. 607.
21. Leinbaugh e Campbell, *The Men of Company K*, p. 219.
22. Hoegh e Doyle, *Timberwolf Tracks*, p. 229.
23. *Ibid.*, pp. 23-31.
24. Leinbaugh e Campbell, *The Men of Company K*, p. 220.
25. Egger e Otts, *G Company's War*, p. 228.
26. Ellis, *On the Front Lines*, p. 92.
27. Entrevista de Hugh Ambrose com Karl Drescher, EC.
28. Entrevista de Hugh Ambrose com Ewald Becker, EC.
29. Entrevista de Hugh Ambrose com Karl Drescher, EC.
30. Colby, *War from the Ground Up*, p. 426.
31. Patton, *War as I Knew It*, p. 243.
32. *Ibid.*, p. 240.
33. *Ibid.*, p. 248.
34. *Ibid.*, p. 246.
35. *Ibid.*, p. 243.
36. Weigley, *Eisenhower's Lieutenants*, p. 589.
37. *Ibid.*, 593-5.
38. Patton, *War as I Knew It*, pp. 247 e 250.
39. Weigley, *Eisenhower's Lieutenants*, p. 595.
40. *Ibid.*, p. 617.
41. Hechler, *The Bridge at Remagen*, p. 35.
42. *Ibid.*, 16-7.
43. As cartas de Max Lale da época da guerra foram republicadas no *East Texas Historical Journal.*
44. Entrevista de Hugh Ambrose com Günter Materne, EC.
45. *Ibid.*
46. D. Eisenhower a Milton Eisenhower, 1º de setembro de 1939, Eisenhower Library, Abilene, Texas.
47. Ambrose, *Band of Brothers*, p. 265.
48. *Ibid.*, p. 239.

CAPÍTULO 18: ATRAVESSANDO O RENO

1. Weigley, *Eisenhower's Lieutenants*, p. 625.
2. *Ibid.*
3. Leinbaugh e Campbell, *The Men of Company K*, p. 224.
4. *Ibid.*, p. 231.
5. *Ibid.*

6. *Ibid.*, p. 232.
7. *Ibid.*, p. 257.
8. *Ibid.*, p. 234.
9. Stannard, *Infantry*, p. 81.
10. Memórias de William Faust, EC.
11. Stannard, *Infantry*, p. 182.
12. Ellis, *On the Front Lines*, p. 205.
13. Egger e Otts, *G Company's War*, p. 217.
14. *Ibid.*, pp. 216-23.
15. Entrevista de Hugh Ambrose com Rolf Pauls, EC.
16. Steinhof, *Voices from the Third Reich*, p. 413.
17. Doubler, *Closing with the Enemy*, pp. 161-3; Weigley, *Eisenhower's Lieutenants*, pp. 626-7.
18. Hechler, *The Bridge at Remagen*, p. 115.
19. *Ibid.*, pp. 115-21.
20. Steinhof, *Voices from the Third Reich*, pp. 410-1.
21. Bradley, *A General's Life*, p. 406.
22. Entrevista de Hugh Ambrose com Rolf Pauls, EC.
23. Entrevista de Hugh Ambrose com Waldemar Führing, EC.
24. Memórias de Charles Roland, EC.
25. Entrevista com William Westmoreland, EC.
26. Doubler, *Closing with the Enemy*, p. 164.
27. Entrevista de Hugh Ambrose com Oswald Filla, EC.
28. Doubler, *Closing with the Enemy*, p. 165.
29. Roush, *World War II Reminiscences*, pp. 218-9.
30. Doubler, *Closing with the Enemy*, p. 167.
31. Weilgey, *Eisenhower's Lieutenants*, p. 643.
32. Province, *Patton's Third Army*, p. 226.
33. Weigley, *Eisenhower's Lieutenants*, p. 648.
34. Hawkins, *B-17s Over Berlin*, p. 267.
35. Richard Hottelet, "Airborne Assault", *Reporting World War II*, Vol. II, pp. 649-59.
36. Gabel, *The Making of a Paratrooper*, p. 263.
37. Memórias de Valentin Klopsch, presentes no documento de armistício do 513º RIA, EC.
38. Memórias de Arthur Tappan, EC.
39. Frisbee, "Operation Varsity".
40. Memórias de Arthur Tappan, EC.
41. Weigley, *Eisenhower's Lieutenants*, p. 648.
42. Colby, *War from the Ground Up*, p. 447.
43. Memórias de D. Zane Schlemmer, EC.

44. Memórias de James Pemberton, EC.
45. Colby, *War from the Ground Up*, p. 462.
46. Memórias de Belton Cooper, EC.
47. *Ibid.*
48. Lale, "My War", p. 15.
49. Relato histórico de Joe Burns, EC.
50. Memórias de David Webster, EC.

CAPÍTULO 19: A VITÓRIA

1. Swanson, *Upfront with Charlie Company*, p. 28.
2. Lale, "My War", p. 15.
3. *Ibid.*, p. 17.
4. Swanson, *Upfront with Charlie Company*, pp. 29.
5. Gilbert, *The Day the War Ended*, pp. 7-8.
6. Entrevista com Dwight Eisenhower, EC.
7. Province, *Patton's Third Army*, pp. 238 e 270.
8. Ambrose, *Brand of Brothers*, p. 257.
9. *Ibid.*
10. Gilbert, *The Day the War Ended*, p. 5.
11. Gray, *The Warriors*, p. 152.
12. Dwight Eisenhower, *Crusade in Europe*, p. 405.
13. Entrevista de Hugh Ambrose com Erich Womelsdorf, EC.
14. Entrevista de Hugh Ambrose com Hannibal von Lüttichgau, EC.
15. Entrevista de Hugh Ambrose com Wenzel Andreas Borgert, EC.
16. Memórias de Calvin Boykin, EC.
17. Ambrose, *Eisenhower and Berlin, 1945*, p. 89.
18. Entrevista de Hugh Ambrose com Günter Materne, EC.
19. Ambrose, *Eisenhower and Berlin, 1945*, p. 75.
20. Memórias de John Cobb, EC.
21. Entrevista de Hugh Ambrose com Friedrich Bertenrath, EC.
22. Egger e Otts, *G Company's War*, p. 250.
23. Entrevista de Stephen Ambrose com Gregori Arbatov, EC.
24. Stannard, *Infantry*, pp. 36-8.
25. Weigley, *Eisenhower's Lieutenants*, p. 710.
26. Reid, *The Latter Days at Colditz*, p. 226.
27. Gilbert, *The Day the War Ended*, p. 37.
28. Egger e Otts, *G Company's War*, p. 242.
29. Memórias de Charles Stockell, EC.
30. Ambrose, *Band of Brothers*, p. 269.

31. Egger e Otts, *G Company's War*, p. 242.
32. *Ibid.*, p. 247.
33. Leinbaugh e Campbell, *The Men of Company K*, p. 259.
34. Memórias de Belton Cooper, EC.
35. Gilbert, *The Day the War Ended*, p. 11.
36. Dwight Eisenhower, *Crusade in Europe*, pp. 408-9.
37. *Reporting World War II*, Vol. II, p. 685.
38. *Ibid.*, pp. 720 e 724.
39. Roush, *World War II Reminiscences*, pp. 166-7.
40. Ambrose, *Band of Brothers*, p. 270.
41. Steinhoff, *Voices from the Third Reich*, p. 490.
42. Gilbert, *The Day the War Ended*, p. 12.
43. Memórias de Arthur Schultz, EC.
44. *Stars and Stripes*, 6 de maio de 1945.
45. Entrevista de Hugh Ambrose com Ewald Becker, EC.
46. Entrevista de Forrest Pogue, EC.
47. Memórias de James Pemberton, EC.
48. Memórias de Charles Stockell, EC.
49. Colby, *War from the Ground Up*, p. 471.
50. Memórias de Arthur Schultz, EC.
51. Egger e Otts, *G Company's War*, pp. 252-3.

EPÍLOGO

1. Entrevista de Hugh Ambrose com Walter Zittats, EC.

BIBLIOGRAFIA

Allen, Max. *Medicine Under Canvas: A War Journal of the 77th Evacuation Hospital*. Kansas City, Mo.: The Sosland Press, 1949.

Ambrose, Stephen E. *Band of Brothers: E Company, 506th Regiment, 101st Airborne, from Normandy to Hitler's Eagle's Nest*. New York: Simon & Schuster, 1990.

———. *Eisenhower: Soldier, General of the Army, President-Elect, 1890-1952*, Vol. I. New York: Simon & Schuster, 1983.

———. *Eisenhower and Berlin, 1945: The Decision to Halt at the Elbe*. New York: W. W. Norton, 1967.

———. *Eisenhower: Soldier and President*. New York: Simon & Schuster, 1990.

———. *The Supreme Commander: The War Years of General Dwight D. Eisenhower*. Garden City, N.Y.: Doubleday, 1970.

Astor, Gerald. *The Mighty Eighth: The Air War in Europe as Told by the Men Who Fought It*. New York: Donald Fine Books, 1997.

Baldridge, Robert C. *Victory Road*. Bennington, Vt.: Merriam Press, 1995.

Balkoski, Joseph. *Beyond the Beachhead: The 29th Infantry Division in Normandy*. Harrisburg, Pa.: Stackpole Books, 1989.

Bischof, Gunter e Ambrose, Stephen, eds. *Eisenhower and The German POWs: Facts Against Falsehood*. Baton Rouge: Louisiana State University Press, 1992.

Booth, Michael T. e Duncan, Spencer. *Paratrooper: The Life of Gen. James M. Gavin*. New York: Simon & Schuster, 1994.

Boritt, Gabor, ed. *War Comes Again: Comparative Vistas on the Civil War and World War II*. New York: Oxford University Press, 1995.

Bradley, Omar. A General's Life. New York: Simon & Schuster, 1983.

———. *A Soldier's Story*. New York: Henry Holt, 1951.

Bradley, Robert. *Aid Man!* New York: Praeger, 1970.

Campbell, D'Ann. "Servicewomen of World War II". *Armed Forces and Society*, Vol. 16, nº 2 (inverno de 1990).

Center for Military History. *The Army Nurse Corps*. Washington, D. C.: GPO, CMH Publication, pp. 72-4, 1993.

Chandler, David, ed. *The D-Day Encyclopedia*. New York: Simon & Schuster, 1994.

Chernitsky, Dorothy. *Voices from the Foxholes, by the Men of the 110th Infantry*.

Publicado por Dorothy Chernitsky, 18 Country Club Blvd., Uniontown, PA 15401, 1991.

Colby, John. *War from the Ground Up: The 90th Division in WWII.* Austin, Tex.: Nortex Press, 1991.

Cole, Hugh M. *The Ardennes: The Battle of the Bulge.* Washington, D. C.: Office of the Chief of Military History, 1965.

———. *The Lorraine Campaign.* Volume da série *United States Army in World War II: The European Theater of Operations.* Washington, D. C.: Department of the Army, 1950.

Colley, David. "Operation Northwind: Greatest Defensive Battle". *VFW Magazine*, janeiro de 1995.

Cosmos, Graham e Cowdrey, Albert. *Medical Service in the European Theater of Operations.* Washington, D.C.: Center for Military History, 1992.

Cowdrey, Albert. *Fighting for Life: American Military Medicine in World War II.* New York: The Free Press, 1994.

———. "A Question of Numbers", *in* Bischof e Ambrose, *Eisenhower and the German POWs.*

Doubler, Michael D. *Closing with the Enemy: How GIs Fought the War in Europe, 1944-1945.* Lawrence: University of Kansas Press, 1994.

Durand, Arthur. *Stalag Luft III: The Secret Story.* Baton Rouge: Louisiana State University, 1988.

Egger, Bruce E. e Otts, Lee M. *G Company's War: Two Personal Accounts of the Campaigns in Europe, 1944-1945.* Tuscaloosa: University of Alabama Press, 1992.

Eisenhower, Dwight D. *Crusade in Europe.* Garden City, N. Y.: Doubleday, 1948.

Eisenhower, John. *The Bitter Woods: The Battle of the Bulge.* New York: G. P. Putnam's sons, 1969.

———. *Strictly Personal.* Garden City, N. Y.: Doubleday, 1974.

Ellis, John. *On the Front Lines: The Experience of War Through the Eyes of the Allied Soldiers in World War II.* New York: John Wiley & Sons, 1980.

English, John A. *A Perspective on Infantry.* New York: Praeger Special Studies, 1988.

Fraser, David. *Knight's Cross: A Life of Field Marshal Erwin Rommel.* New York: Harper Collins, 1993.

Frisbee, John. "Operation Varsity". *Air Force Magazine*, março de 1996.

Fussell, Paul. *Doing Battle: The Making of a Skeptic.* Boston: Little, Brown, 1996.

———. *Wartime: Understanding Behavior in the Second World War.* New York: Oxford University Press, 1989.

Gabel, Kurt. *The Making of a Paratrooper: Airborne Training and Combat in World War II*. Lawrence: University of Kansas Press, 1990.

Gilbert, Martin. *The Day the War Ended: May 8, 1945 — Victory in Europe*. New York: Henry Holt, 1995.

Gray, Glenn. *The Warriors: Reflections on Men in Battle*. New York: Harper & Row, 1959.

Hastings, Max. *Overlord: D-Day and the Battle for Normandy*. New York: Simon & Schuster, 1984.

Hatch, Gardner, ed. *4th Infantry "Ivy" Division: Steadfast and Loyal*. Paducah, Ky.: Turner Publishing, 1987.

Havener, J. K. *The Martin B-26 Marauder*. Blue Ridge Summit, Pa.: Tab Books, 1988.

Hawkins, Ian L., ed. *B-17s Over Berlin: Personal Stories from the 95th Bomb Group*. Washington, D.C.: Brassey's, 1990.

Hechler, Ken. *The Bridge at Remagen*. Missoula, Mont.: Pictorial Histories Publishing Company, 1993.

Hemingway, Ernest. "How We Came to Paris". *Collier's*, 7 de outubro de 1944.

Hoegh, Leo e Doyle, Howard. *Timberwolf Tracks: The History of the 104th Infantry Division*. Washington, D. C.: Infantry Journal Press, 1946.

Huie, William Bradford. *The Execution of Private Slovik*. New York: Duell, Sloan and Pearce, 1954.

Hynes, Samuel et al., eds. *Reporting World War II: American Journalism 1938-1946*, 2 vols. New York: Library of America, 1995.

Ingersoll, Ralph. *Top Secret*. New York: Harcourt Brace, 1946.

Lale, Max. "My War". *East Texas Historical Journal*, Vol. 32 (1994).

Langdon, Allen. *"Ready": The History of the 505th: 82nd Airborne Division*, 1986.

Lee, Ulysses. *The Employment of Negro Troops*. Washington, D. C.: Office of the Chief of Military History, 1966.

Leinbaugh, Harold P. e Campbell, John D. *The Men of Company K: The Autobiography of a World War II Rifle Company*. New York: William Morrow, 1985.

Litoff, Judy e Smith, David. "'This Is War and I Guess I Can Take It': The World War II Letters of American Red Cross Women Overseas". Jornal distribuído no encontro anual da American Red Cross Overseas Association, 2 de julho de 1994.

——. "'Today We Have Lived History': The D-Day Letters of U.S. Women". Jornal distribuído no Eisenhower Center, 16 de maio de 1994.

——. *We're in This War, Too: World War II Letters from American Women in Uniform*. New York: Oxford University Press, 1994.

Luck, Hans von. *Panzer Commander*. New York: Praeger, 1989.

MacDonald, Charles. *The Mighty Endeavor: American Armed Forces in the European Theater in World War II*. New York: Oxford University Press, 1969.

———. *A Time for Trumpets*. New York: William Morrow, 1984.

Mauldin, Bill. *The Brass Ring*. New York: Norton, 1971.

Memorable Bulge Incidents: Living Legends. Publicado por Veteranos da Batalha das Ardenas, P.O. Box 11129, Arlington, VA 22210.

Miller, Edward G. *A Dark and Bloody Ground: The Hurtgen Forest and the Roer River Dams*, 1944-1945. College Station: Texas A&m University Press, 1995.

Moench, John O. *Marauder Men: An Account of the Martin B-26 Marauder*. Longwood, Fla.: Maalia Enterprises, 1989.

Move Out: The Combat Story of the 743rd Tank Batallion. n. p., n. d. Exemplar no Eisenhower Center, University of New Orleans.

Murphy, Edward F. *Heroes of WWII*. New York: Ballantine, 1991.

New York Sun, 24-27 de outubro de 1944.

Patton, George S. *War as I Knew It*. Boston: Houghton Mifflin, 1947.

Perret, Geoffrey. *There's a War to Be Won: The United States Army in World War II*. New York: Random House, 1991.

Pogue, Forrest C. *The Supreme Command*. Volume da série *United States Army in World War II: The European Theater of Operations*. Washington, D. C.: Office of the Chief of Military History, 1954.

Province, Charles M. *Patton's Third Army: A Daily Combat Diary*. New York: Hippocrene Books, 1992.

Pyle, Ernie. *Ernie's War: The Best of Ernie Pyle's World War II Dispatches*. New York: Touchstone/Simon & Schuster, 1986.

Rapport, Leonard e Northwood, Arthur. *Rendezvous with Destiny: A History of the 101st Airborne Division*. Greenville, Tex.: 101st Airborne Division Association, 1965.

Reid, Pat. *The Latter Days at Colditz*. London: Hodder and Stoughton, 1952.

Rooney, Andy. *My War*. Holbrook, Mass.: Adams Media Corp., 1995.

Roush, John H., ed. *World War II Reminiscences*. Reserve Officers Association of California, P.O. Box 4950, San Rafael, CA 94913, 1995.

Ruppenthal, Roland. *Logistical Support of the Armies*. Dois volumes. Volume da série *United States Army in World War II: The European Theater of Operations*. Washington, D. C.: Office of the Chief of Military History, 1953.

Ryan, Cornelius. *A Bridge Too Far*. New York: Simon & Schuster, 1974.

Salomon, Sidney. *2nd U.S. Ranger Infantry Battalion*. Doylestown, Pa.: Birchwood Books, 1991.

Schott, Matthew. "Prisoners Like Us: German POWs Encounter Louisiana's African-Americans". *Louisiana History*, Vol. 36, nº 3 (verão de 1995).

Sims, Lynn. "They Have Seen the Elephant". Comemorações dos Veteranos da

Segunda Guerra Mundial do 40º Aniversário do Dia da Vitória das Forças Aliadas na Europa, Ft. Lee, Va., 1985.

Stannard, Richard M. *Infantry: An Oral History of a World War II American Infantry Battalion*. New York: Twayne, 1993.

Steckel, Francis C. "Morale Problems in Combat: American Soldiers in Europe in World War II". *Army History*, verão de 1994.

Steinhoff, Johannes; Pechel, Peter e Showalter, Dennis, eds. *Voices from the Third Reich: An Oral History*. New York: Da Capo Press, 1994.

Swanson, Vernon, ed. *Upfront with Charlie Company: A Combat History of Company C, 395th Infantry Regiment, 99th Infantry Division*. North Royalton, Ohio: 1995.

Vonnegut, Kurt, Jr. "Memoirs". *Traces of Indiana and Midwestern History*, Vol. 3, nº 4 (Edição Especial, outono de 1991).

——. *Slaughterhouse-Five, or The Children's Crusade*. New York: Delacorte Press, edição de 1994.

Wandrey, June. *Bedpan Commando: The Story of a Combat Nurse During WWII*. Elmore, Ohio: Elmore Publishing, 1989.

Webster, David Kenyon. *Parachute Infantry: An American Paratrooper's Memoir of D-Day and the Fall of the Third Reich*. Baton Rouge: Louisiana State University Press, 1994.

Weigley, Russell. *Eisenhower's Lieutenants: The Campaigns of France and Germany, 1944-1945*. Bloomington: Indiana University Press, 1981.

Weiss, Robert. *Enemy North, South, East, West*. Portland, Ore.: Strawberry Hill Press, 1998.

Whiting, Charles. *Death of a Division*. New York: Stein and Day, 1980.

Wills, Deryk. *Put on Your Boots and Parachutes! Personal Stories of the Veterans of the U.S. 82nd Airborne Division*. Publicado em 1992 por Deryk Wills, 70 Hidcote Road, Oadby, Leicester LE2 5PF, England.

Wilson, George. *If You Survive*. New York: Ballantine, 1987.

Relatos Históricos, Memórias, Cartas

Veteranos Americanos

Henry Andersen
Franklin Anderson
Jack Barensfeld
Briand Beudin
Robert Bowen
Fred Claesson
John Cobb
Isaac Coleman
Belton Cooper
James Coyle

Calvin Boykin
J. Frank Brumbaugh
Dwayne Burns
Joe Burns
Donald Chumley
Gordon Carson
Dwight D. Eisenhower
Bill Everhard
William Faust
Leo Fenster
Jim Finn
Roger Foehringer
Clair Galdonik
Edward "Buddy" Gianelloni
Ed Gilleran
John Goetz
Walter Gordon
Fred Hall
John Harrison
Joseph Heller
Ralph Hill
Ed Jabol
Richard Jepsen
Stanley Kalberer
William Leesemann
Leo Lick
Carwood Lipton
Len Lomell
Walter Melford
Robert Merriman
Arnold Parish
James Pemberton
William Craft
Roy Creek
Robert Curtis
Kenneth Delaney
James Delong
James Eikner
Forrest Pogue
Clinton Riddle
Charles Roland
Andy Rooney
Ken Russell
Sidney Salomon
Otis Sampson
D. Zane Schlemmer
Donald Schoo
Arthur "Dutch" Schultz
Don Scott
Douglas Smith
Frank South
Phillip Stark
Charles Stockell
Arthur Tappan
James Underkofler (Wisconsin Veterans Museum)
Benjamin Vandervoort
Ernest Vermont
Kurt Vonnegut
Edward Webber
David Webster
William Westmoreland
Richard Winters
Frank Woosley

VETERANOS ALEMÃES

Bernhard Backer
Joachim Barth
Ewald Becker
Günter Behr
Herbert Berger
Kurt Hering
Helmut Hesse
Günter Hölting
Karl-Heinz Jahn
Walter Jungmichel

Friedrich Bertenrath
Josef Bischof
Wenzel Andreas Borgert
Günter Brückner
Hans-Heinrich Dibbern
Friederich Dittmer
Karl Drescher
Gerd von Fallois
Günter Feldmann
Oswald Filla
Waldemar Führing
Günter Gaida
Reinhold Gerbig
Helmut Gohlke
Klaus Groeger
Heinz-Günter Guderian
Kuno Heilmann
Helmuth Henke
Hans Herbst
Walter Kaspers
Gottfried Kischkel
Valentin Klopsch
Heinz Kokutt
Gerhard Lemcke
Hans von Luck
Hannibal von Lüttichgau
Hasso von Manteuffel
Günter Materne
Herbert Meier
Günter Möllenhoff
Walter Padberg
Rolf Pauls
Jochen Peiper
Johannes Puppe
Walter Rahn
Helmut Ritgen
Adolf Rogosch
Frederick Ruge

ÍNDICE REMISSIVO

Q

R

S

T

U

Y

Z

Impresso no Brasil pelo
Sistema Cameron da Divisão Gráfica da
DISTRIBUIDORA RECORD DE SERVIÇOS DE IMPRENSA S.A.
Rua Argentina 171 – Rio de Janeiro, RJ – 20921-380 – Tel.: 2585-2000